Die Braunschweiger Bürgermeister
von der Entstehung des Amtes im späten Mittelalter
bis ins 20. Jahrhundert

Die Braunschweiger Bürgermeister

von der Entstehung des Amtes im späten Mittelalter bis ins 20. Jahrhundert

Im Auftrag der Braunschweigischen Landschaft e. V.
herausgegeben von
Henning Steinführer und
Claudia Böhler

Braunschweig 2013

Gefördert durch:

Bibliografische Information der Deutschen Nationalbibliothek
Die Deutsche Nationalbibliothek verzeichnet diese Publikation in der Deutschen Nationalbibliografie; detaillierte bibliografische Daten sind im Internet über http://dnb.d-nb.de abrufbar.

Herausgegeben im Auftrag der Braunschweigischen Landschaft e. V. von Henning Steinführer und Claudia Böhler

Redaktion: Henning Steinführer, Claudia Böhler, Mark Opalka, Katja Matussek

Gesamtherstellung: oeding print GmbH, Braunschweig

© Appelhans Verlag, Braunschweig 2013
ISBN 978-3-941737-68-6
www.appelhans-verlag.de

Inhaltsverzeichnis

Vorwort der Braunschweigischen Landschaft	9
Einführung	11

1. Die Großen Bürgermeister der Braunschweiger Altstadt von 1386 bis 1671

Das Amt des großen Bürgermeisters der Braunschweiger Altstadt von seiner Entstehung im 14. Jahrhundert bis zum Ende der Stadtfreiheit 1671 Henning Steinführer	17
Herman von Vechelde (1386 – 1420) Thomas Scharff	39
Eggeling van Strombeck (1387 – 1394) Henning Steinführer	45
Cort van Ursleve (1389 – 1433) Henning Steinführer	47
Cort Elers (1400) Henning Steinführer	49
Cort Doring (1403 – 1409) Henning Steinführer	51
Fricke van Damm (1412 – 1422) Henning Steinführer	53
Tile van Strombeck (1421 – 1439) Henning Steinführer	55
Statius Velhauwer (1425 – 1437) Henning Steinführer	57
Albert I. van Vechelde (1435 – 1455) Henning Steinführer	59
Hans Kale (1442 – 1451) Henning Steinführer	63
Gerke I. Pawel (1440 – 1463) Henning Steinführer	65
Cort van Calve (1456 – 1462) Henning Steinführer	67
Jakob van Broitzem (1458 – 1461) Henning Steinführer	69
Hinrik van Walbeck (1464 – 1483) Henning Steinführer	71
Cort van Broistede (1465 – 1488) Henning Steinführer	73
Cort van Scheppenstede (1466 – 1475) Henning Steinführer	77
Albert II. von Vechelde (1481 – 1501) Henning Steinführer	79
Ludeke Breyer (1486 – 1499) Henning Steinführer	83
Hinrik van Lafferde (1488, 1491 – 1497) Henning Steinführer	85
Lambert Bomhauwer (1489) Henning Steinführer	87
Bodo Glümer (1492 – 1498) Henning Steinführer	89
Weddege van Veltstede (1502 – 1516) Henning Steinführer	91
Dietrich Schacht (1503 – 1513) Mark Opalka	93
Gerke II. Pawel (1506 – 1540) Mark Opalka	95
Henning van Damm der Ältere (1515 – 1535) Henning Steinführer	101
Ludelef Breyer (1521 – 1533) Henning Steinführer	103

Franz Kale (1536 – 1556) *Mark Opalka*	105
Cort von Damm (1539 – 1548) *Claudia Böhler*	113
Hermen IX. von Vechelde (1542 – 1559) *Claudia Böhler*	115
Henning von Damm (1551 – 1564) *Claudia Böhler*	119
Jobst Kale (1560 – 1584) *Claudia Böhler*	121
Hans Doring (1563 – 1574) *Claudia Böhler*	125
Dietrich von der Leine (1569 – 1576) *Claudia Böhler*	129
Bodo Glümer (1575 – 1577 *Christian Lippelt*	131
Gerlof Kale (1578 – 1596) *Christian Lippelt*	133
Autor Pralle (1581 – 1600) *Christian Lippelt*	135
Tile Buering (1588 – 1596) *Claudia Böhler*	137
Cort von Scheppenstede (1599 – 1602) *Claudia Böhler*	141
Cort Doring (1601; 1605 – 1612) *Claudia Böhler*	145
Simon Lüddeke (1602 – 1604) *Claudia Böhler*	151
Bertram von Broitzem (1603 – 1613) *Gerd Biegel*	155
Jordan Struven (1604 – 1614) *Gerd Biegel*	159
Dr. Conrad Breitsprach (1615 – 1617) *Claudia Böhler*	161
Autor Damman (1616 – 1624) *Claudia Böhler*	165
Henning Haverlant (1617 – 1628) *Claudia Böhler*	169
Conrat Hildebrant (1626 – 1640) *Erika Eschebach*	173
Andreas (II.) Pawel (1629 – 1654) *Erika Eschebach*	177
Tobias Olffen (1643 – 1654) *Manfred R. W. Garzmann*	181
Dr. Autor Camman (1655 – 1666) *Claudia Böhler*	187
Tilemann von Damm (1656 – 1671) *Claudia Böhler*	191
Heinrich von Adenstede (1667 – 1671) *Claudia Böhler*	195

2. Das Bürgermeisteramt vom Verlust der Stadtfreiheit bis zur Gemeindeverfassung von 1825

Das Bürgermeisteramt in Braunschweig vom Verlust der Stadtfreiheit 1671 bis zur Gemeindeverfassung von 1825 *Roxane Berwinkel*	201
Cort Schrader (1671) *Roxane Berwinkel*	213
Balthasar Olffen (1671 – 1677) *Roxane Berwinkel*	215
Hermann Mahner (1671 – 1684) *Roxane Berwinkel*	217
Christoph Gerke (1671 – 1714) *Manfred R. W. Garzmann*	221
Dr. Heinrich Bergmann (1672 – 1684) *Claudia Böhler*	229
Ulrich Schwartzkopff (1680 – 1711) *Martin Fimpel*	231

Johann Günther Nürnberger (1685 – 1689) *Martin Fimpel*	235
Johann Conrad von Kalm (1685 – 1702) *Martin Fimpel*	239
Gebhard Levin Lüdecke (1690 – 1730) *Angela Klein*	243
Christoph Müller (1702 – 1718) *Roland Wolff*	247
Johann Friedrich Kätzler (1711 – 1730) *Angela Klein*	251
Paul Schrader (1714 – 1729) *Horst-Rüdiger Jarck*	255
August Adolph Ermisch (1718 – 1737) *Horst-Rüdiger Jarck*	259
Achatz Philip Justus Hilpert (1730 – 1734) *Claudia Böhler*	263
Autor Julius Camman (1730 – 1741) *Roland Wolff*	265
Heinrich Brandes (1730 – 1748) *Brage Bei der Wieden*	269
Johann Zacharias Schwartze (1734 – 1749) *Brage Bei der Wieden*	273
Johann Georg von Kalm (1738 – 1743) *Romy Meyer*	275
Johann Heinrich von Kalm (1741 – 1744) *Romy Meyer*	279
Carl Michael Strasberg (Straßberg) (1749 – 1754) *Katja Matussek*	283
Georg Ludwig Flach (1749 – 1780) *Peter Albrecht*	287
Johann Heinrich Wilmerding der Ältere (1749 – 1780) *Anne Kathrin Pfeuffer*	291
Heinrich Anastasius Otto Mund (1755 – 1796) *Peter Albrecht*	293
Georg Heinrich Koch (1762 – 1777) *Robert Bock*	299
Samuel Gebhard Hurlebusch (1778 – 1807) *Robert Bock*	303
Levin Heinrich Ludwig Papen (1781 – 1795) *Hartmut Nickel*	309
Georg Christian August Koch (1795 – 1808) *Mark Opalka*	313
Johann Heinrich Wilmerding (der Jüngere) (1795 – 1808; 1814 – 1825) *Romy Meyer*	319
Wilhelm Albrecht Christian Freiherr von Mahrenholtz (1808) *Heidi Mehrkens*	325
Ludwig Friedrich Freiherr von Münchhausen (1809 – 1814) *Heidi Mehrkens*	329

3. Von Wilhelm Bode zu Ernst Böhme.
   Die Braunschweiger Oberbürgermeister von der ersten Hälfte des
   19. Jahrhunderts bis zum Ende des Zweiten Weltkriegs

Stadterweiterung, Industrialisierung und Professionalisierung der Stadtverwaltung Braunschweigs im langen 19. Jahrhundert *Claudia Böhler*	335
Wilhelm Julius Ludwig Bode (1825 – 1848) *Manfred R. W. Garzmann*	355
Carl Wilhelm Heinrich Caspari (1848 – 1879) *Katja Matussek*	363
Wilhelm Johann Baptist Pockels (1879 – 1904) *Claudia Böhler*	371
Hugo Retemeyer (1904 – 1925) *Hans-Ulrich Ludewig*	379

Paul Trautmann (1925 – 1929) *Johannes Angel*   387

Ernst Böhme (1929 – 1933; 1945 – 1948) *Gerd Biegel*   391

Dr. Wilhelm Hesse (1933 – 1945) *Frank Ehrhardt*   401

Hans-Joachim Mertens (1943 – 1945) *Hartmut Nickel*   409

Dr. Erich Bockler (1945) *Claudia Böhler*   413

4. Die Braunschweiger Oberbürgermeister und Oberstadtdirektoren seit 1946

„Zweiköpfigkeit" – „Zweipoligkeit" – „Zweigleisigkeit"
    Stationen des Übergangs zur „Eingleisigkeit" in der
    niedersächsischen Kommunalverfassung *Gerd Biegel und Angela Klein*   421

Erich Walter Lotz (1946 – 1960), Oberstadtdirektor *Claudia Böhler*   447

Otto Bennemann (1948 – 1952; 1954 – 1959), Oberbürgermeister *Rainer Zirbeck*   453

Dr. Kurd Semler (1952 – 1954), Oberbürgermeister *Claudia Böhler*   463

Martha Fuchs (1959 – 1964), Oberbürgermeisterin *Claudia Böhler*   469

Hans-Günther Weber (1960 – 1980), Oberstadtdirektor *Romy Meyer*   475

Die Braunschweiger Oberbürgermeister und Oberstadtdirektoren von
    den 1960er Jahren bis in die Gegenwart *Henning Steinführer*   483

Autorenverzeichnis   487

Bildnachweis   487

Register der Personen und Orte   488

Vorwort der Braunschweigischen Landschaft

Die Braunschweigische Landschaft hat in den letzten Jahren eine ganze Reihe von Publikationen herausgegeben, die von grundsätzlicher Bedeutung für die Braunschweigische Landesgeschichte sind und die eine außerordentliche Resonanz gefunden haben.

Unter diesen Werken erfreuen sich insbesondere die beiden Bände des „Braunschweigischen Biographischen Lexikons" einer anhaltender Beliebtheit bei den Lesern. Dieser Erfolg ist Beleg dafür, dass sich Biographien in ganz besonderer Weise eignen, um das Interesse an regionaler Geschichte in breiten Leserkreisen zu wecken. Die Arbeitsgruppe Geschichte hat sich nicht zuletzt von dieser Überlegung leiten lassen, als sie im Jahr 2008 beschloss, sich in ihrem neuen Projekt den „Kommunalen Amtsträgern im Wirkungskreis der Braunschweigischen Landschaft" zu widmen. Einer speziellen Personengruppe, die über die Jahrhunderte hinweg einen prägenden Einfluss auf die Geschichte des Braunschweiger Landes hatte, die jedoch bisher kaum die Aufmerksamkeit der historischen Forschung gefunden hat.

Das Ziel des Projektes ist es, den in Frage kommenden Personenkreis möglichst vollständig zu erfassen und soweit möglich Leben und Wirken der Amtsträger durch Kurzbiographien zu dokumentieren. Zur besseren historischen Einordnung der auf diese Weise zusammengestellten Berufsbiographien werden die Angaben zu den einzelnen Persönlichkeiten in den Städten, Kreisen und Gemeinden durch verfassungs- und verwaltungsgeschichtliche Ausführungen ergänzt. Das Gesamtprojekt gliedert sich in zwei Arbeitsphasen. In einem ersten Teilprojekt sind die Biographien der (Ober-)Bürgermeister der Stadt Braunschweig, also der mit Abstand größten Kommune im Wirkungsbereich der Braunschweigischen Landschaft, vom Mittelalter bis ins 20. Jahrhundert bearbeitet worden. Das Ergebnis ist die vorliegende, gleichermaßen inhalts- wie umfangreiche Publikation. Im zweiten Teilprojekt werden derzeit die Biographien der Amtsträger der weiteren Kreise, Städte und Gemeinden wissenschaftlich bearbeitet. Die Ergebnisse dieser Arbeitsphase werden in naher Zukunft ebenfalls publiziert. Darüber hinaus werden die wichtigsten Angaben zu allen im Rahmen des Gesamtprojektes erfassten kommunalen Amtsträgern den historisch Interessierten auch im Internet in Form einer Datenbank zur Verfügung gestellt.

Für den vorliegenden Band sei allen Beteiligten herzlich gedankt! Die beiden Herausgeber, Henning Steinführer und Claudia Böhler, haben das umfangreiche Werk innerhalb weniger Jahre zur Drucklegung gebracht. Die zahlreichen Autoren haben durch ihre außergewöhnlich engagierte Arbeit den Band, der vielfach wissenschaftliches Neuland betritt, mit Leben gefüllt. Die Stiftung Braunschweigischer Kulturbesitz und die Stadt Braunschweig haben durch ihre großzügige finanzielle Förderung das Gelingen des Vorhabens überhaupt erst ermöglicht, wofür ein besonders herzlicher Dank ausgesprochen sei.

Die hier vorgestellten Braunschweiger Bürgermeister waren in vielfacher Hinsicht in die Entwicklungen ihrer Zeit eingebunden und haben sie nicht selten auch selbst mit beeinflusst. Daher ist dieser Band zugleich auch ein spannendes Lesebuch zur Stadt- und Landesgeschichte. Der Vorstand der Braunschweigischen Landschaft hofft, dass das vorliegende Buch bei den Lesern wohlwollende Aufnahme findet und unserer Landesgeschichte neue Freunde erschließt.

Vorstand und Mitgliederversammlung der Braunschweigischen Landschaft e. V.

Einführung

Mit dem vorliegenden Werk werden erstmals die Biographien der Braunschweiger Bürgermeister, Stadtdirektoren, Oberbürgermeister und Oberstadtdirektoren in einem Buch zusammengestellt. Der berücksichtigte Zeitraum reicht von der Entstehung des Amtes im ausgehenden 14. Jahrhundert bis weit in das 20. Jahrhundert hinein.

Die Entwicklung des kommunalen Spitzenamtes in Braunschweig verlief über die Jahrhunderte hinweg nicht kontinuierlich, sondern weist – wie die Stadtgeschichte auch – eine Reihe von Konjunkturen und Brüchen auf. Um diese unterschiedlichen Entwicklungsphasen schon im Aufbau des Buches zu verdeutlichen, sind die Biographien der Bürgermeister in vier Abschnitte unterteilt worden: I. Die Großen Bürgermeister der Braunschweiger Altstadt von 1386 bis 1671, II. Das Bürgermeisteramt vom Verlust der Stadtfreiheit bis zur Gemeindeverfassung von 1825, III. Die Braunschweiger Oberbürgermeister von der ersten Hälfte des 19. Jahrhunderts bis zum Ende des Zweiten Weltkriegs sowie IV. Die Braunschweiger Oberbürgermeister und Oberstadtdirektoren seit 1946.

Jeder dieser Abschnitte beginnt mit einer strukturgeschichtliche Einleitung, die den Leser mit den verfassungs- und verwaltungsgeschichtlichen Gegebenheiten vertraut machen und den historischen Kontext in dem die Braunschweiger Bürgermeister handelten erläutern soll. Diese einführenden Beiträge gehen auf ein Kolloquium zurück, das am 29. Oktober 2010 in Kooperation zwischen der Braunschweigischen Landschaft und dem Institut für Braunschweigische Regionalgeschichte veranstaltet wurde und in dessen Rahmen das Projekt „Kommunale Amtsträger im Wirkungskreis der Braunschweigischen Landschaft" erstmals einer breiteren Öffentlichkeit vorgestellt werden konnte. Bei den Arbeiten an den einzelnen Biographien wie auch an den einleitenden Beiträgen ist vielfach Neuland betreten worden, da bislang zu einer nennenswerten Zahl von Bürgermeistern keine verwertbaren Forschungsergebnisse vorlagen.

Den überwiegenden Teil des Buches nehmen die insgesamt 95 Biographien der einzelnen Braunschweiger Bürgermeister bzw. Stadtdirektoren ein. Berücksichtigung haben dabei nur diejenigen Personen gefunden, die an der Spitze der Gesamtstadt standen, d. h. die Großen Bürgermeister der Altstadt für die Zeit der autonomen Hanse- und Handelsstadt Braunschweig im Mittelalter und der Frühen Neuzeit, die – in ihren Handlungsspielräumen vergleichsweise eingeschränkten – als Direktoren des Magistrats amtierenden Bürgermeister vom späten 17. Jahrhundert bis zum beginnenden 19. Jahrhundert sowie schließlich die Oberbürgermeister (mit Martha Fuchs auch eine Oberbürgermeisterin) seit der Mitte des 19. Jahrhunderts. An ihre Seite traten, dem britischen Modell der Kommunalverfassung folgend, seit 1946 die Oberstadtdirektoren als Hauptverwaltungsbeamte. Angesichts der zentralen Stellung des Oberstadtdirektors im Rahmen der – in Braunschweig bis 2001 bestehenden – sogenannten „Doppelköpfigkeit" mussten selbstverständlich auch diese Persönlichkeiten Berücksichtigung im biographischen Teil finden.

Die einzelnen Biographien sind in chronologischer Reihenfolge nach dem Jahr des ersten Amtsantritts abgedruckt. Dies gilt es insbesondere bei den Artikeln zu Ernst Böhme (1929-1933 und 1945-1948) und Otto Bennemann (1948-1952 und 1954-1959) zu berücksichtigen, die jeweils zweimal mit Unterbrechung amtierten.

Orientiert am Vorbild der Braunschweigischen Biographischen Lexika, haben nur Personen Aufnahme in dieses Buch gefunden, die bei Beginn des Projektes (2009) bereits verstorben waren. Zugleich sollte durch das „Überspringen" einer Biographie keine Lücke in der chronologischen Reihenfolge entstehen. Alle daher in diesem Band nicht berücksichtigten Oberbürgermeister und Oberstadtdirektoren, auch die bereits verstorbenen Walter Klöditz (1997), Hartmut Scupin (1996), Bernhard Ließ (2011) und Joachim Körner (2012), werden am Ende des Buches unter Angabe ihrer wesentlichen Amtsdaten in einem zusammenfassenden Beitrag kurz gewürdigt. Die ausführliche Bearbeitung ihrer Biographien muss einer späteren Publikation vorbehalten bleiben.

Im Zentrum der biographischen Artikel steht vor allem das berufliche Wirken der jeweiligen Personen und hier in erster Linie ihre Amtszeit als Bürgermeister der Stadt Braunschweig. Für das 19. und 20. Jahrhundert sind die dafür notwendigen Angaben in der Regel bequem zu ermitteln. Für die früheren Jahrhunderte gilt dies allerdings nicht. Die überlieferten Quellen lassen oft keine ausgewogene historische Würdigung der einzelnen Bürgermeister zu, mitunter sind gar nur Herkunft und Amtsdaten bekannt, über die eigentliche Amtsführung wissen wir nichts.

Bei der Bearbeitung der einzelnen Artikel haben die Autoren nicht nur auf die Forschungsliteratur zurückgegriffen, sondern vielfach auch aus den archivalischen Quellen geschöpft. Nicht zuletzt deshalb ist den Beiträgen ein wissenschaftlicher Apparat beigegeben.

Angesichts von 25 beteiligten Autoren, die zudem aus unterschiedlichen Wissenschaftstraditionen stammen, war eine gewisse stilistische Vielfalt nicht zu vermeiden. Von Seiten der Herausgeber ist hier nur sehr zurückhaltend eingegriffen worden.

Bei einem Werk, das sich herausragenden Persönlichkeiten einer Stadt widmet, darf der Leser mit Recht auch bildliche Darstellungen der behandelten Personen erwarten. Wann immer ein Porträt ermittelbar war, hat es Aufnahme in diesen Band gefunden. Bei einer erstaunlich hohen Zahl von Bürgermeistern verlief die Suche jedoch erfolglos. In diesen Fällen haben wir versucht, durch die Abbildung von Wappen, Epitaphien oder auf die Person bezogenen Archivalien zumindest etwas Abhilfe zu schaffen. Darüber hinaus werden zahlreiche Beiträge durch die Person der Bürgermeister charakterisierende Zitate, die mitunter von diesen selbst stammen, eingeleitet.

Die Herausgeber bedanken sich bei den Autoren für ihre bereitwillige Mitarbeit und bei der Stiftung Braunschweigischer Kulturbesitz, der Stadt Braunschweig sowie der Braunschweigischen Landschaft für die vielfältige Unterstützung.

Die Herausgeber

1. Die grossen Bürgermeister der Braunschweiger Altstadt von 1386 bis 1671

Bild umseitig: Braunschweiger Wappenbrief von 1438, Detail (Stadtarchiv Braunschweig, A I 1: 712)

Das Amt des grossen Bürgermeisters der Braunschweiger Altstadt von seiner Entstehung im 14. Jahrhundert bis zum Ende der Stadtfreiheit 1671

Die Geschichte des Bürgermeisteramtes in Braunschweig ist untrennbar mit der Geschichte der Ratsverfassung verknüpft. Aus diesem Grund wird im Folgenden zunächst ein kurzer Abriss der wesentlichen Stationen der Entwicklung der Braunschweiger Ratsverfassung vom 12. bis zum 17. Jahrhundert gegeben, bevor anschließend auf das Amt des Bürgermeisters vom späten Mittelalter bis zum Verlust der Unabhängigkeit der Stadt 1671 genauer eingegangen wird.

Zur Entwicklung der Braunschweiger Stadtverfassung im Mittelalter

Seit dem 11. Jahrhundert ist im römisch-deutschen Königreich eine verstärkte Entwicklung des Städtewesens zu beobachten. Die mittelalterliche Stadt wurde durch ein Bündel von Faktoren charakterisiert, die sie vom umgebenden Land unterschieden. Die wichtigsten dieser Merkmale waren: eine Befestigung, die Abhaltung von Märkten, eigenes städtisches Recht und Gericht und eine mehr oder minder ausgeprägte Autonomie gegenüber dem als Gründer oder Förderer auftretenden Stadtherrn.[1]

Mit dem Streben der Stadtbürger nach einer größeren Unabhängigkeit vom Stadtherrn stellte sich zugleich die Frage nach einer spezifisch-städtischen Form der Ordnung und Organisation. Das wesentliche Element dabei war die Entstehung der städtischen Räte als kollegiale Selbstvertretungsorgane der Bürgerschaft, die in der Stadt zunächst neben dem Stadtherrn, in der Regel vertreten durch den stadtherrlichen Vogt, die Herrschaft ausübten. Als Vorbild für die auf dem genossenschaftlichen Gemeindegedanken fußenden Räte dienten wahrscheinlich berufsständische Vereinigungen etwa von Kaufleuten, Bergleuten oder einzelnen Handwerken. Im Unterschied zu diesen Kollegien hatten die neu entstandenen Ratsgremien jedoch nunmehr die gesamte Stadtgemeinde zu vertreten und nicht nur einen Teil von ihr.

---

[1] Zur Definition des Stadtbegriffs und zum Gang der Forschung vgl. u.a. Max Weber, Die Stadt, in: Archiv für Sozialwissenschaften und Sozialpolitik 47 (1921), S. 621-772, zuletzt abgedruckt in: Horst Baier u.a. (Hrsg.), Max Weber Gesamtausgabe, Abt. I: Schriften und Reden, Bd. 22: Wirtschaft und Gesellschaft. Die Wirtschaft und die gesellschaftlichen Ordnungen und Mächte. Nachlass, Teilband 5: Wilfried Nippel (Hrsg.), Die Stadt, Tübingen 1999. Alfred Heit, Vielfalt der Erscheinung – Einheit des Begriffs? Die Stadtdefinition in der deutschsprachigen Stadtgeschichtsforschung seit dem 18. Jahrhundert, in: Peter Johanek und Franz-Joseph Post (Hrsg.), Vielerlei Städte. Der Stadtbegriff (Städteforschung A 61), Köln/Weimar/Wien 2004, S. 1-12.

In seinen Anfängen wird dieser Prozess sicher auch im Interesse der weltlichen oder geistlichen Stadtherren gelegen haben, die vom Erstarken des Städtewesens nicht zuletzt wirtschaftlich profitierten und durch die Vergabe eigener Stadtrechte, welche die Stadt als Korporation von den personalen Verbindungen des Landrechts unterschieden, nachhaltig förderten. Allerdings war die neue Stadt ein sich schnell entwickelndes Erfolgsmodell und es gelang einer beträchtlichen Anzahl von Kommunen, sich der adligen Herrschaft alsbald weitgehend zu entziehen.[2]

Die ersten Räte im Sinne institutionalisierter städtischer Selbstverwaltungsorgane werden an der Wende vom 12. zum 13. Jahrhundert nachweisbar, besonders frühe Beispiele sind Lübeck (1201), Erfurt (um 1212) oder Köln (1216). Die sich institutionell schnell verfestigenden Räte hatten ein breites Spektrum an Aufgaben zu erfüllen, je nach Grad der Unabhängigkeit vom Stadtherren war das friedliche Zusammenleben von mehreren Tausend Menschen zu organisieren, die entsprechenden rechtlichen Grundlagen dafür zu schaffen, mit Hilfe des Gerichts die Einhaltung der geltenden Regeln zu überwachen sowie die Stadt nach außen zu vertreten und zu schützen. Die Ratsgremien waren keine repräsentativen Vertretungen der gesamten Bürgerschaft, Sitz und Stimme im Rat hatten vielmehr die reichen und vornehmen Mitglieder einer Stadtgemeinde. Das Ratsherrenamt wurde in der Regel auf Lebenszeit ausgeübt. Eine Zuwahl erfolgte nicht auf Beschluss der Gemeinde, sondern durch Selbstergänzung. Dieses Verfahren begünstigte, dass sich in vielen Städten ein abgeschlossener Kreis ratsfähiger Familien entwickeln konnte, dass so genannte Patriziat.[3]

Die hier zunächst im Allgemeinen beschriebene Entwicklung lässt sich auch in Braunschweig beobachten, wo die Anfänge der Ratsverfassung ebenfalls um 1200 zu vermuten sind, aber aufgrund der schlechten Quellenlage erst einige Jahrzehnte später greifbar werden. Braunschweig hatte im Laufe des 12. Jahrhunderts unter der Herrschaft Kaiser Lothars von Süpplingenburg († 1137), Herzog Heinrichs des Löwen († 1195) und Kaiser Ottos IV. († 1218) einen nachhaltigen Aufschwung genommen. Alle drei haben als Stadtherren über Jahrzehnte den Ausbau des Ortes entschieden gefördert und die Entwicklung zur Rechtsstadt betrieben. Heinrich dem

---

2   Zur Geschichte des mittelalterlichen und frühneuzeitlichen Städtewesens in Deutschland vgl. u.a.: Frank G. Hirschmann, Die Stadt im Mittelalter (Enzyklopädie deutscher Geschichte 84), München 2009. Eberhard Isenmann, Die deutsche Stadt im Spätmittelalter 1250-1500. Stadtgestalt, Recht, Stadtregiment, Kirche, Gesellschaft, Wirtschaft, Stuttgart 1988. Klaus Gerteis, Die deutschen Städte in der frühen Neuzeit. Zur Vorgeschichte der bürgerlichen Welt, Darmstadt 1986. Heinz Schilling, Die Stadt in der Frühen Neuzeit (Enzyklopädie deutscher Geschichte 24), München ²2004.

3   Vgl. Isenmann, Die deutsche Stadt im Spätmittelalter (wie Anmerkung 2), S. 131-136.

Löwen und seinem Sohn Otto IV. diente Braunschweig als regelrechte Residenz, die in der zweiten Hälfte des 12. Jahrhunderts eine beträchtliche wirtschaftliche und kulturelle Ausstrahlungskraft entfaltete.[4]

Die so genannte Gruppenstadt Braunschweig bestand im späten Mittelalter aus insgesamt fünf Teilstädten, den so genannten Weichbilden Altstadt, Hagen, Neustadt, Altewiek und Sack. Diese Teilstädte hatten sich im 12. und 13. Jahrhundert in mehreren Entwicklungsstufen herausgebildet. Während die wesentlichen Anstöße zur Entwicklung der später so genannten Altstadt unter Kaiser Lothar III. gegeben worden sind, ist die Gründung des Hagens unter Heinrich dem Löwen erfolgt. Die Anlage der Neustadt und der Ausbau der Alten Wiek gehören in die Zeit Ottos IV. Das zeitlich jüngste Weichbild, der Sack, entstand erst in der Mitte des 13. Jahrhunderts.[5] 1175 wird Braunschweig in einer Urkunde Heinrichs des Löwen erstmals ausdrücklich als Stadt (civitas) bezeichnet[6] und spätestens zu diesem Zeitpunkt dürften zumindest Altstadt und Hagen mit einem eigenen Stadtrecht begabt worden sein. Allerdings hat sich keine Urkunde Heinrichs des Löwen erhalten, welche die Gesamtstadt oder eines der Weichbilde als Empfänger ausweist. Dieser Umstand kann als ein Indiz dafür gewertet werden, dass eine entsprechend organisierte Vertretung der Stadtgemeinde zu dieser Zeit noch nicht bestand.

---

4 Zur Geschichte Braunschweigs im Mittelalter vgl.: Herrmann Dürre, Geschichte der Stadt Braunschweig im Mittelalter, Wolfenbüttel ²1873. Mit zahlreichen Angaben zur älteren Literatur: Richard Moderhack, Braunschweiger Stadtgeschichte, Braunschweig 1997. Manfred Garzmann, Die Stadt Braunschweig im späten Mittelalter, in: Horst-Rüdiger Jarck/Gerhard Schildt (Hrsg.), Die Braunschweigische Landesgeschichte. Jahrtausendrückblick einer Region, Braunschweig 2000, S. 317-352. Caspar Ehlers/Lutz Fenske, Braunschweig, in: Die deutschen Königspfalzen. Repertorium der Pfalzen und Königshöfe und übrigen Aufenthaltsorte der Könige im deutschen Reich des Mittelalters, Bd. 4: Niedersachsen, hrsg. vom Max-Planck-Institut für Geschichte, Göttingen 2000, S. 18-164. Claudia Märtl, Braunschweig. Eine mittelalterliche Großstadt, in: Claudia Märtl/Karl Heinrich Kaufhold/Jörg Leuschner (Hrsg.), Die Wirtschafts- und Sozialgeschichte des braunschweigischen Landes- vom Mittelalter bis zur Gegenwart, Hildesheim/Zürich/New York 2008, S. 358-403. Aus der umfassenden Literatur zu Heinrich dem Löwen und Otto IV. vgl. u.a.: Jochen Luckhardt/Franz Niehoff (Hrsg.), Heinrich der Löwe und seine Zeit, Herrschaft und Repräsentation der Welfen 1125-1235. Katalog der Ausstellung Braunschweig 1995, 3 Bde., München 1995. zuletzt: Joachim Ehlers, Heinrich der Löwe. Eine Biographie, München 2008, bes. S. 229-268. Bernd Ulrich Hucker/Stefanie Hahn/Hans-Jürgen Derda (Hrsg.), Otto IV. Traum vom welfischen Kaisertum, Petersberg 2009.

5 Zur Stadtentstehung vgl. zuletzt: Dirk Rieger, platea finalis. Forschungen zur Braunschweiger Altstadt im Mittelalter (Beiträge zur Archäologie in Niedersachsen 15), Rahden/Westf. 2010. Michael Geschwinde/Wolfgang Meibeyer, Zur vor- und frühstädtischen Zeit von Braunschweig – aus gemeinsamer Sicht von Archäologie und Historischer Siedlungsgeographie, in: Braunschweigisches Jahrbuch 91 (2010), S. 13-42.

6 Die Urkunden Heinrichs des Löwen, Herzogs von Sachsen und Bayern, bearb. von Karl Jordan (Monumenta Germaniae Historica, Laienfürsten und Dynastenurkunden der Kaiserzeit 1), Leipzig 1941-1949, Nachdrucke Stuttgart 1960, 1995, S. 159 f., Nr. 105.

Faksimile der Goldschmiedeurkunde der Altstadt von 1231 (Stadtarchiv Braunschweig, A I 1: 3a)

Aber schon während der Herrschaft von Heinrichs Sohn Otto IV. (1198-1218) werden die entscheidenden Weichen für die Entstehung der Ratsverfassung gestellt. Im Jahr 1199 nahm der König die Braunschweiger Bürger (burgenses) in seinen Schutz und stellte ihnen ein weitreichendes Zollprivileg aus.[7] Die bis heute in zweifacher Ausfertigung erhaltene Urkunde setzte als Empfänger einen Geschäftspartner wahrscheinlich aus der Führungsschicht der Altstadt voraus, in der die von dieser Privilegierung besonders profitierenden (Fern-)Kaufleute ansässig waren. Es gibt noch eine weitere Urkunde Ottos IV., die Hinweise auf den im Entstehen begriffenen Rat der Altstadt gibt. Im Jahr 1204 verlieh der König dem Weichbild das Recht, den Pfarrer an der St. Martinikirche frei zu wählen.[8] In der Zeugenliste werden 22 Braunschweiger Bürger namentlich genannt, die als die führenden Persönlichkeiten der Altstadt anzusehen sind und aus denen sich wenig später der Rat rekrutierte.[9]

Durch Quellen gesicherte Nachrichten über einen Altstädter Rat liegen freilich erst für das Jahr 1231 vor. Aus diesem Jahr ist die erste vom Rat selbst ausgestellte und besiegelte Urkunde, der so genannte Innungsbrief für die Goldschmiede, erhalten.[10]

---

7 Urkundenbuch der Stadt Braunschweig. Zweiter Band, 1031-1320, hrsg. von Ludwig Hänselmann, Braunschweig 1900, S. 12f., Nr. 30.

8 UB Stadt Braunschweig 2 (wie Anmerkung 7), S. 14f., Nr. 33.

9 Vgl. speziell zur Verfassungsentwicklung im 12. und 13. Jahrhundert: Manfred Garzmann, Stadtherr und Gemeinde in Braunschweig im 13. und 14. Jahrhundert (Braunschweiger Werkstücke 53), Braunschweig 1976. zuletzt Henning Steinführer, „in nostre serenitatis defensionem suscepimus" – Zum Verhältnis zwischen Otto IV. und der Stadt Braunschweig, in: Otto IV. Traum vom welfischen Kaisertum (wie Anmerkung 4), S. 249-256.

10 Urkundenbuch der Stadt Braunschweig. Erster Band. Statute und Rechtebriefe 1227-1671, hrsg. von Ludwig Hänselmann, Braunschweig 1873, S. 7f., Nr. 3. Die für die Stadtgeschichte sehr bedeutende Urkunde hatte während der kriegsbedingten Auslagerung in den 1940er Jahren einen erheblichen Wasserschaden erlitten. Mit Hilfe von maßstabgerechten Fotografien aus dem späten 19. Jahrhundert konnte 2011 eine Replik angefertigt werden (vgl. Abb. S. 20).

Am Ende des Textes werden die zwölf amtierenden Ratsherren (*consules*) der Altstadt namentlich genannt. Das Innungsprivileg ist durch den ältesten bekannten Abdruck des Braunschweiger Stadtsiegels beglaubigt. Die Umschrift lautet „Siegel der Bürger in Braunschweig" (+ SIGILLVM · BVRGENSIVM · IN · BRUNESVVIC), das Siegelbild zeigt einen dem Burglöwen ähnelnde Löwenfigur inmitten einer Stadtarchitektur.

Abdruck des Braunschweiger Stadtsiegels (Stadtarchiv Braunschweig, HXVI: F I 1)

Der Siegelstempel, der sich bis heute im Städtischen Museum erhalten hat, war in leicht veränderter Form bis zum Ende der Unabhängigkeit 1671 in Gebrauch.[11] Die Urkunde ist Beleg dafür, dass sich der Rat der Altstadt als handlungs- und entscheidungsfähiges Gremium bereits etabliert hatte. Allerdings musste er sich zu dieser Zeit die Herrschaft noch mit dem stadtherrlichen Vogt teilen.

Im Altstädter Rat waren überwiegend Angehörige der so genannten „Geschlechter" (seit dem 16. Jahrhundert auch als Patriziat bezeichnet) vertreten, zu denen v. a. Fernhändler, Wechsler, Goldschmiede und Gewandschneider gehörten. Ein Teil dieser Familien entstammte auch der ursprünglich zur Burg Dankwarderode gehörenden Ministerialität. Nicht wenige von ihnen sind über Jahrhunderte im Rat nachweisbar, so z. B. die Familien von Damm, Döring, von Pawel, von Strombeck oder von Vechelde.[12]

---

11 Richard Moderhack, Der ältesterhaltene Siegelstempel der Stadt Braunschweig (um 1330) (Städtisches Museum Braunschweig Miszellen), Braunschweig 1978. Erika Eschebach, Ältestes Siegeltypar der Stadt Braunschweig, in: Otto IV. Traum vom welfischen Kaisertum (wie Anmerkung 4), S. 381f., Nr. 73.

12 Vgl. dazu Sophie Reidemeister, Genealogien Braunschweiger Patrizier- und Ratsgeschlechter aus der Zeit der Selbständigkeit der Stadt (vor 1671), hrsg. von Werner Spieß (Braunschweiger Werkstücke 12), Braunschweig 1948. Werner Spieß, Die Ratsherren der Hansestadt Braunschweig 1231-1671. Mit einer verfassungsgeschichtlichen Einleitung (Braunschweiger Werkstücke 42), Braunschweig 1970.

Früheste Nennung eines Rates im Weichbild Hagen (Rechte und Freiheiten des Hagen, Ausschnitt, 1227, Stadtarchiv Braunschweig, A I 1: 2)

Der älteste schriftliche Beleg für die Existenz eines Rates im Weichbild Hagen stammt aus dem Jahr 1227 und ist damit älter als in der Altstadt. In den von Herzog Otto dem Kind besiegelten Rechten und Freiheiten des Hagen (iura et libertates indaginis)[13] wird den Bürgern das Recht verbrieft, eigene Ratsherren (consules) zu bestimmen. Diesen oblag es, die Geschicke der Stadt zu lenken.[14] Aus der Formulierung der Stadtrechtskodifikation geht hervor, dass der Rat des Hagen zur Zeit ihrer Abfassung bereits bestand. Vielleicht reichen seine Anfänge ebenfalls bis in die ersten Jahre des 13. Jahrhunderts zurück.[15] Die früheste Nennung von Ratsherren in der Neustadt datiert von 1257[16], in der Altenwiek bestand ein Rat vielleicht schon 1240[17], ein sicherer Nachweis stammt aber erst aus dem Jahr 1295.[18] Für den Sack ist ein Rat erstmals im Jahr 1300 belegt.[19]

Im Jahr 1269 vereinbarten die Räte der so genannten „vorderen" Weichbilde, Altstadt, Hagen und Neustadt, einen gemeinsamen Rat für die Regelung gesamtstädtischer Belange einzurichten, der fortan die Bezeichnung Gemeiner Rat führte.[20] Er bestand aus 20 Ratsherren (zehn aus der Altstadt, sechs aus dem Hagen und vier aus der Neustadt). In der über den Zusammenschluss ausgestellten Urkunde wurde bestimmt, dass der Gemeine Rat

---

13 UB Stadt Braunschweig 1 (wie Anmerkung 10), S. 1f., Nr. 1. Vgl. dazu auch: Garzmann, Stadtherr und Gemeinde (wie Anmerkung 9), S. 47-63. Bernhard Diestelkamp, Die Städteprivilegien Herzog Ottos des Kindes, ersten Herzogs von Braunschweig-Lüneburg (1204-1252), Hildesheim 1961, S. 25-36.

14 UB Stadt Braunschweig 1 (wie Anmerkung 10), S. 1f., Nr. 1. Die entsprechende Passage lautet: item burgenses suos consules habeant sicut habere consueuerunt, quorum consilio civitas regatur (vgl. Abb. 3).

15 Vgl. dazu Garzmann, Stadtherr und Gemeinde (wie Anmerkung 9), S. 51-54.

16 UB Stadt Braunschweig 2 (wie Anmerkung 7), S. 76f., Nr. 173.

17 UB Stadt Braunschweig 1 (wie Anmerkung 10), S. 9f., Nr. 4.

18 UB Stadt Braunschweig 2 (wie Anmerkung 7), S. 197f., Nr. 413.

19 UB Stadt Braunschweig 2 (wie Anmerkung 7), S. 225f., Nr. 454.

20 UB Stadt Braunschweig 1 (wie Anmerkung 10), S. 15, Nr. 8.

Giebel des Rathauses im Weichbild Hagen, Zeichnung von Beck, 18. Jh. (Stadtarchiv Braunschweig, H V: 92)

in einem Haus zusammenkommen, dort Rat halten und die Kasse fortan gemeinsam verwalten solle. Der Gemeine Rat entwickelte sich in der Folge zum entscheidenden Ratsgremium in Braunschweig, während die Weichbildräte auf die inneren Angelegenheiten des jeweiligen Weichbildes beschränkt blieben. Die Kompetenzen des Gemeinen Rates lagen zunächst vor allem im Bereich der außenpolitischen Vertretung der Stadt, weiteten sich aber zunehmend auch auf den Bereich der inneren Verwaltung aus.[21] Bis zum Verlust der Selbstständigkeit der Stadt 1671 bildete der Gemeine Rat das wesentliche Verfassungsorgan in Braunschweig.

In den „hinteren Weichbilden" Alte Wiek und Sack verfügten zunächst noch die welfischen Stadtherren über eine starke Position. Am Ende des 13. Jahrhunderts verpfändeten sie ihre Einkünfte aus diesen Weichbilden jedoch an den Gemeinen Rat, dem es in der Folge gelang, beide Weichbilde ganz an sich zu ziehen. 1325 sind dann erstmals Vertreter aus allen fünf Weichbilden im Gemeinen Rat belegt.[22]

---

21 Vgl. dazu Spieß, Die Ratsherren der Hansestadt Braunschweig (wie Anmerkung 12), S. 23.
22 Vgl. Spieß, Die Ratsherren der Hansestadt Braunschweig (wie Anmerkung 12), S. 48f.

Jedes der fünf Weichbilde verfügte spätestens seit dem 14. Jahrhundert über ein eigenes Rathaus. Die ersten Nachrichten über ein Rathaus in der Altstadt stammen nicht, wie lange angenommen wurde, aus dem Jahr 1253, sondern sind erst 1269 bzw. 1274 überliefert. Bei diesem Gebäude wird es sich um den Vorgängerbau des heutigen Westflügels des Altstadtrathauses gehandelt haben, der Nordflügel folgte Ende des 14. Jahrhunderts.[23] Die repräsentative Schaufassade zum Altstadtmarkt mit den Standbildern von neun Herzögen, Königen und Kaisern stammt aus der Mitte des 15. Jahrhunderts. Von gesamtstädtischer Bedeutung war das Altstadtrathaus u. a. als Ort der Huldigung gegenüber den Herzögen. Als Sitz des Gemeinen Rates diente das 1294 erstmals erwähnte Neustadtrathaus.[24] Für Ratsversammlungen, Verhandlungen und als Ausstellungsort von Urkunden ist seit dem 14. Jahrhundert auch mehrfach das Refektorium des Franziskanerklosters nachgewiesen.

Die Braunschweiger Weichbildräte setzten sich seit dem 14. Jahrhundert aus jeweils drei Gruppen (Ratsdrittel) zusammen, die sich turnusmäßig in der Führung der Amtsgeschäfte ablösten. Die Zahl der Ratsherren in den Weichbilden unterschied sich erheblich, nach den Festlegungen des Ordinarius von 1408, einer Art Geschäftsordnung der Braunschweiger Räte, sollte der amtierende (sitzende) Rat in der Altstadt zwölf, im Hagen acht, in der Neustadt sechs, in der Altenwiek fünf und im Sack vier Mitglieder haben.[25]

Dem wirtschaftlichen und politischen Aufstieg der mittelalterlichen Großstadt Braunschweig auf der einen, steht eine Phase der tendenziellen Schwäche der eigentlichen welfischen Stadtherren auf der anderen Seite gegenüber. Vor diesem Hintergrund gelang es der Stadt erfolgreich, sich sukzessive der Herrschaft der Herzöge zu entledigen.[26] Augenfällig wird diese Entwicklung vor allem anhand des noch im

---

23 Matthias Ohm, Das Braunschweiger Altstadtrathaus. Funktion – Baugeschichte – figürlicher Schmuck (Braunschweiger Werkstücke 106), Braunschweig 2002, bes. S. 86-88.

24 Fritz von Osterhausen, Die Baugeschichte des Neustadtrathaus in Braunschweig (Braunschweiger Werkstücke 51), Braunschweig 1973.

25 UB Stadt Braunschweig 1 (wie Anmerkung 10), Nr. 63, S. 148. Die tatsächliche Zahl der Ratsherren konnte von dieser Festlegung jedoch abweichen. Vgl. Spieß, Die Ratsherren der Hansestadt Braunschweig (wie Anmerkung 12), S. 27f.

26 Zum Verhältnis zwischen Stadt und Landesherren: Manfred Garzmann, Stadtherr und Gemeinde (wie Anmerkung 9). Manfred Garzmann, Bürgerliche Freiheit und erstarkende Landesherrschaft im 16. und 17. Jahrhundert am Beispiel Braunschweigs, in: Jürgen Bohmbach (Hrsg.), Fernhandel und Stadtentwicklung im Nord- und Ostseeraum in der hansischen Spätzeit (1550-1630). Symposium zum 14. Hansetag der Neuzeit in Stade am 8. und 9. April 1994 (Mitteilungen aus dem Stadtarchiv Stade 18), Stade 1995, S. 106-129. Manfred Garzmann, Zwischen bürgerschaftlichen Autonomiestreben und landesherrlicher Autorität. Die Städte Magdeburg und Braunschweig im Vergleich, in: Matthias Puhle (Hrsg.), Hanse, Städte, Bünde. Die sächsischen Städte zwischen Elbe und Weser, Tl. 1, Magdeburg 1996, S. 62-83.

Wappenbrief für die Stadt Braunschweig, 1438 (Stadtarchiv Braunschweig, A I 1: 712)

13. Jahrhundert beginnenden käuflichen oder pfandweisen Erwerbs zahlreicher Rechte durch die Stadt. Den Herzögen war im 15. Jahrhundert schließlich nur noch das Huldigungsrecht verblieben. Allerdings verpflichtete sich die Stadt, dem jeweils neuen Herzog erst zu Gehorsam, nachdem dieser die städtischen Rechte und Freiheiten anerkannt hatte. Dahinter stand das Selbstverständnis, eine freie Stadt zu sein.[27] 1432 verlegten die Herzöge ihre Residenz schließlich dauerhaft nach Wolfenbüttel.

Für den Braunschweiger Rat hatte die Absicherung der erlangten politischen Autonomie ebenso wie die Wahrung der wirtschaftlichen Interessen oberste Priorität. Neben einer aktiven Bündnispolitik im Rahmen des sächsischen Städtebundes und der Hanse[28] wurden seit dem ausgehenden 14. Jahrhundert zu diesem Zweck auch die Beziehungen zum Königtum wiederbelebt. Ihren Höhepunkt fand diese Phase zeitweiliger Reichs-

---

27 In der Huldigungordnung von 1345 wird Braunschweig selbstbewusst als „vriy stad" bezeichnet. UB Stadt Braunschweig 1 (wie Anmerkung 10), S. 38f., Nr. 30.
28 Matthias Puhle, Die Politik der Stadt Braunschweig innerhalb des Sächsischen Städtebundes und der Hanse im Späten Mittelalter (Braunschweiger Werkstücke 63), Braunschweig 1985. Matthias Puhle, Die Stellung des Landes zwischen Harz und Heide im Hanseraum, in: Die Wirtschafts- und Sozialgeschichte des braunschweigischen Landes (wie Anmerkung 4), S. 338-357.

nähe Braunschweigs durch die Bestätigung des Braunschweiger Wappens durch König Albrecht II. im so genannten Wappenbrief von 1438.[29]

Braunschweiger Schichten und die Verfassungsentwicklung bis ins 17. Jahrhundert

Die Braunschweiger Geschichte des Mittelalters und der Frühen Neuzeit wird durchzogen von einer Reihe von innerstädtischen Auseinandersetzungen, den sogenannten Schichten. Die innerhalb der Stadt bestehenden sozialen und politischen Konflikte führten seit dem ausgehenden 13. Jahrhundert regelmäßig zu Unruhen, in deren Verlauf die anfangs dominierende Rolle der führenden ratsfähigen Familien der Altstadt schrittweise zurückgedrängt wurde. Stattdessen erstritten sich zunächst v. a. die Vertreter der Handwerkergilden und später auch die nicht in Gilden organisierten Bürger die politische Teilhabe durch Vertretung im Rat. Im Gefolge dieser Auseinandersetzungen kam es zu mehreren durchgreifenden Veränderungen der Stadtverfassung.[30]

Die frühesten Nachrichten über innerstädtische Konflikte stammen aus dem ausgehenden 13. Jahrhundert, als, vor dem Hintergrund der Konkurrenz der Herzöge Albrecht und Heinrich um die Stadtherrschaft, bestehende Spannungen zwischen den aufstrebenden Gilden des Hagen und den alteingesessenen Ratsfamilien der Altstadt blutig eskalierten (1292/94). Im Ergebnis der so genannten Schicht der Gildemeister ist eine stärkere Beteiligung der Gilden an der Ratsherrschaft zu beobachten.[31]

---

29 Hans Achilles, Die Beziehungen der Stadt Braunschweig zum Reich im ausgehenden Mittelalter und zu Beginn der Neuzeit (Leipziger historische Abhandlungen 35), Leipzig 1913. Bernd Schneidmüller, Reichsnähe - Königsferne. Goslar, Braunschweig und das Reich im späten Mittelalter, in: Niedersächsisches Jahrbuch für Landesgeschichte 64 (1992) S. 1-52. Manfred Garzmann, Der Wappenbrief König Albrechts II. für die Stadt Braunschweig vom 15. Oktober 1438, in: Quaestiones Brunsvicenses. Berichte aus dem Stadtarchiv Braunschweig 5 (1993), S. 18-31.

30 Hans-Leo Reimann, Unruhe und Aufruhr im mittelalterlichen Braunschweig (Braunschweiger Werkstücke 28), Braunschweig 1962. Spieß, Die Ratsherren der Hansestadt Braunschweig, S. 22-48. Wilfried Ehbrecht, Die Braunschweiger „Schichten". Zu Stadtkonflikten im Hanseraum, in: „Brunswiek 1031 – Braunschweig 1981", Braunschweig 1981, S. 37-50. Matthias Puhle, Die Braunschweiger Schichten (Aufstände) des späten Mittelalters und ihre verfassungsgeschichtlichen Folgen, in: Rat und Verfassung im mittelalterlichen Braunschweig (Braunschweiger Werkstücke 64), Braunschweig 1986, S. 235-251. Birgit Pollmann (Hrsg.), Schicht – Protest – Revolution in Braunschweig 1292 bis 1947/48 (Braunschweiger Werkstücke 89), Braunschweig 1995.

31 Brigide Schwarz, Ein Bruderzwist im Welfenhaus und die „Schicht der Gildemeister" in Braunschweig 1292-1299, in: Niedersächsisches Jahrbuch 78 (2006) S. 167-308.

Weit größere Ausmaße hatte die „Große Schicht", die zwischen 1374 und 1380 die Stadt erschütterte und als Höhepunkt der innerstädtischen Auseinandersetzungen bezeichnet werden kann. Durch die vom Rat zur Sicherung seiner wirtschaftlichen Interessen betriebene Landgebietspolitik (Pfandschlosspolitik) und durch militärische Beteiligung an mehreren regionalen Konflikten war die Stadt in hohe Verschuldung geraten. Als deshalb neue Abgaben erhoben werden sollten, kam es zum Aufruhr. Die treibende Kraft waren die Gilden des Hagen, die sich gegen die „Geschlechter" der Altstadt und gegen den Gemeinen Rat erhoben. In der Folge wurden mehrere Ratsherren - darunter auch zwei Bürgermeister - der Altstadt getötet, zahlreiche Angehörige der führenden Familien der Altstadt verließen die Stadt. Als Reaktion auf diese Ereignisse wurde Braunschweig aus der Hanse ausgeschlossen (Verhansung), eine Maßnahme die die Stadt alsbald in wirtschaftliche Schwierigkeiten brachte und erst wieder aufgehoben wurde, nachdem die alten Verhältnisse weitgehend wiederhergestellt worden waren. Die Große Schicht führte 1386 auch zu einer Reform der Stadtverfassung, durch welche die 14 Gilden, davon neun Handwerkergilden, die volle Ratsfähigkeit erlangten. Der Gemeine Rat setzte sich nach der neuen Verfassung aus 25 Vertretern der Weichbilde, aus 31 der älteren (auf Fernhandel ausgerichteten) Gilden und 47 Mitgliedern der Handwerkergilden zusammen. Als sitzender (regierender) Rat amtierte dem dreijährigen Turnus entsprechend jeweils ein Drittel der über 100 Ratsmitglieder des vollen Rates, die beiden ruhenden Drittel konnten bei wichtigen Entscheidungen aber gleichwohl herangezogen werden. Eine Wahlperiode dauerte jeweils drei Jahre. Gewählt wurde zwischen Weihnachten und Neujahr. Das Jahr der Ratswahl bezeichnete man als Koerjahr. Als ständig tagendes Führungsorgan bildete sich außerdem der nach seinem Tagungsort in der städtischen Münzschmiede benannte Küchenrat. Trotz der Neuerungen behielten die patrizische Familien zumindest bis zum Ausgang des 16. Jahrhunderts eine dominante Stellung.[32] Den Vorsitz im Gemeinen Rat und im Küchenrat führte der im Zusammenhang mit der Verfassungsreform erstmals in den Schriftquellen auftretende Große Bürgermeister der Altstadt.

Mitte des 15. Jahrhunderts war die Stadt erneut in eine finanzielle Notsituation geraten und wieder sollte die Erhebung neuer Abgaben Abhilfe schaffen. Der abermalige Ausbruch ernsthafter gewalttätiger Auseinandersetzungen konnte nur durch eine weitere Verfassungsänderung verhindert werden. Die darüber 1445 ausgestellte Urkunde wird als „Großer Brief" bezeichnet.[33] Mit den darin enthaltenen Regelungen erhielten auch die bislang nicht in den Gilden oder Geschlechtern vertrete-

---
32 Vgl. Spieß, Die Ratsherren der Hansestadt Braunschweig (wie Anmerkung 12), S. 24-28.
33 UB Stadt Braunschweig I (wie Anmerkung 10), S. 226-229, Nr. 88.

Großer Brief, 1445 (Stadtarchiv Braunschweig, A I 1: 747)

nen Bürger Partizipation an der politischen Herrschaft. Um dies zur erreichen, räumte man den Weichbilden ein aktives Wahlrecht für ihre Vertreter ein und schaffte das bis dahin geltende Selbstergänzungsrecht ab. Das neu entstandene Wahlgremium basierte auf den so genannten Bauerschaften, einer Einteilung der Stadt unterhalb der Weichbilde, die schon länger existierte und insbesondere Zwecken der Stadtverteidigung diente.[34] Den insgesamt 14 Bauerschaften wurden jeweils zwei Bürgerhauptleute vorangestellt, die analog zu den 28 Gildemeistern in der Verfassung von 1386 als Wahlkörperschaft für den Rat dienten. Diese Gruppe der 56 Wahlmänner bildete neben dem sitzenden Rat und den ruhenden Räten (Ratsgeschworene) eine dritte Körperschaft, die auch als dritter Stand bezeichnet wurde. Die Lage in der Stadt beruhigte sich jedoch erst 1446.

---

[34] Beate Sauerbrey, Die Wehrverfassung der Stadt Braunschweig im Spätmittelalter (Braunschweiger Werkstücke 75), Braunschweig 1989. Jörg Rogge, Viertel, Bauer-, Nachbarschaften. Bemerkungen zu Gliederung und Funktion des Stadtraumes im 15. Jahrhundert, in: Hanse – Städte – Bünde (wie Anmerkung 26), S. 231-240, bes. S. 236f.

Das Amt des grossen Bürgermeisters

Die städtische Münze, Zeichnung von Johann Georg Beck (Stadtarchiv Braunschweig, H III 1: 15)

Es folgten die Schicht des Ludeke Hollant (1488), die keine langfristigen Folgen für die Verfassungsentwicklung hatte, und die Schicht der Armut (1512-14), als deren Folge mit den sogenannten Zehnmännern eine Art Aufsicht über die städtischen Finanzen eingerichtet wurde.

Zu Beginn des 17. Jahrhunderts flammten die innerstädtischen Konflikte erneut auf. Die Stadt befand sich durch die Auseinandersetzungen mit den Herzögen in einer schwierigen Situation, als es dem Bürgerhauptmann Henning Brabandt gelang, die Einfluss der patrizischen Familien der Altstadt zumindest zeitweise zurückzudrängen. Endgültig wurde dies 1614 in der so genannten „Dohausenschen Revolution" (nach dem Bürgerhauptmann Claus Dohausen) durchgesetzt, die zu einem Bruch mit der seit 1386 bestehenden Verfassung führte.

Die Gesamtzahl der Ratsherren wurde auf 55 bzw. seit 1621 56 herabgesetzt (18 aus der Altstadt, 14 aus dem Hagen, je acht aus Neustadt, Altewiek und Sack) und die Wahlperiode von drei auf zwei Jahre verkürzt. Außerdem wurde der Küchenrat, von nun an als Enger Rat bezeichnet, auf 15 Personen verkleinert.[35] Diese neue Ordnung hatte bis zum Ende der Unabhängigkeit der Stadt 1671 Bestand.

Mit dem Erstarken der Territorialherrschaften gerieten die als freie Städte agierenden Hansestädte wie Braunschweig zunehmend unter fürstlichen Druck. Der Ausbau ihrer Territorien versetzte die Fürsten in die Lage, wesentlich größere Ressourcen zur Erreichung ihrer politischen Ziele zu mobilisieren, als das noch im späten Mittelalter der Fall gewesen war. Und für die Braunschweiger Herzöge musste es geradezu zwangsläufig ein zentrales politisches Ziel sein, die Herrschaft über ihren einstigen Herrschaftsmittelpunkt zurückzugewinnen.[36] Nach einer langen Reihe von zum Teil blutig ausgefochtenen Auseinandersetzungen gelang schließlich Herzog Rudolf August (1627-1704) mit Unterstützung seiner in Celle, Hannover und Osnabrück regierenden welfischen Verwandten die Unterwerfung der Stadt. Am 16. Juni 1671 erfolgte die feierliche Huldigung gegenüber den herzoglichen Brüdern Rudolf August und Anton Ulrich (1633-1714) auf dem Altstadtmarkt und im Altstadtrathaus. Damit hatte die Stadt ihre autonome Stellung eingebüßt. Nach der Unterwerfung der Stadt richteten die Herzöge ein aus wenigen Bürgermeistern und Senatoren bestehendes Magistratskollegium ein, das vollständig von den herzoglichen Behörden abhängig war.[37]

Das Bürgermeisteramt in Braunschweig in Mittelalter und Früher Neuzeit

Aus dem vorstehenden Abriss der Geschichte der Ratsverfassung in Braunschweig geht deutlich hervor, dass das Wahlverfahren und die Zusammensetzung sowohl der Weichbildräte als auch des Gemeinen Rates vielfältigen Wandlungen unterworfen waren. Im zweiten Teil des Beitrages wird nun der Frage nach der Entstehung des Bürgermeisteramtes und nach den mit diesem Amt verbundenen Kompetenzen nachzugehen sein.

---

35 Vgl. Spieß, Die Ratsherren der Hansestadt Braunschweig (wie Anmerkung 12), S. 41-48. Werner Spieß, Geschichte der Stadt Braunschweig im Nachmittelalter. Vom Ausgang des Mittelalters bis zum Ende der Stadtfreiheit, Erster Halbband, Braunschweig 1966, bes. S. 146-181. Jörg Walter, Rat und Bürgerhauptleute in Braunschweig 1576-1604. Die Geschichte der Brabandtschen Wirren (Braunschweiger Werkstücke 45), Braunschweig 1971.

36 Zur Geschichte von Stadt und Herzogtum in der frühen Neuzeit vgl. Christof Römer, Das Zeitalter des Hochabsolutismus (1635-1735), in: Die Braunschweigische Landesgeschichte (wie Anmerkung 4), S. 535-574.

37 Hans Jürgen Querfurth, Die Unterwerfung der Stadt Braunschweig im Jahr 1671. Das Ende der Braunschweiger Stadtfreiheit (Braunschweiger Werkstücke 16), Braunschweig 1953. Werner Spieß, Geschichte der Stadt Braunschweig im Nachmittelalter (wie Anmerkung 35), S. 215-227.

Das Amt des grossen Bürgermeisters

Der Bürgermeister war im Mittelalter zunächst der gewählte bürgerschaftliche Vorsitzende des Ratskollegiums, in dem er die Nachfolge des stadtherrlichen Vogtes antrat. Das Amt, für das sich in den Quellen ganz verschiedene Bezeichnungen wie *magister consulum, magister civium, proconsul, ratsmeister* oder *borgermester* finden lassen, entstand parallel mit der Ratsverfassung. Erstmals belegt ist ein Bürgermeister als Vorsitzender der Richerzeche 1174 in Köln. Seit der Wende zum 13. Jahrhundert findet das Amt allgemeine Verbreitung. Die Zahl der Bürgermeister, ihre Amtsdauer und ihre Aufgaben konnten sich dabei von Stadt zu Stadt erheblich unterscheiden.[38]

In Braunschweig setzen Nachrichten über das Amt eines Bürgermeisters erst wesentlich später als die Erstbelege der Weichbildräte und des Gemeinen Rates ein. Dass es innerhalb der Braunschweiger Ratskollegien schon im 13. Jahrhundert Personen gegeben haben muss, die in einem gewissen Rahmen Führungsaufgaben wahrnahmen, darf umstandslos vorausgesetzt werden. Ihr Vorrang gegenüber den anderen Ratsmitgliedern scheint jedoch nicht so erheblich gewesen zu sein, als dass man ihnen eine spezielle Amtsbezeichnung zu Teil werden ließ. Möglicherweise bedingte auch die komplizierte Verfasstheit der Gesamtstadt, dass eine besondere Position des Bürgermeisters das fein austarierte Gesamtgefüge ins Wanken gebracht hätte. Erst an der Wende zum 14. Jahrhundert finden sich vermehrt Hinweise auf die Existenz eines Bürgermeisteramtes in Braunschweig.[39] Im vor 1331 entstandenen Stadtrecht der Neustadt heißt es, dass der, der *des rades wort sprikt*, also den Rat vertritt, den Vorsitz im Ratsgericht führen solle.[40] In der Huldigungsordnung von 1345 wird festgelegt, dass der Vorsitzende oder Worthalter des Rates (der *des rades wort holt*) stellvertretend für den Rat den Eid gegenüber der Stadtgemeinde schwören solle.[41] Bei diesen beiden und einer Reihe weiterer Erwähnungen des Worthalters handelt es sich um normative Quellen, die keine Rückschlüsse auf die tatsächliche Ausübung des Amtes oder mögliche Inhaber der Funktion des Wort-

---

38 Vgl. Isenmann, Die deutsche Stadt im Spätmittelalter (wie Anmerkung 2), S. 134.
39 Zur Entwicklung des Bürgermeisteramtes in Braunschweig vgl.: Spieß, Die Ratsherren der Hansestadt Braunschweig (wie Anmerkung 12), S. 48f.
40 UB Stadt Braunschweig I (wie Anmerkung 10), Nr. 16, S. 21-24, hier S. 24, § 45. Der Wortlaut der Passage lautet: *unde de des rades wort sprikt de scal sitten to richte*.
41 UB Stadt Braunschweig I (wie Anmerkung 10), Nr. 30, S. 38 f., hier S. 39, § 6. Der Wortlaut der Passage lautet: *dar na scal de de des rades word holt den selven ed staven der menheyt*. Weitere Nennung des Worthalters: Urkundenbuch der Stadt Braunschweig, Dritter Band, 1321-1340, hg. von Ludwig Hänselmann und Heinrich Mack, Berlin 1905, Nr. 220, S. 163-166, hier S. 165 (Stadtbuchaufzeichnung 1328). UB Stadt Braunschweig I (wie Anmerkung 10), Nr. 28, S. 36 f., hier S. 37 (Schiedsgerichtsordnung vor 1345). Urkundenbuch der Stadt Braunschweig, Vierter Band, hrsg. von Heinrich Mack, 1341-1350, Braunschweig 1912, Anhang Nr. 3, S. 555-582, hier S. 569 (Stadtrecht um 1350).

halters erlauben. In den Intitulationen der vom Rat selbst ausgestellten Urkunden erscheint immer nur der Rat, ein Bürgermeister wird bis 1374 nicht genannt.[42]

Konkreter werden die Angaben in den Quellen erst seit den 1340er Jahren. Bürgermeister werden in mehreren Briefadressen auswärtiger Absender erwähnt. So erbat das Domkapitel zu Halberstadt 1344 einige Wertgegenstände zurück, die man dem Braunschweiger Rat zur Aufbewahrung überlassen hatte. Dieser Brief war an die Bürgermeister und Räte der Stadt Braunschweig adressiert.[43] Ganz ähnliche Formulierungen finden sich in einem Brief des Bischofs von Merseburg aus dem Jahr 1346 an die „vorsichtigen und ehrbaren" Bürgermeister und Räte der Stadt Braunschweig[44] oder in einem Schreiben des Rates zu Göttingen von 1350 an die *sunderliken vrunde radesmeistere und ratmann to Brunswick*.[45] Für solche und ähnliche Adressen ließe sich eine Reihe weiterer Beispiele anführen. Wenn man allerdings berücksichtigt, dass die briefliche Anrede auch schon im Mittelalter standardisiert war und sich nach so genannten Briefstellern bzw. Formelbüchern richtete, dann können diese Quellen nicht als Zeugnisse für die Geschichte des Bürgermeisteramtes in Braunschweig dienen.

Aussagekräftiger ist hingegen ein Notariatsinstrument über eine Vereinbarung des Pfarrers zu St. Petri mit dem Altstädter Rat aus dem Jahr 1344, in dem ein Heyne supra Cimiterium senior als Bürgermeister (*proconsul*) und ein gewisser Henricus Timmo als sein Ratsgenosse (*socius eius in consulatu oppidi Brunswicensis*) genannt werden. Die übrigen Mitglieder des Altstädter Rates finden nur summarisch Erwähnung (*alii consules*).[46]

---

42 Typische Beispiele: Urkundenbuch der Stadt Braunschweig, Bd. 5, hrsg. von Manfred Garzmann, bearb. von Josef Dolle (Veröffentlichungen der Historischen Kommission für Niedersachsen und Bremen 37. zugleich Braunschweiger Werkstücke 88), Braunschweig 1994, Nr. 55, S. 66-68, Nr. 143, 196 f. Ein Bürgermeister (Ratsmeister) findet erstmals in einer Urkunde für den Erzbischof von Magdeburg (1374 April 25) Erwähnung: *We de radesmestere, ratmanne und burghere […] tho Brunswich*. Vgl. Urkundenbuch der Stadt Braunschweig, Bd. 6, 1361-1374 samt Nachträgen, hrsg. von Manfred Garzmann, bearb. von Josef Dolle (Veröffentlichungen der Historischen Kommission für Niedersachsen und Bremen 37), Hannover 1998, Nr. 826, S. 859. Die in anderen Städte öfter anzutreffende Praxis der Nennung des kompletten regierenden Ratskollegiums eines Geschäftsjahres in den vom Rat selbst ausgestellten Urkunden war in Braunschweig nicht üblich, so dass aus der Reihenfolge der genannten Personen keine Rückschlüsse auf ihren Rang gezogen werden können.

43 UB Stadt Braunschweig 4 (wie Anmerkung 41), S. 151, Nr. 143. Wortlaut der Adresse: *Prudentibus et discretis viris magistris consulum necnon consulibus civitatis Brunswik*.

44 UB Stadt Braunschweig 4 (wie Anmerkung 41), S. 234, Nr. 232. Wortlaut der Adresse: *providis et honestis magistris consulum et consulibus civitatis Brunswich*.

45 UB Stadt Braunschweig 4 (wie Anmerkung 41), S. 369, Nr. 366.

46 Vgl. Spieß, Die Ratsherren der Hansestadt Braunschweig (wie Anmerkung 12), S. 49. UB Stadt Braunschweig 4 (wie Anmerkung 41), S. 136f., Nr. 127.

Der hier genannte Altstädter Bürgermeister Heinrich (Heine) van dem Kerkhove, der einer seit dem 13. Jahrhundert in Braunschweig ansässigen Wandschneiderfamilie (Tuchhändler) angehörte, ist damit der erste namentlich bekannte Braunschweiger Bürgermeister überhaupt.[47] Dass neben ihm noch Heinrich Timmo namentlich erwähnt wird, alle anderen Ratsherren aber ungenannt bleiben, ist ein Indiz dafür, dass in der Altstadt schon zu dieser Zeit zwei Bürgermeister gemeinsam die Geschäfte führten. Belegt ist diese Praxis wenig später durch die Altstädter Ratsordnung von 1360.[48]

Urkunde des Generalpräzeptors des Johanniterordens Hermann von Warberg mit Nennung von drei Bürgermeistern, um 1365 (Stadtarchiv Braunschweig, A I 1: 155 b)

Namentliche Erwähnung finden Bürgermeister erst wieder um 1365. Ein Beglaubigungsschreiben des Generalpräzeptors des Johanniterordens, Hermann von Warberg, ist direkt an die Bürgermeister (proconsules) Thile von Damm, Eilhard von der Heide und Jordan Stapel adressiert. Thile von Damm und Eilhard von der Heide gehörten dem Braunschweiger Patriziat an und waren Mitglieder des Rates der Altstadt.[49] Thile von Damm zog während der großen Schicht als führender Repräsentant des Altstädter Rates in ganz besonderer Weise den Zorn der Aufständischen auf sich. Sein Haus am Altstädter Markt (Haus zu den sieben Türmen) wurde zerstört und er selbst auf dem

---

47 Spieß, Die Ratsherren der Hansestadt Braunschweig (wie Anmerkung 12), S. 145.
48 UB Stadt Braunschweig 1 (wie Anmerkung 10), S. 49, Nr. 41.
49 Spieß, Die Ratsherren der Hansestadt Braunschweig (wie Anmerkung 12), S. 94, 125. UB Stadt Braunschweig 6 (wie Anmerkung 42), S. 1138.

Marktplatz hingerichtet.⁵⁰ Jordanus Stapel war Ratsherr im Hagen und ist damit der erste bekannte Bürgermeister dieses Weichbildes.⁵¹

Seit den 1370er Jahren werden die Nennungen von Bürgermeistern in den Quellen häufiger und es ist zunächst für die Altstadt und später auch für die anderen Weichbilde möglich, die jeweils amtierenden Bürgermeister der einzelnen Geschäftsjahre namhaft zu machen.⁵² Angaben über die konkreten Aufgaben der einzelnen Bürgermeister in der Geschäftsführung der Weichbildräte bzw. des Gemeinen Rates erlauben die Quellen freilich nicht.

Erst mit der Verfassungsreform von 1386 werden die Geschäftsverteilung und die Aufgaben des Bürgermeisters deutlich erkennbar. In der 1408 aufgezeichneten Geschäftsordnung der Braunschweiger Räte, dem so genannten Ordinarius, der die Verhältnisse nach der Verfassungsreform widerspiegelt, heißt es über das Amt des Bürgermeisters.

Wie die Bürgermeister des Rates Wort sprechen sollen:
*Auch soll man wissen: dass es Gewohnheit ist, dass man in der Altstadt zwei Bürgermeister einsetzt und derjenige, der der Große Bürgermeister ist, der spricht des Rates Wort, wenn der Gemeine Rat aus allen Weichbilden zu Beratungen zusammenkommt. Wenn aber der Große Bürgermeister nicht anwesend wäre, so soll er durch den zweiten Bürgermeister der Altstadt vertreten werden. Ebenso soll bei den Ratssitzungen der Altstadt verfahren werden. Desgleichen werden auch zwei Bürgermeister im Hagen eingesetzt sowie jeweils einer in der Neustadt, in der Alten Wiek und im Sack. Sie sollen das Wort ihres Weichbildes sprechen.*⁵³

---

50 Spieß, Die Ratsherren der Hansestadt Braunschweig (wie Anmerkung 12), S. 94. Jürgen von Damm, Genealogie um die Familie von Damm in Braunschweig, Bände 1 u. 2, Braunschweig ²2002, S. 24-60.
51 UB Stadt Braunschweig 6 (wie Anmerkung 42), S. 1077.
52 Für die Zeit bis einschließlich 1400 vgl. Urkundenbuch der Stadt Braunschweig, Bd. 7, 1375-1387, bearb. von Josef Dolle (Veröffentlichungen der Historischen Kommission für Niedersachsen und Bremen 215), Hannover 2003, S. 193f. Urkundenbuch der Stadt Braunschweig Band 8 I/II, 1388-1400 samt Nachträgen, bearb. von Josef Dolle (Veröffentlichungen der Historischen Kommission für Niedersachsen und Bremen 240), Hannover 2008, S. 1756f.
53 UB Stadt Braunschweig 1 (wie Anmerkung 10), Nr. S. 145-184, hier S. 150, § 6: „*Wu de borghermestere des rades wort spreken schullen. Ok schal me weten, dat eyn wohnheyt is dat me settet in der Oldenstadt twe borghermestere, vnde we de hoghteste borghermester is de sprikt des ghemeynen rades wort, wen de ghemeyne rad vt allen wykbelden bysunderen tohope is. Weret dat de hoghteste borghermester dar nycht ieghenwordich were, so deyt yd de ander. Aldus holt me dat ok vmme des rades wort to sprekende in der Oldenstad. Dussem glyk settet men ok twe borhermestere imme Haghen, eynen in der Nigenstad, eynen in der Oldenwyk, vnde eynen in deme Sake, der eyn iowelk synes wykbeldes wort bysunderen spreken schal. Vortmer: weret dat dar we were de in den sitenden rad ghekoren were edder to eynem tosworen, vnde des weyghere dat, he des nycht don wolde, de scholde dem rade hundert mark geuen.*"

Nach dieser Festlegung gab es in Braunschweig in den sitzenden, d. h. geschäftsführenden Räten insgesamt sieben Bürgermeister: zwei in der Altstadt, zwei im Hagen und jeweils einen in den übrigen drei Weichbilden. Mit Blick auf den Gesamtrat müssen zu diesen sieben Bürgermeistern, noch die jeweils sieben der ruhenden Ratsdrittel hinzugezählt werden, so dass man auf eine Gesamtzahl von 21 Bürgermeistern kommt. Es ist im Wesentlichen dieser Personenkreis, aus dem sich bis 1614 das zentrale Entscheidungsgremium der Stadt, der Küchenrat, zusammensetzte. Die Verfassungsreform von 1614 führte nicht nur zu einer radikalen Verkleinerung des Rates, sondern auch zu einer Reduzierung der Zahl der Bürgermeister die nunmehr nur noch 14 betrug (je vier in der Altstadt und im Hagen sowie jeweils zwei in der Neustadt, der Altenwiek und im Sack). Dieser Bürgermeister bildeten zusammen mit dem Kämmerer der Gemeinen Stadt das Nachfolgegremium des Küchenrates, den Engen Rat.

Eine herausgehobene Position nahmen die Großen Bürgermeister der Altstadt ein, die im Ordinarius als die *hoghesten borghermester* bezeichnet werden. Sie hatten nicht nur die Aufgabe dem eigenen Weichbildrat vorzustehen, sondern führten auch den Vorsitz im Gemeinen Rat bzw. im Küchenrat und später im Engen Rat. Damit standen sie über alle Verfassungsänderungen hinweg bis zum Ende der Unabhängigkeit 1671 an der Spitze der Gesamtstadt. Die übrigen Bürgermeister nahmen ihnen gegenüber nur eine untergeordnete Rolle ein. Aus diesem Grund haben auch nur die Großen Bürgermeister der Altstadt Aufnahme in den biographischen Teil dieses Bandes gefunden.

Welche Aufgaben oblagen nun dem Großen Bürgermeister neben dem Vorsitz in den Ratsversammlungen?

Der Inhaber dieses Amtes war in Braunschweig der oberste Repräsentant eines de facto unabhängigen Gemeinwesens. Als solcher hatte er die Stadt nach außen zu vertreten: er führte die Verhandlungen mit dem Reich, der Hanse, den lokalen fürstlichen Autoritäten oder mit anderen Städten, etwa zur Vorbereitung der zahlreichen Städtebündnisse, und stand an der Spitze des städtischen Aufgebotes. Nicht minder gefragt war der Große Bürgermeister in der städtischen Innenpolitik, etwa im Hinblick auf die Aufsicht über die gerade in Braunschweig häufig angespannten städtischen Finanzen. Leider ermöglichen es die erhaltenen Quellen bis in die zweite Hälfte des 16. Jahrhunderts nur selten, Aussagen darüber zu treffen, welchen konkreten Einfluss die jeweiligen Großen Bürgermeister auf den Gang der Dinge nahmen.

Nachkommen des Herman von Vechelde. Einer seiner Söhne, Herman (1497-1560), war von 1543 bis 1558 als Großer Bürgermeister tätig. (Stadtarchiv Braunschweig, H XIII TV 1: 5)

Die Großen Bürgermeister wurden aus den Reihen des Altstädter Rates gewählt, neben der Zugehörigkeit zu einer der führenden Familie war dabei auch die Erfahrung in der Führung von Ratsgeschäften ausschlaggebend. Aus diesem Grunde war es üblich, dass bevor jemand das Amt des Großen Bürgermeisters übernahm, er zunächst einige Jahre als Gerichtsherr, als Kämmerer bzw. als zweiter Bürgermeister der Altstadt tätig war. In dieser Zeit als so genannter Kleiner Bürgermeister hatte er die Gelegenheit, entsprechende Erfahrungen in verantwortlicher Position zu sammeln. Um zu enge Familienbande zu vermeiden, wurde 1445 im Großen Brief festgelegt, dass weder Brüder noch Vater und Sohn im Rat sitzen oder derjenige zum Bürgermeister aufsteigen dürfe, der die Tochter eines anderen Bürgermeisters geehelicht habe.[54] Die enge Versippung der Ratsherren blieb aber als Problem bestehen. Das Amt des Großen Bürgermeisters wurde wie auch das aller anderen Bürgermeister auf Lebenszeit vergeben. Wie aus der Ratsordnung von 1453 hervor-

---

54 UB Stadt Braunschweig 1 (wie Anmerkung 10), Nr. 88, S. 266-229, hier S. 227.

geht, konnte ein Bürgermeister aber auch jederzeit abgesetzt werden, wenn dies den Interessen des Rates entsprach.[55]

Zwischen 1386 und 1671 bekleideten in der Altstadt insgesamt 52 Männern das hohe Amt des Großen Bürgermeisters. Sie entstammten zum großen Teil alteingesessenen Familien der Altstadt. Ein Reihe von diesen Ratsgeschlechtern war mehrfach an der Spitze der Stadt vertreten: die von Damm (5), die von Vechelde (4), die Kale (4), die Doring (3), die Pawel (3), die von Strombeck (2), die Glümer (2), die von Broitzem (2), die Breyer (2) und die van Scheppenstede (2). Selbst nach der Verfassungsreform von 1614 blieb der Einfluss des Patriziats auf die Besetzung der Stelle des Großen Bürgermeisters spürbar. Der letzte Große Bürgermeister aus diesem Kreis war Tilemann von Damm, der von 1655 bis Januar 1671 amtierte.

Seit dem 15. Jahrhundert ist in zahlreichen Städten die Tendenz zu beobachten, neben den angestammten Wirtschaftseliten auch Gelehrte, vornehmlich Juristen, in die Räte aufzunehmen. Den hoch angesehenen Fachleuten gelang nicht selten sogar der Aufstieg bis ins Amt des Bürgermeisters. Diese Entwicklung hängt mit einer zunehmenden Verrechtlichung des gesellschaftlichen Lebens einerseits und der Tendenz zur Professionalisierung des Bürgermeisteramtes andererseits zusammen.[56]

In Braunschweig hat es allerdings bis zum Beginn des 17. Jahrhunderts kein graduierter Jurist bis an die Spitze der Stadt geschafft. Als erster Rechtsgelehrter ist Dr. Conrad Breitsprach 1616 in dieser Funktion nachweisbar, ihm folgte bis 1671 lediglich noch Dr. Autor Camman nach, der aus einer vornehmen Altstädter Familie stammte. Dieser Befund dürfte weniger mit der mangelnden Wertschätzung von juristischen Kenntnissen an der Oker zu tun haben, als vielmehr auf das komplizierte Zulassungs- und Wahlverfahren zum Rat zurückzuführen sein, dass der Verwurzelung in der Stadtgesellschaft einen klaren Vorteil gegenüber juristischer Bil-

---

55 UB Stadt Braunschweig 1 (wie Anmerkung 10), Nr. 93, S. 256. Zitat: *Desgliken schal men dat ok holden myt den jennen, de van den radsworen to borgermesteren na inneholde dessulven breves gekoren werden: de schullen ock borgermestere blyven ore levedaghe, it en worde van dem gemeynen rade unde van den radsworen des wigbeldes des se gekoren hedden erkand, dat se to dem ampte nicht bequeme weren: so mochte men se affsetten.*
56 Klaus Wriedt, Stadtrat – Bürgertum – Universität am Beispiel norddeutscher Hansestädte, in: Bernd Moeller/Hans Patze/Karl Stackmann (Hrsg.), Studien zum städtischen Bildungswesen des späten Mittelalters und der frühen Neuzeit (Abhandlungen der Akademie der Wissenschaften zu Göttingen 137), Göttingen 1983, S. 499-523. Isenmann, Die deutsche Stadt im Spätmittelalter (wie Anmerkung 2), S. 145f.

dung verschaffte. Für die juristische Expertise waren in Braunschweig die Stadtschreiber und die Syndici zuständig.[57]

Schließlich sei noch darauf hingewiesen, dass einer der Großen Bürgermeister Braunschweigs sich auch um die Stadtgeschichtsschreibung verdient gemacht hat. Tobias Olfen, der zwischen 1643 und 1654 amtierte, verfasste eine mehrbändige Geschichte der Stadt, die heute ganz zu Unrecht in Vergessenheit geraten ist.[58]

Henning Steinführer, Braunschweig

---

[57] Vgl. dazu Martin Kintzinger, Das Bildungswesen in der Stadt Braunschweig im hohen und späten Mittelalter. Verfassungs- und institutionengeschichtliche Studien zu Schulpolitik und Bildungsförderung (Beihefte zum Archiv für Kulturgeschichte 32), Köln/Wien 1990.

[58] Tobias Olfen's, eines braunschweigischen Rathsherren, Geschichtsbücher der Stadt Braunschweig, hrsg. von Carl Friedrich von Vechelde, Braunschweig 1832.

HERMAN VON VECHELDE (1386 – 1420)

Herman von Vechelde wurde um 1350 in Braunschweig geboren.[1] Sein Vater Bernd war kurz vor 1345 von Vechelde nach Braunschweig gezogen und hatte dort das Bürgerrecht in der Altstadt sowie ein Haus bei Sankt Michaelis erworben. Durch seine Hochzeit mit Metteke von Osterode hatte er in eine andere, allerdings bereits ratsfähige Neubürgerfamilie eingeheiratet und war in Braunschweig als Fernhändler zu beachtlichem Reichtum gekommen.

Sein Sohn Herman wird erstmals 1371 genannt. Er taucht dabei in einer städtischen Liste auf, welche diejenigen jungen Männer nennt, die „zu den Waffen schwören" und sich damit verpflichten, eine bestimmte Ausrüstung für den Kampf im Namen der Stadt bereit zu halten.[2] Ihm gelang es, sich noch enger mit den städtischen Führungsschichten zu verbinden als sein Vater, indem er um 1380 Ilse van dem Kerkhove (gest. nach 1431) heiratete, die aus einem der alten Geschlechter stammte, die bereits seit dem 13. Jahrhundert dem Rat der Altstadt angehörten. Das Paar wohnte im Vecheldeschen Hof gegenüber dem Brüdernkloster in der Gördelingerstraße. Es hatte fünf Kinder: zwei Töchter, Lucke und Margarethe, sowie drei Söhne, von denen einer, Heinrich, früh verstarb und die anderen, Albert und Hermann, später wie der Vater Inhaber von wichtigen Ratsämtern wurden.

Das Wappen von Vechelde (Stadtarchiv Braunschweig, H III 3: 4 vol. 2, S. 116)

---

1 Zur Biographie Hermans von Vechelde S. am ausführlichsten Werner Spieß, Von Vechelde. Die Geschichte einer Braunschweiger Patrizierfamilie (Braunschweiger Werkstücke 13), Braunschweig 1951, S. 20-36.
2 Urkundenbuch der Stadt Braunschweig, Bd. 6: 1361-1374 samt Nachträgen, hrsg. von Manfred Garzmann, bearb. von Josef Dolle (Veröffentlichungen der Historischen Kommission für Niedersachsen und Bremen 37), Hannover 1998, S. 667, Nr. 592.

Herman erwarb als Gewandschneider und Fernhändler ein umfangreiches Vermögen, das er in der Stadt in Zinsbesitz und außerhalb in Land- sowie Zehntbesitz anlegte und noch weiter vermehrte. Seine Position innerhalb der Braunschweiger Elite beruhte also auf seinem ererbten und erworbenen Reichtum sowie auf enger Verwandtschaft mit einflussreichen Familien und alten Geschlechtern; außerdem verfügte er über eigene familiäre Bindungen, da sein Bruder, wie er selbst, als Mitglied der Gewandschneider- und sein Vetter als Angehöriger der Wechslergilde nachweisbar sind. Er gehörte zudem der exklusiven Lilienvente an, einer zur gegenseitigen militärischen Unterstützung 1384 gegründeten Patriziergesellschaft.

Durch seine Position war Herman von Vechelde für städtische Ämter geradezu prädestiniert, und es ist nicht verwunderlich, dass er seit Anfang der 1380er Jahre ständig wichtige Funktionen übernahm. Vom Beginn dieses Jahrzehnts an lässt er sich als Mitglied des Rates der Altstadt nachweisen. 1382 war er als Kämmerer für die Erfassung und Verwaltung von Einnahmen aus Steuern, Abgaben und Kapitalerträgen sowie von Ausgaben für Verwaltung, Bauten, Kriegswesen, Schuldzinsen u. a. zuständig. Er hatte damit ein Amt inne, das gerade in dieser Zeit in deutschen Städten institutionalisiert wurde. Im Jahr darauf amtierte er als *proconsul*, also als Kleiner Bürgermeister, neben dem Großen Bürgermeister der Altstadt.

Testament Herman von Vecheldes (Stadtarchiv Braunschweig, B I 23: 1, S. 77)

Von 1386 an bis zu seinem Tod war Herman von Vechelde Großer Bürgermeister der Altstadt, er wurde also über 12 jeweils dreijährige Ratsperioden immer wieder in das Amt gewählt. In dieser Funktion war er in einem der drei Jahre Vorsitzender des sog. „sitzenden", also aktiven Rates der Altstadt, in den beiden anderen Jahren fungierte er als Ratgeber.

Als Großer Bürgermeister der Altstadt war Herman von Vechelde auch Vorsitzender der unterschiedlichen gesamtstädtischen Ratsgremien: des Gemeinen Rates als Zusammenschluss der fünf sitzenden Räte der Teilstädte und des vollen Rates, in dem zu seltenen Gelegenheiten alle 103 Ratsgeschworenen der Stadt – darunter auch diejenigen die nicht aktuell den sitzenden Räten angehörten – zusammenkamen. Wichtiger für die kontinuierlichen Amtsgeschäfte war allerdings der „Küchenrat", der nach dem Tagungsort, der Küche der Münzschmiede, benannt war und als Ausschuss aus dem vollen Rat die ganze Ratsperiode über im Amt blieb und regelmäßig tagte. Dadurch wurde dieses Gremium zum eigentlichen Entscheidungsorgan der Stadt. Es stellte im Wesentlichen eine Versammlung der 21 Bürgermeister dar, die um vier Kämmerer erweitert wurde, und zog immer mehr Kompetenzen an sich.

Es gehörte auch zu Hermans Funktionen, dass er das militärische Aufgebot Braunschweigs anführte. Dies tat er vor allem im Lüneburger Erbfolgekrieg, als die Braunschweiger an der Seite der Welfenherzöge am 28. Mai 1388 die Schlacht bei Winsen an der Aller gegen die askanischen Herzöge von Sachsen-Wittenberg gewannen. Der Sieg war für die Braunschweiger so wichtig, dass zu seinem Gedenken jährliche Prozessionen veranstaltet wurden. Ihr Bürgermeister wurde noch auf dem Schlachtfeld zum Ritter geschlagen.

Das politische Wirken Hermans von Vechelde fällt stadtgeschichtlich in eine Epoche, in der Braunschweig nach den heftigen inneren Auseinandersetzungen während der Großen Schicht von 1374 und deren Nachwirkungen eine Phase der finanziellen, wirtschaftlichen und politischen Konsolidierung durchmachte, in der durch Schuldentilgung, Verfassungsreformen, militärische und andere Maßnahmen die Basis für die Prosperität der Stadt im letzten Jahrhundert des Mittelalters gelegt wurde. Traditionell wird ihm an den dazu notwendigen Entscheidungen und Aktivitäten ein bedeutender Anteil zugesprochen, der aufgrund seiner Position auch sehr wahrscheinlich ist, sich aber nicht immer auch konkret nachweisen lässt. Dazu dienen vor allem zwei heute noch erhaltene Texte aus dem Umfeld des Braunschweiger Rates, die Hermann von Vechelde im Allgemeinen zugeschrieben werden: die „Heimliche Rechenschaft", für deren Urheberschaft auch inhaltliche und stilistische Parallelen mit seinem Testament geltend gemacht wurden, und der „Ordinarius".

Die im Auftrag des Gemeinen Rates 1401 entstandene „Heimliche Rechenschaft" sollte darlegen, wie die Stadt und der Rat einst in große finanzielle Schwierigkeiten geraten waren und mit harten Bemühungen und viel Aufwand aus dieser Lage wieder heraus gefunden hatten.[3]

In vier Büchern beschrieb der Verfasser die Umstände der städtischen Verschuldung, wobei er der Schicht von 1374 große Bedeutung zumaß, den Weg aus dieser Situation seit 1387 und die derzeitigen finanziellen Verhältnisse hinsichtlich noch vorhandener Schulden und Ausgaben für öffentliche Belange. Die „Heimliche Rechenschaft" sollte mindestens einmal im Jahr vor ausgewählten Ratsherren verlesen und alle drei Jahre auf den neuesten Stand gebracht werden, um dem Rat zu zeigen, ob sich die Finanzlage gebessert hatte oder nicht.

Der aus dem Jahr 1408 stammende „Ordinarius" ist ein Handbuch der Aufgaben und Tätigkeitsfelder des Rates, der ihn auch in Auftrag gegeben hat, für den Bürgermeister der Altstadt.[4] Aus diesem Text lässt sich die Verfassungsreform von 1386 unter dem Einfluss Hermans von Vechelde in weiten Teilen rekonstruieren, die den Gilden entscheidenden Anteil an der Stadtregierung zuschrieb. Das Buch handelt in zwei Teilen von der Wahl, der Einsetzung und den wichtigsten Amtshandlungen der verschiedenen Ratsgremien sowie der Amtsträger und der Bediensteten, die der Rat seinerseits zu bestimmen hatte.

Wenn Werner Spieß Herman in seinem Buch über die Familie von Vechelde als „Braunschweigs größte(n) Bürgermeister" bezeichnet, so trifft diese Charakterisierung auf das Mittelalter bezogen mit Sicherheit zu. Er war, auch wenn sein Anteil zuweilen schwer bestimmbar ist, die zentrale politische Persönlichkeit in einer Zeit wichtiger und folgenschwerer Umbrüche in Braunschweig.

Herman von Vechelde starb am 28. Juni 1420. Sein Totenschild aus Holz hing noch in der Mitte des 19. Jahrhunderts am Pfeiler gegenüber dem Predigtstuhl von St. Martini.[5] Neben dem wirtschaftlichen und politischen Handeln Hermans wird in seinem Testament auch die Sorge für sein Seelenheil fassbar, die sich auch schon vorher in verschiedenen Stiftungen äußerte. So stiftete er zusammen mit seiner

---

3   Die Chroniken der niedersächsischen Städte, Bd. 1, hrsg. von Ludwig Hänselmann (Die Chroniken der deutschen Städte vom 14. bis ins 16. Jahrhundert 6), Leipzig 1868, S. 121-207.
4   Urkundenbuch der Stadt Braunschweig, Bd. 1, hrsg. von Ludwig Hänselmann, Braunschweig 1873, S. 145-184, Nr. 63.
5   Die Inschriften der Stadt Braunschweig bis 1528, bearb. von Andrea Boockmann (Die Deutschen Inschriften 35), Wiesbaden 1993, Nr. 92, S. 94 f.

Frau 1399/1407 einen Dreifaltigkeitsaltar in der Martinikirche und verschiedene Feste zu Ehren des hl. Cyriakus in der Martinikirche, der Michaeliskirche sowie dem Rennelbergkloster.[6]

Thomas Scharff, Braunschweig

---

6 Dietrich Mack, Testamente der Stadt Braunschweig. Altstadt 1412-1420 (Beiträge zu Genealogien Braunschweiger Familien 4), Göttingen 1993, S. 226-236.

Eggeling van Strombeck (Strobek, Strobke, van Strobeke) (1387 – 1394)

Eggeling van Strombeck entstammte einer Kaufmannsfamilie, die seit 1298 in Braunschweig nachweisbar ist und deren Mitglieder hauptsächlich Wechsler waren.[1] Zwischen 1306 und 1612 sind die Strombecks fast ständig im Rat der Altstadt vertreten. Eggelings gleichnamiger Vater hatte zwischen 1340 und 1355 Sitz und Stimme im Altstädter Rat.[2]

Eggeling van Strombeck ist erstmals 1373 als Ratsherr der Altstadt nachgewiesen. Im Zuge der Großen Schicht gehörte er zunächst zu den aus der Stadt Vertriebenen. Er kehrte jedoch als Einziger schon 1380 nach Braunschweig zurück und saß bereits 1383 wieder im Rat. Im Jahr 1384 war er Mitglied des patrizischen Schutzbündnisses der Lilienvente.[3] In der ersten Wahlperiode nach der Verfassungsreform stand er gemeinsam mit Herman von Vechelde als Großer Bürgermeister an der Spitze der Stadt. Er amtierte in den Jahren 1387, 1389 und 1394 als Großer Bürgermeister.[4] Danach ist er aus nicht näher bekannten Gründen aus dem Rat ausgeschieden, in Braunschweig bleibt er noch einige Jahre nachweisbar.

Wappen der von Strombecks (H III 3: 4, Vol. 1, S. 69)

---

1 Zur Familie vgl. Sophie Reidemeister, Genealogien Braunschweiger Patrizier- und Ratsgeschlechter (Braunschweiger Werkstücke 12), Braunschweig 1948, S. 143-146. Werner Spieß, Die Ratsherren der Hansestadt Braunschweig 1231-1671 (Braunschweiger Werkstücke 42), Braunschweig 1970, S. 200-202.
2 Spieß, Die Ratsherren der Hansestadt Braunschweig (wie Anmerkung 1), S. 200.
3 Urkundenbuch der Stadt Braunschweig, Bd. 7, 1375-1387, bearb. von Josef Dolle (Veröffentlichungen der Historischen Kommission für Niedersachsen und Bremen 215), Hannover 2003, S. 1168.
4 Spieß, Die Ratsherren der Hansestadt Braunschweig (wie Anmerkung 1), S. 200.

Siegel des Eggeling van Strobeke, 1374 (Stadtarchiv Braunschweig, A I 1: 255)

Wie aus dem Gildebuch der Gewandschneider (1401) hervorgeht gehörte Eggeling van Strombeck dieser Gilde an. Für ihn sind zwei Eheverbindungen nachgewiesen. In erster Ehe war er mit einer Hanneke verheiratet über der Herkunft nichts Näheres bekannt ist. Den zweiten Ehebund schloss er mit der Witwe des Ritters Anno von der Knesebeke, Margarete.[5]

Von 1389 bis 1402 wohnte er in einem Haus in der heutigen Poststraße,[6] im Folgejahr zog er an den Altstadtmarkt um, wo er bis 1416 bezeugt ist. Wenig später wird er verstorben sein. Die Strombecks verfügten über weiteren Grundbesitz in Braunschweig und Lehn im Braunschweiger Umland.[7] Eggelings Neffe, Tile von Strombeck, vermochte ebenfalls zum Großen Bürgermeister der Altstadt aufzusteigen.

Henning Steinführer, Braunschweig

---

5 Reidemeister, Genealogien (wie Anmerkung 1), S. 143.
6 Haus Assekuranz Nr. 102, vgl. Stadtarchiv Braunschweig: Heinrich Meier, Häuserbuch der Stadt Braunschweig (Neuere Handschriften III 403, Band 1).
7 Haus Assekuranz Nr. 95, vgl. ebd.

CORT VAN URSLEVE (1389 – 1433)

Cort van Ursleve entstammte einer Kaufmannsfamilie, die seit 1260 in Braunschweig nachweisbar ist.[1] Ab 1293 erscheinen die Ursleve im Altstädter Rat. Sein Vater, Heiso von Ursleve, gehörte dem Rat des wichtigsten Braunschweiger Weichbildes seit 1354 an.[2]

Cort van Ursleve ist 1384 als Mitglied des unter dem Eindruck der Großen Schicht gegründeten patrizischen Schutzbündnisses der Lilienvente belegt.[3] Seine politische Laufbahn begann Cort van Ursleve 1386 als Ratsherr der Altstadt.

Siegel des Cort van Ursleve (Stadtarchiv Braunschweig, A I 1: 462)

Nur vier Jahre später ist er erstmals als Großer Bürgermeister nachgewiesen. Diese Position bekleidete van Ursleve über einen außerordentlich langen Zeitraum von vier Jahrzehnte (amtierend in den Jahren: 1390, 1393, 1399, 1402, 1405, 1408, 1411, 1414, 1417, 1420, 1423, 1426, 1429 und 1432). Daher lässt sich vermuten, dass er in relativ jungen Jahren mit dem Bürgermeisteramt betraut wurde. Der Grund dafür könnte in der engen familiären Verbindung zu Herman von Vechelde liegen, mit dem er verschwägert war.

Zur gleichen Zeit wie Cort van Ursleve gehörte sein Bruder Hermann dem Altstädter Rat an. Im Auftrag des Rates wirkte Cort

---

1 Zur Familie vgl. Sophie Reidemeister, Genealogien Braunschweiger Patrizier- und Ratsgeschlechter (Braunschweiger Werkstücke 12), Braunschweig 1948, S. 152.
2 Werner Spieß, Die Ratsherren der Hansestadt Braunschweig 1231-1671 (Braunschweiger Werkstücke 42), Braunschweig 1970, S. 218.
3 Urkundenbuch der Stadt Braunschweig, Bd. 7, 1375-1387, bearb. von Josef Dolle (Veröffentlichungen der Historischen Kommission für Niedersachsen und Bremen 215), Hannover 2003, S. 661f., Nr. 753.

van Ursleve zwischen 1406 und 1412 als Provisor des Marienhospitals.[4] Für die Hospitalkirche ist auch er mehrfach als Stifter belegt.[5]

Die Zeit um 1400 war für Braunschweig eine sehr dynamische Epoche. Die Stadt konnte ihre Autonomie weiter festigen und wurde gestützt auf den Sächsischen Städtebund und die Hanse zu einem wichtigen regionalen Machtfaktor.[6] An der Gestaltung der städtischen Politik dürfte Cort van Ursleve einen nicht unerheblichen Anteil gehabt haben. Schon 1389 gehörte er den Vertretern Braunschweigs auf dem Hansetag in Lübeck an. 1427 erscheint er unter den Verhandlungsteilnehmern des Braunschweiger Hansetages, der einzigen derartigen Versammlung die jemals an der Oker stattgefunden hat.[7]

Cort van Ursleve war zwischen 1386 und 1438 in der Gördelingerstraße ansässig.[8] In erster Ehe war er mit Aleke van dem Kerkhove verheiratet, nach deren Tod ehelichte er Alheid von Osten. Die Familie verfügte über umfangreichen Lehensbesitz im Braunschweiger Umland. Um 1379 erscheint Cort van Urleve erstmals unter den Lehnsleuten Herzog Friedrichs von Braunschweig-Lüneburg, dem er 1385 gemeinsam mit seinem Bruder Hermann und Cort Stapel das Halsgericht zu Rüningen abkauft.[9] 1439 wird Cort van Ursleve als verstorben erwähnt. Die Familie ist 1463 in Braunschweig ausgestorben.

Henning Steinführer, Braunschweig

---

4   Hermann Dürre, Geschichte der Stadt Braunschweig im Mittelalter, Wolfenbüttel 1875, S. 588.
5   Stadtarchiv Braunschweig A III 1: 162.
6   Vgl. dazu mit ausführlichen Literaturhinweisen: Richard Moderhack, Braunschweiger Stadtgeschichte, Braunschweig 1997, bes. S. 60-71.
7   Matthias Puhle, Die Politik der Stadt Braunschweig innerhalb des Sächsischen Städtebundes und der Hanse im Späten Mittelalter (Braunschweiger Werkstücke 63), Braunschweig 1985, S. 214-216.
8   Haus Assekuranz Nr. 83, vgl. Stadtarchiv Braunschweig: Heinrich Meier, Häuserbuch der Stadt Braunschweig (Neuere Handschriften III 403, Band 1).
9   UB Stadt Braunschweig 7 (wie Anmerkung 3), S. 803f., Nr. 912.

Cort Elers (1400)

Die Familie Elers ist seit 1204 in Braunschweig in der Altstadt und in der Neustadt nachzuweisen. Die Elers, die aus der Ministerialität hervorgegangen sind, waren mehrheitlich Fernhändler und Wandschneider und eng mit der Familie van dem Hus (de domo) verwandt.[1] Als Stammvater der Familie Elers gilt ein gewisser Ethelerus miles, der 1246 erstmalig unter den Ratsherren der Altstadt erscheint.[2]

Cort Elers, der Mitglied der Gilde der Wechsler war, ist seit 1367 in Braunschweig nachweisbar. Er gehörte zu den Angehörigen der Geschlechter, die während der Großen Schicht aus der Stadt vertrieben wurden. Nach seiner Rückkehr wurde Cort Elers 1395 in den Rat der Altstadt gewählt. Es ist nicht eindeutig auszumachen, ob er hier sogleich Eggeling von Strombeck im Amt des Großen Bürgermeisters nachfolgte oder zunächst das Amt des Kleinen Bürgermeisters übernahm. Sicher amtierte er im Jahr 1400 als großer Bürgermeister.[3]

Wappen der Elers (Stadtarchiv Braunschweig, H III 3: 4, Vol. 3, S. 20)

Im Folgejahr scheint Elers ganz aus dem Rat ausgeschieden zu sein, ohne das ein Grund dafür überliefert ist. Im Auftrag des Rates hatte er zwischen 1388 und 1408 das Provisorenamt am Marienhospital inne.[4]

---

1 Sophie Reidemeister, Genealogien Braunschweiger Patrizier- und Ratsgeschlechter (Braunschweiger Werkstücke 12), Braunschweig 1948, S. 51. Werner Spieß, Die Ratsherren der Hansestadt Braunschweig 1231-1671 (Braunschweiger Werkstücke 42), Braunschweig 1970, S. 103f.
2 Spieß, Die Ratsherren der Hansestadt Braunschweig (wie Anmerkung 1), S. 241.
3 Ebd., S. 315, Anm. 3.
4 Hermann Dürre, Geschichte der Stadt Braunschweig im Mittelalter, Wolfenbüttel, 1875, S. 588.

Cort Elers war zwischen 1392 und 1407 in der Jakobstraße ansässig und zog dann in die Steinstraße (1409-1413).[5] Er verfügte darüber hinaus über weiteren Grundbesitz in der Stadt, u.a. Häuser in der Echternstraße und am Eiermarkt sowie Lehen in Klein Winnigstedt, Klein Stöckheim und Rüningen.[6] Verheiratet war er mit einer gewissen Alheid, die wahrscheinlich der angesehenen Altstädter Familie von Calw entstammte.

Cort Elers errichtete 1422 sein Testament[7] und scheint um 1425 gestorben zu sein. Obwohl die Familie Elers später noch mehrere Ratsherren in der Altstadt und in der Neustadt stellte und erst im 18. Jahrhundert in Braunschweig ausstarb, ist Cort Elers der einzige Familienangehörige geblieben, der jemals in das Amt des Großen Bürgermeisters aufstieg.[8]

Henning Steinführer, Braunschweig

---

5 Dietrich Mack, Testamente der Stadt Braunschweig, Band 5: Altstadt 1421-1432, Göttingen 1995, S. 63f.
6 Ebd., S. 63.
7 Ebd. S. 63-69.
8 Reidemeister, Genealogien (wie Anmerkung 1), S. 51-54.

Cort Doring (1403 – 1409)

Cort Doring entstammte einer alteingesessenen Altstädter Ratsfamilie (auch Döring oder Thuringi), die seit 1282 in Braunschweig nachweisbar ist und seit 1282 Vertreter im Rat der Altstadt stellte. Die Dorings waren in Braunschweig reich begüterte Fernhändler und Wechsler.¹

Der Vater von Cort Doring, der den gleichen Namen trug, gehörte zu den Altstädter Ratsherren, die 1374 im Verlauf der Großen Schicht hingerichtet wurden. Cort Doring war 1400 in den Rat aufgenommen worden. Er rückte nur ein Jahr später zum Kleinen Bürgermeister auf und amtierte 1403 erstmals als Großer Bürgermeister der Altstadt. Es folgten zwei weitere Amtsjahre 1406 und 1409. Doring war u.a. federführend an einem 1409 geschlossenen Friedens- und Verteidigungsbündnis zwischen dem Herzog in Wolfenbüttel, dem Bischof von Hildesheim und der Stadt Braunschweig beteiligt.²

Wappen der Dorings (Stadtarchiv Braunschweig, H III 3: 4, Vol. 1, S. 91)

Zwischen 1380 und 1410 ist Cort Doring, der Mitglied der Braunschweiger Wandschneidergilde war, als Bewohner des großen Doringschen Anwesens zwischen dem heutigen Eiermarkt und der Turnierstraße nachgewiesen.³ Im Jahr 1400 wird er im

---

1 Sophie Reidemeister, Genealogien Braunschweiger Patrizier- und Ratsgeschlechter (Braunschweiger Werkstücke 12), Braunschweig 1948, S. 48-50. Werner Spieß, Die Ratsherren der Hansestadt Braunschweig 1231-1671 (Braunschweiger Werkstücke 42), Braunschweig 1970, S. 98f.
2 Stadtarchiv Braunschweig, B I 2: 2, fol. 148. Marie Hours, Sozialgeschichte der Familie Doring in Braunschweig zwischen 1275 und 1492, Göttingen 1983, S. 34.
3 Hours, Sozialgeschichte der Familie Doring (wie Anmerkung 2), S 70-72.

Lehnsregister der Herzöge von Bernhard und Heinrich von Braunschweig-Lüneburg mit Lehen in der Braunschweiger Umgegend genannt.[4]

Cort Doring, von dem keine Eheverbindung belegt ist, erscheint bis 1410 in den Quellen und wird bald darauf gestorben sein. Die Familie starb in ihrem Braunschweiger Zweig 1625 aus. Bis 1671 gelangten insgesamt drei ihrer Mitglieder bis in das höchste Amt der Stadt.

Henning Steinführer, Braunschweig

---

[4] Urkundenbuch der Stadt Braunschweig Band 8 I/II, 1388-1400 samt Nachträgen, bearb. von Josef Dolle (Veröffentlichungen der Historischen Kommission für Niedersachsen und Bremen 240), Hannover 2008., Nr. 1469, S. 1467.

Fricke van Damm
(van Damme, van dem Damme)
(1412 – 1422)

Die Familie van Damm gehörte über Jahrhunderte hinweg zu den prägenden Patriziergeschlechtern in der Geschichte der Stadt Braunschweig. Erstmals 1267 im Weichbild Altstadt nachweisbar, waren ihre Mitglieder v.a. als Fernhändler, Wechsler und Goldschmiede tätig.[1] Erstmals im Rat der Altstadt belegt ist ein Bertram van Damm im Jahr 1307.[2] Dieser Bertram amtierte bis 1344 und hatte offensichtlich eine führende Position im Rate inne. Sein Sohn Thile van Damm, der ihm 1344 als Ratsmitglied nachfolgte, gehörte zu den frühesten namentlich bekannten Bürgermeistern der Altstadt (1365 *proconsul*). Während der großen Schicht zog Thile als führender Repräsentant des Altstädter Rates in ganz besonderer Weise den Unmut der Aufständischen auf sich. Sein Haus am Altstädter Markt (Haus zu den sieben Türmen) wurde zerstört und er selbst auf dem Marktplatz hingerichtet.[3]

Wappen der von Damms (Stadtarchiv Braunschweig, H III 3: 4, Vol. 1, S. 128)

Fricke van Damm war der Sohn von Thiles Bruder Bernd van Damm und gehörte 1384 zu den Mitbegründer der so genannten Lilienvente, einem patrizischen Schutzbündnis, das unter

---

1 Jürgen von Damm, Genealogie um die Familie von Damm in Braunschweig, Bände 1 u. 2, Braunschweig ²2002. Werner Spieß, Die Ratsherren der Hansestadt Braunschweig 1231-1671 (Braunschweiger Werkstücke 42), Braunschweig 1970, S. 94. Sophie Reidemeister, Genealogien Braunschweiger Patrizier- und Ratsgeschlechter (Braunschweiger Werkstücke 12), Braunschweig 1948, S. 42-47.
2 Spieß, Die Ratsherren der Hansestadt Braunschweig (wie Anmerkung 1), S. 94
3 Vgl. dazu ausführlich: von Damm, Genealogie um die Familie von Damm (wie Anmerkung 1), S. 24-60.

dem Eindruck der Großen Schichte gegründet worden war.⁴ Unter den Mitgliedern des Altstädter Rates erscheint Fricke van Damm erstmals 1411 als Vertreter der Gilde der Wechsler. Unmittelbar darauf amtierte er bereits als Großer Bürgermeister, geschäftsführend in den Jahren 1412, 1415, 1418 und 1422. In diese Zeit fällt u.a. die Auseinandersetzung des Braunschweiger Rates mit dem Blasiusstift um die Einrichtung eigener Stadtschulen an der Martini- und an der Katharinenkirche, in dem sich der Rat schließlich durchzusetzen vermochte. Im Jahr 1412 ist Fricke van Damm auch als Konstabler, verantwortlich für die Ausrichtung des jährlichen Fastnachtsgelags bezeugt. Von 1421 bis 1430 versah Fricke das Provisorenamt in der Martinikirche. Zwischen 1381 und 1427 erscheint er unter den Mitgliedern des vornehmen Matthäuskalandes.⁵

Fricke van Damm ist als Besitzer von Häusern in der Breiten Straße und der Kaffeetwete nachgewiesen. Außerdem verfügte er über Lehensbesitz in Atzum, Schöppenstedt, Winnigstedt, Bornum, Wendeburg, Dettum, Salzdahlum, Hedeper, Seinstedt und Völkenrode.

Verheiratet war er wahrscheinlich mit Johanna Breyer aus Hildesheim, deren Familie 1437 nach Braunschweig einwanderte und mit Ludeke Breyer und Ludelef Breyer später selbst zwei Große Bürgermeister der Altstadt stellte.

Fricke van Damm ist 1432 verstorben, seine Familie sollte später noch vier weitere Große Bürgermeister der Altstadt stellen. Die van Damms waren damit von allen Braunschweiger Geschlechtern am häufigsten in diesem Amt vertreten.

Henning Steinführer, Braunschweig

---

4   Zu Fricke von Damm vgl.: Spieß, Die Ratsherren der Hansestadt Braunschweig (wie Anmerkung 1), S. 94, Reidemeister, Genealogien (wie Anmerkung 1), S. 42. von Damm, Genealogie um die Familie von Damm (wie Anmerkung 1), S. 83-87.
5   Kerstin Rahn, Religiöse Bruderschaften in der spätmittelalterlichen Stadt Braunschweig (Braunschweiger Werkstücke 91), Braunschweig 1994, S. 87, 210.

TILE VAN STROMBECK
(VAN STROBKE, VAN STROBEKE)
(1421 – 1439)

Tile van Strombeck ist der zweite Sproß der Familie, der als Neffe des Großen Bürgermeisters Eggeling van Strombeck, an die Spitze des Stadtregiments in Braunschweig gelangte.[1] Tile war Mitglied der Gilde der Wechsler und kann 1412 erstmals als Ratsherr der Altstadt nachgewiesen werden. Dort versah er zunächst in den Jahren 1414 und 1415 sowie 1417, 1418 und 1420 das Amt eines Kämmerers. Damit war er Mitglied des Küchenrates und für die städtischen Finanzen verantwortlich. Als Großer Bürgermeister amtiert er ab 1421 über einen Zeitraum von annähernd 20 Jahren.

Testament Tile van Strombeck (Stadtarchiv Braunschweig, B I 23: 1, fol. 125v)

Mit der Geschäftsführung war er 1421, 1424, 1427, 1430, 1433, 1436 und 1439 betraut. In dieser Zeit befand sich die Stadt Braunschweig auf dem Höhepunkt ihrer Autonomie, so kann es nicht verwundern, dass die Welfenherzöge ihre Residenz 1432 endgültig nach Wolfenbüttel verlegen. Tile van Strombeck ist in verschiedenen politischen Missionen für den Rat nachweisbar. 1427 gehörte er zu den Teilnehmern des Hansetage in Braunschweig, im selben Jahr nahm er an Verhandlungen des sächsischen Städtebundes in Halle teil und 1431 vermittelt er in Magdeburg in einem Streit zwischen dem dortigen Rat und dem Domkapitel.[2]

---

1 Sophie Reidemeister, Genealogien Braunschweiger Patrizier- und Ratsgeschlechter (Braunschweiger Werkstücke 12), Braunschweig 1948, S. 144. Werner Spieß, Die Ratsherren der Hansestadt Braunschweig 1231-1671 (Braunschweiger Werkstücke 42), Braunschweig 1970, S. 201.
2 Matthias Puhle, Die Politik der Stadt Braunschweig innerhalb des Sächsischen Städtebundes und der Hanse im Späten Mittelalter (Braunschweiger Werkstücke 63), Braunschweig 1985, S. 216f.

Tile van Strombeck verfügte über Hausbesitz u.a. am Eiermarkt (seit 1420) und über Lehnsbesitz in der Braunschweiger Umgebung. In erster Ehe war er mit Mette van Ursleve, der Tochter des ehemaligen Großen Bürgermeisters Cort van Ursleve verheiratet. Danach ging er eine weitere Eheverbindung mit Hanneke von Peine ein.[3]

Tile van Strombeck errichtete 1440 sein Testament und ist wahrscheinlich kurze Zeit später verstorben.[4] Die Familie stellte noch eine Reihe weiterer Ratsherren in der Altstadt, bis in das Amt des Großen Bürgermeisters gelangte bis 1671 jedoch keiner mehr.[5]

Henning Steinführer, Braunschweig

---

[3] Reidemeister, Genealogien (wie Anmerkung 1), S. 144.
[4] Ebd.
[5] Spieß, Ratsherren der Hansestadt Braunschweig (wie Anmerkung 1), S. 314.

Statius Velhauwer (Veilhover) (1425 – 1437)

Vergleichsweise wenig ist über Statius Velhauwer bekannt. Erstmals erscheint er Ende des 14. Jahrhunderts in Braunschweiger Zusammenhängen, als er dem Rat in einem Brief über seine erfolglosen Bemühungen bei der Beilegung eines Streits mit dem Rat der Stadt Goslar berichtete.¹

Danach scheint er in den Kreis der Braunschweiger Geschlechter eingeheiratet zu haben, vermutlich in die angesehene Familie Kale.² Im Jahr 1411 wird er erstmals als Ratsmitglied in der Altstadt genannt, gewählt auf Vorschlag der Gemeinde. Im Rat übernahm er zunächst die Funktionen eines Kämmeres (1411, 1414, 1420) und dann des Kleiner Bürgermeister (1424). Damit gehörte er dem Küchenrat an und hatte tiefe Einblicke in die Zusammenhänge der städtischen Politik. Schließlich wurde Statius Velhauwer zum Großen Bürgermeister gewählt. Er amtierte in den Jahren 1425, 1428, 1431, 1434 und 1437.³

Siegel des Statius Velhauer von 1412 (Stadtarchiv Braunschweig, A I 1: 481)

Im Jahr 1427 gehörte er zu den Teilnehmern des Braunschweiger Hansetages. 1435 war er an der Beilegung eines Streits zwischen der Stadt Magdeburg mit Erzbischof Günther beteiligt.⁴

---

1 Urkundenbuch der Stadt Braunschweig Band 8 I, 1388-1400 samt Nachträgen, bearb. von Josef Dolle (Veröffentlichungen der Historischen Kommission für Niedersachsen und Bremen 240), Hannover 2008, Nr. 1524, S. 1513f.
2 Vgl. Stadtarchiv Braunschweig, Stammtafel von Heinrich Meier (H III 3: 3 Vol. 2). Zur Familie Kale: Sophie Reidemeister, Genealogien Braunschweiger Patrizier- und Ratsgeschlechter (Braunschweiger Werkstücke 12), Braunschweig 1948, S. 86-88.
3 Werner Spieß, Die Ratsherren der Hansestadt Braunschweig 1231-1671 (Braunschweiger Werkstücke 42), Braunschweig 1970, S. 222.
4 Matthias Puhle, Die Politik der Stadt Braunschweig innerhalb des Sächsischen Städtebundes und der Hanse im Späten Mittelalter (Braunschweiger Werkstücke 63), Braunschweig 1985, S. 216f.

Velhauwer besaß seit 1412 ein Haus an der Martinikirche, das bis 1552 im Besitz der Familie Velhauwer war, die noch im 16. Jahrhundert in Braunschweig ausgestorben zu sein scheint. Statius Velhauwer starb 1439.

Henning Steinführer, Braunschweig

Albert I. van Vechelde (1435 – 1455)

Albert I. van Vechelde war der Sohn des so erfolgreichen Bürgermeisters Herman van Vechelde und das zweite Familienmitglied, das bis an die Spitze des Stadtregiments gelangte.[1]

Herman van Vechelde war 1420 gestorben. Im folgenden Ratswahljahr 1422 (Koerjahr) wurde sein Sohn in den Altstädter Rat gewählte, in dem er 1423 erstmals amtierte.

Außerdem fungierte er 1424 und 1426 als Kämmerer und in den Jahren 1427, 1430 und 1433 als Kleiner Bürgermeister. Das Amt des Großen Bürgermeisters der Altstadt übte er in den Jahren 1435, 1438, 1441, 1444, 1447, 1450, 1453 und 1455 aus.[2]

Wappenbrief der von Vechelde, Detail, 1437 (Stadtarchiv Braunschweig, A IV 11: 24 a)

Zu Beginn seiner Amtszeit unterhielt Braunschweig relativ enge Kontakte zu Kaiser und Reich, die sich insbesondere während der Regierung von Kaiser Sigismund (1410-1437) intensiviert hatten, u.a. nahm die Stadt an mehreren Reichstagen teil. Im Zusammenhang mit diesen Beziehungen zum Hof standen auch die Bemühungen um einen Wappenbrief für die Stadt. Dieser Wunsch entsprach offensichtlich dem Bedürfnis nach

---

1 Sophie Reidemeister, Genealogien Braunschweiger Patrizier- und Ratsgeschlechter (Braunschweiger Werkstücke 12), Braunschweig 1948, S. 155. Werner Spieß, Von Vechelde. Die Geschichte einer Braunschweiger Patrizierfamilie 1332-1864 (Braunschweiger Werkstücke 13), Braunschweig 1951, S. 37-44. Werner Spieß, Die Ratsherren der Hansestadt Braunschweig 1231-1671 (Braunschweiger Werkstücke 42), Braunschweig 1970, S. 220.
2 Spieß, Die Ratsherren der Hansestadt Braunschweig (wie Anmerkung 1), S. 315.

einem sichtbaren Zeichen für die autonome Stellung der Stadt. Dieser Wappenbrief wurde schließlich 1438 von Sigismunds Nachfolger Albrecht II. ausgestellt.[3] Der Ausfertigung der Urkunde dürften längere Verhandlungen vorausgegangen sein, an denen Albert I. als Großer Bürgermeister sicher auch beteiligt war. Die auf diese Weise aufgebauten Kontakte nutzte Albert I. auch für einen Vorstoß in eigener Sache. Es gelang ihm nämlich zusammen mit seinem Bruder Hermann, von Kaiser Sigismund 1437 die Ausstellung eines Wappenbriefes für ihre Familie zu erwirken.[4]

Während der Amtszeit Albert I. war die Stadt aufgrund mehrerer Fehden und ihrer kostenintensiven Landgebietspolitik ähnlich wie auch vor dem Ausbruch der Großen Schicht (1374) in finanzielle Schwierigkeiten geraten. Die darüber hinaus bestehenden politischen, wirtschaftlichen und sozialen Spannungen innerhalb der Stadtgemeinde, drohten sich in einem erneuten Ausbruch innerstädtischer Unruhen zu entladen. Diese Gefahr konnte nur durch

Testament Alberts I. van Vechelde (Stadtarchiv Braunschweig, B I 23: 2, fol. 24v)

3 Manfred Garzmann, Der Wappenbrief König Albrechts II. für die Stadt Braunschweig vom 15. Oktober 1438, in: Quaestiones Brunsvicenses. Berichte aus dem Stadtarchiv Braunschweig 5 (1993), S. 18-31.

4 Vgl. dazu Spieß, Von Vechelde (wie Anmerkung 1), S. 38-40, Stadtarchiv Braunschweig A IV 11: 24a.

eine Übereinkunft zwischen Rat und Gildemeistern gebannt werden, in der die seit 1386 geltende Verfassung modifiziert wurde.

In der darüber ausgestellten Urkunde, dem so genannten Großen Brief von 1445, wurde das Selbstergänzungsrecht der Räte abgeschafft und den nicht durch die Gilden repräsentierten Bevölkerungsgruppen ein aktives Wahlrecht gewährt. Auch wenn die Beteiligung Albert I. an dieser Verfassungsänderung nicht im Einzelnen nachgewiesen werden kann und er im Jahr 1445 kein amtierender Bürgermeister war, so wird er an der Lösung der bestehenden Probleme doch beteiligt gewesen sein.[5] Albert I. gehört zu den Teilnehmern der Hansetage in Braunschweig (1427) und Lübeck (1447), an Verhandlungen des sächsischen Städtebundes ist er 1444 in Hildesheim sowie 1447 in Braunschweig und Goslar beteiligt.[6]

Eine besonders enge Beziehung verband Albert I. mit seinem älteren Bruder Herrmann. Während Albert I. sich auf die politische Laufbahn konzentrierte, scheint die erfolgreiche Führung der auf den Fernhandel ausgerichteten Familiengeschäfte in der Hand des Bruders gelegen zu haben.[7]

Die beiden Vecheldes sind zusammen mit dem Großen Bürgermeister Cort von Ursleve als Stifter eines Altars im Hospital Beatae Mariae Virginis belegt.[8] Albert I. wirkte in den Jahren 1451 bis 1455 ferner neben Cort von Schöppenstedt als einer von zwei vom Rat bestellten Älterleuten des Nonnenklosters zum Heiligen Kreuz sowie von 1444 bis 1446 ebenfalls im Auftrag des Rates als einer von zwei Aufsehern des Marienhospitals.[9]

Um 1430 hatte Albert I. Margarete von Schöppenstedt geheiratet. Mit seiner Familie bewohnte er ein Haus im Herzen der Altstadt an der Ecke Steinstraße/Knochenhauerstraße.[10] Albert I. errichtete 1456 sein Testament und dürfte wenig später verstorben sein.

Sein ältester Sohn Albert III. van Vechelde wirkte wie sein Vater und Großvater ebenfalls als Ratsherr und Kämmerer im Altstädter und im Gemeinen Rat. Ein Auf-

---

5   Spieß, Von Vechelde (wie Anmerkung 1), S. 41f.
6   Matthias Puhle, Die Politik der Stadt Braunschweig innerhalb des Sächsischen Städtebundes und der Hanse im Späten Mittelalter (Braunschweiger Werkstücke 63), Braunschweig 1985, S. 216-218.
7   Spieß, Von Vechelde (wie Anmerkung 1), S. 42.
8   Ebenda, S. 34.
9   Reidemeister, Genealogien (wie Anmerkung 1), S. 155.
10 Spieß, Von Vechelde (wie Anmerkung 1), S. 42f.

stieg bis in das Amt des Großen Bürgermeisters musst ihm allerdings verwehrt bleiben, da sein Cousin Albert II., der Sohn seines Onkels Hermann, diese Position bereits seit 1481 bekleidete.

Henning Steinführer, Braunschweig

Hans Kale (1442 – 1451)

Hans Kale entstammte einer vornehmen Familie, die als Wechsler und Goldschmiede in der Braunschweiger Altstadt tätig waren. Erstmals nachweisbar sind die Kales 1281, seit 1323 stellen sie kontinuierlich Mitglieder im Rat der Braunschweiger Altstadt.[1]

Hans Kale war der Sohn eines gleichnamigen Wechslers, der von 1414 bis 1439 dem Braunschweiger Rat angehörte. Er ist der erste Große Bürgermeister der Altstadt, für den sich der Besuch einer Universität nachweisen lässt.[2] 1429 bezog er die Universität Erfurt. Ein Abschluss als Bakkalaureus oder Magister ist allerdings nicht belegt, was aber zu dieser Zeit nicht ungewöhnlich war. Unmittelbar nach dem Tod des Vaters gelangte Hans Kale in den Altstädter Rat, wo er zunächst ein Jahr als Kämmerer und bereits im darauffolgenden Jahr als Kleiner Bürgermeister amtierte. Schon 1442 rückte er zum Großen Bürgermeister auf und amtierte in den Jahren 1442, 1445, 1448 und 1451.

Wappen der Kale (Stadtarchiv Braunschweig, H III 3: 4, Vol. 2, S. 141)

In die Amtszeit Hans Kales fällt die Ausstellung des Großen Briefes 1445, mit dessen Hilfe der Ausbruch innerstädtischer Unruhen während der sogenannten Schicht der ungehorsamen Bürger verhindert werden konnte. Die Stadt war aufgrund mehrerer Fehden und einer kostspieligen Landgebietspolitik in große finanzielle Schwierigkeiten geraten. Der Rat plante

---

1 Sophie Reidemeister, Genealogien Braunschweiger Patrizier- und Ratsgeschlechter (Braunschweiger Werkstücke 12), Braunschweig 1948, S. 86-89. Werner Spieß, Die Ratsherren der Hansestadt Braunschweig 1231-1671 (Braunschweiger Werkstücke 42), Braunschweig 1970, S. 141f.
2 Heinrich Meier, Braunschweigische Bürgersöhne auf Universitäten 1367-1576, in: Jahrbuch des Geschichtsvereins für das Herzogtum Braunschweig 7 (1908), S. 116.

deshalb die Erhöhung von Steuern und Abgaben. Aus diesem Grund und wegen bestehender politischer, wirtschaftlicher und sozialer Spannungen innerhalb der Stadtgemeinde drohte nach 1374 erneut der Ausbruch einer Schicht. Diese Gefahr konnte nur durch eine im so genannten Großen Brief (1445) festgeschriebene Änderung der Verfassung gebannt werden. Die nicht in den Gilden repräsentierten Bevölkerungsgruppen erhielten nunmehr ein aktives Wahlrecht für den Rat. Als amtierender Großer Bürgermeister wird Hans Kale an den für diese Verfassungsänderung nötigen Verhandlungen einen erheblichen Anteil gehabt haben. 1450 führte Hans Kale die Gesandtschaft der Stadt Braunschweig auf dem Hansetag in Bremen.[3]

Zwischen 1443 und 1445 saß gemeinsam mit Hans Kale auch sein Bruder Hermann im Altstädter Rat. 1444 gehörte dieser Hermann, der auch in Erfurt studiert hatte, als Kämmerer sogar dem Küchenrat an. Da die im Großen Brief niedergelegten Festlegungen auch verboten, dass Brüder genauso wie Väter und Söhne zur gleichen Zeit Ratsmitglieder ein durften, musste Hermann Kale den Rat verlassen und konnte erst nach dem Tod seines Bruders wieder einen Ratsstuhl einnehmen.[4]

Von 1439 bis 1451 ist Hans Kale als Bewohner des schon seit dem 14. Jahrhundert in Familienbesitz befindlichen Hauses zum Goldenen Adler in der Schützenstraße nachzuweisen.[5] Er war mit Beate von der Leine verheiratet, die ebenfalls einer Altstädter Ratsfamilie entstammte. Im September 1452 ist Hans Kale in Braunschweig verstorben. Seine Familie sollte bis zu ihrem Aussterben in Braunschweig 1653 noch drei weitere Große Bürgermeister stellten.[6]

Henning Steinführer, Braunschweig

---

3 Matthias Puhle, Die Politik der Stadt Braunschweig innerhalb des Sächsischen Städtebundes und der Hanse im Späten Mittelalter (Braunschweiger Werkstücke 63), Braunschweig 1985, S. 216-218.
4 Die Chroniken der niedersächsischen Städte. Braunschweig Zweiter Band (Die Chroniken der deutschen Städte 16), Leipzig 1880, Göttingen 21962, S. 336. Manfred Garzmann (Hrsg.), Teiledition der Chronik des Braunschweiger Bürgermeisters Christoph Gerke (1628-1714) (Quaestiones Brunsvicenses. Beiträge aus dem Stadtarchiv Braunschweig 11/12), Hannover 2000, S. 55.
5 Stadtarchiv Braunschweig: Heinrich Meier, Häuserbuch der Stadt Braunschweig (Neuere Handschriften III 403, Band 1).
6 Siehe dazu die Artikel zu Franz Kale (1536-1556), Jobst Kale (1560-1583) und Gerlof Kale (1578-1597) in diesem Band.

Gerke I. Pawel (1440 – 1463)

Gerke I. Pawel entstammt einer der führenden Familien der Altstadt. Die Pawels, die über bedeutenden Lehnsbesitz verfügten und als Wechsler, Goldschmiede und Fernhändler tätig waren, sind seit 1242 in Braunschweig nachweisbar und stellten seit 1269 Ratsherren. Schon im 13. und 14. Jahrhundert scheinen sie dabei führende Positionen eingenommen zu haben.[1]

Der Vater von Gerke I. Pawel führte denselben Namen wie sein Sohn und gehörte dem Rat der Altstadt 1373, unmittelbar vor der Großen Schicht, an. In den Quellen erscheint Gerke I. als Wechsler und um 1432 trat er in die Goldschmiedegilde ein.[2]

Wappen der von Pawel (Stadtarchiv Braunschweig, H III 3: 4, Vol. 1, S. 209)

Gerke I. begann seine politische Karriere 1430 mit dem Eintritt in den Rat der Altstadt, dem er über 30 Jahre angehörte. Im Rat wirkte er zunächst in den Jahren 1433 und 1434 als Kämmerer, bevor er 1435 und 1438 das Amt des Kleinen Bürgermeisters ausübte. So vorbereitet stieg Gerke I. 1440 zum Großen Bürgermeister auf und amtierte in den Jahren 1440, 1443, 1446, 1449, 1452, 1454, 1457, 1460 und 1463. In der Ratsperiode zwischen 1452 und 1454 stand er zweimal an der Spitze der Stadt, da nach dem Tod von Hans Kale zunächst kein weiterer Großer Bürgermeister bestimmt worden war.[3] Gerke I. Pawel gehörte zu den

---

1 Zur Familie Pawel vgl. Otto Böcher, Die Pawels, eine Braunschweiger Patrizierfamilie von den Anfängen bis zur Gegenwart, in: Braunschweigisches Jahrbuch 62 (1981), S. 21-40. Sophie Reidemeister, Genealogien Braunschweiger Patrizier- und Ratsgeschlechter (Braunschweiger Werkstücke 12), Braunschweig 1948, S. 111-114. Werner Spieß, Die Ratsherren der Hansestadt Braunschweig 1231-1671 (Braunschweiger Werkstücke 42), Braunschweig 1970.

2 Reidemeister, Genealogien (wie Anmerkung 1), S. 112. Spieß, Die Ratsherren der Hansestadt Braunschweig (wie Anmerkung 1), S. 176.

3 Spieß, Die Ratsherren der Hansestadt Braunschweig (wie Anmerkung 1), S. 315.

drei Bürgermeistern, die während der „Schicht der ungehorsamen Borger" das Ratsregiment führten, auch wenn er 1445, zum Zeitpunkt der Abfassung des Großen Briefes, nicht amtierte. Die Unruhen in der Stadt zogen sich noch bis 1446 hin. Als es dem Rat schließlich gelang, die Ordnung wieder herzustellen und 28 der wichtigsten Beteiligten der Schicht die Stadt verlassen mussten, stand Gerke I. Pawel an der Spitze des Rates.[4] Mehrfach vertrat er die Stadt Braunschweig auf Hansetagen in Lübeck (1450, 1453 und 1454), 1454 nahm er an Verhandlungen des sächsischen Städtebundes in Halberstadt teil.[5]

In den Jahren 1437 bis 1441 amtierte er als einer der beiden vom Rat eingesetzten Älterleute des Nonnenklosters zum Heiligen Geist, von 1444 bis 1463 übte er ebenfalls im Auftrag des Rates als einer von zwei Provisoren die Aufsicht über das Marienhospital.[6] Im Jahr 1462 stiftete Gerke I. den Altar der 10.000 Ritter in der Martinikirche.[7] Zwei Eheverbindungen sind für Gerke I. belegt, zunächst mit Ilse von Huddessem und spätestens 1455 mit Lucke Warendorp. Beide Ehefrauen entstammten angesehenen Altstädter Ratsfamilien.[8] Von 1424 bis 1462 lässt sich Gerke I. als Bewohner eines Hauses in der Poststraße nachweisen. 1463 wird Gerke I. letztmals als Konstabler der Gelagsbruderschaft erwähnt, im selben Jahr scheint er verstorben zu sein.[9] Die Familie Pawel sollte bis 1671 noch zwei weitere Bürgermeister hervorbringen, darunter Gerke II. Pawel, den Enkel von Gerke I.

Henning Steinführer, Braunschweig

---

4   Die Chroniken der niedersächsischen Städte. Braunschweig Zweiter Band (Die Chroniken der deutschen Städte 16), Leipzig 1880, Göttingen ²1962, S. 345. Manfred Garzmann/Norman-Mathias Pingel (Hrsg.), Teiledition der Chronik des Braunschweiger Bürgermeisters Christoph Gerke (1628-1714) (Quaestiones Brunsvicenses. Beiträge aus dem Stadtarchiv Braunschweig 11/12), Hannover 2000, S. 61.
5   Matthias Puhle, Die Politik der Stadt Braunschweig innerhalb des Sächsischen Städtebundes und der Hanse im Späten Mittelalter (Braunschweiger Werkstücke 63), Braunschweig 1985, S. 218f.
6   Hermann Dürre, Geschichte der Stadt Braunschweig im Mittelalter, Wolfenbüttel 1875, S. 522, 588.
7   Bestätigungsurkunde des Rates von 1462 Januar 5, Stadtarchiv Braunschweig, A III 1: 198.
8   Reidemeister, Genealogien (wie Anmerkung 1), S. 112.
9   Böcher, Die Pawels (wie Anmerkung 1), S. 23f.

CORT VAN CALVE (1456 – 1462)

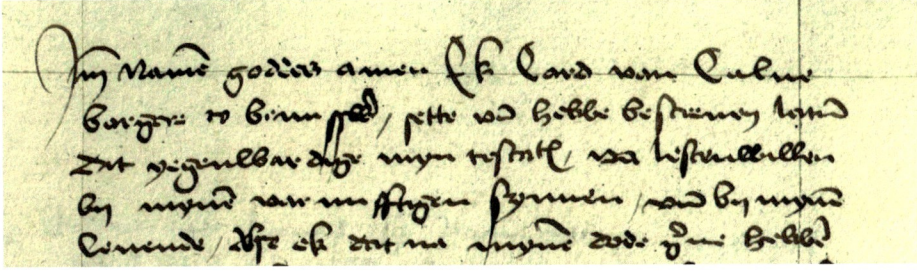

Testament des Cort van Calve (Stadtarchiv Braunschweig, B I 23, 2, fol. 116)

Nur verschwindend wenige Nachrichten haben sich über Cort van Calve erhalten. Er entstammte einer seit dem 13. Jahrhundert in Braunschweig nachweisbaren Altstädter Ratsfamilie.[1] Erstmals erscheint 1246 ein Arnoldus de Calve im Rat des Weichbildes. Unter den Mitgliedern der Familie sind sowohl Wandschneider als auch Goldschmiede bezeugt.

Cort van Calve war der Sohn des Wandschneiders und Ratsherren Tile van Calve.[2] 1440 erhielt er als Nachfolger seines 1439 verstorbenen älteren Bruders Tile van Calve, der Mitglied der Gilde der Goldschmiede war, einen Sitz im Altstädter Rat. Hier übte er die Funktionen eines Gerichtsherrn (1440-1446) und verschiedene Kämmererämter (1447, 1449, 1450) aus, bevor er 1454 zunächst Kleiner Bürgermeister und 1456 schließlich Großer Bürgermeister wurde und noch in den Jahren 1459 und 1462 amtierte.

In Ratsgeschäften trat er nicht hervor, diplomatischen Delegationen, etwa 1456 dem Hansetag in Lübeck oder der Versammlung sächsischer Städte in Hildesheim 1462, scheint er nicht angehört zu haben.[3]

---

1 Werner Spieß, Die Ratsherren der Hansestadt Braunschweig 1231-1671 (Braunschweiger Werkstücke 42), Braunschweig 1970, S. 91. Stammtafel der Familie, Stadtarchiv Braunschweig (H III 3: 3 Vol. 1).
2 Vgl. ebenda und die Stammtafel der Familie, Stadtarchiv Braunschweig, H III 3: 3 Vol. 1.
3 Matthias Puhle, Die Politik der Stadt Braunschweig innerhalb des Sächsischen Städtebundes und der Hanse im Späten Mittelalter (Braunschweiger Werkstücke 63), Braunschweig 1985, S. 219.

Er besaß ein Haus in der Breiten Straße und war mit der Braunschweiger Alheyd von dem Kerkhoff verheiratet. Aus dieser Verbindung gingen zwei Kinder, Cord und Ilse, hervor, mit denen sich die Spur der Familie in Braunschweig verliert.[4] 1461 ist eine Memorienstiftung für sein Seelenheil in der Michaeliskirche belegt,[5] im Folgejahr scheint Cort van Calve gestorben zu sein.

Henning Steinführer, Braunschweig

---

4   Vgl. dazu Stammtafel der Familie (wie Anmerkung 2).
5   Stiftungsurkunde des Cord von Calve von 1461 Februar 21, Stadtarchiv Braunschweig, A III 4: 81.

Jakob van Broitzem (1458 – 1461)

Jakob van Broitzem entstammte einer in zwei Linien in Altstadt und Neustadt nachweisbaren Ratsfamilie, bei denen es sich hauptsächlich um Wandschneider (Tuchhändler) aber auch Wechsler handelte.[1] Die Familie ist erstmals 1350 in Braunschweig bezeugt, als erster Ratsherr erscheint 1400 ein Wechsler namens Jakob im Rat der Neustadt.

Wappen der von Broitzem (Stadtarchiv Braunschweig, H III 3: 4, Vol. 2, S. 82)

Der Vater des hier interessierenden Jakob van Broitzem, Tile, war 1415 ebenfalls im Neustädter Rat, sein Sohn folgte ihm 1429 nach und ist hier letztmals 1432 erwähnt. Kurz darauf muss Jakob van Broitzem einen Wechsel in die Altstadt vollzogen haben. Hier erscheint er 1435 zunächst als Konstabel der Gelagsbruderschaft, ab 1441 ist er als Mitglied der Wandschneidergilde im Altstädter Rat nachgewiesen.[2]

Jakob van Broitzem bekleidete hier zwischen 1441 und 1455 unterschiedliche Kämmererfunktionen. 1455 war er als Küchenkämmerer dann Mitglied im Küchenrat. In der folgenden Ratsperiode wurde er zum Großen Bürgermeister erhoben und amtierte 1458 und 1461. Im Januar 1462 vertrat er die Stadt auf der Versammlung der sächsischen Städte in Hildesheim.[3]

---

1 Sophie Reidemeister, Genealogien Braunschweiger Patrizier- und Ratsgeschlechter (Braunschweiger Werkstücke 12), Braunschweig 1948, S. 32-37. Werner Spieß, Die Ratsherren der Hansestadt Braunschweig 1231-1671 (Braunschweiger Werkstücke 42), Braunschweig 1970, S. 86f.
2 Reidemeister, Genealogien (wie Anmerkung 1), S. 33. Spieß, Die Ratsherren der Hansestadt Braunschweig (wie Anmerkung 2), S. 87. Stammtafeln der Familie, Stadtarchiv Braunschweig (H III 3: 3 Vol. 1).
3 Matthias Puhle, Die Politik der Stadt Braunschweig innerhalb des Sächsischen Städtebundes und der Hanse im Späten Mittelalter (Braunschweiger Werkstücke 63), Braunschweig 1985, S. 219.

Verheiratet war Jakob von Broitzem mit Rickele van Scheppenstede, die aus einer vornehmen Altstädter Fernhändlerfamilie stammte. Diese Eheverbindung wird sicher ursächlich für den Wechsel von der Neu- in die Altstadt gewesen sein. Aus der Eheverbindung gingen nicht weniger als neun Kinder hervor, von denen die Söhne Hans und Cort ebenfalls Sitze im Rat der Altstadt erlangten.[4] Die Familie, die auch über Lehnsbesitz verfügte,[5] bewohnte das Haus An der Martinikirche 7, in dem später die fürstliche Kammer eingerichtet wurde.

1460 errichtete Jakob von Broitzem sein Testament, 1463 ist er verstorben. Mit Bertram von Broitzem gelangte zu Beginn des 17. Jahrhunderts eine weiteres Mitglied der Familie bis in das höchste städtische Amt.

Henning Steinführer, Braunschweig

---

[4] Stammtafel der Familie (wie Anmerkung 2).
[5] Familienarchiv Broitzem, Stadtarchiv Braunschweig, A IV 3.

Hinrik van Walbeck (1464 – 1483)

Hinrik van Walbeck entstammte einer ursprünglich in Helmstedt beheimateten Kaufmannsfamilie, die dort seit 1300 nachweisbar ist und über erheblichen Lehnsbesitz verfügte.[1] Von Hinrik van Walbeck wissen wir, dass er 1435 als Bürgermeister in Helmstedt amtierte und bald darauf nach Braunschweig abgewandert ist. Seit 1441 saß er im Rat der Altstadt, dem er über vier Jahrzehnt angehören sollte. Im Rat versah er in den Jahren 1444 und 1445 zunächst das Amt eines Bruchkämmeres. Zwischen 1447 und 1461 war er Kleiner Bürgermeister und gehörte damit dem Küchenrat an. Zum Großen Bürgermeister avancierte Hinrik van Walbeck, der der Wandschneidergilde angehörte, schließlich 1464, amtierend in den Jahren 1464, 1467, 1470, 1473, 1476, 1478, 1480 und 1483.[2] In der Wahlperiode 1476 bis 1478 musste Hinrik van Walbeck zweimal die Geschäfte führen, da durch den Tod Cort van Scheppenstedes ein Bürgermeisterposition unbesetzt blieb.[3]

Wappen der von Walbeck (H III 3: 4, Vol. 1, S. 211)

In Ratsgeschäften ist Hinrik van Walbeck vielfach nachgewiesen. So nahm er zusammen mit Gerke I. Pawel vielleicht schon 1454 als Kleiner Bürgermeister an einer Versammlung der sächsischen Städte in Halberstadt teil. Für die Jahre 1464, 1476 und 1482 ist seine Teilnahme an Bündnisverhandlungen mit den sächsischen Städten in Braunschweig belegt. 1472 war er am Abschluss eines Waffenstillstandsabkommens zwischen Land-

---

1 Sophie Reidemeister, Genealogien Braunschweiger Patrizier- und Ratsgeschlechter (Braunschweiger Werkstücke 12), Braunschweig 1948, S. 164f. Werner Spieß, Die Ratsherren der Hansestadt Braunschweig 1231-1671 (Braunschweiger Werkstücke 42), Braunschweig 1970, S. 227f.

2 Reidemeister, Genealogien (wie Anmerkung 1), S. 164. Spieß, Die Ratsherren der Hansestadt Braunschweig (wie Anmerkung 1), S. 227.

3 Spieß, Die Ratsherren der Hansestadt Braunschweig (wie Anmerkung 1), S. 315.

graf Herrmann und den Räten der Alt- und Neustadt in Hildesheim beteiligt. Zweimal ist seine Teilnahme an Hansetagen bezeugt, 1470 in Lübeck und 1476 in Bremen.[4]

Schon vor seinem Eintritt in den Rat übertrug dieser Hinrik van Walbeck 1439 die Aufsicht über die Auctorskapelle neben dem Altstädter Rathaus, die vom Rat zu Gedenken an die während der Großen Schicht Getöteten errichtet worden war. Dieses Amt hat Hinrik van Walbeck offensichtlich bis zu seinem Tod ausgeübt. Die gleiche Funktion nahm er zwischen 1446 und 1483 am Marienhospital war. Ein Jahr nach seinem Eintritt in den Altstädter Rat hatte Hinrik van Walbeck Adelheid, die Tochter des ehemaligen Bürgermeister Cort van Ursleve, geheiratet. Einen zweiten Ehebund ging er mit der Hildesheimer Patriziertochter Dorothee Gallen ein. Hinrik von Walbeck bewohnte in Braunschweig ein Haus in der Breiten Straße.[5]

Kurz nach der Errichtung seines Testament ist Hinrik von Walbeck am 5. März 1484 in Braunschweig verstorben. Sein Sohn Hans gelangte nach Hinriks Tod ebenfalls in den Rat der Altstadt (1487-1494), sein Urenkel, der Jurist Dr. Georg (Jürgen) Walbeck (1558-1595), stand als Syndicus in Diensten der Stadt Braunschweig.[6]

Henning Steinführer, Braunschweig

---

[4] Matthias Puhle, Die Politik der Stadt Braunschweig innerhalb des Sächsischen Städtebundes und der Hanse im Späten Mittelalter (Braunschweiger Werkstücke 63), Braunschweig 1985, S. 221. Richard Moderhack, Braunschweiger Stadtgeschichte, Braunschweig 1997, S. 220f.

[5] Haus Assekuranz Nr. 770, seit 1444 ist Hinrik van Walbeck auch als Besitzer des Hauses Assekuranz Nr. 463 (Brabantstraße) nachgewiesen. Vgl. Stadtarchiv Braunschweig: Heinrich Meier, Häuserbuch der Stadt Braunschweig (Neuere Handschriften III 403).

[6] Reidemeister, Genealogien (wie Anmerkung 1), S. 164f.

CORT VAN BROISTEDE (1465 – 1488)

Die Mitglieder der Familie Broistede sind seit 1386 über etwas mehr als zweihundert Jahre in Braunschweig nachweisbar und in den Quellen als Wandschneider und Wechsler bezeugt. Erstmals sitzt ein Broistede 1387 im Altstädter Rat.[1]

Cort van Broistede führte den gleichen Namen wie sein Vater († 1439), der in der Zeit zwischen 1428 und 1439 im Rat der Altstadt saß und dort die Funktionen eines Gerichtsherren (1434) und ein Kämmereramt (1436) innehatte. Sein Sohn folgte ihm 1454 in den Ratsstuhl nach.

Wappen der Broistedes (Stadtarchiv Braunschweig H III 3: 4, Vol. 1, S. 81 und Vol. 2, S. 95)

Zwischen 1460 und 1463 fungierte er als Bruchkämmerer und ab 1465 ohne weitere Zwischenstation als Großer Bürgermeister, amtierend in den Jahren 1468, 1471, 1474, 1477, 1479, 1482, 1485 und 1488.[2]

1482 war Cort van Broistede an in Braunschweig stattfindenden Bündnisverhandlungen mit der Stadt Magdeburg beteiligt.[3] In den Jahren 1485 und 1486 sah sich Braunschweig auf Grund der bestehenden Bündnisverpflichtungen gegenüber der Stadt Hildesheim in die „Hildesheimer Fehde" zwischen Stadt und Bischof verwickelt.

---

1 Sophie Reidemeister, Genealogien Braunschweiger Patrizier- und Ratsgeschlechter (Braunschweiger Werkstücke 12), Braunschweig 1948, S. 28f. Werner Spieß, Die Ratsherren der Hansestadt Braunschweig 1231-1671 (Braunschweiger Werkstücke 42), Braunschweig 1970, S. 85f.

2 Reidemeister, Genealogien (wie Anmerkung 1), S. 28, Spieß, Die Ratsherren der Hansestadt Braunschweig (wie Anmerkung 1), S. 86.

3 Matthias Puhle, Die Politik der Stadt Braunschweig innerhalb des Sächsischen Städtebundes und der Hanse im Späten Mittelalter (Braunschweiger Werkstücke 63), Braunschweig 1985, S. 221. Richard Moderhack, Braunschweiger Stadtgeschichte, Braunschweig 1997, S. 77.

Auch Cort van Broistede wird zur Unterstützung der befreundeten Stadt einen aktiven Beitrag geleistet haben.

Wenig später fand seine Amtszeit im Verlauf der so genannten Schicht des Ludeke Hollant (1488-1490) ein jähes Ende.[4] Die Stadt war vor allem durch ihre weitgespannten außenpolitischen Aktivitäten zum wiederholten Male in wirtschaftliche Schwierigkeiten geraten. Der Rat versuchte, den hohen Schulden durch eine Aufwertung des eigenen Braunschweiger Pfennigs zu begegnen.

Durch die Umsetzung des entsprechenden Münzedikts drohten allerdings große Teile v.a. der ärmeren Bevölkerungsschichten wirtschaftlich benachteiligt zu werden, so dass sich Widerstand regte. Die einsetzende insbesondere von den Kürschnern und Schuhmachern getragene Opposition wurde durch den Kürschner und Bürgermeister des Weichbildes Sack, Ludeke Hollant, angeführt.

Dem gerade neugewählten Rat, an dessen Spitze Cort van Broistede stand, wurde ein langer Forderungskatalog präsentiert. Zentrale Punkte waren dabei die Aufforderung, die Bestimmungen des Großen Briefes von 1445 strikt einzuhalten, sowie die Einrichtung eines aus 24 Mitgliedern bestehenden Kontrollgremiums, dass die Geschäfte des Rates überwachen und dieselben Rechte wie der Rat selbst haben sollte. Misswirtschaft und Ämtermissbrauch sollten auf diese Weise eingedämmt werden. Der Rat sah sich massivem Druck ausgesetzt und war gezwungen, den Forderungen nachzugeben. Daraufhin mussten Anfang Februar 1488 22 Ratsherren, unter ihnen allein zwölf aus der Altstadt, abdanken.

Zu den aus dem Amt gedrängten Personen gehörte auch Cort van Broistede, der Braunschweig in Richtung Celle verließ. Von dort erlebte er das Scheitern der Schicht des Ludeke Hollant, der Ende des Jahres 1490 die Stadt verlassen musste, noch mit. Bei der für Anfang des Jahres 1491 anstehenden Ratswahl wurden 18 der abgesetzten 22 Ratsherren wiedergewählt. Cort van Broistede war nicht unter ihnen, vielleicht wegen seines fortgeschrittenen Alters, vielleicht aber auch wegen gegen seine Person bestehender Ressentiments.

---

4   Zur Schicht des Ludeke Hollant vgl. Spieß, Die Ratsherren der Hansestadt Braunschweig (wie Anmerkung 1), S. 31-34. Matthias Puhle, Die Braunschweiger „Schichten" (Aufstände) des späten Mittelalters und ihre verfassungsrechtlichen Folgen, in: Rat und Verfassung im mittelalterlichen Braunschweig. Festschrift zum 600jährigen Bestehen der Ratsverfassung 1386-1986 (Braunschweiger Werkstücke 64), Braunschweig 1986, S. 235-251, hier S. 248-251. Wilfried Ehbrecht, Die Braunschweiger Schicht von 1488, in: Herbert Blume, Eberhard Rohse (Hrsg.), Hermann Bote, städtisch-hansischer Autor in Braunschweig 1488, Tübingen 1991, S. 109-132.

Nach Braunschweig kehrte er nicht mehr zurück. 1492 ist er in Celle verstorben.[5]

In Braunschweig bewohnte Cort van Broistede ein Haus am Ziegenmarkt.[6] Für ihn sind zwei Eheverbindungen bezeugt. Während die Familienzugehörigkeit seiner ersten Frau Hanneke nicht nachgewiesen werden kann, entstammte seine zweite Frau Ilsebe der vornehmen Familie von Vechelde. Aus der Familie Broistede, die Anfang des 17. Jahrhunderts in Braunschweig ausgestorben ist, sind keine weiteren Ratsherren und Bürgermeister hervorgegangen.[7]

Henning Steinführer, Braunschweig

---

5 Spieß, Die Ratsherren der Hansestadt Braunschweig (wie Anmerkung 1), S. 87
6 Haus Assekuranz Nr. 286, vgl. Stadtarchiv Braunschweig: Heinrich Meier, Häuserbuch der Stadt Braunschweig (Neuere Handschriften III 403, Band 1).
7 Reidemeister, Genealogien (wie Anmerkung 1), S. 28f.

Cort van Scheppenstede (1466 – 1475)

Cort van Scheppenstede gehört einer Braunschweiger Fernhändlerfamilie (Wandschneider) an, die seit 1381 in Braunschweig in den Weichbilden Altewiek und Altstadt nachweisbar ist. Von Anbeginn waren die Scheppenstedes in den entsprechenden Weichbildräten vertreten. In den ersten Jahrzehnten des 15. Jahrhunderts erfolgte der Wechsel von der Altenwiek in die Altstadt. Die Hintergründe dafür sind nicht zu erkennen.[1]

Siegel des Cord van Scheppenstede 1463 (Stadtarchiv Braunschweig, A III 1: 199)

Der Vater des Großen Bürgermeister Cort van Scheppenstede führte den gleichen Namen wie sein Sohn und saß zwischen 1416 und 1444 im Altstädter Rat. Bald nach seinem Tod (wohl 1445) gelangte dann sein Sohn in das Führungsgremium der Altstadt. Erstmals 1449 gewählt, fungierte er zunächst als Gerichtsherr (1449) und zwischen 1452 und 1462 als Bruchkämmerer. Im Jahr 1466 rückte er zum Großen Bürgermeister auf und amtierte insgesamt vier Mal (1466, 1469, 1472 und 1475).[2]

Eine besondere Beteiligung von Cort van Scheppenstede an Ratsgeschäften ist nicht nachzuweisen. Die Stadt war während seiner Amtszeit in mehreren Fehden engagiert, so zum Beispiel im Verbund mit anderen Städten 1465 bis 1467 gegen Herzog Friedrich von Braunschweig-Lüneburg, der die Handelswege unsicher gemacht hatte.[3] Zwischen 1450 und 1477 wirkte Cort

---

1 Vgl. dazu Sophie Reidemeister, Genealogien Braunschweiger Patrizier- und Ratsgeschlechter (Braunschweiger Werkstücke 12), Braunschweig 1948, S. 123-125. Werner Spieß, Die Ratsherren der Hansestadt Braunschweig 1231-1671 (Braunschweiger Werkstücke 42), Braunschweig 1970, S. 204f.
2 Spieß, Die Ratsherren der Hansestadt Braunschweig (wie Anmerkung 1), S. 204.
3 Hermann Dürre, Geschichte der Stadt Braunschweig im Mittelalter, Wolfenbüttel, 1875, S. 235f.

van Scheppenstede im Auftrag des Rates als Aufseher über das Nonnenkloster zum Heiligen Kreuz.[4]

Um 1450 war Cort van Scheppenstede in die Beckenwerkergilde eingetreten. Es liegt die Vermutung nahe, dass er sich im Metallhandel engagierte.

Cort van Scheppenstede ging zwei Eheverbindungen mit bedeutenden Braunschweiger Ratsfamilien ein. In erster Ehe war er mit Margarete Glümer und in zweiter Ehe mit Ilse Twedorp verheiratet. Von 1441-1466 ist er als Bewohner eines Hauses in der Breiten Straße nachgewiesen,[5] danach zog er an den Eiermarkt um.[6]

An dem 1764 abgerissen Haus sollen sich die Wappen des Cord van Scheppenstede und der Ilse Tewdorp sowie die Jahreszahl 1466 befunden haben.[7]

Cort van Scheppenstede errichtete 1478 sein Testament und verstarb 1479 oder 1480.

Sein Sohn Bodo gelangte gleichfalls in den Rat der Altstadt, sein Urenkel Cort sollte ihm 1599 im Amt des Großen Bürgermeisters nachfolgen.[8]

Henning Steinführer, Braunschweig

---

4 Dürre, Geschichte (wie Anmerkung 3), S. 522. Bei dem Cort von Scheppenstede, der 1438-1440 als Aufseher des Thomashospitals nachgewiesen ist, dürfte es sich um seinen Vater gehandelt haben, vgl. dazu ebenda, S. 591.
5 Haus Nr. 888, vgl. Heinrich Meier, Häuserbuch der Stadt Braunschweig (Stadtarchiv Braunschweig, Neuere Handschriften III 403, Bd. 1).
6 Haus Nr. 452, vgl. ebd.
7 Andrea Boockmann, Die Inschriften der Stadt Braunschweig bis 1528 (Die deutschen Inschriften 35), Wiesbaden 1993, S. 120, Nr. 156.
8 Spieß, Die Ratsherren der Hansestadt Braunschweig (wie Anmerkung 1), S 204.

ALBERT II. VON VECHELDE (1481 – 1501)

Albert II. von Vechelde war nach Hermann von Vechelde und Albrecht I. von Vechelde der dritte Vertreter der Familie, der bis in das Amt des Großen Bürgermeisters aufstieg. Sein Vater, Herman von Vechelde, war der Bruder von Albrecht I. und gehörte bis 1445 dem Altstädter Rat an.[1]

Vermutlich ist Albert II. um 1427 als ältester von vier Brüdern in Braunschweig geboren worden, denn 1443 wurde er als Student an der Universität Erfurt immatrikuliert.[2] Ob er sich dort dem Studium beider Rechte widmete, wie Werner Spieß vermutet, muss allerdings offen bleiben.[3] Einen akademischen Grad erwarb Albert II. jedenfalls nicht.

Siegel Albert II. von Vechelde 1470 (Stadtarchiv Braunschweig, A III 1: 206)

Sein Onkel Albert I. starb 1456 und schon zur folgenden Ratswahl wurde Albrecht II. in den Altstädter Rat berufen. Diesem Gremium gehörte er mehr als vier Jahrzehnte bis 1501 an. Zunächst übte er das Amt eines Gerichtsherrn (1459-1462) aus und rückte dann in die Position des Kleinen Bürgermeisters auf. Hier hatte Albert II. über ein Jahrzehnt von 1464 bis 1476 Gele-

---

1 Sophie Reidemeister, Genealogien Braunschweiger Patrizier- und Ratsgeschlechter, Braunschweig 1948 (Braunschweiger Werkstücke 12), S. 155. Werner Spieß, Geschichte der Stadt Braunschweig im Nachmittelalter vom Ausgang des Mittelalters bis zum Ende der Stadtfreiheit (1491-1671), Braunschweig 1966, S. 20. Werner Spieß, Von Vechelde. Die Geschichte einer Braunschweiger Patrizierfamilie 1332-1864 (Braunschweiger Werkstücke 13), Braunschweig 1951, S. 49-54. Werner Spieß, Die Ratsherren der Hansestadt Braunschweig 1231-1671 (Braunschweiger Werkstücke 42), Braunschweig 1970, S. 220.
2 Heinrich Meier, Braunschweigische Bürgersöhne auf Universitäten 1367-1576, in: Jahrbuch des Geschichtsvereins für das Herzogtum Braunschweig 7 (1908), S. 129.
3 Spieß, Von Vechelde (wie Anmerkung 1), S. 49.

genheit, sich mit den vielfältigen Ratsgeschäften intensiv vertraut zu machen. Nach dem Ausscheiden des Cort van Scheppenstede († 1480) übernahm er in der folgenden Ratsperiode schließlich die vakante Position des Großen Bürgermeisters und amtierte in den Jahren 1481, 1484, 1487, 1490, 1493, 1496, 1498 und 1501.[4]

In seine Amtszeit fielen gleich mehrere bedeutende Ereignisse in der Geschichte der Stadt. Gleich zu Beginn seiner Tätigkeit ist die Stadt Braunschweig in den Jahren 1485 und 1486 gezwungen, das benachbarte Hildesheim auf Grund bestehender Bündnisverpflichtungen in der so genannten „Hildesheimer Fehde" gegen ihren Bischof erfolgreich militärisch zu unterstützen. An den in diesem Zusammenhang zu fällenden Entscheidungen wird Albert II. sicher beteiligt gewesen sein, auch wenn sich darüber keine Quellen erhalten haben.[5]

Mit der nächsten Herausforderung sah sich Albert II. während der Schicht des Ludeke Hollant konfrontiert. Der Rat hatte versucht, der nicht zuletzt wegen der vielfältigen außenpolitischen Aktivitäten drückenden Schuldenlast durch eine Aufwertung des eigenen Braunschweiger Pfennigs zu begegnen. Dadurch drohten jedoch großen Teilen v.a. der ärmeren Bevölkerungsschichten erhebliche wirtschaftliche Nachteile zu erwachsen. Die daraufhin einsetzende insbesondere von den Kürschnern und Schuhmachern getragene Opposition konnte der Rat auch durch die Rücknahme des Münzedikts nicht mehr eindämmen. Unter der Führung des Kürschners und Bürgermeister des Weichbildes Sack, Ludeke Hollant, wurde der gerade neugewählten Rat gezwungen, einen langen Forderungskatalog (Rezess) zu akzeptieren. Darunter die Einrichtung eines aus 24 Mitgliedern bestehenden Kontrollgremiums, das die Geschäfte des Rates überwachen und dieselben Rechte wie der Rat selbst haben sollte. Außerdem mussten Anfang Februar 1488 nicht weniger als 22 Ratsherren, hauptsächlich wegen der bestehenden Verwandtschaft zu anderen Ratsherren, unter ihnen die beiden Großen Bürgermeister Cort von Broistede und Ludeke Breyer zurücktreten. Lediglich Albert II. blieb im Amt und führte nun gemeinsam mit dem Eisenkrämer Lambert Bomhauwer, dem Kandidaten Ludeke Hollants, und Hinrik von Lafferde die Geschäfte. Die wahre Macht lag freilich in den Händen Ludeke Hollants, der das Gremium der 24 nach seinen Vorstellungen führte. An der Lage der Stadt änderte sich auch unter der neuen Konstellation nichts und schon zur folgenden Ratswahl (1491) kehrte man zur alten Ordnung zurück. Ludeke Hollant musste die Stadt verlassen. Warum Albert II. im Amt verbleiben konnte, lässt sich nicht mit Gewissheit sagen, vielleicht spielte das große Ansehen eine Rol-

---

4 Spieß, Die Ratsherren der Hansestadt Braunschweig (wie Anmerkung 1), S. 220.
5 Spieß, Von Vechelde (wie Anmerkung 1), S. 52f.

le, das die Familie nicht zuletzt wegen des Wirkens der beiden Großen Bürgermeister Hermann von Vechelde und Albert I. in der Stadt genoss.[6]

Nur wenige Jahre später erschütterte die „Große Stadtfehde" (1492-1494) mit Herzog Wilhelm und seinen Söhnen Heinrich und Erich die Stadt. Die Welfen versuchten mit Unterstützung zahlreicher weiterer Bundesgenossen, die Stadt mit Waffengewalt zu unterwerfen. Mit Hildesheimer Hilfe gelang es den Braunschweiger Bürgern jedoch, das herzogliche Aufgebot 1493 bei Bleckenstedt zu besiegen. Albert II. hat an den Kampfhandlungen selbst nicht teilgenommen, an der Spitze des städtischen Aufgebotes stand u.a. der Große Bürgermeister Hinrik van Lafferde. An den Verhandlungen mit den Herzögen, die sich von 1491 bis 1494 hinzogen, wird der erfahrene Albert II. jedoch beteiligt gewesen sein.[7]

Albert II. war mit Mette von Broitzem, der Tochter des großen Bürgermeisters Jakob von Broitzem verheiratet. Spätestens seit den 1470er Jahren wohnte Albert II. im „Haus zu den eisernen Toren" in der Breiten Straße in unmittelbarer Nähe zum Rathaus.[8] Von den zahlreichen Kindern gelangten die Söhne Hans und Hermann in den Rat. Sein Enkel Hermann amtierte von 1543 bis 1558 als letzter Großer Bürgermeister aus der Familie von Vechelde.[9] Im Jahr 1504 errichtete Albrecht II. sein Testament, kurz darauf wird er verstorben sein.[10]

Henning Steinführer, Braunschweig

---

6 Zur Schicht des Ludeke Hollant vgl. Spieß, Die Ratsherren der Hansestadt Braunschweig (wie Anmerkung 1), S. 31-34. Matthias Puhle, Die Braunschweiger „Schichten" (Aufstände) des späten Mittelalters und ihre verfassungsrechtlichen Folgen, in: Rat und Verfassung im mittelalterlichen Braunschweig. Festschrift zum 600jährigen Bestehen der Ratsverfassung 1386-1986 (Braunschweiger Werkstücke 64), Braunschweig 1986, S. 235-251, hier S. 248-251. Wilfried Ehbrecht, Die Braunschweiger Schicht von 1488, in: Herbert Blume, Eberhard Rohse (Hrsg.), Hermann Bote, städtisch-hansischer Autor in Braunschweig 1488, Tübingen 1991, S. 109-132.
7 Zur großen Stadtfehde mit Hinweisen auf die ältere Literatur: Richard Moderhack, Braunschweiger Stadtgeschichte, Braunschweig 1997, S. 79-82, 357.
8 Spieß, Von Vechelde (wie Anmerkung 1), S. 50
9 Reidemeister, Genealogien (wie Anmerkung 1), S. 155. Spieß, Die Ratsherren der Hansestadt Braunschweig (wie Anmerkung 1), S. 200f.
10 Stadtarchiv Braunschweig, B I 23: 2, fol. 204f.

Ludeke Breyer (Breier) (1486 – 1499)

Die Familie Breyer stammte ursprünglich aus Hildesheim und stellte dort seit dem ausgehenden 14. Jahrhundert mehrere Ratsherren und Bürgermeister.[1] 1437 hatte der Hildesheimer Bürgermeister, Dietrich Breyer, seine Heimatstadt verlassen und war nach Braunschweig übergesiedelt. Dietrich war in zweiter Ehe mit Gese von Hudessem verheiratet und verfügte damit über enge familiäre Verbindungen zu einer der führenden Familie der Braunschweiger Altstadt. Aus der Eheverbindung ging der Sohn Ludeke Breyer hervor, der 1464 erstmals in den Rat der Altstadt gewählt wurde und nacheinander als Gerichtsherr (1464-1467), als Bruchkämmerer (1470-1471) und Kleiner Bürgermeister (1474-1484) amtierte. In das Amt des Großen Bürgermeisters der Altstadt gelangte er 1486, außerdem stand er 1492, 1495 und 1499 an der Spitze des Rates.[2]

Wappen der Breier (Stadtarchiv Braunschweig, H III 3: 4, Vol. 1, S. 59)

Gemeinsam mit Cort van Broistede und Albrecht II. von Vechelde war Ludeke Breyer 1485/86 bei der bewaffneten Unterstützung der Stadt Hildesheim gegen ihren Bischof in der „Hildesheimer Fehde" engagiert. Während der Schicht des Ludeke Hollant[3] gehört Breyer zu jenen 22 Ratsherren die 1488 zurücktreten mussten. Gemeinsam mit seinem Sohn verließ er Braunschweig und wandte sich nach Hildesheim. Von dort betrieb er seine Rückkehr nach Braunschweig, was letztlich nach dem Ende des Hollant-

---

1 Sophie Reidemeister, Genealogien Braunschweiger Patrizier- und Ratsgeschlechter (Braunschweiger Werkstücke 12), Braunschweig 1948, S. 25.
2 Werner Spieß, Die Ratsherren der Hansestadt Braunschweig 1231-1671 (Braunschweiger Werkstücke 42), Braunschweig 1970, S. 85.
3 Zur Schicht des Ludeke Hollant vgl. Wilfried Ehbrecht, Die Braunschweiger Schicht von 1488, in: Herbert Blume/Eberhard Rohse (Hrsg.), Hermann Bote, städtisch-hansischer Autor in Braunschweig 1488, Tübingen 1991, S. 122f. sowie die Artikel zu Cort Broistede und Albrecht II. von Vechelde.

schen Regiments im Dezember 1490 auch gelang. In der 1491 beginnenden neuen Ratsperiode gehörte Ludeke Breyer wieder dem Rat in seiner Position als Großer Bürgermeister an. Die nächste Herausforderung ließ nicht lange auf sich warten. Der Wolfenbütteler Herzog Wilhelm II. und seine beiden Söhne Heinrich und Erich versuchten in der so genannten „Großen Stadtfehde", Braunschweig wieder ihrer Herrschaft zu unterwerfen. Trotz zahlreicher Bundesgenossen und eines überlegenen Heeres unterlagen die welfischen Truppen dem durch die Stadt Hildesheim unterstützten städtischen Aufgebot 1493 bei Bleckenstedt. Ludeke Breyer, der in diesem Jahr nicht amtierte, stand zwar nicht an der Spitze der Truppen, er wird im Zusammenhang mit den Ereignissen der Jahre 1492 bis 1494 aber vielfach gefordert gewesen sein.[4]

Die Tätigkeit als Bürgermeister einer mittelalterlichen Stadt konnte auch nicht unerhebliche Gefahren bergen. Diese Erfahrung musste Ludeke Breyer 1495 machen, als eine städtische Gesandtschaft, der neben dem Großen Bürgermeister noch der Syndicus Dr. Christoph Cuppener sowie der Bürgermeister des Hagen, Henning Kalm, angehörten und die sich auf dem Rückweg von Lüneburg befand, von den Herren von Veltheim überfallen und gefangengesetzt wurde. Die Veltheimer befanden sich mit der Stadt in Fehde und hatten die feste Absicht ihre Geiseln zu Geld zu machen. Erst nach langwierigen Verhandlungen und Zahlung eines hohen Lösegeldes wurden Breyer und seine Gefährten wieder freigelassen.[5]

Im Auftrag des Rates wirkte Ludeke Breyer zwischen 1467 und 1485 als Aufseher des Siechenhospitals St. Leonhardt vor den Toren der Stadt und zwischen 1484 und 1487 in derselben Funktion am Marienhospital.[6]

Verheiratet war Ludeke mit Hanneke van Ursleve, der Tochter des Altstädter Ratsherren Cort Ursleve. Die Familie bewohnte bis zu seinem Tod im Jahr 1500 ein Haus in der Steinstraße, das Ludeke 1462 umbauen ließ.[7] Auch Ludekes Sohn, Ludelef Breyer, sollte der Aufstieg bis in das höchste Amt der Stadt gelingen.[8]

Henning Steinführer, Braunschweig

---

4 Zur großen Stadtfehde mit Hinweisen auf die ältere Literatur: Richard Moderhack, Braunschweiger Stadtgeschichte, Braunschweig 1997, S. 79-82, 357.
5 Werner Spieß, Geschichte der Stadt Braunschweig im Nachmittelalter vom Ausgang des Mittelalters bis zum Ende der Stadtfreiheit (1491-1671), 2 Halbbde., Braunschweig 1966, S. 26.
6 Reidemeister, Genealogien (wie Anmerkung 1), S. 25.
7 Andrea Boockmann, Die Inschriften der Stadt Braunschweig bis 1528 (Die deutschen Inschriften 39), Wiesbaden 1993, S. 116, Nr. 146.
8 Spieß, Die Ratsherren der Hansestadt Braunschweig (wie Anmerkung 1), S. 85.

Hinrik (Henrik) van Lafferde (1488, 1491 – 1497)

Die Familie van Lafferde ist in Braunschweig seit 1313 nachweisbar. Ihre Angehörigen waren zunächst in der Alten Wiek und seit 1347 in der Altstadt ansässig. Bei den Lafferdes handelte es sich hauptsächlich um Wechsler und Wandschneider. Erstmals stellten sie 1433 mit Werneke von Lafferde einen Ratsherrn in der Altstadt. Werneke gehörte dem Rat über 30 Jahre an und amtierte zwischen 1446 und 1463 als Kleiner Bürgermeister.[1]

Sein Sohn Hinrik van Lafferde wurde um 1428 geboren. 1476 wurde er erstmals in den Rat gewählt und wirkte dort zunächst als Gerichtsherr (1476/77) und ab 1480 als Kleiner Bürgermeister. Im Zuge von Ludeke Hollants Schicht rückte Hinrik van Lafferde anstelle von Cord von Broistedt zum Großen Bürgermeister auf. In dieser Position verblieb er auch nach dem Scheitern des Ludeke Hollant und der Wiederherstellung der alten Ordnung. Er amtierte in den Jahren 1488, 1491, 1494 und 1497. Die größte Herausforderung seiner Amtszeit war zweifellos die „Großen Stadtfehde" (1492-94). Herzog Wilhelm II. und seine beiden Söhne Heinrich und Erich versuchten, unterstützt von zahlreichen Bundesgenossen, im Verlauf dieser Fehde vergeblich, die Stadt ihrer Botmäßigkeit zu unterwerfen und der Stadtfreiheit ein Ende zu bereiten. Trotz eines überlegenen Heeres unterlagen die welfischen Truppen dem von den Hildesheimer Bürgern unterstützten städtischen Aufgebot im Jahr 1493 im Treffen bei Bleckenstedt. In diesem Zusammenhang hat sich Hinrik van Lafferde

Wappen der von Lafferde (Stadtarchiv Braunschweig, H III 3: 4, Vol. 1, S. 154)

---

1   Werner Spieß, Die Ratsherren der Hansestadt Braunschweig 1231-1671 (Braunschweiger Werkstücke 42), Braunschweig 1970, S. 154.

große Verdienste um die Stadt erworben, denn er stand neben Gerwin Wittekop, Bürgermeister des Hagen, an der Spitze des städtischen Aufgebots und führte den entscheidenden Angriff auf die herzoglichen Geschützstellungen. Auch an den folgenden Verhandlungen mit den Welfen wird Hinrik van Lafferde einen wesentlichen Anteil gehabt haben.[2]

Von 1479 bis 1487 wirkte Hinrik van Lafferde als Aufseher des Hospitals St. Thomae. Verheiratet war er in erster Ehe mit Gese von Scheppenstede, eine zweite Eheverbindung ging er mit Hanneke von Walbeck ein. Im Jahr 1498 ist Hinrik van Lafferde, der ein Haus in der Scharrnstraße bewohnte, in Braunschweig gestorben. Mehrere Mitglieder der Familie Lafferde sind im 16. und 17. Jahrhundert noch im Rat der Braunschweiger Altstadt nachzuweisen. Bis in das Amt des Großen Bürgermeisters gelangte von ihnen keiner mehr.[3]

Henning Steinführer, Braunschweig

---

2 Zur großen Stadtfehde mit Hinweisen auf die ältere Literatur: Richard Moderhack, Braunschweiger Stadtgeschichte, Braunschweig 1997, S. 79-82, 357.
3 Kurt v. Laffert/Karl H. Lampe, Geschichte des Geschlechts von Laffert (Veröffentlichungen der Familienkundlichen Kommission für Niedersachsen 15), Göttingen 1957, S. 23-29. Spieß, Die Ratsherren der Hansestadt Braunschweig (wie Anmerkung 1), S. 154.

Lambert (Lambrecht) Bomhauwer (1489)

Eine Ausnahme unter den Großen Bürgermeistern der Altstadt stellt Lambert Bomhauwer dar. Bomhauwer gehörte nicht zum vornehmen Kreis der Braunschweiger Geschlechter, sondern war während der Schicht des Ludeke Hollant[1] bis an die Spitze der Stadt gespült worden. Bomhauwer war kein Fernkaufmann, sondern Eisenkramer und Mitglied der Kramergilde. Über seine Herkunft und seine familiären Verhältnisse ist nichts bekannt.

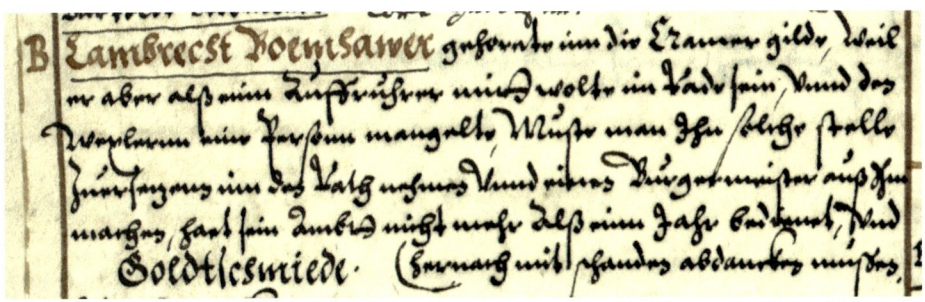

Nachdem der Rat die Forderungen Hollants hatte akzeptieren müssen, 22 Ratsherren zurückgetreten und das Gremium der 24 in seiner großen Machtbefugnis bestätigt waren, präsentierte Hollant in der Person Lambert Bomhauwers auch noch einen eigenen Kandidaten für das Amt des Großen Bürgermeisters. Bomhauwer rückte an Stelle des ausgeschiedenen Ludeke Breyer an die Spitze des Altstädter Rates auf und amtierte zumindest formal im Jahr 1489 als oberster Repräsentant der Stadt. Die wirkliche Macht lag allerdings bei Ludeke Hollant und dem von ihm kontrollierten 24er Gremium. An den bestehenden Missständen in der Stadt konnten freilich weder Hollant und noch viel weniger Bomhauwer etwas ändern. Als die Stimmung zu Ende der Wahlperiode 1488-1490 kippte, Ludeke Hollant und seine Anhänger in Bedrängnis gerieten und ein be-

Bericht über Lambert Bomhauwer im Ratsregister der Altstadt, 17. Jahrhundert (Stadtarchiv Braunschweig H IV: 282)

---

1 Zur Schicht des Ludeke Hollant vgl. Wilfried Ehbrecht, Die Braunschweiger Schicht von 1488, in: Herbert Blume/Eberhard Rohse (Hrsg.), Hermann Bote, städtisch-hansischer Autor in Braunschweig 1488, Tübingen 1991, S. 122f. sowie die Artikel zu Cort Broistede und Albert II. von Vechelde.

waffneter Konflikt drohte, gehörte Lambert Bomhauwer zu den drei Personen, die Hollant von der Aufgabe überzeugten und so den Frieden in der Stadt sicherten.

In der folgenden Ratswahl wurde Bomhauwer nicht mehr berücksichtigt und verließ wie zuvor auch Ludeke Hollant die Stadt.

Henning Steinführer, Braunschweig

Bodo Glümer (1492 – 1498)

Die Familie Glümer ist seit 1404 in Braunschweig nachweisbar. Möglicherweise kamen die Glümer, bei denen es sich mutmaßlich um Goldschmiede handelte, ursprünglich aus Dänemark und wanderten über Celle (dort 1375 belegt) nach Braunschweig ein. Im Rat der Altstadt erscheint erstmals 1438 ein Bodo Glümer, er ist bis 1448 in diesem Gremium bezeugt und fungierte seit 1443 als Kleiner Bürgermeister.[1]

Sein gleichnamiger Sohn dürfte kurz nach 1435 geboren sein. 1451 erscheint er in der Matrikel der Universität Erfurt.[2] Im Jahr 1470 wurde Bodo Glümer in den Rat der Altstadt gewählt, wo er nacheinander die Ämter eines Gerichtsherren (1470-73), eines Bruchkämmeres (1474) und des Kleinen Bürgermeisters (1477-1499) bekleidete.[3]

Wappen der Glümer (H III 3: 4, Vol. 2, S. 149)

Während der Schicht des Ludeke Hollant[4] musste Bodo Glümer zu Anfang des Jahres 1489 aus dem Rat zurücktreten. Bei der folgenden Wahl wurde er jedoch wieder gewählt und gehörte dem Rat ab 1491 wieder an. Im Jahr 1500 amtierte er lediglich

---

1 Hans Glümer, Die Familie Glümer in Braunschweig. Ein Beitrag zur Geschichte des braunschweiger Patriziats, in: Braunschweigische Heimat, Heft 1, Jahrgang 1933, S. 3-7. Sophie Reidemeister, Genealogien Braunschweiger Patrizier und Ratsgeschlechter (Braunschweiger Werkstücke 12), Braunschweig 1948, S. 60.
2 Heinrich Meier, Braunschweigische Bürgersöhne auf Universitäten 1367-1576, in: Jahrbuch des Geschichtsvereins für das Herzogtum Braunschweig 7 (1908), S. 113.
3 Werner Spieß, Die Ratsherren der Hansestadt Braunschweig 1231-1671 (Braunschweiger Werkstücke 42), Braunschweig 1970, S. 114.
4 Zur Schicht des Ludeke Hollant vgl. Wilfried Ehbrecht, Die Braunschweiger Schicht von 1488, in: Herbert Blume/Eberhard Rohse (Hrsg.), Hermann Bote, städtisch-hansischer Autor in Braunschweig 1488, Tübingen 1991, S. 122f. sowie die Artikel zu Cort Broistede und Albert II. von Vechelde.

für ein Jahr als Großer Bürgermeister der Altstadt.[5] In wichtigen Ratsgeschäften ist er in dieser Zeit nicht bezeugt.

Für Bodo Glümer sind drei Eheverbindungen bezeugt. Die Familienzugehörigkeit der ersten Frau Ilse, ist nicht bekannt. Glümers zweite und dritte Frau, Margarete Kogelen und Hanneke Huddessem, stammten aus Ratsfamilien der Altstadt. Anlässlich der Hochzeit mit Margarete Kogelen wurde eine Brauttruhe angefertigt, die sich bis heute im Städtischen Museum Braunschweig erhalten hat. Von 1455 an ist Bodo Glümer als Bewohner eines Hauses in der Breiten Straße nachgewiesen.[6] Bald nach 1501 spätestens jedoch 1503 dürfte er verstorben sein.

Sowohl sein Sohn als auch sein Enkel, die beide den Namen Bodo führten, gelangten in den Rat der Altstadt. Der Enkel stieg zum Großen Bürgermeister der Altstadt auf, er amtierte ebenfalls nur kurze Zeit von 1575 bis 1577.[7]

Henning Steinführer, Braunschweig

---

5 Spieß, Die Ratsherren der Hansestadt Braunschweig (wie Anmerkung 1), S. 114.
6 Haus Assekuranz Nr. 882, vgl. Stadtarchiv Braunschweig: Heinrich Meier, Häuserbuch der Stadt Braunschweig (Neuere Handschriften III 403, Band 1).
7 Spieß, Die Ratsherren der Hansestadt Braunschweig (wie Anmerkung 1), S. 114.

Weddege van Veltstede (Wedego van Velstede; Weddige Velstidde) (1502 – 1516)

Die Familie von Veltstede gehörte zu den Braunschweiger Ratsfamilien, die seit der Mitte des 13. Jahrhunderts und bis ins 17. Jahrhundert hinein kontinuierlich in den Ratsgremien nachzuweisen sind. Bis in das Amt des Großen Bürgermeisters ist aber nur ein Familienmitglied aufgestiegen: Weddege van Veltstede.[1]

Um 1449 ist sein Eintritt in die Goldschmiedegilde belegt. Im Rat der Altstadt erscheint er erstmals 1476. Dort nimmt er verschiedene Funktionen war: 1477-79 Gerichtsherr, 1480-83 Bruchkämmerer, 1486-88 Stuhlkämmerer, 1489 Kleiner Bürgermeister und 1493-99 Küchenkämmerer. Auch während der Schicht des Ludeke Hollant, als zahlreiche Ratsherren aus dem Rat zurücktreten müssen, behält er seine Position.[2] Weddege van Veltstede war also bereits ein äußerst erfahrenes Ratsmitglied als er schließlich für die 1500 beginnende Ratsperiode zum Großen Bürgermeister der Altstadt gewählt wurde. Hier amtierte er, offensichtlich schon hochbetagt, in den Jahren 1502, 1504, 1507, 1510, 1513 und 1516.[3]

Wappen der von Veltstede (Stadtarchiv Braunschweig, H III 3: 4, Vol. 1, S. 189)

---

1 Sophie Reidemeister, Genealogien Braunschweiger Patrizier- und Ratsgeschlechter (Braunschweiger Werkstücke 12), Braunschweig 1948, S. 160-153. Werner Spieß, Die Ratsherren der Hansestadt Braunschweig 1231-1671 (Braunschweiger Werkstücke 42), Braunschweig 1970, S. 222-224.
2 Zur Schicht des Ludeke Hollant vgl. Wilfried Ehbrecht, Die Braunschweiger Schicht von 1488, in: Herbert Blume/Eberhard Rohse (Hrsg.), Hermann Bote, städtisch-hansischer Autor in Braunschweig 1488, Tübingen 1991, S. 122f. sowie die Artikel zu Cort Broistede und Albrecht II. von Vechelde.
3 Spieß, Die Ratsherren der Hansestadt Braunschweig (wie Anmerkung 1), S. 222.

Während dieser Jahre ist die Schicht der Armut 1512-1514, die sich an der schlechten Finanzlage und einer zur Sanierung der Stadtkasse geplanten Steuererhöhung entzündete, und im Ergebnis zur Einführung des Kollegiums des „Zehnmänner" als Kontrollorgan für die städtischen Finanzen führte, die wohl größte Herausforderung für die Stadtregierung gewesen.[4] Eine konkrete Beteiligung Weddege von Veltstedes lässt sich allerdings nicht bestimmen. Verheiratet war der Veltsteder mit Margarete van Scheppenstede.[5] Seit 1475 und wohl bis zu seinem Tod im Jahr 1518 bewohnte er ein Hauses in der Gördelingerstraße.[6]

Henning Steinführer, Braunschweig

---

4   Vgl. dazu den Artikel zu Gerke II. Paul.
5   Reidemeister, Genealogien (wie Anmerkung 1), S. 162.
6   Haus Assekuranz Nr. 83, vgl. Stadtarchiv Braunschweig: Heinrich Meier, Häuserbuch der Stadt Braunschweig (Neuere Handschriften III 403, Band 1). Andrea Boockmann, Die Inschriften der Stadt Braunschweig bis 1528, Wiesbaden 1993, S. 143f., Nr. 214 und S. 235.

Dietrich Schacht (1503 – 1513)

Über Dietrich Schacht sind vergleichsweise wenige Informationen zu seiner Herkunft und Biographie bekannt. Lediglich im Neubürgerbuch der Altstadt kann nachgewiesen werden, dass er 1499 nach Braunschweig kam.[1] 1501 wurde er durch die Gemeinde in den Rat der Altstadt gewählt, dem der bis 1513 angehörte. Im gleichen Jahr ist seine Tätigkeit als Kleiner Bürgermeister der Altstadt belegt. In den Jahren 1503, 1505, 1508, 1511 bekleidete Schacht das Amt des Großen Bürgermeisters.[2]

Das Ende seiner Amtszeit ist geprägt von den innerstädtischen Unruhen der Jahre 1511 bis 1513, dem so genannten „Aufruhr der Armut", der durch eine beabsichtigte Erhöhung der Steuern ausgelöst wurde.[3] Trotz einiger Zugeständnisse des Rates an die Gilden und Gemeinden, die an der städtischen Finanzverwaltung beteiligt werden sollten, kam es am 6. Juni 1513 zu einer gewaltsamen Erstürmung des Hagenrathauses. Im Rahmen der sich anschließenden Verhandlungen des zuvor kapitulierten Rates mit Wortführern des gildelosen und ärmeren Standes im Altstadtrathaus, wurde auch die Entfernung von besonders verhassten Personen aus ihren Ämtern gefordert. Neben dem Zollschreiber Hermann Bote zählte auch der Große Bürgermeister der Altstadt Dietrich Schacht dazu, der als Vertreter aus der Führungsschicht der Ge-

Wappen des Dietrich Schacht (Stadtarchiv Braunschweig, H III 3: 4 Vol. 1)

---

1 Stadtarchiv Braunschweig, B I 7: 1, Blatt 41, Spalte 1.
2 Werner Spieß, Die Ratsherren der Hansestadt Braunschweig 1231-1671 Braunschweiger Werkstücke 42), Braunschweig 1970, S. 203. Stadtarchiv Braunschweig, H IV: 282.
3 Zum „Aufruhr der Armut", vgl. den Beitrag zum Bürgermeister Gerke II. Pawel (1506-1540). Werner Spieß, Geschichte der Stadt Braunschweig im Nachmittelalter vom Ausgang des Mittelalters bis zum Ende der Stadtfreiheit (1491-1671), Braunschweig 1966, S. 36-43.

samtstadt gegenüber den Aufständischen eine eher konfrontative Haltung einnahm.[4] Er wurde vor der drohenden Lynchjustiz in Sicherheit gebracht und verließ heimlich die Stadt in Richtung Hannover, wie Bote in seinem Schichtbuch wiedergibt: „So wart de borgermester Diderick Schacht hemeliken van dem radhuse bracht unde kam uth der stad in eynem kramfate (Kramfass) bet to Hanover".[5] Der Zorn gegenüber dem geflüchteten Schacht entlud sich am 7. Juni 1513, als sein Wohnhaus am Eiermarkt von einigen Anführern des Aufruhrs gestürmt wurde.[6] Dietrich Schacht kehrte nicht wie sein Amtskollege Gerke II. Pawel nach Braunschweig zurück, sondern ließ sich dauerhaft in Hannover nieder, wo er auch später verstarb.[7]

Durch die Verheiratung einer Tochter von Dietrich Schacht, Cecilie (1505-1561) mit dem Großen Bürgermeister Franz Kale um 1523 weist die Familie eine Verbindung zu den Braunschweiger Ratsgeschlechtern auf. Sie wird demnach auch zum einflussreichen und wohlhabenden Stadtpatriziat gezählt haben.[8]

Das Wappen von Dietrich Schacht ist als farbige Abzeichnung überliefert.[9] Es befand sich auf dem heute noch erhaltenen Epitaph des Franz Kale und seiner Ehefrau Cecilie, geborene Schacht in der Martinikirche.[10]

Mark Opalka, Braunschweig

---

4   Stadtarchiv Braunschweig, H IV: 282, Ausführungen zum Aufruhr der Armut vom Chronisten und Bürgermeister Andreas Pawel.
5   Die Chroniken der niedersächsischen Städte vom 14. bis 16. Jahrhundert. Bd. 16, Leipzig 1880, S. 455. Stadtarchiv Braunschweig, H III 2: 19, Abschrift des Schichtbuches von Hermann Bote, S. 81-89.
6   Werner Spieß (wie Anmerkung 3), S. 38-39.
7   Werner Spieß (wie Anmerkung 2). Stadtarchiv Braunschweig, H IV: 282.
8   Vgl. den Beitrag zum Bürgermeister Franz Kale (1536-1556).
9   Stadtarchiv Braunschweig, H III 3: 4 Vol.1, S.85. Sophie Reidemeister, Genealogien Braunschweiger Patrizier- und Ratsgeschlechter (Braunschweiger Werkstücke 12), Braunschweig 1948, S. 88.
10 Sabine Wehking: Die Inschriften der Stadt Braunschweig von 1529 bis 1671 (Die deutschen Inschriften 56), Wiesbaden 2001, Nr. 498, S. 67-68.

*„… Gerhard Pawel, einem klugen und äußerst redlichen Mann,
der durch seinen Charakter ausgezeichnet war"*[1]

GERKE II. PAWEL (1506 – 1540)

Gerke Pawel wurde als Sohn seines gleichnamigen Vaters, des Goldschmiedes Gerke Pawel und Margarete von Vechelde in Braunschweig geboren. Die seit 1242 erstmals erwähnte Wechsler- und Goldschmiedefamilie von Pawel gehörte zu den bedeutenden Patriziergeschlechtern der Stadt, die maßgeblich die Politik des Rates über Jahrhunderte mitbestimmte und die mehrfach den Großen Bürgermeister stellten.[2]

Entsprechend der Familientradition war Gerke als Wechsler tätig und zählte zu den Mitgliedern der einflussreichen Wechslergilde. Seine politische Karriere begann im Jahr 1500, als er von der Wechslergilde erstmals in den Rat der Altstadt gewählt wurde, dem er bis 1540 angehörte. Neben dieser Funktion ist er im Jahr 1500 als Gerichtsherr der Altstadt belegt. Nachdem Pawel 1503 zunächst als Kleiner Bürgermeister der Altstadt amtierte, übte er von 1506 bis 1540 turnusgemäß alle drei Jahre das Amt des Großen Bürgermeisters aus.[3]

In die ersten Jahre seiner Amtszeit fallen die innerstädtischen Auseinandersetzungen von 1512 bis 1514, die unter der Bezeichnung „Aufruhr der Armut" in die Stadtgeschichte eingegangen sind. Auslöser der Unruhen waren die desolaten Finanzverhältnisse der Stadt, die den Rat zu einer beträchtlichen Erhöhung des Schosses und der Zölle veranlassten. Trotz der beabsichtigten Beteiligung der Gilden und Gemeinden an der städtischen Finanzaufsicht durch die Entsendung von gewählten Zehnmännern und zusätzlich ernannten Personen „Geschickte", kam es im Hagen zu einem blutigen Aufstand, der von der gildelosen und ärmeren Bevölkerungsschicht getragen wurde. Bei der Erstürmung des Hagenrathauses am 6. Juni

---

1   Auszug aus der Inschrift auf dem Epitaph Gerke Pawels in der Martinikirche, vgl. Sabine Wehking: Die Inschriften der Stadt Braunschweig von 1529 bis 1671 (Die deutschen Inschriften 56), Wiesbaden 2001, Nr. 475, S. 46-48.
2   Sophie Reidemeister, Genealogien Braunschweiger Patrizier- und Ratsgeschlechter (Braunschweiger Werkstücke 12), Braunschweig 1948, S. 113. Stadtarchiv Braunschweig, H III 3: 3 Vol. 2.
3   Reidemeister (wie Anmerkung 2). Werner Spieß, Die Ratsherren der Hansestadt Braunschweig 1231-1671 (Braunschweiger Werkstücke 42), Braunschweig 1970, S. 176. Stadtarchiv Braunschweig, H IV: 282.

Ölgemälde von Gerke Pawel (Foto: Jutta Brüdern, 1981). Das Gemälde befand sich in Privatbesitz. Der Verbleib ist unbekannt.

1513 wurde der Ratsherr Henning Gronhagen erschlagen und der Bürgermeister Hinrik Elers schwer verwundet. Schließlich kapitulierte der gesamte Rat, mehrere Ratsherren und Bürgermeister suchten Schutz in Asylen oder traten die Flucht aus der Stadt an.

Zu ihnen gehörte auch Gerke II. Pawel, der „von der Altstadt über die Oker zum Bruche übersetzte" und in Hildesheim eine sichere vorübergehende Bleibe fand.[4] Sämtliche Abgabeforderungen des Rates wurden nun wieder rückgängig gemacht und weitere Zugeständnisse wie die Zentralisierung der Finanzaufsicht und der Bauverwaltung bei der Gemeinen Stadt im so genannten „Kleinen Brief" vom 7. Juni 1513 festgeschrieben.[5] Schließlich führte das neue Finanzgesetz von 1514, das die Steuerlasten ausgewogener verteilte zum endgültigen Ende des Konflikts.[6] Gerke Pawel setzte sich zudem für eine Fortführung des Gremiums der Zehnmänner als Kontrollinstanz über die städtischen Finanzen ein, das bis zum Ende der Stadtfreiheit 1671 in der Ratsverfassung verankert war.[7]

Epitaph des Gerke Pawel und der Anna von Winthelm (1555) in St. Martini (Foto: Jutta Brüdern, Braunschweig)

---

4 Werner Spieß, Geschichte der Stadt Braunschweig im Nachmittelalter vom Ausgang des Mittelalters bis zum Ende der Stadtfreiheit (1491-1671), Braunschweig 1966, S. 36-43. Richard Moderhack, Braunschweiger Stadtgeschichte, Braunschweig 1997, S. 84-85. Ludwig Hänselmann, Das Schichtbuch. Geschichten von Ungehorsam und Aufruhr in Braunschweig 1292-1514. Nach dem Niederdeutschen des Zollschreibers Hermann Bothen und anderen Überlieferungen bearbeitet, Braunschweig 1886. (Fotomechanischer Nachdruck Hannover 1979), S. 243, 245. Stadtarchiv Braunschweig, H III 2: 19.
5 Stadtarchiv Braunschweig, A I 1: 1275a.
6 Spieß, Nachmittelalter (wie Anmerkung 4). Moderhack, Stadtgeschichte (wie Anmerkung 4)
7 Stadtarchiv Braunschweig, A IV 8: 589, S. 261.

Wohnhaus der Familie von Pawel in der Heinenstraße, Aquarell von Eduard Gelpke, 1894 (Städtisches Museum Braunschweig, Foto: Jutta Brüdern)

Die zweite Phase seiner Tätigkeit als Bürgermeister ist geprägt von der Einführung der Reformation in Braunschweig. Bereits seit 1524 sind vereinzelte lutherischen Predigten im Aegidienkloster und in der Magnikirche nachweisbar. Auf Drängen seiner Bürger ließ schließlich der Weichbildrat der Altewiek ohne Zustimmung des Gemeinen Rates 1527 die ersten Predigten im lutherischen Sinne abhalten. 1528 fanden schon in allen Teilstädten Bürgerversammlungen statt, auf denen die Verordneten die evangeliumsgemäße Feier des Abendmahls, die Änderung der Gottesdienstabläufe, die Beseitigung von kirchlichen Missständen sowie die Bestellung von lutherischen Predigern forderten. Da sich inzwischen eine Mehrheit der Bevölkerung aus allen sozialen Schichten zum evangelischen Glauben bekannte und die Gefahr eines erneuten gewaltsamen Umsturzes bestand, verfasste der Rat unter dem amtierenden Bürgermeister Gerke Pawel im März 1528 eine Ratsordnung, die zu einer grundlegenden Neuordnung des städtischen Kirchenwesens führte. Der Ostern 1528 berufene Johannes Bugenhagen wurde mit der Durchführung der Reformation beauftragt. In nur kurzer Zeit machte er sich mit den städtischen Verhältnissen vertraut und entwarf in ständigem Austausch mit der Geistlichkeit, den einzelnen Ständen und Gilden, Hauptleuten und Bürgern eine neue Kirchenordnung, die am 5. September 1528 vom Rat und der Bürgerschaft angenommen wurde. Ihre Umsetzung führte zu einer tiefgreifenden Änderung der alten Kirchenstrukturen und des gesamten städtischen Lebens. Der Rat erfuhr einen Bedeutungszuwachs, da er die Kontrolle über das Kirchenwesen und ein Mitspracherecht bei der Besetzung von kirchlichen Stellen erhielt. Zur endgültigen Durchsetzung der lutherischen Lehre auch gegenüber dem streng katholischen Landesherrn Heinrich dem Jüngeren schloss sich Braunschweig 1531 dem Schmalkaldischen Bund an. Pawel, der in diesem Jahr das Bürgermeisteramt inne hatte, wird maßgeblich an der Vorbereitung und dem Abschluss des Bündnisvertrages zur äußeren Absicherung der Stadt mitgewirkt haben. Auch ist belegt, dass er an den Verhandlungen während der großen Schmalkaldischen Bundesversammlung 1538 in Braunschweig beteiligt war.[8]

Gerke II. Pawel schied 1541 schied er aus Altersgründen aus seinem Amt aus, wie sein Urgroßenkel Bürgermeister Andreas Pawel in seiner Chronik über die Ratsverfassung berichtete: „haet wegen seines hohen Alters abgedancket donnerstags na den wynachten Anno 1541".[9] Für die Zeit nach seinem Ausscheiden ist nachgewiesen, dass Pawel im Auftrag des Rates die Funktion eines Verwalters für das von der Stadt erworbene Schloss und Dorf Vechelde ausübte.[10]

Gerke Pawel heiratete 1494 Mette Harling, die bereits 1503 verstarb. In zweiter Ehe war er seit 1509 verheiratet mit Anna von Windheim (1492-1553).[11] Pawel hinterließ 11 Kinder.[12] Sein Sohn Conrad Pawel (1512-1577) studierte an den Universitäten Leipzig, Wittenberg und Bologna, wo er am 24. April 1540 zum Doktor beider Rechte promovierte. Vom Rat der Stadt Braunschweig wurde der zum Augsburger Reichstag von 1547 entsandt. Ab 1550 stand Conrad Pawel als Geheimrat in den Diensten des Fürstbischofs von Halberstadt bzw. des Kurfürsten von Brandenburg.[13]

---

8 Moderhack (wie Anmerkung 4), S. 92-94. Die Reformation der Stadt Braunschweig. Festschrift 1528-1978, Braunschweig 1978, S. 25-91. Spiess (wie Anmerkung 4), S. 71.
9 Stadtarchiv Braunschweig, H IV: 282.
10 Stadtarchiv Braunschweig, A IV: 589, S. 265.
11 Reidemeister Genealogien (wie Anmerkung 2), S. 113. Stadtarchiv Braunschweig, A IV: 589, S. 241-243.
12 Reidemeister Genealogien (wie Anmerkung 2), S. 113.
13 Otto Böcher, Die Pawels, eine Braunschweiger Patrizierfamilie von den Anfängen bis zur Gegenwart, in: Braunschweigisches Jahrbuch 62, 1981, S. 21-40.

Gerke Pawel erwarb 1497 ein großes Steinhaus mit Grundstück aus dem Familienbesitz seiner ersten Ehefrau Mette von Harling in der Heinenstraße (heute Heydenstraße) 2 und ließ ein Hof- sowie Seitengebäude errichten. 1705 verkaufte es Andreas von Pawel an den Thomaehof. Das Gebäude wurde 1887 beim Bau der städtischen Mädchenschule in der Heydenstraße abgebrochen.[14] Das Wohnhaus Pawels muss zu den vornehmsten Adressen Anfang des 16. Jahrhunderts in Braunschweig gehört haben, da es auch als Herberge für die herzogliche Familie diente.[15]

Gerke II. Pawel verstarb im für damalige Verhältnisse hohen Alter von 85 Jahren am 14. Februar 1554. Die Tatsache, dass zu seinem Begräbnis erstmals für einen Großen Bürgermeister die Kirchenglocken geläutet wurden, unterstreicht die Wertschätzung und Bedeutung Pawels in seiner Zeit.[16] Zur bleibenden Erinnerung stifteten seine beiden Söhne Conrad und Gerke ein bis heute erhaltenes Epitaph in der Martinikirche aus dem Jahr 1555, auf dem der Bürgermeister und seine zweite Ehefrau sowie die beiden Stifter abgebildet sind.[17] Von Pawel ist zudem das erste Gemälde eines Braunschweiger Bürgermeisters überliefert, das sich 1981 in Privatbesitz befand.[18] Mit dem Tod Gerke Pawels, teilte sich die Patrizierfamilie in einen Halberstädter Zweig und in eine Braunschweiger Linie auf.[19] Nach Otto Böcher ist Gerke Pawel aufgrund seiner Verdienste in einer von politischen Umbrüchen geprägten Zeit der bedeutendste Vertreter der älteren Familiengeschichte gewesen.[20]

Mark Opalka, Braunschweig

---

14 Andrea Boockmann, Die Inschriften der Stadt Braunschweig bis 1528 (Die deutschen Inschriften 35), Wiesbaden 1993, Nr. 181, S. 130-131. Stadtarchiv Braunschweig, H III 1: 17.1, S. 128. Braunschweigisches Magazin 1903, S. 27.
15 Braunschweigisches Magazin 1897, S. 40. Stadtarchiv Braunschweig, A IV: 589, S. 256, 262. Belegt ist der Aufenthalt der Ehefrau von Herzog Heinrich dem Jüngeren, Maria von Württemberg 1525, des Herzogs Wilhelm 1582, des Herzogs Heinrich Julius 1587 und des jungen Herzogs Friedrich Ulrich im Jahr 1608.
16 Reidemeister Genealogien (wie Anmerkung 2), S. 111.
17 Wehking, Inschriften (wie Anmerkung 1), S. 46-48, Abbildung 24. Spieß, Nachmittelalter (wie Anmerkung 4), S. 701.
18 Eine Abbildung des Ölgemäldes findet sich bei Otto Böcher (wie Anmerkung 13), Abbildung 1 nach S. 24. Der heutige Besitzer des Gemäldes konnte nicht ermittelt werden.
19 Böcher, Die Pawels (wie Anmerkung 13), S. 24-25.
20 Ebenda, S. 26.

Henning van Damm der Ältere
(van Damme, van dem Damme)
(1515 – 1535)

Henning van Damm, der zur Unterscheidung von seinem gleichnamigen Sohn auch den Beinamen der Ältere führte, wurde am 22. August 1478 in Braunschweig als zweiter Sohn des Fernkaufmanns und Altstädter Ratsherren Tile van Damm († 1502) geboren. Seine Mutter Ilse stammte aus der vornehmen Familie Kalm, die im Weichbild Hagen ansässig war.[1] Henning van Damm war Fernkaufmann, u.a. ist er als Besucher des Hansekontors in Brügge belegt.[2]

Im Rat der Altstadt, in den er über die Gemeinde gewählt wurde, erscheint er erstmals 1509. Dort nahm er zunächst die Funktion des Küchenkämmerers war und wurde nach nur sechs Jahren Ratszugehörigkeit vergleichsweise rasch zum Großen Bürgermeister der Altstadt gewählt. Diese Position sollte er mehr als 20 Jahre innehaben, amtierend in den Jahren: 1515, 1518, 1520, 1523, 1526, 1529, 1532 und 1535.[3] Henning d. Ä. ist der zweite Große Bürgermeister aus der Familie van Damm. Von 1412 bis 1422 stand bereits Fricke van Damm an der Spitze der Stadt.

Wappen der von Damm (Stadtarchiv Braunschweig, H III 3: 4, Vol. 1, S. 128)

Seine Amtszeit war geprägt von einer Reihe von wichtigen Ereignissen in der Geschichte der Stadt: u.a. erhielt Braunschweig 1521 ein wichtiges Marktprivileg von Kaiser Karl V., 1528 wurde

---

1 Sophie Reidemeister, Genealogien Braunschweiger Patrizier- und Ratsgeschlechter, Braunschweig 1948, S. 43.
2 Jürgen von Damm, Genealogie um die Familie von Damm in Braunschweig, 1. Band, 2. Auflage, Braunschweig 2002, S. 113-115.
3 Werner Spieß, Die Ratsherren der Hansestadt Braunschweig 1231-1671 (Braunschweiger Werkstücke 42), Braunschweig 1970, S. 94

die Reformation eingeführt und 1531 trat die Stadt dem Schmalkaldischen Bund bei.⁴ Eine persönliche Beteiligung bzw. Einflussnahme von Henning d. Ä. lässt sich auf Grund der Quellenlage jedoch erstaunlicher Weise kaum nachweisen. Im Jahre 1515 ist er als Ältermann der Martinikirche bezeugt.

Henning van Damm ging zwei Eheverbindungen ein. Im Februar 1512 heiratete er Margarete Walbeck, die 1530 im Kindbett starb. Die zweite Ehe schloss er 1533 mit Ilse Luddecken aus Hildesheim. Aus dem väterlichen Erbe erhielt Henning d. Ä. ein Anwesen in der Scharrnstraße, dass er von Grund auf neu errichten lässt und in dem er bis zum seinem Tode 1538 wohnt.⁵ Sein Sohn Henning der Jüngere folgt ihm 1539 im Rat der Altstadt und 1551 im Amt des Großen Bürgermeisters nach.⁶

Henning Steinführer, Braunschweig

---

4   Werner Spieß, Geschichte der Stadt Braunschweig im Nachmittelalter vom Ausgang des Mittelalters bis zum Ende der Stadtfreiheit (1491-1671), Braunschweig 1966.
5   Haus Ass. Nr. 749, vgl. Stadtarchiv Braunschweig: Heinrich Meier, Häuserbuch der Stadt Braunschweig (Neuere Handschriften III 403, Band 1). Von Damm, Genealogie (wie Anmerkung 2), S. 113. Sabine Wehking, Die Inschriften der Stadt Braunschweig von 1529 bis 1671 (Die deutschen Inschriften 56), Wiesbaden 2001, S. 15, Nr. 425.
6   Spieß, Die Ratsherren der Hansestadt Braunschweig (wie Anmerkung 3), S. 94.

LUDELEF BREYER (LUDOLF BREIER) (1521 – 1533)

Die Familie Breyer stammte ursprünglich aus Hildesheim und stellte dort seit dem ausgehenden 14. Jahrhundert mehrere Ratsherren und Bürgermeister.[1] Nach Braunschweig waren die Breyers 1437 eingewandert und hatten mit Ludeke Breyer bereits einen Großen Bürgermeister gestellt.

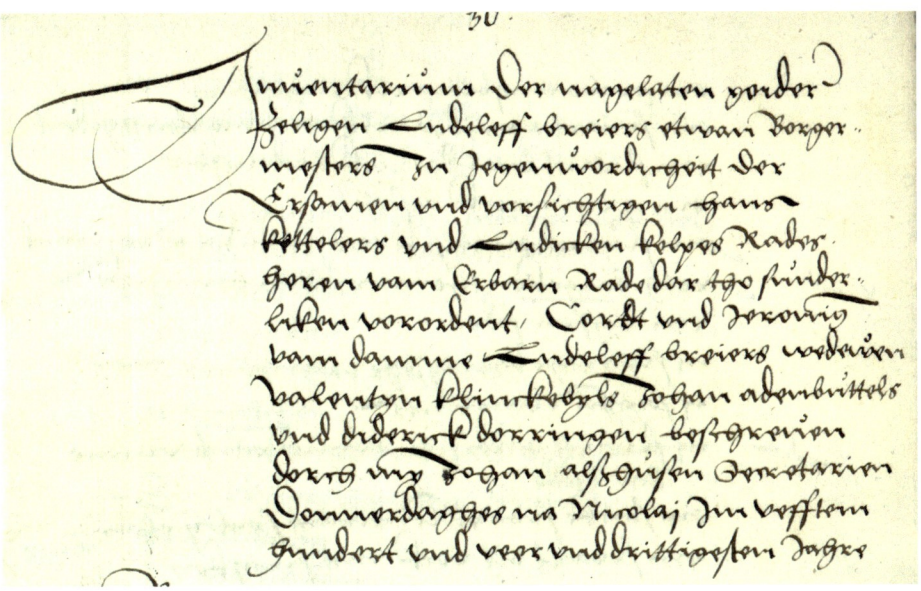

Sein Sohn Ludelef wurde 1509 erstmals in den Rat der Altstadt gewählt. Zunächst übte er für ein Jahr die Funktion eines Gerichtsherrn aus (1517). Im Folgejahr rückte Ludelef Breyer in das Amt des Kleinen Bürgermeisters und damit in den Küchenrat auf. Ende 1520 erfolgte dann die Wahl zum Großen Bürgermeister. An der Spitze der Stadt amtierte Breyer in den Jahren 1521, 1524, 1527, 1530 und 1533.

Auszug aus dem Inventar des Ludelef Breyer, 1534 (Stadtarchiv Braunschweig, A I 4: 1 Nr. 28)

In diesen zwölf Jahren erlebte Braunschweig eine Reihe von stadtgeschichtlich bedeutsamen Ereignissen: 1521 erhielt die Stadt ein Marktprivileg von Kaiser Karl V., 1528 wurde die Re-

---
1 Sophie Reidemeister, Genealogien Braunschweiger Patrizier- und Ratsgeschlechter (Braunschweiger Werkstücke 12), Braunschweig 1948, S. 25.

formation eingeführt und 1531 trat Braunschweig dem Schmalkaldischen Bund bei.[2] Ludelef Breyer wird mit großer Sicherheit einen erheblichen Anteil an diesen Entwicklungen gehabt haben, allerdings lässt sich dies auf Grund der Quellenlage leider nicht detailliert nachweisen.

Ludelef Breyer war mit einer aus Hannover stammenden Gese Meyer verheiratet und bewohnte spätestens seit 1505 das vom Vater ererbte Haus in der Steinstraße.[3] Ludelef Breyer verstarb wahrscheinlich 1534. Bis zum Anfang des 17. Jahrhunderts stellten die Breyers noch mehrfach Ratsmitglieder in der Altstadt, bis in das Amt des Großen Bürgermeister gelangte jedoch keiner mehr.

Henning Steinführer, Braunschweig

---

2 Werner Spieß, Geschichte der Stadt Braunschweig im Nachmittelalter vom Ausgang des Mittelalters bis zum Ende der Stadtfreiheit (1491-1671), Braunschweig 1966.
3 Haus Assekuranz Nr. 457. Vgl. Stadtarchiv Braunschweig: Heinrich Meier, Häuserbuch der Stadt Braunschweig (Neuere Handschriften III 403).

„… Der Erbar und Wolweise Herr Frantz Kale, dieser loblichen Stadt Braunschweig Burgermeister"…[1]

FRANZ KALE (1536 – 1556)

Franz Kale wurde nach 1480 als ältester Sohn von Hermann Kale und Hanneke von Damm in Braunschweig geboren.[2] Er gehörte der seit 1231 in Braunschweig nachgewiesenen Wechsler- und Goldschmiedefamilie Kale an, die zu den wohlhabendsten und einflussreichsten Ratsgeschlechtern der Stadt zählten und mehrfach den Großen Bürgermeister der Altstadt stellten.[3]

Franz Kale setzte die Tradition seiner Familie fort und bekleidete wichtige politische Ämter in der städtischen Verwaltung. Zunächst wird Kale, wie schon sein Vater, 1519 und 1524 als Konstabler der Altstadt erwähnt.[4] Von 1527 bis 1556 gehörte er dem Rat der Altstadt an. Nachdem Franz Kale 1530 und 1533 das Amt des Kleinen Bürgermeisters in der Altstadt ausübte, wurde er ebendort 1536 zum Großen Bürgermeister gewählt. In dieser Funktion stand er in den Jahren 1536, 1538, 1541, 1544, 1547, 1550, 1553 und 1556 an der Spitze des Braunschweiger Rates.[5]

Die Amtszeit Kales ist geprägt von dem jahrelang schwelenden Konflikt zwischen der seit 1528 zum Luthertum übergetretenen Stadt und dem katholischen Herzog Heinrich dem Jüngeren (1489-1568), der seinerzeit zu den stärksten Gegnern der neuen Lehre zählte. Nachdem Braunschweig 1531 als Mitglied in den Schmalkaldischen Bund aufgenommen worden war, spitzte sich der Streit zu. Dennoch trat Kale im „Interesse der evangelischen Sache" und zum Schutz der Stadt und des umlie-

---

1   Auszug aus der Inschrift auf dem Epitaph für Franz Kale in der Martinikirche, vgl. Sabine Wehking, Die Inschriften der Stadt Braunschweig von 1529 bis 1671 (Die deutschen Inschriften 56), Wiesbaden 2001, Nr. 498, S. 67-68.
2   Das häufig in der Literatur, z. B. bei Sophie Reidemeister, Genealogien Braunschweiger Patrizier- und Ratsgeschlechter aus der Zeit der Selbstständigkeit der Stadt (Braunschweiger Werkstücke 12), Braunschweig 1948, S. 88 angegebene Geburtsjahr Kales 1488 stimmt nicht mit den Angaben auf der Inschrift des Epitaphs überein, vgl. Wehking, Inschriften (wie Anmerkung 1), S. 68. Abweichend in den Quellen ist auch der Vorname seiner Mutter, die häufig als Ilse von Damm bezeichnet wird.
3   Werner Spieß, Die Ratsherren der Stadt Braunschweig (Braunschweiger Werkstücke 42), Braunschweig 1970, S. 141-142. Reidemeister, Genealogien wie Anmerkung 2), S. 86-89. Stadtarchiv Braunschweig, H VIII A: 2044.
4   Stadtarchiv Braunschweig, H IV: 282. Stadtarchiv Braunschweig, H III 4: 43.
5   Stadtarchiv Braunschweig, H IV: 282. Stadtarchiv Braunschweig, H III 4: 42 Vol.1.

Epitaph des Franz Kale und der Cecilia Schacht 1561 in St. Martini (Foto: Jutta Brüdern, Braunschweig)

genden städtischen Landgebiets für eine gemäßigte Konfrontationspolitik gegenüber dem Landesherrn ein.[6] In der Folgezeit fanden in Braunschweig mehrere Bundesversammlungen der Schmalkaldener statt. Als besonders prächtige Zusammenkunft ist die des Jahres 1538 in die Stadtgeschichte eingegangen, die von Franz Kale auf dem Neustadtrathaus geleitet wurde. Hochrangige Vertreter des Bundes, wie Kurfürst Johann Friedrich von Sachsen, Landgraf Philipp von Hessen, Herzog Ernst von Lüneburg und König Christian III. von Dänemark sowie die Gesandten des deutschen Königs Ferdinand und die Botschafter des Königs von England wurden im Frühjahr 1538 für mehrere Tage von Braunschweiger Bürgern in ihren Häusern beherbergt.[7]

1542 besetzten schmalkaldische Truppen zum Schutz der Stadt Braunschweig und der Reichsstadt Goslar, die von Heinrich dem Jüngeren gleichermaßen bedroht wurde, das Herzogtum. Nach der Verwüstung des Klosters Riddagshausen und des Da-

---

6 Hans Jürgen Rieckenberg, Franz Kale, in: Neue deutsche Biographie (hrsg. von der Historischen Kommission bei der Bayerischen Akademie der Wissenschaften) Bd.11, Berlin 1977, S. 54-55. Werner Spieß, Geschichte der Stadt Braunschweig im Nachmittelalter, Braunschweig 1966, S. 65-76. Richard Moderhack, Braunschweiger Stadtgeschichte, Braunschweig 1997, S. 94-96.

7 Spieß, Nachmittelalter (wie Anmerkung 6), S. 69-72. Neue deutsche Biographie (wie Anmerkung 6), S. 55.

menstifts Steterburg durch annähernd 5.000 Braunschweiger Bürger und Söldner, gelang den Bundestruppen im August 1542 die Eroberung des Schlosses Wolfenbüttel sowie die Absetzung des Herzogs, der aus seinem Land fliehen musste. Bürgermeister Kale gehörte einem vierköpfigen Konsortium an, dem die Verwaltung des eingenommenen Schlosses übertragen wurde. Er repräsentierte die dem Bund angehörenden Städte neben den Vertretern des sächsischen Kurfürsten, des Landgrafen von Hessen und des Herzogs von Lüneburg.[8] Während des sich anschließenden Schmalkaldener Bundestages vom 20. August bis 8. September 1542 in Braunschweig wurde Kale zudem als einziger Vertreter der sächsischen Städte zum Mitglied des aus acht Personen bestehenden Regierungskollegiums der neu gebildeten Schmalkaldischen Landesverwaltung ernannt, die in Wolfenbüttel ihren Sitz hatte. Damit verfügte die Stadt über einen eigenen Sitz und politisches Mitspracherecht im höchsten Landesregiment. Kale konnte nach Werner Spieß diesen Einfluss nutzen und als „Landeskind" der Regierung die negativen Folgen des Krieges und der militärischen Besatzung in Stadt und Herzogtum entscheidend mildern.[9]

Der Stadt Braunschweig gelang es in den darauffolgenden Jahren aufgrund ihrer gefestigten Position unter den Großen Bürgermeistern Franz Kale, Cort von Damm (1539-1548) und Hermen von Vechelde (1543-1558) eine sehr selbstständige Politik nach innen und außen zu führen. Mit Hilfe einer umfassenden Kirchenvisitation wurde die Reformation im Landgebiet und auch im eroberten Herzogtum weiter vorangetrieben. Innerhalb der Stadtgrenzen beseitigte man die letzten Überbleibsel des Katholizismus: Während das Ägidienkloster 1542 geschlossen wurde, traten 1543 die beiden landesherrlichen Stifte St. Blasius und St. Cyriacus zum Luthertum über. 1544 wurde schließlich die dem Patronat des vertriebenen Herzogs unterstehende Ulricikirche auf dem Kohlmarkt abgerissen. Eine Vergrößerung des Landgebietes als Ausgleich für erlittene Kriegsschäden konnte die Stadt hingegen nicht durchsetzen. Die Bundesmitglieder gestatteten ihr jedoch, die Landwehr von Melverode bis Neuhof (Riddagshausen) im Osten zu erweitern und die Befestigungsanlagen im Süden und im Westen weiter auszubauen.

Franz Kale zählte zu den Gesandten des Braunschweiger Rates, die vom 19. Februar bis 30. Mai 1544 an den Sitzungen des Schmalkaldischen Bundestages und den Verhandlungen der braunschweigischen Defensionsverwandten am Rande des Reichstags zu Speyer teilnahmen. Er wurde vom Bürgermeister des Hagens Heinrich

---

8 Spieß, Nachmittelalter (wie Anmerkung 6), S. 69-72.
9 Ebd., S. 79-80.

Brief von Franz Kale an seinen Vetter Jobst Kale vom 20. Januar 1548 (Stadtarchiv Braunschweig, B IV 2g, Nr. 4, S. 446r)

Schrader [10], dem Sekretär Konrad Blawe und seinem Schwager, dem Sekretär Dietrich Prutze, begleitet.[11]

Seit 1545 verstärkte Herzog Heinrich d. J. die Bemühungen sein Land wieder zurückzuerobern. Auch an die Stadt sandte er Fehdebriefe und versuchte sie anzugreifen. Als Reaktion ließ der Rat einige kirchliche Gebäude wie das Stift St. Cyriacus und das Kreuzkloster vor den Toren der Stadt abreißen, um sich eine günstige Ausgangslage für die erwartete Belagerung des Herzogs zu verschaffen. Zudem wurden die Befestigungsanlagen im Osten weiter ausgebaut. Nach dem Sieg der kaiserlichen Streitmacht über die Truppen des Schmalkaldischen Bundes in der Schlacht bei Mühlberg 1547 verschlechterte sich die Position der Stadt gegenüber dem Kaiser deutlich, der eine Unterwerfung verlangte. Um dessen Gunst zurückzugewinnen, entsandte der Rat eine eigene Delegation nach Augsburg, zu deren Mitgliedern der spätere Bürgermeister Jobst Kale (1560-1584), ein Vetter Franz Kales gehörte.[12] Nach Zahlung einer Buße von 50.000 Gulden konnten die Gesandten am 3. Januar 1548 die Aussöhnungsurkunde des Kaisers in Empfang nehmen.[13] Die Einigung mit Karl V. wird auch in einem heute noch erhaltenen Brief von Franz an Jobst Kale vom 20. Januar 1548 thematisiert.[14]

---

10 Spieß, Ratsherren (wie Anmerkung 3), S. 210.

11 Zu den Themen und Ergebnissen der Sitzungen, vgl. Deutsche Reichstagsakten unter Kaiser Karl V., 15. Band, Der Speyrer Reichstag von 1544, Teil 1, bearbeitet von Erwein Eltz, Göttingen 2001, S. 305-309, S. 901-919. Dort ist auch ein ausführliches Berichtsprotokoll der Gesandten der Stadt Braunschweig wiedergegeben.

12 Spieß, Nachmittelalter (wie Anmerkung 6), S. 83-86. Moderhack, Stadtgeschichte (wie Anmerkung 6), S. 95-96.

13 Stadtarchiv Braunschweig, A I 1: 1487.

14 Stadtarchiv Braunschweig, B IV 2 g: 4, Seite 445-446v.

Mit Heinrich dem Jüngeren, der 1547 sein Land wieder in Besitz nehmen konnte, kam es hingegen zu keiner Annäherung, da der Rat die vom Herzog erhobenen Entschädigungsansprüche entschieden zurückwies. Die Ablehnung des kaiserlichen Augsburger Interims vom 15. Mai 1548 und die sich daran anschließenden Versuche des Herzogs, den katholischen Glauben auch im Stadtgebiet wieder durchzusetzen, verschärften den Gegensatz umso mehr und führten in den Jahren 1550 und 1553 zu den intensivsten Belagerungen Braunschweigs im 16. Jahrhundert. Trotz Besetzung und Verwüstung des Landgebiets, mehrerer Gefechte und Artillerieduelle vor den Toren der Stadt, der Unterbindung der städtischen Wasserversorgung sowie der Aufstauung der Oker bei Eisenbüttel erzielte der Herzog nicht den gewünschten militärischen Erfolg. Braunschweig konnte sich in dem Konflikt auf die Hilfe und Unterstützung verschiedener Bündnispartner stützen, die zwar die Festigung der städtischen Position, jedoch nicht die Lösung des Konflikt auf dem Schlachtfeld zugunsten der Stadt bewirken konnten.[15] Erst nach dem Sieg Heinrich des Jüngeren und seinen Verbündeten in der blutigen Schlacht von Sievershausen im Juli 1553 und der sich daran anschließenden vergeblichen Belagerung der Stadt schlossen die beiden Parteien unter Vermittlung des Kaisers, zahlreicher geistlicher und weltlicher Fürsten, der Reichsstadt Nürnberg und einzelnen Mitgliedern des sächsischen Städtebundes und der Hanse am 20. Oktober 1553 den Frieden von Wolfenbüttel.[16]

Franz Kale bestimmte als Großer Bürgermeister seit Beginn der militärischen Auseinandersetzungen im Jahre 1542 maßgeblich die städtische Kriegs,- Außen- und Bündnispolitik. Dies belegen unter anderem Briefe und Dokumente aus den Hanseakten des Alten Ratsarchivs.[17] Er war führend an den langwierigen und komplexen Verhandlungen zu den Friedensverträgen der Jahre 1550 und 1553 beteiligt, von denen der Letztere die Position der Stadt gegenüber dem Landesherrn festigte.[18]

15 Spieß, Nachmittelalter (wie Anmerkung 6), S. 86-94. Moderhack, Stadtgeschichte (wie Anmerkung 6), S. 96-98. Heinrich Mack, Die Belagerungen der Stadt Braunschweig vom 15. bis 17. Jahrhundert, in: Görges-Spehr-Fuhse, Vaterländische Geschichte und Denkwürdigkeiten der Lande Braunschweig und Hannover, Bd. 1, Braunschweig 1925, S. 110-112. Braunschweig ging u.a. Bündnisse mit Erich II. von Braunschweig-Calenberg, den Grafen Volrad und Albrecht von Mansfeld und mit dem Markgrafen Albrecht Alcibiades von Brandenburg-Kulmbach ein.
16 Spieß, Nachmittelalter (wie Anmerkung 6), S. 95-101. Stadtarchiv Braunschweig, A I 1: 1524. Abdruck des Friedensvertrages bei Philipp Julius Rehtmeyer, Braunschweig-Lüneburgische Chronica, Braunschweig 1722, S. 924-929.
17 Stadtarchiv Braunschweig, H VI 1: 33.1. Stadtarchiv Braunschweig, H III 5: 49.1, Regesten der Hanseakten des 16. Jahrhunderts von Heinrich Mack.
18 Tobias Olfen, Geschichtsbücher der Stadt Braunschweig, Braunschweig 1832, S. 56-70. Der am 9. September 1550 geschlossene provisorische Frieden hatte de facto die Form eines Waffenstillstandsvertrages, da sämtliche Streitfragen in einer künftigen Vereinbarung Aufnahme finden sollten. Vgl. hierzu auch Moderhack, Stadtgeschichte (wie Anmerkung 6), S. 97 und Spieß, Nachmittelalter (wie Anmerkung 6), S. 94.

Kale hatte zweifellos in seiner Funktion als Großer Bürgermeister einen entscheidenden Anteil daran, dass Braunschweig ungeachtet der zu leistenden Anerkennung der landesfürstlichen Hoheit und Entrichtung einer Entschädigungssumme von 80.000 Talern im Besitz aller wichtiger Privilegien blieb und für sich weiterhin das Recht der freien Religionsausübung beanspruchen konnte.[19] Die Gesandtschaft des Rates, die am 23. Oktober 1553 beim Herzog die im Friedensschluss vereinbarte Abbitte leistete, wurde von Franz Kale angeführt. Zusammen mit den Bürgermeistern des Hagens Heinrich Schrader und Olrik Elers sowie dem Syndikus Lizentiat Krüger wurden sie von Heinrich den Jüngeren und seinem Sohn Julius (1528-1589) auf dem Schloss Wolfenbüttel empfangen und bewirtet. Bei dieser Gelegenheit wurde dem jungen Prinzen Julius von den Stadtvertretern ein „wackerer brauner Hengst aus des Rathes Marstall und einen rothen sammetenen Sattel nebst schwarzer Decke mit Goldfellen besetzt" als Geschenk überreicht.[20]

Den Abschluss des jahrzehntelangen Konfliktes zwischen der Stadt und Heinrich dem Jüngeren stellte auch als äußeres Zeichen des geschlossenen Friedens eine gemeinsame Versöhnungsfeier zum Beginn des Jahres 1555 in Braunschweig dar, die von zahlreichen Chronisten und in der stadtgeschichtlichen Literatur ausführlich beschrieben worden ist.[21] Im darauffolgenden Jahr 1556 bekleidete Kale letztmalig das Amt des Großen Bürgermeisters an der Seite seines Vetters Jobst, der in diesem Jahr als Kleiner Bürgermeister der Altstadt tätig war.[22]

Franz Kale heiratete vermutlich im Jahre 1523 Cäcilie Schacht (1505-1561), eine Tochter des Bürgermeisters Dietrich Schacht (1501-1511).[23] Aus der Ehe gingen neun Kinder hervor, von denen fünf Söhne und zwei Töchter belegt sind.[24] Keiner der Söhne Franz Kales konnte den beeindruckenden Werdegang des Vaters wiederholen und sich vergleichbare Verdienste erwerben. Von den Söhnen werden Franz (gest. 1562),

---

19 Spieß, Nachmittelalter (wie Anmerkung 6), S. 100-102. Moderhack, Stadtgeschichte (wie Anmerkung 6), S. 98.
20 Olfen, Geschichtsbücher, (wie Anmerkung 18), S. 76-77. Spieß, Nachmittelalter (wie Anmerkung 6), S. 100.
21 Vgl. u.a. Chronik von Christoph Gerke, Stadtarchiv Braunschweig, H III 2: 23.1, S. 519-520. Philipp Julius Rehtmeyer, Braunschweig-Lüneburgische Chronica (wie Anmerkung 16), S. 934. Schoppius-Chronik, Stadtarchiv Braunschweig, H III 2: 12. Spieß, Nachmittelalter (wie Anmerkung 6), S. 102-103. Olfen, Geschichtsbücher (wie Anmerkung 18), S. 79-80.
22 Stadtarchiv Braunschweig, H III 4: 42 Vol.1.
23 Wehking, Inschriften (wie Anmerkung 1), S. 67-68. Stadtarchiv Braunschweig, H VIII A: 2044, Zeitungsartikel zur Patrizierfamilie Kale von W. Schrader in der Reihe „Braunschweigische Familienchronik" aus der Braunschweigischen Landeszeitung vom 15.07.1934, S. 10.
24 Wehking, Inschriften, (wie Anmerkung 1), S. 67-68, Tafel XIV. Auf dem Epitaph des Franz Kale und der Cecilia Schacht ist der Verstorbene mit fünf Söhnen und die Ehefrau mit vier Töchtern abgebildet.

Dietrich (gest. 1566) und Hans (gest. 1577) in den Ratsregistern als Konstabler der Altstadt geführt.[25] Der der Wechslergilde angehörende Christoff Kale (gest. 1591) stand als Ratsherr und Kämmerer in den Diensten des Rates.[26] Herman Kale (gest. 1590) studierte an den Universitäten Wittenberg und Heidelberg.[27] Durch eine kluge Heiratspolitik konnte Franz Kale den Einfluss seiner Familie sichern und weiter ausbauen, die im 16. Jahrhundert zur obersten städtischen Führungsschicht gehörte.[28] Sein Sohn Hans verheiratete sich mit Anna Prutze, einer Tochter des Ratssyndikus Dietrich Prutze.[29] Seine Tochter Anna ging den Ehebund mit dem Patrizier und Wechsler Andreas Schrader ein.[30] Margarethe Kale (gest. 1586) heiratete den Ratssyndikus Melchior Krüger, der zuvor in Quedlinburg als Stiftskanzler gewirkt hatte.[31]

Kale bewohnte das Haus Turnierstraße 5/6 gegenüber der Martinikirche, das sich von 1457 bis 1653 in Familienbesitz befand.[32] Es muss seinerzeit zu den größten und vornehmsten Steingebäuden Braunschweigs gehört haben, das immerhin von zwei Herzögen als Unterkunft während ihrer Aufenthalte in Braunschweig auserwählt wurde.[33] Da das Testament Kales leider nicht überliefert ist, können keine weiteren Aussagen über die Ausstattung des Wohnhauses, sein privates Vermögen und mögliche Stiftungen des Bürgermeisters getroffen werden.[34]

---

25 Reidemeister, Genealogien (wie Anmerkung 2), S. 89. Stadtarchiv Braunschweig, H IV: 282. Stadtarchiv Braunschweig, H III 3: 3 Vol.1, Stammtafel Ratsfamilie Kale.
26 Spieß, Ratsherren (wie Anmerkung 3), S. 141. Reidemeister, Genealogien (wie Anmerkung 2), S. 86. Olfen, Geschichtsbücher (wie Anmerkung 18), S. 91-92.
27 Reidemeister, Genealogien (wie Anmerkung 2), S. 89. Stadtarchiv Braunschweig, H III 3: 3 Vol.1, Stammtafel Ratsfamilie Kale.
28 Braunschweigisches Biographisches Lexikon (wie Anmerkung 2), S. 390.
29 Reidemeister, Genealogien (wie Anmerkung 2), S. 89. Stadtarchiv Braunschweig, H III 3: 3 Vol.1, Stammtafel Ratsfamilie Kale.
30 Stadtarchiv Braunschweig, H III 3: 3 Vol.1, Stammtafel Ratsfamilie Kale. Johann August Heinrich Schmidt (Hrsg.), Die St. Martinskirche in Braunschweig, Braunschweig 1846, S. 78. Spieß, Ratsherren (wie Anmerkung 3), S. 210.
31 Stadtarchiv Braunschweig, H III 3: 3 Vol.1, Stammtafel Ratsfamilie Kale. Stadtarchiv Braunschweig, H VIII A: 3189. Schmidt, Martinskirche (wie Anmerkung 30), S. 78. Neue deutsche Biographie (wie Anmerkung 6), S. 54.
32 Heinrich Meier, Nachrichten über Bürgerhäuser früherer Jahrhunderte, in: Braunschweigisches Magazin 1897, S. 54. Heinrich Meier, Carl Kämpe, Heraldische Untersuchungen in der Architektur der Stadt Braunschweig, in: Braunschweigisches Magazin, Nr. 3, 1903, S. 28. Das Gebäude wurde um 1700 abgebrochen und durch ein neues Fachwerkhaus ersetzt.
33 Erhalten ist eine Fotografie des Kellergewölbes des Gebäudes, vgl. Rudolf Fricke, Das Bürgerhaus in Braunschweig, Tübingen 1975, Bildtafel 82 und 83.
34 Die Testamente des Weichbildes Altstadt für den Zeitraum 1516-1558 fehlen im Bestand des Alten Ratsarchivs, vgl. Stadtarchiv Braunschweig, Bestand B I 23 Testamentbücher. Jedoch ist die Existenz eines Testaments von Kale schriftlich belegt, vgl. Stadtarchiv Braunschweig, G II 1: 31, S. 67 r.

Bei Franz Kale handelte es sich um einen typischen Vertreter des Stadtpatriziats, das in der städtischen Verwaltung in der Mitte 16. Jahrhunderts eine herausragende Rolle spielte. Kale bekleidete das Amt des Großen Bürgermeisters in einer schwierigen von Auseinandersetzungen mit dem Herzog und einschneidenden politischen Umbrüchen geprägten Zeit. Er vertrat die Interessen der Stadt beharrlich und mit politischem Geschick. Nicht zuletzt durch seinen „beherrschten Geist" und seinen auf Ausgleich bedachten Charakter konnte er nach Jahren des Krieges und der Belagerung die Aussöhnung mit dem welfischen Landesherrn erreichen, die über einen langen Zeitraum bis 1605 Bestand hatte.[35] So kam Werner Spieß wohl nicht zu Unrecht zu der Einschätzung, dass Kale der „bedeutendste Braunschweiger Bürgermeister des 16. Jahrhunderts" gewesen sei.[36]

Franz Kale starb am 29. August 1558. Zu seinem Andenken wurde nach dem Tod seiner Frau 1561 ein heute noch erhaltenes Epitaph aus weißem Marmor in der Martinikirche errichtet, auf dem der Bürgermeister mit seiner Frau und seinen Kindern abgebildet ist.[37] Neben dem Grabmal erinnert seit 1890 auch die Straßenbezeichnung Kalenwall an die im 17. Jahrhundert ausgestorbene Ratsfamilie Kale, aus der Franz Kale als bedeutendste Persönlichkeit hervorgetreten ist.[38]

Mark Opalka, Braunschweig

---

35 Spieß, Nachmittelalter (wie Anmerkung 6), S. 128.
36 Spieß, Nachmittelalter (wie Anmerkung 6), S. 477. Neue deutsche Biographie (wie Anmerkung 6), S. 55.
37 Wehking, Inschriften (wie Anmerkung 1), S. 67-68, Tafel XIV. Schmidt, Martinskirche (wie Anmerkung 30), S. 78. Das in der einschlägigen Literatur genannte Todesdatum 19. August 1558 stimmt nicht mit dem auf dem Epitaph und in einigen schriftlichen Quellen wiedergegebenen Todesdatum am 29. August 1558 überein. Vgl. Spiess, Ratsherren (wie Anmerkung 3), S. 141. Reidemeister, Genealogien (wie Anmerkung 2), S. 88. Stadtarchiv Braunschweig, H IV: 282, Jahr 1557. Stadtarchiv Braunschweig, H III 4: 42 Vol.1. Stadtarchiv Braunschweig, H III 3: 3 Vol.1, Stammtafel Ratsfamilie Kale. Anlässlich der Beerdigung von Franz Kale erhielt der Opfermann von St. Martini für seine Dienste fünf Schilling, vgl. Stadtarchiv Braunschweig G II 1: 31, S. 67 v.
38 Ilse Erdmann, Strassen und Plätze in Braunschweig, Braunschweig 1970, S. 31. Stadtarchiv Braunschweig, D IV: 5064.3. Straßennamenkartei im Lesesaal des Stadtarchivs Braunschweig.

„... als besonders unerbittliche Feinde
ihres Herzogs hervorgetan"[1]

CORT VON DAMM (1539 – 1548)

Cort von Damm war das vierte von insgesamt neun Kindern aus der Ehe des Braunschweiger Fernhändlers Bertram von Damm mit Margarete Huddessem.[2] Für keines der Kinder, die vermutlich alle gegen Ende des 15. Jahrhunderts geboren worden waren, lässt sich heute noch ein genaues Geburtsdatum nachweisen.[3]

Belegt ist, dass Cort, der vermutlich wie sein Vater mit Handelsgeschäften sein Geld verdiente, Mitglied der Wandschneidergilde war, für die er seit 1530 im Rat der Altstadt saß.[4] Bei den Ratswahlen in jenem Jahr schied knapp ein Fünftel der vormaligen Ratsherren aus, weil sie dem Tempo der Reformation nicht folgen mochten.[5] Cort von Damm, ein Anhänger der neuen Lehre,[6] profitierte als einer der in diesem Jahr erstmals gewählten Ratsherren von dieser Umbruchsituation.

Im Jahr 1532 gehörte Damm zum ersten Mal dem Sitzenden Rat an und übernahm sogleich das Amt des Gerichtsherrn – zur damaligen Zeit ein Einstiegsamt für eine politische Karriere. Bereits in der darauffolgenden Wahlperiode (1533-1535) übernahm er die Aufgaben eines Kämmerers und rückte damit in der städtischen Hierarchie deutlich nach oben.[7]

Der Kämmerer Cort von Damm heiratete vermutlich im Jahr 1535 Anna Breyer, die Tochter des Altstädter Ratsherren Ludolf Breyer, mit der er neun Kinder hatte.[8]

---

1 Werner Spieß über Cort von Damm, vgl.: Werner Spieß, Braunschweig im Nachmittelalter vom Ausgang des Mittelalters bis zum Ende der Stadtfreiheit (1491-1671), 1. Halbband, Braunschweig 1966, S. 81.
2 Stadtarchiv Braunschweig, H III 3: 402, Band 1.1, S. 122-124.
3 Sophie Reidemeister, Genealogien Braunschweiger Patrizier- und Ratsgeschlechter aus der Zeit der Selbständigkeit der Stadt, Braunschweig 1948, S. 44.
4 Stadtarchiv Braunschweig, H IV: 282.
5 Spieß, Nachmittelalter (wie Anmerkung 1), S. 64-65.
6 Manfred R. W. Garzmann (Hrsg.), Teiledition der Chronik des Braunschweiger Bürgermeisters Christoph Gerke (Quaestiones Brunsvicenses 11/12), Braunschweig 2000, S. 66.
7 Stadtarchiv Braunschweig, H IV: 282.
8 Stadtarchiv Braunschweig, H III 3: 402, Band 1.1, S. 165.

Doch auch das Amt des Kämmerers, das er 1535 und 1537 ausübte, war noch nicht das Ende seiner politischen Laufbahn: 1539 regierte Cort von Damm erstmals als Großer Bürgermeister der Altstadt über die Stadt. Insgesamt vier Wahlperioden lang, von 1539 bis zu seinem Tod 1548, gehörte Cort von Damm als Großer Bürgermeister der Altstadt zum Kreis der führenden Männer Braunschweigs. Außenpolitisch wurde diese Zeit beherrscht vom heftigen Streit um die Reformation mit dem Landesherrn, der bereits im Jahr 1531 zum Bruch zwischen der Stadt und dem Herzog geführt hatte. Die Stadt schloss sich dem Schmalkaldischen Bund an, einem auf gegenseitige Verteidigung bei Konflikten in Religionsfragen ausgerichtetem Bündnis, dem seit 1530 zahlreiche protestantische Städte und Fürsten angehörten. Der seit Jahren schwelende Streit zwischen der Stadt und ihrem Landesherrn fand im Juli 1542 seinen vorläufigen Höhepunkt, als gut 5.000 Braunschweiger Bürger und Söldner zunächst das Kloster in Riddagshausen verwüsteten und anschließend das Hauptheer der Schmalkalder Herzog Heinrich II aus seinem Land vertrieb.[9]

Cort von Damm, der einem der angesehenen Braunschweiger Ratsgeschlechter angehörte,[10] gelang es innerhalb kürzester Zeit, die höchste Position im städtischen Gemeinwesen einzunehmen. Cort von Damm war ein überzeugter Anhänger der Lehre Luthers und vertrat die Interessen der Stadt im Schmalkadischen Bund, u. a. auch gegen den altgläubigen Herzog Heinrich d. J. Spieß kommt gar, allerdings ohne eine Quelle zu nennen, zu dem Schluss, dass „sich die Bürgermeister Cort v. Damm und Ludeke Remmerdes in der Altstadt und Hans Schrader und Hans Simon im Hagen als besonders unerbittliche Feinde ihres Herzogs hervorgetan hatten".[11] Doch einen konkreten Einfluss des aus gesundheitlichen Gründen nur knapp zehn Jahre amtierenden Cort von Damm auf die politische Situation der Stadt lässt sich weder aus der Sekundärliteratur noch aus den überlieferten Quellen ableiten.

Cort von Damm starb „hastig und unversehens" vermutlich infolge einer Herz-Kreislauferkrankung („Apoplexia correptus") am 20. August 1548.[12]

Claudia Böhler, Braunschweig

---

9 Friedrich Koldewey, Die Reformation des Herzogthums Br.-Wolfenbüttel unter dem Regimente des Schmalkaldischen Bundes 1542-1547, in: Zeitschrift des Historischen Vereins für Niedersachsen, 1868, S. 296. Gustav Hassebrauk, Heinrich der Jüngere und die Stadt Braunschweig 1514-1568, in: Jahrbuch des Geschichtsvereins für das Herzogtum Braunschweig, 1906, S. 38. Spieß, Nachmittelalter (wie Anmerkung 1), S. 76-88.
10 Stadtarchiv Braunschweig, A IV 4.
11 Spieß, Nachmittelalter (wie Anmerkung 1), S. 81.
12 Stadtarchiv Braunschweig, H IV: 282.

„ein rechter Held in politischen und geistlichen Angelegenheiten"[1]

HERMEN (HERMAN) IX. VON VECHELDE (1542 – 1559)

Hermen von Vechelde wurde am 24. August 1497 als siebtes der insgesamt neun Kindern von Hermen VIII. von Vechelde und Gese Doring in Braunschweig geboren und auf den in der Familie weit verbreiteten Namen Hermen getauft.[2]

Hermen, über dessen Ausbildungsweg nichts bekannt ist, war entsprechend der Familientradition als Kaufmann tätig und Mitglied der Gewandschneidergilde. Diese wählte ihn bereits 1528 zu ihrem Kleinen Gildemeister, ein Amt, das er 1540/41 ein weiteres Mal inne hatte.[3] Im Jahr 1542 wurde Hermen von Vechelde im Alter von 45 Jahren von den Wandschneidern erstmals in den Rat der Stadt gewählt. Braunschweig befand sich zu diesem Zeitpunkt in einer schwierigen Lage. Das Verhältnis der seit über einem Jahrzehnt protestantischen Stadt zu dem katholischen Landesherrn war äußerst angespannt. Bereits 1531 war es zu einem Bruch zwischen Herzog Heinrich d. J. und der Stadt gekommen, die sich daraufhin dem Schmalkaldischen Bund, der Vereinigung der evangelischen Fürsten und Städte anschloss.[4] Im Sommer 1642 eskalierte die Situation: Der Bund erklärte Herzog Heinrich den Krieg, ein Heer von Bürgern und Söldnern stürmte das Kloster Riddagshausen und verwüstete es, die Bundesgenossen eroberten das gesamte Land und zogen nach zehntägiger Belagerung sogar in Wolfenbüttel ein.[5] Dass die Bürger der Stadt Hermen von Vechelde vertrauten und ihm zutrauten, in dieser schwierigen Situation die richtigen Entscheidungen für das Wohl ihrer Stadt zu treffen, zeigt sich daran, dass er bereits in seiner ersten Amtsperiode zum Großen Bürgermeister der Altstadt auserkoren wurde. Gemeinsam mit seinem Amtskollegen Franz Kale, der als Vertreter im achtköpfigen Regierungskollegium der Schmalkaldischen Landesverwaltung saß, prägte er die politische Rolle, die Braunschweig im Konflikt zwischen den

---

1 Werner Spieß, von Vechelde. Die Geschichte einer Braunschweiger Patrizierfamilie 1332-1864 (Band 13 Braunschweiger Werkstücke 13), Braunschweig 1951, S. 88.
2 Sophie Reidemeister, Genealogien Braunschweiger Patrizier- und Ratsgeschlechter aus der Zeit der Selbständigkeit der Stadt (Braunschweiger Werkstücke 12), Braunschweig 1948, S. 156-157.
3 Spiess, Vechelde (wie Anmerkung 1), S. 85.
4 Werner Spieß, Geschichte der Stadt Braunschweig im Nachmittelalter. Vom Ausgang des Mittelalters bis zum Ende der Stadtfreiheit (1491-1671), 1. Halbband, Braunschweig 1966, S. 66-69.
5 Ebd., S. 77-79.

Epitaph des Hermann von Vechelde (1560) in St. Martini (Foto: Jutta Brüdern, Braunschweig)

Schmalkaldenern und den Braunschweiger Herzögen spielte. Bereits 1542 reiste Hermen von Vechelde als Vertreter Braunschweigs zu Bundesversammlungen und Tagungen der Schmalkaldener.[6]

In den folgenden Jahren kam es immer wieder zu kriegerischen Auseinandersetzungen und die Stadt lebte in ständiger Furcht vor dem Gegenangriff des Herzogs. Gut drei Jahre nachdem die Schmalkaldener im April 1547 in der Schlacht bei Mühlberg an der Elbe die entscheidende Niederlage gegen Kaiser Karl V. erlitten hatten, war es so weit: Am 14. Juli 1550 begann Herzog Heinrich mit einer allerdings erfolglosen Belagerung Braunschweigs.[7] Hermen von Vechelde, der in den Jahren 1543, 1546, 1549, 1552, 1555 und 1558 als Großer Bürgermeister amtierte, stand auch bei der zweiten Belagerung durch den Herzog im Jahr 1553, die mit einem Friedensvertrag[8] endete, nicht an vorderster Front. Der regierende Große Bürgermeister der Altstadt Franz Kale führte

6 Spieß, Vechelde (wie Anmerkung 1), S. 87.
7 Spieß, Nachmittelalter (wie Anmerkung 4), S. 93-94.
8 Stadtarchiv Braunschweig, A I 1: 1524 und 1525 sowie Spieß, Nachmittelalter (wie Anmerkung 4), S. 100-102.

die Delegation an, die am 23. Oktober 1553 Abbitte beim Herzog in Wolfenbüttel leistete. Die noch verbleibenden Amtsjahre des Hermen von Vechelde waren von einer eher ausgeglichenen Politik geprägt, die Versöhnung zwischen dem Herzog und der Stadt wurde am 1. Januar 1555 mit einem Festbankett in der Alten Dornse des Altstadtrathauses gefeiert.[9]

Hermen von Vechelde, der im Fernhandel engagiert war[10], hatte am 19. Juli 1534 Mette Velhauer geheiratet – eine Ehe, über die nichts weiter bekannt ist, da sie vermutlich früh durch den Tod der Ehefrau geschieden wurde.[11] Knapp sechs Jahre nach seiner ersten Eheschließung heiratete der junge Witwer Ilse Lüddeke, die Witwe des 1538 verstorbenen Großen Bürgermeisters Henning von Damm. Aus dieser Verbindung gingen drei Söhne und eine Tochter hervor. Familiensitz der Vecheldes war das repräsentative Fachwerkhaus mit der Assekuranznummer 518, das an der Ecke von Knochenhauerstraße und Petersilienstraße stand. Der hochverschuldete Vorbesitzer Hans Haverlant hatte das Haus nach einem Gerichtsurteil von 1529 an die Familie von Vechelde verloren.[12]

Der gleichnamige Urenkel des berühmten ersten Großen Bürgermeisters aus der Familie der Vecheldes war zugleich das letzte Mitglied der Patrizierfamilie, das als Großer Bürgermeister der Altstadt die Geschicke der Stadt gelenkt hat. In einer Zeit, in der religiöse Fragen den politischen Alltag dominierten, gelang es Hermen von Vechelde gemeinsam mit seinem berühmten Amtskollegen Franz Kale, den Status quo der Stadt zu halten und einen Modus vivendi mit dem Landesherrn zu finden.

Hermen von Vechelde starb am 19. Dezember 1560 im Alter von 63 Jahren. Er wurde in der Martinikirche bestattet, in der ein Epitaph[13] an den letzten Großen Bürgermeister aus der berühmten Patrizierfamilie von Vechelde erinnerte.

Claudia Böhler, Braunschweig

---

9 Spieß, Nachmittelalter (wie Anmerkung 4), S. 102-103.
10 Spieß, Vechelde (wie Anmerkung 1), S. 85-86.
11 Reidemeister, Genealogien (wie Anmerkung 2), S. 157.
12 Spieß, Vechelde (wie Anmerkung 1), S. 84.
13 Spieß, Vechelde (wie Anmerkung 1), S. 88.

„Dem hochberühmten Mann Henning von Damm,
dem vortrefflichen Bürgermeister, Sohn dieser Stadt, Zierde seines Standes,
an untadeligem Lebenswandel und Hochherzigkeit niemandem nachstehend"[1]

HENNING VON DAMM (1551 – 1564)

Am 16. Oktober 1517 wurde Henning von Damm, das dritte von insgesamt zwölf Kindern aus der Ehe des Großen Bürgermeisters Henning von Damm mit Margarete von Walbeck in Braunschweig geboren.

Das nächste Lebenszeichen Damms datiert aus dem Jahr 1531, in dem er sich – vermutlich nachdem er zunächst eine seiner sozialen Stellung entsprechende schulische Ausbildung in Braunschweig erhalten hatte, an der Universität Leipzig immatrikulierte.[2] Zwei Jahre später wechselte er an die Universität Erfurt und im darauf folgenden Jahr schrieb er sich am 24. September 1534 an der Universität in Heidelberg ein.[3]

Nach Abschluss seines Studiums kehrte Henning von Damm in den 1530er Jahren in seine Geburtsstadt zurück. Dort wurde der inzwischen 25-jährige Henning, der einer der wichtigsten patrizischen Ratsfamilien Braunschweigs angehörte, im Jahr 1542 von der Gemeinde erstmals zum Ratsherrn gewählt und bereits in seiner ersten Ratsperiode zum Kämmerer ernannt.[4] Streng genommen ein Verstoß gegen eine der Bestimmungen des Großen Briefes von 1445, die besagte, dass Verwandte nicht gleichzeitig dem Rat angehören sollten,[5] denn der Große Bürgermeister in diesem Jahr hieß Cort von Damm. Ein gutes Jahrhundert später wurde diese Bestimmung offensichtlich nicht mehr allzu eng ausgelegt und Henning von Damm 1545 in seinem Amt bestätigt. 1548, nur sechs Jahre nachdem Damm erstmals in den Rat der Stadt gewählt worden war, wurde er zum Kleinen Bürgermeister der Altstadt bestimmt. Eine Wahlperiode später trat er die Nachfolge seines verstorbenen

---

[1] Grabinschrift für Henning von Damm, zitiert nach Sabine Wehking, Die Inschriften der Stadt Braunschweig von 1529 bis 1671 (Die deutschen Inschriften 56), Wiesbaden 2001, Nr. 521.
[2] Georg Erler (Hrsg.), Die Matrikel der Universität Leipzig, Band 1: Immatrikulationen von 1409-1559, Leipzig 1895, S. 606.
[3] Gustav Toepke (Hrsg.), Die Matrikel der Universität Heidelberg von 1386 bis 1662, Heidelberg 1884, S. 558.
[4] Stadtarchiv Braunschweig, H IV: 282.
[5] Richard Moderhack, Braunschweiger Stadtgeschichte, Braunschweig 1997, S. 74-75.

Vetters Cort von Damm an und wurde zum Großen Bürgermeister der Altstadt gewählt. Henning von Damm war zu diesem Zeitpunkt gerade einmal 33 Jahre alt.

Die außenpolitische Ausgangssituation für die Stadt Braunschweig war schwierig, als Henning von Damm an die Spitze des Rates gewählt wurde: Der dem alten Glauben verhaftete Landesherr belagerte die evangelische Stadt mehrfach, wobei sich das Kräfteverhältnis ungefähr die Waage hielt, so dass ein Friede nur mit Hilfe auswärtiger Vermittler zu erreichen war.[6] Welche Rolle der Große Bürgermeister Henning von Damm in den Verhandlungen spielte, lässt sich heute nicht mehr eindeutig nachweisen. Die Tatsache allerdings, dass er bei der Zerstörung des Klosters Riddagshausen im Sommer 1542 zu den Anführern gehörte,[7] weist eindeutig darauf hin, dass Damm ein überzeugter Anhänger der neuen Lehre war.

Henning von Damm, der zwischen 1551 und 1564 insgesamt sechs Mal als Großer Bürgermeister der Altstadt amtierte, stammte einerseits aus einem der bedeutenden Ratsgeschlechter, gehörte andererseits aber auch zu den ersten Bürgermeistern, die eine universitäre Ausbildung abgeschlossen hatten. Ein Indiz für die Professionalisierung der Stadtverwaltung bereits während der Geschlechterherrschaft.

Bereits am 27. Januar 1544 hatte Henning von Damm Anna Brakel geheiratet, mit der er elf Kinder hatte. Die Familie lebte im Haus mit der Assekuranz-Nr. 103, in unmittelbarer Nähe des Kohlmarktes gelegen.

Henning von Damm starb am 18. Januar 1566 im Alter von 48 Jahren und wurde in St. Martini beigesetzt. Bis in das 19. Jahrhundert hinein erinnerte an der nördlichen Kirchenwand ein hölzernes Epitaph an den Großen Bürgermeister, seine Ehefrau und seine elf Kinder, das die Renovierungsarbeiten im 19. Jahrhundert allerdings nicht überstanden hat.[8]

Claudia Böhler, Braunschweig

---

6 Werner Spieß, Braunschweig im Nachmittelalter vom Ausgang des Mittelalters bis zum Ende der Stadtfreiheit (1491-1671), 1. Halbband, Braunschweig 1966, S. 93-103.
7 Johann August Heinrich Schmidt, Die St. Martinskirche in Braunschweig. Ein Beitrag zu ihrer Geschichte und Beschreibung, wie auch zu der Braunschweigischen Geschlechterhistorie, Braunschweig 1846, S. 83.
8 Wehking, Inschriften (wie Anmerkung 1), Nr. 521.

"Was sollte werden, wenn der kühne, aber doch beherrschte Geist und die starke Hand eines Kale einmal fehlten"[1]

JOBST KALE (1560 – 1584)

Jobst Kale wurde als ältester Sohn von Hans Kale in den ersten Jahrzehnten des 16. Jahrhunderts geboren. Die Kales gehörten zu den bedeutenden Geschlechterfamilien der Stadt, die über Jahrhunderte die Ratspolitik mitbestimmten.

Auch Jobst, der im Jahr 1527 erstmals als Mitglied der Goldschmiedegilde geführt wurde,[2] trat in die Traditionen seiner Vorfahren ein. Seit 1541 gehörte er dem Rat der Altstadt an. Im gleichen Jahr wurde er bereits zum Zeugherrn bestimmt und zeichnete für die Waffenkammer der Stadt verantwortlich. Dieses wichtige Amt hatte zu dieser Zeit um so größere Bedeutung, als dass die Stadt Braunschweig seit ihrem Übertritt zum lutherischen Glauben im Jahr 1528 im Konflikt mit dem altgläubigen Landesherrn Herzog Heinrich dem Jüngeren lag. Nach ihrem Beitritt zum Schmalkaldischen Bund im Jahr 1531, der den endgültigen Bruch mit dem Landesherrn bedeutete, rüstete sich die Stadt für den Kriegsfall: Die Wallanlagen um die Stadt wurden verstärkt, die Zahl der Geschütze erhöht, neue Söldner angeworben. Die Auseinandersetzungen verliefen für die Stadt zunächst erfolgreich. 1542 wurde der Herzog vertrieben und das Land unter Schmalkaldische Verwaltung gestellt.

Offensichtlich hatte sich Jobst Kale als Zeugherr profilieren können, denn schon drei Jahre nach seinem Eintritt in den Rat der Altstadt, übernahm er ab 1544 als turnusmäßig alle drei Jahre amtierender Kleiner Bürgermeister der Altstadt und Mitglied des Küchenrates größere politische Verantwortung. Die außenpolitisch wichtigste Aufgabe blieb auch nach dem vorläufigen Sieg über den Landesherrn die Verteidigung des neuen Glaubens gegen Herzog und Kaiser. 1545 wurde auf Beschluss des Rates das Stift St. Cyriaci vor den Toren der Stadt zerstört, um die Verteidigungsmöglichkeiten der Stadt zu verbessern. Der schwelende Konflikt eskalierte im Jahr 1546 erneut. Im Schmalkaldischen Krieg mussten die Bundesgenossen eine empfindliche Niederlage gegen Kaiser Karl V. hinnehmen, die Herzog Heinrich dem Jüngeren 1547

---

1 Werner Spieß, Geschichte der Stadt Braunschweig im Nachmittelalter, 1. Halbband, Braunschweig 1966, S. 128.
2 Stadtarchiv Braunschweig, G VIII 193.

Grabstein von Jobst und Anna Kale in St. Martini, 1584 (Foto: Jutta Brüdern, Braunschweig)

die Rückkehr in die Heimat ermöglichte. Der politisch offensichtlich befähigte Jobst Kale war zum Mitglied einer Delegation auserkoren worden, die beim Kaiser in Augsburg Abbitte leisten sollte, um die Position der in Bedrängnis geratenen Stadt zu verbessern. Dieser erste große außenpolitische Auftritt Kales endete mit einem Erfolg. Am 3. Januar 1548 erhielt die Braunschweiger Delegation die vom Kaiser unterzeichnete Aussöhnungsurkunde.[3] Das Verhältnis zum Landesherrn blieb hingegen weiter angespannt. Erst der Friede von Wolfenbüttel (Oktober 1553),[4] in dem der Stadt nach zwei erfolglosen Belagerungen (1150 und 1553) Religionsfreiheit zuerkannt wurde, während sie im Gegenzug die Landeshoheit des Herzogs anerkannte, entspannte die Situation zumindest vorläufig.

Jobst Kale, der inzwischen auf knapp 20 Jahre politische Erfahrung zurückblicken konnte, wurde 1560 erstmals an die Spitze der städtischen Verwaltung gewählt. Unter Kale, der ebenso wie sein 1558 verstorbener Onkel zweiten Grades Franz Kale, eine charismatische Führungspersönlichkeit gewesen zu sein scheint, erlebte die Stadt außenpolitisch ruhigere Jahre. Die Beziehungen zum Herzog waren dank des 1569 unterzeichneten Huldigungsvertrags zwischen Herzog Julius und dem Rat der Stadt geregelt und stabil. Aber auch innenpolitisch konnten ruhigere Fahrwasser erreicht werden. Der Stadtsuperintendent Dr. Martin Chemnitz[5] war Garant für klar geregelte Verhältnisse auf kirchlichem Gebiet; die großen wirtschaftlichen und sozialen Unterschiede zwischen den einzelnen Schichten der städtischen Gesellschaft wurden mit der Gründung der Gelagsbrüderschaft 1569[6] sowie der Kleider-, Verlöbnis- und Hochzeitsordnung von 1573[7] – einem Jahr, in dem Kale als regierender großer Bürgermeister die politische Verantwortung trug – unterstrichen.

Jobst Kale und seine Frau Anna Wolemann aus Salzwedel, die er 1544 heiratete, gehörten zu der auch materiell gut gestellten obersten Führungsschicht der Stadt. Das kinderlose Ehepaar verfügte in seinen Testamenten, dass ein Teil ihres umfangreichen Vermögens gestiftet werden sollte.[8] Mit den Erlösen sollten einerseits arme Studenten finanziell unterstützt werden, andererseits sollte auch mittellosen Mäg-

---

3 Stadtarchiv Braunschweig, A I 1: 1487.
4 Stadtarchiv Braunschweig, A I 1: 1524 und 1525.
5 Inge Mager, Martin Chemnitz, in: Horst-Rüdiger Jarck u. a. (Hrsg.), Braunschweigisches Biographisches Lexikon, 8. bis 18. Jahrhundert, Braunschweig 2006, S. 140-141.
6 Hans Glümer, Das Konstablergelag in der Altstadt Braunschweig und die Gelagsbruderschaft, in: Niedersächsisches Jahrbuch für Landesgeschichte 10 (1933), S. 71-84.
7 Ludwig Hänselmann, Urkundenbuch der Stadt Braunschweig, Band 1, Braunschweig 1873, S. 435-450, Nr. 159.
8 Stadtarchiv Braunschweig, B I 23: 4, S. 53-55 und S. 131-133 sowie Stadtarchiv Braunschweig, A I 4: 5.

den eine Ausbildung und eine Heirat ermöglicht werden. Doch nicht nur Einzelpersonen sondern auch das Gemein- und Kirchenwesen profitierte durch Zuwendungen in die Wegebaukasse sowie durch Kerzenstiftungen in St. Martini vom Vermögen der Kales.

Jobst Kale, der mehr als vier Jahrzehnte für die Stadt tätig war, kann als ein typischer Vertreter der Geschlechterherrschaft gelten. Er war allerdings nicht nur der letzte Vertreter der Kales, der es bis an die Spitze der städtischen Verwaltung schaffte, sondern auch der Letzte dieser Linie der Familie, die Mitte des 17. Jahrhunderts in Braunschweig ausgestorben war.

Jobst Kale starb am 22. Dezember 1584. Sein Epitaph ist noch heute in der St. Martinikirche erhalten.

Claudia Böhler, Braunschweig

> „Dem Herrn Johann Doring, einem sehr bedeutenden und sehr klugen Mann, einem Verehrer und Förderer der reinen Frömmigkeit, dem durch seine Herkunft und Bildung herausragenden hochverdienten Bürgermeister, dem verehrungswürdigen Vater haben die Söhne Conrad und Johann des dankbaren und heiligen Andenkens wegen (dieses Denkmal) gesetzt"[1]

HANS DORING (1563 – 1574)

Im Jahr 1516 wurde Hans Doring geboren, der einzige Sohn von Cort Doring und seiner aus Hildesheim stammenden Ehefrau Gese Brandis. Der Familientradition entsprechend, schon Großvater Tile Doring war 1474 an der Universität Erfurt eingeschrieben, verbrachte Hans das Jahr 1534 zu Studienzwecken in Erfurt.

Seit dem Jahr 1541 wurde Hans Doring als Bewohner des Doringschen Familiensitzes am Eiermarkt geführt,[2] in dem er gemeinsam mit seiner drei Jahre jüngeren Frau Emerentia Elers und den sieben Kindern lebte, von denen allerdings nur Cort und Hans das Erwachsenenalter erreichten.

Seit 1542 saß Hans als von der Gemeinde gewählter Ratsherr im Rat der Altstadt. Die Tatsache, dass Doring als Vertreter der Gemeinde und nicht etwa einer Gilde entsendet worden war sowie der Umstand, dass er zwischen 1542 und 1573 insgesamt sechs Mal als Constabler für die feierlichen Ratsgelage[3] verantwortlich war, sprechen dafür, dass er als Rentier und Mitglied des „Stands der Geschlechter"[4] von den Pachteinkünften aus seinem Landbesitz[5] lebte. 1553 wurde er erstmals zum Küchenkämmerer der Altstadt berufen,[6] in einer Zeit also, in der kriegerische Ausein-

---

1 Inschrift auf dem Epitaph zitiert nach Sabine Wehking, Die Inschriften der Stadt Braunschweig von 1529 bis 1671 (Die deutschen Inschriften 56), Wiesbaden 2001, S. 120.
2 Stadtarchiv Braunschweig, H III 1: 17.1 E.
3 Hans Glümer, Das Konstablergelag in der Altstadt Braunschweig und die Gelagsbruderschaft, in: Niedersächsisches Jahrbuch für Landesgeschichte 10 (1933), S. 71-84.
4 Werner Spieß, der Stand der Geschlechter und der Stand der weißen Ringe. Das Problem „Patriziat und Honoratiorentum" in der Stadt Braunschweig im 16. und 17. Jahrhundert, in: Braunschweigisches Jahrbuch 30 (1949), S. 65-80.
5 Zu den im Familienbesitz stehenden Lehen vgl. Stadtarchiv Braunschweig, A IV 5.
6 Stadtarchiv Braunschweig, H III 4: 42, Vol. 1.

Messingplatte mit einem Bildnis von Hans Doring, ursprünglich Teil seines Epitaphs, nach 1578 (Städtisches Museum Braunschweig, Foto: Jakob Adolphi)

andersetzungen mit dem Herzog die Stadtfinanzen belasteten.[7] Dass Doring dieser großen Verantwortung gewachsen war, zeigte sich daran, dass er dieses Amt auch in den Jahren 1556 und 1559 inne hatte. Als Verantwortlicher für die gesamtstädtischen Finanzen saß Doring seit 1553 zudem auch im Küchenrat der gemeinen Stadt, dem eigentlichen Führungsgremium Braunschweigs. Genau 20 Jahre nach seinem Ratsdebüt wurde Hans Doring 1562 zunächst zum Kleinen, ein Jahr später dann zum Großen Bürgermeister der Altstadt ernannt. Doring, Mitglied einer der ältesten und bedeutendsten Ratsfamilien der Stadt durchlief damit die klassische Karriere eines Angehörigen der damaligen politischen Elite in der Zeit der Geschlechterherrschaft.

Während die politischen Lehrjahre Dorings von Konflikten vor und hinter der Stadtmauer geprägt waren, war die Endphase seiner politischen Tätigkeit – er stand in den Jahren 1563, 1566, 1568 und 1571 an der Spitze des Rates[8] – gekennzeichnet durch inneren und äußeren Frieden. Eingeleitet wurde letzterer durch den 1569 von der Stadt unterzeichneten Huldigungsvertrag, der den seit Jahren schwelenden Streit mit dem Landesherrn zunächst beendete. Anlässlich der Huldigungsfeierlichkeiten im Oktober 1569 diente das seit 1346 im Besitz der Familie Doring befindliche Anwesen, dessen Grundstück sich zwischen Eiermarkt und Turnierstraße erstreckte, dem herzoglichen Gefolge bei den Huldigungsfeierlichkeiten als standesgemäße Unterkunft.

Die letzten Jahre des sog. „Güldenen Regiments"[9] erlebte Hans Doring nicht mehr. Im Jahr 1574 dankte er, der turnusmäßig wieder an der Spitze des Rates gestanden hätte, im Alter von 58 Jahren „wegen seines beschwerlichenn leibesschadenns" ab.[10]

Die letzten Jahre seines Lebens verbrachte Hans Doring in Braunschweig, wo er am 8. März 1578 verstarb. Die noch verbliebenen Teile des von seinen Söhnen zu seinem Andenken gestifteten Epitaphs, das sich bis in das 19. Jahrhundert hinein in der Martinikirche befand, werden heute im Städtischen Museum aufbewahrt.

Claudia Böhler, Braunschweig

---

7 Werner Spieß, Geschichte der Stadt Braunschweig im Nachmittelalter vom Ausgang des Mittelalters bis zum Ende der Stadtfreiheit (1491-1671), 1. Halbband, Braunschweig 1966, S. 89-103.
8 Stadtarchiv Braunschweig, H IV: 282.
9 Spieß, Nachmittelalter, 1966 (wie Anmerkung 7), S. 117.
10 Stadtarchiv Braunschweig, H IV: 282.

„Hölt use Herre, so holden wie ok"[1]

DIETRICH VON DER LEINE (1569 – 1576)

Dietrich von der Leine wurde vermutlich in der ersten Dekade des 16. Jahrhunderts geboren. Er war das Jüngste von insgesamt sechs Kindern. Von der Leine, über dessen Jugend und Ausbildungsweg nichts bekannt ist, wurde 1543 von der Wechslergilde in den Rat der Altstadt gewählt,[2] er übernahm dort zunächst die Position des Gerichtsherrn.

Seit 1552 wohnten Dietrich von der Leine, seine Ehefrau Anna von Damm[3] und die insgesamt sieben Kinder am Eiermarkt 7. Das repräsentative Bürgerhaus mit Dornse,[4] an dessen Stelle Carl Christoph Fleischer 1779 den Kombinierten Konvent errichtete,[5] lag in einem der ältesten Siedlungsgebiete Braunschweigs direkt gegenüber der heute ebenfalls nicht mehr erhaltenen Jacobskirche.[6]

1562 und 1565 war von der Leine als Küchenkämmerer für die Finanzverwaltung der gemeinen Stadt zuständig, die sich zu jenem Zeitpunkt nach den kostspieligen Auseinandersetzungen mit dem Landesherrn wirtschaftlich in einer vergleichsweise soliden Phase befand. 1566 und 1568 stand er als Kleiner Bürgermeister gemeinsam mit Hans Doring an der Spitze des Rates. Nur ein Jahr später, im Jahr 1569, war Dietrich von der Leine, der inzwischen über mehr als 20 Jahre Ratserfahrung verfügte, erstmals als amtierender Großer Bürgermeister der Altstadt für die Politik der Stadt Braunschweig verantwortlich.[7] Gemeinsam mit seinen Amtskollegen Jobst Kale

---

[1] Dietrich von der Leine beim Huldigungseid 1569 zitiert nach Werner Spieß, Geschichte der Stadt Braunschweig im Nachmittelalter vom Ausgang des Mittelalters bis zum Ende der Stadtfreiheit (1491-1671), 1. Halbband, Braunschweig 1966, S. 111.

[2] Stadtarchiv Braunschweig, H IV: 282.

[3] Jürgen von Damm, Genealogie um die Familie von Damm in Braunschweig, Band 1, Braunschweig 2002, S. 125.

[4] Stadtarchiv Braunschweig, A I 4: 4. Johann August Heinrich Schmidt, Die St. Martinskirche in Braunschweig, ein Beitrag zu ihrer Geschichte und Beschreibung wie auch zu der Braunschweigischen Geschlechterhistorie, Braunschweig 1846, S. 137.

[5] Claus Rauterberg, Bauwesen und Bauten im Herzogtum Braunschweig zur Zeit Carl Wilhelm Ferdinands 1780-1806 (Braunschweiger Werkstücke 46), Braunschweig 1971, S. 98.

[6] Dirk Rieger, platea finalis. Forschungen zur Braunschweiger Altstadt im Mittelalter (Beiträge zur Archäologie in Niedersachsen 15), Rahden/Westf., 2010.

[7] Stadtarchiv Braunschweig, H IV: 282.

und Hans Doring sowie den Großen Bürgermeistern August von Peine und Hans Schwalenberg aus dem Hagen und Henning Bungenstet aus der Neustadt führte er die Verhandlungen über die Frage der Huldigung der Stadt gegenüber Herzog Julius mit den herzoglichen Beamten.[8] Am 10. August 1569 unterzeichneten die beiden Parteien den Huldigungsvertrag,[9] der die unter Heinrich dem Jüngeren sehr angespannten Beziehungen zwischen Landesherr und Stadt wieder in geregelte Bahnen führte.

Von der Leine, der auch in den Jahren 1572 und 1574 an der Spitze des Rates stand, blieb politisch gesehen zwar eher blass im Vergleich zu seinen Amtskollegen, für die Vermutung allerdings, dass er aufgrund seiner übermäßigen Schulden aus dem Rat ausgeschlossen worden wäre,[10] ließen sich weder im Ratsprotokollbuch, noch in den Degeding- oder Gedenkbüchern Belege finden.

Gleichwohl war die finanzielle Situation der von der Leines bedrohlich: Nicht nur „haus und hoff am Eyermarkte gegen St. Jacobs Kirche uber belegen, [waren] mit vier gulden zinns beschwert",[11] sondern es drohte Dietrich und seinem ältesten Sohn Tile außerdem, da sie „inn so große schuldenn geraten warenn" die Ausweisung aus der Stadt.[12]

Doch zu dieser Zwangsmaßnahme kam es nicht mehr: Dietrich von der Leine starb am 2. Oktober 1576, sein Sohn Tile nur wenige Monate später am 6. Januar 1577. Das Geschlecht der von der Leines, das seit mindestens 1422 in Braunschweig ansässig gewesen war,[13] starb mit Dietrich von der Leine,[14] dem jüngsten Sohn des Großen Bürgermeisters der Altstadt, im Jahr 1591 aus.

Claudia Böhler, Braunschweig

---

8 Spieß, Nachmittelalter (wie Anmerkung 1), S. 107.
9 Stadtarchiv Braunschweig, B III 1: 33, S. 50-78. Stadtarchiv Braunschweig, H III 4: 66, S. 34-61.
10 Spieß, Nachmittelalter (wie Anmerkung 1), S. 123.
11 Stadtarchiv Braunschweig, A I 4: 4.
12 Stadtarchiv Braunschweig, H IV: 282.
13 Sophie Reidemeister, Genealogien Braunschweiger Patrizier- und Ratsgeschlechter aus der Zeit der Selbständigkeit der Stadt (vor 1671) (Braunschweiger Werkstücke 12), Braunschweig 1948, S. 103.
14 Stadtarchiv Braunschweig, B I 23: 4, S. 172-173.

Bodo Glümer (1575 – 1577)

Bodo Glümer (IV.) wurde Anfang des 16. Jahrhunderts als Sohn des Braunschweiger Patriziers Bodo Glümer (III.) und dessen Ehefrau als Mitglied einer wohl seit Anfang des 15. Jahrhunderts in der Breiten Straße ansässigen Familie geboren. Bodo Glümer (IV.) war mit Anna Achterberg verheiratet. Mit Anna Glümer (* 21.Januar 1550, verheiratet mit Hans Volkenrodt) und Dorothea Glümer (* 18. August 1554 † 1.Januar 1625, verheiratet mit Conrad Pawel) gingen aus dieser Ehe zwei Töchter hervor.[1]

Bildnis des Braunschweiger Bürgermeisters Bodo Glümer von Ludger tom Ring den Jüngeren. 1576 Öl auf Holz (Verbleib des Originals sowie Fotograf des Gemäldes unbekannt, Abdruck in Gerd Spies, Braunschweiger Goldschmiede Bd. 1 Geschichte, München/Berlin 1996, S. 85)

Glümer war wahrscheinlich ab 1529/30 Mitglied der Goldschmiedegilde und fungierte bereits 1531/32 sowie in den Jahren 1547/48, 1551/52, 1559/60 und 1565/66 als Gildemeister.[2] Zwischen 1541 und 1575 war er Konstabel in der Altstadt, gehörte zwischen 1557 und 1577 dem Rat der Altstadt an und amtierte zwischen 1565 und 1573 als Kleiner Bürgermeister. Als solcher hatte er auch anlässlich der Huldigungsfeierlichkeiten für Herzog Julius im Oktober 1569 Hilmar von Münchhausen samt seinem Gefolge zu be-

---

1 Stadtarchiv Braunschweig H VIII A 1358.
2 Stadtarchiv Braunschweig G VIII 193 B, fol. 18r-20r.

herbergen.³ Wohl anlässlich seiner Amtsübernahme als Großer Bürgermeister (1575, 1577) ließ sich Glümer von Ludger tom Ring d. J. in einem Gemälde, gekleidet in einen mit weißem Pelz gefütterten Mantel, darstellen.⁴

Bodo Glümer verstarb am 27. Juni 1578.

Christian Lippelt, Wolfenbüttel

3 Wilhelm Sack, Herzog Julius von Braunschweig als Student und gehuldigter Fürst. Ein Beitrag zur Fürsten- und Sittengeschichte des 16. Jahrhunderts, in: Harz-Zeitschrift 2, 1869, 4. Heft, S. 76.
4 Sabine Wehking, Die Inschriften der Stadt Braunschweig von 1529 bis 1671 (Die deutschen Inschriften 56). Wiesbaden 2001, Nr. 553, S. 113 f. mit weiterer Literatur.

„Der Ehrenvester Erbare furnehmer
und wolweiser Gerlef Kale"¹

GERLOF KALE (1578 – 1596)

Gerlof Kale wurde wahrscheinlich am 18. Oktober 1524 als Sohn des Kämmerers Hermann Kale und dessen Ehefrau Margareta Schacht geboren. Wie viele Mitglieder dieses Geschlechtes bestimmte auch Gerlof Kale über lange Jahre als Ratsmitglied, Kämmerer und Bürgermeister die Geschicke der Stadt Braunschweig mit.

Gerlof Kale besuchte zunächst die Schule St. Martini in Braunschweig und immatrikulierte sich am 29. April 1541 an der Universität Wittenberg.² Nach sechs Jahren verließ Kale Wittenberg und immatrikulierte sich im Jahr 1548 an der Universität Frankfurt (Oder).³ Nach Ausweis seiner Leichenpredigt gehörten die Vorlesungen des Philipp Melanchthon und des D. Hieronymus Schurfius zu den wichtigsten Einflüssen seiner Studienzeit.⁴ Um 1552 kehrte Kale nach Braunschweig zurück. 1566 ehelichte er laut Lucas Martini in erster Ehe Elisabeth Borcholt († 30. April 1566), eine Tochter des Statius Borcholt aus Lüneburg, mit der er je drei Söhne und Töchter zeugte. Einer späteren Interpretation zufolge war Kale in erster Ehe mit Elisabeth Bergmann verheiratet.⁵ Ein Jahr nach dem Tod seiner ersten Frau heiratete Kale Elisabeth von Damm, eine Tochter des Großen Bürgermeisters Cort von Damm. Aus dieser Ehe gingen drei Söhne und eine Tochter hervor. Die Tochter Anna Kale heiratete Dr. Andreas Scheffer, einen Syndikus der Stadt Braunschweig und späteren Assessor des Leipziger Schöffenstuhls, dessen Ausscheiden aus den Diensten der Stadt

---

1   Inschrift auf der Grabplatte, aus Sabine Wehking, Die Inschriften der Stadt Braunschweig von 1529 bis 1671 (Die deutschen Inschriften 56), Braunschweig 2001, Nr. 766.
2   Matrikel Wittenberg Bd. 1, S. 187b.
3   Matrikel Frankfurt/Oder Bd. 1, S. 104.
4   Lucas Martini, Bericht von unser letzten feinde des Todes vnd der Hellen Tyranney vnd vntergang / aus der ersten Capitel Pauli an die Corinther genommen / und Anfenglich bey des Ehrnvesten vnd Hochweisen Herrn Gerlach Calen / grossen Bürgermeisters in der alten Stadt Braunschweig Christlichem Begräbnis erkleret vnd außgeleget: Hernacher aber allen angefochtenen / krancken vnd sterbenden Christen zu mehrem vnterricht vnd trost weiter außgeführet. Leipzig 1597. fol. Kiiijr.
5   Johann August Heinrich Schmidt, Die St. Martinskirche in Braunschweig. Ein Beitrag zu ihrer Geschichte und Beschreibung, wie auch zur braunschweigischen Geschlechtshistorie. Braunschweig 1846, S. 101. 1574 ließ Kale in der Heydenstraße, der späteren Ass.-Nr. 640 ein Haus errichten, an dem über der Tür die Wappen der Kale, der von Damm und der Bergmanns angebracht waren. Vgl. Wehking, Inschriften (wie Anmerkung 1), Nr. 766.

Bleiglasoval mit dem Wappen des Gerlof Kale (Städtisches Museum)

Mitte der 1590er Jahre offensichtlich zu einer Entfremdung Kales mit dem Rat geführt hatte.⁶

Zwischen 1566 und 1596 gehörte Gerlof Kale dem Rat der Altstadt an, fungierte von 1566 bis 1574 als Küchenkämmerer, ist 1576 als Kleiner Bürgermeister nachgewiesen und bekleidete zwischen 1578 und 1596 das Amt des Großen Bürgermeisters. Bereits 1563 hatte Kale das Amt eines Vorstehers an der Martinikirche übernommen und übte bis 1583 das Kastenamt aus. Große Verdienste soll sich Kale ebenfalls um die Pflege und Erweiterung der einstmals durch Martin Chemnitz begründeten Bibliothek der Brüdernkirche erworben haben. Nach anhaltender Krankheit, die bereits im Mai 1597 ein Verlassen seines Hauses unmöglich machte, verstarb Gerlof Kale am 14. September des Jahres. Wie Lucas Martini betonte, zeichnete sich Kale durch sein stetes Eintreten für den christlichen Glauben lutherischer Prägung, seinen Einsatz für die städtischen Privilegien und Freiheiten, sein Engagement für die Schule zu St. Martini sowie für die Armen und Hilfsbedürftigen der Stadt aus.

Beigesetzt wurden Gerlof Kale und seine Ehefrauen in der St. Martinikirche, in der auch sein Sohn Jost beigesetzt wurde. Dieser verfügte 1619 testamentarisch, dass der Bildhauer Georg Röttger ein – nicht erhaltenes – Grabmal für Gerlof Kale und dessen Ehefrauen anfertigen sollte.⁷

Christian Lippelt, Wolfenbüttel

6 Stadtarchiv Braunschweig B IV 6: 87.
7 Dieser Grabstein war wohl mit den gleichen Wappen geschmückt wie das Kale'sche Haus. Vgl. Wehking, Inschriften (wie Anmerkung 1), Nr. 766 mit weiterführenden Angaben.

„Schon in der Ratsperiode von 1581-83 hatte ein Nichtpatrizier
Zugang zu diesem Dreierkolleg gefunden, Autor Pralle,
der allerdings durch seine Heiraten mit Patriziertöchtern [...]
in die oberste Gesellschaftsschicht aufgenommen worden war"[1]

Autor Pralle (1581 – 1600)

Autor Pralle wurde 1520 als Sohn des Neustädter Brauers und Fernhändlers Henning Pralle geboren. Ebenfalls als Brauer und Fernhändler sowie als Gewerke im Oberharzer Bergbau tätig, engagierte sich Pralle als Constabler, Zeugherr und Ratsherr sowie als Kleiner und Großer Bürgermeister für das Gemeinwesen. Aus einem nichtpatrizischem Geschlecht stammend wurde Pralle durch Heiraten und durch Eintritt in die Gelagsbruderschaft in die führende Schicht der Patrizier integriert.

Autor Pralle war in erster Ehe mit Margarethe von der Leine († 1564), einer Tochter des Großen Bürgermeisters Tile von der Leine, in zweiter Ehe mit Anna Lafferde († wohl 1587), einer Tochter des Bürgermeisters Barthold Lafferde, und in dritter Ehe mit Magdalena Hornburg (* 27.05.1546 † 06.07.1624), einer Tochter des Ludeke Hornburg, verheiratet. Aus der Ehe mit Margarethe von der Leine gingen die Kinder Franz (* 07.11.1556 † 10.07.1620) und Dorothea (* 28.06.1557 † 25.08.1566) und aus der Ehe mit Anna Lafferde die Kinder Autor (* 02.09.1561 † 02.09.1597), Margarete (* 25.11.1562 † 30.10.1618, verheiratet mit Dr. Johann Spiegelberg, Dechant des Stiftes St. Blasii), Henni (* 09.06.1564 † Dezember 1597), Anna (* 05.04.1566 † 20.08.1623, verheiratet mit Heinrich Wouchmann, Advocat am Hofgericht zu Wolfenbüttel) und Catharina (* 03.02.1568 † 24.09. 1629, verheiratet mit Fricke Nieding) hervor. Aus der Ehe mit Magdalena Hornburg stammten die Töchter Ilse (* 10.06.1570 † 12.03.1653, verheiratet mit Hans von Peine), Lucia (* 06.08.1575 † 21.01.1610, verheiratet mit Schortinghausen, Amtmann zu Breida) und Mette (* 03.09.1576 † 20.03.1628, verheiratet mit 1. Albrecht von der Hoya, Amtmann in Peine und 2. Georg Völger, Patrizier in Hannover) sowie die Söhne Leonhard (* 30.05.1571 † 21.02.1658) und Jobst (* 24.10.1573 † 28.03.1571). Trotz Immobilienbesitzes in der Altstadt behielten Autor Pralle und seine Söhne Franz und Leonhard den ererbten Familiensitz in der Kuhstraße – auch nach dem Tode Autor Pralles – bei, während

---
1 Werner Spieß, Braunschweig im Nachmittelalter, 1. Halbband, Braunschweig 1966, S. 130.

der Besitz am Eiermarkt (Nr. 7, Ass. Nr. 450) nach dem Tod des Franz Pralle durch seinen Bruder Leonhard 1620 verkauft wurde.[2]

Zwischen 1567 und 1602 gehörte Autor Pralle dem Rat der Altstadt an. Bereits seit 1569[3] übte Autor Pralle das Amt des Kleinen Bürgermeister aus. Zu dieser Zeit soll Pralle in einem Seitengebäude der Brüdernkirche ein gesamtstädtisches Zeughaus eingerichtet haben.[4] Das Amt des Kleinen Bürgermeisters hatte er bis 1580 mehrfach inne. Seit 1581 ist er als Großer Bürgermeister nachweisbar. Der Text einer Inschrift auf einem Glasfenster des Hauses Kleine Burg 4 („Autor Pralle 1599./ Cyriaci") legt eine Beziehung Pralles zum Stift St. Cyriaci nahe.[5] Seine politische Laufbahn wurde 1602 unter dem Druck der Brabandtschen Unruhen mit seinem Ausscheiden aus dem Rat beendet. Schon vom Alter gezeichnet, traf er in seinem Testament vom 5. September 1603, das eine umfassende Auflistung seiner Vermögenswerte enthält, genaue Regelungen für die Versorgung seiner Ehefrau, seinen hinterbliebenen Kindern und seines unehelich geborenen Enkels Henning.[6]

Autor Pralle starb am 20. November 1605 in Braunschweig und wurde in St. Martini bestattet.[7]

Christian Lippelt, Wolfenbüttel

---

2   Heinrich Meier, Carl Kämpe, Heraldische Untersuchungen in der Architektur der Stadt Braunschweig. In: Braunschweigisches Magazin 1903, S. 26 (hier findet sich auch eine Abbildung des Pralle'schen Wappenbildes von 1576). Annette Boldt-Stülzebach, Braunschweiger Familien als Hauseigentümer am Eiermarkt seit dem späten Mittelalter. In: Braunschweigisches Jahrbuch 72, 1991, S. 35. Das Haus Eiermarkt 7 erwarb Autor Pralle im Jahre 1584 für seinen Sohn Franz von den Erben des Bürgermeisters Dietrich von der Leine (Stadtarchiv Braunschweig B I 23 Bd. 5, fol. 2r). Außerdem scheint Pralle Hausbesitz in der Breiten Straße gehabt zu haben, da er anlässlich der Huldigungsfeierlichkeiten für Herzog Julius am 3. Oktober 1569 in der Breiten Straße den kurfürstlich brandenburgischen Gesandten aufzunehmen hatte (Sack: Herzog Julius von Braunschweig als Student und gehuldigter Fürst. Ein Beitrag zur Fürsten- und Sittengeschichte des 16. Jahrhunderts. In: Harz-Zeitschrift 2, 1869, 4. Heft, S. 76).
3   Sack: Herzog Julius als Student, S. 76.
4   Carl Geo. Wilh. Schiller, Die mittelalterliche Architectur Braunschweigs und seiner nächsten Umgebung. Braunschweig 1852, S. 160 f.
5   Sabine Wehking: Die Inschriften der Stadt Braunschweig von 1529 bis 1671 (Die deutschen Inschriften 56), Wiesbaden 2001, Nr. 673.
6   Stadtarchiv Braunschweig, B I 23: 5, fol. 1r-4v.
7   Stadtarchiv Braunschweig, G III 1: 151, Sp. 152.

TILE BUERING (1588 – 1596)

Tile Buerings Geburtsjahr lässt sich auf das Jahr 1522 berechnen.[1] Über seine Kindheit und Jugend ist ebenso wie über seine Familie, die nicht zu den alteingesessenen Braunschweiger Ratsgeschlechtern zählte, nichts bekannt.

Um 1550 tritt Buering als Verkäufer von Braunschweiger Schwertern und Messern auf dem Martinimarkt in Danzig erstmals als Fernhändler in Erscheinung. Buering, der als Kaufmann ein ansehnliches Vermögen erwirtschaftete[2] und zu der aufstrebenden städtischen Wirtschaftselite zu zählen ist, engagierte sich Zeit seines Lebens im Handel mit Danzig.[3]

Im Jahr 1566 wurde der 44-jährige Tile Buering, der als Kaufmann keiner Gilde zugehörig war, als Vertreter der Gemeinde erstmals in den Rat der Altstadt gewählt.[4] Der politische Erfolg wurde überschattet von einem privaten Verlust: Am 15. Oktober des gleichen Jahres verlor Buering seine erste Frau Anna Mahner bei der Geburt des dritten Kindes.[5]

In seiner vierten Ratsperiode übernahm Buering 1577 das Amt des Bruchkämmerers und stieß damit in die höhere städtische Führungsebene vor. Dort etablierte er sich und übernahm im Jahr 1579 erstmals die Aufgaben und Pflichten des Kleinen Bürgermeisters. In diesem Amt wurde er in den Jahren 1581, 1584 und 1586 bestätigt. 1588 im Alter von 66 Jahren lenkte Buering als Nachfolger des im Dezember 1584 verstorbenen Jobst Kale erstmals als Großer Bürgermeister der Altstadt die Geschicke der Stadt.[6] Nur ein Jahr darauf starb Katharina Lesse, die zweite Ehefrau Buerings, bei der Geburt des zwölften gemeinsamen Kindes.[7] Doch Buering selbst erfreute sich offensichtlich noch guter Gesundheit: Im Jahr 1594 übte der inzwischen 72-Jährige, der bis zu seinem Tode dem Rat angehörte, letztmalig das Amt des regierenden Großen Bürgermeisters aus. Der innerstädtisch dominierende Konflikt in

---

1 Johann August Heinrich Schmidt, Die St. Martinskirche in Braunschweig, ein Beitrag zu ihrer Geschichte und Beschreibung wie auch zu der Braunschweigischen Geschlechterhistorie, Braunschweig 1846, S. 92.
2 Stadtarchiv Braunschweig, A I 4: 6.
3 Ebd. und Spieß, Nachmittelalter (wie Anmerkung 1). 2. Halbband, S. 383.
4 Werner Spieß, die Ratsherren der Hansestadt Braunschweig 1231-1671, mit einer verfassungsgeschichtlichen Einleitung, zweite durch eine Ratslinie vermehrte Auflage (Braunschweiger Werkstücke 42), Braunschweig 1970, S. 89.
5 Schmidt, Martinskirche (wie Anmerkung 2), S. 92.
6 Spieß, Ratsherren (wie Anmerkung 5), S. 89.
7 Schmidt, Martinskirche (wie Anmerkung 2), S. 92.

Epitaph des Tile Buering und seiner Familie (1597) in St. Martini (Foto: Jutta Brüdern, Braunschweig)

der prinzipiell eher ruhigen Regierungszeit Buerings war der mehrere Jahre schwelende Streit um kryptocalvinistische Einflüsse, in den sich Buering als Großer Bürgermeister nicht jedoch aktiv einmischte.[8]

Der Kaufmann und Fernhändler Tile Buering zählte ebenso wie sein Amtskollege Autor Pralle zu den sog. „homines novi". Buering hatte sein Vermögen im Fernhandel verdient, war nicht mit den Geschlechtern verschwägert, sondern hatte sich im Laufe der Jahre in der städtischen Mitbestimmung bewährt und es bis an die Spitze des Rates geschafft. Persönliche Qualifikation als befähigter Verwaltungsfachmann und finanzielle Absicherung durch die Handelsgewinne waren wohl die Grundvoraussetzungen dafür, dass diese neuen Kräfte in den von den alten Familien dominierten Rat gelangen konnten.

Die Tatsache, dass Buering seit 1580 mehrfach als Konstabler mit verantwortlich für die Ausrichtung des jährlichen Gelags war,[9] weist ebenso wie seine dritte Eheschließung mit Barbara aus dem Ratsgeschlecht der von Damm darauf hin, dass er, obwohl von Geburt nicht zugehörig, von den Geschlechtern im Laufe der Jahre akzeptiert und integriert worden ist.

Der Ratsherr und Große Bürgermeister der Altstadt Tile Buering starb am 4. Februar 1596 in Braunschweig. Noch heute erinnert ein Epitaph an der Nordwand der Martinikirche an Tile Buering und seine drei Ehefrauen. Am ersten Jahrestag seines Todes begründeten Buerings Erben eine Stiftung, mit deren Mitteln alljährlich hilfsbedürftigen Einwohnern Schuhe zur Verfügung gestellt werden sollten. Die Stiftung, die bis in das 20. Jahrhundert hinein jährlich im Schnitt um die 25 Paar Schuhe finanzierte, hatte Bestand bis in das Jahr 1934.[10]

Claudia Böhler, Braunschweig

---

8 Spieß, Nachmittelalter (wie Anmerkung 1), S. 132-138.
9 Stadtarchiv Braunschweig, H IV: 282. Hans von Glümer, Das Konstablergelag in der Altstadt Braunschweig und die Gelagsbruderschaft, in: Niedersächsisches Jahrbuch für Landesgeschichte 10 (1933), S. 71-84.
10 Stadtarchiv Braunschweig, F IV 12.

*"Cort v. Schöppenstet, der sich in der schwierigen Zeit
vor der Brabantschen Revolution der Stadt als einer der Großen Bürgermeister
zur Verfügung stellte, ohne freilich das Schicksal wenden zu können"*[1]

CORT VON SCHEPPENSTEDE (1599 – 1602)

Cort von Scheppenstede wurde 1540 als jüngster Sohn des Ratsherrn Cort von Scheppenstede und seiner ebenfalls aus einer altstädtischen Ratsfamilie stammenden Frau Margarete Pawel in Braunschweig geboren.[2] Er wuchs in einem seit Mitte des 15. Jahrhunderts im Familienbesitz der von Scheppenstedes befindlichen Haus in privilegierter Lage am Eiermarkt auf.[3]

1572 heiratete Cort von Scheppenstede Maria von Vechelde,[4] die Tochter des von den Gewandschneidern gewählten Ratsherrn Cyriacus von Vechelde.[5] Aus der über dreißig Jahre geführten Ehe gingen neun Kinder hervor, von denen vier allerdings bereits im Kindesalter verstarben.[6] Die Familie übernahm spätestens 1583 den Stammsitz der Scheppenstedes am Eiermarkt, der erst 1764 abgerissen wurde.[7]

Im Jahr 1575 wurde Cort von Scheppenstede, dessen Familie seit dem 14. Jahrhundert fast ständig im Rat vertreten war, von der Wandschneidergilde in den Rat der Altstadt gewählt. Bereits in seiner zweiten Amtsperiode wurde er zum Kämmerer, bei der darauf folgenden Wahl zum Kleinen Bürgermeister der Altstadt ernannt. Er gehörte damit seit 1581 der politischen Führungsebene der Stadt an. Scheppenstede lenkte in dieser Funktion in den Jahren 1589, 1592, 1595 und 1598 gemeinsam mit dem Großen Bürgermeister Autor Pralle die Geschicke der Stadt.

---

1 Werner Spieß, Geschichte der Stadt Braunschweig im Nachmittelalter vom Ausgang des Mittelalters bis zum Ende der Stadtfreiheit (1491-1671), 2. Halbband, Braunschweig 1966, S. 478.
2 Sophie Reidemeister, Genealogien Braunschweiger Patrizier- und Ratsgeschlechter aus der Zeit der Selbständigkeit der Stadt (vor 1671) (Braunschweiger Werkstücke 12), Braunschweig 1948, S. 125.
3 Heinrich Meier, Christian Kämpe, Heraldische Untersuchungen in der Architektur der Stadt Braunschweig, in: Braunschweigisches Magazin 3 (1903), S. 26.
4 Stadtarchiv Braunschweig, H IX 334.
5 Werner Spieß, von Vechelde. Die Geschichte einer Braunschweiger Patrizierfamilie 1332-1864 (Braunschweiger Werkstücke 13), Braunschweig 1951, S. 91-93.
6 Reidemeister, Genealogien (wie Anmerkung 2), S. 125.
7 Meier, Untersuchungen (wie Anmerkung 3), S. 26.

Skizze des Gemäldes mit der Darstellung des Abendmahls, um 1770 (Stadtarchiv Braunschweig H V: 138)

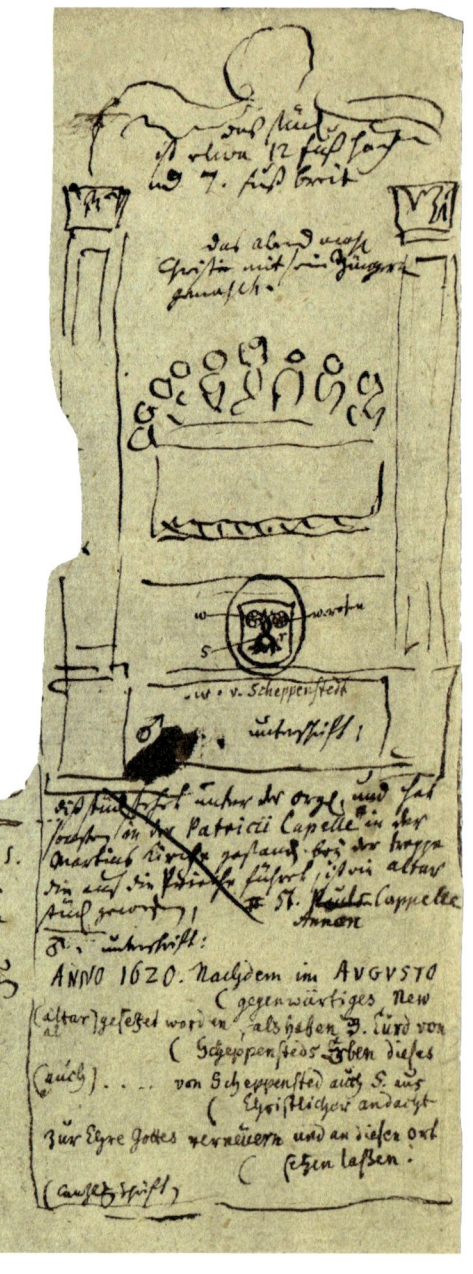

In einer Zeit also, in der die politische Lage Braunschweigs bestimmt wurde durch den innerstädtischen Konflikt zwischen Rat und Bürgerhauptleuten auf der einen Seite sowie den außenpolitischen Streit mit dem Herzog Heinrich Julius auf der anderen Seite.⁸ Der aus einer alten Geschlechterfamilie stammende Scheppenstede, der 1598 gemeinsam mit dem Syndikus Dr. Joachim von Broitzem vom Rat nach Prag gesendet wurde, um dort beim Kaiser gegen das Vorgehen der Bürgerhauptleute zu protestieren,⁹ wurde ebenso wie Cort Doring zum Sinnbild der Geschlechterherrschaft und damit zum Feindbild der innerstädtischen Opposition, die sich um den Bürgerhauptmann Henning Brabandt[10] versammelt hatte.

1599 wurde Cort von Scheppenstede dennoch im Alter von 59 Jahren erstmals zum Großen Bürgermeister der Altstadt ernannt. Doch bereits in der darauffolgenden Wahlperiode bei den revolutionären Ratswahlen im Januar 1602, bei denen der Einfluss der patrizischen Ratsfamilien zurückgedrängt wurde,[11] reichte Cort von Scheppenstede ebenso wie 27 andere Ratsherren ein Abdankungsgesuch ein, dem in seinem Fall stattgegeben wurde.[12]

Das Scheitern der Bewegung um Henning Brabandt und die Rückkehr der Patrizier in den Rat erlebte Cort von Scheppenstede nicht mehr. Er flüchtete im Frühjahr 1602 nach Hildesheim, um einer drohenden Verfolgung durch die Bürgerschaft zu entgehen. Dort starb er am 31. August 1604. Anfang des 17. Jahrhunderts wurde zum Andenken an Cort von Scheppenstede in der Martinikirche ein Gemälde des letzten Abendmahl aufgehängt, das die Erben des Großen Bürgermeisters im Jahr 1620 noch einmal erneuern ließen. Dieses Gemälde, das vermutlich nach dem Aussterben der Familie von Scheppenstede im Jahr 1626[13] abgenommen und zunächst in der Kirche verwahrt worden war, ist heute verschollen.[14]

Claudia Böhler, Braunschweig

---

8 Gustav Hassebrauk, Herzog Heinrich Julius und die Stadt Braunschweig, in: Braunschweigisches Jahrbuch 9 (1910), S. 62-108.
9 Jörg Walter, Rat und Bürgerhauptleute in Braunschweig 1576-1604 (Braunschweiger Werkstücke 45), Braunschweig 1971, S. 68.
10 Gerd Biegel, Henning Brabandt, in: Horst-Rüdiger Jarck u.a. (Hrsg.), Braunschweigisches Biographisches Lexikon, 8. bis 18. Jahrhundert, Braunschweig 2006, S. 103-105. Gerd Biegel, Der Bürgerhauptmann Henning Brabandt (um 1550-1604). Das blutige Scheitern der Demokratisierung des Braunschweiger Rates im Jahr 1604, in: Braunschweigischer Kalender 2004, S. 11-21. Manfred Garzmann, Henning Brabandt, in: Braunschweiger Stadtlexikon hrsg. von Luitgard Camerer, Manfred R. W. Garzmann und Wolf-Dieter Schuegraf, Braunschweig 1992, S. 38-39. Friedrich Karl von Strombeck, Henning Brabant, Bürgerhauptmann der Stadt Braunschweig und seine Zeitgenossen, Halberstadt 1829.
11 Walter, Rat und Bürgerhauptleute (wie Anmerkung 9), S. 88-91.
12 Stadtarchiv Braunschweig, H IV: 282.
13 Reidemeister, Genealogien (wie Anmerkung 2), S. 123.
14 Stadtarchiv Braunschweig, H V: 138, Band 1, S. 69-70. Sabine Wehking, Die Inschriften der Stadt Braunschweig von 1529 bis 1671 (Die deutschen Inschriften 56), Wiesbaden 2001, Nr. 764.

> „Dieweill ich auch leichtlich erachten kann, das gemeine Stad
> Durch den langwirigen krig in große beschwerung gerathen
> Ich aber jeder zeith, wiewoll es mir nicht getrawet sein magk
> Gemeiner Trösen woll affectioniret gewesen und noch nicht
> Liebers wollte den das es derselben zu ewigen tagen woll
> Gehen möchte, so thue ich aus selber affection, als ein getrewer
> Aller patriota gemeiner stad in die treiyse die tausend
> Reichsthaler, welche ich beiy derselben umb einem geringen
> Zins beleget, legirn und bescheiden."[1]

CORT DORING (1601; 1605 – 1612)

Nach vier Töchtern wurde am 20. August 1551 der erste Sohn des Großen Bürgermeisters Hans Doring geboren, der auf den in der Familie häufig verwendeten Namen Cort getauft wurde. Mit siebzehn Jahren, im Jahr 1568, begann Cort Doring an der Universität Rostock die Rechte zu studieren.[2] 1572 wechselte er an die Universität Marburg konnte dort sein Studium allerdings aufgrund einer schweren Erkrankung nicht beenden, sondern musste vorzeitig in seine Heimatstadt zurückkehren.[3]

Im Jahr 1578, sechs Jahre nach seiner Rückkehr in die Heimat wurde Cort, dessen Familie sich seit 1283 im Rat der Altstadt nachweisen lässt,[4] von den Wechslern zum Ratsherrn gewählt. Doring, Angehöriger eines angesehenen Ratsgeschlechts und Mitglied der einflussreichen Wechslergilde, gewann rasch an Verantwortung und Macht. Bereits in seiner zweiten Amtsperiode übernahm er im Jahr 1581 erstmals das Amt des Gerichtsherrn, wie aus dem Prozessbuch hervorgeht.[5] Wie so häufig diente dieses Amt als Einstieg für höhere Aufgaben in der Stadtverwaltung. Mit 40 Jahren wurde Doring, der inzwischen über mehr als ein Jahrzehnt Ratserfahrung

---

[1] Stadtarchiv Braunschweig, B I 23: 5, S. 199.
[2] Heinrich Meier, Braunschweiger Bürgersöhne auf deutschen Universitäten vor Errichtung der Julius-Universität zu Helmstedt, in: Jahrbuch des Geschichtsvereins für das Herzogtum Braunschweig 7 (1908), S. 112.
[3] Johann August Heinrich Schmidt, Die St. Martinskirche in Braunschweig, ein Beitrag zu ihrer Geschichte und Beschreibung, wie auch zur braunschweigischen Geschlechtshistorie, Braunschweig 1846, S. 72.
[4] Sophie Reidemeister, Genealogien Braunschweiger Patrizier- und Ratsgeschlechter aus der Zeit der Selbständigkeit der Stadt (Braunschweiger Werkstücke 12), Braunschweig 1948, S. 48.
[5] Stadtarchiv Braunschweig, B I 16: 8, S. 18 und S. 287.

verfügte, zum Küchenkämmerer gewählt und rückte damit in die engste Führungsriege der Stadt auf. Nach zwei Amtsperioden als Kämmerer erklomm Doring im Jahr 1596 die nächste Karrierestufe: Er wurde zum Kleinen Bürgermeister der Altstadt gewählt.

Den vorläufigen Höhepunkt seiner politischen Laufbahn erreichte Doring im Jahr 1601, als er erstmals als Großer Bürgermeister der Altstadt amtierte. Im selben Jahr brach allerdings auch der seit Jahren schwelende Konflikt zwischen dem Rat auf der einen Seite und den 1445 erstmals erwähnten Bürgerhauptleuten auf der anderen Seite offen aus.[6] Aufgabe der Hauptleute war es die Ratsherren der Gemeinde zu wählen. Sie waren zwar nicht direkt am Ratsgremium beteiligt, hatten aber gemeinsam mit den Gildemeistern ein Versammlungs- und Anhörungsrecht sowie ein Vetorecht bei Verfassungsänderungen.[7] Dieses politische System blieb so lange stabil, wie die Kräfte zwischen Geschlechtern, Gilden und Gemeinde ausgewogen waren. Doch die wirtschaftlichen Veränderungen in der zweiten Hälfte des 16. Jahrhunderts führten zu einem Ungleichgewicht zwischen der schwindenden Wirtschafts- und Finanzkraft der im Rat sitzenden Gilden und Geschlechter einerseits und der im Rat unterrepräsentierten, wirtschaftlich aufstrebenden Brauer, Kramer und Kaufleute aus den Gemeinden andererseits. Der Streit um eine größere Partizipation der Bürgerhauptleute an der von den Geschlechtern dominierten politischen Macht eskalierte,[8] nachdem Herzog Heinrich Julius die Landesacht über die Stadt verhängt hatte, die de facto einer Handelsblockade gleichkam. Als Folge der außenpolitischen Spannungen[9] und der damit einhergehenden wirtschaftlichen Krise stellte sich erstmals ein größerer Teil der Bürgerschaft hinter die Bürgerhauptleute und ihre politischen Forderungen nach einer Beteiligung an der Ratsherrschaft. Am 28. Mai 1601 unterzeichnete der Rat den vom Oppositionsführer Henning Brabandt[10] ausgearbeiteten Neuen Rezess, in dem das zukünftige Rechtsverhältnis zwischen

---

6 Jörg Walter, Rat und Bürgerhauptleute in Braunschweig 1576-1604 (Braunschweiger Werkstücke 45), Braunschweig 1971.
7 Urkundenbuch der Stadt Braunschweig, Band 1, hrsg. von Ludwig Hänselmann, Braunschweig 1873, S. 227.
8 Walter, Rat und Bürgerhauptleute (wie Anmerkung 6), S. 48-62.
9 Gustav Hassebrauk, Herzog Heinrich Julius und die Stadt Braunschweig, in: Braunschweigisches Jahrbuch 9 (1910), S. 62-108.
10 Gerd Biegel, Henning Brabandt, in: Horst-Rüdiger Jarck u.a. (Hrsg.), Braunschweigisches Biographisches Lexikon, 8. bis 18. Jahrhundert, Braunschweig 2006, S. 103-105. Gerd Biegel, Der Bürgerhauptmann Henning Brabandt (um 1550-1604). Das blutige Scheitern der Demokratisierung des Braunschweiger Rates im Jahr 1604, in: Braunschweigischer Kalender 2004, S. 11-21. Manfred Garzmann, Henning Brabandt, in: Braunschweiger Stadtlexikon. Luitgard Camerer, Manfred R. W. Garzmann, Wolf-Dieter Schuegraf (Hrsg.), Braunschweig 1992, S. 38-39. Friedrich Karl von Strombeck, Henning Brabant, Bürgerhauptmann der Stadt Braunschweig und seine Zeitgenossen, Halberstadt 1829.

Postkarte des Döringschen Beginenhauses (Stadtarchiv Braunschweig, H XVI: A VII: Pr)

Rat und den mitregierenden Gilden und Hauptleuten fixiert wurde.[11] Mit der Anerkennung des Neuen Rezess akzeptierte der Rat ausdrücklich Gildemeister und Bürgerhauptleute als an der Stadtpolitik aktiv beteiligte Mitregenten. Der Einfluss des Patriziats war erstmals in der Geschichte Braunschweigs erheblich zurückgedrängt.

Ein Etappensieg der Opposition, der sich auch auf die Karriere von Cort Doring auswirkte: Der Große Bürgermeister, der als kompromissloser Verfechter der bestehenden Ratsordnung und typischer Vertreter der Geschlechterherrschaft galt, dankte bei den folgenden Wahlen am 7. Januar 1602 gemeinsam mit acht weiteren Ratsherren allein in der Altstadt ab.[12]

Doch da sich auch unter dem neuen Rat weder die wirtschaftliche Lage noch das Verhältnis zum Herzog verbesserten, schlug die Stimmung in der Stadt schnell wieder zugunsten der

---

11 Stadtarchiv Braunschweig, B I 5: 6, S. 280-283 sowie B III 9: 9. Der Neue Rezess ist nur in Abschriften überliefert, die Originale wurden nach der Hinrichtung Brabandts gemeinsam mit dessen Schriften öffentlichkeitswirksam verbrannt.
12 Stadtarchiv Braunschweig, H IV: 282.

etablierten Kräfte um. Im September 1604 eskalierte die Situation: Die Bürgerhauptleute und ihre Anhänger wurden verfolgt, verhaftet und gefoltert, insgesamt neun von ihnen nach einem kurzen Schauprozess zum Tode verurteilt.[13]

Die Ratswahlen von 1605 stellten die alten Verhältnisse wieder her. Auch Cort Doring, der sich zunächst gegen die erneute Verpflichtung sträubte,[14] gehörte dem Rat wieder an. Er übernahm bereits 1607 erneut das Amt des Großen Bürgermeisters und reiste in dieser Funktion an den kaiserlichen Hof in Prag, um eine Aufhebung der 1606 verhängten Reichsacht zu erreichen.[15] Doch auch bei den Wahlen 1608 reichte Doring ein Abdankungsgesuch „wegen des grosen mistrauens so in und auserhalb raths in ihn" ein, dem allerdings erneut nicht stattgegeben wurde. Was bewog Doring zu der Aussage, dass er eher „schadtlich dan nuzlich" sei?[16] Der seit Jahren andauernde Konflikt mit dem Landesherrn Herzog Heinrich Julius spaltete Rat und Bürgerschaft.[17] Weder die kriegerischen noch die versöhnlichen Stimmen, zu denen Doring nicht zuletzt wegen der im Familienbesitz befindlichen herzoglichen Lehensgüter zählte, konnten sich endgültig durchsetzen. Der Rat akzeptierte aber auch ein wiederholtes Rücktrittsgesuch nicht, so dass Doring 1610 erneut als Großer Bürgermeister amtierte. Doch die Vorwürfe und Drohungen ihm gegenüber rissen nicht ab. Gegenspieler von Doring war der Syndikus Johann Roerhant, der sich für eine Bündnispolitik mit den Generalstaaten gegen den Kaiser stark machte und Dorings Standpunkt öffentlich als landesverräterisch kritisierte.[18] Nachdem sich Doring zunächst erfolglos verteidigt hatte, floh er am 8. Juli 1612 „wegen der gruntlichen Verfolgung in und außerhalb raths zu salvirung leibes und erbendes"[19] aus der Stadt, in die er erst nach Abschluss des Friedens von Steterburg im Dezember 1615 wieder zurückkehrte.

Seine letzten zehn Lebensjahre verbrachte Doring frei von politischen Ämtern als wohlhabender Privatier in seiner Geburtsstadt. Doring, der selbst unverheiratet

---

13 Biegel, Bürgerhauptmann Brabandt (wie Anmerkung 10), S. 18-21.
14 Stadtarchiv Braunschweig, H IV: 282.
15 Hassebrauk, Heinrich Julius und die Stadt Braunschweig (wie Anmerkung 9), S. 103.
16 Stadtarchiv Braunschweig, H IV: 282.
17 Christof Römer, Die Krise um Brabandt und Dohausen und das Verlöschen revolutionärer Potentiale im 17. Jahrhundert, in: Birgit Pollmann (Hrsg.), Schicht – Protest – Revolution in Braunschweig 1292 bis 1947/48, Beiträge zu einem Kolloquium der Technischen Universität Braunschweig des Instituts für Sozialgeschichte und des Kulturamts der Stadt Braunschweig vom 26. bis 28. Oktober 1992 (Braunschweiger Werkstücke 89), Braunschweig 1995, S. 69.
18 Werner Spieß, Braunschweig im Nachmittelalter vom Ausgang des Mittelalters bis zum Ende der Stadtfreiheit (1491-1671), 1. Halbband, Braunschweig 1966, S. 165-167.
19 Stadtarchiv Braunschweig, H IV: 282.

geblieben war, widmete sich unter anderem der Verwaltung des weit verzweigten Lehensbesitzes[20] der in Braunschweig und Lüneburg lebenden Familie. Dem damaligen religiösen Selbstverständnis entsprechend übernahm er, der bereits 1610 nahe dem Michalistor ein Armenhaus[21] für 10 Personen eingerichtet hatte, aber auch wohltätige Aufgaben. Die Armenfürsorge und das Schulwesen lagen ihm besonders am Herzen. Beide bedachte er auch über seinen Tod hinaus in seinem Testament mit großzügigen Schenkungen.[22]

Der letzte Doring war eine schillernde Persönlichkeit, der ganz in der Tradition der unter Druck geratenen Geschlechterherrschaft stand. Es entsprach seinem Selbstverständnis sich sowohl als politische Führungskraft für das Wohl der Stadt als auch als Stifter für das Wohl der weniger Begüterten einzusetzen. Dass dieses Bemühen von einigen seiner Zeitgenossen verkannt, er in der Öffentlichkeit verspottet und seine Haltung kritisiert wurde, traf Doring schwer, der doch nie „ungebührliches geredet oder gehandelt" habe.[23]

Cort Doring, der am 30. August 1625 starb, wurde am darauffolgenden Tag in St. Martini bestattet.[24] Mit seinem Tod erlosch die Braunschweigische Linie der Dorings, deren Lüneburger Zweig allerdings bis zum heutigen Tag besteht.

Claudia Böhler, Braunschweig

20 Stadtarchiv Braunschweig, A IV 5.
21 Stadtarchiv Braunschweig, E 130 D. Stadtarchiv Braunschweig, H IV 329, S. 529-531.
22 Stadtarchiv Braunschweig B I 23: 5, S. 195-206.
23 Stadtarchiv Braunschweig, H IX 19: 17.
24 Werner Spieß, die Ratsherren der Hansestadt Braunschweig 1231-1671, mit einer verfassungsgeschichtlichen Einleitung, zweite durch eine Ratslinie vermehrte Auflage (Braunschweiger Werkstücke 42), Braunschweig 1970, S. 98.

„Ludit in humanis divina potentia rebus
Et certam prasens vix habet hora fidem."[1]

SIMON LÜDDEKE (1602 – 1604)

Simon Lüddeke, über dessen Herkunftsfamilie nichts bekannt ist, wurde um die Mitte des 16. Jahrhunderts in Braunschweig geboren. In den Ratslisten tauchte der Name Lüddeke unregelmäßig und selten auf, die Familie gehörte nur zum erweiterten Kreis der Ratsfamilien. Vor Simon bekleideten insgesamt fünf Lüddekes das Amt eines Ratsherrn, wobei es keinem der Vorfahren gelungen war, bis in die höchsten Regierungskreise vorzustoßen.[2]

Simon Lüddekes politische Karriere begann Ende der 1570er Jahre mit dem Amt des Bürgerhauptmanns der Ulrichsbauerschaft in der Altstadt.[3] Die 1445 im Großen Brief erstmals erwähnten Bürgerhauptleute wählten zum einen die Ratsherren der Gemeinde, zum anderen hatten sie das Recht, in bestimmten Fällen an Ratssitzungen teilzunehmen.[4] Lüddeke bewältigte diese Aufgabe offensichtlich zur Zufriedenheit der Gemeinde und empfahl sich dadurch für die Übernahme größerer politischer Verantwortung. Im Jahr 1578 wurde Lüddeke als Vertreter der Gemeinde in den Rat der Altstadt gewählt[5] und – vermutlich aufgrund seiner Erfahrungen als Bürgerhauptmann – zum Gerichtsherrn berufen. Ein Amt, das er in den folgenden knapp zwanzig Jahren inne hatte.

1583 verkaufte der Ratsherr Lüddeke sein an der Schützenstraße gelegenes Haus an seinen Schwager Hans Tegetmeier und erwarb das am Kohlmarkt gelegene Haus

---

1   Inschrift aus Ovids Epostulae ex ponto, IV, 3. Brief, Z 49 am Haus zum goldenen Stern, vgl.: Sabine Wehking, Die Inschriften der Stadt Braunschweig von 1529 bis 1671 (Die deutschen Inschriften 56), Wiesbaden 2001, Nr. 596. (Deutsche Übersetzung: Die göttliche Macht treibt ihr Spiel mit den menschlichen Dingen, und der gegenwärtigen Stunde kann man kaum vertrauen).
2   Werner Spieß, Die Ratsherren der Hansestadt Braunschweig 1231-1671 (Braunschweiger Werkstücke 42), Braunschweig 1970, S. 160-161.
3   Jörg Walter, Rat und Bürgerhauptleute in Braunschweig (Braunschweiger Werkstücke 45), Braunschweig 1971, S. 37.
4   Urkundenbuch der Stadt Braunschweig, Band 1, hrsg. von Ludwig Hänselmann, Braunschweig 1873, S. 227.
5   Stadtarchiv Braunschweig, H IV: 282.

Haus zum Goldenen Stern vor dem Abbruch 1894 (Stadtarchiv Braunschweig, H XVI A VII Kohlmarkt)

zum goldenen Stern,[6] das an prominenter Stelle an der Grenze zur Burgfreiheit in unmittelbarer Nähe des Ulrichstors stand. Er veranlasste einen Um- und Ausbau des aus dem 14. Jahrhundert stammenden Gebäudes, das bis zu seinem Abriss im Jahr 1894 zum mittelalterlichen Gepräge des Kohlmarkts beitrug.

Doch auch Lüddeke selbst sollte noch eine wichtige Rolle in der Stadtgeschichte spielen, als der lange schwelende Konflikt um die politische Macht zwischen dem von den alten Geschlechtern dominierten Rat auf der einen Seite und den Bürgerhauptleuten auf der anderen Seite kurz nach der Jahrhundertwende eskalierte.[7]

Die revolutionären Ratswahlen von 1602, bei denen sich die nach politischem Einfluss strebende Wirtschaftselite kurzzeitig gegen die alten Ratsgeschlechter durchsetzen konnte, sorg-

---

6 Stadtarchiv Braunschweig, B I 22: 5, Bl. 256-257 und Bl. 238-239. Carl Wilhelm Sack, Der goldene Stern zu Braunschweig, in: Braunschweigisches Magazin (1868), S. 223-229, 231-236, 239-245.
7 Walter, Rat und Bürgerhauptleute (wie Anmerkung 3), S. 48-70.

ten dafür, dass Lüddeke am Ende seiner politischen Laufbahn für kurze Zeit an die Spitze der Macht in der Stadt gelangte. Simon Lüddeke, der ehemalige Bürgerhauptmann und Vertraute von Henning Brabandt, dem Wortführer der Opposition,[8] war aufgrund seiner langjährigen Erfahrung in der städtischen Verwaltung prädestiniert dafür, an deren Spitze zu treten, um dort die Interessen der nach politischer Partizipation strebenden gehobenen sozialen Schicht zu vertreten.

Bereits im März 1602 reiste Lüddeke gemeinsam mit Henning Brabandt und Hermann Schrader an den kaiserlichen Hof in Prag, um den Kaiser für die Aufhebung der herzoglichen Wirtschaftsblockade zu gewinnen.[9] Doch auch den Vertretern der neuen städtischen Regierung gelang die angestrebte Aussöhnung mit dem Herzog Heinrich Julius nicht, der die Gunst des Kaisers für sich hatte gewinnen können. Die städtischen Ausfälle in herzogliches Gebiet, bei denen Dörfern überfallen, beraubt und zerstört wurden, nahmen wieder zu und verschärften den außenpolitischen Konflikt. Der Unmut der um ihre wirtschaftliche Existenz fürchtenden Bürger wendete sich hingegen innerhalb der Stadtmauern erneut gegen den Rat, den sie für das Scheitern der Verhandlungen verantwortlich machten. Im September 1604 eskalierte der Konflikt erneut und der durch Gerüchte und Schmähungen angeheizte Hass entlud sich gewalttätig gegen die Bürgerhauptleute und ihre Anhänger, von denen einige verhaftet, verurteilt und hingerichtet wurden.[10]

Der Große Bürgermeister Simon Lüddeke wurde als Parteigänger Brabandts im Herbst 1604 ebenfalls festgenommen und mehrfach auch unter Folter Verhören unterzogen. Er bekannte sich schließlich im Januar 1605 schuldig, dass er auf Seiten der „auffrührischenn undt numehr ihrer grobenn missethatenn halber billig justificirten haubtleute undt ihres anhangs" gestanden habe.[11] Zu einer Verurteilung kam es jedoch nicht mehr: Simon Lüddeke verstarb am 23. April 1607 in der Haft. Er wurde zwei Tage später mit Billigung des Rates „als ein Verächter Gottes und seiner

---

8 Gerd Biegel, Henning Brabandt, in: Horst-Rüdiger Jarck u.a. (Hrsg.), Braunschweigisches Biographisches Lexikon, 8. bis 18. Jahrhundert, Braunschweig 2006, S. 103-105. Gerd Biegel, Der Bürgerhauptmann Henning Brabandt (um 1550-1604). Das blutige Scheitern der Demokratisierung des Braunschweiger Rates im Jahr 1604, in: Braunschweigischer Kalender 2004, S. 11-21. Manfred Garzmann, Henning Brabandt, in: Braunschweiger Stadtlexikon hrsg. von Luitgard Camerer, Manfred R. W. Garzmann und Wolf-Dieter Schuegraf, Braunschweig 1992, S. 38-39. Friedrich Karl von Strombeck, Henning Brabant, Bürgerhauptmann der Stadt Braunschweig und seine Zeitgenossen, Halberstadt 1829.
9 Walter, Rat und Bürgerhauptleute (wie Anmerkung 3), S. 94-95.
10 Ebd., S. 109-113.
11 Stadtarchiv Braunschweig, B IV 5: 54. Strombeck, Brabant (wie Anmerkung 8), S. 120.

Diener ohne alle christl. Ceremonien [...] ohne Gesang und Klanck aus der Bütteley in den Grashof zum Brüdern getragen und daselbst in die Erde verscharret."[12]

Claudia Böhler, Braunschweig

[12] Philipp Julius Rethmeyer, Der berühmten Stadt Braunschweig Kirchen-Historie, vierter Theil, Braunschweig 1715, S. 301.

BERTRAM VON BROITZEM (1603 – 1613)

Bertram von Broitzem (1540–1614) stammte aus einer bekannten vornehmen patrizischen Ratsfamilie, die seit 1350 in Braunschweig nachweisbar ist. Als Wandschneider lebten sie von 1400 bis 1653 in der Neustadt, überwiegend jedoch in der Altstadt. Bertram von Broitzem wurde am 29.11.1540 geboren. Verheiratet war er mit Anna von Strombeck. Das Paar hatte acht Kinder. Bertram von Broitzem war ein Vetter des Stadtsyndicus Dr. Joachim von Broitzem (1555–1605), einem „der fanatischsten Anhänger einer einseitigen patrizischen Stadtherrschaft, eines ‚güldenen Regimentes', wie er es nannte, in dem nur der vornehmste Stand, die Geschlechter (Patrizier) etwas zu sagen hatten"[1]. In den Auseinandersetzungen des Rates mit den Bürgerhauptleuten unter Führung von Henning Brabandt (um 1550–1604) verließ Dr. Joachim von Broitzem im Dezember 1601 fluchtartig die Stadt Braunschweig. In dieser Phase der Stadtgeschichte trat sein Vetter, Bertram von Broitzem, verstärkt in den Vordergrund des politischen Geschehens in der Stadt Braunschweig.

Von 1577 bis 1613 war Bertram von Broitzem ein von der Gemeinde gewählter Ratsherr der Altstadt, dabei in den Jahren 1580, 1583, 1586, 1589, 1592, 1595 und 1598 als Kämmerer, von 1599 bis 1601 als Kleiner Bürgermeister amtierend. Es waren dies zunächst die unruhigen Jahre, in denen sich die Stadt Braunschweig in heftigen Auseinandersetzungen mit den Herzögen Julius (1528–1589) und Heinrich Julius (1564–1613) befand.[2] Zugleich setzte eine wachsende Auseinandersetzung in der Stadt ein um die Machtverhältnisse im Rat. Konfliktparteien waren der Rat und die Gildemeister sowie die Bürgerhauptleute, die sich zunehmend zu Sprechern des wachsenden Volkszornes machten. Die zeitgleichen Auswirkungen der Auseinandersetzung mit dem Landesherrn führten zum wirtschaftlichen Niedergang der Stadt, was die sozialen und politischen Spannungen in der Bürgerschaft der Stadt Braunschweig noch verschärfte. Mit dem sogenannten Neuen Rezess von 1601 wurde das schwierige Verhältnis von Rat, Gildemeistern und Bürgerhauptleuten auf eine neue Basis gestellt, waren letztere jetzt doch Mitregenten. Gleichzeitig kam es Anfang 1602 zu einer völligen Umgestaltung des Rates. Die Lage in der Stadt war damit aber nur kurzzeitig beruhigt worden und spitzte sich sehr bald wieder zu. In der Ratsperiode 1602–1604 befand sich mit Bertram von Broitzem schließlich nur

---
1 Werner Spieß, Braunschweig im Nachmittelalter, Braunschweig 1966, S. 138.
2 Gustav Hassebrauk, Herzog Julius und die Stadt Braunschweig 1568 – 1589, in: Braunschweigisches Jahrbuch 6 (1907), S. 39 – 78. Gustav Hassebrauk, Herzog Heinrich Julius und die Stadt Braunschweig 1589–1613, in: Braunschweigisches Jahrbuch 9 (1910), S. 62. Spieß, Nachmittelalter (wie Anmerkung 1).

noch ein Patrizier unter den Regierenden Bürgermeistern. An seiner Seite befanden sich Jordan Struven und Simon Ludeken.

Immer wieder entlud sich die hintergründig schwelende Unzufriedenheit großer Bevölkerungsteile in gewaltbereiten Zusammenrottungen. Führer der Bürgerhauptleute war der Advokat Henning Brabandt. In der Folge der sogenannten Brabandtschen Revolution (1601–1605) kam es zu einem blutigen Strafgericht am 17. September 1604 auf dem Hagenmarkt. Neun Bürgerhauptleute wurden hingerichtet, darunter auf besonders grausame Weise der Bürgerhauptmann Henning Brabandt.[3] Von den drei Großen Bürgermeistern der Altstadt verblieben in der nachrevolutionären Epoche nur noch Bertram von Broitzem und Jordan Struven im Amt, die beide gerade erst durch diese Revolution in das Amt eines Großen Bürgermeisters gelangt waren. In der folgenden Ratsperiode (1605) übernahm Bertram von Broitzem den Vorsitz im Rat. Er amtierte in den Jahren 1603, 1605, 1608, 1611 und 1613 als Großer Bürgermeister der Altstadt und wird als „offenbar klug vermittelnde Persönlichkeit"[4] beschrieben. In seiner Funktion als Großer Bürgermeister der Altstadt stand Bertram von Broitzem seit dem 5. März 1605 an der Spitze des Küchenrates, dem seit 1600 das Kriegswesen unterstand.

Seit dem 5. März 1605 war Bertram von Broitzem zum Kriegskommissar bestallt worden. Es war dies zugleich das Jahr in dem der Krieg mit Herzog Heinrich Julius begann, der einen Überfall auf die Stadt Braunschweig startete. Aber weder dieser Überfall noch eine nachfolgend lange Belagerung der Stadt waren am Ende erfolgreich. Über Jahre hinweg setzte sich die Auseinandersetzung fort und der Herzog fand zunehmend die Unterstützung von Kaiser Rudolf II. in Prag, der schließlich über die Stadt Braunschweig die Acht verhängte. Als 1611 erneut die Acht verkündet wurde, war die politische Lage der Stadt äußerst kritisch. In dieser Situation schien ein Bündnis mit den niederländischen Generalstaaten Hilfe zu bieten. Bertram von Broitzem war gegen eine solche Verbindung, sah er doch die Gefahr, endgültig jede Bereitschaft des Kaisers zur Unterstützung gegen den Herzog zu verlieren. Auch der Große Bürgermeister Cort Döring stellt sich öffentlich gegen die neue außenpolitische Orientierung der Stadt, was zu einer Spaltung in der Politik der Stadtspitze führte. Wortführer der „niederländischen Fraktion" im Rat war Stadtsyndikus Dr. Johan Roerhant, der jedoch nur einen Teil des Rates für sich gewinnen konnte. Es

---

3   Jörg Walter, Rat und Bürgerhauptleute in Braunschweig 1576–1604 (Braunschweiger Werkstücke 45), Braunschweig 1971.
4   Spieß, Nachmittelalter (wie Anmerkung 1), S. 155.

waren dies „im Wesentlichen die mehr demokratisch gerichteten Kreise"[5] und damit die strikten Gegner des Herzogs. Die Gegenpartei bestand weitgehend aus den sogenannten „Begüterten" (Träger herzoglicher Lehngüter), die eher auf Ausgleich bedacht waren. Dr. Roerhant machte dem einen der drei Großen Bürgermeister der Altstadt, Cort Döring, den öffentlichen Vorwurf, die Interessen der Stadt zu verraten, was diesen am 8. Juli 1612 zur Flucht aus der Stadt veranlasste, ähnelten die gehässigen Auseinandersetzungen und Vorwürfe doch eher dem Vorgehen gegen Henning Brabandt und seine Anhänger. Bertram von Broitzem blieb mit seiner – durchaus richtigen – Einschätzung öffentlich zurückhaltender, war aber nicht in der Lage, einen Ausgleich zwischen den verhärteten Fronten zu vermitteln und die Kluft im Rat und der Stadtspitze zu überwinden. Nach der Flucht von Cort Döring übernahm Bertram von Broitzem für das Jahr 1613 dessen Vertretung im Amt des Großen Bürgermeisters. Die Ratsopposition, vor allem aus dem Hagen und der Neustadt, verfolgte weiterhin eine „niederländische Politik" und die daraus resultierenden Streitigkeiten im Rat führten zur weiteren Destabilisierung im politischen Gefüge der Stadt sowie schließlich zur Eskalation in der sogenannten Dohausenschen Revolution (1613–1615)[6]. Für das Jahr 1614 hatte Bertram von Broitzems jüngerer Kollege Jordan Struven die offizielle Führung der Stadt in Händen, doch die revolutionären Unruhen setzten sich fort. Am 29. Juni wurde ein 78-köpfiger Ausschuss eingesetzt, um die Forderungen der Oppositionsparteien durchzusetzen. Dieser Ausschuss (der später auf 103 Personen erweitert wurde) konnte am 17.9.1614 den Gesamtrat zum Rücktritt zwingen und zum 20.9.1614 die Wahl eines neuen Rates durchsetzen. Verfassungsändernde Beratungen des Ausschusses hatten zugleich zu einer grundlegenden Änderung in Zusammensetzung und Größe des Rates geführt, der auf 51 Personen reduziert und an die aktuelle sozialgesellschaftliche Struktur angepasst wurde. Es war dies eine Verfassungsreform, die schließlich bis zum Ende der Selbstständigkeit der Stadt 1671 Bestand hatte.

Gegenüber der Radikalität der Revolutionäre war der längst altersschwache Große Bürgermeister der Altstadt Bertram von Broitzem macht- und hilflos. Zwar war er am 3.1.1614 erneut für den Rat gewählt und im neuen Rat gemeinsam mit dem bisherigen Großen Bürgermeister Jordan Struven vertreten, starb jedoch am 15.8.1614 und erlebte daher die radikalen Veränderungen im September 1614 nicht mehr.

Gerd Biegel, Braunschweig

---

[5] Werner Spieß, Die Ratsherren der Hansestadt Braunschweig 1231–1671 (Braunschweiger Werkstücke 42), Braunschweig 1970, S. 42.
[6] Spieß, Nachmittelalter (wie Anmerkung 1), S. 167ff.

Jordan Struven (1604 – 1614)

Ebenso wie Bertram von Broitzem war Jordan Struven (2.10.1614 beerdigt) im Zuge der Brabandtschen Revolution (1601–1605) in das Amt des Großen Bürgermeisters der Altstadt gelangt. Bereits seit 1580 ist er als durch die Gemeinde gewählter Ratsherr der Altstadt belegt. 1599 war er als Bruchkämmerer tätig und von 1604 bis 1614 bekleidete er das Amt des Großen Bürgermeisters der Altstadt.[1] Zweimal hatte er auch im nachrevolutionären Rat sein Amt beibehalten, was besonders beachtenswert ist, da er kein Patrizier war. Über seine Person und ihr Wirken ist in den Quellen ansonsten wenig nachweisbar. Lediglich Tobias Olfen erwähnt in seinen „Geschichtsbüchern der Stadt Braunschweig", daß im Zusammenhang mit den Brabandtschen Unruhen, „Autor Eimcke, ein Bürger [hatte] sich, obgleich er der Stadt verwiesen war, an den Burgemeister der Altstadt, Jordan Strube, fast thätlich vergriffen" habe.[2]

Jordan Struven war als Großer Bürgermeister der Altstadt Kollege von Bertram von Broitzem in den äußerst unruhigen und kriegerischen Zeiten der Auseinandersetzungen der Stadt mit Herzog Heinrich Julius.[3] Während der sogenannten Dohausenschen Revolution (1613–1615) hatte Jordan Struven als Großer Bürgermeister der Altstadt für das Jahr 1614 den Vorsitz in der Stadtregierung und war als Verhandlungsführer des Rates und Deputierter im 78-köpfigen „Ausschuß" an der grundlegenden Verfassungsreform dieses Jahres beteiligt.[4] Jordan Struven wurde jedoch bei der anschließenden Ratswahl am 20.9.1614 nicht wieder in den Rat gewählt und ist kurze Zeit später verstorben, wobei nur das Bestattungsdatum am 2.10.1614 quellenmäßig belegt ist.

Gerd Biegel, Braunschweig

---

1 Werner Spieß, Die Ratsherren der Stadt Braunschweig (Braunschweiger Werkstücke 42), Braunschweig 1970, S. 201.
2 Tobias Olfen, Geschichtsbücher der Stadt Braunschweig, hrsg. von Carl Friedrich von Vechelde, Braunschweig 1832, S. 133f.
3 Gustav Hassebrauck, Herzog Heinrich Julius und die Stadt Braunschweig 1589–1613, in: Braunschweigisches Jahrbuch 9 (1910), S. 62–108. Gustav Hassebrauck, Herzog Julius und die Stadt Braunschweig 1568–1589, in: Braunschweigisches Jahrbuch 6 (1907), S. 39-78.
4 Jörg Walter, Rat und Bürgerhauptleute in Braunschweig 1576–1604 (Braunschweiger Werkstücke 45), Braunschweig 1971.

„Dr. Breitsprach, ein kluger, energischer und
auch bei der Masse angesehener Mann."[1]

Dr. Conrad Breitsprach (1615 – 1617)

Am 6. Mai 1609 erwarb Conrad Breitsprach im Weichbild Hagen für 50 Reichstaler das Bürgerrecht.[2] Breitsprach, der vermutlich gebürtig aus Halberstadt stammte,[3] hatte zu diesem Zeitpunkt seine juristische Ausbildung, die er unter anderem in Helmstedt und Marburg absolviert hatte,[4] bereits abgeschlossen. Keine sechs Wochen später heiratete der Neubraunschweiger Helene aus der Hägener Ratsfamilie Schrader,[5] deren Cousin[6] bei der Verleihung des Bürgerrechts bereits für den promovierten Juristen gebürgt hatte. Aus der Ehe gingen mindestens die beiden Söhne Ludolph und Conrad hervor.[7]

Der Rechtsgelehrte Breitsprach, der in einem im Familienbesitz der Schraders befindlichen Haus am Bohlweg lebte,[8] fasste nicht nur innerhalb weniger Jahre Fuß in seiner neuen Heimat, sondern brachte es gar innerhalb weniger Jahre bis zum Stadtoberhaupt. Dabei kam ihm zugute, dass sich die Stadt Anfang des 17. Jahrhunderts in einer Umbruchsituation befand, in der unterschiedliche Gruppen um politischen Einfluss kämpften.[9] Auf der einen Seite standen diejenigen, die eine eher gemäßigte Linie vertraten und zu einer Aussöhnung im Streit mit dem Herzog rieten, die Gegenpartei bildete die Gruppe um den Obersyndikus Johann Roerhant, die eine radikalere Linie verfolgte und deshalb Bündnispartner für eine mögliche kriegeri-

---

[1] Gustav Hassebrauk, Herzog Friedrich Ulrich und die Stadt Braunschweig, in: Jahrbuch des Geschichtsvereins für das Herzogtum Braunschweig, Wolfenbüttel 10 (1911), S. 169.

[2] Stadtarchiv Braunschweig, B I 7: 9, S. 60.

[3] Werner Spieß, Die Ratsherren der Hansestadt Braunschweig 1231-1671 (Braunschweiger Werkstücke 42), Braunschweig 1970, S. 46.

[4] Paul Zimmermann (Hrsg.), Album Academiae Helmstadiensis 1574-1636, Band 1, Abteilung 1, Hannover 1926, S. 117. Conradus Breitsprach, De feudi acquisitione, Marburg 1613.

[5] Stadtarchiv Braunschweig, G III 1: E 60, S. 745.

[6] Sophie Reidemeister, Genealogien Braunschweiger Patrizier- und Ratsgeschlechter aus der Zeit der Selbständigkeit der Stadt (vor 1671) (Braunschweiger Werkstücke 12), Braunschweig 1948, S. 133.

[7] Stadtarchiv Braunschweig. H IV: 357 II, S. 7.

[8] Stadtarchiv Braunschweig, H III 1: 17, Band 2, Nr. 2096. Heinrich Meier, Nachrichten über Bürgerhäuser früherer Jahrhunderte, in: Braunschweigisches Magazin 2 (1897), S. 14.

[9] Werner Spieß, Die Braunschweiger Revolution von 1614 und die Demokratisierung der Ratsverfassung 1614-1671, in: Jahrbuch des Braunschweigischen Geschichtsvereins 7 (1935), S. 55-71.

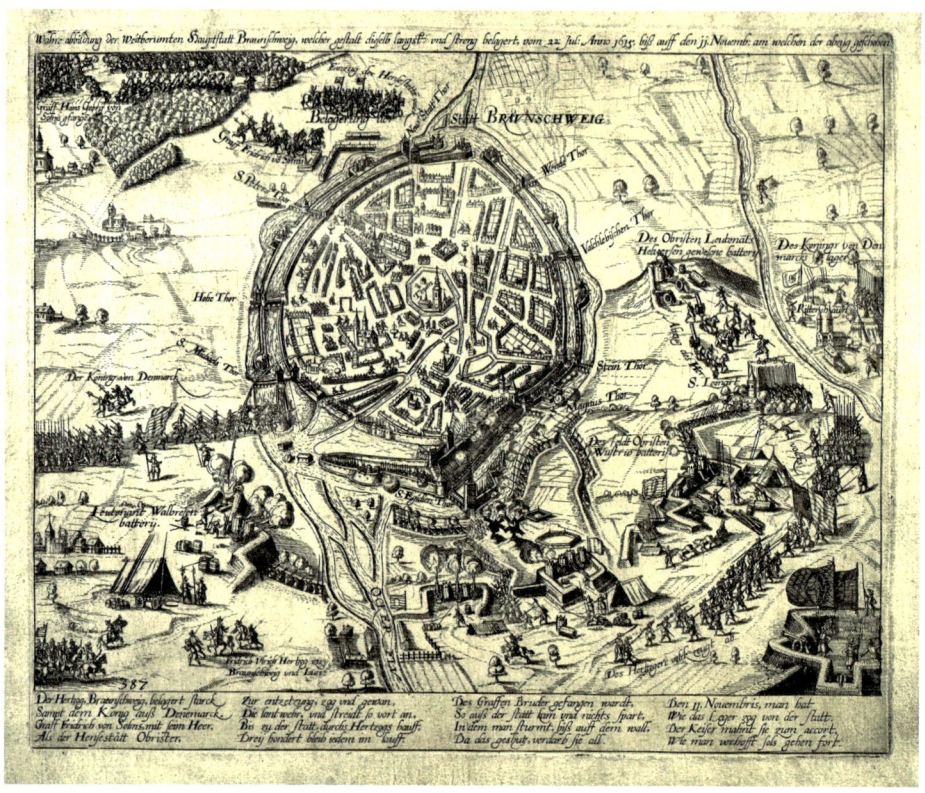

Belagerungsplan
1615 (Stadtarchiv
Braunschweig,
H XI 2: 5)

sche Auseinandersetzung suchte.[10] Dieser innerstädtische Konflikt wirkte sich auf die Ratswahl im Januar 1614 insofern aus, als dass einige der auf Ausgleich bedachten Ratsherren ausschieden.[11]

Im Juni 1614 eskalierte der schon länger schwelende Streit: Unter der Führung des Neustädter Bürgerhauptmanns Claus Dohausen[12] stürmte eine Gruppe von 400 Menschen eine Ratssitzung mit der Absicht, ihre Beschwerden vorzubringen. Es bildete sich parallel zum bestehenden Ratsgremium ein mit 78 Personen be-

---

10 Richard Moderhack, Braunschweiger Stadtgeschichte, Braunschweig 1997, S. 111-112.
11 Spieß, Ratsherren (wie Anmerkung 3), S. 42-43. Manfred R. W. Garzmann (Hrsg.), Teiledition der Chronik des Braunschweiger Bürgermeisters Christoph Gerke (1628-1714) (Quaestiones Brunsvicenses 11/12), Hannover 2000, S. 137-138. Spieß, Revolution (wie Anmerkung 9), S. 56.
12 Johannes Angel, Claus Dohausen, in: Horst-Rüdiger Jarck u.a. (Hrsg.), Braunschweigisches Biographisches Lexikon, 8. bis 18. Jahrhundert, Braunschweig 2006, S. 172.

setzter revolutionärer Ausschuss,¹³ an dessen Zustimmung der Rat insbesondere bei den Verhandlungen mit dem Herzog gebunden werden sollte. Ein klarer Bruch mit der seit 1386 praktisch unverändert geltenden Verfassung der Stadt. Der Rat trat daraufhin geschlossen zurück,¹⁴ die deshalb notwendigen Neuwahlen fanden unter veränderten Bedingungen statt: Der Rat wurde hauptsächlich zu Lasten der altstädtischen Geschlechter auf 51 Personen verkleinert, die Ratsperiode auf zwei Jahre verkürzt, das operative Leitungsgremium, der aus den Bürgermeistern und Kämmerern bestehende frühere Küchenrat, inzwischen Enger Rat genannt, auf 15 Mitglieder verringert. Die Vorherrschaft der Geschlechter war damit praktisch aufgehoben. Die neue städtische Führung, in der die altbekannten Namen fehlten, war allerdings politisch äußerst unerfahren.¹⁵

Der Neubürger Breitsprach, der zunächst nur als juristischer Berater des Ausschusses tätig war, wurde bei den erneuten Wahlen im Januar 1615, auf denen die Vertreter der Hanse ebenso wie auf die Zuwahl von vier weiteren Ratsherren bestanden hatten,¹⁶ in das Ratsgremium gewählt. Er war als Neubürger einerseits politisch nicht vorbelastet, andererseits aufgrund seiner juristischen Ausbildung dafür qualifiziert, an die Spitze der Stadt zu treten, die seit September 1615 zudem von Herzog Friedrich Ulrich belagert und beschossen wurde.¹⁷ Doch die Stadt konnte dem Belagerungsdruck zum wiederholten Mal widerstehen, so dass im Dezember 1615 die Verhandlungen zwischen Stadt und Landesherrn wieder aufgenommen wurden. Als Großer Bürgermeister der Altstadt war Breitsprach an den Verhandlungen beteiligt,¹⁸ die schließlich zum Frieden von Steterburg führten. Bereits nach Ablauf der zweijährigen Amtsperiode legte Breitsprach am 9. Januar 1617 sein politisches Amt allerdings aus gesundheitlichen Gründen nieder,¹⁹ lebte aber vermutlich bis zu seinem Tod weiter als Bürger in der Stadt.

Breitsprachs Vita belegt eindrücklich, dass sich die Machtverhältnisse in Braunschweig Anfang des 17. Jahrhunderts in einer Umbruchsituation befanden. Es bestand zwar für jeden Bürger die nicht nur theoretische Möglichkeit, eine politische Karriere einzuschlagen und sich innerhalb des Rates nach oben zu dienen; in der

---

13 Stadtarchiv Braunschweig, H III 2: 23, Band 2, S. 1128-1130.
14 Garzmann, Chronik (wie Anmerkung 11), S. 158-165. Spieß, Revolution (wie Anmerkung 9), S. 56.
15 Werner Spieß, Geschichte der Stadt Braunschweig im Nachmittelalter vom Ausgang des Mittelalters bis zum Ende der Stadtfreiheit (1491-1671), 1. Halbband, Braunschweig 1966, S. 167-175.
16 Ebd., S. 173.
17 Ebd., S. 175-177.
18 Stadtarchiv Braunschweig, B III 1: 154b-e und B III 1: 145.
19 Stadtarchiv Braunschweig, B IV 6: 56, Band IV, S. 257.

knapp 250jährigen Geschichte der Stadtverfassung war es aber bis zu diesem Zeitpunkt noch nie vorgekommen, dass ein Ratsmitglied bereits in seiner ersten Amtsperiode zum Großen Bürgermeister ernannt wurde. Die zugleich erstmalige Ernennung eines promovierten Juristen zum Stadtoberhaupt kann darüber hinaus auch als Indiz dafür dienen, dass sich in Braunschweig mit seiner sehr spezifischen Ratsverfassung, die sich in anderen Städten weitaus früher vollziehende Professionalisierung des Rates,[20] deutlich langsamer gegen die althergebrachte Geschlechterherrschaft durchsetzen konnte.

Ebenso wie das Geburtsdatum muss auch das Todesdatum von Dr. Conrad Breitsprach im Dunkeln bleiben. Im Kirchenbuch der Gemeinde St. Katharinen sind zwar die Hochzeit Breitsprachs sowie die Geburt seines Sohnes Ludolph verzeichnet, eine Eintragung des Sterbedatums sucht man allerdings vergeblich. Als sicher gilt nur, dass er vor dem 23. Dezember 1634, dem Todestag seiner Witwe, verstarb.[21]

Claudia Böhler, Braunschweig

---

20 Eberhard Isenmann, Die deutsche Stadt im Spätmittelalter 1250-1500. Recht, Stadtregiment, Kirche, Gesellschaft, Wirtschaft, Stuttgart 1988, S. 257.
21 Stadtarchiv Braunschweig, G III ,1: E 61, S. 355.

„Man kann es kaum einen Zufall nennen, daß die Persönlichkeiten,
die in der Folgezeit am stärksten hervortraten,
die Altstädter Bürgermeister Henning Haberlant und Autor Dammann und der
Hägener Bürgermeister Schrader, zu Brabandts Zeiten in den Rat gelangt waren"[1]

AUTOR DAMMAN (1616 – 1624)

Autor Damman wurde in der zweiten Hälfte des 16. Jahrhunderts als Sohn des Braunschweiger Ratsherrn Hans Damman und seiner Frau Margarethe Möller geboren. Er wuchs in seinem Elternhaus in der Gördelingerstraße (Assekuranz-Nr. 44) im Weichbild Altstadt auf, in dem er bis zu seinem Tod mit seiner Familie lebte. Damman war zwei Mal verheiratet. Nach dem Tod seiner ersten Frau heiratete er im Jahr 1610 Dorothea aus der Neustädter Ratsfamilie Getelde.[2] Das Paar hatte mindestens zwei Töchter,[3] die allerdings bereits im Säuglings- bzw. Kindesalter verstarben.[4]

Bei den revolutionären Ratswahlen im Jahr 1602, bei denen der Einfluss der Geschlechter im Rat zurückgedrängt wurde,[5] gelangte Autor Damman auf Initiative der Gemeinde in den Rat. Bereits in seiner ersten Ratsperiode übernahm er 1603 als Bruchkämmerer politische Verantwortung im neu formierten Küchenrat. Dieses Mandat behielt er auch in den folgenden Ratsperioden nach dem Scheitern der oppositionellen Bewegung um den Bürgerhauptmann Henning Brabandt[6] und der Rückkehr einiger zuvor ausgeschlossener Patrizier in das Gremium bei. Nach nur einem Jahrzehnt der relativen Ruhe innerhalb der Stadtmauern flammte der innerstädtische Streit um die Lösung des Konflikts mit dem Landesherrn erneut auf. Am

---

1 Jörg Walter, Rat und Bürgerhauptleute in Braunschweig 1576-1604 (Braunschweiger Werkstücke 45), Braunschweig 1971, S. 127.
2 Stadtarchiv Braunschweig, B I 20: 2, Bl. 266-267. Stadtarchiv Braunschweig, H VIII A 797.
3 Stadtarchiv Braunschweig, G III 1: 151, S. 69. Stadtarchiv Braunschweig, G III 1: 152, S. 90.
4 Stadtarchiv Braunschweig, G III 1: 152, S. 402 und 433.
5 Walter, Rat und Bürgerhauptleute (wie Anmerkung 1), S. 88-91.
6 Gerd Biegel, Henning Brabandt, in: Horst-Rüdiger Jarck u. a. (Hrsg.), Braunschweigisches Biographisches Lexikon, 8. bis 18. Jahrhundert, Braunschweig 2006, S. 103-105. Gerd Biegel, Der Bürgerhauptmann Henning Brabandt (um 1550-1604). Das blutige Scheitern der Demokratisierung des Braunschweiger Rates im Jahr 1604, in: Braunschweigischer Kalender 2004, S. 11-21. Manfred Garzmann, Henning Brabandt, in: Braunschweiger Stadtlexikon hrsg. von Luitgard Camerer, Manfred R. W. Garzmann und Wolf-Dieter Schuegraf, Braunschweig 1992, S. 38-39. Friedrich Karl von Strombeck, Henning Brabant, Bürgerhauptmann der Stadt Braunschweig und seine Zeitgenossen, Halberstadt 1829.

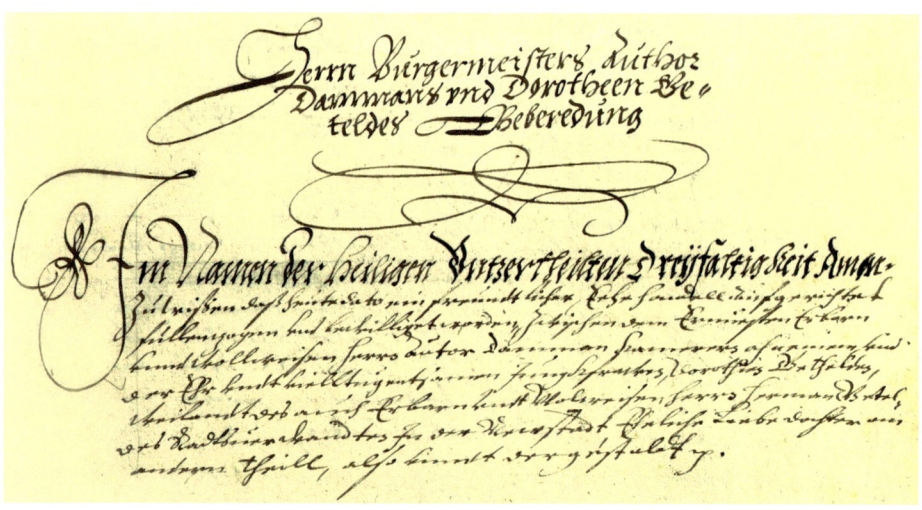

Eheberedung des
Ehepaares Dammann
(Stadtarchiv Braunschweig, B I 20: 2,
S. 266)

Andreasabend 1613 kam es zu gewalttätigen Auseinandersetzungen zwischen den Gegnern und den Befürwortern einer Aussöhnung mit dem seit Juli regierenden Herzog Friedrich Ulrich. Gleichzeitig schürte der Bürgerhauptmann Dohausen[7] in den Gemeinden die Vorbehalte gegen die Geschlechter, die er für die wirtschaftlich schwierige Lage der Stadt verantwortlich machte. Diese Ereignisse blieben nicht ohne Einfluss auf die Zusammensetzung des Rates: Bei den Wahlen im Januar 1614 legte ein Teil der Ratsherren ihr Amt nieder. Damman, der zwar aus einer Ratsfamilie stammte, die aber nicht zu den mächtigen Geschlechtern zählte, war hiervon zunächst nicht betroffen. Er gehörte weiterhin dem Rat der Stadt an, dessen Macht allerdings seit Juni 1614 durch einen revolutionären Ausschuss beschränkt war. Der ordentlich gewählte Rat protestierte gegen diesen Verfassungsbruch und löste sich auf. Bei den folgenden Neuwahlen wurde eine Reihe von Neuerungen eingeführt: Die Zahl der Ratsmitglieder wurde um die Hälfte auf nur noch 51 Ratsherren verringert und die Amtsperiode von drei auf zwei Jahre verkürzt. Doch Damman überstand auch diese Wahlen

---

7 Johannes Angel, Claus Dohausen, in: Horst-Rüdiger Jarck u. a. (Hrsg.), Braunschweigisches Biographisches Lexikon, 8. bis 18. Jahrhundert, Braunschweig 2006, S. 172.

unbeschadet, er zählte zur Minderheit der alten Ratsherren, die auch in den verkleinerten Rat gewählt worden waren.[8]

Damman verfügte einerseits über die dringend notwendige Regierungserfahrung, war andererseits aber nicht mit dem in der damaligen öffentlichen Meinung als Makel angesehenen Stigma der Zugehörigkeit zu den Geschlechtern behaftet und deshalb prädestiniert für die Aufgabe des Großen Bürgermeisters. Zwischen 1616 und 1624 regierte Damman gemeinsam mit Henning Haverlant als Großer Bürgermeister der Stadt Braunschweig, die in jener Zeit der „Kipper und Wipper" wirtschaftlich durch die Ausgabe minderwertiger Münzen geschwächt wurde, aber vom dreißigjährigen Krieg verschont blieb.[9]

Autor Dammans Lebensweg ist ein Beispiel für eine kontinuierliche Karriere auch in Zeiten von politischen Umbrüchen. Er kam als Folge der als Brabandtschen Wirren (1602-1604) bezeichneten Ereignisse in den Rat der Stadt und konnte diese Position auch nach der Wiederherstellung der alten Ordnung verteidigen. Doch nicht nur das. Der damalige Kämmerer und spätere Große Bürgermeister überstand als einer der Wenigen auch die mit dem Verfassungsbruch von 1614/15 einhergehende Verkleinerung des Rates und stand bis zu seinem Tod in der politischen Verantwortung.

Autor Damman wurde am 5. Juli 1624 auf dem Martinikirchhof beigesetzt.[10]

Claudia Böhler, Braunschweig

---

8 Werner Spieß, Geschichte der Stadt Braunschweig im Nachmittelalter vom Ausgang des Mittelalters bis zum Ende der Stadtfreiheit (1491-1671), 1. Halbband, Braunschweig 1966, S. 171-174.
9 Ebd., S. 182-186.
10 Stadtarchiv Braunschweig, G III 1: 152, S. 370.

„Undt präsentirten die Wandtschneider-Gilde aus der Altstadt, die zu vor fünf Personen im Rade gehabt, nur alleine wieder Bürgermeister Henningum Haberlandt"[1]

HENNING HAVERLANT (1617 – 1628)

Henning Haverlant wurde am 5. Oktober 1574 in Braunschweig geboren.[2] Die Familie Haverlant, deren Angehörige meist dem Knochenhauerhandwerk nachgingen,[3] war seit 1489 im Rat der Altstadt vertreten.[4] Henning Haverlant lebte mit seiner Ehefrau Elisabeth Elers[5] und den gemeinsamen Kindern in der Alten Knochenhauerstraße (Assekuranz-Nr. 520).[6] Er war Mitglied der einstmals mächtigen, seit dem Einbruch des Tuchhandels aber zahlenmäßig rückläufigen Wandschneidergilde. Haverlant war allerdings mit großer Sicherheit kein Wandschneider, sondern gehörte zu der aufstrebenden Schicht der Kaufleute, die die Wandschneidergilde anwarb, um den Mitgliederschwund zu stoppen.[7] Am 25. Januar 1602 wurde Haverlant als Nachfolger von Heinrich von Vechelde[8] zum Kleinen Gildemeister der Wandschneider gewählt.[9]

Bei den revolutionären Ratswahlen in Folge der „Brabandtschen Wirren" im Jahr 1602[10] wurde Henning Haverlant, der als einer der wenigen Mitglieder der Wandschneidergilde dem Herzog nicht per Lehenseid verpflichtet war, von der Gilde in den Rat der Altstadt gewählt. Bereits in seiner ersten Amtsperiode, die geprägt war von dem innerstädtischen Konflikt mit den Bürgerhauptleuten, übernahm Haverlant als Kämmerer Verantwortung in der städtischen Finanzverwaltung. Die Hin-

---

1 Manfred R. W. Garzmann (Hrsg.), Teiledition der Chronik des Braunschweiger Bürgermeisters Christoph Gerke (1628-1714) (Quaestiones Brunsvicenses 11/12), Braunschweig 1999/2000, S. 143.
2 Stadtarchiv Braunschweig, H IV: 375 I, Bl. 17.
3 Werner Spieß, Geschichte der Stadt Braunschweig im Nachmittelalter vom Ausgang des Mittelalters bis zum Ende der Stadtfreiheit (1491-1671), 2. Halbband, Braunschweig 1966, S. 490.
4 Werner Spieß, Die Ratsherren der Hansestadt Braunschweig 1231-1671 (Braunschweiger Werkstücke 42), Braunschweig 1970, S. 123.
5 Stadtarchiv Braunschweig, G III 1: 153, S. 3 und S. 178.
6 Stadtarchiv Braunschweig, H III 1: 17, Band 1, Nr. 520.
7 Spieß, Nachmittelalter (wie Anmerkung 3), S. 441-442.
8 Werner Spieß, von Vechelde, die Geschichte einer Braunschweiger Patrizierfamilie 1332-1864 (Braunschweiger Werkstücke 13), Braunschweig 1951, S. 101-102.
9 Stadtarchiv Braunschweig, G VIII: 168, Bl. 22.
10 Spieß, Ratsherren (wie Anmerkung 4), S. 38-41. Jörg Walter, Rat und Bürgerhauptleute in Braunschweig 1576-1604 (Braunschweiger Werkstücke 45), Braunschweig 1971, S. 88-98.

Wappen der Haverlants (Stadtarchiv Braunschweig, H III 3: 4, Band 1, S. 140)

richtung der vermeintlichen Rädelsführer im September 1604, der Sieg der etablierten Kräfte sowie die Rückkehr einiger Ratsherren in das Ratsgremium, die 1602 zunächst abgedankt hatten,[11] hatten keine Auswirkungen auf Haverlants politische Karriere. Er wurde bei den Wahlen im Jahr 1605 in seinem Ratsherrenamt und anschließend auch in seiner Funktion als Kämmerer bestätigt, die er bis zum Ausbruch eines neuen innerstädtischen Konflikts im Jahr 1613 ausübte.

Auslöser des neuerlichen Streits war die seit Jahren andauernde Auseinandersetzung mit dem Herzog um die Stellung der Stadt. Während ein Teil der Bürgerschaft zu einer Aussöhnung mit dem neuen Landesherrn Herzog Friedrich Ulrich tendierte, bevorzugte der andere Teil eine antiherzogliche Politik mit Hilfe von geeigneten auswärtigen Bündnispartnern.[12] Insbesondere die begüterten Familien aus der Altstadt strebten nach einer friedlichen Lösung des Konflikts mit dem Herzog, was die Gegenseite nutzte, um die politische Verantwortung des Patriziats für das Wohl der Stadt in Frage zu stellen und den sozialen Neid innerhalb der Bürgerschaft weiter zu schüren. Dies blieb nicht ohne Auswirkung auf das Ratsgremium: 17 Ratsherren reichten allein in der Altstadt am 3. Januar 1614 ein Abdankungsgesuch ein.[13] Doch entlassen wurden schlussendlich nur diejenigen Ratsherren, die zugleich fürstliche Lehensträger waren,[14] alle anderen mussten ihren

---

11 Gerd Biegel, Der Bürgerhauptmann Henning Brabandt (um 1550-1604). Das blutige Scheitern der Demokratisierung des Braunschweiger Rates im Jahr 1604, in: Braunschweigischer Kalender 2004, S. 11-21.

12 Werner Spieß, Die Braunschweiger Revolution von 1614 und die Demokratisierung der Ratsverfassung 1614-1671, in: Jahrbuch des Braunschweigischen Geschichtsvereins 7 (1935), S. 55-71.

13 Stadtarchiv Braunschweig, B III 10: 5, Bl. 80.

14 Stadtarchiv Braunschweig, H IV: 282.

Ratssitz beibehalten.¹⁵ Zu dieser Gruppe zählte auch Henning Haverlant, dessen Abdankungsgesuch nicht stattgegeben wurde.

Doch bereits ein halbes Jahr später, im Juni 1614, trat der neu gewählte Rat, in dem Haverlant das Amt des Kleinen Bürgermeisters übertragen worden war, geschlossen zurück. Mit dieser Entscheidung protestierte der Rat gegen den revolutionären Ausschuss, der sich unter der Führung von Conrad Haverlant, einem Bruder Hennings,¹⁶ gebildet hatte und der den Rat von seinen Entscheidungen abhängig machen wollte. Bei den daraufhin notwendigen Neuwahlen kam es erstmals in der knapp 250-jährigen Geschichte der Braunschweiger Ratsverfassung zu einer Verkleinerung des Ratsgremiums auf nur noch 51 Personen sowie zu einer Verkürzung der bisher dreijährigen Ratsperiode auf nur noch zwei Jahre.¹⁷ Die Verkleinerung des Rates erfolgte insbesondere zu Lasten der altstädtischen Geschlechter, deren Einfluss auf die Stadtpolitik dadurch erheblich eingeschränkt worden war.

Doch Henning Haverlant, der zwar der patrizischen Wandschneidergilde angehörte, dessen Familie aber nicht zu den einflussreichen Geschlechtern gehörte und dessen Bruder Wortführer der innerstädtischen Opposition war, überstand die Verfassungsänderung ohne Verlust seines Ratssitzes. Er gehörte vielmehr gemeinsam mit Autor Damman und Conrad Breitsprach in jener Zeit der Umbrüche zu den einflussreichsten Politiker der Stadt.¹⁸ Der langjährige Kämmerer konnte seine politische Erfahrung nutzen und seine Karriere fortsetzen. Er übernahm 1617 in dem neuen, verkleinerten Ratsgremium gemeinsam mit Autor Damman das Amt des Großen Bürgermeisters der Altstadt und behielt es in den folgenden zehn Jahren, die innenpolitisch von der Ausgabe minderwertiger Münzen und außenpolitisch durch den Ausbruch des 30jährigen Krieges geprägt waren.¹⁹

Ebenso wie sein Amtskollege Autor Damman stieg auch Henning Haverlant in politisch unruhigen Zeiten kontinuierlich in der Ratshierarchie nach oben. Dabei kam ihm zugute, dass er einerseits über politische Erfahrungen verfügte, da er aus einer Ratsfamilie stammte, diese aber andererseits nicht zu den in der öffentlichen Meinung diskreditierten Geschlechtern zählte. Haverlant und Damman stehen in der

---

15   Spieß, Ratsherren (wie Anmerkung 4), S. 42.
16   Garzmann, Chronik (wie Anmerkung 1), S. 138-140.
17   Spieß, Revolution (wie Anmerkung 12), S. 56-57.
18   Werner Spieß, Geschichte der Stadt Braunschweig im Nachmittelalter vom Ausgang des Mittelalters bis zum Ende der Stadtfreiheit (1491-1671), 1. Halbband, Braunschweig 1966, S. 174, 177, 179.
19   Ebd., 182-186.

Prosopographie der Braunschweiger Bürgermeister stellvertretend für den Wandel in der Struktur der städtischen Selbstverwaltung in der Mitte des 17. Jahrhunderts: Nicht mehr vorrangig die Abstammung sondern zunehmend eine professionelle Ausbildung war entscheidend für die Übernahme eines Verwaltungsamts.

Henning Haverlant, der 1627 im Alter von 53 Jahren zum letzten Mal als Großer Bürgermeister der Altstadt amtierte, wurde am 19. Mai 1628 „cum magna pompa" in der Martinigemeinde bestattet.[20]

Claudia Böhler, Braunschweig

---

20 Stadtarchiv Braunschweig, G III 1: 153, S. 454.

„Der Stadt Braunschweig wohlverdienten Burgermeisters,
oft gewesenen Directoris und des gantzen Raths Senioris [...] durch alle Ehren Aempter bey diesem seinem patria,
der Stadt Braunschweig hindurch gegangen"[1]

CONRAT HILDEBRANT (1626 – 1640)

Conrat Hildebrant wurde am 26. Mai 1579 in Braunschweig als Sohn von Magister Rudolph Hildebrant und Lucke Esich geboren. Sein Vater hatte von 1572 bis 1585 das Rektorat an der Schule St. Martin versehen, bevor er 24 Jahre lang das Predigeramt an St. Katharinen bekleidete. Die Mutter Hildebrants stammte aus Bremen und war die Tochter des ehemaligen Bürgermeisters Johann Esich, der aus religiösen Gründen nach Braunschweig gezogen war. Sie ist in erster Ehe mit dem vormaligen Rektor der Martinsschule, Magister Bernhard Orest, verheiratet gewesen.[2]

Nach dem erfolgreichen Schulbesuch studierte Conrat Hildebrant in Helmstedt,[3] Jena, Wittenberg[4] und Leipzig. Nach dem Tode seines Vaters 1609 kehrte er nach Braunschweig zurück. Er war Mitglied der einflussreichen Wechslergilde der Altstadt und wurde 1613 zum Bürgerhauptmann der Ulrichsbauerschaft gewählt. Im Januar 1614 erfolgte seine Wahl zum Kämmerer im Küchenrat (Enger Rat).

1614 war jedoch politisch ein sehr unruhiges Jahr in Braunschweig; die Stadt wurde seit Ende 1613 von Tumulten der so genannten Dohausenschen Revolution erschüttert. Der Rat der vom Landesherrn unabhängigen Stadt war gespalten, was den Kurs der zukünftigen Politik betraf. Die eine – patrizisch dominierte – Fraktion strebte eine Verständigung mit Kaiser und Herzog an, die anderen Ratsmitglieder favorisierten ein Bündnis mit den Generalstaaten und der Hanse gegen Kaiser und Herzog Friedrich Ulrich, den Landesherren. Ende 1613 waren die Spannungen infolge von Unruhen in der Stadt, an deren Spitze sich die Bürgerhauptleute Hermann

---
1 Stadtarchiv Braunschweig, H IX M 733: 8.
2 Zu den biographischen Daten Johann August Heinrich Schmidt, Die St. Martinskirche in Braunschweig. Ein Beitrag zu ihrer Geschichte und Beschreibung, wie auch zur braunschweigischen Geschichtshistorie, Braunschweig 1846, S. 184-185.
3 Paul Zimmermann (Hrsg.), Album Academiae Helmstadiensis 1574-1636, Band 1, Abteilung 1, Hannover 1926, S. 106, Nr. 99.
4 Matrikel Wittenberg, N. R. Bd.1, S. 24.

Medaille mit Porträt des Conrat Hildebrant, gestochen von Wilhelm Schwan 1628 (Herzog Anton Ulrich-Museum, Inventar-Nr. Kos 534, Foto: C. Cordes)

Remmers und Claus Dohausen gesetzt hatten, eskaliert. Die Reduzierung des patrizischen Einflusses im Rat wurde eine wichtige Forderung und Konsequenz der so genannten Dohausenschen Revolution. Im Juni 1614 kam es zur Einsetzung eines 78-köpfigen revolutionären Ausschusses, der den Rat kontrollieren sollte. Nach dem darauf folgenden Rücktritt des gesamten Rates wurden etliche Patrizier bei den darauffolgenden Wahlen nicht wieder gewählt. Der Rat ist zudem in seiner Mitgliederzahl drastisch reduziert worden, außerdem wurde die Amtszeit von drei auf zwei Jahre verkürzt. Auch der Enge Rat, das eigentliche Entscheidungsgremium, erfuhr eine Verringerung seiner Mitglieder von 25 auf 15. Für die Geschichte Braunschweigs stellte die Dohausensche Revolution eine weitere wichtige Etappe in der Folge der Braunschweiger Schichten dar, welche seit der Großen Schicht von 1374 darauf angelegt gewesen waren, die Alleinherrschaft des Patriziats zu brechen.[5]

Hildebrant, dessen Familie nicht zu den Ratsgeschlechtern zählte, wurde in den Septemberwahlen 1614 zum Ratsherren gewählt und bekleidete von 1616 bis 1624 das Amt des Kleinen Bürgermeisters der Altstadt.[6] Im Jahre 1615 erhielt er die Aufsicht über die Apotheken. Bei der Belagerung der Stadt durch die Truppen des Herzogs Friedrich Ulrich im selben Jahr zeichnete er sich als tapferer Verteidiger aus. 1619 erhielt er das Burgherrenamt, welches die Verwaltung der Außengüter der Stadt Braunschweig umfasste, und wurde 1624 Vorsteher des Doms.[7] In den Jahren 1626 bis 1640 amtierte er als Großer Bürgermeister der Altstadt. Nach dem Tode des Bürgermeisters Henning Haverlant 1628 bekleidete Hildebrant als ältester Bürgermeister im Rate das Seniorat. Außerdem erhielt er das Amt des Stallherrn,[8] d. h. ihm unterstand der Marstall des Rates.

Auf einer neu gegossenen Glocke von St. Martini wird er 1624 als amtierender Bürgermeister erwähnt.[9]

Verheiratet war Conrat Hildebrant seit 1610 mit Christina Kruse (1576–1640), verwitwete Piper. Die beiden gemeinsamen Kinder starben jung. Die zwei Töchter aus ihrer ersten Ehe, Christina und Elisabeth, samt ihren Ehemännern wurden von Hildebrant als Erben eingesetzt.

Conrat Hildebrant starb kurz vor Vollendung seines 62. Lebensjahres am 19. Mai 1641 in Braunschweig. Überliefert sind sein Testament,[10] in dem er seinen Stieftöchtern und deren Ehemännern zwei Höfe vermachte, sowie die gedruckte Leichenpredigt,[11] welche von Coadjutor Jacob Weller gehalten wurde. Begraben wurde er in

---

5 Vgl. Manfred R. W. Garzmann (Hrsg.), Teiledition der Chronik des Braunschweiger Bürgermeisters Christoph Gerke (1628-1714), Hannover 2000, S. 137-138.
6 Werner Spieß, Die Ratsherren der Hansestadt Braunschweig 1231-1671 (Braunschweiger Werkstücke 42), Braunschweig 1970, S. 129.
7 Johann August Heinrich Schmidt, Die St. Martinskirche in Braunschweig. Ein Beitrag zu ihrer Geschichte und Beschreibung, wie auch zur braunschweigischen Geschichtshistorie, Braunschweig 1846, S. 184.
8 Ebd.
9 Sabine Wehking, Die Inschriften der Stadt Braunschweig von 1529 bis 1671 (Die deutschen Inschriften 56), Wiesbaden 2001, Nr. 783. Hans Pfeifer, Die Betglocke oder der Adler zu St. Martini in Braunschweig, in: Braunschweigisches Magazin 34, 1928, S. 86-92.
10 Stadtarchiv Braunschweig B I 32: 5, S. 341.
11 Stadtarchiv Braunschweig H IX M 733: 8.

einem „volckreichen und ansehnlichen Begräbnis"[12] am 23. Mai 1641 in der Martinikirche.

Zwei Medaillen im Herzog Anton Ulrich-Museum, gestochen von Wilhelm Schwan im Jahr 1627, halten die Porträts von Conrat Hildebrant und seiner Frau fest.[13]

Conrat Hildebrant ist als einziger aus seiner Familie im Rat der Stadt Braunschweig vertreten gewesen. Wahrscheinlich hat er es auch dieser Tatsache zu verdanken, dass er in den Septemberwahlen 1614 erneut wiedergewählt wurde, während andere Ratsherren als Repräsentanten etablierter Patrizierfamilien zunächst nicht mehr im Rat vertreten waren.

Erika Eschebach, Dresden

---

12 Ebd.
13 Wehking, Inschriften, (wie Anmerkung 1), Nr. 807 und 808.

> „Und ähnlich wie die Damm – und zugleich abweichend
> von fast allen anderen Geschlechterfamilien – gelangten die Pawel
> auch in der Zeit nach 1614 nochmals zur repräsentativen Spitze der Stadt,
> indem Andreas Pawel von 1629-54 die höchste Würde bekleidete."[1]

ANDREAS (II.) PAWEL (1629 – 1654)

Andreas (II.) Pawel wurde am 28. September 1574 in Braunschweig als Sohn von Hans (V.) Pawel und Helene von Vechelde geboren und gehörte damit einer der führenden Braunschweiger Patrizierfamilien der Altstadt an. Wie seine Vorfahren war er Mitglied der einflussreichen Gilde der Wandschneider.

Schon in jungen Jahren bekleidete er wichtige Ämter in der städtischen Verwaltung. So ist er zuerst 1612 als Ratsherr der Altstadt nachweisbar. Pawel hatte sein Amt jedoch in einer schwierigen Zeit angetreten, denn der Rat war gespalten, was den Kurs der zukünftigen Politik betraf. Die eine – patrizisch dominierte – Fraktion strebte eine Verständigung mit Kaiser und Herzog an, die anderen Ratsmitglieder favorisierten ein Bündnis mit den Generalstaaten und der Hanse gegen Kaiser und Herzog Friedrich Ulrich, den Landesherren. Ende 1613 eskalierten die Spannungen infolge von Unruhen in der Stadt, an deren Spitze sich die Bürgerhauptleute Hermann Remmers und Claus Dohausen gesetzt hatten. Die Reduzierung des patrizischen Einflusses im Rat war eine wichtige Forderung und Konsequenz der so genannten Dohausenschen Revolution 1613/14. Im Juni 1614 kam es zur Einsetzung eines 78-köpfigen revolutionären Ausschusses, der den Rat kontrollieren sollte. Nach dem darauf folgenden Rücktritt des gesamten Rates wurden etliche Patrizier bei den sich anschließenden Wahlen nicht wieder gewählt, darunter vermutlich auch Andreas Pawel. Der Rat wurde in seiner Mitgliederzahl drastisch reduziert, außerdem wurde die Amtszeit von drei auf zwei Jahre verkürzt.

---

[1] Werner Spieß, Geschichte der Stadt Braunschweig im Nachmittelalter vom Ausgang des Mittelalters bis zum Ende der Stadtfreiheit (1491-1671), 2. Halbband, Braunschweig 1966, S. 477. Zur Biographie von Andreas II. Pawel vgl. Otto Böcher, Die Pawels, eine Braunschweiger Patrizierfamilie. Von den Anfängen bis zur Gegenwart, in. Braunschweigisches Jahrbuch 62 (1984), S. 21-40. Erika Eschebach, Art.: Pawel, Andreas (II.), in: Horts-Rüdiger Jarck (Hrsg.), Braunschweigisches Biographisches Lexikon. 8.-18. Jahrhundert, Braunschweig 2006, S. 552, Sophie Reidemeister, Genealogien Braunschweiger Patrizier- und Ratsgeschlechter (Braunschweiger Werkstücke 13), Braunschweig 1948, S. 114. Werner Spieß, Die Ratsherren der Hansestadt Braunschweig 1231-1671 (Braunschweiger Werkstücke 42), Braunschweig 1970, S. 176.

Beschreibung zum „Aufruhr der Armut" von 1514 in der Ratschronik des Andreas Pawel (Stadtarchiv Braunschweig, H IV: 282)

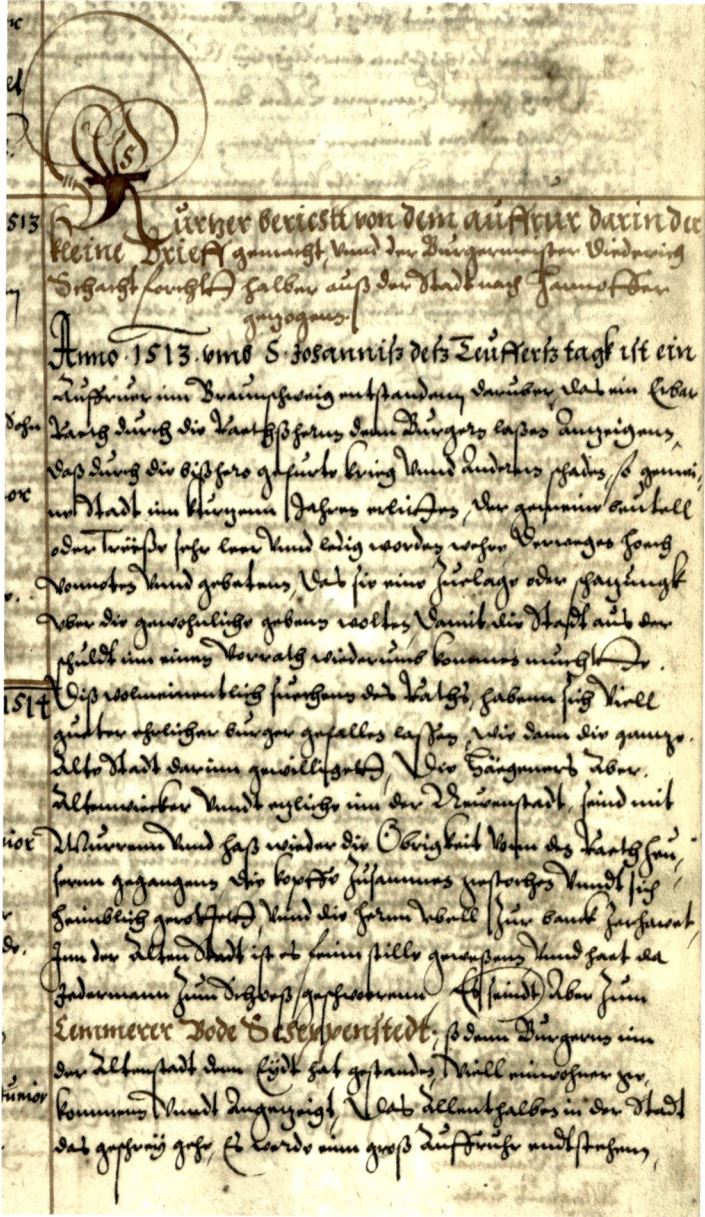

Für die Geschichte der Stadt stellte die Dohausensche Revolution eine weitere wichtige Etappe in der Folge der Braunschweiger Schichten dar, welche seit der Großen Schicht von 1374 dar-

Zusammensetzung des Gemeinen Rates im Jahr 1402, Auszug aus der Ratschronik des Andreas Pawel (Stadtarchiv Braunschweig, H IV: 282)

auf angelegt gewesen waren, die Alleinherrschaft des Patriziats zu brechen.[2]

Auch 1617 ist Andreas Pawel als Ratsherr noch nicht wieder nachweisbar. Jedoch kehrte er 1627 offensichtlich in die Politik zurück, denn 1628 bekleidete er das Amt des Kleinen Bürger-

---

2 Manfred R. W. Garzmann (Hrsg.), Teiledition der Chronik des Braunschweiger Bürgermeisters Christoph Gerke (1628-1714) (Quaestiones Brunsvicenses 11/12), Hannover 2000, S. 137-138.

meisters in der Altstadt, und von 1629 bis 1654 war Pawel Großer Bürgermeister der Altstadt und damit in Personalunion Vorsitzender des Rates der Gemeinen Stadt. Als Bürgermeister ist er auch auf zwei Glockeninschriften verewigt: 1642 auf der Glocke von St. Petri, die beim Turmbrand 1811 zerstört wurde, und 1643 auf der von St. Martini, die bereits 12 Jahre nach dem Guss zersprang.[3]

Pawel war neben seiner Ratstätigkeit auch auf anderen Feldern tätig. So sammelte er seit 1603 Nachrichten über die Braunschweiger Stadtverfassung[4] und legte das Pawelsche Lehnsregister an. Vermutlich ist er auch der Stifter des Pawelschen Stipendiums zu Gunsten von Studierenden.[5]

Verheiratet war Andreas Pawel mit Dorothea Ziegenmeyer (1579–1646), mit der er fünf Kinder hatte. Die Familie lebte in einem Steinhaus mit der Assekuranz-Nr. 629, das insgesamt zwei Jahrhunderte im Familienbesitz der Pawels war.[6]

Der älteste Sohn Conrad (1602-1658) und seine drei jüngeren Schwestern erreichten alle das Erwachsenenalter, der jüngste Sohn Julius starb bereits kurz nach seiner Geburt.

Pawel gehörte einer der bedeutendsten Braunschweiger Patrizier- und Ratsfamilien der Altstadt an, welche seit 1242 in Braunschweig nachweisbar war. Seit 1249 gehörten die Pawels dem Rat an und zählten von Anfang an zur Führungsschicht der Stadt.

Andreas Pawel allerdings war der letzte aus seiner Familie, der im Rat der Braunschweiger Altstadt, welcher bis zum Verlust der Unabhängigkeit der Stadt 1671 in dieser Form existierte, vertreten gewesen ist.

Der Große Bürgermeister Andreas Pawel starb am 30. April 1654 in Braunschweig. Seine Leichenpredigt ist in der Herzog August Bibliothek erhalten.[7]

Erika Eschebach, Dresden

---

3 Sabine Wehking, Die Inschriften der Stadt Braunschweig von 1529 bis 1671 (Die deutschen Inschriften 56), Wiesbaden 2001, Nr. 917 und 1020.
4 Stadtarchiv Braunschweig H IV: 282.
5 Stadtarchiv Braunschweig G I 2: 114, Bl. 63 und HIV 335 b.
6 Heinrich Meier, Nachrichten über Bürgerhäuser früherer Jahrhunderte, in: Braunschweigisches Magazin 5 (1897), S. 40.
7 Herzog August Bibliothek Db 346.

*"Historia testis est temporum, vita memoriae,
magistra vitae, nuntia veritatis."*[1]

TOBIAS OLFFEN (OLFE UND OLFEN) (1643 – 1654)

Während der im ausgehenden 16. Jahrhundert wütenden großen Pest wurde Tobias Olffen am 9. August 1597 als Sohn des aus der westfälischen Reichsstadt und mächtigen Hansemetropole Dortmund stammenden vornehmen Kaufmannes Wilhelm Olffen, der erst 1587 das hiesige Bürgerrecht erworben hatte, und seiner Ehefrau Ester, geborener Rittershausen, in Braunschweig geboren. Sie war die eheleibliche Tochter des 1603 verstorbenen Kanonikers Balthasar Rittershausen am hiesigen welfischen Kollegiatstift Sancti Blasii und wurde von einer weiteren Pestepidemie des Jahres 1609 hinweggerafft.

Tobias Olffen besuchte das Martineum und ab 1616 die Universität zu Helmstedt. Im Jahre 1618 hat er sich auf die Nürnbergische Hohe Schule nach Altdorf (Mittelfranken) zu dem Bruder seiner verstorbenen Mutter, dem Jura-Professor Conrad Rittershausen, begeben und „sich allda bis ins 7. Jahr auffgehalten und den studiis embsich obgelegen". Im Rahmen einer aufwändigen Bildungsreise mit längeren Aufenthalten in Genf, Lyon und Paris, wo er seine Studien der französischen Sprache bis zur Perfektion absolvierte, hat er sich von Rouen zunächst per Schiff nach Hamburg und dann auf dem Landwege nach Braunschweig begeben, wo er am „Fest der Heyligen Dreyeinigkeit [= 12. Juni 1625] allhie frisch und gesund zu den lieben Seinigen wieder angekommen".

Am 15. Juli desselben Jahres wurde er zum Sekretär des Gemeinen Rates und gleichzeitig zum Sekretär des Engeren Rates berufen, der sich aufgrund der Verfassungsreform von 1386 zunächst als Ausschuss zur Erledigung der laufenden Verwaltungsgeschäfte gebildet hatte und dann seit 1614 „Enger Rat" hieß. Diese einflussreichen Positionen ebneten ihm den ungefährdeten Weg zu einer knapp dreißig Jahre währenden steilen Verwaltungskarriere in der mächtigen Hansemetropole und fast

---

[1] Stadtarchiv Braunschweig, H III 2: 39, S. 1. Hierbei handelt es sich um die Devise zu Tobias Olffens Chronik „Braunschweig. Die Hochfürstliche Residentz und Haupt-Stadt des gantzen Landes …". Die vom Autor zitierte Textpassage ist ungenau und gekürzt entnommen aus Ciceros dreibändigem Werke „DE ORATORE." Die Übersetzung lautet: „Die Geschichte ist die Zeugin der Zeiten, die lebendige Erinnerung, die Schulmeisterin des Lebens, die Botin der Wahrheit."

reichsfreien Stadt Braunschweig. Seine Berufung kennzeichnet die Professionalisierung der hohen Ratsämter mit juristisch ausgebildeten Funktionsträgern, die seit dem 17. Jahrhundert die bislang meist ehrenamtlich und alternierend tätigen Fernhändler ablösten. Aus der Fülle weiterer Ämter und Funktionen, die Tobias Olffen zuteil wurden, werden hier vorzugsweise erwähnt:

1. Im Jahr 1631 wurde er von den Hauptleuten des Weichbildes Altstadt zum Ratsherrn gewählt und in demselben Jahre zum Provisor und Scholaren der St. Martini-Kirche berufen.
2. Von 1632 bis 1636 amtierte Tobias Olffen als Gerichtsherr.
3. Im Jahr 1641 wurde er zum Kleinen und schließlich 1643 (bis zu seinem 1654 erfolgten Tode) zum Großen Bürgermeister der Altstadt und damit der Gesamtstadt gekürt.
4. Bereits 1642 war er zum Provisor des Hospitals Beatae Mariae Virginis (BMV) gewählt worden.
5. Nach dem Tode des 80-jährigen Bürgermeisters Andreas Pawel im April 1654 wurde Tobias Olffen als nunmehr ältestamtierender Bürgermeister des Weichbildes Altstadt zum Leiter des kollegialen, mehr repräsentativen Direktoriums berufen.

Diese Funktion hat er jedoch nur wenige Monate ausüben können, da er bereits am 25. September 1654 im Alter von 57 Jahren verstarb. Die Trauerpredigt hielt der von 1646 bis 1662 in Braunschweig wirkende Stadtsuperintendent Dr. Brandanus Daetrius (1607-1688) am 1. Oktober 1654 in der Hauptpfarrkirche St. Martini, auf deren Friedhof die Beerdigung an demselben Tage stattfand. Die Leichenpredigt erschien 1655 im Druck bei Andreas Dunckern in Braunschweig.

Ein kursorischer Blick in seine familiären Verhältnisse zeigt die für die Frühe Neuzeit auffallend hohe Kindersterblichkeit, welche die damals keineswegs niedrige Lebenserwartung in vielen Regionen überproportional drastisch reduzierte. Im Jahre 1626 vermählte sich Tobias Olffen mit Lucia Juten, die nachgelassene eheliche Tochter des früheren Kämmerers im Weichbild Altewiek Ludolph Juten und Witwe des verstorbenen Pastors an der St. Magni-Kirche, Georg Oeding (1559-1625). Dieser Ehe entsprossen sechs Kinder, von denen lediglich die älteste Tochter Dorothea das Erwachsenenalter erreichte. Als 1636 seine Frau Lucia verstarb, schloss Tobias Olffen mit Euphrosyna Hahn, der eheliblichen Tochter des Magdeburger Dompredigers Dr. Philipp Hahn und der nachgelassenen Witwe des Braunschweiger Stadtsuperintendenten Daniel Mönchemeyer (1582-1635) am 5. Dezember 1637 seine zweite Ehe, aus der fünf Kinder hervorgingen, von denen nur zwei Söhne beim Tode des Vaters (1654) noch lebten.

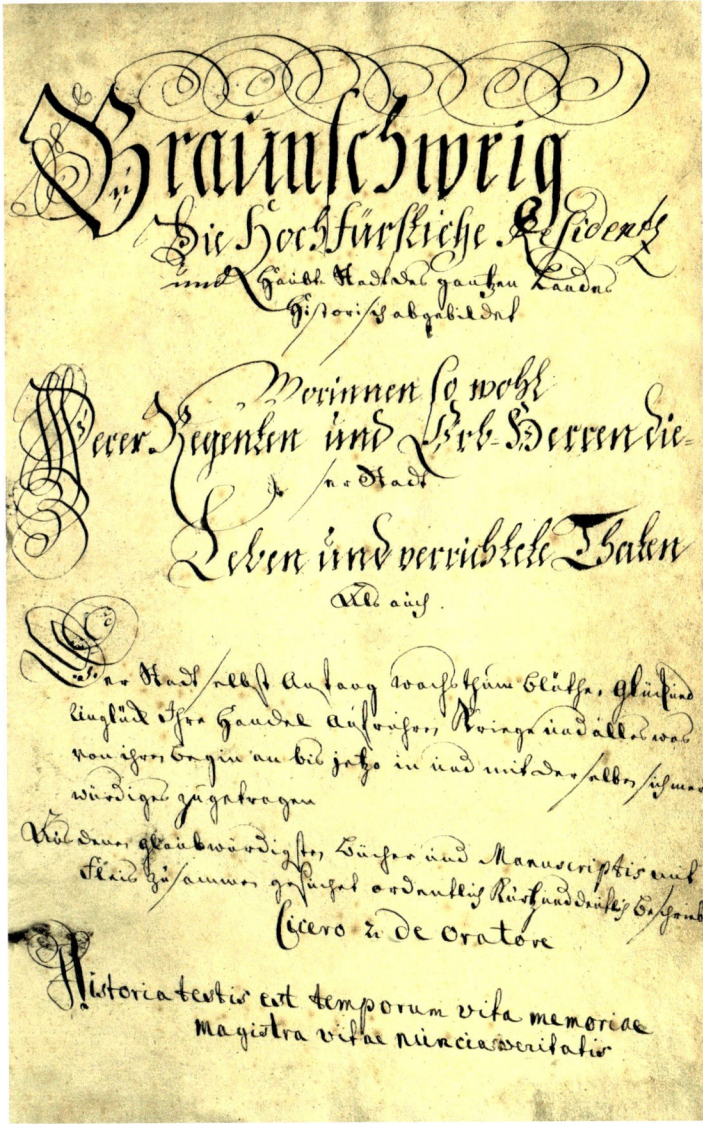

Titelblatt der Chronik des Tobias Olffen (Stadtarchiv Braunschweig, H III 2: 39)

Während seiner nahezu 30-jährigen Tätigkeit hat sich Tobias Olffen zielstrebig und ausdauernd bemüht, mit seinen Amtskollegen die Stadt Braunschweig durch die wirtschaftlich sowie reichs- und landesgeschichtlich enormen Herausforderungen in der ersten Hälfte des 17. Jahrhunderts mit möglichst geringen politischen Nachteilen zu steuern. Durch das schändliche Treiben der sogenannten „Kipper und Wipper" waren in den

1620er Jahren infolge rigoroser Münzmanipulationen sowohl die Währung wie das gesamte Wirtschaftsgefüge in Stadt und Herzogtum ruiniert worden. Erst allmählich ließ sich das Münzwesen neu ordnen und das minderwertige Geld beseitigen.

Weitaus katastrophaler waren die verheerenden Folgen des Dreißigjährigen Krieges, dessen grenzüberschreitende Furie die europäischen Staaten verwüstete, die jahrhundertealten und weitgespannten Wirtschaftsbeziehungen der Hanse zerstörte und mindestens 20 Millionen Menschen das Leben kostete. Obwohl Braunschweig als eine der wenigen großen deutschen Städte – allerdings unter exorbitanten finanziellen Opfern – feindliche Besatzungen von sich fernzuhalten wusste und dadurch unzerstört geblieben war, konnte die Stadt ihre einst dominierende Position als Handelsmetropole nicht wieder erlangen, zumal das lange schwelende Problem, wie sich Braunschweigs staatsrechtliche Stellung in dem aufkommenden absolutistischen Staat künftig gestalten würde, nunmehr einer baldigen Lösung harrte, die nach Tobias Olffens Tode mit dem Verlust der Stadtfreiheit herbeigeführt wurde.

Tobias Olffen verfasste eine bis 1648 reichende, knapp 500 Seiten starke Chronik mit dem barock aufgeladenen Titel: „Braunschweig. Die Hochfürstliche Residenz und Haupt-Stadt des gantzen Landes, historisch abgebildet. Worinnen sowohl derer Regenten und Erb-Herren dieser Stadt Leben und verrichtete Thaten als auch der Stadt nebst Anfang, Wachsthum, Blüthe, Glück und Unglück, ihre Handel, Aufruhre, Kriege und alles, was von ihrem Beginn an bis jetzo in und mit derselben sich merkwürdigen zugetragen". Darin beschrieb er die von ihm hautnah erlebten historischen Entwicklungen als aufmerksamer Zeitzeuge mit bestechender Offenheit, so z. B. die schwierige Lage der Stadt Braunschweig nach der härtesten Belagerung durch Herzog Friedrich Ulrich im Sommer 1615: „Dieses war die lezte und beschwerlichste Plage zu der Zeit, als den Soldaten ihr Monatsgeld wegen Geldmangels nicht bezahlet werden konte, drohten dieselben, die Häußer zu plündern und die Stadt an den Herzog zu verkauffen". Tobias Olffens Chronik, die sich würdig in die lange Reihe bedeutender Vorgänger, wie z. B. der Chronisten Hermann Bote (um 1460 bis etwa 1520) und Andreas Schoppius (1544-1614/16) einfügt, ist 1832 von dem Schriftsteller Friedrich Carl von Vechelde (1801-1846) in Auszügen, beginnend mit der 1528 in der Stadt Braunschweig eingeführten Reformation, jedoch in vieler Hinsicht unzulänglich, ediert worden.

Quellen

Niedersächsisches Landesarchiv – Staatsarchiv Wolfenbüttel, 7 Urk. Nr. 1259 und 1424. Stadtarchiv Braunschweig, H III 2: 39. Stadtarchiv Braunschweig, H III 3: 4, Vol. 2. Stadtarchiv Braunschweig, H III 4: 56. Stadtarchiv Braunschweig, H VIII A: 3846 und 3848. Stadtarchiv Braunschweig, H IX: 326

Literatur

Herbert Blume, Hermann Bote. Braunschweiger Stadtschreiber und Literat. Studien zu seinem Leben und Werk, Bielefeld 2009. Andrea Boockmann, Die Inschriften der Stadt Braunschweig bis 1528, Wiesbaden 1993, Nr. 141. Luitgard Camerer, Manfred R. W. Garzmann und Wolf-Dieter Schuegraf, (Hrsg.), Braunschweiger Stadtlexikon, Braunschweig 1992. Horst-Rüdiger Jarck u. a. (Hrsg.), Braunschweigisches Biographisches Lexikon. 8. bis 18. Jahrhundert, Braunschweig 2006, Richard Moderhack, Braunschweiger Stadtgeschichte, Braunschweig 1997. Werner Spieß, Die Ratsherren der Hansestadt Braunschweig 123-1671 (Braunschweiger Werkstücke 42), 2. Auflage, Braunschweig 1970. Werner Spieß, Geschichte der Stadt Braunschweig im Nachmittelalter vom Ausgang des Mittelalters bis zum Ende der Stadtfreiheit (1491-1671), Braunschweig 1966. Hans-Jürgen Querfurth, Die Unterwerfung der Stadt Braunschweig im Jahre 1671 (Braunschweiger Werkstücke 16), Braunschweig 1953. Carl Friedrich von Vechelde (Hrsg.), Tobias Olffen's, eines braunschweigischen Ratsherrn, Geschichtsbücher der Stadt Braunschweig (Teiledition), Braunschweig 1832. Sabine Wehking, Inschriften der Stadt Braunschweig von 1529 bis 1671, Wiesbaden 2001, Nr. 503, 964.

Manfred R. W. Garzmann, Braunschweig

„[...] welcher umb diese Stadt und Gemeine
sich wol verdient gemacht
Und seinem mühseligen Ampt eine geraume Zeit
Fünff und zwantzig Jahr lang träulich und
löblich vorgestanden hat"[1]

DR. AUTOR CAMMAN (1655 – 1666)

Autor Camman wurde am 22. Mai 1601 in Braunschweig geboren. Seine schulische Ausbildung erhielt Camman zunächst in Braunschweig, der begabte junge Mann wurde aber schon 1620 nach Lüneburg geschickt, um am dortigen Johanneum seine Kenntnisse zu vertiefen. Im Jahr 1623 zog Camman nach Wittenberg. An der Wittenberger Universität setzte er nicht nur seine philosophischen Studien fort, sondern begann auch ein Jurastudium. Zwei Jahre später wechselte er an die Julius-Universität Helmstedt, an der er – mit einer durch die zwischenzeitliche Schließung der Hochschule während des 30-jährigen Krieges bedingten Unterbrechung – bis 1630 studierte. Während seines Studiums wurde Autor, dessen Vater Conrad 1626 bereits verstorben war, von seinem Vetter, dem Braunschweiger Syndikus Dr. Johann Camman,[2] finanziell unterstützt.[3] Einige der Briefe, die Autor aus Helmstedt und Wittenberg an seine Verwandten schrieb, sind im Stadtarchiv überliefert.[4]

Nach Abschluss seines Jurastudiums kehrte Camman 1630 in seine Heimatstadt zurück und ließ sich dort als Advokat nieder. Am 23. Oktober 1632 heiratete er die aus Stade stammende Adelheit Gevekot;[5] aus der Ehe gingen fünf Kinder hervor, von denen allerdings nur zwei ihren Vater überlebten. Auch nach Abschluss seines Universitätsstudiums widmete sich Camman neben seiner Arbeit intensiv der Forschung, wobei er hierzu die umfangreiche Bibliothek seines Vetters nutzte.[6] 1638

---
1 Stadtarchiv Braunschweig, H IX: 213.
2 Johannes Wiesner, Johann Camman (d.J.), in: Horst-Rüdiger Jarck u.a. (Hrsg.), Braunschweigisches Biographisches Lexikon, 8. bis 18. Jahrhundert, Braunschweig 2006, S. 132-133.
3 Luitgard Camerer, Die Bibliothek des Stadtsyndicus und Gelehrten Johann Camman (1584-1649), in: Gerd Spies (Hrsg.), Festschrift zur Ausstellung Brunswiek 1031, Braunschweig 1981, Die Stadt Heinrichs des Löwen von den Anfängen bis zur Gegenwart vom 25.04.1981 bis 11.10.1981, Braunschweig 1981, S. 394.
4 Stadtarchiv Braunschweig, B IV 16: 26.
5 Sabine Wehking, Die Inschriften der Stadt Braunschweig von 1529 bis 1671 (Die deutschen Inschriften 56), Wiesbaden 2001, Nr. 1006.
6 Camerer, Bibliothek (wie Anmerkung 3), S. 391-428.

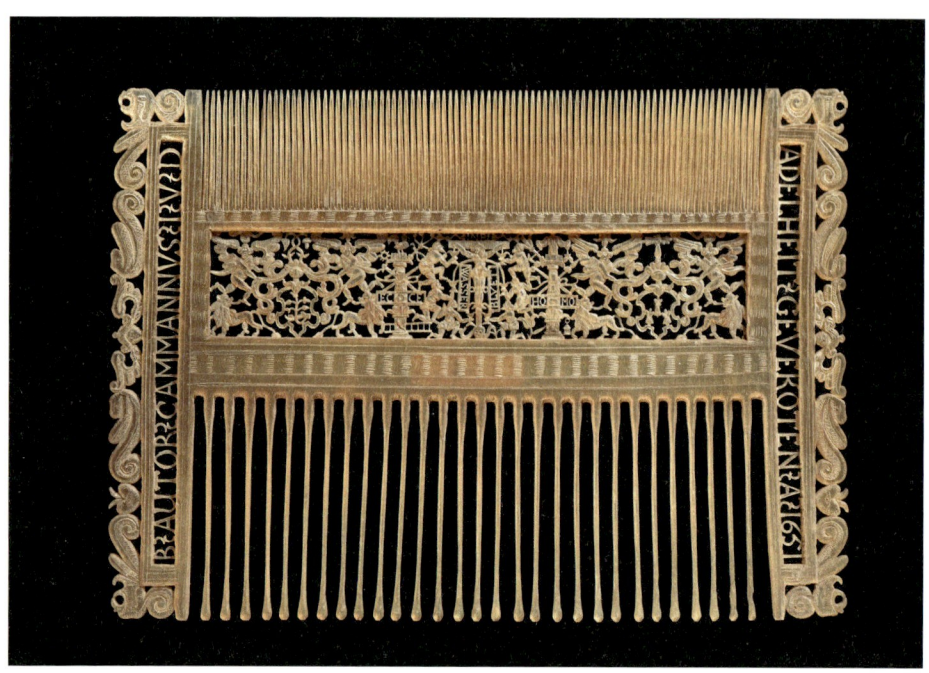

Kamm von Autor Camman (Herzog Anton Ulrich-Museum, Inventar-Nr. Kos 687, Foto: C. Cordes)

erlangte Autor Camman im Alter von 37 Jahren den Grad eines Doktors beider Rechte an der Universität Helmstedt.[7]

Drei Jahre später wählten die Hauptleute den promovierten Juristen Camman, der mit seiner Familie am Ziegenmarkt lebte,[8] erstmals als Vertreter der Gemeinde in den Rat der Altstadt. Bereits in seiner ersten Wahlperiode wurde Camman, der sich durch „Aufrichtigkeit, Träue und friedliebendes Gemüt" auszeichnete,[9] zum Kleinen Bürgermeister gewählt.

Die Aufgabe im Dienste der Allgemeinheit erfüllte der passionierte Jurist nicht zuletzt auch dank des Zuspruchs seines Vetters Dr. Johann Camman bis einschließlich 1653.[10] Außenpolitisch beherrschte der 30-jährige Krieg in jener Zeit das Geschehen, von dem die Stadt dank geschickter Politik und Aufwendung von enormen finanziellen Mitteln weitgehend ver-

---

7 Stadtarchiv Braunschweig, H IX: 213.
8 Stadtarchiv Braunschweig, H III 1: 17, Band 1, Nr. 284.
9 Stadtarchiv Braunschweig, H IX: 213.
10 Ebd.

schont blieb.¹¹ Daran hatte auch Camman einen nicht unbedeutenden Anteil, der nach seiner Wahl zum Bürgermeister auch zum Direktor des seit den 1630er Jahren bestehenden Kriegsrats¹² bestimmt worden war. Doch indirekt wirkte sich der Krieg auch auf Braunschweig aus: Die städtische Wirtschaft lag darnieder, die Handelswege verfielen, ganze Landstriche waren geplündert.

Während die Stadt sich langsam von den Kriegsfolgen erholte, verlor sie ihre Führungsspitze: Im Jahr 1654 starben rasch aufeinander folgend die regierenden Großen Bürgermeister Andreas Pawel und Tobias Olffen.

Der erfahrene Politiker und ausgebildete Jurist Dr. Autor Camman wurde daraufhin bei den turnusgemäßen Wahlen im Januar 1655 zum Großen Bürgermeister der Altstadt gewählt und in den folgenden fünf Wahlperioden, zuletzt 1665, jeweils in seinem Amt bestätigt.

Eine Pestepidemie erwies sich als prägendstes innenpolitisches Ereignis seiner Amtszeit. Im Jahr 1657 starben über 5.000 Einwohner und damit ein Drittel der Stadtbevölkerung den Schwarzen Tod. Die Lage innerhalb der Stadt, die der Quarantäne unterlag,¹³ war desolat. Ein kalter Winter stoppte zwar die weitere Verbreitung der Krankheit in der Stadt, allerdings erholte sich das durch die Seuche schwer beeinträchtigte wirtschaftliche Leben nur sehr langsam.

Camman, der einerseits aus einer angesehenen Familie stammte, andererseits aber auch über eine juristische Ausbildung verfügte, steht für einen neuen Typus in der städtischen Verwaltung, der sich in Braunschweig um die Mitte des 17. Jahrhunderts langsam durchsetzte: der familiäre Hintergrund verlor im Vergleich zur beruflichen Qualifikation immer mehr an Bedeutung. Autor Camman starb nach kurzer Krankheit am 14. März 1666 im Alter von 64 Jahren. Er wurde am 21. März neben seiner bereits 1652 verstorbenen Ehefrau in St. Martini bestattet.¹⁴

Claudia Böhler, Braunschweig

---

11 Werner Spieß, Braunschweig im Nachmittelalter vom Ausgang des Mittelalters bis zum Ende der Stadtfreiheit (1491-1671), 1. Halbband, Braunschweig 1966, S. 182-203.
12 Stadtarchiv Braunschweig, B IV 6: 88.
13 Stadtarchiv Braunschweig, H V: 150.
14 Johann August Heinrich Schmidt, Die St. Martinskirche in Braunschweig. Ein Beitrag zu ihrer Geschichte und Beschreibung, wie auch zur braunschweigischen Geschlechtshistorie, Braunschweig 1846, S. 150. Stadtarchiv Braunschweig, G III 1: 163, S. 19.

„Er wolle der gantz unfehlsahmen hoffnung leben
E. hochw. Rath werde über diese seine Disposition [...]
kräfftig halten und nicht zugeben,
daß einigen puncte zu wieder gelebet werde."[1]

TILEMANN VON DAMM (1656 – 1671)

Tilemann von Damm wurde am 2. April 1595 als zweiter von vier Söhnen des Ratsherrn Georg von Damm und dessen Frau Katharina Ohman in Braunschweig geboren. Die Damms zählten zu den mächtigen und vermögenden Geschlechterfamilien in der Stadt, die über einen großen Lehensbesitz verfügten,[2] seit 1307 im Rat der Stadt saßen und in den vergangenen Jahrhunderten mehrfach Große Bürgermeister gestellt hatten.[3]

Am 16. Oktober 1627 heiratete Tilemann von Damm, über dessen Kindheit, Jugend und Berufsleben nichts bekannt ist, die fünf Jahre ältere Margarete Achtermann, die Witwe des im Jahr zuvor an der Pest verstorbenen Hans von Scheppenstede. Nach der Eheschließung lebte das Paar, das mindestens einen Sohn und eine Toch-

Bemalte Glasscheibe mit Wappen des Tilemann von Damm (Städtisches Museum Braunschweig, Inventar-Nr.: Cac 3, 22)

---

1 Tilemann von Damm zu Heinrich von Adenstede am 04.08.1669, Stadtarchiv Braunschweig, B I 23: 15, S. 342.
2 Stadtarchiv Braunschweig, A IV 4.
3 Sophie Reidemeister, Genealogien Braunschweiger Patrizier- und Ratsgeschlechter aus der Zeit der Selbständigkeit der Stadt (vor 1671) (Braunschweiger Werkstücke 12), Braunschweig 1948, S. 42. Werner Spieß, Geschichte der Stadt Braunschweig im Nachmittelalter vom Ausgang des Mittelalters bis zum Ende der Stadtfreiheit (1491-1671), 2. Halbband, Braunschweig 1966, S. 477.

ter hatte,⁴ in einem von der Gattin in die Ehe eingebrachten repräsentativen Haus am Eiermarkt (Assekuranz-Nr. 452).⁵

Im Jahr 1639 begann die Karriere des Tilemann von Damm in der städtischen Selbstverwaltung: Im Alter von 44 Jahren wurde er von den Gildemeistern und Hauptleuten zunächst zum Zehnmann gewählt.⁶ Als Teil dieser seit den Steuerunruhen Anfang des 16. Jahrhunderts bestehenden Körperschaft übte er eine Kontrollfunktion über die Einnahmen und Ausgaben der städtischen Kämmerei aus.⁷ Dieses Amt bekleidete Damm bis er im Jahr 1643 in den Rat der Altstadt gewählt wurde. Vermutlich aufgrund seiner Erfahrungen als Zehnmann in der Finanzverwaltung wurde Tilemann von Damm bereits in seiner ersten Wahlperiode zum Kämmerer ernannt und war in den Jahren 1643, 1645, 1647, 1649 und 1651 für die Verwaltung des Vermögens der Gesamtstadt verantwortlich. Braunschweig war zu diesem Zeitpunkt hoch verschuldet – eine der Folgen des dreißigjährigen Krieges, der die Ausgaben der Stadt für das Kriegswesen sprunghaft hatte ansteigen lassen, während die Einnahmen dramatisch einbrachen.⁸ Doch Tilemann von Damm konnte sich in dieser schwierigen Situation offenbar in seinem Amt bewähren und empfahl sich dadurch für weitere Aufgaben.

Im Jahr 1654 wurde Damm zunächst Kleiner Bürgermeister und ab 1656 dann Großer Bürgermeister der Altstadt. Die knapp 15 Jahre, die Tilemann von Damm an der Spitze des Rates stand, verliefen relativ ruhig. Das Verhältnis zum Landesherrn gestaltete sich zunehmend schwieriger, größere Konflikte zwischen den Parteien blieben aber zunächst noch aus. Auch in der Stadt herrschte abgesehen von kleineren Auseinandersetzungen zwischen einzelnen sozialen Gruppierungen eine eher friedliche Stimmung.⁹ Bei der Wahl am 4. Januar 1671 wurde der inzwischen 76-jährige Tilemann von Damm vermutlich aus gesundheitlichen Gründen „seiner Ehren ohne Schaden von denen lobl. Stenden erlassen".¹⁰

---

4   Stadtarchiv Braunschweig, G III 1: 153, S. 35 und S. 60.
5   Heinrich Meier, Carl Kämpe, Heraldische Untersuchungen in der Architektur der Stadt Braunschweig, in: Braunschweigisches Magazin 3 (1903), S. 26. Sabine Wehking, Die Inschriften der Stadt Braunschweig von 1529 bis 1671 (Die deutschen Inschriften 56), Wiesbaden 2001, Nr. 585.
6   Stadtarchiv Braunschweig, B I 9: 62.
7   Spieß, Nachmittelalter (wie Anmerkung 3), S. 530-531. Werner Spieß, Die Ratsherren der Hansestadt Braunschweig 1231-1671, (Braunschweiger Werkstücke 42), Braunschweig 1970, S. 34-35.
8   Stadtarchiv Braunschweig, B II 1: 165-171.
9   Werner Spieß, Geschichte der Stadt Braunschweig im Nachmittelalter vom Ausgang des Mittelalters bis zum Ende der Stadtfreiheit (1491-1671), 1. Halbband, Braunschweig 1966, S. 203-214.
10 Stadtarchiv Braunschweig, B I 9: 62, S. 113.

Tilemann von Damm war neben Heinrich von Adenstede der letzte Große Bürgermeister aus einer der die Stadtpolitik viele Jahrhunderte dominierenden Geschlechterfamilien. Er starb am 12. Juli 1671: ein halbes Jahr nach seiner ehrenhaften Entlassung aus Altersgründen und nur wenige Wochen nach dem endgültigen Verlust der Stadtfreiheit. Testamentarisch hatte von Damm bereits 1669 verfügt, dass seine Enkelkinder als Haupterben eingesetzt werden sollen, da es mit seinem Sohn „Georgio von Dam die kundbare bewandniß hat, daß er weder seinen kindern noch sich selbsten vorzustehen weiß" und er „alles in kurtzen herdurch bringe".[11]

Tilemann, der letzte Große Bürgermeister aus dem Geschlecht der von Damms wurde am 16. Juli 1671 feierlich in der Kirche St. Martini beigesetzt.[12]

Claudia Böhler, Braunschweig

---

11 Stadtarchiv Braunschweig, B I 23: 15, S. 341-342.
12 Stadtarchiv Braunschweig, G III 1: 163, S. 85.

*„Er müste fröhlicher seyn als sonsten,
denn Regenten kähmen selten zusamen"*[1]

HEINRICH VON ADENSTEDE (1667 – 1671)

Heinrich von Adenstede wurde am 25. Januar 1622 in Braunschweig geboren und zwei Tage später in der Kirche St. Martini getauft.[2] Heinrich, der bereits im Alter von zehn Jahren seinen Vater verloren hatte, wurde im Frühjahr 1639 von seiner Mutter Barbara Riken an die Universität Helmstedt geschickt. Dort studierte er, bis seine erkrankte Mutter im Jahr 1645 seine Rückkehr nach Braunschweig wünschte.[3] Er zog zurück in sein Elternhaus in der Gördelingerstraße (Assekuranz-Nr. 82)[4] und übernahm den Familiensitz.

Am 18. Januar 1646 heiratete Heinrich von Adenstede Emerentia, eine der sechs Töchter von Dr. Johann Kalm.[5] Im gleichen Jahr trugen ihm die Wandschneider die Mitgliedschaft in ihrer Gilde an. Der Rückgang des Tuchhandels hatte die Gilde empfindlich getroffen, die seitdem darauf angewiesen war, Mitglieder außerhalb ihres Handwerks anzuwerben.[6] Im Körjahr 1655 wurde Adenstede als Vertreter der Wandschneider in den Rat der Altstadt gewählt und zum Kämmerer ernannt.

Keine zwei Jahre später wütete die Pest in Braunschweig,[7] die auch die Familie Adenstede traf: Heinrichs Frau Emerentia starb während der Epidemie, die zwar sämtliche Mitglieder des Engen Rats verschont hatte, insgesamt aber mehr als 5.000

---

1 Herzog Anton Ulrich zu Bürgermeister Heinrich von Adenstede am 18.08.1667 zitiert nach Manfred R. W. Garzmann (Hrsg.), Teiledition der Chronik des Braunschweiger Bürgermeisters Christoph Gerke (1628-1714) (Questiones Brunsvicenses 11/12), Hannover 2000, S. 182.
2 Stadtarchiv Braunschweig, G III 1: 152, S. 180.
3 Stadtarchiv Braunschweig, H IX: 225.
4 Heinrich Meier, Nachrichten über Bürgerhäuser früherer Jahrhunderte, in: Braunschweigisches Magazin 3 (1897), S. 19-20. Heinrich Meier, Carl Kämpe, Heraldische Untersuchungen in der Architektur der Stadt Braunschweig, in: Braunschweigisches Magazin 3 (1903), S. 25.
5 Sophie Reidemeister, Genealogien Braunschweiger Patrizier- und Ratsgeschlechter aus der Zeit der Selbständigkeit der Stadt (Braunschweiger Werkstücke 12), Braunschweig 1948, S. 93. Stadtarchiv Braunschweig, H IX: 28, Nr. 39.
6 Werner Spieß, Geschichte der Stadt Braunschweig im Nachmittelalter vom Ausgang des Mittelalters bis zum Ende der Stadtfreiheit (1491-1671), 2. Halbband, Braunschweig 1966, S. 441-442.
7 Werner Spieß, Geschichte der Stadt Braunschweig im Nachmittelalter vom Ausgang des Mittelalters bis zum Ende der Stadtfreiheit (1491-1671), 1. Halbband, Braunschweig 1966, S. 204.

Autograph des Heinrich von Adenstede (Stadtarchiv Braunschweig, H VIII A 17)

Opfer in der Stadt forderte. Heinrich von Adenstede ging keine weitere Ehe ein, sondern zog seine sechs Kinder, von denen ihn nur drei überlebten, alleine groß.[8]

Nach drei Amtsperioden als Kämmerer wurde Heinrich von Adenstede im Jahr 1661 zunächst zum Kleinen Bürgermeister, im Jahr 1667 dann zum Großen Bürgermeister der Altstadt ernannt. In dieser Funktion reiste er am 18. August 1667 gemeinsam mit dem Stadtsyndikus Johann Burchart Baumgarten auf die Hedwigsburg, um Herzog Rudolf August ein Geldgeschenk der Stadt anlässlich seines Regierungsantritts zu übergeben. Die Beziehungen zwischen der Stadt und dem neuen Landesherrn blieben allerdings trotz diesem Besuch weiterhin gespannt.[9] Zu einer weiteren Begegnung zwischen dem Großen Bürgermeister Heinrich von Adenstede und Herzog Rudolf August kam es wohl nicht mehr, obwohl Ersterer amtierte, als die braunschweig-lüneburgischen Herzöge am 19. Mai 1671 den

8   Stadtarchiv Braunschweig, H IX: 225.
9   Spieß, Nachmittelalter (wie Anmerkung 7), S. 206-208.

finalen Angriff auf die Freiheit der Stadt starteten.¹⁰ Doch der gesundheitlich offenbar angegriffene Heinrich von Adenstede fühlte sich der schwierigen Situation während der Belagerung nicht gewachsen, meldete sich sowohl am 21. Mai¹¹ als auch am 29. Mai krank¹² und zog sich immer mehr von den aktiven Regierungsgeschäften zurück.¹³ Er spielte weder während der bewaffneten Auseinandersetzung zwischen der Stadt und den herzoglichen Truppen noch bei den sich anschließenden Verhandlungen über die Unterwerfung der Stadt mehr eine Rolle.

Dem Großen Bürgermeister des Hagens, Christoph Gehrke, fiel nach nur 25 Tagen Belagerung am 12. Juni 1671 die undankbare Aufgabe zu, die herzoglichen Truppen über das Fallersleber Tor in die Stadt einziehen zu lassen, womit die Niederlage der Stadt besiegelt war. Nachdem sich die Stadt ihrem Landesherrn ergeben hatte, wurde Heinrich von Adenstede, der sein Amt weiterhin nicht aktiv ausübte, von einigen innerstädtischen Oppositionsgruppen als Sündenbock auserkoren, verspottet und wohl auch bedroht. In einer Verteidigungsschrift an den Rat, dem er zu diesem Zeitpunkt ja noch selbst offiziell angehörte, bat er als Bürger der Stadt am 30. Juni darum, ihn vor „bose aufrürische ehrenvergessen gottlose buben" zu schützen, die ihm „falsche schelmische und verräterliche dinge andichten".¹⁴ Doch der Rat hatte gar keine Gelegenheit mehr zu reagieren, da er am darauf folgenden Tag bereits von der Herzoglichen Kommission zur Abdankung genötigt wurde. Mit der Auflösung des Rates endete die Amtszeit von Heinrich von Adenstede am 1. August 1671 auch auf dem Papier.

Obwohl Heinrich von Adenstede bei der Niederlage der Stadt im Kampf um ihre Freiheit als regierender Bürgermeister in der politischen Verantwortung stand, spielte er weder im Entscheidungsprozess noch in den Verhandlungen eine aktive Rolle. Die Frage nach der Ernsthaftigkeit der Erkrankung von Heinrich von Adenstede, die als Begründung für seinen Rückzug aus der Politik dienen musste, lässt sich nicht abschließend beantworten. Bereits Zeitgenossen urteilten kritisch, dass „Henrich von Adenstadt, als Director der Stadt kranck war, oder sich kranck stellete."¹⁵

---

10 Hans Jürgen Querfurth, Die Unterwerfung der Stadt Braunschweig im Jahre 1671 (Braunschweiger Werkstücke 16), Braunschweig 1953.
11 Stadtarchiv Braunschweig, B III 1: 160, Bl. 127.
12 Ebd., Bl. 161.
13 Querfurth, Unterwerfung (wie Anmerkung 10), S. 153.
14 Stadtarchiv Braunschweig, B III 1: 161, Bl. 470. Eines der Schmähgedichte ist erhalten geblieben und abgedruckt in Gustav Hassebrauk, Die geschichtliche Volksdichtung Braunschweigs, Wernigerode 1901/02, S. 163-171.
15 Garzmann, Chronik (wie Anmerkung 1), S. 222.

Doch mit großer Sicherheit hätte auch eine stärkere Persönlichkeit als Heinrich von Adenstede den Verlust der Stadtfreiheit nicht langfristig verhindern können in einer Zeit, in der nicht nur die Herzöge danach trachteten, ihre Territorialherrschaft auszubauen, sondern auch Teile der Bürgerschaft zunächst einen Vorteil in einer Aussöhnung mit dem Herzog sahen.[16]

Heinrich von Adenstede starb im Alter von 53 Jahren am 16. Dezember 1675 nach kurzer, schwerer Krankheit in seiner Heimatstadt Braunschweig und wurde am 27. Dezember 1675 in der Gemeinde St. Martini bestattet.[17]

Claudia Böhler, Braunschweig

---

16 Querfurth, Unterwerfung (wie Anmerkung 10), S. 279-287.
17 Stadtarchiv Braunschweig, G III 1: 163 I, S. 139.

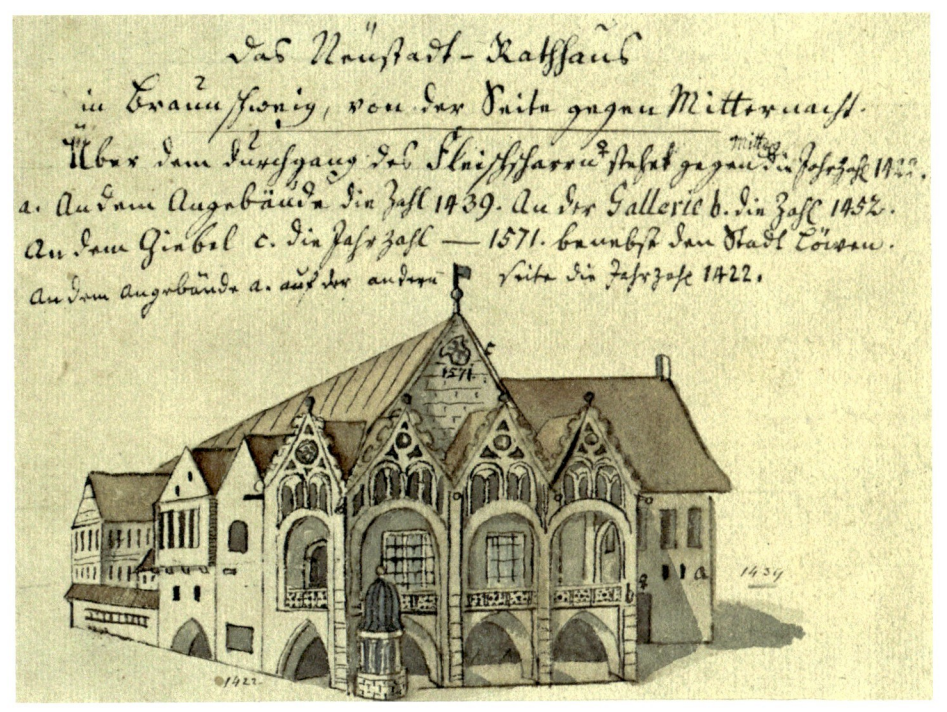

2. Das Bürgermeisteramt vom Verlust der Stadtfreiheit 1671 bis zur Gemeindeverfassung von 1825

Bild umseitig: Neustadtrathaus von Nordosten vor dem Umbau 1773. Kolorierte Zeichnung von Anton August Beck (Stadtarchiv Braunschweig, H VI 1: 15).

Das Bürgermeisteramt in Braunschweig vom Verlust der Stadtfreiheit 1671 bis zur Gemeindeverfassung von 1825

Am 16. Juni 1671 leisteten Rat und geistliches Ministerium Herzog Rudolf August von Braunschweig-Wolfenbüttel auf dem Altstadtrathaus Eid und Handgelöbnis und die Bürger huldigten ihrem Landesherrn, indem sie versicherten, sich als „getreu(e) und gehorsame Unterthanen" zu zeigen.[1] Nach relativ kurzer Belagerung, vom 22. Mai bis Anfang Juni 1671, durch die Truppen der verbündeten Welfenherzöge, Georg Wilhelm, Ernst August, Johann Friedrich und Rudolf August, hatte sich die einst stolze und auf ihre Selbstständigkeit bedachte Hansestadt am 10. Juni 1671 ergeben und wurde nun gezwungen, herzogliche Truppen, ca. 3.000 Mann, als ständige Besatzung in ihren Mauern aufzunehmen. Die Huldigung durch die Bürgerschaft markierte den Endpunkt ihrer Unterwerfung. Die Erb- und Landstadt Braunschweig war zurückgekehrt in die landesherrliche Obödienz, so auch der Grundtenor der Glückwünsche, die die siegreiche Fürstenallianz erreichten.[2] Den Herzögen sei gelungen, was ihre Vorfahren erfolglos erstrebt hätten, nämlich Braunschweig zurückzuführen in den Kreis der Landstände und ihren Machtanspruch als Herren der Stadt durchzusetzen.[3] Mit Hannover und Celle hatte sich Herzog Rudolf August geeinigt und besaß damit das alleinige Eigentumsrecht an der unterworfenen Stadt.[4]

So wie Rudolf August in seiner Resolution am 10. Juni 1671 nach der Kapitulation Braunschweigs versprach, die Stadt bei ihren althergebrachten Rechten zu belassen, sofern nichts zum Nutzen von Stadt und Bürgerschaft daran zu ändern sei, so bestätigte er auch in seinem Huldigungsbrief „burgermeister und rath, gildemeistere, hauptleute und gemeine bürgerschaft unser stadt Braunschweig bei ihren wohlerlangten unstreitigen juribus, erweislichen privilegiis, frey- und gerechtigkeiten, auch löblichen unverweislichen gewohnheiten und herkommen ungehindert vnd vngetrübt" zu belassen.[5] Doch sollte bald klar werden, dass die Stadt vor tiefgreifenden Veränderungen ihrer Verfassung und Verwaltung stand.

---

[1] Zitiert nach Hans Jürgen Querfurth, Die Unterwerfung der Stadt Braunschweig im Jahre 1671. Das Ende der Stadtfreiheit (Braunschweiger Werkstücke 16), Braunschweig 1953.
[2] Ebd., S. 250-256.
[3] Glückwunschschreiben der Landschaft vom 20.06.1671, Niedersächsisches Landesarchiv – Staatsarchiv Wolfenbüttel 1 Alt 29 Nr. 40, fol. 55r-56v.
[4] Querfurth, Unterwerfung (wie Anmerkung 1), S. 250-257.
[5] Urkundenbuch der Stadt Braunschweig, Band. 1 Statuten und Rechtsbriefe, bearb. von Ludwig Hänselmann, Braunschweig 1873, Nr. 109, S. 689.

Die letzte große innerstädtische Auseinandersetzung, der Aufstand des Bürgerhauptmanns Klaus Dohausen 1614, ließ die Spannungen zwischen aufstrebenden „jungen" Kaufmannsfamilien und Gewerken, die sich vor allem in der Neustadt und im Hagen konzentrierten, und der traditionellen Führungsschicht der „Geschlechter" in der Altstadt deutlich aufbrechen. Sozial hatte sich der erste Stand zunehmend nach unten abgeschlossen, ein Aufstieg neuer Gruppen war beinahe unmöglich geworden. Die Folge der letzten großen Schicht war eine „Demokratisierung" des alten Rats, wie Werner Spieß dies nannte. Der bis dahin 103 Mitglieder zählende Rat wurde auf 55 bzw. seit 1621 auf 56 Mitglieder verringert. Dabei stieg der Anteil der Gemeinden von 24% auf 40%. Die vornehmen Gilden, wie Lakenmacher, Goldschmiede, Wechsler und Beckenwerker, wurden dagegen zurückgedrängt. Ihr Anteil fiel von 45 % auf 32 %.[6] Noch blieb die Altstadt führend, doch hatte auch sie Einbußen erlitten. Die Wahlperiode verkürzte sich von drei auf zwei Jahre.

Zum Zeitpunkt der Unterwerfung setzte sich das Stadtregiment aus 14 Bürgermeistern, 31 Ratsherren und elf Kämmerern zusammen. Hinzu kamen die Zehnmänner und Geschickte, die als Prüf- und Koordinationsorgane in der Finanzverwaltung wirkten und von Gilden und Bauerschaften bestimmt wurden.[7] Vor allem galt es, eine Schuldenlast zu verwalten, die sich 1669 auf beinahe 1,6 Millionen Taler belief. Wirtschaftlich in der Folge des 30jährigen Krieges schwer geschädigt, verringerte sich auch der politische Aktionsrahmen der Stadt immer weiter. 1668/1669 fand die letzte traditionelle Tagfahrt der Hanse statt, das alte Städtebündnis löste sich auf. 1659 hatte Kaiser Leopold I. die Privilegien der Stadt letztmalig bestätigt. Rückhalt suchte Braunschweig in der immer deutlicher werdenden Bedrohungssituation vor allem beim Reichskammergericht und beim Reichshofrat.[8] Die Verhandlungen im Vorfeld um die Huldigung ihres neuen Landesherrn Rudolf August 1666 und 1668 schienen schließlich wie zuvor unter Herzog August d. J. im Sande zu verlaufen.

Bedeutsam für die Situation im Mai/Juni 1671 und die nachfolgende Entwicklung aber wurde es, dass mit Kramern und Lebensmittelhändlern soziale Mittelgruppen zu wirtschaftlichen und politischen Schlüsselstellungen gelangten, die in der städtischen Freiheit nicht mehr den Mittelpunkt des politischen Handelns sahen und sich mental von dem bis dahin „sakrosankten Prinzip der Stadtfreiheit" abwende-

---

6 Werner Spieß, Die Braunschweiger Revolution von 1614 und die Demokratisierung der Ratsverfassung 1614-1671, in: Jahrbuch des Braunschweigischen Geschichtsvereins 7 (1935), S. 55-71, hier S. 62-64.
7 Hans-Walter Schmuhl, Die Herren der Stadt: Bürgerliche Eliten und städtische Selbstverwaltung in Nürnberg und Braunschweig vom 18. Jahrhundert bis 1918, Gießen 1998, S. 323f. Werner Spieß, Geschichte der Stadt Braunschweig im Nachmittelalter, Teilband 2, Braunschweig 1966, S. 530.
8 Querfurth, Unterwerfung (wie Anmerkung 1), S. 253-257.

ten.⁹ Teile der Opposition gegen den Rat zeigten sich ausgesprochen herzogfreundlich. Tendenzen, die 1671 die Unterwerfung und Selbstaufgabe der Stadt zu beschleunigen schienen. Die sogenannten „neuen Volksbeauftragten" vor allem aus der Wendentorbauerschaft des Hagens und der Neustadt, in der Mehrzahl Brauer und Kaufleute, erzwangen Anfang Juni 1671 schließlich Friedensverhandlungen. Sie repräsentierten Kreise, in denen es hieß, „lieber einen Herzog als 14 Bürgermeister" haben zu wollen.¹⁰ Die Vorbehalte der gemeinen oder „ehrlichen Bürgerschaft", wie sich die Vertreter des Hagens, der Neustadt, Altewiek und dem Sack in ihren Gravamina nennen,¹¹ gegenüber dem Stadtregiment waren dementsprechend groß und konzentrierten sich in erster Linie auf einzelne Bürgermeister, wie Heinrich von Adenstede, den Großen Bürgermeister der Altstadt, und Julius von Horn, den Kleinen Bürgermeister der Altstadt, der anstelle von Adenstede Anfang Juni 1671 die Verhandlungen mit dem Herzog führte.

Neben der prekären Finanzsituation boten vor allem die Gravamina der Bürgerschaft der herzoglichen Regierung Ansatzpunkte, in die Verfassungsstrukturen der Stadt einzugreifen.¹² 28 Beschwerdepunkte umfassten die Gravamina der Bürgerschaft des Hagens, der Altewiek, der Neustadt und des Sack, die man gegen den Widerstand des Rats am 17. Juli 1671 dem Herzog übergeben hatte. Sie sind insofern als Schlüsseldokumente zu werten, weil hier bereits die Reduzierung des „der gemeinen Stadt unerträglichen großen weitleuffigen" Rates gefordert wird, die kurze Zeit später durch die herzogliche Kommission umgesetzt wurde. Wirtschaftliche Gründe aber auch die Unzulänglichkeit seiner Mitglieder werden als Begründung angeführt. Verschwenderisch und moralisch zweifelhaft sei das Vermögen der Stadt verschleudert worden.¹³ Besonders bemerkenswert aber ist der darauffolgende „unmaßgebige Vorschlag die respective aufheb- und einschrenckung des großen" Rats betreffend. Man berief sich dabei auf die vom Herzog selbst gemachte Aussage: „daß der weitleuffige Radtsstand dem gemeinen Stadtwesen viel zu schwer fiele, und dahero unumgänglich reformiret und reduciret werden müßte."¹⁴ Die Bürgerschaft forderte nun die Abdankung des alten Rats und Neuwahlen. Die Neuordnung

---

9 Olaf Mörke, Der gewollte Weg in Richtung „Untertan": ökonomische und politische Eliten in Braunschweig, Lüneburg und Göttingen vom 15. bis 17. Jahrhundert, in: Heinz Schilling, Herman Diedericks (Hgg.): Bürgerliche Eliten in den Niederlanden und in Nordwestdeutschland, Köln, Wien 1985, S. 118.
10 Zitiert nach Spieß, Braunschweig im Nachmittelalter (wie Anmerkung 7), Band 1, S. 221.
11 Niedersächsisches Landesarchiv – Staatsarchiv Wolfenbüttel, 4 Alt 5 Nr. 82.
12 Querfurth, Unterwerfung (wie Anmerkung 1), S. 271f.
13 Niedersächsisches Landesarchiv – Staatsarchiv Wolfenbüttel, 4 Alt 5 Nr. 82, fol. 3r-4r: Punkt 1.
14 Niedersächsisches Landesarchiv – Staatsarchiv Wolfenbüttel 4 Alt 5 Nr. 82, fol. 5r-v: Punkt 3.

Herzog Rudolf August vor der Silhouette der Stadt Braunschweig reitend, 1670/1675 (Braunschweigisches Landesmuseum, VMB 1535, Repro: P. Sierigk)

des Stadtregiments erschien den Deputierten als zwangsläufige Folge „dieser von Gott kommenden Veränderung", wie sie die Unterwerfung Braunschweigs umschrieben. Ihr Ziel war es, die landesherrlichen Maßnahmen zu lenken und sich selbst gestaltend einzubringen. Ihre Vorschläge, wie ein „engeres Regiment" auszusehen hatte, waren sehr konkret: Statt der 14 Bürgermeister, elf Kämmerer und 31 Ratsherrn des Jahres 1614 sollte es lediglich vier Bürgermeister, vier Kämmerer und acht Ratsherrn geben, die von der Bürgerschaft ausgewählt, benannt und für ihre Tätigkeit „eine gewisse, der Stadt erträgliche besoldung" erhalten sollten.[15] Ebenso sollten anstelle der Zehnmänner zwei bis drei geeignete Personen und ein Buchhalter die Finanzaufsicht führen.

Gegenüber den Deputierten machten die herzoglichen Räte bereits am 22. Juli deutlich, dass eine Kommission eingesetzt werden würde, um die Schuldensituation Braunschweigs zu klären und sich der Gravamina der Bürgerschaft anzunehmen. Am 1. August 1671 begann diese Kommission vom Packhof aus ihre Arbeit. Zunächst gingen die verordneten herzoglichen Räte daran, die Verfassung der Stadt grundlegend umzugestalten. Dabei orientierten sie sich vor allem an den Gravamina der Bürgerschaft. Das nach den fünf Weichbilden organisierte Ratsregiment wurde aufgehoben und stattdessen die Vorschläge der Bürgerdeputierten aufgreifend eine zentrale Stadtverwaltung mit 16 Senatoren, nämlich vier Bürgermeistern, vier Kämmerern und acht Ratsherrn, sowie drei „Stadteinnehmern" oder „Cassenbürgern" und einem „Stadtbuchhalter" für die Finanzverwaltung eingesetzt bzw. in Abstimmung zwischen herzoglichen Räten und Bürgerschaft gewählt. Als ständiger Sitz des neuen Rates war das Neustadtrathaus, in dem vorher der Gemeine Rat getagt hatte, vorgesehen. Die herzogliche Seite hatte klar artikuliert, dass Teile des alten Rats auch im neuen Gremium vertreten sein sollten. Lediglich vier der acht Ratsherrn kamen neu hinzu, davon zwei, die bisher kein politisches Amt ausgeübt hatten. Auch die vier Bürgermeister waren bereits im alten Rat vertreten gewesen: Cort Schrader als Kleiner Bürgermeister im Hagen, Christoph Gerke als Großer Bürgermeister im Hagen, Balthasar Olfen als Bürgermeister im Sack und Hermann Mahner als Sekretär. Eine Berufung von Horns, die der Herzog nicht ungern gesehen hätte, scheiterte am entschlossenen Widerstand der Bürgerschaft. Dennoch bleibt die personelle Kontinuität auffällig. Ein Bruch mit den traditionellen Eliten wurde nicht vollzogen. Dezidierte Vertreter der Opposition finden sich vor allem unter den Stadteinnehmern. Zumindest dominierten dort die Repräsentanten von Hagen und Sack, den traditionell „unruhigen" Weichbilden, in denen sich die wirtschaftlich aufstrebende Mittelschicht konzentrierte. Vertreter der Altstadt fehlen. Der neue Rat amtierte nun ständig im Gegensatz zur bisherigen Verfassung, die einen sitzenden und einen ruhenden Rat vorgesehen hatte. Jeweils jährlich wechselten sich zwei der vier Bürgermeister in der Leitung des 16köpfigen Gesamtgremiums ab. Das Recht der Bürgerschaft, den Rat der Stadt zu wählen, bestand zwar fort, aber faktisch waren es vor allem die vom Herzog bestätigten Kandidaten, die schließlich in die städtischen Verwaltungsfunktionen gelangten. Die Amtseinführung des ersten

---

15 Niedersächsisches Landesarchiv – Staatsarchiv Wolfenbüttel, 4 Alt 5 Nr. 82, fol. 6r: Punkt 4.

durch den Herzog „konfirmierten" Rats erfolgte am 3. August 1671. Der neue Rat sollte nun „Gott zu Ehren, Ihrer Durchlaucht zu gnädigsten Gefallen und der Stadt zum Besten"[16] das ihm aufgetragene Amt verrichten.

Faktisch waren die Bürgermeister und mit ihnen der gesamte Rat dem Landesherrn weisungsgebunden. Dies äußerte sich vor allem in der Art und Weise, wie die herzogliche Kommission den Rat zu den von ihr getroffenen Maßnahmen heranzog, sei es bei der Schuldenverwaltung und der Verhandlung mit den Gläubigern oder sei es bei der Reform des städtischen Gerichtswesens. Die herzogliche Kommission sollte in erster Linie die Schulden der Stadt verwalten, aber auch den Anteil der Hansestadt an der Landessteuer festsetzen. Das Vermögen und der Grundbesitz Braunschweigs wurden nun unter Zwangsverwaltung gestellt und damit der freien Verfügungsgewalt der Stadt entzogen. Tatsächlich kontrollierte die Kommission damit die gesamten Finanzen der Stadt und erhob die Steuern. Zugleich aber bestimmte sie auch über die Verteilung der Geldmittel, über den Etat des Rats (seit 1688 „Senatsärar") und der Stadt (den „große(n) Stadtärar"). Auf diese Weise entwickelte sich die Kommission zum maßgeblichen Regierungsorgan der Stadt. Ihre Tätigkeit endete erst 1731. Danach übernahm die herzogliche Kammer die Verwaltung des Stadtetats. Der Rat der Stadt Braunschweig hatte letztlich allein ordnungspolitische Funktionen. Rat und Bürgerschaft waren nicht mehr die Herren ihrer Stadt, denn sie führten faktisch nicht mehr das Regiment – mit der Kapitulation der Stadt im Juni 1671 waren sie zu „gehorsamen" Untertanen ihres Landesherrn geworden. In seiner Wertung der Ereignisse von 1671 stellte Christoph Gerke, vormals Bürgermeister des Hagens, nun berufen in das neue vierköpfige Bürgermeisterkollegium, resigniert fest: „Summa, wir waren, so zu reden, von Gott und den Menschen verlaßen".[17] Den Verlust der Freiheit wertete er als ein Gottesurteil über die Stadt.

Die Ereignisse von 1671 haben die Verfassungsstrukturen und das Selbstverständnis der Hansestadt Braunschweig tiefgreifend verändert. Über die Jahrhunderte hatten es die lokalen Eliten und Entscheidungsträger verstanden, der herzoglichen Landstadt Autonomie und politische Handlungsfreiheit zu sichern. Werner Spieß konstatiert am Ende seiner ereignis- und strukturgeschichtlichen Darstellung Braunschweigs im Nachmittelalter für das Schicksalsjahr 1671 das Ende der Epoche der selbstherrlichen Hansestadt.[18] Doch klingt in der Wehmut eines Christoph Ger-

---

16 Querfurth, Unterwerfung (wie Anmerkung 1), S. 272-274, bes. 273.
17 Zitiert nach Ebd., S. 282.
18 Spieß, Braunschweig im Nachmittelalter (wie Anmerkung 7), S. 227.

ke nicht auch ein Abgesang auf die traditionellen Werte des städtischen Gemeinwesens an?

Es war nicht gelungen, den neuen aus dem städtischen Sozialspektrum herausgewachsenen Mittelstand an die traditionellen städtischen Wertemuster zu binden. Vor allem die Abschließung des ersten Standes hatte das alte System erstarren lassen. Aufstiegsmöglichkeiten für „homines novi" gab es kaum. Auf diese Weise bereitete die Unfähigkeit des Systems zur Integration den „Wandel vom Stadt- zum Territorialbürger" vor, wie Olaf Mörke in seiner vergleichenden Studie zu den Städten Braunschweig, Lüneburg und Göttingen feststellt.[19] Die Bereitschaft wuchs, um einer vorteilhaften wirtschaftlichen Entwicklung willen „den Autonomiegedanken als Ballast über Bord zu werfen".[20] In Braunschweig war es eben jenes aufstrebende Wirtschaftsbürgertum, das mehrheitlich angesichts der prekären finanziellen und politischen Situation der Stadt die vielbeschworene Selbstherrlichkeit als sekundär ansah und stattdessen die Anlehnung an den Landesherrn suchte. Dieser seit dem Ausgang des 16. Jahrhunderts zu beobachtende Mentalitätswechsel bereitete auch ein neues Selbstverständnis der Stadt vor, die durch den Landesherrn gefördert wurde: u.a. durch die Begründung der Braunschweiger Messe 1681, die Eröffnung des Opernhauses 1690 und den Beginn des Baus neuer Befestigungsanlagen seit 1692 entwickelte sich die ehemals autonome Land- und Hansestadt zur Garnisons- und Residenzstadt.[21]

Die endgültige Verlegung des herzoglichen Hofes nach Braunschweig 1753/54 veränderte nachhaltig die Sozial- und Elitenstruktur der Stadt. Ab 1756 erfolgte unter Aufsicht der herzoglichen Kammer eine umfassende Verwaltungs- und Gerichtsreform.[22] Es wurden unter anderem vier Departements unter je einem Bürgermeister geschaffen: Justiz- und Polizeidepartement, vormundschaftliches Departement sowie Stadtdepartement. Das Polizeidepartement wurde nach 1777 endgültig aus dem städtischen Verwaltungsverbund gelöst, wobei der Polizeikommissar auch weiterhin an den Magistratssitzungen teilnahm.[23] 1780 wurde ein zusätzliches Stadtkassendepartement gebildet.

---

19 Mörke, Weg (wie Anmerkung 9), S. 132-134.
20 Ebd.
21 Querfurth, Unterwerfung (wie Anmerkung 1), S. 285. Richard Moderhack, Braunschweiger Stadtgeschichte, Braunschweig 1997, S. 126-134.
22 Schmuhl, Die Herren der Stadt (wie Anmerkung 7), S. 337.
23 Stadtarchiv Braunschweig, H III 4: 49.

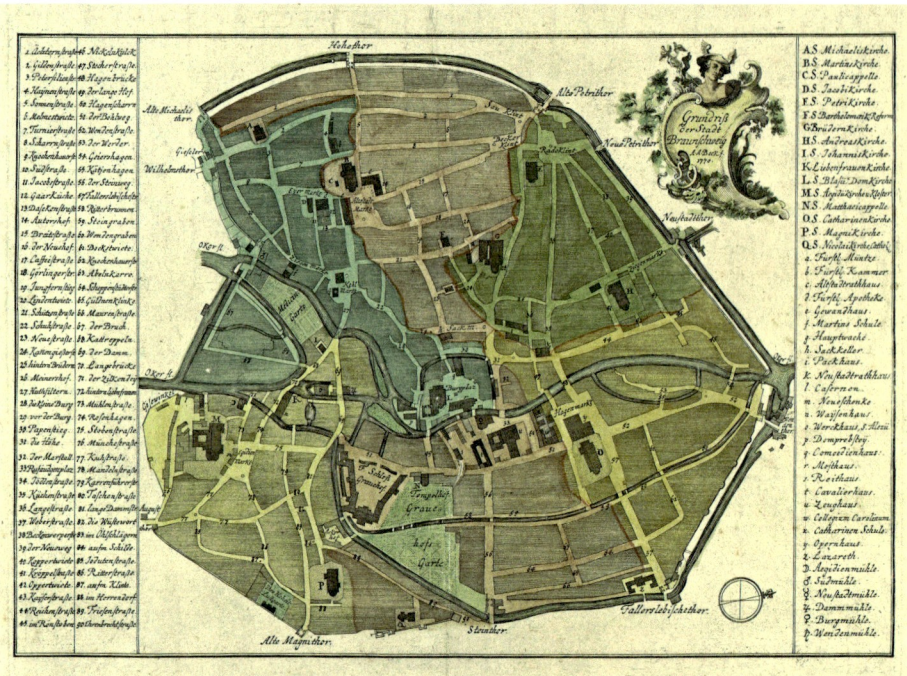

Grundriss der Stadt Braunschweig mit farblicher Hervorhebung der sechs Distrikte, Kupferstich 1770 (Stadtarchiv Braunschweig, H XI 5: 13)

1758 teilte man die 14 Bauerschaften in sechs nach den Stadttoren benannte Distrikte. Dreizehn Stadtdeputierte vertraten die Bürgerschaft, sie wurden wie die Stadträte (Senatoren) auf Lebenszeit gewählt.[24] Seit 1671 war dies der zweite tiefgreifende Eingriff in die gewachsene Struktur der Stadt. Der Zusammenführung der Weichbilde folgte nun die Auflösung der Bauerschaften, die einst unter ihren Hauptleuten zur Verteidigung der Stadt angetreten waren.

In den Jahren zwischen 1744 und 1761 sowie 1783 und 1808 amtierten statt der eigentlich notwendigen vier jeweils nur drei Bürgermeister, von denen einer das Direktorium inne hatte und dafür einen zusätzlichen Sold erhielt. Diese Praxis und die von Seiten der herzoglichen Beamten mehrfach unternommenen Vorstöße, die Zahl der Bürgermeister dauerhaft zu reduzieren, sind klare Anzeichen für den Bedeutungsverlust des Amtes.[25]

---

24 Schmuhl, Herren der Stadt (wie Anmerkung 7), S. 336-338. Moderhack, Stadtgeschichte (wie Anmerkung 21), S. 125f.
25 Stadtarchiv Braunschweig, Rechnungsbücher F VIII 7.

Der große herzogliche Einfluss auf die Spitze der Stadtverwaltung wird außerdem durch den Umstand verdeutlicht, dass die Syndici, neben den Bürgermeistern die wichtigsten städtischen Amtsträger, direkt vom Herzog ernannt wurden. Eine Reihe dieser Syndici rückte später in das Bürgermeisteramt auf.[26]

Kupferstich der 1764 fertiggestellten Fürstlichen Kammer von A.A. Beck (Stadtarchiv Braunschweig, H III 2: 48)

Die Verwaltung der Stadt war in der zweiten Hälfte des 18. Jahrhunderts endgültig in die herzogliche Administration integriert worden. Die einzige Möglichkeit der Einflussnahme durch die Braunschweiger Bevölkerung bestand darin, dass die Bürger dem aus Senatoren und Syndici bestehenden Magistrat so genannte Stadtdeputierte vorschlugen, von denen es insgesamt 13 gab, die dann – sofern sie vom Magistrat als akzeptabel erachtet worden waren – auf Missstände aufmerksam machen konnten.

---

26 Stadtarchiv Braunschweig, H III 4: 49. Eine Übersicht über die Personen an der Spitze der Stadt hat Ursula Beiß zusammengestellt. Vgl. Ursula Beiß, Bürgermeister und Syndici der Stadt Braunschweig 1688 – 1808, in: Gerd Spies (Hrsg.), Festschrift zur Ausstellung Brunswiek 1031, Braunschweig 1981. Die Stadt Heinrich des Löwen von den Anfängen bis zur Gegenwart, Braunschweig 1981, S. 595-614.

Eine radikale Veränderung der Verwaltungsstruktur brachte die Zeit der französischen Besetzung. Braunschweig wurde 1807 wie das gesamte Herzogtum in das neugegründete Königreich Westphalen eingefügt. Innerhalb dieses Königreichs gehörte Braunschweig als Departementalhauptstadt zum 1808 eingerichteten Okerdepartement. Das Departement wiederum untergliederte sich in Kantone, wobei Braunschweig einen eigenen Stadtkanton bildete. Die Lokalverwaltung der Stadt unterstand einem vom König ernannten Maire, dem ein Munizipalrat mit zwanzig Räten zugeordnet war. Mit den neuen Strukturen waren zwar einige moderne Elemente verbunden, so z. B. die vollständige Trennung von Verwaltung und Justiz, eine nennenswerte Ausweitung der städtischen Selbstverwaltung bedeuteten sie jedoch nicht. Sowohl der Maire als auch der Munizipalrat waren fest in die zentralistisch aufgebaute Staatsverwaltung eingefügt. Der Bürgermeister war gegenüber dem Präfekten als Chef des Departements weisungsgebunden. Der Munizipalrat besaß weder Beschluss- noch Kontrollbefugnis, sondern war lediglich ein beratendes Gremium.[27]

Nach der Niederlage Napoleons und der Machtübernahme durch Herzog Friedrich Wilhelm wurden die meisten Neuerungen der Franzosenzeit wieder rückgängig gemacht. Die Trennung von Justiz und Verwaltung wurde wieder aufgehoben und in Braunschweig unter der Bezeichnung Magistrat ein Stadtgericht eingesetzt, das gleichzeitig die Verwaltungsgeschäfte zu führen hatte. An der Spitze dieses Gremiums stand ein Stadtdirektor. Der erste Inhaber dieses Amtes war seit dem Frühjahr 1814 Johann Heinrich Wilmerding der Jüngere.[28] Dem Stadtdirektor unterstanden fünf Richter als „Stadträte", zwei Assessoren und vier Stadtsekretäre. Die Aufsicht über den Magistrat lag unverändert bei der Fürstlichen Kammer als höherer Polizei- und Verwaltungsbehörde, ein Einfluss der Bürgerschaft auf die Zusammensetzung des Magistrats bestand nicht.[29]

Die ersten zaghaften Schritte zu einer Ausweitung der kommunalen Kompetenzen werden mit der erneuerten Landschaftsordnung von 1820 deutlich. Von wesentlicher Bedeutung war, dass die Vertretung der Stadt Braunschweig in der Ständeversammlung deutlich gestärkt wurde. Neben den Magistratsdirektor, der der Ständeversammlung qua Amt angehörte, traten nun fünf weitere Abgeordnete, wobei zwei

---

27 Schmuhl, Die Herren der Stadt (wie Anmerkung 7), S. 354f.
28 Ebd., S. 365f.
29 Theodor Müller, Stadtdirektor Wilhelm Bode. Leben und Werk (Braunschweiger Werkstücke 29), Braunschweig 1963, S. 54.

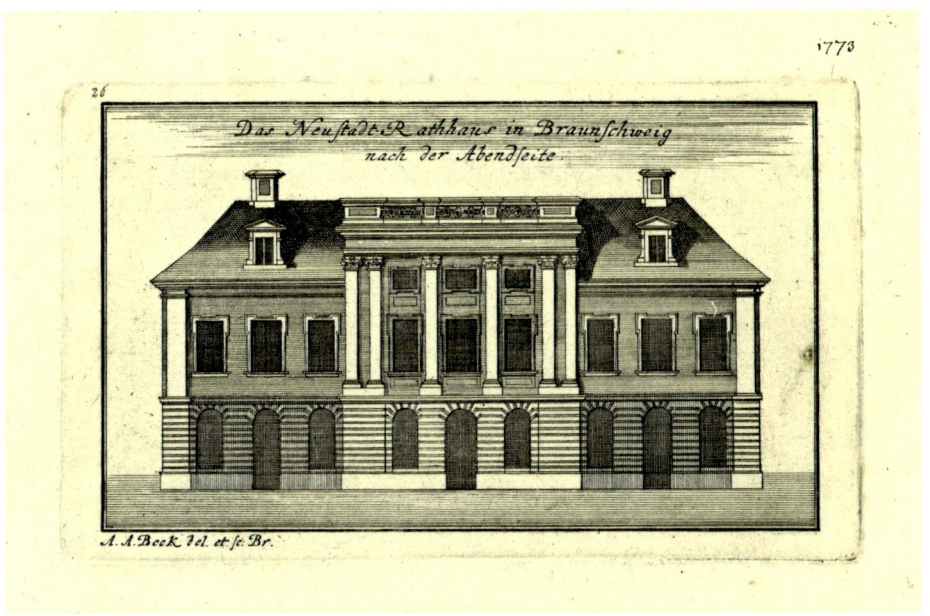

Neustadtrathaus von Süden, Kupferstich, 1773 (Stadtarchiv Braunschweig, H V: 82)

von ihnen Großkaufleute oder Bankiers sein mussten, die übrigen drei wurden aus der Bürgerschaft gewählt.[30]

Eine deutlich Verbesserung der Stellung der Städte kündigte sich mit der 1823 erfolgten Verabschiedung der Polizei- und Gemeindeverfassung für Städte und Flecken an, die zum 01.10.1825 in Kraft trat und an deren Ausarbeitung der Braunschweiger Stadtdirektor Wilmerding maßgeblich beteiligt war. Durch die mit dieser Verfassungsreform verbundene Trennung von Justiz und Verwaltung, verlor die Stadt zwar ihre Gerichtshoheit, erfuhr dafür aber zugleich eine erhebliche Stärkung ihrer Selbstverwaltungskompetenzen.

Zusammenfassend lässt sich feststellen, dass mit der Rückkehr in die Obödienz ihres Landesherrn als „herzogliche Land- und Erbstadt" 1671 das Regiment der „selbstherrlichen Hansestadt" Braunschweig aufhörte zu existieren. Entscheidungsträger war

---

30 Pollmann, Klaus Erich Pollmann, Die Landschaftsordnung von 1832, in: Werner Pöls, Klaus Erich Pollmann (Hrsg.), Moderne Braunschweigische Geschichte, Hildesheim, Zürich, New York 1982, S. 6-30, hier S. 6, 15. Schmuhl, Die Herren der Stadt (wie Anmerkung 7), S. 370.

nun der Herzog bzw. die herzogliche Stadtkommission, die lediglich hoheitliche Aufgaben delegierte. Der Rat erfüllte hingegen überwiegend Amtsfunktion im Dienst der herzoglichen Regierung. Als Repräsentanten der Leitung standen die Bürgermeister nun vor allem in der Pflicht ihrem Landesherrn gegenüber. Der gemeine Nutzen wurde durch die Regierung in Wolfenbüttel definiert, der Bürgermeister war zum Amtmann und später (seit Mitte des 18. Jahrhunderts) zum Behördenleiter geworden. Erst die in den 1820er Jahren eingeleiteten Verfassungsreformen sollten wieder zu einer Stärkung der städtischen Kompetenzen und in der Konsequenz auch zu einer Aufwertung des Stadtdirektorenamtes führen, für das schon bald wieder die Bezeichnung Bürgermeister üblich wurde.

Roxane Berwinkel, Wolfenbüttel

„Die meisten dieser neuen Amtspersonen
hatten auch dem alten Ratsregiment – und zwar gewißlich nicht zufällig,
überwiegend dem Hagen – angehört"[1]

CORT SCHRADER (1671)

Cort Schrader wurde am 21. März 1595 in Braunschweig geboren. Sein Vater Hermen Schrader, 1602 bis 1638 Ratsherr im Hagen, übte das Bürgermeisteramt dieses Weichbildes von 1615 bis 1638 aus.[2] Als Gesandter der Hanse war er 1615 maßgeblich am Friedensschluss von Steterburg zwischen Braunschweig und Herzog Friedrich Ulrich beteiligt. Hermen Schrader starb am 28. Oktober 1639 und wurde in St. Katharinen in Braunschweig begraben.

Cort Schrader wurde 1654 Ratsherr und Kleiner Bürgermeister im Weichbild Hagen, ein Amt das er bis 1656 ausübte. 1658 ernannte ihn der Hägener Rat zum Großen Bürgermeister des Weichbilds.[3] In dieser Funktion gehörte Cort Schrader dem Engen Rat an, jenem Führungsgremium, das die Geschicke der Gesamtstadt leitete. In der zweiten Hälfte des 17. Jahrhunderts beherrschte der Konflikt mit dem Landesherrn, der die Stadt mehrfach belagerte, die Stadtpolitik. Insbesondere die Bewohner der in östlicher Richtung gelegenen Weichbilde Hagen und Neustadt litten unter den wiederholten Angriffen und drängten schlussendlich im Sommer 1671 auf ein schnelles Ende der Belagerung. Am 12. Juni 1671 wurden das Fallersleber Tor und das Steintor geöffnet und die herzoglichen Truppen zogen ein, was erhebliche Konsequenzen für die Stadt und ihre Verfassung hatte: Die Weichbildräte wurden abgeschafft, der alte Rat aufgelöst und ein neues Gremium geschaffen, das mit vier Bürgermeistern, vier Kämmerern und acht Ratsherren besetzt war.

Der siegreiche Eroberer der Stadt, Herzog Rudolf August von Braunschweig-Wolfenbüttel schaffte zwar einerseits die seit Jahrhunderten geltende Ratsverfassung ab, andererseits achtete er jedoch auf eine personelle Kontinuität bei der Neubesetzung

---

[1] Werner Spieß, Braunschweig im Nachmittelalter, 1. Halbband, Braunschweig 1966, S. 226.
[2] Sophie Reidemeister, Genealogien Braunschweiger Patrizier- und Ratsgeschlechter (Braunschweiger Werkstücke 12), Braunschweig 1948, S. 134.
[3] Werner Spieß, Die Ratsherren der Hansestadt Braunschweig 1231-1671 (Braunschweiger Werkstücke 42), Braunschweig 1970, S. 209.

der Schlüsselpositionen in der städtischen Verwaltung. Mit beinahe 75 Jahren wurde Cort Schrader neben Christoph Gerke, Balthasar Olfen und Hermann Mahner zum Bürgermeister ernannt und gehörte damit auch zum neuen Führungskollegium der Stadt,[4] die nach ihrer Kapitulation gegenüber der sie belagernden Welfenkoalition in die Obödienz ihres Landesherrn zurückgekehrt war.

Schrader allerdings starb nur wenige Monate nach seiner Ernennung und hinterließ keine bleibenden Spuren in dieser Umbruchszeit. Cort Schrader wurde am 12. November 1671 in der Katharinenkirche begraben. In seinem Testament 1669 vermachte der unverheiratet gebliebene Cort seinem Bruder Heinrich Schrader und dessen Familie sein gesamtes Vermögen.[5]

Seit Mitte des 16. Jahrhunderts hatte sich vor allem aus den Geschlechterfamilien des Hagens und der Neustadt der Kern einer neuen sozialen Schicht konstituiert, der Stand „von den weißen Ringen". Im Gegensatz zu den Geschlechtern der Altstadt waren hier die Integration und der Aufstieg von „homines novi" möglich. Zwischen 1569 und 1671 traten zunehmend neue aufstrebende Kaufmannsfamilien in Wirtschaft, Politik und Verwaltung der Stadt an die Stelle der Patrizier der Altstadt. Ihr Familienbewusstsein war sehr ausgeprägt. Erfolgreich und umfassend betätigten sie sich in Handel und Wirtschaft. Im Rat stellten sie zahlreiche Vertreter und übernahmen bald Spitzenpositionen. Unter ihnen galt die Familie Schrader, Gewandschneider und Lakenmacher, als älteste und angesehenste. Ende des 15. Jahrhunderts aus Badersleben (Kreis Oschersleben) in Braunschweig eingewandert und im Hagen sesshaft geworden, erreichte sie aufgrund ihres beträchtlichen Vermögens bald eine herausragende wirtschaftliche Stellung. Nach 1488 folgte dann auch ihr politischer Aufstieg. Bis 1671 behauptete die Familie einen ständigen Sitz im Stadtrat des Hagens. In dieser Zeit stellte sie insgesamt neun Ratsherren. Fünf davon sind zugleich Große Bürgermeister im Hagen gewesen.

Als letzter dieser Reihe wurde Cort Schrader 1658 zunächst Großer Bürgermeister im Weichbild Hagen und 1671 dann auch Bürgermeister der vom Landesherrn eroberten Stadt. Sein Lebenslauf macht deutlich, dass eine Veränderung der politischen Rahmenbedingungen nicht zwingend mit einer Veränderung der Lebensumstände eines Einzelnen einhergehen muss.

Roxane Berwinkel, Wolfenbüttel

---

4 Niedersächsisches Landesarchiv – Staatsarchiv Wolfenbüttel, 1 Alt 6495.
5 Vgl. Stadtarchiv Braunschweig: B I 23, 6, f. 340v-342r.

BALTHASAR OLFFEN (1671 – 1677)

Am 28. Dezember 1677 starb der Braunschweiger Bürgermeister Balthasar Olffen, seit 1665 Bürgermeister des Weichbildes Sack und erneut „zum Bürgermeister erwehlet" nach der Unterwerfung der Stadt durch Herzog Rudolf August von Braunschweig-Wolfenbüttel 1671 „mit Ihr(er) Hoch-Fürstl(ichen) Durchl(aucht) gnädigsten consens".[1] Sein Bruder Tobias Olffen (1597-1654), seit 1643 Großer Bürgermeister der Altstadt, machte sich vor allem als Chronist seiner Heimatstadt einen Namen. Nach dessen Tod 1654 setzte Balthasar Olffen diese Aufzeichnungen fort und überlieferte damit neben der Beschreibung Christoph Gerkes ein weiteres schriftliches Zeugnis über die folgenschwere Belagerung der Stadt 1671 durch die verbündeten Welfenherzöge.

Balthasar Olffen wurde am 29. September 1599 in Braunschweig geboren. Sein Vater Wilhelm Olffen wanderte als vermögender Kaufmann aus Dortmund nach Braunschweig ein. Olffens Mutter, Esther, war Tochter Balthasar Rittershusens, Senior des Stifts St. Blasii. Schon bald musste der junge Olffen seinen Vaters bei dessen Geschäften unterstützen. Doch heben die Personalia der Leichenpredigt auch seine offensichtlich starken schöngeistigen Interessen hervor. Es heißt dort: er sei „der lateinischen Sprache und der Music ziemlich kundig" gewesen, jedoch wäre ihm dafür kaum Zeit verblieben, was Olffen im Alter bedauert haben soll.[2]

Mit 15 Jahren schickte sein Vater Balthasar nach Emden. Dort erlernte Olffen den Kaufmannsberuf. Drei Jahre später, im Jahr 1617 rief ihn der gesundheitlich angeschlagene Vater zurück nach Braunschweig. Balthasar Olffen übernahm nun die väterlichen Geschäfte ganz und heiratete nach deren Liquidation auf Empfehlung seines Vaters am 14. August 1621 Elisabeth Roleffs, die Tochter des ehemaligen Rats Lorenz Roleffs.[3] Bereits 1629 verstarb seine Frau, und Olffen ging ein Jahr später eine zweite Ehe mit Maria Alfeld ein. Die Familie Alfeld war einflussreich und etabliert in der politischen Repräsentation und Verwaltung des Weichbildes Sack. Hans Alfeld († 1607) hatte als Bürgermeister des Sack und Mitglied des Kriegsrats bei der

---

1 Templum honoris/justorum brunsvicensium/Oder:/Ehren-Gedächtnis/Aufgerichtet/Bey Christlicher Beerdigung/Unterschiedlicher/theils hoher Standes theils auch/anderer vornemer Persohnen/in öffentlich/gehaltenen/Leich-Predigten ..., Braunschweig 1700 (VD 17 1:025203U), p. 63. Niedersächsisches Landesarchiv – Staatsarchiv Wolfenbüttel 1 Alt 6495.
2 Templum honoris/justorum brunsvicensium (wie Anmerkung 2), p. 61f.
3 Es handelte sich hierbei offensichtlich um Lorenz Roleffs (Ralef(f)s), Ratsherr im Sack und Angehöriger der Kürschnergilde, gestorben am 30. Juli 1607, siehe Werner Spieß, Die Ratsherren der Hansestadt Braunschweig 1231-1671 (Braunschweiger Werkstücke 42), Braunschweig 1970, S. 190.

Verteidigung Braunschweigs gegen Herzog Heinrich Julius 1605/1606 eine herausragende Rolle gespielt.[4]

Mit dem Jahr 1624 begann Olffen als Kämmerer eine politische Karriere, in deren Verlauf er eine beachtliche Zahl von Ämtern inne hatte. 1628 war er Hauptmann, 1655 Mitglied des Zehnmännerkollegiums, 1657 Ratsherr, Vorsteher des Klosters St. Crucis und 1659 Bruchkämmerer. 1661 wurde Olffen Obervorsteher der Brüdernkirche und 1665 schließlich Bürgermeister im Sack. Seit 1658 war Olffen zudem Gerichtsherr. Besonders intensiv soll er die Aufsicht über die Vormünder und ihre Tätigkeit im Interesse ihrer Mündel geführt haben.[5]

Während der Belagerung Braunschweigs 1671 koordinierte Olffen die Verteidigung des Weichbildes Sack.[6] Als er mit 78 Jahren starb, hatte sich die Stadt, in der er sein politisches Wirken begann, grundlegend verändert. Nachdem Braunschweig unter Kuratel einer herzoglichen Kommission gestellt worden war, kam dem Rat lediglich die Rolle einer weisungsgebundenen herzoglichen Behörde zu. Die ehemals stolze und auf Unabhängigkeit bedachte Handelsstadt nahm nun im Juni 1671 eine ständige Militärgarnison ihres Landesherrn auf. Etwas weniger als ein Jahrhundert später 1753/54 wird sie die ständige Residenz der Herzöge von Braunschweig-Wolfenbüttel werden.

Olffen hatte den Beginn dieser Entwicklung offenbar weniger skeptisch als sein Bürgermeisterkollege von 1671 und Mitchronist Gerke betrachtet. Vor dem Hintergrund der Kapitulation seiner Stadt resümierte Olffen: „Wir haben einen gnädigen, lieben Landesfürsten bekommen".[7] Braunschweigs „Rückkehr" in die Obödienz seines Landesherrn hatte Olffen an verantwortlicher Stelle mitgetragen und offenbar auch als Chance für die weitere Entwicklung der Stadt gesehen.

Roxane Berwinkel, Wolfenbüttel

---

4   Werner Spieß, Geschichte der Stadt Braunschweig im Nachmittelalter vom Ausgang des Mittelalters bis zum Ende der Stadtfreiheit (1491-1671), 1. Teilband, Braunschweig 1966, S. 158. Der gleichnamige Vater Maria Alfelds (Alvelt) (gest. 16. September 1609) ist bei Spieß, Ratsherren (wie Anmerkung 4), S. 67 als Ratsherr im Sack für das Jahr 1608 und Angehöriger der Kürschnergilde nachgewiesen.
5   Siehe Templum honoris/justorum brunsvicensium (wie Anmerkung 2), p. 63.
6   Vgl. Hans Jürgen Querfurth, Die Unterwerfung der Stadt Braunschweig im Jahre 1671. Das Ende der Stadtfreiheit (Braunschweiger Werkstücke 16), Braunschweig 1953, S. 129.
7   Stadtarchiv Braunschweig, H III 30, fol. 171v.

„Mit seinen Herren Collegen hat er allemahl in guten Fried und Einigkeit gelebet /
auch der lieben Bürgerschaft / so viel sein Amt leiden wollen /
freund- und höflich begegend / und deren Wohlfahrt sich best müglichst
angenommen / wie dem die gantze Stadt Ihm dessen
verhoffentlich ohnparteyisches Zeugnis geben wird."[1]

HERMANN MAHNER (1671 – 1684)

Hermann Mahner wurde 1671 Bürgermeister. Neben Christoph Gerke, Cort Schrader und Balthasar Olffen gehörte er zu den von Herzog Rudolf August approbierten Kandidaten für ein neues, der herzoglichen Regierung verpflichtetes Bürgermeisterkollegium.[2] Nach erfolgreicher Belagerung hatte der Wolfenbütteler seinen landesherrlichen Machtanspruch gegenüber der Stadt durchsetzen können. Der vormalige Obergerichtssekretär Mahner war unter anderem als Diplomat und Repräsentant seiner Stadt tätig gewesen. So verhandelte er während des Dreißigjährigen Krieges mit den Schweden, um eine Besetzung der Stadt zu verhindern. In der Folge gelang es der Stadt immer wieder, sich bei den verschiedenen Kriegsherren, die im Verlauf des Krieges vor ihren Toren standen, von einer drohenden Besatzung freizukaufen.[3] Den Bürgerdeputierten musste die Wahl Mahners nicht unproblematisch erschienen sein, stand er doch in vielfacher dienstlicher wie familiärer Beziehung zum alten Rat.[4]

Als Spross einer altehrwürdigen Familie wurde Hermann Mahner am 10. Oktober 1617 geboren. Sein Vater war der Neustädter Ratsherr Lüd(d)eke Mahner,[5] seine

---

1 Triumpff Lied / der Gläubigen Sieger / ex Psal. LXVIII, v. 20.21 bey trauriger Beerdigung / des weyland / Wol-Edlen / und Hochgelahrten / Herrn / Hermanni Mahners / Wohlverdienten Bürgermeisters dieser Fürstl. Stadt Braunschweig / ... zum Druck übergeben / von Bartoldo Botsacco, Braunschweig 1684 (VD 17 1:024431 E), p. 45. Die biografischen Angaben orientieren sich vor allem an den Personalia zu der oben genannten Leichenpredigt.
2 Niedersächsisches Landesarchiv – Staatsarchiv Wolfenbüttel, 1 Alt 6495.
3 Hans Jürgen Querfurth, Die Unterwerfung der Stadt Braunschweig im Jahr 1671. Das Ende der Braunschweiger Stadtfreiheit (Braunschweiger Werkstücke 16), Braunschweig 1953, S. 25.
4 Vgl. Manfred Garzmann (Hrsg.), Teiledition der Chronik des Braunschweiger Bürgermeisters Christoph Gerke (1628-1714) (Quaestiones Brunsvicenses 11/12), Braunschweig 1999/2000, S. 207. Zu den Hintergründen und den Ereignissen am Andreasabend des Jahres 1670 vgl. auch Querfurth, Unterwerfung (wie Anmerkung 3), S. 59-63.
5 Werner Spieß, Die Ratsherren der Hansestadt Braunschweig 1231-1671 (Braunschweiger Werkstücke 42), Braunschweig 1970, S. 164.

Mutter stammte aus der in Braunschweig ansässigen Brauerfamilie Faddrian. Getauft wurde Mahner am 12. Oktober 1617 in St. Andreas.[6] In seinen intellektuellen Fähigkeiten früh von seinen Eltern gefördert, besuchte er 1637 die St. Johannisschule in Lüneburg. Im selben Jahr immatrikulierte er sich an der Universität Helmstedt, wo er bis 1640 Philosophie und Rechtswissenschaft studierte.[7] Mahner kehrte zurück nach Braunschweig und assistierte dem Obersyndikus der Stadt, Johann Lammann. 1641 setzte Mahner sein Studium in Rostock fort und hielt ein Jahr später eine öffentliche Disputation.[8] Nach seiner Rückkehr nach Braunschweig arbeitete Mahner zunächst als Jurist.

1648 wurde Hermann Mahner vom Rat der Stadt auf drei Jahre zum Sekretär bestellt.[9] 1655 erfolgte schließlich seine Ernennung zum Obergerichtssekretär,[10] ein Amt, das er bis zum Ende seines Lebens ausübte.[11] Um 1530 war das Gerichtswesen der Stadt grundlegend reformiert worden. Alle fünf Weichbilde wurden in einer Gerichtsbehörde zusammengefasst. Mit Unter- und Obergericht waren hierarchisch abgestufte, in ihrer Zuständigkeit klar unterscheidbare Gerichtsinstanzen entstanden.

Der Gemeine Rat fungierte dabei als Obergericht, das sich als oberste Gerichtsbehörde und Appellationsinstanz vor allem mit komplizierten Rechtssachen zu beschäftigen hatte. Als Obergerichtssekretär führte Mahner in den Verfahren Protokoll, betreute die „Handelsbücher des Gemeinen Rates", dokumentierte die Verträge bei Güteverfahren, die Dekrete des Rats und die Prozesse in Vormundschaftssachen, insbesondere den Verkauf unbeweglichen Eigentums der Mündel durch ihre Vormünder und prüfte die beim Obergericht eingereichten Klagen.[12] Mahner stand also im Zentrum der Macht. Bei allen wichtigen Verfahren war er zugegen. Doch führte ihn, der dem alten Rat so stark verbunden war, letztlich der Wille des Herzogs zum Gipfel seiner vielversprechenden Karriere, als er ihn schließlich „bey der Anno 1671 vorgefallenen Veränderung ... zum Bürgermeister gnädigst ernennet".[13]

---

6 Stadtarchiv Braunschweig, G III 1: 20 II, S. 352.
7 Triumpff Lied / der Gläubigen Sieger / (wie Anmerkung 1), p. 41-48 (Personalia).
8 Rostocker Matrikelportal, Semester 1641 / 42, Nr. 16 (http://matrikel.uni-rostock.de/index.php?c=db&db =1&sub=1600&sid=10445 eingesehen am 15.05.2011).
9 Stadtarchiv Braunschweig: H III 4: 56, S. 190 und 191.
10 Werner Spieß, Die Gerichtsverfassung der Stadt Braunschweig zur Hansezeit (bis 1671), in: Ders. (Hrsg.), Beiträge zur Geschichte des Gerichtswesens im Lande Braunschweig, Braunschweig 1954, S. 39-77. Heinz Diestel, Die Gerichte der Stadt Braunschweig von 1671 bis 1808, in: ebd. S. 79-106.
11 Triumpff Lied / der Gläubigen Sieger / (wie Anmerkung 1), p. 48.
12 Spieß, Gerichtsverfassung (wie Anmerkung 10), S. 65-68.
13 Triumpff Lied / der Gläubigen Sieger / (wie Anmerkung 1), p. 41.

Ansicht der Andreaskirche von Nordwesten, Kupferstich von Johann Georg Beck im Kupferkalender von 1711 (Stadtbibliothek Braunschweig, Zs II 1184: 4a)

1646 vermählte sich Mahner mit Barbara Leutken,[14] der Tochter des Bürgermeisters von Uelzen, Rudolf Leutken. Nachdem seine Frau 1653 verstorben war, ging er im August 1654 eine zweite Ehe mit Hedwig von Damm ein.[15] Mahner heiratete damit in eine Geschlechterfamilie der Altstadt ein. Die Damms gehörten 1569 zu den 30 Familien, die sich in der Gelagsbrüderschaft „von den Geschlechtern" der Altstadt exklusiv als Abstammungsgemeinschaft konstituiert hatten.[16] Mahners Nähe zu den Geschlechtern manifestierte sich nicht zuletzt auch in der Verbindung einer seiner Töchter mit der Familie von Kalm: Hans (Johann) von Kalm[17] wurde der Schwiegersohn des vormaligen Obergerichtsschreibers und späteren Bürgermeisters.

Hermann Mahner war eng vernetzt mit der alten Elite der Stadt als er 1671 sein Bürgermeisteramt antrat. Als Berufsjurist symbolisierte sein Aufstieg eine deutlich Tendenz zur Professionalisierung der obersten Verwaltung Braunschweigs, das sich nun

---

14 Stadtarchiv Braunschweig, G III 1: 21 III, S. 729.
15 Stadtarchiv Braunschweig, G III 1: 154, S. 32.
16 Werner Spieß, Geschichte der Stadt Braunschweig im Nachmittelalter, 2. Teilband, Braunschweig 1966, S. 475-477.
17 Sophie Reidemeister, Genealogien Braunschweiger Patrizier- und Ratsgeschlechter aus der Zeit der Selbständigkeit der Stadt (vor 1671) (Braunschweiger Werkstücke 12), Braunschweig 1948, S. 94.

allmählich zur Garnison und Residenz der Wolfenbütteler Herzöge zu wandeln begann. 1671 bedeutete zunächst keine wirklich wahrnehmbare Zäsur in der Sozialstruktur der Stadt. Mahners Nähe zu den mächtigen Familien der Altstadt hatte ihn der herzogfreundlichen Opposition während der Belagerung durchaus verdächtig gemacht. Für den Herzog schien gerade diese Nähe und Mahners Qualifikation eine nicht unbedeutende Rolle gespielt zu haben, diesen gegen den Widerstand der Bürgerdeputierten als Kandidaten für das Bürgermeisteramt durchzusetzen.

Beinahe 13 Jahre war Mahner Bürgermeister als er am 21. August 1684 starb. Er hinterließ 12 Kinder und 20 Enkel. Begraben wurde Hermann Mahner am 27. August 1684 in St. Andreas,[18] der Kirche des ehemaligen Weichbildes Altstadt, für deren Pflege und Erhaltung er sich nach einem Brand 1680 aktiv eingesetzt hatte.[19]

Roxane Berwinkel, Wolfenbüttel

---

18 Stadtarchiv Braunschweig, G III 1: 30, S. 207.
19 Mark Opalka, „für die Erhaltung eines so weltberühmten Gebäudes ist die größeste Sorgfalt unsere Pflicht" – Die Baugeschichte des Andreaskirchturms nach dem Brand von 1680 bis 1900, in: Peter Albrecht, Henning Steinführer (Hrsg.), Die Türme von Sankt Andreas zu Braunschweig (Braunschweiger Werkstücke 112), Hannover 2009, S. 198.

„So wird man befinden, dass iener Politicus wahr habe gesaget: Braunschweig müsse auff einem auffrührischen boden gebawet sein"[1]

CHRISTOPH GERKE (WEITERE NAMENSVARIANTEN: GEHRKEN, GERKEN UND GERIKE) (1671 – 1714)

Zu den prägenden Persönlichkeiten des landes- und stadtgeschichtlich turbulenten späten 17. und frühen 18. Jahrhunderts gehörte zweifellos der Jurist, Bürgermeister und Chronist Christoph Gerke. Er wurde am 2. August 1628 als Sohn des Kaufmannes, Ratsherrn und späteren Bürgermeisters im Weichbild Sack, Henning Gerke und seiner 1627 ihm angetrauten zweiten Ehefrau Elisabeth, geborener Nürnberger, in Braunschweig geboren. Zwar stammte Henning Gerke nicht aus der Stadt Braunschweig, sondern aus einem Bauernhof im benachbarten Lehre, das damals noch (bis 1706) zum Herzogtum Braunschweig-Lüneburg im lüneburgischen Landesteile gehörte. Binnen einer einzigen Generation war es Henning Gerke gelungen, der am 18. Mai 1665 im biblischen Alter von 89 Jahren in Braunschweig verstarb, in den engeren Kreis der führenden Ratsfamilien der Hansestadt Braunschweig emporzusteigen. Er hatte eine kaufmännische Lehre absolviert und ausgedehnte Handelsreisen vornehmlich in osteuropäische Länder unternommen. Im Alter von 34 Jahren ließ sich Henning Gerke 1610 auf Dauer in Braunschweig nieder und erwarb hier das Bürgerrecht. Seinen beiden Ehen entsprossen insgesamt 10 Kinder. Erst im vorgerückten Alter von mehr als 50 Jahren hat er sich an der Braunschweiger Kommunalpolitik aktiv beteiligt und schließlich ab 1659 in seinen letzten Lebensjahren das Amt des Bürgermeisters im Weichbild Sack bekleidet.

Christoph Gerke hatte fraglos von seinem Vater hervorragende genetische Veranlagungen geerbt, die ihm ein für damalige soziale Gegebenheiten ebenfalls hohes Alter von fast 86 Jahren einbrachten. Auf Empfehlung des mütterlichen Großvaters Christophorus Nürnberger, der als Bürgermeister in Quedlinburg amtierte, besuchte der Sohn das dortige Gymnasium und anschließend das Martineum in Braunschweig. Im Mai 1649 begann Christoph Gerke sein Jurastudium an der Fürstlich-Sächsischen Universität zu Jena, um dann nach einem kurzen Aufenthalt bei seinen

---

[1] Stadtarchiv Braunschweig, H III 2: 23 vol. 1, S. 1. – Christoph Gerke am 17. Juni 1665 in der Einleitung zu der zweibändigen Chronik seiner Heimatstadt Braunschweig: „Collectanea Historica Rem publicam Brunsvicensem concernentia, …"

Porträt des Christoph
Gerke, Vorsatzblatt
zur Handschrift
seiner Chronik der
Stadt Braunschweig
(Stadtarchiv
Braunschweig,
H III 2 Nr. 23)

Eltern in Braunschweig, im Juli 1652 an die Kurbrandenburgische Universität zu Königsberg/Preußen zu wechseln, wo er mit einer krankheitsbedingten Verzögerung im Juli 1655 das Examen ablegte. Gemäß dem dringenden Wunsche seines fast 80-jährigen Vaters kehrte er im Sommer desselben Jahres in seine Heimatstadt Braunschweig zurück, wo er sich als Advokat niederließ.

Vermutlich durch väterliche Fürsprache eröffnete sich für den Sohn Christoph die große Möglichkeit, in städtische Dienste zu treten. Bereits im Herbst 1657 wurde er von einem „Wohledlen und Hochweisen Rathe" zum Sekretär im Engen Rat berufen, dem „eigentlichen Organ für die politische Führung der Stadt".[2] Seine Berufung charakterisiert die starke Professionalisierung der hohen Ratsämter mit juristisch ausgebildeten Funktionsträgern, die seit dem 17. Jahrhundert die ehrenamtlich und alternativ amtierenden Großkaufleute ablösten. Dieses kollegiale Bürgermeistergremium hatte sich 1614 unter dem Vorsitz des Großen Bürgermeisters der Altstadt aus den 14 Weichbild-Bürgermeistern sowie dem Oberkämmerer gebildet. Die von Christoph Gerke von 1657 bis 1661 geführten Ratsprotokolle werden in zwei Bänden im Stadtarchiv Braunschweig verwahrt.[3]

Als Christoph Gerke am 24. November 1657 seine mit unbestechlicher Akribie ausgeführte Protokollantentätigkeit begann, stand seine Heimatstadt unter dem lähmenden Eindruck einer seit Pfingsten (27. / 28. Mai) 1657 grassierenden, nur ganz allmählich abklingenden schweren Pestepidemie, deren verheerende Auswirkungen mit weit über 5.000 Todesopfern er als Augenzeuge unmittelbar erlebt und darüber in seiner Chronik berichtet hat.[4] Mehrmals wurde Gerke vom Engen Rat mit schwierigen archivalischen Recherchen betraut, die er als Sekretär dieses wichtigen Gremiums mit nachhaltigem Erfolg absolvierte, so dass er sich einmal im Protokoll ganz selbstbewusst als „Archivarius" bezeichnete.[5] Zu Jahresbeginn 1661 entsandte das Kollegium der Bürgerhauptleute im Hagen Christoph Gerke in den Rat dieses Weichbildes, als dessen Kleiner Bürgermeister er 1662 gewählt wurde. Fünf Jahre später (1667) fand seine einmütige Wahl zum Großen Bürgermeister statt. Damit stand er an der Spitze des Weichbildes Hagen und war gleichzeitig Mitglied des Engen Rates, dem er bis Ende 1660 als Sekretär angehört hatte, ein Amt, das er nach eigenem Befinden gerne viel länger auszuüben beabsichtigte, dann jedoch dem wachsenden Druck seiner Kollegen im Weichbildrat des Hagen bis zuletzt mit großem Zögern nachgegeben hatte.

Aus den leider nur unvollständig überlieferten Protokollen des Engen Rates aus der Zeit von 1667 bis 1671 ergaben sich dennoch deutliche Schwerpunkte von Christoph Gerkes Wirken als Großem Bürgermeister. So widmete er im Frühjahr 1669 seine

---

2 Werner Spieß, Die Ratsherren der Hansestadt Braunschweig 1231-1671 (Braunschweiger Werkstücke 42), zweite Auflage, Braunschweig 1970, S. 55.
3 Stadtarchiv Braunschweig, B I 4: 69 und 70.
4 Stadtarchiv Braunschweig, H III 2: 23, Bl. 1745-1757.
5 Stadtarchiv Braunschweig, B I 4: 69, S. 49.

Aufmerksamkeit dem geordneten Zusammenleben aller Einwohner des Weichbildes Hagen und setzte sich energisch für eine materielle und personelle Verstärkung der städtischen Befestigungsanlagen im Sommer 1669 ein – sicherlich in weiser Voraussicht auf die bevorstehenden militärischen Konflikte Braunschweigs mit dem welfischen Landesherrn.[6] Unermüdlich blieb Christoph Gerke seit 1662 bestrebt, zu einem beiderseits tragfähigen Ausgleich in der schwelenden Frage der Huldigung mit dem greisen Herzog August dem Jüngeren zu gelangen. Offenkundig hatte Gerke diesen Welfenfürsten persönlich so sehr geschätzt, dass er beim Tode August des Jüngeren am 17. September 1666 dessen Leichenpredigt in seine Chronik aufnahm.[7] Zielgerichtet hatte Gerke vorausgesehen, dass sich mit dem Heimgang dieses hochbetagten Landesherrn die ohnehin geringen Möglichkeiten beträchtlich vermindern würden, die vom zügig aufstrebenden fürstlichen Absolutismus äußerst bedrohte Braunschweiger Stadtfreiheit dauerhaft zu stabilisieren. Seine starke Skepsis sollte sich nach dem Regierungsantritt von Herzog Rudolf August, dem Sohne August des Jüngeren, am 17. September 1666 in verhängnisvoller Form bestätigen.

Herzog Rudolf August wollte als absoluter Fürst und als erbitterter Feind jedweder Städtefreiheit endlich staatsrechtlich eindeutige Verhältnisse in seinem Territorium schaffen und drängte mit aller Macht – auch nach einer im Mai 1671 erzielten Übereinkunft mit seinen welfischen Vettern, die ihm zu wahrhaft exorbitanten Bedingungen den alleinigen Besitz der Stadt Braunschweig überließen – auf eine baldige militärische Lösung dieses jahrzehntelang verzögerten Problems. Nach dem durch den Dreißigjährigen Krieg bedingten Niedergang der Hanse, die Braunschweigs Wirtschaft und Autonomie jahrhundertelang nachdrücklich gefördert hatte, durfte die Stadt von der Hanse, an deren letzten Versammlungen sie in den Jahren 1668 und 1669 in Lübeck mit lediglich acht (!) verbliebenen Städten teilgenommen hatte, keinesfalls die dringend benötigte Unterstützung mehr erwarten. Zudem ließen die unverminderten und letztlich erfolgreichen Angriffe der Territorialfürsten auf Städte, wie z. B. Bremen, Münster, Erfurt und Magdeburg in den 1650er und 1660er Jahren auch für Braunschweig wenig Gutes erahnen.

Die relativ kurze Belagerung und verhältnismäßig rasche Unterwerfung der Stadt Braunschweig im Frühsommer 1671 bedeutete eine tiefe Zäsur sowohl in der Geschichte Braunschweigs wie in der Biografie von Christoph Gerke, der gegen seinen Willen für einen entscheidenden Moment zum Hauptakteur dieses historischen Ereignisses wurde: Als dem amtierenden Großen Bürgermeister des Hagen war ihm die denkbar

---

6   Stadtarchiv Braunschweig, H III 2: 23, Bl. 1757-1760.
7   Ebd., Bl. 1781-1802.

bitterste Aufgabe seines ganzen Lebens zugefallen, am Pfingstmontag, dem 12. Juni 1671, die Schlüssel der Stadt angesichts der politisch, wirtschaftlich und finanziell desolaten Situation der einst so mächtigen Hansemetropole an den Kommandeur der herzoglichen Truppen, Generalmajor Johann Georg von Stauff, zu übergeben.

Nach den radikalen Umbrüchen während des Sommers 1671 – das 56 Mitglieder umfassende Ratsgremium von 1614 wurde durch einen aus 16 Senatoren bestehenden Rat ersetzt, der nunmehr lediglich als Gerichtsinstanz und städtische Polizeibehörde fungierte – berief Herzog Rudolf August den 43-jährigen Gerke unter Beibehaltung seiner Bürgermeisterwürde zum 1. Ratsdirektor („Director consilii"), der sich fortan vorwiegend administrativen Tätigkeiten widmen musste und seit 1688/89 bis einschließlich 1712/13 mehrfach den alternierenden Vorsitz in dem vierköpfigen Ratskollegium innehatte. Zusätzlich amtierte er ab März 1682 zum ersten Male als Vorsitzender des von Herzog Rudolf August 1680 eingerichteten Geistlichen Gerichtes, das in erster Instanz für sämtliche Kirchen-, Schul- und Ehesachen in Braunschweig zuständig war. Indessen blieb die Oberaufsicht dem allmächtigen Wolfenbütteler Consistorium vorbehalten. Über seine fundamental veränderte Situation – entgegen anderslautenden landesherrlichen Zusagen hatte die Stadt ihr gesamtes Vermögen unmittelbar nach dem Verlust der Autonomie im August 1671 eingebüßt – hat Christoph Gerke bedauerlicherweise nichts Schriftliches hinterlassen. Indessen bleibt festzuhalten, dass er als pragmatischer Mensch die neuen politischen Realitäten rasch akzeptierte und seine persönliche wie berufliche Position in dem strengen landesherrlichen Regiment gemäß seinem Motto: „Wer lange will regiren, Muß dan und wan laviren" alsbald zu konsolidieren verstand. Immerhin konnte er beim Landesherrn dank hartnäckigem Insistieren erreichen, dass Herzog Rudolf August von seiner festen Absicht abrückte, auf dem Rennelberge vor dem Petritore eine Zitadelle zu errichten.

Christoph Gerke war dreimal verheiratet, aus diesen drei Ehen sind insgesamt sieben Kinder hervorgegangen, von denen jedoch drei Töchter bereits im zarten Alter verstarben. Zum Jahresende 1712 erlitt Gerke einen leichten Schlaganfall, der seine Sprachfähigkeit vorübergehend lähmte, aber allmählich medikamentös beseitigt werden konnte. Das einzig erhaltene Porträt von 1713, höchstwahrscheinlich anlässlich seines 85. Geburtstages vom Hofkupferstecher Johann Georg Beck (1676-1722) geschaffen, zeigt einen älteren, ungewöhnlich streng blickenden Herrn, dessen faltiges Gesicht von einer zeittypisch wallenden Allongeperücke umrahmt wird. Bis in seine letzten Lebenstage hat sich Gerke trotz nachlassender Kräfte dafür eingesetzt, „gemeiner Stadt Nutzen und Bestes" nachhaltig zu fördern. Mit dem Tode des 80-jährigen Herzogs Anton

Ulrich im Lustschloss Salzdahlum am 27. März 1714 war ein wichtiger Zeitgenosse und politischer Wegbegleiter seit 1685 in Gerkes überaus langem Leben dahingegangen.

Bereits zwei Wochen später, am frühen Mittwochmorgen des 11. April 1714, starb der Jurist, Bürgermeister und Chronist nach kurzem, schwerem Krankenlager im Alter von fast 86 Jahren. Am Sonntag Jubilate, dem 22. April 1714, fand der Trauergottesdienst in der Katharinenkirche statt. Stadtsuperintendent Christian Ludwig Ermisch (1652-1722) würdigte die enorme Lebensleistung des Verstorbenen, insbesondere sein mehr als 50-jähriges Wirken zum Wohle der gesamten Bürgerschaft. Auffälligerweise ließ der Geistliche die Tatsache völlig unerwähnt, dass Christoph Gerke auch als Chronist seiner geliebten Heimatstadt tätig geworden war. Der barocktypische Titel der beiden, fast 2.000 Seiten umfassenden handgeschriebenen Bände lautet: „Collectanea Historca Rem publicam Brunsvicensem concernentia, da ist Allerhand colligirte Historische Erzehlungen die Stadt Braunschweig betreffendt, was nemlich zu derselben sonderliches, bevorab mit denen Braunschweigischen Fürsten Wolffenbüttelscher und Zellischer linie, auch in denen zu unterschiedenen mahlen daselbst entstandenen Bürgerlichen entpörungen undt Auffruhren vorgangen und geschehen ist. Mit Fleiß zusamen getragen von Christophoro Gercken, Rei publ(icae) Patriae Brunovicensis Consule." Zweifellos verdankte dieses voluminöse Werk seine materielle Existenz sowohl dem profunden historischen Interesse wie der bis ins hohe Alter geistigen Flexibilität des Verfassers.

Da Christoph Gerke aufgrund seiner jahrzehntelangen politischen Funktionen direkten Zugang zu der städtischen archivalischen Überlieferung besaß, vermag er in seiner Chronik über die Geschichte der Stadt Braunschweig seit ihren frühesten Anfängen zu berichten, wobei die Darstellung der sogenannten „Schichten" (1292-1293, 1374 ff., 1445-1447 und 1512-1514) größtenteils aus dem „Schichtbuch" von Hermann Bote (um 1460 bis nach 1520) übernommen wurde, der neben Andreas Schoppius (1544-1614/16) zu den führenden Vertretern der Braunschweiger Stadtchronistik zählt. Breiten Raum beanspruchen die turbulenten Ereignisse seit der zweiten Hälfte des 16. Jahrhunderts, insonderheit die militärischen Konfrontationen der Stadt mit den welfischen Herzögen Heinrich dem Jüngeren, Heinrich Julius und Friedrich Ulrich. Einen weiteren Schwerpunkt bilden die detaillierten Schilderungen der innerstädtischen heftigen Auseinandersetzungen des frühen 17. Jahrhunderts. Dabei handelt es sich vor allem um den erbitterten Konflikt zwischen der etablierten Ratsoligarchie und dem von Gerke auffallend stark negativ beurteilten Bürgerhauptmann Henning Brabandt und seinen Anhängern sowie das Ende der patrizischen Vorherrschaft in den Jahren 1613-1614.

Aus unmittelbar eigenem Erleben als Zeitzeuge schöpfte der Verfasser für die Jahre ab 1657: Der Bericht über die verheerende Pest in Braunschweig 1657/58, die erfolglosen Huldigungsverhandlungen mit dem herzoglichen Landesherrn 1662, die innerstädtischen Konflikte 1667-1670 sowie das letzte Jahrfünft (1666-1671) vor der eingehend beschriebenen Unterwerfung der Stadt Braunschweig durch die gesamtwelfischen Truppen unter Generalmajor Johann Georg von Stauff. In dieses letzte Kapitel „Belagerung und Eroberung Braunschweigs durch Herzog Rudolf August 1671" hat der Chronist unendlich viel Herzblut vergossen. Denn an dem schicksalsschweren 12. Juni 1671 fiel Christoph Gerke das nur höchst widerwillig wahrgenommene Mandat zu, die Schlüssel seiner Heimatstadt Braunschweig an den Befehlshaber der landesherrlichen Streitmacht zu übergeben und damit die jahrhundertelange gehütete Stadtfreiheit Braunschweigs zu beenden, als deren zunächst städtischer und dann herzoglicher Repräsentant Christoph Gerke über 56 Jahre in herausgehobener politischer Verantwortung tätig gewesen ist.

Quellen

Niedersächsisches Landesarchiv – Staatsarchiv Wolfenbüttel, 4 Alt 5. Stadtarchiv Braunschweig, A III 7 : 109 und 114; C IX 9 : 11; H III 2 : 23; H III 3 : 4, Vol. 4.; H III 4 : 56; H VIII A : 1289; H IX : 250 und 329.

Literatur

Ursula Beiß, Bürgermeister und Syndici der Stadt Braunschweig 1688-1808, in: Gerd Spies (Hrsg.), Brunswiek 1031 – Braunschweig 1981, Braunschweig 1981, S. 595 – 614. Herbert Blume, Hermann Bote. Braunschweiger Stadtschreiber und Literat. Studien zu seinem Leben und Werk, Bielefeld 2009. Manfred R. W. Garzmann, Norman Mathias Pingel (Hrsg.), Teiledition der Chronik des Braunschweiger Bürgermeisters Christoph Gerke (1628-1714). (Quaestiones Brunsvicenses 11/12), Hannover 2000. Manfred R. W. Garzmann, Wolf-Dieter Schuegraf (Hrsg.), Braunschweiger Stadtlexikon, Ergänzungsband Braunschweig 1996. Manfred R. W. Garzmann, Zur Geschichte der Garnison Braunschweig, in: Gerd Spies (Hrsg.), Brunswiek 1031 – Braunschweig 1981, Braunschweig 1981, S. 181-204. Horst-Rüdiger Jarck (Hrsg.), Braunschweigisches Biographisches Lexikon, 8. bis 18. Jahrhundert, Braunschweig 2006. Richard Moderhack, Braunschweiger Stadtgeschichte, Braunschweig 1997. Hans-Jürgen Querfurth, Die Unterwerfung der Stadt Braunschweig 1671 (Braunschweiger Werkstücke 16), Braunschweig 1953. Werner Spieß: Geschichte der Stadt Braunschweig im Nachmittelalter vom Ausgang des Mittelalters bis zum Ende der Stadtfreiheit (1491-1671), Braunschweig 1966. Werner Spieß, Die Ratsherren der Hansestadt Braunschweig. (Braunschweiger Werkstücke 42), Braunschweig 1970. Sabine Wehking, Die Inschriften der Stadt Braunschweig von 1529-1671 (Die deutschen Inschriften 56), Wiesbaden 2001, Nr. 1087 und Nr. 1120.

Manfred R. W. Garzmann, Braunschweig

*"Man erlaube mir, von diesem, zu seiner Zeit sehr angesehenen Manne
noch einige Nachrichten hinzuzusetzen"*[1]

Dr. Heinrich Bergmann (1672 – 1684)

Am 25. November 1627 wurde Heinrich Bergmann im zum Amt Lichtenberg gehörigen Bruchmachtersen als Sohn des dortigen Predigers Johann Bergmann geboren. Nachdem er zunächst von Privatlehrern unterrichtet worden war, wechselte er erst an die Martini-Schule in Braunschweig und anschließend an das Gymnasium zu Wismar. Im Jahr 1648 immatrikulierte sich Bergmann an der Universität Rostock und nahm ein juristisches Studium auf. Nach fünf Jahren wechselte er von Rostock an die Universität in Helmstedt, wo er seine Studien bis 1657 fortsetzte. Mit dem Grad eines Doktors beider Rechte schloss Bergmann am 5. September 1658 sein Jurastudium an der Universität zu Rinteln ab.[2]

Als promovierter Jurist kehrte Heinrich Bergmann 1659 in sein Heimatland zurück, ließ sich in Braunschweig nieder und eröffnete dort eine Kanzlei. Im gleichen Jahr heiratete er Clara von Kahrstedt, die Witwe des Kur-Brandenburgischen Amtsmanns Balthasar Striepen.[3] Doch die Ehe war nur von kurzer Dauer: Bereits kurz nach der Geburt des ersten Sohnes verstarb die Mutter am 24. Juni 1661. Nach Ablauf des Trauerjahres heiratete Heinrich Bergmann in Halberstadt am 15. Juli 1662 Dorothea Sophie, die Tochter von Johann Fromholtz, dem damaligen Kanzler von Halberstadt.[4] Aus der Ehe gingen insgesamt 13 Kinder hervor, von denen allerdings nur zwei Söhne und eine Tochter ihre Eltern überlebten.

Im Frühjahr 1672 wurde Heinrich Bergmann, der die Stadt bis dato schon mehrfach in juristischen Fragen beraten hatte, von der Bürgerschaft als Bürgermeister vorgeschlagen und am 4. Mai 1672 von Herzog Rudolf August bestätigt und ernannt. Gleichzeitig bestallte der Rat der Stadt Bergmann, „ein gelehrtes und wohl qualifi-

---

[1] Stadtarchiv Braunschweig, H V: 138, Band 1, S. 69.
[2] Stadtarchiv Braunschweig, H IX: 3, Nr. 1, S. 45-56.
[3] Stadtarchiv Braunschweig, G III 1: 155, S. 20.
[4] Stadtarchiv Braunschweig, H IX: 3, Nr. 1, S. 49.

cirtes subjectum"[5] zum Consiliarius.[6] In seinen Aufgabenbereich fiel einerseits die Beratung des Rates in sämtlichen die Stadt betreffenden juristischen Fragen, aber auch die Vertretung der Belange der Stadt gegenüber der Fürstlichen Kommission, dem Sitz der herzoglichen Stadtverwaltung.[7] Bergmann bezog für seine Tätigkeit aus der Stadtkasse ein jährliches Salär in Höhe von 300,- Talern sowie eine Sonderzulage in Höhe von 30,- Talern, um zusätzliche Ausgaben wie die Bezahlung eines Schreibers finanzieren zu können.[8]

Nur ein Jahr nach seiner Ernennung zum Bürgermeister berief Herzog Rudolf August Bergmann außerdem zum Assessor am seit 1557 bestehenden Braunschweigischen Hofgericht, das mehrfach im Jahr meist in Wolfenbüttel tagte.[9] Seit 1673 bis zu seinem Tode war der ausgebildete Jurist Bergmann folglich sowohl für die Stadt als auch für das Land Braunschweig tätig. Den Höhepunkt seiner Laufbahn in der städtischen Verwaltung erreichte Bergmann im Jahr 1680. Am 17. Juli wurde der Bürgermeister, Consiliarius und Hofgerichtsassessor vom Landesherrn zusätzlich zum Syndikus bestellt.[10] Als solcher war er für die Sicherheit in der Stadt verantwortlich und stand der städtischen Polizeiorganisation vor.[11] Die Karriere von Heinrich Bergmann zeigt eindrücklich, wie die juristisch ausgebildete städtische Verwaltungselite nach dem Verlust der Stadtfreiheit und der Eingliederung der Stadt in das Herzogtum zunehmend eingebunden wurde in die frühneuzeitliche Staatsverwaltung. Bergmann war nicht nur Bürgermeister und Syndicus der Stadt, sondern stand gleichzeitig auch als Assessor am Hofgericht im Dienste des Landesherrn.

Bergmann, der nach einem im Dezember 1683 erlittenen Schlaganfall rechtsseitig gelähmt war, starb im Alter von 56 Jahren am 29. September 1684 in Braunschweig und wurde am 12. Oktober 1684 in der Martinikirche bestattet.[12]

Claudia Böhler, Braunschweig

---

5   Stadtarchiv Braunschweig, B III 10: 13, S. 83.
6   Stadtarchiv Braunschweig, H III 4: 39, Band 1, S. 281-283.
7   Ebd., S. 83-86.
8   Stadtarchiv Braunschweig, H III 4: 56, S. 20.
9   Werner Ohnsorge, Zur Geschichte der Kanzlei und des Hofgerichts zu Wolfenbüttel im 16. und 17. Jahrhundert, in: Werner Spieß (Hrsg.), Beiträge zur Geschichte im Landes Braunschweig (Quellen und Forschungen zur Braunschweigischen Geschichte 14), Braunschweig 1954, S. 9-37.
10 Stadtarchiv Braunschweig, H IX: 3, Nr. 1, S. 51.
11 Stadtarchiv Braunschweig, H III 4: 49. Peter Albrecht, Die Förderung des Landesaufbaus im Herzogtum Braunschweig-Wolfenbüttel im Spiegel der Verwaltungsakten des 18. Jahrhunderts (1671-1806) (Braunschweiger Werkstücke 58), Braunschweig 1980, S. 22.
12 Stadtarchiv Braunschweig, H IX 3, Nr. 1, S. 54-56.

„Das ganze Geleit erhob den Sarg in die Kirche"[1]

ULRICH SCHWARTZKOPFF (1680 – 1711)

Ulrich Schwartzkopff wurde am 2. Februar 1638 in Braunschweig geboren und zwei Tage später in der Kirche St. Martini getauft.[2] Der Vater, Hans Schwartzkopff, war Bürgerhauptmann in der St. Michael Bauerschaft.[3]

Schon mit drei Jahren verlor er seinen Vater und mit neun Jahren seine Mutter, Anna Schwartzkopff, geborene Sanders. Ulrich wuchs dann in der Obhut von Verwandten auf, die ihn in der Katharinenschule in Braunschweig unterrichten ließen.

1655 wechselte er auf das Gymnasium in Lübeck und am 19. Juni 1656 schrieb er sich an der Universität Helmstedt ein.[4] Wegen der 1657 in der Region grassierenden Pestepidemie wechselte er an die Universität Altdorf. 1660 kehrte er nach Helmstedt an die Universität zurück und setzte sein Studium noch fünf Jahre fort. Schwartzkopff studierte insgesamt neun Jahre lang Theologie, Medizin, Philosophie und insbesondere auch Jura. In seiner Leichenpredigt wird Professor Werner Tisch als sein wichtigster Lehrer genannt.

1665 kehrte Ulrich Schwartzkopff in seine Geburtsstadt zurück. Er wohnte bei Obersyndikus Dr. Strauch und wurde dort auch in die juristische Praxis eingeführt. 1669 erfolgte seine Wahl zum Sekretär und advocatus fisci der Stadt Braunschweig.[5] Auch die Wiedereinnahme der Stadt durch die welfischen Herzöge im Jahre 1671 bedeutete für Schwartzkopff keinen Karrierebruch. Herzog Rudolf August, Regent des Fürstentums Braunschweig Wolfenbüttel, bestätigte ihn in seinen Ämtern. Elf Jahre agierte er in den genannten Funktionen und erwarb sich insbesondere Ver-

---

1   Niedersächsisches Landesarchiv – Staatsarchiv Wolfenbüttel, 7 Kb 126, S. 217.
2   Niedersächsisches Landesarchiv – Staatsarchiv Wolfenbüttel, 7 Kb 178.
3   Unter Stadtarchiv Braunschweig, H IV 358 b wird die wohl falsche Vermutung geäußert, dass Ulrich Schwartzkopff der Sohn des Wolfenbütteler Kanzlers Johann Schwartzkopff (1596-1658) sei. Zum Folgenden vgl. v.a die Leichenpredigt über Schwartzkopff, Stadtarchiv Braunschweig, H IX 249.
4   Werner Hillebrand (Bearb.), Die Matrikel der Universität Helmstedt 1636-1685, Hildesheim 1981, S. 116 (Nr. 140). Die Leichenpredigt Schwartzkopffs nennt den 18. Juni 1656, Stadtarchiv Braunschweig, H IX 249.
5   Stadtarchiv Braunschweig, H IV 358 b (mit Angaben zum Gehalt Schwartzkopffs).

Wappen der Familie Schwartzkopff (Stadtarchiv Braunschweig, H III 3: 4, Vol. 1)

dienste bei der Errichtung des Zucht- und Waisenhauses und der Etablierung der inzwischen blühenden Braunschweiger Messen.[6]

Seine Verdienste wurden von den Landesherren honoriert, indem sie ihm 1680 das Bürgermeisteramt in Braunschweig anvertrauten und ihn außerdem zum Consiliar bestellten. Überdies übertrugen sie ihm 1690 das Syndikat, was ihm auch eine deutliche Einkommensverbesserung einbrachte. Seine Unbestechlichkeit als Richter wird in der Leichenpredigt besonders betont und hervorgehoben. Trotz verlockender finanzieller Angebote anderer Territorien blieb er in Braunschweig.

Bereits 1669 hatte Schwartzkopff Anna Sidonie Ahlers geheiratet, die Tochter des Hannoveraner Kaufmanns Ludwig Ahlers. Aus der Ehe gingen neun Kinder hervor. Davon waren beim Tod von Schwartzkopff nur noch zwei Söhne und zwei Töchter am Leben. Drei Söhne und zwei Töchter starben bereits im Kindesalter. Auch Schwartzkopff laborierte zeitlebens an körperlichen Schwächen und Anfälligkeit. Jahrelang litt er unter einem „schwindsüchtigen Husten und hectischer Abzehrung". Sein Zustand verschlechterte sich noch durch einen „schweren Wurff in die Seite", der ihm bei der Erbauung des Zucht- und Waisenhauses zustieß.[7]

---

6 Hans-Jürgen Querfurth, Die Unterwerfung der Stadt Braunschweig im Jahre 1671. Das Ende der Braunschweiger Stadtfreiheit (Braunschweiger Werkstücke 16), Braunschweig 1953. Vgl. auch Peter Albrecht, Die Förderung des Landesausbaus im Herzogtum Braunschweig-Wolfenbüttel im Spiegel der Verwaltungsakten des 18. Jahrhunderts (1671-1806) (Braunschweiger Werkstücke 58), Braunschweig 1980, S. 370-375.

7 Zur Umwandlung des Hospitals BMV in ein Zucht- und Waisenhaus: Niedersächsisches Landesarchiv – Staatsarchiv Wolfenbüttel, 2 Alt Nr. 14611.

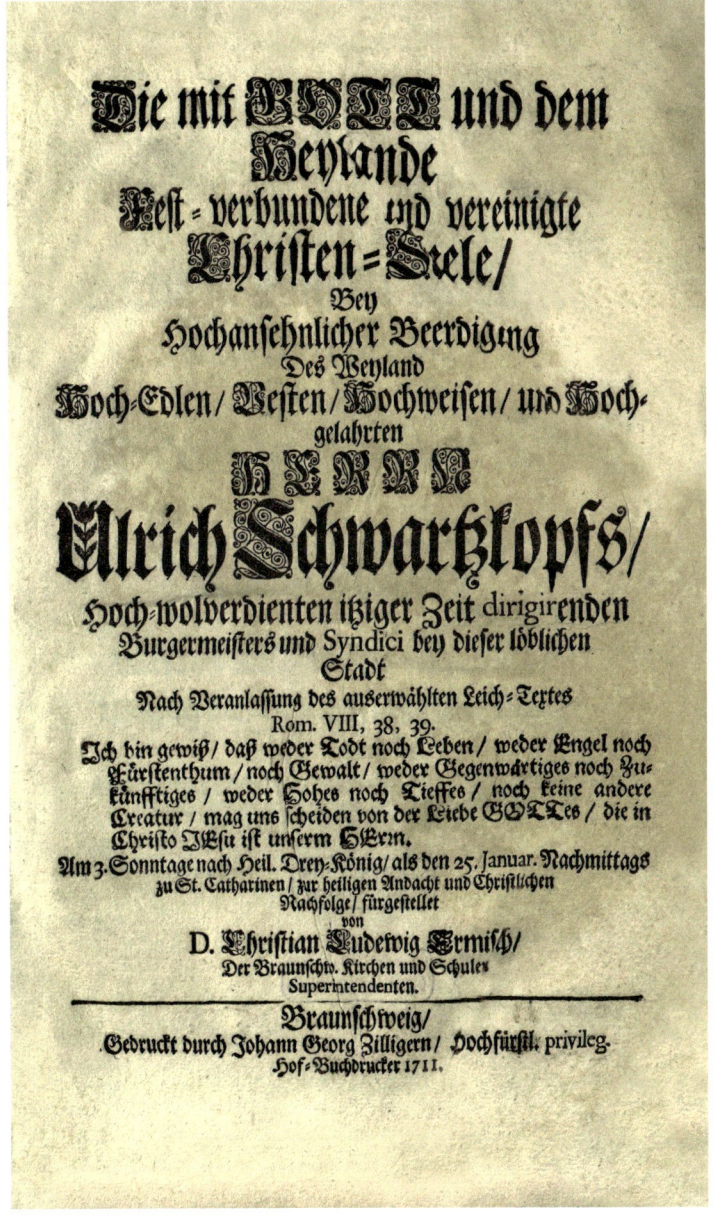

Leichenpredigt (Stadtarchiv Braunschweig, H IX 249)

In seinen letzten Lebensjahren musste er regelmäßig schwere Krankheitsphasen überstehen. Dennoch konnte er noch bis drei Wochen vor seinem Tod das Direktorium im Senat wahrnehmen. Zu einer Entzündung am Bein kam ein „Schlag-Fluß", von dessen Folgen er sich nicht mehr erholen konnte.

Schwartzkopff starb am 18. Januar 1711 und wurde sieben Tage später in der Braunschweiger Kirchengemeinde St. Katharinen beigesetzt. Der Pastor notierte: „Das ganze Geleit erhob den Sarg in die Kirche".[8]

Martin Fimpel, Wolfenbüttel

---

8 Niedersächsisches Landesarchiv – Staatsarchiv Wolfenbüttel, 7 Kb 126, S. 217. In einem Schreiben des Braunschweiger Magistrats an den Landesherrn wegen der Wiederbesetzung des Bürgermeisteramts wird fälschlicherweise das Beerdigungsdatum 25.11.1711 als Todesdatum genannt, Stadtarchiv Braunschweig, C III 1: 63, S. 22.

*Wegen seiner „sonderbahren Dexterität, großen Verstandes,
Erfahrung, gedeylicher Ratschläge hoch aestimiret"*[1]

JOHANN GÜNTHER NÜRNBERGER (1685 – 1689)

Der am 13. Juli 1630 in Arnstadt geborene Nürnberger erhielt seinen Vornamen nach seinem Taufpaten, dem Grafen Johann Günther von Schwarzburg.[2] Sein Vater Ernst Gottfried Nürnberger amtierte als Assessor an der Juristenfakultät der Universität Erfurt und Stadtsyndikus von Erfurt. Seine Mutter Regina war die Tochter des Erfurter Ratsherrn und Kaufmanns Dukenrodt. Er verlor seinen Vater bereits im Alter von zehn Jahren, aber auch seine Mutter konnte ihm als Witwe eine sehr gute Ausbildung ermöglichen. Er erhielt Privatunterricht bei verschiedenen Lehrern. Der wichtigste unter ihnen war Johannes Wallichius, der ihn insgesamt nicht weniger als fünf Jahre unterrichtete. Am Ende standen profunde Kenntnisse in Latein und Griechisch und auch eine ausgeprägte Frömmigkeit, wie Bartold Botsack in seiner Leichenpredigt besonders betont.

1646 begann Nürnberger ein Jurastudium an der Universität Jena mit Schwerpunkt auf Öffentlichem Recht und Privatrecht. 1648 rief ihn seine Mutter aber zurück. Nach dem Westfälischen Frieden erhielt er eine erste Anstellung als Sekretär des für die Eintreibung von schwedischen Satisfaktionsgeldern zuständigen schwedischen Generalkriegskommissars Johann Hofstetter.

1649 nahm er sein Jurastudium wieder auf, diesmal in seiner Heimatstadt Erfurt. Mit Prüfungen bei Professor Johann Möller schloss er das Studium „cum applausu" ab. Danach spürte er eine „ungemeine Lust, fremde Länder zu besuchen": Nach dem Vorbild adliger Kavalierstouren zog es ihn, wie im 17. und 18. Jahrhundert bei Bildungsreisen üblich, nach West- und Südeuropa. Die Niederlande mit Amsterdam und Leyden waren seine ersten Ziele. Danach plante er die Weiterreise in die Spanischen Niederlande und nach Frankreich. Doch eine schwere Erkrankung seiner Mutter veranlasste ihn erneut, nach Erfurt zurückzukehren. 1650 ließ er sich bei dem renommierten Juristen Dr. Geitel in Rostock mit dem Ziel nieder, Rechtsanwalt zu werden. 1652 begleitete er Geitel auf einer Reise nach Braunschweig, wo er ganz

---

1 Herzog August Bibliothek Wolfenbüttel, Stolbergische Leichenpredigtsammlung Nr. 17292.
2 Zum Folgenden: Ebd.

Porträt von Johann Günther Nürnberger aus der Stolbergischen Leichenpredigtsammlung der Herzog August Bibliothek Wolfenbüttel, nach 1689 (Porträt II 3833a)

kurzfristig und wohl für ihn auch überraschend die vakante Stelle eines Stadtsekretärs antreten konnte, die er 15 Jahre innehatte. 1654 wurde er in Braunschweig als Neubürger aufgenommen.[3]

---

3 Stadtarchiv Braunschweig, B I 7: 10, S. 130.

Am 21. Dezember 1654 heiratete er Regina, die Tochter des Braunschweiger Kaufmanns Hans Bertrams.[4] Mit ihr hatte er 11 Kinder, sechs Söhne und fünf Töchter. Drei Söhne, darunter die beiden Ältesten, und die älteste Tochter starben schon bald nach der Geburt.[5] Auch in Patrizierhäusern war die Kindersterblichkeit sehr hoch.

1668 wurde er nach einer Tätigkeit als Sekretär für zunächst sechs Jahre mit einem Jahresgehalt von 600 Reichstalern zzgl. Naturalien „für einen Schreiber zum Rath der Stadt angenommen".[6] Damit ist offensichtlich das Amt des Consiliars gemeint, das er nachweislich zumindest während der welfischen Belagerung Braunschweigs 1671 inne hatte.

Er verfasste sowohl die Instruktion für die städtischen Gesandten, welche mit den Belagerern verhandeln sollten als auch die Hilfsgesuche an den Kaiserhof und Schweden.[7] Aufgrund seiner antiwelfischen Haltung, die er mit dem Magistrat teilte, war er Anfeindungen der herzogfreundlichen Bürgeropposition ausgesetzt. Angeblich plante die Bürgeropposition den Sturm auf Nürnbergers Haus.[8]

Mit der Unterwerfung Braunschweigs 1671 durch die welfischen Herzöge war seine Karriere im städtischen Dienst allerdings nicht beendet, obwohl er nur wenige Tage nach der Einnahme der Stadt sich gegen weitere Anfeindungen von Gilden- und Hauptleuten zu verteidigen hatte.

Die Vorwürfe drehten sich auch um die Zunahme von Prozessen am Wolfenbütteler Hofgericht, für die Nürnberger mit verantwortlich sei – ein Instanzenzug, den die jahrhundertelang selbstständige Stadt Braunschweig eigentlich aus politischen Gründen meistens vermieden hatte.[9] Dennoch wurde er bereits im folgenden Jahr von Herzog Rudolf August zum Rat der Stadt bestellt. 1686 wurde diese Ernennung erneut bestätigt. 1681 erfolgte die Wahl zum Dechant des Stifts St. Cyriaci.[10]

---

4 Stadtarchiv Braunschweig, G III 1: 218, S. 97.
5 Leichenpredigt Nr. 17292 (wie Anmerkung 2). Stadtarchiv Braunschweig, H VIII A: 3801.
6 Stadtarchiv Braunschweig, H IV 358 b.
7 Manfred R. W. Garzmann (Hrsg.), Teiledition der Chronik des Braunschweiger Bürgermeisters Christoph Gerke (1628-1714) (Quaestiones Brunsvicenses 11/12), Braunschweig 2000, S. 216-217.
8 Ebd., S. 222.
9 Die Streitigkeiten führten sogar zu einem Prozess vor dem Reichskammergericht, Niedersächsisches Landesarchiv – Staatsarchiv Wolfenbüttel, 6 Alt Nr. 868.
10 Landesherrliche Bestätigung, 18. Nov. 1681, Niedersächsisches Landesarchiv – Staatsarchiv Wolfenbüttel, 11 Alt Cyr. Nr. 129, Bl. 77.

1685 wurde Johann Günther Nürnberger zum Bürgermeister und Syndikus der Stadt Braunschweig ernannt. In seiner Leichenpredigt wird vor allem sein Engagement für Kirchen und Schulen hervorgehoben. Seine Fähigkeiten seien über die Stadtgrenzen weit hinaus bekannt gewesen. Auch seine Mildtätigkeit gegenüber den Armen wird besonders betont, wobei das auch zum Kanon von Leichenpredigten gehörte.

Am 8. September 1689 frühmorgens bekam Nürnberger plötzlich hohes Fieber. Nach sechs Wochen ärztlicher Behandlung starb er mit 59 Jahren, am 23. Oktober 1689 um 11 Uhr vormittags. Johann Günther Nürnberger wurde am 3. November 1689 in der Martinikirche bestattet.[11]

Martin Fimpel, Wolfenbüttel

---

11 Stadtarchiv Braunschweig, G III 1: 163, S. 285.

*„Die Bürgerschaft hatte damit die Männer,
die besonders zum Verlust der alten Freiheit beigetragen hatten,
auf dem Altstadtmarkt symbolisch an den Galgen gehängt"*[1]

JOHANN CONRAD (AUCH CURD) VON KALM
(1685 – 1702)

Johann Conrad von Kalm wurde am 20. Juli 1640 in Braunschweig geboren. Er stammte aus der vermutlich schon seit dem 13. Jahrhundert in Braunschweig ansässigen Kaufmannsfamilie Kalm.[2] Auch sein Vater Jürgen von Kalm war Kaufmann. Seine Mutter war eine Tochter des Bürgermeisters im Hagen, Werner von Kalm.[3] Wahrscheinlich wuchs Johann im Haus „zu den drei Türmen" auf (am Bohlweg), das sein Vater erworben hatte und in dem später das Collegium Carolinum untergebracht war.[4] Bereits 1657 verlor er beide Eltern bei einer Pestepidemie in Braunschweig. Er selbst überlebte mit vier von insgesamt acht Söhnen die Pest. Auch Kalms Großmutter väterlicherseits, Anna von Kalm, geborene Achtermann,[5] blieb am Leben und förderte großzügig die Ausbildung ihrer Enkelsöhne. Wie diese Ausbildung aussah, wird aus den vorhandenen Quellen allerdings nicht klar.

Erst bei der Belagerung Braunschweigs 1671 wird Kalm als handelnde Person greifbar. Kalm war einer der entscheidenden Fürsprecher für die Übergabe der Stadt Braunschweig an die welfischen Herzöge. Er führte die Opposition im Hagen gegen den Rat der Stadt, der die Selbstständigkeit verteidigen wollte. Als Kaufmann sah er wohl in der Integration der Stadt in das Fürstentum größere Möglichkeiten, seine Handelsbeziehungen auszubauen und höhere Gewinne zu machen. Er dachte an Fernhandel und Absatzmärkte und damit an eine größere Offenheit der Stadt, die ihm durch die Einbindung in das fürstliche Territorium eher gewährleistet schien

---

1 Hans-Jürgen Querfurth, Die Unterwerfung der Stadt Braunschweig im Jahre 1671. Das Ende der Braunschweiger Stadtfreiheit (Braunschweiger Werkstücke 16), Braunschweig 1953, S. 278.
2 Eduard Brinckmeier, Genealogische Geschichte des alten braunschweigischen uradeligen reichsfreien Geschlechts derer von Kalm, Braunschweig 1893, S. 72.
3 Vgl. Hasso Lancelle, Jürgen Kalm, in: Horst-Rüdiger Jarck, u.a. (Hrsg.), Braunschweigisches Biographisches Lexikon. 8. bis 18. Jahrhundert, Braunschweig 2006, S. 390-391.
4 Gerd Biegel, Collegium Carolinum & Technische Universität, 250 Jahre braunschweigische Universitätsgeschichte, Braunschweig 1995, S. 28.
5 Sophie Reidemeister, Genealogien Braunschweiger Patrizier- und Ratsgeschlechter aus der Zeit der Selbständigkeit der Stadt (vor 1671) (Braunschweiger Werkstücke 12), Braunschweig 1948, S. 93.

Das Geburtshaus von Johann Conrad von Kalm, Kupferstich von Johann Georg Beck im Kupferkalender 1714 (Stadtbibliothek Braunschweig, Zs II 1184: 4b)

als durch den bisherigen reichsstadtähnlichen Status. Vielleicht motivierte Kalm dazu auch, dass er und andere Familienmitglieder Lehngüter von den welfischen Herzögen empfangen hatten und er diese Besitzungen nicht gefährden wollte.[6] Angeblich hat Kalm auch auf eigene Faust persönlich mit dem Herzog vor den Toren der Stadt verhandelt und dabei die Versprechung erhalten, dass den Bürgern nicht etwa Steuererhöhungen drohen würden, sondern sie sogar mit Entlastungen rechnen könnten, falls die Stadt übergeben werden würde.[7] Sicher scheint zumindest, dass Kalm gegen die Verzögerungstaktik des Rates durchsetzte, dass die herzoglichen Truppen durch das Fallersleber Tor in die Stadt einmarschieren konnten.[8]

Die stadtinterne Geschichtsschreibung hat erhebliche Schwierigkeiten mit der Rolle Kalms gehabt. Sie stellte Kalm als Verräter dar. Auch die Bürger hätten das so gesehen, vor allem, als

---

[6] Niedersächsisches Landesarchiv – Staatsarchiv Wolfenbüttel 114 Urk Nr. 50-53. Niedersächsisches Landesarchiv – Staatsarchiv Wolfenbüttel 27 Alt Nr. 1015-1016. Querfurth, Unterwerfung (wie Anmerkung 1), S. 217.

[7] Brinckmeier, Kalm (wie Anmerkung 2), S. 168. Auch die Chronik des Bürgermeisters Christoph Gerke erwähnt diese direkten Verhandlungen zwischen Bürgern und Belagerern – ohne aber Kalm ausdrücklich zu nennen, vgl. Manfred R. W. Garzmann (Hrsg.), Teiledition der Chronik des Braunschweiger Bürgermeisters Christoph Gerke (1628-1714) (Quaestiones Brunsvicenses 11/12), Braunschweig 2000, S. 221.

[8] Ebd., S. 222.

der Herzog sie nach der Einnahme der Stadt nun doch mit deutlich höheren Steuern belastet und zudem Militäreinquartierungen befohlen hatte. Andere Autoren sahen hingegen in der Eroberung Braunschweigs durch die Fürsten angesichts der hohen städtischen Schuldenlast eine Notwendigkeit und bewerteten die Rolle Kalms deshalb als positiv für die weitere Stadtentwicklung.

Als Kaufmann agierte Kalm offensichtlich vor allem im Bereich des Tabakhandels. Am 10. März 1676 erhielt er mit zwei weiteren Kaufleuten ein Privileg sowohl für den Tabakanbau als auch, um den Tabak „zu spinnen, zu kochen, zu pressen und völlig zu bereiten".[9] Offensichtlich hatte er hier Neuland betreten, denn es heißt in der Urkunde weiter, dass es ihm gelungen sei, „die sonst in unser Stadt nie gebrauchte manufactur und handlung zu stabiliren". Trotz der Reichstagsbeschlüsse gegen die Zulassung von Monopolen erlaubte der Herzog angesichts der enormen Aufwendungen (u.a. „Herbeyschaffung der darzu gehörigen Meister und Gesellen aus Holland") für diese erste Manufaktur ihrer Art in Braunschweig ein befristetes Monopol.[10] Das Privileg wurde aber durch Konkurrenten unterwandert, wie die wiederholte Forderung nach öffentlicher Plakatierung des Monopols und Strafandrohung belegt.[11]

Wappen der Familie von Kalm (Stadtarchiv Braunschweig, H III 4)

Die erwähnten großen Investitionen deuten an, dass Kalm ein erfolgreicher und wohlhabender Kaufmann war. Das gilt wohl auch schon für die 1660er Jahre. Denn Kaiser Karl VII. erteilte 1744 der Familie von Kalm einen Wappenbrief ausdrücklich auch „wegen ihres rühmlichen Aufführens und wohl Verhal-

---

9 Niedersächsisches Landesarchiv – Staatsarchiv Wolfenbüttel, 2 Alt Nr. 12158.
10 Ebd., Bl. 7.
11 Ebd., Bl. 12-14.

tens" im Türkenkrieg der 1660er Jahre.¹² Einer der besten Kenner der Familiengeschichte, Eduard Brinckmeier, leitete daraus persönliche Tapferkeit (im Kriegsgeschehen) ab.¹³ In Wirklichkeit wurde hier wahrscheinlich aber die Rolle der Braunschweiger Kaufleute als Geldgeber für die kaiserliche Armee gewürdigt.

Kalm heiratete am 14. Juni 1659 in der Braunschweiger Kirche St. Katharinen Margarete Ilse Boyling, eine Tochter des Beckenwerkers Hans Boyling und der Margarethe von Rethen.¹⁴ Seine erste Frau, die ihm einen Sohn und zwei Töchter geboren hatte,¹⁵ starb am 11. Juni 1698. Bereits am 30. November 1698 heiratete Kalm, ebenfalls in St. Katharinen, Katharina Elisabeth Kampferbach, Witwe des Bürgermeisters Dr. Dreschoen.¹⁶ Ein Epitaph der 1714 verstorbenen Katharina von Kalm ist in St. Katharinen erhalten. Kalm ist als Besitzer der Häuser Küchenstraße 11 (Assekuranz-Nr. 1394) und Breitestraße 23 (Assekuranz-Nr. 888) nachweisbar.¹⁷

Kalm ist vermutlich 1677 in den Rat aufgenommen worden und versah 1681 das Amt des Kämmerers, 1684 wurde er Consiliar und amtierte von 1685 bis zu seinem Tod als Bürgermeister.¹⁸ Johann Conrad von Kalm war offensichtlich einer der größten Gewinner der Übergabe Braunschweigs an die welfischen Herzöge 1671, für die er sich gegen den Widerstand der Ratsherren eingesetzt hatte.

Kalm starb am 23. August 1702 und wurde in St. Katharinen vier Tage später beigesetzt, wo auch ein Epitaph errichtet wurde.¹⁹

Martin Fimpel, Wolfenbüttel

---

12 Abdruck des Wappenbriefes bei Brinckmeier, Kalm (wie Anmerkung 2), S. 39.
13 Ebd., S. 169.
14 Niedersächsisches Landesarchiv – Staatsarchiv Wolfenbüttel, 7 Kb Nr. 116, S.35.
15 Margarete Staude, Stammbaum der Familie von Kalm, [Cremlingen 1993], S. 59 und ebd. am Ende des Bandes (Liste der Töchter), S. 10.
16 Reidemeister, Genealogien (wie Anmerkung 5), S. 94. Staude liest Dreschern statt Dreschoen. Vgl. Staude, Kalm (wie Anmerkung 15), S. 49.
17 Heinrich Meier, Nachrichten über Bürgerhäuser früherer Jahrhunderte, in: Braunschweigisches Magazin 6 (1900) Nr. 8, S. 59-60 und Heinrich Meier, Nachrichten über Bürgerhäuser früherer Jahrhunderte, in: Braunschweigisches Magazin 3 (1897) Nr. 9, S. 71.
18 Staude, Kalm, S. 49. Vgl. Stadtarchiv Braunschweig, C III 1: 63, S. 15; C IX 11 Bl. 2-4, 6. Nach Brinckmeier ist Kalm aber bereits unmittelbar nach der Eroberung Braunschweigs 1671 in den Rat gewählt worden. Vgl. Brinckmeier, Kalm (wie Anmerkung 2), S. 168.
19 Niedersächsisches Landesarchiv – Staatsarchiv Wolfenbüttel, 7 Kb Nr. 126, S. 189. In der von H. A. Schultz erarbeiteten Auflistung von Grabmalen in der Katharinenkirche werden beide Epitaphe aber nicht erwähnt. Vgl. H. A. Schultz, Grabmale in braunschweigischen Kirchen, in: Braunschweigische Heimat 49 (1963), S. 38-42.

„Ein Cato unsrer Zeit / der sich standhaft bewieß/
Der stets vor Braunschweigs Flor nachdrücklich hat gesprochen"[1]

GEBHARD LEVIN LÜDECKE (1690 – 1730)

Gebhard Levin Lüdecke wurde am 27. Februar 1662 als Sohn von Jacob Lüdecke (1625 – 1696), Bürgermeister und Syndicus zu Calbe, geboren. Der Vater war später „Amtmann und Criminal-Director zu Giebichenstein, wie auch vornehmer Pfänner zu Halle"[2]. Die Mutter, Maria Catharina (1643 – 1682), geborene Lemmer, entstammte einer Pastorenfamilie aus Calbe. Nach dem Besuch des Gymnasiums in Halle schrieb sich Lüdecke am 4. Dezember 1677 für das Jura-Studium an der Universität Frankfurt an der Oder ein, das er 1680 mit einer Dissertation abschloss. Beratende Unterstützung erfuhr er von seinem älteren Bruder Urban Dietrich (1655 – 1729), der 1686 in braunschweigische Dienste trat und schließlich Geheimer Rat und Kanzler unter Herzog Anton Ulrich von Braunschweig und Lüneburg wurde. Nach Abschluss des Studiums unternahm Lüdecke 1681/1682 in Gesellschaft eines jungen Adligen eine ausgedehnte Studienreise durch Frankreich, England und Holland.

Ab 1683 war Lüdecke seinem Vater im Amt Giebichenstein beigeordnet, wodurch es ihm gelang, nicht nur diesen zu entlasten, „sondern auch das, was Er auf Universitäten in Theoria wol ... gefasset, auch nun mehr glücklich ad Praxin zu bringen."[3] 1690 wurde Lüdecke von den Herzögen Rudolf August und Anton Ulrich von Braunschweig und Lüneburg zum Bürgermeister und Syndicus der Stadt Braunschweig berufen. Er trat damit die Nachfolge des verstorbenen Bürgermeisters Johann Günther Nürnberger an.

Gebhard Levin Lüdecke wurde 1703 Hofgerichtsassessor, 1706 ernannte Herzog Anton Ulrich ihn zum Hofrat. Im folgenden Jahr wurde er zum Dekan des Fürstlichen Stifts St. Cyriaci gewählt. Das Ereignis wurde von dem Bürgermeister Johann Friedrich Kätzler (1655 – 1730) in einem Sonett gewürdigt: „Der Himmel sey hiervor viel tausendmahl geküsst. / Es grüne Stadt und Stifft durch Luedeckens

---

1 Conrad Georg Keitel, in: Der versüßte Tod der Gläubigen ... Augusto Stisser. Braunschweig: Meyer [1732], S. 50 f.
2 Ebd., S. 29.
3 Ebd., S. 32.

Bemühen!"⁴ Herzog Anton Ulrich ließ zudem Lüdeckes ältesten Sohn Johann Gebhard (1684 – 1734) „in dem Syndicat bey dieser Stadt Braunschweig cum spe successionis, adjungiren."⁵ Am 10. Januar 1730 trat Lüdecke von seinem Amt als Syndicus zu Gunsten seines Sohnes zurück. Im April 1730 gab er auch das Amt des Bürgermeisters auf, wobei er „mit vieler tendresse und Wehmuht des sämtlichen HochEdlen Stadt=Raths Collegii, mit gar nachdencklichen und beweglichen Worten zu Rahthause Abschied genommen".⁶ Bei seinem Ausscheiden konnte Lüdecke auf eine Amtszeit von über 40 Jahren zurückblicken: „Ein Mann, der sich um die Stadt Braunschweig sehr verdient gemacht, und über 40 Jahr Burgemeister und Syndicus daselbst gewesen."⁷

Lüdecke hatte zudem das Amt des Ober-Provisors in der St. Martini-Kirche ausgeübt. In der Auseinandersetzung der Geistlichkeit mit Herzog Anton Ulrich, der 1710 die als Salzmagazin genutzte St. Jacobi-Kirche den Katholiken als Gotteshaus zur Verfügung stellen wollte, agierte Lüdecke umsichtig durch „seine kluge, vernünftige und vorsichtige conduite", so dass die Kirche „durch den damahligen Herrn Superintendenten, den in Gott ruhenden wolseligen Herrn D. Ermischen, wider alles Hoffen und Vermuthen, zum reinen Evangelischen Gottesdienst wieder inauguriret worden."⁸

Gebhard Levin Lüdecke war dreimal verheiratet. Seine erste Frau Lucia Elisabeth (1660 – 1684), geborene Elsholtz, war die Tochter eines Berliner Arztes und starb bereits im Jahr nach der Hochzeit bei der Geburt eines Sohnes. Aus seiner 1685 geschlossenen zweiten Ehe mit Maria Elisabeth Richter (1665 – 1717), Tochter eines Pfänners in Halle, gingen drei Söhne und eine Tochter hervor; allerdings verstarben der jüngste Sohn und die Tochter bereits im Kindesalter. Nach dem Tod seiner zweiten Frau heiratete Lüdecke, „dessen Zustand nicht verstatten wollen, ohne Gehülfin, nötiger Pfleg und Wartung zu seyn"⁹, im September 1722 die Witwe eines Apothekers aus Braunschweig, Lucia Sabina Schrader (unbekannt – 1724), die jedoch bereits 1724 nach knapp zweijähriger Ehe verstarb.

---

4   Als Ihro HochEdelgeb. der Herr Hof=Raht, Burgermeister, und Syndicus der Stadt Braunschweig, Gebhard Levin Luedecke, zum Decano des Fürstlichen Stifts, St. Cyriaci Berges vor Braunschweig bestellet wurden, in: derselbe, Johann Friedrich Kätzlers Der Stadt Braunschweig Burger=Meisters, und Syndici, Teutsche und Lateinische Gedichte. Braunschweig: Friedrich Wilhelm Meyer, 1725, S. 95.
5   Stisser, S. 34.
6   Stisser, S. 34.
7   Dreyhaupt, 2. Theil, S. 663.
8   Stisser, S. 38.
9   Stisser, S. 36.

Literatur

Ursula Beiß, Bürgermeister und Syndici der Stadt Braunschweig, in: Festschrift zur Ausstellung Brunswiek 1031 – Braunschweig 1981. Die Stadt Heinrichs des Löwen von den Anfängen bis zur Gegenwart. Vom 25.4.1981 – 110.10.1981. Herausgegeben von Gerd Spies. Redaktion Matthias Puhle. Städtisches Museum Braunschweig. Braunschweig 1981, S. 595 – 614, 595 – 601. Ernst Döll, Die Kollegiatsstifte St. Blasius und St. Cyriacus zu Braunschweig. Braunschweig 1967 (Braunschweiger Werkstücke Band 36), S. 56, 194. Gabriele Henkel, Lüdecke, Urban Dietrich (von), in: Braunschweigisches Biographisches Lexikon 8. bis 18. Jahrhundert. Im Auftrag der Braunschweigischen Landschaft e.V. herausgegeben von Horst-Rüdiger Jarck u.a. Braunschweig 2006, S. 463. Der versüßte Tod der Gläubigen/ Als Der weyland HochEdelgebohrne/ Hochwürdige/ Vest und Hochgelahrte Herr/ Herr Gebhard Levin Lüedecken,/ Hochfürstl. Braunschw. Lüneburg. hochverordneter Hof=Rath und Hof=Gerichts Assessor, des Fürstl. Stifts St. Cyriaci Decanus und der Stadt Braunschweig längst= und löblichst=meritirter ältester Burgemeister und Syndicus Den 27 Novembr. dieses 1732sten Jahres im 70jährigen Alter ... entschlafen, und darauf ... den 4ten Decembr. in der St. Martini-Kirchen ... beygesetzt worden; Den folgenden 7ten dieses Monats aber ... In einer Leich= und Gedächtniß-Predigt ... vorgestellet ... Augusto Stisser. Braunschweig: Meyer, [1732]. Johann Friedrich Kätzler, „Als Ihro HochEdelgeb. Der Herr Hof=Rath, Burgermeister, und Syndicus der Stadt Braunschweig, Gebhard Levin Luedecke, zum Decano des Fürstlichen Stifts, St. Cyriaci Berges vor Braunschweig bestellet wurden", in: ders., Johann Friedrich Kätzlers ... Teutsche und Lateinische Gedichte. Braunschweig: Friedrich Wilhelm Meyer, 1725, S. 95. PAGUS NELETICI ET NUDZICI, Oder Ausführliche diplomatisch=historische Beschreibung des zum ehemaligen Primat und ERZ=Stifft, nunmehr aber durch den westphälischen Friedens=Schluß secularisirten Herzogtum Magdeburg gehörigen Saal=Kreyses ... von Johann Christoph von Dreyhaupt ... Zweyter Theil. Halle: Emanuel Schneider, 1750, S. 90, S. 663. Geschichte der Braunschweigischen Landeskirche von der Reformation bis in unsere Tage von Johannes Beste. Wolfenbüttel 1889, S. 314 – 316. Ältere Universitäts-Matrikeln, aus der Originalhandschrift unter Mitwirkung von Dr. Georg Liebe und Dr. Emil Theuner herausgegeben von Dr. Ernst Friedländer. 1 Universität Frankfurt an der Oder. Zweiter Band (1649 – 1811). Leipzig 1888, S. 157 (Publicationen aus den K. Preußischen Staatsarchiven. Siebenunddreißigster Band. Leipzig 1888).

Angela Klein, Braunschweig

„Den Nutzen dieser Stadt nahm er sehr gut in acht/
Sonst gab er dieser Welt gedultig gute Nacht"[1]

CHRISTOPH MÜLLER (1702 – 1718)

1657, im selben Jahr, als die Pest in Braunschweig wütete und über 5.400 Tote forderte,[2] wurde Christoph Müller als Sohn des Kämmerers Andreas Müller und dessen Frau Dorothea[3] geboren und am 17. Mai 1657[4] in der Kirche St. Martini getauft. Das Amt des Vaters, die spätere juristische Ausbildung sowie auch die Tatsache, dass sich unter seinen Paten der Kämmerer Henning Rörhand[5] findet, ordnen ihn klar der jüngeren Oberschicht zu, aus der sich in jenen Tagen der zweite Stand rekrutierte; in ihren Händen lag maßgeblich die Ratsherrschaft, nachdem der Einfluss des „Patriziats", also des ersten Standes, auf das Stadtregiment gesunken war.[6] Über Müllers familiären Hintergrund lässt sich weiterhin feststellen, dass er mindestens eine ältere Schwester hatte, Katharine Müller, deren Vermählung mit dem Brauer Autor Mahner am 9. Juli 1672 belegt ist.[7]

Lag zum Zeitpunkt von Müllers Geburt die Regierungsgewalt tatsächlich noch beim Rat der Stadt und damit bei den Braunschweiger Bürgern, sollten sich die Verhält-

---

1   Georg Heinrich Pfeiffer, Die/ bis in den Todt beständig beybehaltene Gedult/ Wollte/ Zu stets währendem Gedächtnis/ Des Weyland/ Hoch-Edlen/ Hochweisen und Hochgelahrten Herrn/ Herrn/ Christophori Muellers/ J. U. L./ Und Hochmeritierten viel-Jährigen/ Bürgermeisters allhier/ Welcher am 28. Februar 1718 unter ungemeiner grosser Gedult sanfft und seelig entschlaffen/ Und darauf den 6. Mart. bey zahlreicher und vornehmer Leich-/Procession in seiner Ruhstadt in der St. Catharinen Kirchen allhier/ öffentlich eingesencket ward/Obzwar willig doch ungerne,/ Weil er dem Wohlseel. Herrn Bürgermeister nach Gottes/ Willen gerne längers Leben gegönnet hätte/ In einer fast ungedultigen/ Leich-Abdanckung/ vorstellig machen/ Georgius Henricus Pfeiffer von Hamburg/ Pastor zu St. Cathar., Braunschweig 1718, S. 20.
2   Richard Moderhack, Braunschweiger Stadtgeschichte, Braunschweig 1997, S. 118 und S. 125. Zur Relation sei angemerkt, dass sich die Einwohnerzahl Braunschweigs im Jahre 1671 auf etwa 15 500 Menschen belief, ebd., S. 125.
3   Pfeiffer, Leichenpredigt (wie Anmerkung 1), S. 1 sowie Fritz Roth, Restlose Auswertungen von Leichenpredigten und Personalschriften für genealogische und kulturhistorische Zwecke, Band 9, Boppard/ Rhein 1976, S. 373.
4   Stadtarchiv Braunschweig, G III 1: 155 I, S. 25.
5   Ebd., S. 25.
6   Hans-Walter Schmuhl, Die Herren der Stadt – Bürgerliche Eliten und städtische Selbstverwaltung in Nürnberg und Braunschweig vom 18. Jahrhundert bis 1918, Gießen 1998, S. 332.
7   Sophie Reidemeister, Genealogien Braunschweiger Patrizier- und Ratsgeschlechter aus der Zeit der Selbständigkeit der Stadt (vor 1671) (Braunschweiger Werkstücke 12), Braunschweig 1948, S.110.

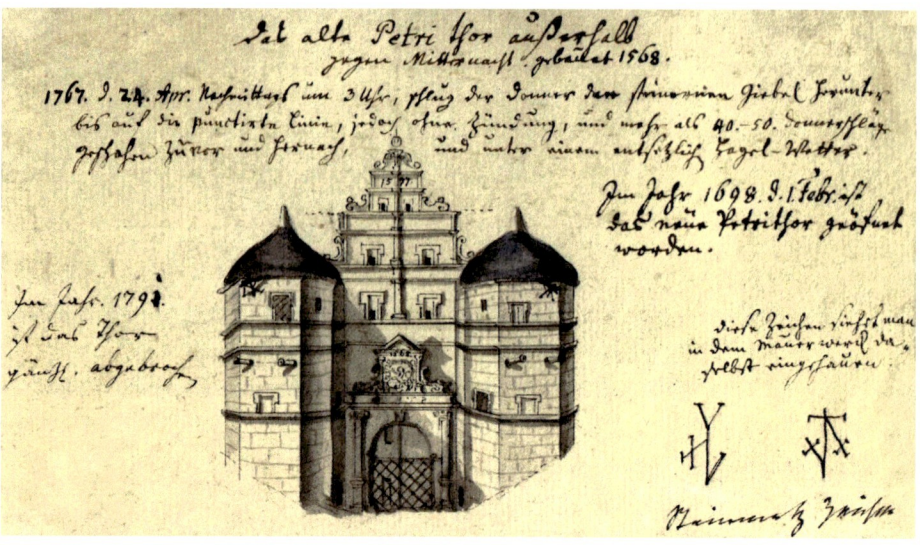

Stich des
Alten Petritors
(Stadtarchiv Braunschweig, Beckscher
Klebeband,
H III 1: 15)

nisse in den kommenden Jahrzehnten nachhaltig zugunsten der Landesfürsten verschieben. Mit annähernd 13 Jahren muss Müller die etwa zweiwöchige Belagerung der Stadt durch die welfischen Herzöge (26. Mai bis 11. Juni 1671)[8] sowie den Einzug der herzoglichen Truppen am 12. Juni miterlebt haben. Noch im selben Jahr wurde die bisherige Ratsverfassung und mit ihr der bestehende Rat aufgelöst.[9] In der neuen, stark vereinfachten Ratsverfassung wurde die Ratswahl an eine Bestätigung durch den Herzog gebunden, was einer Entmündigung der Bürgerschaft gleichkam.[10] Zudem wurde eine Fürstliche Stadtkommission eingesetzt, der alle wesentlichen Verwaltungsaufgaben oblagen, sodass der Rat zu einer bloßen Gerichtsbehörde und Stadtpolizei verkümmerte.[11]

Über Müllers genauen Ausbildungsweg liegen nur wenige verlässliche Daten vor. Allein dass er wie sein Vater[12] in Helmstedt

---

8 Moderhack, Stadtgeschichte (wie Anmerkung 2), S. 121-122.
9 Schmuhl, Herren der Stadt (wie Anmerkung 6), S. 336.
10 Ebd.
11 Moderhack, Stadtgeschichte (wie Anmerkung 2), S. 124.
12 Werner Hillebrand (Bearb.), Die Matrikel der Universität Helmstedt 1636-1685, Hildesheim 1981, S. 15.

Jura studierte (seit 1676)[13] und den Grad des Lizentiaten erwarb, kann als gesichert gelten.[14]

Christoph Müller war verheiratet, über seine Frau ist allerdings nichts überliefert. Wenn Müller im damals üblichen Lebensalter in den Stand der Ehe getreten ist, muss die Hochzeit in den späten 1670er oder in den 1680er Jahren stattgefunden haben. Die Vermählung eines Christoph Müller mit Anna Tile am 12. November 1683 in der Kirche St. Katharinen,[15] auf deren Friedhof Müller später beigesetzt werden sollte, käme zwar in Frage – ob es sich hierbei tatsächlich um den späteren Bürgermeister handelt, bleibt allerdings Spekulation. Dass Müllers Frau etwa zwei Jahre vor ihm verstarb, ist hingegen belegt, sowie auch die Tatsache, dass aus der Ehe keine Kinder hervorgingen.[16]

Scheint durch das Amt des Vaters eine Magistratslaufbahn bereits vorgezeichnet, trat Müller mit seiner Bestellung zum Bürgermeister am 30. Oktober 1702[17] (als Nachfolger des verstorbenen Johann Conrad von Kalm)[18] noch über dessen Fußstapfen hinaus. Gemäß einem jährlichen Turnus stand er während seiner etwa 16jährigen Amtszeit zudem viermal als regierender Bürgermeister der vierköpfigen Verwaltungsspitze der Stadt vor.[19]

Da der Wirkungskreis des Rates und seiner maximal vier Bürgermeister in der beschriebenen Weise eingeschränkt war, lassen sich jedoch einschneidende stadtgeschichtliche Ereignisse aus den Jahren 1702 bis 1718 kaum auf Müllers Einfluss zurückführen – so etwa die umwälzenden baulichen Maßnahmen, die im Zuge der Anlage einer sechs Kilometer langen Bastionärsbefestigung rund um die Stadt (1691 bis etwa 1740) durchgeführt wurden und die die Niederlegung der Rennelbergvorstadt (seit 1707), die Schließung des Alten Petritors (1707) und des Michaelistors (1716/1719) sowie die Eröffnung des Neuen Petritors (1707) einschlossen.[20]

---

13 Ebd., S. 206.
14 Pfeiffer, Leichenpredigt (wie Anmerkung 1), S. 1.
15 Stadtarchiv Braunschweig, G III 1: 70 I, S. 116.
16 Pfeiffer, Leichenpredigt (wie Anmerkung 1), S. 9.
17 Ebd., S. 21.
18 Stadtarchiv Braunschweig, C III 1: 63. S. 15.
19 Ursula Beiß, Bürgermeister und Syndici der Stadt Braunschweig 1688-1808. S. 600, in: Gerhard Spies (Hrsg.), Festschrift zur Ausstellung Brunesvik 1031 Braunschweig 1981, die Stadt Heinrichs des Löwen von den Anfängen bis zur Gegenwart – vom 25.4.1981 bis 11.10.1981, Braunschweig 1981, S. 595-614.
20 Moderhack, Stadtgeschichte (wie Anmerkung 2), S. 131, 272-273.

Im selben Jahr, als die neue Macht der Herzöge mit dem Baubeginn des Schlosses auf dem Gelände des Grauen Hofs Stein zu werden begann und zugleich der erste Schritt für ihre endgültige Rückkehr in die Stadt getätigt wurde (sie sollte 1753 erfolgen),[21] starb Christoph Müller nach langwieriger Krankheit am 28. Februar 1718.[22] In der „Leichen-Abdankung" ist von einer „grossen Geschwulst"[23] die Rede. Eine Woche später, am 6. März 1718,[24] wurde er auf dem Kirchfriedhof von St. Katharinen beigesetzt.

In seinem Testament vom 14. Oktober 1716 setzte Müller eine Eleonore Marie Wolff, ledige Tochter der Schwester seiner verstorbenen Frau, als Haupterbin ein.[25] In einem Zusatz bedachte Müller zudem den Rechtsstudenten Johann Nikolaus Schultze mit seiner Bibliothek.[26]

Der Verfasser der Abdankungsrede, Pastor Georg Heinrich Pfeiffer, wird nicht müde, Müllers übergroße Geduld angesichts des jahrelangen Leidens zu loben. Müller soll sogar, um nicht bettlägerig zu werden, bis in die letzte Zeit unter „grossem Ungemach"[27] in einem Stuhl vor seiner Stubentür ausgeharrt haben. In dieser Position habe er auch „fast allemahl selbsten Audience gegeben".[28]

Darüber hinaus hebt Pfeiffer die Unbestechlichkeit, die Urteilskraft und das fromme Wesen des ehemaligen Bürgermeisters hervor, der „weder mit Geschencken noch mit Lästerungen von einem Gerechtem Urtheil abzubringen war [...]".[29]

Roland Wolff, Hannover

---

21 Ebd., S. 136.
22 Pfeiffer, Leichenpredigt (wie Anmerkung 1), S. 1.
23 Ebd., S. 23.
24 Ebd., S. 1. Stadtarchiv Braunschweig, G III 1: 75 I, S. 242.
25 Stadtarchiv Braunschweig, C I 7: 5, S. 273.
26 Ebd.
27 Pfeiffer, Leichenpredigt (wie Anmerkung 1), S. 9.
28 Ebd., S. 23.
29 Ebd., S. 15.

"Sein stetiges Bemühn, und seine beste Lust
War dieses nur der Stadt, und Bürgern treu zu rahten
Ein solches sahe man aus alle seinen Thaten."[1]

JOHANN FRIEDRICH KÄTZLER (1711 – 1730)

Johann Friedrich Kätzler wurde 1655 als ältester Sohn des Schöppenmeisters, Kauf- und Handelsmanns Friedrich Kätzler in der Bergstadt Schmiedeberg im Fürstentum Jauer geboren. Kätzler, der aus einer evangelischen Familie stammte, erlebte in frühester Jugend die Auswirkungen konfessioneller Streitigkeiten. Seine Mutter Barbara, die aus einer in Hirschberg ansässigen Kaufmannsfamilie stammte, übte großen Einfluss auf den Werdegang des Sohnes aus. So sorgte sie nicht nur dafür, dass er von einem heimlich geholten lutherischen Geistlichen die Taufe erhielt, sondern sie förderte offenbar auch energisch die Ausbildung ihres Sohnes. Kätzler berichtete später, nicht zuletzt seinem eigenen Sohn, „daß seine seelige Mutter der Zeit fast keinen Tag vorbey gehen lassen, da sie nicht in Persohn des Morgens früh vor sein Bette gekommen, ihn aus dem Schlaf gewecket, und nach verrichtetem Gebeth zur Schul=Arbeit sich zu praepariren, unter Vertröstung vieler dermahleinst künfftig daher zu erwartender Vortheile angefrischet; Welche treu=Mütterliche Vermahnungen denn von der Zeit an so tieffe Wurtzeln in seinem Hertzen geschlagen, daß er nachher durch seinen gantzen Lebens=Lauff bis an sein hohes Alter ... mehrentheils des morgens â Vier, ja wohl Drey Uhr von dem Lager aufgestanden und an die Geschäffte seines Beruffs gegangen."[2]

Kätzler besuchte die Gymnasien in Liegnitz und Breslau. 1675 nahm er das Jura-Studium an der Universität Leipzig auf, musste jedoch 1677 „wegen einiger ihm dann und wann zugestossener Unpäßligkeiten"[3] vorzeitig in sein Elternhaus zurückkehren. 1678 setzte er sein Studium an der Universität Frankfurt an der Oder fort, das er 1684 mit einer Dissertation abschloss. Im Anschluss wechselte er zunächst an die Universität Heidelberg, bevor er seine Studien an der Universität Leyden fortführte. Als nunmehr 30-Jähriger trat er zum Abschluss seiner Studien eine kurze Reise durch Holland, England und Frankreich an. Eine erste Berufstätigkeit in Breslau schloss sich nach seiner Rückkehr Ende 1685 an, während der er auch Hofmeister

---
1 Als An dem lethalen Sontage, Braunschweig 1730, S. 1.
2 Bremer, Leichenpredigt, Braunschweig 1730, S. 42.
3 Ebd.

eines jungen Grafen war, bevor er in die Dienste von Herzog Rudolf August von Braunschweig und Lüneburg wechselte. Ab 1688 war Kätzler als Sekretär bei der Fürstlichen Kommission beschäftigt, dann nahm er das „Ambt eines Consiliarii und zugleich Gerichts-Verwalters bey hiesigem Unter-Gerichte"[4] an. 1711, dem Todesjahr seines Schwiegervaters Schwartzkopff, wurde Kätzler schließlich zum Bürgermeister und Syndicus ernannt und behielt diese Ämter bis zu seinem Tod im Jahr 1730.

Am 25. Mai 1691 heiratete Kätzler die älteste Tochter des Bürgermeisters Ulrich Schwartzkopff, Ilse Dorothea (1673 – 1738). Aus der Ehe gingen sieben Kinder hervor, von denen ein Sohn und zwei Töchter den Vater überlebten.

Bereits während seines Studiums an der Universität Leipzig hatte Kätzler Gedichte zu verschiedenen Anlässen und Personen verfasst, darunter auf Kurfürst Friedrich Wilhelm von Brandenburg und dessen Erfolge im Nordischen Krieg. Während seiner Amtszeit als Bürgermeister und Syndicus veröffentlichte er 1725 eine Sammlung seiner Gedichte aus 50 Lebensjahren, nicht ohne in seinem Vorwort jene zu besänftigen, die sich verunglimpft fühlen könnten: „Insonderheit wolle niemand gedencken/ als ob mit diesem oder jenem Satyrico etwa seine Persohn sey gemeynet/ und angestochen worden; nein/ ... sondern ich habe vielmehr ... keines weges aber iemand damit in specie zu touchiren gesuchet."[5]

Zudem verwies Kätzler auf hochgestellte Persönlichkeiten, die ihn zur Veröffentlichung bewogen hätten, darunter Mitglieder der herzoglichen Familie, und betonte wohlweislich: „Die Poësie ist ein großer Zierath eines Gelehrten, wenn sie mit Solidern Wissenschaften vergesellschaftet ist."[6] Er bestätigte zudem, dass die Poesie durchaus hilfreich für die Karriere sein könne: „... und ist es nicht ohne, daß man durch ein Carmen bey Grossen Herren sich öfters recommendiren, und einen Eintritt zu seinem Employ eroffnen kan; wo aber nichts Solides dabey befindlich, da habe ich erfahren, daß ein solcher auß Mangel der Mittel öfters sein Just=au Corps umbgekehret, und doch dabey wenig gewonnen, oder in grosser Armuht verstorben, und eine hungerige Wittib und Kinder hinter sich gelassen habe."[7] Zu den Personen, denen Kätzler seine Gedichte widmet, zählen mehrere Mitglieder der herzoglichen Familie, darunter Elisabeth Christine, Gemahlin von Kaiser Karl VI., Charlotte

---

4 Ebd., S. 44.
5 Kätzler, Teutsche und Lateinische Gedichte, Vorrede.
6 Ebd.
7 Ebd.

Christine Sophie, die Ehefrau des russischen Zarewitsch Alexej, die Herzöge Rudolf August, Anton Ulrich und August Wilhelm von Braunschweig und Lüneburg sowie deren Gemahlinnen; ferner Amtsträger wie der braunschweigische Minister Konrad Detlev Graf von Dehn und der Kanzler Urban Dietrich Lüdecke. Auch einige Bürgermeister, so Christoph Gercke, Ulrich Schwartzkopff, der Kätzlers Schwiegervater war, und Gebhard Levin Lüdecke, welcher bereits seit 1690 dem Rat angehörte, bedachte Kätzler mit seiner Lyrik. Letzterem widmete er ein Sonett aus Anlass von dessen Ernennung zum Dekan des Fürstlichen Stifts St. Cyriaci.

„Als Ihro HochEdelgeb. der Herr Hof=Raht, Burgermeister, und Syndicus der Stadt Braunschweig, Gebhard Levin Luedecke, zum Decano des Fürstlichen Stifts, St. Cyriaci Berges vor Braunschweig bestellet wurden.
Sonnett-
Dein Gottergebner Sinn, Dein feuriger Verstand,
Die Höhe des Gemüths, die Schärffe Deiner Sinnen,
Die alles, was versteckt, sofort ergründen können,
Die gaben Dir vorlängst den Richtstab in die Hand.
Es hat noch nicht ein Jahr den Rücken Unß gewandt,
Da hub der Landes=Herr, der Fürst der Castallinnen,
Dein Lorbeerreiches Haubt auf seiner Rähte Zinnen,
Und legt' auf Dich ein Theil der Sorgen vor diß Land,
Jetzt höhr ich, daß Du auch im Gottgeweihtem Orden
Von allen Stimmen bist zum Haubt erwehlet worden.
Der Himmel sey hiervor viel tausenmahl geküßt.
Es grüne Stadt und Stifft durch Luedeckens Bemühen!
Es müsse Sein Geschlecht' in vollem Wachsthum blühen,
So lang' ein Tropffen Flutt im Ockerstrohme fließt!"[8]

Kätzler war 19 Jahre Bürgermeister und Syndicus der Stadt und suchte „das gemeine, und sonderlich dieser Löbl. Stadt Braunschweig, Beste, bemühete sich mit allem ersinnlichen Fleiß, das Recht einem jeden widerfahren zu lassen, und die Reguln der Gerechtigkeit wissentlich nimmer zu beleidigen."[9]

---

8 Kätzler, Teutsche und Lateinische Gedichte, S. 95.
9 Bremer, Leichenpredigt, Braunschweig 1739, S. 44.

Quellen

Landeskirchenarchiv OA BS St. Martini 21, Die Bestellung der Prediger bey der Kirche St. Martini in Braunschweig, 1698-1842. Stadtarchiv Braunschweig, C III 1: 64. Stadtarchiv Braunschweig, G III 1: 20 III, S. 609. Stadtarchiv Braunschweig, G III 1: 31 II, 391. Stadtarchiv Braunschweig, G III 1: 70 I, S. 143. Stadtarchiv Braunschweig, H IV 304. Stadtarchiv Braunschweig, H IV 358a, S. 199. Stadtarchiv Braunschweig, H X: 249.

Literatur

Ältere Universitäts-Matrikeln, aus der Originalhandschrift unter Mitwirkung von Dr. Georg Liebe und Dr. Emil Theuner herausgegeben von Dr. Ernst Friedländer. 1 Universität Frankfurt an der Oder. Zweiter Band (1649 – 1811). Leipzig 1888, S. 159. (Publicationen aus den K. Preußischen Staatsarchiven. Siebenunddreißigster Band. Leipzig 1888). Ursula Beiß, Bürgermeister und Syndici der Stadt Braunschweig, in: Festschrift zur Ausstellung Brunswiek 1031 – Braunschweig 1981. Die Stadt Heinrichs des Löwen von den Anfängen bis zur Gegenwart. Vom 25.4.1981 – 110.10.1981. Herausgegeben von Gerd Spies. Redaktion Matthias Puhle. Städtisches Museum Braunschweig. Braunschweig 1981, S. 595 – 614, 598 – 600. Georg Erler (Hrsg.), Die jüngere Matrikel der Universität Leipzig 1559 – 1809, als Personen- und Ortsregister bearbeitet und durch Nachträge aus den Promotionslisten ergänzt, II. Band, Leipzig 1909, S. 211. Johann Friedrich Kätzlers ... Teutsche und Lateinische Gedichte. Braunschweig: Friedrich Wilhelm Meyer, 1725. Johann Friedrich Kätzler, [Carmen auf Herzog August Wilhelm], in: Braunschweig=Lüneburgische Chronika, Oder: Historische Beschreibung Der Durchlauchtigsten Herzogen zu Braunschweig und Lüneburg ... von Philipp Julio Rehtmeier. Braunschweig 1722, S. 1578 – 1580. Fortsetzung und Ergänzungen zu Christian Gottlieb Jöchers allgemeinem Gelehrten=Lexiko, worin die Schriftsteller aller Stände nach ihren vornehmsten Lebensumständen und Schriften beschrieben werden. ... Siebenter Band. ... herausgegeben von Otto Günther. Leipzig 1897, S. 395. Die Lebens= und Sterbens=Gemein=schaft frommer Christen mit Christo, Bey Christ=öffentlicher Leich=Begängniß Des ... Herrn Johan; Friedrich Kätzlers / Vieljährigen Hochverdienten Burgemeisters und Syndici dieser Stadt Braunschweig, Als Derselbe Am 19. Martii dieses 1730sten Jahres ... enschlaffen, Und ... Sonntags darauf, ... in hiesiger St. Andreae-Kirchen ... vorgestellet ... / von Augusto Stissern. Braunschweig: Keitel, [1730]. Die Beym hohen Alter unentkräftete Leibes= und Selen=Kräfte hat Bey dem Am 29. Martii des 1730ten Jahres angestellten Leich=Begängniß des [...] Herrn Johann Friderich Kätzlers, Wohl=meritirten Bürger=Meisters und Syndici der löblichen Stadt Braunschweig, Welcher den 19ten Martii gedachten Jahres im 76ten Jahr seines Alters seelig verschieden, In einer geringen Parentation vorstellen wollen J[ohann] C[Christoph] Bremer. Braunschweig: Arnold Jacob Keiteln, [1730]. Als An dem lethalen Sontage Laetare [...] Der / HochEdelgebohrne / Best und Hochgelahrte / auch hochweise Herr / Herr / Johann Friedrich / Kaetzler / Hoch=meritirter Bürgermeister und Syndicus dieser / Stadt / Zum grossen Leydwesen seiner hochgeschätzten Familie und der wehrten Bürgerschaft / Des Abends zwischen 7 und 8 Uhr dieses Zeitliche mit dem Ewigen verwechselte / [...] / wolten zur Bezeugung / [...] / In gegenwärtigen geringen Zeilen schuldige condolenz abstatten / Die hiesigen Ober=Gerichts Procuratores. Braunschweig: Friedrich Wilhelm Meyer [1730].

Angela Klein, Braunschweig

> [Lieber Amtmann im Amt Eich als Braunschweigs Bürgermeister:]
> wie die emolumenta meiner jetzigen Bedienung so wenig
> zur notthurftigen subsistence hinreichlich, … dennoch aber die convenience,
> absonderlich bey einer so großen und ansehnlichen Stadt,
> inmaßen auch gegen auswertige, schon ein mehrers dann sonst erfordern[1]

Paul Schrader (1714 – 1729)

Paul Schrader, nach Geburtsurkunde und Universitätsmatrikel „Paulus", wurde am 15. April 1673 als Sohn des Berendt Schrader (1641-1709) geboren und in das Geburtenregister der Kirche St. Andreas zu Braunschweig eingetragen. Der Name der Mutter, Anna Schaper (1641-1703), fand beim Pastor ebenso wenig Erwähnung wie der Name der weiblichen Patin, die nur als „Hans Berens seine Mutter" angegeben wurde.[2] Er war Enkel des Brauers Hans Schrader auf der Schöppenstedter Straße und wurde in einfachen Verhältnissen groß.[3] In den genealogischen Kollekteaneen und Aufstellungen Braunschweiger Familienstiftungen wird der Name Paul Schrader häufig genannt, er führt allerdings nicht direkt auf die bekannte Braunschweiger Kaufmannsfamilie zurück.[4]

Paul Schrader studierte ab 1692 in Jena und wurde als „Paulus Schrader Brunsvicensis" am 24. April 1694 als Civis academicus in die Universität Helmstedt aufgenommen.[5] Nach erfolgreichem Studium wirkte er zunächst als Advokat und Gerichtsamtmann der v. Veltheimschen Gerichte in Destedt und Glentorf.[6] Bekannt und Stammvater zahlreicher im Herzogtum in verantwortlichen Funktionen wirkender Nachkommen wurde er auch durch seine am 2. Dezember 1705 in der Katharinenkirche geschlossene Heirat mit Katharine Margarete von Kalm (12. Sept. 1687 bis

---

1 Niedersächsisches Landesarchiv – Staatsarchiv Wolfenbüttel, 4 Alt 2 Eich Nr. 762.
2 Stadtarchiv Braunschweig, G III 1: 21 II, S. 598.
3 Heinrich Meier, Zur Genealogie der Familie Schrader in Braunschweig, in: Braunschweigisches Magazin 12 (1903), S. 142. Hermann Schrader, Zur Geschichte des Braunschweigischen Stadt- und Ratsgeschlechtes Schrader, Rochlitz 1935, S. 36.
4 Stadtarchiv Braunschweig, H IV: 358b. Stadtarchiv Braunschweig, H III 2: 93, Vol. 8.
5 Herbert Mundhenke, Die Matrikel der Universität Helmstedt (Veröffentlichungen der Historischen Kommission für Niedersachsen und Bremen IX), Hildesheim 1979, Bd. III 1685-1810.
6 Schrader, Geschichte (wie Anmerkung 3), S. 36.

4. März 1746),[7] die ihm weiteren Zugang zum städtischen Patriziat und die Verbindung zu den Bürgermeisterfamilien brachte. Acht Kinder, getauft in der Katharinenkirche zwischen 1706 und 1729,[8] gingen aus dieser Ehe hervor. Von den Söhnen sollten später Heinrich Bernhard Schrader von Schliestedt (1706-1773) als besonders gebildeter und erfolgreicher Minister und Paul August von Schrader (1726-1780) als Schriftsteller und Hofrat für das Herzogtum berühmt werden.

In die Jugend Paul Schraders war die Huldigung an den Landesherrn (16. Juni 1671), die Verwaltungsumstrukturierung und die Neuorganisation der städtischen Wirtschaft gefallen. In den Bereichen Verwaltung, Polizei und Ökonomie prägte, wie schon die große Zahl der ergangenen Verordnungen signalisiert, ein starker Wille zur Innovation die Innenpolitik der Zeit Herzog August Wilhelms. Die intensivere Verwaltungstätigkeit und der damit verbundene Druck zur Modernisierung hatte außer der Ämterverwaltung auch die städtischen Magistrate erfasst, wo möglichst sogar akademisch ausgebildete Persönlichkeiten nach und nach die Amtsträger aus der örtlichen Patronageklientel ersetzten.[9]
In diese Zeit des Umbruchs hinein und im letzten Lebensjahr des noch mit absolutistischem Glanz regierenden Anton Ulrichs († 26./27. März 1714) wurde Paul Schrader zum Bürgermeister gewählt und am 28. August 1714 vom Magistrat per Bericht als neuer Bürgermeister dem Herzog benannt.[10] Nachdenklich macht allerdings ein in der Herzoglichen Kammerverwaltung überlieferter Aktenvorgang aus dem Jahr seiner Bürgermeisterernennung.

Mit Bericht vom 16. Dezember 1714 bat er wegen der offensichtlich vielen Arbeit und geringen Einkünfte bei der Stadt „wie die emolumenta meiner jetzigen Bedienung so wenig zur notthurftigen subsistence hinreichlich, als auch bey weiten nicht derjenigen, so bey vorige function zu genießen gehabt, erreichen, dennoch aber die convenience, absonderlich bey einer so großen und ansehnlichen Stadt, inmaßen auch gegen auswertige, schon ein mehrers dann sonst erfordern"[11] um die Exspektanz auf eine Stelle als Amtmann des Amtes Eich. Die Stelle wurde ihm mit Reskript vom 2. April 1715 zugesprochen, wurde aber drei Jahre später dennoch anderweitig vergeben.

---

7   Stadtarchiv Braunschweig, G III 1: 70 II, S. 197.
8   Stadtarchiv Braunschweig, G III 1: 64.
9   Christof Römer, Das Zeitalter des Hochabsolutismus (1635-1735), in: Horst-Rüdiger Jarck, Gerhard Schildt (Hrsg.), Die Braunschweigische Landesgeschichte, Jahrtausendrückblick einer Region, Braunschweig 2001, S. 564.
10 Stadtarchiv Braunschweig, C IX: 11.
11 Niedersächsisches Landesarchiv – Staatsarchiv Wolfenbüttel, 4 Alt 2 Eich Nr. 762.

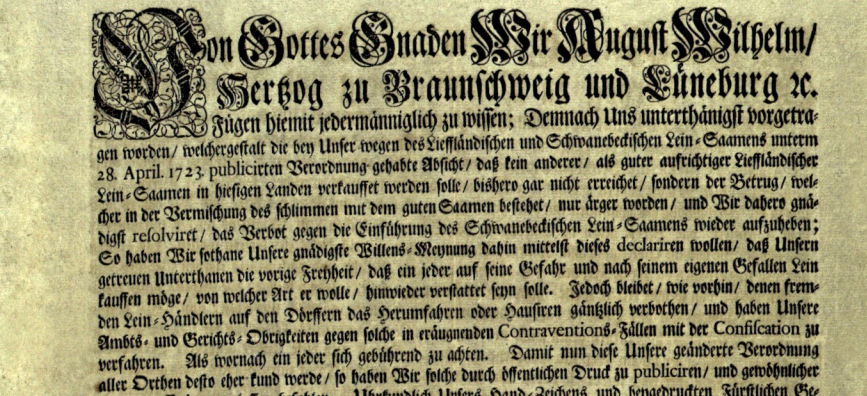

Paul Schrader hatte sich in seine Aufgaben für die Stadt gefunden und wurde schon nach zwei Jahren erstmals Direktor des Bürgermeisterkollegiums, ab 1718 dann fast regelmäßig bis 1728 zum Direktor und Syndikus gewählt. Erst nach seinem Tode wurde 1730 ein Nachfolger für ihn präsentiert.

Über die Intensität der erfolgreichen Verwaltungsarbeit geben sehr ausführlich die im Protokollbuch der Stadt festgehaltenen Durchführungsnotizen zu den ergangenen herzoglichen Edikten, Verordnungen und Akzisebestimmungen Auskunft, die in alle Bereiche des Lebens der Bürger eingriffen, ob die Wohnungen der Fabrikanten, die Marktschreier, den Bierverkauf, die Schulkollegien oder die Regelung einzelner Gottesdienste.[12] Die Braunschweiger Messe, 1681 neu organisiert, nahm schon Mitte der 1720er Jahre trotz der damaligen internationalen Deflationskrise einen Aufschwung und zeigt erste Erfolge eines auf Effektivität zielenden Verwaltungs- und Wirtschaftshandelns der Stadt.

Aufhebung des Verbots zur Einführung des Schwanebekschen Leinsamens, 1728. Verordnung des Herzogs August Wilhelm (Stadtarchiv Braunschweig, H V: 107)

---

12 Ausführungsvermerke in Stadtarchiv Braunschweig, H III 2: 43, Vol. 3.

Dieser beginnende wirtschaftliche Aufschwung der Stadt und die gute Verwaltungsarbeit dürften ebenso erkennbare Zeichen für die erfolgreiche Tätigkeit Paul Schraders sein wie die gute Ausbildung seiner Kinder, die er, wie das für seine oben genannten Söhne belegt ist, auf Bildungsreise durch Europa schickte und damit Zeugnis gab für ein der Bildungskultur aufgeschlossenes Elternhaus. Das Wappen der Schraders, das auch die Nachkommen Paul Schraders führten,[13] ist überliefert im Stadtarchiv Braunschweig.[14]

Der Bürgermeister Paul Schrader, der am 20. November 1929 in Braunschweig starb, wurde am 23. November 1729 in der Katharinenkirche begraben.[15]

Horst-Rüdiger Jarck, Wolfenbüttel

---

13 Meier, Genealogie (wie Anmerkung 3), S. 142.
14 Stadtarchiv Braunschweig, H III 3: 4, Vol. 1, S. 110.
15 Stadtarchiv Braunschweig, G III 1: 75, S. 310.

„Also wollen wir gedachten Ermischen zum Bürgermeister
hiemit gnädigs conformiret ... haben"[1]

AUGUST ADOLPH ERMISCH (1718 – 1737)

Als Sohn des Christian Ludwig Ermisch, Pastors an der Braunschweiger Katharinenkirche, und dessen Ehefrau Maria Elisabeth Mente († 1727) wurde August Adolph Ermisch 1683 in Braunschweig geboren und am 15. Oktober in der Kirche seines Vaters getauft. Als Taufpate ist im Kirchenbuch „Ihr. Hochfürstl. Durchl. Hertzog Rudolph August" eingetragen.[2] Die Nähe zum herzoglichen Haus war dadurch gegeben, dass eine Schwester seiner Mutter[3] ab 1681 in morganatischer Ehe mit dem Landesherrn Rudolf August vermählt war.

August Adolph Ermischs Vater war 1689 unter dem für die Verständigung zwischen den Konfessionen streitbaren Theologen Friedrich Calixt[4] Lizentiat an der Theologischen Fakultät in Helmstedt geworden, wo er 1693 zum Doktor der Theologie promoviert wurde. Noch in demselben Jahr wurde er zum Superintendenten der Stadt Braunschweig ernannt. Die Jugend August Adolph Ermischs wird von der Diskussion um theologische Fragen und gelebter Frömmigkeit geprägt gewesen sein, wohl zu ermessen aus der Herausgabe des für das Herzogtum verbindlichen Gesangbuches (1686) und der engagierten Predigttätigkeit seines Vaters, der auch für den verstorbenen Herzog Rudolf August (1704) und bei der Trauerfeier für die Herzogin Sophie Amalie, Ehefrau des Erbprinzen August Wilhelm (1710) die Leichenpredigt hielt.

Die Förderung für den jungen August, der mit zwei jüngeren Schwestern aufwuchs,[5] wurde schon recht früh, 1696, mit der Übertragung eines Kanonikats an der

---

1 Reskript Herzog August Wilhelm an Bürgermeister und Rat der Stadt Braunschweig, 12.04.1718, Stadtarchiv Braunschweig, C IX 11.
2 Stadtarchiv Braunschweig, G III 1: 63, S. 284.
3 Erika Eschebach, Rosina Elisabeth Menten, in: Horst-Rüdiger Jarck (Hrsg.), Braunschweigisches Biographisches Lexikon, 8. bis 18. Jahrhundert, Braunschweig 2006, S. 495. Johann Jacob Möller, Madame Rodolphine, in: Virtuelles Kupferstichkabinett (http://www.virtuelles-kupferstichkabinett.de/index.php?selTab=3&currentWerk=24746& am 24.03.2011).
4 Inge Mager, Friedrich Ulrich Calixt, in: Horst-Rüdiger Jarck (Hrsg.), Braunschweigisches Biographisches Lexikon, 8. bis 18. Jahrhundert, Braunschweig 2006, S. 129.
5 Stadtarchiv Braunschweig, H VIII A: 1061.

Wappen der Familie Ermisch (Stadtarchiv Braunschweig, H III 3: 4, Vol. 2, S. 197)

Blasiuskirche spürbar.[6] Am 18. Februar wurde er als Civis Academicus in die Matrikel der Universität Helmstedt eingeschrieben[7] und trat nach erfolgreichem Studium als Hofgerichts-Assessor in den herzoglichen Dienst ein.

Ermischs Ernennung zum Braunschweiger Bürgermeister im Jahr 1718 ging offensichtlich eine leichte Irritation voraus, denn es wird auf das nach Ableben des bisherigen Bürgermeisters Christoph Müller in diesem Fall von der Stadt nicht gebrauchte Recht hingewiesen, gleichwohl aber bestätigt, „dass wir Euch bey künfftigen Fällen in den exercitio eines Wahl- und Praesentations Rechts die freye Hand lassen würden". Offensichtlich kam der 34-jährige Ermisch als der gewünschte Kandidat des Herzogs „da wir vor unsern Hoffgerichts Assessorem August Adolph Ermischen uns bereits gnädigst declariret, denselben allein praesentiren wollen, in unterthänigster zuversicht, dass wir Euch bey künfftigen Fällen in den exercitio eines Wahl- und Praesentations-Rechts die freye Hand lassen würden".[8] Ihm wurde mit der Bestallung, für die der Herzog „an gedachten Raht bereits gemäßen Befehl ertheilet", die Wohnung außerhalb der Burg in der Stadt zu nehmen, um Verhöre über „Bürger-Streit-Sachen" in seinem Hause halten zu können.[9]

---

6 Niedersächsisches Landesarchiv – Staatsarchiv Wolfenbüttel, A Urk 1913 (24. April 1696). Darin auch die Ehelichkeitsbescheinigung und der Hinweis auf die Heirat der Eltern am 22. Oktober 1682.
7 Herbert Mundhenke, Die Matrikel der Universität Helmstedt (Veröffentlichungen der Historischen Kommission für Niedersachsen und Bremen IX, Abt. 1), Bd. III 1685-1810, Hildesheim 1979.
8 Reskript vom 12. April 1718, Stadtarchiv Braunschweig, C IX: 11.
9 Reskript vom 17. April 1718, Stadtarchiv Braunschweig, C IX: 11.

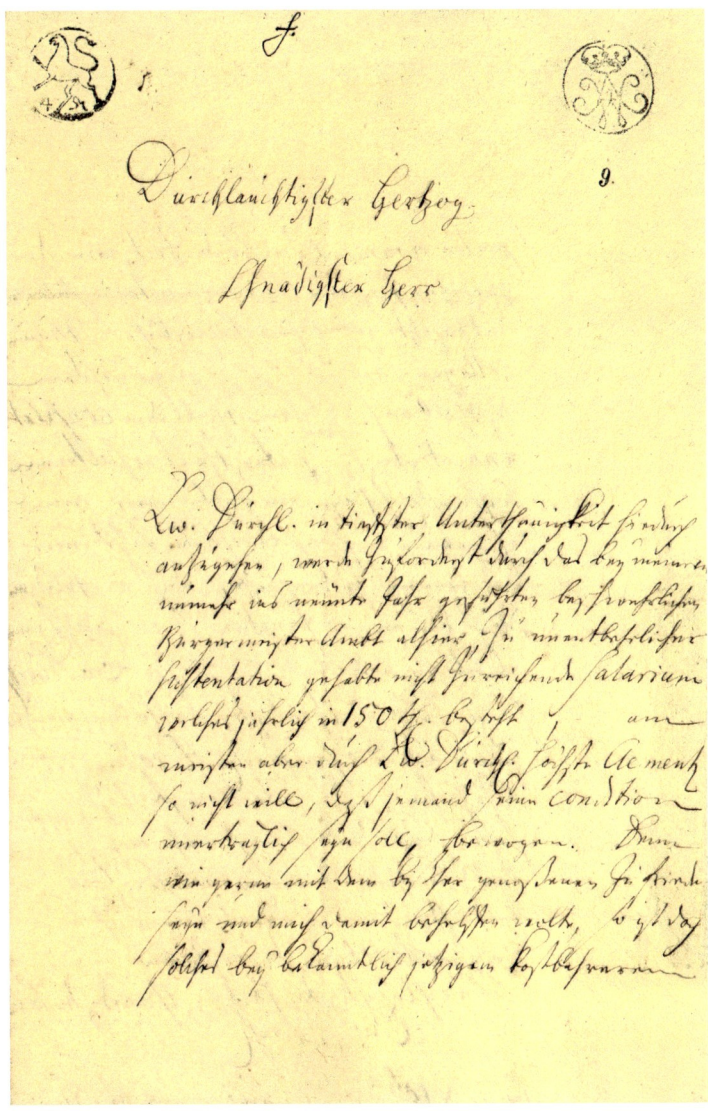

Auszug aus einem Bittschreiben Adolph Ermischs an den Braunschweiger Herzog die Erhöhung seines Gehalts betreffend, 1726 (Stadtarchiv Braunschweig C III 1: 4)

Das Amt des Bürgermeisters hat Ermisch die folgenden 20 Jahre bis zu seinem Tode ausgefüllt. Zu Michaelis 1725 wurde er erstmals auch zum Direktor des Gremiums gewählt,[10] eine Funktion, die er seitdem alternierend mit den anderen Bürgermeistern innegehabt hat. Bemühungen um ein wirtschaftliches Aufblühen und eine auf effektives Verwaltungshandeln zielen-

---

10 Stadtarchiv Braunschweig, F VIII 7: 37.

de Erneuerung der Stadt prägten die Amtsjahre Ermischs. Er selbst berichtete, wohl von dem angestrebten wirtschaftlichen Erfolgsdenken selbst geprägt, an den Landesherrn von dem „beschwerliche[n] Bürgermeister Ambt in unentbehrlicher sustentation", „nicht zureichende[m] salarium, welches jährlich in 150 thl besteht" und möchte durch eine Zulage „aufgemuntert ... werden in treuer und sorgfältiger Beobachtung meines Diensts".[11] Diesem Ansinnen entsprach sein Pate insofern, als dass ihm eine jährliche Zulage bewilligt wurde.[12]

August Adolph Ermisch starb im Alter von 54 Jahren am 24. Dezember 1737 am Schlagfluss. Er wurde am 29. Dezember 1737 im Dom zu Braunschweig beigesetzt.[13] Als seine Präbende am Dom vom Herzog einem Nachfolger weiterverliehen wurden, da wurde er tituliert als „consiliarius noster aulicus", Hofrat. Eine zu seiner Beisetzung herausgegebene Leichenpredigt, in der Literatur noch mit Signatur benannt, ist im Hauptstaatsarchiv Hannover im Zweiten Weltkrieg verbrannt.

Horst-Rüdiger Jarck, Wolfenbüttel

11 Bericht vom 10. Mai 1726, Stadtarchiv Braunschweig, C III 1: 4.
12 Ebd.
13 Stadtarchiv Braunschweig, G III 1: 308, S. 108.

*„bey ansehnlichem Gefolge öffentlich zu seiner Ruhe-Stätte
in der St. Catharinen-Kirche gebracht worden"*[1]

ACHATZ PHILIP JUSTUS HILPERT (1730 – 1734)

Achatz Philip Justus Hilpert, dessen Taufe sich in den Kirchenbüchern der stadtbraunschweigischen Pfarren nicht nachweisen lässt, wurde 1697 geboren. Über seine Familie, die Kindheit und Jugend ist nichts bekannt. Auch sein Ausbildungsweg muss weitgehend im Dunkel der Geschichte verborgen bleiben. Vermutlich hat Hilpert ein juristisches Studium absolviert, wird er doch in einem Nachruf als Rechtsgelehrter bezeichnet.[2] Allerdings lässt sich Achatz Philip Justus Hilpert weder in den Matrikeln der Landesuniversität in Helmstedt noch in den Matrikelbüchern der Universitäten Gießen, Leipzig, Rinteln, Tübingen und Wittenberg nachweisen.[3]

Das erste Lebenszeichen von Hilpert datiert auf das zweite Halbjahr 1730. Seit dem Johannis-Quartal stand er als Bürgermeister auf der Gehaltsliste der Stadt Braunschweig. Für seine Arbeit als Direktor des Gremiums wurde er mit einem Jahreseinkommen in Höhe von 200 Talern entlohnt, das quartalsweise ausgezahlt wurde.

Entsprechend dem jährlichen Turnus wurde Hilpert im August 1731 von Heinrich Brandes als Direktor abgelöst. Seit dem Michaelisquartal 1731 erhielt er deshalb als einfaches Mitglied des Gremiums nur noch 37,18 Reichstaler pro Quartal aus dem Stadtsäckel, insgesamt jährlich also gut 50 Taler weniger als auf dem Direktionsposten.[4]

---

1 Lezte Liebes-Pflicht bey des Weyland Magnifici, Hoch-Edelgebornen, Hochweisen und Hochgelehrten Herrn Achatz Philipp Just Hilperts […], Braunschweig, ohne Datum (Gottfried Wilhelm Leibniz Bibliothek Hannover, Cm 311).
2 Ebd.
3 Albert Bürk, Wilhelm Wille (Bearb.), Die Matrikeln der Universität Tübingen 1710-1817, Band 3, Tübingen 1953. Georg Erler (Hrsg.), Die jüngere Matrikel der Universität Leipzig 1559-1809, Band III, Leipzig 1909. Fritz Juntke (Bearb.), Matrikel der Martin-Luther-Universität Halle-Wittenberg 1690-1730, Halle 1960. Herbert Mundhenke, Die Matrikel der Universität Helmstedt 1685-1810, Band III, Hildesheim 1979. Otfried Praetorius, Friedrich Knöpp (Bearb.), Die Matrikel der Universität Gießen 1708-1807 (Bibliothek familiengeschichtlicher Quellen 11), Neustadt an der Aisch 1957. August Woringer (Hrsg.), Die Studenten der Universität Rinteln, Leipzig 1939.
4 Stadtarchiv Braunschweig, F VIII 7: 42-46.

Hilpert, der seines frühen Todes wegen insgesamt nur vier Jahre lang als Bürgermeister der Stadt amtierte, hinterließ in einer Zeit, in der die städtische Finanzverwaltung von der Fürstlichen Stadtkommission auf die von Wolfenbüttel nach Braunschweig verlegte Herzogliche Kammer[5] überging und die politischen Einflussmöglichkeiten der Bürgermeister und des Rates relativ gering waren, keine bleibenden Spuren in der Stadtgeschichte.

Achatz Philip Justus Hilpert starb am 25. April 1734 im Alter von nur 37 Jahren und wurde – ohne dass die Gemeinde entsprechende Kosten in Rechnung stellte[6] – am 2. Mai 1734 in der Katharinenkirche in Braunschweig bestattet.[7] Er hinterließ seine Ehefrau, an die im zweiten Halbjahr 1734 das Gehalt ihres verstorbenen Mannes ausbezahlt wurde.[8]

Claudia Böhler, Braunschweig

---

5 Richard Moderhack, Braunschweiger Stadtgeschichte, Braunschweig 1997, S. 124.
6 Stadtarchiv Braunschweig, F I 4: 212.
7 Stadtarchiv Braunschweig, G III 1: 75, S. 351.
8 Stadtarchiv Braunschweig, F VIII 7: 46.

*„wegen wiederbesetzung der vacanten Bürgermeister Stelle
gethane unterthänigste presentation, den mit in Worthen gebrachten Senatoren
Autor Julium Cammann dazu in gnaden zu confirmiern [...]"*[1]

AUTOR JULIUS CAMMAN (CAMANN, CAMMANN) (1730 – 1741)

Im stadtgeschichtlich bedeutsamen Jahr 1671, in dem Herzog Rudolf August und seine welfischen Vettern die Stadt Braunschweig unterwarfen, wurde Autor Julius Camman als ältester Sohn des Juristen Conrad Camman und der Kaufmannstochter Margaretha Camman, geborene von Brincken, in Braunschweig geboren und am 21. Juni 1671 in der Kirche St. Martini getauft.[2]

Die Cammans waren eine alteingesessene, angesehene Braunschweiger Juristenfamilie, deren Sprösslinge bereits seit Generationen die höchsten Ämter der Stadt bekleideten. Der Großvater Autor Camman – ein Vetter des berühmten Stadtsyndikus Johann Camman des Jüngeren, welcher der Nachwelt insbesondere durch seine umfangreiche Büchersammlung bekannt ist[3] – hatte seinerzeit zunächst das Amt des Kleinen Bürgermeisters, später das Amt des Großen Bürgermeisters im Weichbild Altstadt inne und stand zudem als Direktor dem im Angesicht des Dreißigjährigen Krieges gebildeten Kriegsrat der Stadt vor.[4]

Der Vater, Conrad Camman, speiste schon zu Studienzeiten am Tisch des Braunschweigischen Obersyndikus Dr. Johannes Strauch, konnte so von dessen Erfahrungen profitieren und wäre nach seiner Promotion im Fach Jura (1670) sicherlich ebenfalls in die Spitze der Verwaltung aufgestiegen, hätte nicht eine schwere Kopfverletzung, zugezogen durch einen Reitunfall, seine Gesundheit so nachhaltig zer-

---

1 Stadtarchiv Braunschweig, C IX 1: 1.
2 Stadtarchiv Braunschweig, G III 1: 155 II, S. 241. Stadtarchiv Braunschweig, H VIII A 6: 81.
3 Heinrich Rentwig, Johann Camann, Stifter der Cammannschen Bibliothek, in: Braunschweigische Anzeigen, Nr. 152, 3. Juli 1894, S. 1. Johannes Wiesner, Johann Camman (d. J.), in: Horst-Rüdiger Jarck u.a. (Hrsg.), Braunschweigisches Biographisches Lexikon, 8. bis 18. Jahrhundert, Braunschweig 2006, S.132-133.
4 Stadtarchiv Braunschweig, H VIII A 6: 81. Fritz Roth, Restlose Auswertungen von Leichenpredigten und Personalschriften für genealogische und kulturhistorische Zwecke, Band 10, Boppard/Rhein 1980, S. 292.

rüttet, dass er sieben Jahre später am 14. Dezember 1677 im Alter von 35 Jahren an den Spätfolgen starb.[5]

Fünf Jahre nachdem Autor Julius Camman im Alter von sechs Jahren seinen Vater verloren hatte, heiratete die Mutter am 7. November 1682[6] den Geheimen Kammersekretär Jacob Martin Rydemann, der Camman, seinen Bruder und seine beiden Schwestern sorgfältig weiter erzog.[7]

Durch sein markantes Geburtsjahr konnte Camman gewissermaßen von Beginn an – wenn auch studienbedingt vermutlich zeitweise nur aus der Ferne – den Wandel Braunschweigs von einer alten Bürgerstadt zu einer jungen Fürstenstadt mitverfolgen, in dessen Verlauf sich das Gesicht der Stadt radikal veränderte.[8]

Wichtige Einschnitte waren etwa die Einrichtung zweier Warenmessen im Jahr 1681 durch Herzog Rudolf August, der Umbau des funktionslos gewordenen Hagenrathauses und des angrenzenden Gewandhauses zu einem Opernhaus, die Anlage der Bastionärsbefestigung nach Vaubanschem Vorbild und die damit verbundene Schließung mehrerer Stadttore sowie die Niederlegung der Steinweg- und der Rennelbergvorstadt und schließlich die Anfänge des Schlossbaus auf dem Gelände des so genannten Grauen Hofs seit 1718.[9]

Über Cammans Bildungsweg ist zu berichten, dass er der Familientradition entsprechend Jura studierte und auch bei der Wahl des Studienortes dem Vorbild von Vater und Großvater folgte: Am 30. April 1694 schrieb er sich an der juristischen Fakultät der Universität Helmstedt ein.[10]

Erst verhältnismäßig spät, im Alter von 36 Jahren, trat Camman in den Stand der Ehe, als er am 29. November 1707 Dorothea Elisabetha Rethemeyer, die Tochter des

---

5   Fritz Roth, Restlose Auswertungen von Leichenpredigten und Personalschriften für genealogische und kulturhistorische Zwecke, Band 6, Boppard/Rhein 1970, S.297-298.
6   Stadtarchiv Braunschweig, G III 1: 305, S. 55.
7   Fritz Roth, Restlose Auswertungen von Leichenpredigten und Personalschriften für genealogische und kulturhistorische Zwecke, Band 9, Boppard/Rhein 1976, S.118. Conrad und Margaretha Camman hatten insgesamt zwei Söhne und zwei Töchter (H VIII A 6: 81). Autor Cammans Bruder, Brandan Camman, wurde Gerichtsvogt der Stadt Braunschweig, vgl. Ernst Döll, Die Kollegiatstifte St. Blasius und St. Cyriacus zu Braunschweig (Braunschweiger Werkstücke 36), Braunschweig 1967, S. 194.
8   Hans-Walter Schmuhl, Die Herren der Stadt – Bürgerliche Eliten und städtische Selbstverwaltung in Nürnberg und Braunschweig vom 18. Jahrhundert bis 1918, Gießen 1998, S. 338.
9   Richard Moderhack, Braunschweiger Stadtgeschichte, Braunschweig 1997, S. 126-132 sowie 270-274.
10 Herbert Mundhenke (Hrsg.), Die Matrikel der Universität Helmstedt 1685-1810, Hildesheim 1979, S. 35.

Pastors Rudolph Heinrich Rethemeyer (St. Michaelis), heiratete.[11] Zu diesem Zeitpunkt war er bereits Fürstlicher Sekretär sowie Kanonikus des Kollegiatstifts St. Cyriakus[12] (zu dessen Dechanten er später noch avancieren sollte).[13] Das Ehepaar wohnte am Ziegenmarkt 3, in einem Haus, das seit dem 16. Jahrhundert in Familienbesitz war.[14] Zwischen 1710 und 1718 schenkte ihm Dorothea Elisabetha fünf Kinder (3 Söhne, 2 Töchter), von denen allerdings vier noch im selben Jahrzehnt verstarben.[15]

Bevor Camman am 28. Februar 1730[16] als Nachfolger für Paul Schrader zum Bürgermeister vorgeschlagen wurde, hatte er bereits einen Sitz im Senat der Stadt inne.[17] Der berufliche Erfolg indessen wurde ein Jahr nach Cammans Amtsantritt überschattet vom Tod seiner Frau, die am 4. Februar 1731 im Alter von 44 Jahren starb.[18] Acht Jahre später, am 18. November 1739, heiratete Camman ein zweites Mal – Christina Magdalena Lampen, die jüngste Tochter des Pastors zu St. Magni Johann Christoph Lampen.[19]

Das Amt des Bürgermeisters führte Camman von 1730 bis zu seinem Tod im Jahre 1741, wobei er gemäß des regelmäßigen Turnus in den Jahren 1733 und 1737 als regierender Bürgermeister fungierte.[20] Prägende Ereignisse seiner Amtszeit wie der Bau des Garnisonslazaretts beim Fallersleber Tor (seit 1734), die Errichtung der Schaufront des Zeughauses zum Bohlweg durch J. G. von Möring (um 1735) oder der Abriss des Sackrathauses (1739) lassen sich allerdings kaum seinem unmittelbaren Einfluss zuschreiben, zumal seit der Eroberung der Stadt durch die welfischen Herzöge und der von ihnen betriebenen Okkupation aller wesentlichen Verwaltungsaufgaben durch eine Fürstliche Stadtkommission der Wirkungskreis des städtischen Rates auf den einer Gerichtsbehörde und Stadtpolizei geschrumpft war.[21]

11 Stadtarchiv Braunschweig, G III 1: 156 II, S. 137.
12 Döll, Kollegiatstifte (wie Anmerkung 7), S. 194.
13 Stadtarchiv Braunschweig, G III 1: 157 II, S.139.
14 Stadtarchiv Braunschweig, C I 9: 31, Nr. 284. Heinrich Meier, Nachrichten über Bürgerhäuser früherer Jahrhunderte, in: Braunschweigisches Magazin 3 (1897) 4, S. 28.
15 Stadtarchiv Braunschweig, H VIII A 6: 81.
16 Stadtarchiv Braunschweig, C IX 1: 1.
17 Stadtarchiv Braunschweig, C III 1: 63, S. 64.
18 Stadtarchiv Braunschweig, H VIII A 6: 81.
19 Stadtarchiv Braunschweig, G III 1: 157 II, S. 139.
20 Ursula Beiß, Bürgermeister und Syndici der Stadt Braunschweig 1688-1808, S. 600, in: Werner Spieß (Hrsg.), Festschrift zur Ausstellung Bruneswik 1031 – Braunschweig 1981, die Stadt Heinrichs des Löwen von den Anfängen bis zur Gegenwart – Vom 25.4.1981 bis 11.10.1981, Braunschweig 1981, S. 595-614.
21 Moderhack, Stadtgeschichte (wie Anmerkung 9), S. 123-124. Schmuhl, Herren der Stadt (wie Anmerkung 8), S. 333-337.

1731, ein Jahr nach Cammans Amtsantritt, gingen die Aufgaben dieser Stadtkommission in die Hände der Herzoglichen Kammer über, die von Wolfenbüttel nach Braunschweig verlegt wurde.

Anfang des Jahres 1741 starb Autor Julius Camman im Alter von 70 Jahren und wurde am 29. Januar auf dem Kirchfriedhof zu St. Martini beigesetzt.[22] Die im Kirchenbucheintrag ausdrücklich erwähnte Leichenpredigt, gehalten von Pastor Blumen, ist nicht überliefert. Ihre Drucklegung scheint angesichts der vorliegenden Leichenpredigten für den Großvater Autor Camman und den Vater Conrad Camman auf den ersten Blick zwar wahrscheinlich, um die Mitte des 18. Jahrhunderts ließ die Tradition der Drucklegung allerdings allmählich nach und Autor Julius Camman mag ein frühes Beispiel dieser Entwicklung sein.

Roland Wolff, Hannover

---

22 Stadtarchiv Braunschweig, G III 1: 163 II, S. 867.

„im Stande dem von Ew. Hertzoglichen Durchlaucht
mir gnädigst anvertrauten Ambte im unterthänigsten Genüge zu leisten
und Justitz zu administriren"[1]

HEINRICH BRANDES (1730 – 1748)

Heinrich Brandes wurde im August 1680 geboren. In den Kirchenbüchern der stadtbraunschweigischen Pfarren ist seine Taufe nicht verzeichnet, und auch sonst lässt sich über seine persönlichen Umstände kaum etwas in Erfahrung bringen. Angesichts der Häufigkeit seines Namens blieben Ermittlungen, die aus Braunschweig herausführten, ergebnislos: Im Zeitraum zwischen 1694 und 1721 erwarben fünf Träger dieses Namens das Bürgerrecht. Keiner von diesen ließ sich mit einiger Wahrscheinlichkeit mit dem nachmaligen Bürgermeister identifizieren. Möglich wäre die Identität mit jenem Heinrich Brandes, der bei der Häselerschen Goldenen Hochzeit 1706 als Tochterkind des Jubelpaares bezeichnet wird. Dieser wohnte im Sack und war mit Sophia Dorothea Ritter verheiratet.[2]

In Angelegenheiten seines Handels erwirkte Brandes 1709 ein Schreiben des Herzogs Anton Ulrich an die Stadt Bremen; 1719 machte er Forderungen gegen den Kaufmann Siegelmann in Hamburg geltend. Etwas deutlicher werden seine Handelsbeziehungen für den Zeitraum 1723-1728.[3] 1723 hatte er vom Lübecker Kaufmann Meno Froböse 140 Tonnen Leinsaat aus Riga gekauft. Später versuchte er, weil die Qualität mangelhaft gewesen war, den Direktimport aus dem Baltikum. Darüber kam es zum Rechtsstreit mit dem Rat der Stadt Lübeck, der die Waren nicht frei passieren lassen wollte, und wir erfahren etwas über die Quantitäten: 100 Tonnen Leinsaat und eine Partie Rauchleder 1725, 400 Tonnen 1726, 300 Tonnen 1727, 200 Tonnen Leinsaat und 67 Packen Hanf 1728. Für 100 Tonnen rigische Leinsaat ließen sich in Hamburg zu dieser Zeit sicherlich mehr als 10.000 Taler erlösen. In Lübeck besorgte als seine Faktorin die Witwe Menzer seine Geschäfte; einen Korrespondenten, den er mir Hopfen belieferte, beschäftigte er in Kopenhagen.

---

1 Niedersächsisches Landesarchiv – Staatsarchiv Wolfenbüttel, 2 Alt Nr. 6598.
2 Umständliche Beschreibung Der Ehelichen Jubel-Hochzeit und solennen Festivität, Welche ... Herr Heinrich Häseler ... Mit seiner herz-geliebten Ehegattin Gertrud Marien Eltzen ... 3ten Jun. Ao. 1706 feyerlich angestellet. Von neuem aufgeleget Braunschweig 1743.
3 Niedersächsisches Landesarchiv – Staatsarchiv Wolfenbüttel, 2 Alt Nr. 2137.

Fleischer- und Fleisch-Tax-Ordnung 1733 (Stadtarchiv Braunschweig, H V 4: 9)

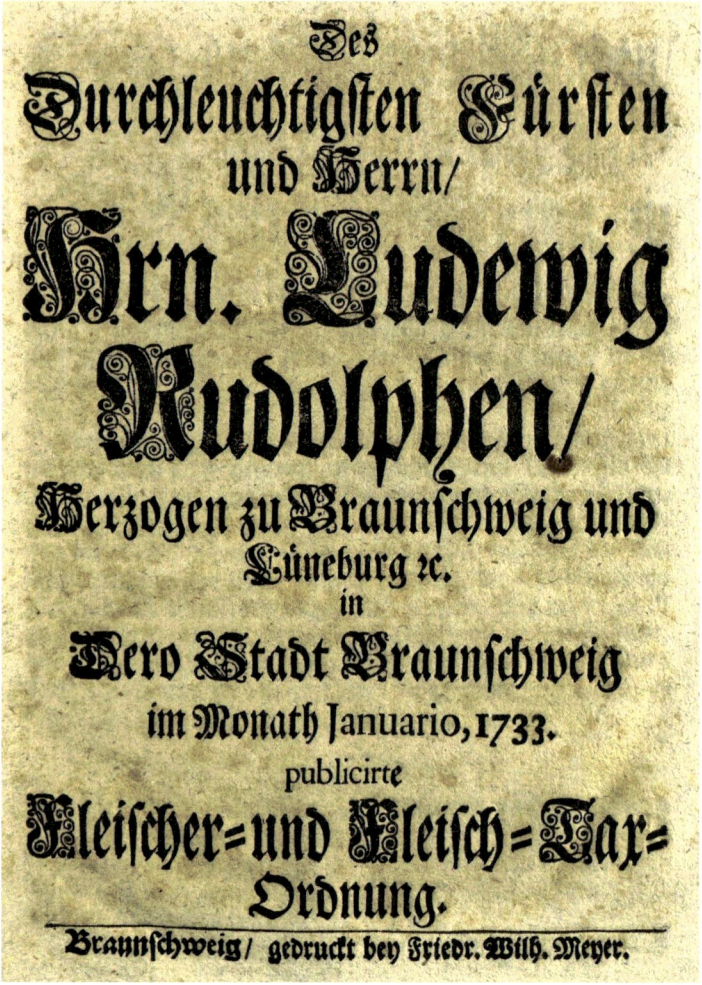

1727 wurde Brandes Ratsverwandter der Stadt Braunschweig.[4] Im folgenden Jahr eskalierte sein Streit mit der Stadt Lübeck, und er konnte den Herzog dazu bewegen, auf der Braunschweiger Messe lübische Waren mit Beschlag zu belegen.

Heftige Proteste, nicht zuletzt der Braunschweiger Weißgerber, erzwangen jedoch eine Aufhebung dieser Maßnahme. 1730 übertrug man ihm das Amt des Bürgermeisters.

4   Stadtarchiv Braunschweig, C IX 13.

Postkarte Packhof (Stadtarchiv Braunschweig, HXV A II 2: P)

Die beiden jeweils regierenden Mitglieder des Bürgermeisterkollegiums leiteten die Ratssitzungen, führten die Geschäfte, hielten Sprechstunden ab und übten die Jurisdictio domestica aus. In dem Entwurf einer Geschäftsordnung (ungefähr 1737) wurde Brandes, da Kaufmann und kein Gelehrter, mit Relationen in Parteisachen verschont. Er bezog deshalb aber auch keine Einkünfte aus Gerichtssporteln.

In die ersten Jahre seines Bürgermeisteramtes fielen das Ratsreglement über die Bürgerwachen (1730) und die Fleischer- und Fleisch-Tax-Ordnung (1733). Der Geheime Rat, die Landesregierung, stärkte den Handelsplatz Braunschweig durch den Bau des Packhofes 1733 und die Messeordnung 1738. Seit 1744 richtete der Geheime Rat seine Bestrebungen darauf, die Ratsverfassung zu reformieren. Einerseits sollte wegen der langwierigen Prozesse die Justizadministration verbessert, andererseits die Haushaltsführung überprüft werden.[5] Dabei trat zu Tage, dass der Premierminister Hieronymus von Münchhausen († 1742) den Bürgermeistern Zulagen aus dem Sondervermögen der Stadt zugebilligt hatte, worüber es zur Untersuchung kam.

---

5 Niedersächsisches Landesarchiv – Staatsarchiv Wolfenbüttel, 2 Alt Nr. 6594-6597.

Die Zahlungen wurden ausgesetzt und den Bürgermeistern Brandes und Schwartze erst 1747 auf Antrag wieder bewilligt. Anscheinend weil Zweifel am Sinn nicht regierender Bürgermeister aufgekommen waren und um die Haushaltsprüfung abschließen zu können, blieben die freiwerdenden Bürgermeisterposten zunächst unbesetzt.[6] Von September 1744 an bildeten Brandes und Johann Zacharias Schwartze allein das Bürgermeisterkollegium und wechselten sich im Direktorium ab.

Heinrich Brandes starb „an einem doppelten Fieber" und wurde am 29. August 1748 in der Brüdernkirche beigesetzt.[7] Aus der Ehe, die er 44 Jahre lang geführt hatte, stammen die Töchter Maria Catharina (* 1709), Anna Elisabeth Sophia (* 1711), Gertrud Maria (* 1714) und Johanna Elisabetha (* 1716) sowie der Sohn Heinrich (* 1721), der die Militärlaufbahn einschlug.

Brage Bei der Wieden, Wolfenbüttel

---

6 Niedersächsisches Landesarchiv – Staatsarchiv Wolfenbüttel, 2 Alt Nr. 6498, 6573.
7 Niedersächsisches Landesarchiv – Staatsarchiv Wolfenbüttel, 7 Kb Nr. 263.

*„31 Jahr und vornemlich
in meinem Bürgermeister-Amte mühselig gedienet ..."*[1]

JOHANN ZACHARIAS SCHWARTZE (1734 – 1749)

Schwartzes Geburtsjahr lässt sich auf 1695 berechnen. 1713 immatrikulierte er sich an der Universität Halle als „Brunsvicensis".[2] Nach Abschluss seines Studiums praktizierte er als Advokat. Am 19. Juli 1734 erfolgte seine Ernennung zum Bürgermeister der Stadt Braunschweig.[3]

Bei der Geschäftsverteilung 1737 sollte er die Relationen N-S bearbeiten.[4] 1743 reklamierte er erfolgreich den Hagenteich vor dem Wendentor, der von der Fürstlichen Kottonfabrik als Bleiche beansprucht wurde, für die Stadt.[5]

1742 ernannte der Herzog ihn zum Hofgerichtsassessor der Städtekurie (ex curia civitatum); dieses Amt nahm er bis 1754 wahr.[6] Da die Städte aber – von Braunschweig abgesehen – keine Zahlungen leisteten, supplizierte Schwartze 1745 um eine der Stellen, die der Herzog im Hofgericht zu besetzen hatte. Er empfand die Situation auch deshalb als unbefriedigend, weil in Folge einer Geschäftsprüfung zwei der vier Bürgermeisterstellen vakant blieben und die Zahlung von Zulagen bis 1747 ausgesetzt wurde.[7] Schwartze und sein Kollege Heinrich Brandes bildeten zwischen 1744 und 1748 allein das Bürgermeisterkollegium und wechselten sich jährlich im Direktorium ab.

Das Ministerium gab seinen Wünschen schließlich Gehör: Am 25. Januar 1749 erhielt er seine Ernennung zum Konsistorialrat, mit der Maßgabe allerdings, bis Ostern im Ratskollegium zu bleiben und „die neuen Bürgermeistere zu ihren Functionen" anzuweisen. Am 7. März schied er aus dem Bürgermeisteramt aus.

---

1 Niedersächsisches Landesarchiv – Staatsarchiv Wolfenbüttel, Alt Nr. 15138.
2 Fritz Junthe (Bearb.), Matrikel der Martin-Luther-Universität Halle-Wittenberg 1690-1730, Halle 1960, S. 412.
3 Niedersächsisches Landesarchiv – Staatsarchiv Wolfenbüttel, 2 Alt Nr. 6573.
4 Niedersächsisches Landesarchiv – Staatsarchiv Wolfenbüttel, 2 Alt Nr. 6497.
5 Niedersächsisches Landesarchiv – Staatsarchiv Wolfenbüttel, 4 Alt 5 Nr. 629.
6 Niedersächsisches Landesarchiv – Staatsarchiv Wolfenbüttel, 5 Alt II Nr. 1017.
7 Stadtarchiv Braunschweig, F VIII 7: 56-59.

Das Konsistorium hatte seinen Sitz in Wolfenbüttel. Schwartzes Tätigkeiten belohnte der Herzog 1751 mit regelmäßigen Zahlungen aus den Staatseinkünften (portio fisci) – zusätzlich zum Gehalt. Beim Einzug der französischen Truppen verließ Schwartze Wolfenbüttel und zog nach Braunschweig; von den Konsistorialräten blieb allein Christian Friedrich Weichmann zurück, der sich nicht der besten Gesundheit erfreute. Deshalb erging an Schwartze die Aufforderung, bis Johanni 1758 wieder Wohnung in Wolfenbüttel zu beziehen. Der zuständige Minister, Georg Septimus Andreas von Praun, brachte das 1765 in Erinnerung, verärgert darüber, dass Schwartze sechs Mal den Sitzungen des Konsistoriums fern geblieben war.[8]

Schwartze heiratete drei Mal: Am 7. November 1740 ehelichte er („woll merirter Bürgermeister alhie") Anna Christina Schmidt, die Witwe des Oberleutnants Johann Friedrich Dageroth,[9] und erwarb hierdurch ein Haus am Eiermarkt (Assekuranz-Nr. 449). Das Gebäude ließ er 1744 neu aufführen.[10] Am 10. September 1744 führte er Christina Maria Pfeiffer, die Witwe des Kammerrats Werner Berckelmann, zum Altar.[11] Am 4. November 1750 heiratete er in Amelungsborn Anna Veronica Hartmann, die Tochter des dortigen Amtmannes.[12]

Johann Zacharias Schwartze starb am 12. September 1776 in Braunschweig mit fast 81 Jahren an Entkräftung.[13]

Brage Bei der Wieden, Wolfenbüttel

---

8 Niedersächsisches Landesarchiv – Staatsarchiv Wolfenbüttel, 2 Alt Nr. 15138.
9 Niedersächsisches Landesarchiv – Staatsarchiv Wolfenbüttel, 7 Kb Nr. 192, S. 200.
10 Heinrich Meier, Nachrichten über Bürgerhäuser früherer Jahrhunderte, in: Braunschweigisches Magazin 3 (1897) Nr. 4, S. 28-30.
11 Niedersächsisches Landesarchiv – Staatsarchiv Wolfenbüttel, 7 Kb Nr. 192. Die Ehefrau starb am 10.01.1748 im 51. Lebensjahr: Niedersächsisches Landesarchiv – Staatsarchiv Wolfenbüttel, 7 Kb Nr. 204. Begrabene, in: Braunschweigische Anzeigen, Januar 1748, 9tes Stück, Sp. 180.
12 Niedersächsisches Landesarchiv – Staatsarchiv Wolfenbüttel, 1 Kb Nr. 888. Gestorben am 23.02.1783 im 64. Jahr: Absterben characterisirter Personen, in: Braunschweigische Anzeigen, März 1783, 18tes Stück, Sp. 245.
13 Niedersächsisches Landesarchiv – Staatsarchiv Wolfenbüttel, 7 Kb Nr. 205, S. 522.

> „[...] dahero ich mich necessitiret gesehen die Feder in hero
> als ein Advocatus zur Hand zu nehmen."[1]

JOHANN GEORG VON KALM (1738 – 1743)

Johann Georg von Kalm wurde als Sohn des Bürgermeisters und Kaufmanns Johann Conrad von Kalm und dessen erster Ehefrau Margarete Ilse Boyling 1675 in Braunschweig geboren. Getauft wurde er am 11. August in St. Katharinen, zu deren Gemeinde bereits sein Vater gehört hatte.[2] Im Alter von 24 Jahren heiratete er am 18. Oktober 1699 die vier Jahre jüngere Sophie Elisabeth von Strombeck aus einer angesehenen Braunschweiger Familie. Ihr Vater war Kanzler Heinrich von Strombeck und ihre Mutter eine geborene Anna Dorothea von Adenstedt.[3] Die Familie von Kalm war seit Ende des 13. Jahrhunderts in Braunschweig nachweisbar und gehörte zu den alteingesessenen Braunschweiger Familien mit Einfluss in Politik, Wirtschaft und Gesellschaft. Vor allem im Hagen hatte die Familie ihren Besitz. Johann Georg wurde als Besitzer des Gebäudes in der Breiten Straßen 23 genannt.[4] Auch die Häuser mit den Assekuranznummern 1406 und 1407 am Hagenmarkt 17 und 18 gehörten zum Familienbesitz.[5]

Dass die Kalms über ein beträchtliches Vermögen verfügt haben müssen, belegt, dass bereits 1426 Werner Kalm dem Welfenherzog Wilhelm dem Älteren für Kriegszwecke Geld lieh.[6] Nach dem bereits 1506 durch König Maximilian I. verliehenen Wappenbrief bestätigte Kaiser Karl VII. mit einem Gnadenbrief das Adelsprivileg der Familie von Kalm erneut. In diesem für Johann Georg ausgestellten Prädikat heißt es:

„Unser und des Reichs lieber getreuer Johann Georg Kalm angerühmet und dabey allergehorsamst vorgebracht worden, was massen das Kalmisch Geschlecht jeder-

---

1 Aus einem Bittschreiben von Johann Georg von Kalm an den Herzog, Stadtarchiv Braunschweig, C III 1: 65.
2 Stadtarchiv Braunschweig, G III 1: 63, S. 171.
3 Stadtarchiv Braunschweig, H III 3: 383 und G III 1: 70, S. 176.
4 Stadtarchiv Braunschweig, H III 1: 17,1 (Haus Nr. 888).
5 Stadtarchiv Braunschweig, H III 1: 17,2 (Häuser mit Nr. 1406 und 1407).
6 Stadtarchiv Braunschweig, H XV A: M I/K sowie Allgemeine Deutsche Biographie, herausgegeben von der Historischen Kommission bei der Bayerischen Akademie der Wissenschaften, Band 42 (1897), S. 733–738.

zeit in Nieder-Sachsen in grossem Ansehen gestanden und die ansehnlichsten geist- und weltlichen Aemter, als Praelaten, Bürgermeister und verschiedene Ehren-Stellen bekleidet."

Zudem erfolgte die Ehrung „wegen ihres rühmlichen Aufführens und wohl Verhaltens" im Türkenkrieg der 1660er Jahre. Vermutlich ging es dabei um die Verdienste in der blutigen Auseinandersetzung bei St. Gotthard an der Raab, bei der die Türken vernichtend geschlagen worden waren.[7] Auch wenn der Gnadenbrief für Johann Georg ausgestellt ist, kann dieser an dem Krieg selbst nicht teilgenommen haben, da er erst später geboren wurde.

Das bereits in früheren Generationen geführte Wappen derer von Kalm, das mit dem genannten Gnadenbrief ebenfalls bestätigt wird, stellt ein

„[...] in zwey Theile nach der Quer abgetheilten Schild, in welchem sich ein zur Linken zum Sprung gerichteter, ebenfalls in der Mitte nach der Quer abgetheilter Löw mit roth ausgeschlagener Zunge und aufgewundenem Schwantz sich zeiget, dessen Oberer Theil im Obern schwartzen Feld gelb oder goldfarbig, unterer Theil aber im untern gelb oder goldfärbigen Feld schwartz ist."[8]

Auf goldenem, seitwärts geöffnetem Helm und schwarzer Helmdecke ist das Motiv des goldenen Löwen als Helmzier wiederholt.[9]

Dass Johann Georg von Kalm als Kaufmann in Braunschweig tätig war, belegt ein Eintrag im Verzeichnis der Brauer-Gilde vom 18. September 1706.[10] Gleichzeitig engagierte sich Kalm aber auch in der Politik. Zunächst war Johann Georg von Kalm als Sekretär des Rates in Braunschweig tätig. In das Amt des Obersekretärs wurde er am 13. Juni 1715 im Alter von 40 Jahren berufen. Ein Bittschreiben, ihn bei der Besetzung dieser Position zu berücksichtigen, war im April des Jahres der Ernennung vorangegangen. Zwei Tage nach seiner Ernennung informierte er den Herzog, dass ihm als Obersekretär die seinem neuen Rang gebührende Anerkennung als Nachfolger von Tilemann Achtermann durch einige Senatoren verweigert worden war

---

7 Eduard Brinckmeier, Genealogische Geschichte des alten braunschweigischen uradeligen reichsfreien Geschlechts derer von Kalm, Braunschweig 1893, S. 37ff., 169.
8 Ebd., S. 40.
9 Stadtarchiv Braunschweig, H III 3: 4, Vol. I, S. 92.
10 Stadtarchiv Braunschweig, G VIII: 68, S. 120.

und ersuchte gleichzeitig um erneute Bestätigung seiner Position.[11] 1736 erfolgte gleich zu Beginn des Jahres am 2. Januar die Bestallung zum Syndicus. Neben den ausführlich beschriebenen Pflichten, die die Übernahme des Amtes mit sich brachten, wurde dort auch die Besoldung festgeschrieben. Johann Georg von Kalm sollte demnach jährlich 310 Thaler erhalten, die quartalsweise ausgezahlt wurden. Weiterhin wurde ihm „alle halbe Jahr einen Wispel Korn, halb Rocken und halb Gersten, von unserem Korn Boden" zugesagt. Auch an die notwenigen Büroutensilien war gedacht, wofür dem künftigen Syndicus am Anfang eines jeden Jahres weitere sechs Thaler ausbezahlt werden sollten. Vorgesehen war das Geld laut Bestallungsurkunde „zu Erkaufung nohtwendigen Schreib Papiers, Maculatur, Dinte, Siegelwachs, Bindgarn und dergleichen zur Schreiberey gehörigen Sachen". Zudem wurde er gleichzeitig von Abgabepflichten befreit.[12]

Diese Privilegien blieben von Kalm auch erhalten, als er bereits zwei Jahre später, im Jahr 1738 zum Bürgermeister bestellt wurde. Am 10. Februar wurde der von der Stadt vorgebrachte Vorschlag seiner Ernennung von Herzog Karl I. von Braunschweig-Wolfenbüttel bestätigt. Genauere Ausführungen zu seiner Besoldung wurden diesmal nicht gemacht, seine Ernennung in das vierköpfige Gremium war lediglich an die Bedingung geknüpft, „daß derselbe des Syndicats sich zu begeben confirmirt haben".[13] Das ihm verliehene Amt bekleidete er wohl bis zu seinem Weggang aus Braunschweig. Das letzte Lebenszeichen in Braunschweig datiert vom 14. Februar 1743 als seine Frau verstarb.[14] Vermutlich verließ Johann Georg von Kalm die Stadt 1743 oder 1744,[15] um sich in Hessen niederzulassen, wo er später als Hofrat in der Landgrafschaft Hessen-Kassel tätig war. Dort verstarb er fünf Jahre später im Alter von 73 Jahren am 18. Oktober 1748 in Hanau.[16] In Hessen lebte er vermutlich zeitweise bei seinem ältesten Sohn Johann Heinrich, der als fürstlicher Geheimrat in Hessen-Homburg tätig war.[17] 1746 erhielt Johann Georg von Kalm noch ausstehende Besoldungsgelder von der Stadt Braunschweig, was eine Quittung ebenso belegt wie seine neue Aufgabe in hessischen Diensten:

---

11 Stadtarchiv Braunschweig, C III 1: 65.
12 Stadtarchiv Braunschweig, C III 1: 6.
13 Stadtarchiv Braunschweig, C III 1: 7.
14 Stadtarchiv Braunschweig, G III 1: 75 St. Katharinen, S. 485.
15 Stadtarchiv Braunschweig, F VIII 7: 55, 56 (Ausgabebelege der Stadt Braunschweig für das Jahr 1744 sind nicht überliefert, weshalb nicht zu klären ist, ob von Kalm 1744 noch im Amt war.).
16 Landeskirchliches Archiv Kassel, Bestand A 1.1 – Mikrofichesbestand, KB Hanau-Johanneskirche 1747-1754, Microfiche 3, S. 149.
17 Stadtarchiv Braunschweig, H III 3: 383.

„[...] Anno 1746 Das Michaelis Quartal
Inhalts Serenissimi Gnädigsten Mandati von 24.t. Aug: a.c. sind den ehemahligen Bürgermeister, nun mehro Fürstl. Hessischen Cammer-Directori von Kalm zu Hanau die rückständige Besoldungs Gelder ausgezahlet [...]".[18]

Die Hintergründe dieser rückständigen Zahlungen aus seiner Tätigkeit als Bürgermeister lassen sich heute nicht mehr genau klären. Vermutlich war es zuvor zu Unregelmäßigkeiten im Haushalt gekommen, weshalb Zahlungen einer genaueren Überprüfung unterzogen worden waren.[19] Die städtische Selbstverwaltung und auch das Bürgermeisteramt hatten zu dieser Zeit ihre in Braunschweig traditionell hohe Bedeutung verloren. Nach der Eroberung der Stadt durch den Herzog hatte sich Braunschweig von einer bürgerlich dominierten Stadt zu einer Residenzstadt entwickelt. Diese Entwicklung wird augenscheinlich, wenn man bedenkt, dass sowohl die Bürgermeisterstelle von Johann Georg von Kalm als auch die seines Sohnes Johann Heinrich von Kalm nach ihrem Weggang zunächst unbesetzt blieben.

Romy Meyer, Oldenburg

---

18 Stadtarchiv Braunschweig, F VIII 7: 57, S. 88.
19 Niedersächsisches Landesarchiv – Staatsarchiv Wolfenbüttel, 2 Alt Nr. 6594–6597; siehe dazu Artikel zu Heinrich Brandes

„[...] da ich alhie meine Sachen eingerichtet, unterthänigst erbitten und versichern wollen, solche mit gehöriger dexterité zu respiciren. Ich zweifele nicht an gnädigster Deferirung und ersterbe in aller unterthänigster devotion [...]."[1]

Johann Heinrich von Kalm (1741 – 1744)

Laut Kirchenbuch der Gemeinde St. Katharinen ist Johann Heinrich von Kalm am 4. August 1700 in Braunschweig getauft worden.[2] Er war der Sohn des Bürgermeisters und Kaufmanns Johann Georg von Kalm und seiner Ehefrau Sophie Elisabeth von Strombeck, deren Eheschließung ebenfalls im Kirchenbuch von St. Katharinen im Jahr 1699 vermerkt ist.[3] Johann Heinrich von Kalm, der Älteste von insgesamt vier Söhnen und einer Tochter[4] schlug, wie bereits sein Vater, eine Verwaltungslaufbahn ein. Anfang des Jahres 1737 ersuchte er in einem Schreiben an den Herzog Karl I. von Braunschweig-Wolfenbüttel um die Nachfolge des Amtmannes Werner in dem zum Fürstentum Braunschweig-Wolfenbüttel gehörenden Amt Eich an der westlichen Stadtgrenze zu Braunschweig. Dieser war dort aufgrund seiner Erkrankung nicht mehr fähig, die Amtsgeschäfte weiterhin zu führen. Im März des gleichen Jahres wurde Johann Heinrich von Kalm als Oberbeamter mit dem Titel des Kommissionsrats im Amt Eich berufen. Amtmann Werner sollte fortan unter Beibehaltung der Besoldung dem neuen Amtsträger von Kalm zuarbeiten und die Registratur des Amtes führen.[5]

1741 wurde Johann Heinrich von Kalm – sein Vater Johann Georg von Kalm war zu dieser Zeit schon seit drei Jahren in gleicher Funktion im Amt – zum Bürgermeister in Braunschweig berufen. Nach dem Tod des Bürgermeisters Camman hatte die Stadt dem Herzog zwei Vorschläge für einen Nachfolger unterbreitet. Dies waren der Gerichtsverwalter Berens und der zu diesem Zeitpunkt als Kommissionsrat täti-

---

[1] Niedersächsisches Landesarchiv – Staatsarchiv Wolfenbüttel, 4 Alt 2 Eich Nr. 764. Bittschreiben von Kalms an Herzog Karl I. von Braunschweig-Wolfenbüttel, ihn mit der Stelle im Amt Eich zu betrauen.
[2] Stadtarchiv Braunschweig, G III 1: 63, S. 600. Laut Sterbeeintrag soll er am 1. August geboren sein.
[3] Stadtarchiv Braunschweig, G III 1: 70, S. 176.
[4] Weitere Kinder sind: Henrich Georg (*1706), Katharina Sophia (*1711), Anton Julius (*1712) und Henrich Conrad (*1714), in: Stadtarchiv Braunschweig, G III 1: 156. Vgl. auch Eduard Brinckmeier, Genealogische Geschichte des alten braunschweigischen uradeligen reichsfreien Geschlechts derer von Kalm, Braunschweig 1893.
[5] Niedersächsisches Landesarchiv – Staatsarchiv Wolfenbüttel, 4 Alt 2 Eich Nr. 764.

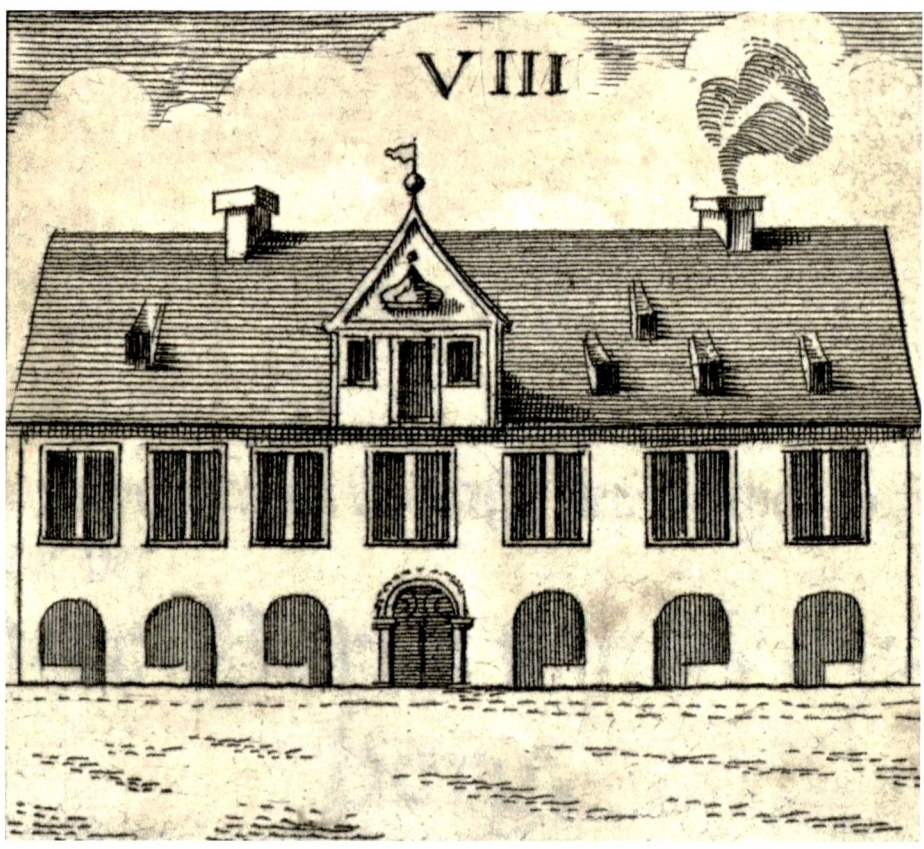

Wohnhaus der Familie Kalm in der Breiten Straße, Kupferstich von Johann Georg Beck, Abdruck im Kupferkalender von 1716 (Stadtbibliothek Braunschweig, Zs II 1184, 5a)

ge Johann Heinrich von Kalm. Die Wahl fiel auf Kalm, wenn auch die Entscheidung als eine ungewöhnliche begründet wurde:

„Ob nun wol sonst nicht leicht Vater und Sohn in ein Collegium pflegen recipiret zu werden, so wollen wir doch für diesesmahl darin dispensiren und den vorgedachten Commissions-Rath von Kalm zum Bürgermeister alhir mittelst dieses [Briefes] confirmiret haben, jedoch dergestalt daß dieser Fall hinkünftig zu keiner Consequenz gezogen werden solle."[6]

Doch Johann Heinrich von Kalm stand nicht lange im Dienst der Stadt. Bereits drei Jahre später, 1744, schied er, vermutlich

---

6 Stadtarchiv Braunschweig, C III 1: 7.

im gleichen Jahr wie sein Vater, aus dem Braunschweigischen Dienst aus. Er wurde nach Klärung noch ausstehender Rechnungen in Hessische Dienste entlassen. Der Sekretär Just Dietrich Benzin fungierte fortan als Mandatarius cum libera für Johann Heinrich von Kalm.[7] Nach seiner kurzen und – für diese Zeit nicht ungewöhnlich – eher bedeutungslosen Amtszeit in Braunschweig war er in der Landgrafschaft Hessen-Homburg als Geheimrat tätig, wo er eine gewichtigere Rolle als in seiner Heimatstadt spielte. Er wurde dort in Erbstreitigkeiten zwischen den Häusern Hessen-Homburg und Hessen-Darmstadt verwickelt. Nach dem Tod des Landgrafen Friedrich IV. Karl zu Hessen-Homburg am 7. Februar 1751 verschärften sich die Auseinandersetzungen um die Regierungsansprüche bzw. die Erbfolge in Hessen-Homburg. Der Sohn und Nachfolger des Landgrafen war zu diesem Zeitpunkt erst drei Jahre alt. Die Witwe des Landgrafen zu Hessen-Homburg, Ulrike Louise, geb. Fürstin zu Solms-Braunfels entließ den Geheimen Rat Johann Heinrich von Kalm 1751 aus seinem Amt, um den Hof zu verkleinern. Da die ältere Linie Hessen-Darmstadt ihren Einfluss auszuweiten versuchte, wurde er jedoch erneut von Ludwig VIII. von Hessen-Darmstadt als Kanzleirat für Homburg bestellt.[8] Instrumentalisiert durch Hessen-Darmstadt wurde ihm später vorgeworfen, den Konflikt der beiden Häuser mit heraufbeschworen zu haben, indem

„[…] der von Kalm auf eine höchst illegale und Recess-widrige Weise unmeintlich [in Hessen-Homburg] restituiret, die übrigen Räthe anmaßlich suspendiret, und dem Hof-Rath Döring die Haupt-Cassa vermeintlich genommen, dem von Kalm aber anvertrauet, und endlich alle diese selbstrichterliche, unjustificirliche und in den heilsamen Reichs-Satzungen höchst-verpönte That-Handlungen den Unterthanen bey Glockenschlag bekannt gemacht worden."[9]

Daraufhin wurde Kalm durch Beschluss des kaiserlichen Kammergerichts bis zur Klärung der Angelegenheit aller seiner Funktionen enthoben und die Homburgischen Räte wurden wieder eingesetzt.[10]

Nach diesem Vorfall bestritt Johann Heinrich von Kalm seinen Lebensunterhalt vermutlich mit seinem Vermögen und seinen Besitzungen.[11] Ob hierzu auch noch die

---

7 Niedersächsisches Landesarchiv – Staatsarchiv Wolfenbüttel, 4 Alt 2 Eich Nr. 764.
8 Pauline Puppel, Recht gegen Gewalt – Die Auseinandersetzungen um die vormundschaftliche Regentschaft in Hessen-Homburg 1751-1766, in: Siegrid Westphal, In eigener Sache – Frauen vor den höchsten Gerichten des Alten Reiches, Köln u.a. 2005, S. 221-223.
9 Niedersächsisches Landesarchiv – Staatsarchiv Wolfenbüttel, 1 Alt 5 Nr. 150.
10 Ebd.
11 Stadtarchiv Braunschweig, H III 3: 383, S. 64.

in Braunschweig gelegenen und auf seinen Namen vermerkten Häuser mit den Assekuranznummern 1406 und 1407 am Hagenmarkt Nr. 17 und Nr. 18 zählten, die schon seit mehreren Generationen zum Familienbesitz gehörten, ist nicht mehr zu klären.[12] Vermutlich hatte er diese jedoch bereits bei seinem Weggang aus seiner Heimatstadt veräußert. Später lebte Kalm in Idstein im Taunus, wo er 1768 ein Hofgut erwarb. Das später als Heil- und Pflegeanstalt genutzte Objekt wird noch heute als „Kalmenhof" bezeichnet.[13]

Dort verstarb Johann Heinrich von Kalm am 23. Juni 1776 im Alter von fast 76 Jahren. Seine Ehefrau Wilhelmine Henriette, geb. Breymann, starb ein Jahr später am 29. April 1777 ebenfalls in Idstein.[14]

Romy Meyer, Oldenburg

---

12 Stadtarchiv Braunschweig, H III 1: 17,2 (Häuser mit Nr. 1406 und 1407).
13 Peter Faust, Material zum „Stockheimer Hof" in Idstein (http://de.wikipedia.org/wiki/Kalmenhof eingesehen am 05.05. 2011).
14 Zentralarchiv der Evangelischen Kirche in Hessen und Nassau, Best. 244, KB Idstein Nr. 7, Film Nr. 1005.

*"der ich mit unermüdlichem Fleiße in aller Unterthänigkeit
mich dahin bestreben werde [...] in treulicher Verwaltung
dieses Dienstes mich immer würdiger zu machen*[1]*"*

CARL MICHAEL STRASBERG (STRASSBERG)
(1749 – 1754)

Carl Michael Strasberg wurde genealogischen Aufzeichnungen zufolge als Sohn des Lehrers Gottfried Strasberg im Jahr 1698 in Ellern geboren.[2] Sein 1671 in Freiberg/Sachsen geborener Vater Gottfried Strasberg[3] war von 1713 an bis zu seinem Tod am 10. Mai 1725 als Lehrer am Johanneum in Hamburg tätig.[4] Carl Michael Strasberg selbst besuchte das Johanneum als Schüler in der Zeit von 1716 bis 1718.[5] Von April 1720 bis Dezember 1723 studierte Strasberg Rechtswissenschaften in Jena.[6]

Im Jahr 1729 gelang Strasberg der Eintritt in herzogliche Dienste. Er erinnerte nach dem Tod des herzoglichen Kanzlers und Konsistorialrates Luedecke in einem Schreiben an Herzog August Wilhelm daran, dass jener „noch kurtz vor dero Aufbruch von Braunschweig nach Vechelde mir die gnädigste hohe Versprechung gethan, wie derselbige bey allererster Gelegenheit für mein ferneres Etablissement gnädigst zu sorgen geruhen wollten". Strasberg bat deshalb darum, ihm „diese vacante Consistorial-Raths-Stelle [...] zu conferiren, der ich mit unermüdlichem Fleiße in aller Unterthänigkeit mich dahin bestreben werde [...] in treulicher Verwaltung dieses Dienstes mich immer würdiger zu machen, und in unterthänigster Devotion biß an mein Ende zu beharren."

Seine daraufhin erfolgte Anstellung wird durch den Vermerk des Herzogs vom 30. November 1729 „Supplicante soll vom künftigen Johannis an 100 Thaler Zulage

---

1 Niedersächsisches Landesarchiv – Staatsarchiv Wolfenbüttel, 4 Alt 19 Nr. 3722.
2 Niedersächsisches Landesarchiv – Staatsarchiv Wolfenbüttel, 315 N 3.
3 Hans Große, Hans Rudolf Jung (Hrsg.), Georg Philipp Telemann Briefwechsel, Sämtliche erreichbare Briefe von und an Telemann, Leipzig 1972.
4 Ernst Philipp Ludwig Calmberg, Geschichte des Johanneums zu Hamburg Wissenswertes aus mehreren Jahrhunderten, Lehrerverzeichnis von 1529 bis 1829, Hamburg 1820.
5 Stadtarchiv Braunschweig, H VIII A: 4860.
6 Günter Steiger (Hrsg.), Die Matrikel der Universität Jena, Weimar 1977, S. 794.

und sodann 300 Thaler jährlich aus der Cammer bekommen" belegt.[7] Die daraus resultierende Verbundenheit und Dankbarkeit gegenüber dem Herzogshaus lässt sich der Tatsache entnehmen, dass Strasberg im Juli 1731 ein „Acclamatio votiva" für Herzog Ludwig Rudolph anlässlich seines Geburtstags publizierte.[8]

Strasbergs erste Ehe mit Agnes Eleonore geborene Matfeld wurde 1731 nach nur vier Jahren wegen Eheuntauglichkeit der Gattin geschieden. In dem Scheidungsurteil ist der Hinweis vermerkt, „es soll dem Imploranten (Strasberg) auch die gesuchte Freyheit sich anderweitig zu verehelichen nicht unbillig zu verstatten sein".[9] Fünf Jahre später, am 9. Oktober 1736 heiratete Strasberg erneut. Seine zweite Ehefrau wurde Johanne Catharine Friederike Hantelmann, die Witwe des am 22. November 1733 verstorbenen Mediziners Dr. Johann Friedrich Boeli.[10] In den Jahren 1737 bis 1752 wurden aus dieser Verbindung sechs Töchter geboren. Bemerkenswert einheitlich für den Lebenslauf seiner Töchter ist die Tatsache, dass fünf davon die Ehe mit Pastoren eingingen.

Schon vor Beginn seiner Amtszeit als Bürgermeister in Braunschweig hatte sich Strasberg für das „Intelligenzwesen" engagiert. Bereits sein Vater hatte in den Jahren 1703 bis 1709 in Hamburg die Zeitschrift „Nova litteraria Germaniae collecta Hamburgi" herausgegeben, mit dem Ziel eine wissenschaftliche Zeitschrift im Stil der Leipziger „Acta Eruditorum" in Hamburg zu etablieren.[11]

Der Sohn gehörte einer Kommission an, die Herzog Karl I. im Jahr 1744 zur „Besorgung des sogenannten Intelligenzwesen" hatte einrichten lassen, um ein Anzeigenblatt mit amtlichen Nachrichten nach englischem Vorbild zu gründen, das zudem durch „gelehrte Beiträge" erweitert werden sollte. Im Jahr 1745 erschien die erste Ausgabe der „Braunschweigischen Anzeigen", die fast zwei Jahrhunderte existierten. Strasberg führte diese Tätigkeit auch noch einige Monate nach dem Antritt des Bürgermeisteramtes in Braunschweig fort.[12]

---

7 Niedersächsisches Landesarchiv – Staatsarchiv Wolfenbüttel, 4 Alt 19 Nr. 3722.
8 Georg Septimus Andreas von Praun, Bibliotheca Brunsvico-Luneburgensis, scriptores rerum Brunsvico-Luneburgensium, Wolfenbüttel 1744, S. 81.
9 Niedersächsisches Landesarchiv – Staatsarchiv Wolfenbüttel, 2 Alt Nr. 18121.
10 Stadtarchiv Braunschweig, G III 1: 75, S. 347. Stadtarchiv Braunschweig G III 1: 72, S. 26.
11 Nova literaria germaniae collecta Hamburgi (http://www.haraldfischerverlag.de/hfv/DtZS/nova_literaria_germaniae.php eingesehen am 10.03.2011).
12 Paul Zimmermann, Die Braunschweigischen Anzeigen 1745-1895, in: Braunschweigische Anzeigen, 01.01.1895.

Im Rechnungsbuch der Stadt wird Strasberg im Osterquartal 1749 erstmals als stellvertretender Bürgermeister mit einem Gehalt von 100 Reichstalern geführt. Alternierend mit den drei weiteren Bürgermeistern Wilmerding, Schwartze und Flach (später auch Mund) war er einer der stellvertretenden Bürgermeister und von Michaelis 1750 bis Michaelis 1751 sowie zwischen Michaelis 1753 und Michaelis 1754 amtierte er als regierender Bürgermeister.[13]

In seine nur fünf Jahre während Amtszeit als Bürgermeister der Stadt Braunschweig fiel vor allem die Erarbeitung der städtischen Verwaltungs- und Gerichtsreform, die im Jahr 1756 letztendlich zu der Bildung von vier Departements zur Abgrenzung der einzelnen Arbeitsbereiche des Magistrats führte. Neben der Bildung des Justizdepartements, des Vormundschaftlichen Departements und des Stadtdepartements unter je einem Bürgermeister sowie des Polizeidepartements unter einem Polizeidirektor erfolgte wenig später als weitere Maßnahme zur Verwaltungsvereinfachung die Umwandlung von 14 Bauernschaften in insgesamt sechs Distrikte.[14]

Weitere erwähnenswerte Entwicklungen während der Amtszeit Strasbergs sind in erster Linie auf Initiative des Herzogs zurückzuführen, was die schwache Stellung des Bürgermeisteramtes in dieser Zeit unterstreicht, die Stadt selbst jedoch aufwertete. So wurde 1750 die Pfälzer Kolonie Veltenhof begründet, im selben Jahr wurde das Anatomisch-Chirurgische Institut eingerichtet, 1751 das Lehrerseminar an der Waisenhausschule angesiedelt und schließlich 1754 die Landes-Brandversicherungsanstalt gegründet. Von überragender Bedeutung war jedoch die Verlegung der herzoglichen Residenz von Wolfenbüttel in die Stadt Braunschweig in den Jahren 1753 und 1754.

Beachtliche Teile seines Vermögens, das seine Frau – wie er im Testament vermerkt – „durch ihre gute Haushaltung [...] sehr verbessert hatte, investierte Strasberg in den Erwerb von Grundbesitz. So übernahm er zunächst das Haus seiner Gattin am Hagenmarkt, welches ihr erster Ehemann Boeli hinterlassen hatte, und erwarb 1742 zudem ein Haus am Steingraben.[15] Seine Witwe führte diese Tradition fort und kaufte im Jahr 1777 ein Wohn- und Brauhaus auf der Güldenstraße.

Im Bewusstsein seines nahenden Todes verfasste Carl Michael Strasberg am 23. Juli 1754, nur eine Woche vor seinem Ableben, sein Testament,[16] in dem er alle seine

---

13 Stadtarchiv Braunschweig, F VIII 7: 60-61.
14 Richard Moderhack, Braunschweiger Stadtgeschichte, Braunschweig 1997, S. 142.
15 Stadtarchiv, C I 8: 53 Bl. 37.
16 Stadtarchiv Braunschweig, C I 7: 8, S. 594ff.

Postkarte Pfälzer
Kolonie Veltenhof
(Stadtarchiv
Braunschweig,
H XVI A V 18)

Güter zu gleichen Teilen seiner Ehefrau sowie den sechs Töchtern vermachte sowie dem „von mir erzeugete(n) Kind, welches nach meinem seeligen Ableben etwa noch gebohren werden mögte." Allerdings ließ sich die Geburt eines weiteren Kindes der Witwe Strasberg in den Kirchenbüchern nicht ermitteln und auch in dem Testament von Johanne Friederike Catharina Strasberg[17] werden lediglich die bereits beim Ableben des Gatten vorhandenen sechs Töchter genannt.

Am 30. Juli 1754 verstarb Carl Michael Strasberg im Alter von 56 Jahren „an der Engbrüstigkeit und Friefel" (Asthma und Fieber) und wurde am 4. August 1754 in der Gemeinde St. Katharinen, in der er das Amt des Oberprovisors innegehabt hatte, beigesetzt.[18]

Katja Matussek, Braunschweig

17 Stadtarchiv Braunschweig, D I 7: 11, S.1003.
18 Stadtarchiv Braunschweig, G III 1: 76, S. 173.

„Meinen Freund und Herren Collegen den Herrn Bürgermeister Hurlebusch [...]
setze ihn dabey zum Executore dieses meines Testaments
unter dem freundschaftlichen Gefühl,
wie derselbe mir auch gütigst versprochen,
daß er dieses Amt und was dahin gehöret übernehmen möge"[1]

Georg Ludwig Flach (1749 – 1780)

Georg Ludwig Flach wurde als Sohn des Pfarrers Zacharie Georg Flach und Anna Elisabeth Dencker, Tochter des Amtmannes zu Imbshausen, geboren. Obwohl er selbst bei der Einschreibung an der Universität ‚Bartolfelde' als Geburtsort angegeben hatte, findet sich im dortigen Kirchenbuch kein entsprechender Eintrag. Ganz überraschend ist die Sache jedoch nicht, denn am Tage der Geburt war sein Vater bereits wegen Falschmünzerei in Hannover inhaftiert. Die Wahl der Vornamen sollte, so wird vermutet, den Kurfürsten Georg Ludwig gnädig stimmen, doch vergeblich. Die Mitbeteiligten, der Schwiegervater und zwei Schmiedegesellen, wurden am 9. Juli 1706 enthauptet, sein Vater unmittelbar danach als Hauptbeteiligter auf gleicher Richtstätte gemäß den Bestimmungen der Peinlichen Gerichtsordnung Kaiser Karl V. öffentlich verbrannt.

Wo Georg Ludwig seine Kindheit und Jugend verbracht hat, ist unbekannt. Greifbar wird sein Leben erst wieder mit der Ersteinschreibung an der Universität Helmstedt am 31. Mai 1725, wo er am 11. Oktober 1727 promoviert wurde. Am 18. November 1732 heiratete er in Dettum Marie Sophie, die Tochter des dortigen Pfarrers. Wie sehr man das Lebensschicksal seines Vaters verschleiern wollte, macht folgender Eintrag deutlich: Des „seel[igen] Herrn Zacharias Georg Flach, Weyland treufleißiger Pastoris Gemeine zu Bartolfelde ehelicher jüngster Sohn".[2] Ein älterer Bruder, Friedrich Melchior Flach (1699-1785), war nach Stationen in Bad Grund und Goslar zuletzt Pfarrer in Wenden.[3]

Am 27. Oktober 1739 wurde Georg Ludwig Flach als Stadtsekretär der Stadt Braunschweig vereidigt. Zehn Jahre später, am 9. Januar 1749, wurde er zum Bürgermeis-

---
1 Stadtarchiv Braunschweig, D I 7: 7, S. 533-534.
2 Niedersächsisches Landesarchiv – Staatsarchiv Wolfenbüttel, 1Kb 307, S. 40.
3 Stadtarchiv Braunschweig, D I 7: 7, S. 531.

Auszug aus
dem Testament
(D I 7: 7)

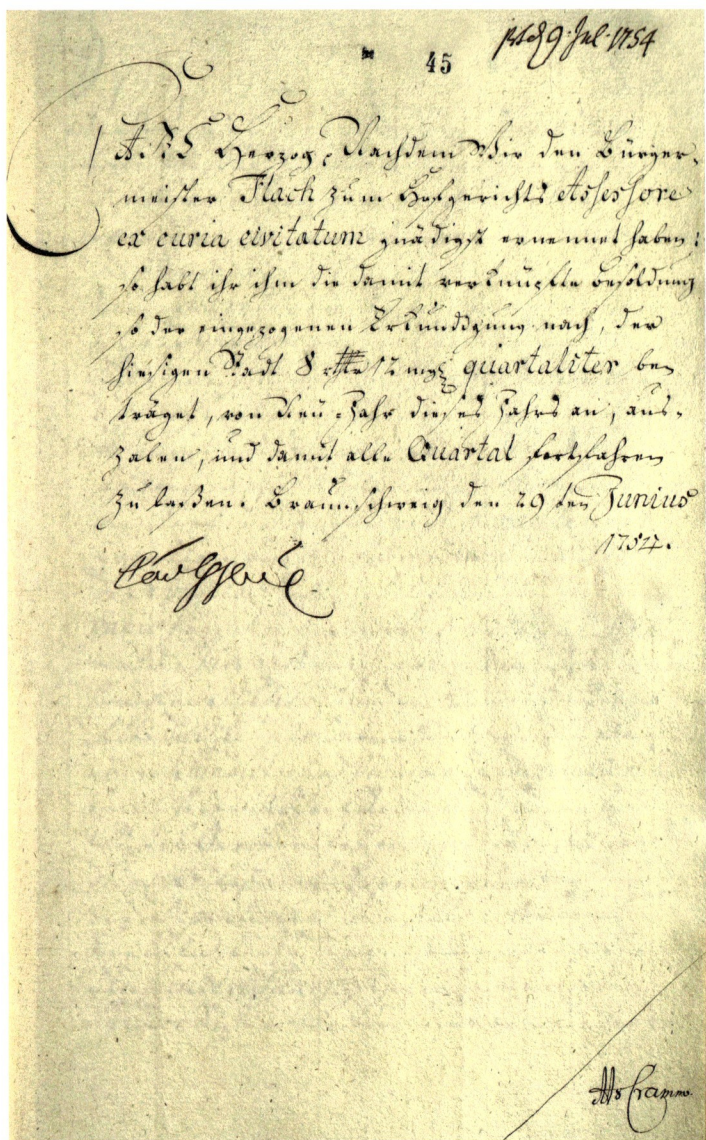

ter ernannt.[4] Am 22. Januar 1754 wurde Bürgermeister Flach für die curia civitatum zum Hofgerichtsassessor berufen. Ein Amt, das nicht nur Ehre verlieh, sondern wohl auch mit 100 Reichs-

---

4 Avancements, Begnadigungen, Versetzungen, in: Braunschweigische Anzeigen, Februar 1749, 14. Stück, Sp. 285.

Ernennung zum Hofgerichtsassessor (C III 1: 4, S. 45)

talern zusätzlichem Einkommen verbunden war.⁵ Am 5. Juni 1780 wurde er „wegen seines Alters und Schwachheit, jedoch mit Beibehaltung seiner zeitherigen Hofgerichts-Assessor-Competenz, pro Emerito erkläret, und dagegen den Bürgermeister Hurlebusch an dessen Stelle zum Hofgerichts-Assessore ex Curia Civitatum wieder ernannt."⁶ Das Bemerkenswerte an diesem Vorgang ist, dass ihm seine vollen Bezüge belassen wurden, üblich wäre gewesen, dass Hurlebusch zu seinem Adjunkten, also festen Nachfolger, ernannt und er sich mit ihm über die Aufteilung der Entlohnung zwischen beiden hätte einigen müssen. Kurz darauf, am 9. November 1780 starb er als Witwer ‚am Schlagfluß', wie das Kirchenbuch der Sankt Andreas-Gemeinde vermerkt. Dort war er zu diesem Zeitpunkt auch Provisor. Vorausgegangen war eine ‚langwierige Entkräftung', so die Traueranzeige.

---

5   Niedersächsisches Landesarchiv – Staatsarchiv Wolfenbüttel, 5 Alt I Nr. 33. Avancements, Begnadigungen, Versetzungen, in: Braunschweigische Anzeigen, Februar 1754, 14. Stück, Sp. 271.

6   Niedersächsisches Landesarchiv – Staatsarchiv Wolfenbüttel, 5 Alt I Nr. 41.

Georg Ludwig Flach wurde auf dem neuen Friedhof vor dem Thore in einem eigenen Grab beerdigt. Der einzig nachweisbare Sohn des Paares starb bereits früh im Alter von 13 Jahren. Eine Tochter wird am 24. Juni 1763 beerdigt.[7]

Über die beruflichen Aktivitäten von Flach ist wenig bekannt. Wie üblich, hatte er allerlei Commissionsachen zu übernehmen, also Fälle, zu denen er besonders beauftragt wurde. Durch ihm zuweisbare besondere Aktivitäten für die Stadt ist er nicht hervorgetreten, was aber an der nicht sehr hervorgehobenen Stellung des Bürgermeisters in dieser Zeit liegen mag. Bei seinem Tode fanden sich noch zehn Vorgänge aus den Jahren 1752 bis 1773 in seinem Besitz. Doch von denen irgendwelche Schlüsse auf die sonst von ihm wahrgenommenen Aufgaben zu schließen, ist unangebracht. Es sieht mehr danach aus, dass es sich hierbei um Fälle handelt, die sich aus was für Gründen auch immer durch liegen lassen erledigt hatten.

Literatur

Absterben characterisirter Personen, in: Braunschweigische Anzeigen, November 1780, 90. Stück, Sp. 966. Avancements, Begnadigungen, Versetzungen, in: Braunschweigische Anzeigen, Februar 1749, 14. Stück, Sp. 285. Avancements, Begnadigungen, Versetzungen, in: Braunschweigische Anzeigen, Februar 1754, 14. Stück, Sp. 271. Gerichtlich zu publicirende Testamente, in: Braunschweigische Anzeigen, März 1781, 21. Stück, Sp. 223. Wolfgang Klann, Ehrn Flach. Spuren einer gescheiterten Existenz, Bartolfelde 1991. Wolfgang Klann, Zacharias Georg Flach – Spuren einer gescheiterten Pastorenexistenz, in: Harz-Zeitschrift hrsg. von Christof Römer, 46/47 (1994/95), S. 53-65. Heinrich Wilhelm Rotermund, Zacharias Georg Flagge [das ist richtig Flach], Prediger und falscher Münzer, in: Neues vaterländisches Archiv oder Beiträge zur allseitigen Kenntniß des Königsreichs Hannover, wie es war und ist, 4. Bd., Lüneburg 1825, S. 196-202 (Für zahlreiche dort gemachte Behauptungen, die dann auch über weitere Literatur Verbreitung fanden, gibt es keinerlei stichhaltige Belege. Sie gehören mit Sicherheit zum Bereich Geschichten, nicht zur Geschichte). Specimen Meditationum Ad Pandectas De Possessione Probatione / Praesidente Augustino Leysero (...), Publice Defendet Georg Ludovic Flach, Barthelfelda-Hannover, LL. Cult. D. IX. Octobr. (1727) Helmstadii, Paul Dietrich Schnorr [1727].

Peter Albrecht, Braunschweig

---

7   Stadtarchiv Braunschweig, G III 1: 157, S. 371. Stadtarchiv Braunschweig, G III 1: 164, S. 55 und S. 296. Stadtarchiv Braunschweig, G III 1: 32, S. 242. Absterben characterisirter Personen, in: Braunschweigische Anzeigen, November 1780, 90. Stück, Sp. 966. Gerichtlich zu publicirende Testamente, in: Braunschweigische Anzeigen, März 1781, 21. Stück, Sp. 223.

*„und hinterläßt den Ruhm des rechtschaffenen Patrioten,
und eines thätig-fleißigen bey der Bürgerschaft beliebten Mannes"*[1]

JOHANN HEINRICH WILMERDING DER ÄLTERE
(1749 – 1780)

Johann Heinrich Wilmerding erblickte am 3. November 1705 als ältester Sohn des Kauf- und Handelsmannes Wilhelm Wilmerding und dessen Ehefrau Magdalene Elisabeth, geborene Hagemann das Licht der Welt. Seine Paten waren Johannes Wilmerding, Henricus Schmale von Hannover und Anna Maria Hagemann.[2] Johann Heinrich wuchs zusammen mit seinen Geschwistern Henriette Ilse Catharina (* 13. Dezember 1708) und Johann Christoph (* 21. Juni 1711) seit 1713 in der Breiten Straße 22 (Assekuranznummer 887) auf. Nach dem Tod des Vaters, Wilhelm Wilmerding, erhielt Johann Heinrich 1768 das Elternhaus als Erbe.

Am 13. September 1741 heiratete Johann Heinrich Wilmerding Sophie Lucie Elisabeth Breier, die zwei Jahre später verstarb. Aus dieser Verbindung stammte die 1743 geborene Tochter Anna Henrietta Amalia. Die zweite Ehe schloss er am 26. Oktober 1746 mit Dorothea Catharina von Strombeck, das Paar bekam sieben Kinder darunter der spätere Stadtdirektor Johann Heinrich Wilmerding der Jüngere. Das Haus Gördelingerstraße 8 (Assekuranznummer 15) erwarb Johann Heinrich Wilmerding am 29. April 1777.

Die Bestallung zum Stadtsyndikus erfolgte 1738, die Bestallungsurkunde wurde am 14. März 1738 ausgestellt,[3] Wilmerding erhielt als Syndicus eine Besoldung von 100 Reichstalern. Am 9. Januar 1749 wurde Johann Heinrich Wilmerding zum Bürgermeister ernannt, in dieser Funktion war er auch Mitglied des Geistlichen Gerichts.

In seiner Amtszeit war er zehnmal Stadtdirektor (1751/52, 1754/55, 1757/58, 1760/61, 1763/64, 1767/68, 1771/72, 1775/76, 1779/1780) und durchgehend als Syndicus tätig.

---

[1] Braunschweigische Anzeigen 5. Juni 1782 (43. Stück S. 502).
[2] Stadtarchiv Braunschweig, G III 1: 156, St. Martini Taufen 1702-1716, S. 504.
[3] Stadtarchiv Braunschweig, C III 1 Nr. 6.

An Johannis 1781 trat Johann Heinrich Wilmerding in den Ruhestand,[4] an Michaelis, Johannis und zu Weihnachten erhielt er eine Pension in Höhe von 100 Reichstalern.[5]

Am 8. Januar 1782, kurz vor seinem Tod stiftete Wilmerding ein Stipendium zur Unterstützung bedürftiger Schüler. Bedingung war, dass es sich um Söhne von Braunschweiger Bürgern handelte. Eine Unterstützung wurde bis zum 14. oder höchstens 15. Lebensjahr gewährt, wer studieren wollte, konnte bis zum 20. Lebensjahr Unterstützung erhalten. Zur Errichtung der Stiftung wurde ein Brauhaus verkauft, das zum Nachlass Wilmerdings gehörte. Der Erlös von 1.000 Reichsthalern Gold und 650 Reichsthalern konventioneller Münze floss in einen Fond, ein Teil des Geldes wurde „zu dem Ankaufe eines durch Verpachtung benutzten Gartens" verwendet.[6] Geleitet wurde die Stiftung von der Armendirektion, die diese Aufgabe vom Stadtmagistrat erhalten hatte. Mitconservator war jeweils der älteste Abkömmling aus der Familie des Stifters, der dessen Namen führte und in Braunschweig lebte. Die Stiftung bestand bis zum Jahr 1935, das Restvermögen der Stiftung ging in die Georg-Westermann-Stiftung über.

Johann Heinrich Wilmdering starb im Mai 1883 und wurde am 2. Juni 1782 in der Erbbegräbnisstätte der Wilmerdingschen Familie beigesetzt, die sich an der Südseite der Kirche St. Martini befand: „Am 28sten May des Jahres starb allhier Herr Johann Heinrich Wilmerding, weiland Bürgermeister, Syndicus und Director des geistlichen Gerichts, im 77sten Jahre seines Alters, an einer Entkräftung. Er durchlebte den größten Theil seiner Jahre im Dienste seiner Vaterstadt, dessen er sich jedoch zuletzt wegen zunehmender Schwäche entziehen mußte."[7]

Anne Kathrin Pfeuffer, Braunschweig

---

4 Stadtarchiv Braunschweig, H III 3: 9 Vol. 1.
5 Stadtarchiv Braunschweig, F VIII 7: 92, S. 71.
6 Die Stadtverwaltung zu Braunschweig. Viertes Heft: Die Verwaltung der den Hülfsbedürftigen gewidmeten Stiftungen. Braunschweig, 1836, S. 41.
7 Braunschweigische Anzeigen, 05.06.1782, S. 502.

*„Der Advocat Mund […], der sich in praxi wohl geübt,
und gute reputation hat"*[1]

HEINRICH ANASTASIUS OTTO MUND (1755 – 1796)

Heinrich Anastasius Otto Mund wurde am 22. Januar 1714 in Braunschweig als Sohn des Brauers und späteren Provisors von Sankt Petri, Christian Heinrich Mund, und Ilse Dorothea Woltmann, verwitwete Hagemann, geboren.[2] Er hatte mindestens sechs Geschwister, von denen aber wohl nur Anna Margaretha das Erwachsenenalter erreichte.[3] Näheres ergibt sich erst wieder mit seiner Einschreibung für ein Jura-Studium an der Universität Helmstedt am 13. März 1732, von dort ging er im Mai 1734 nach Jena.

Im Dezember 1745 war er als Advokat in Braunschweig nachweisbar. In einer für den Geheimen Rat erstellten Beurteilung aller Advokaten heißt es über ihn: „Heinrich Anastasius Otto Mund hat gute studia und starke praxin, ist unverheiratet und sein Vater soll gute Mittel haben."[4] 1747 bewarb er sich erfolgreich um das Amt eines Advocatus extraordinario bei Fürstlicher Justiz-Cantzley, also um das Recht, auch vor höheren Gerichten aktiv tätig werden zu dürfen. In der Beurteilung von Vizekanzler Adam Friedrich Zenck heißt es: „Der Advocat Mund ist, wie ich ihn kenne, ein munterer und geschickter Mann, der sich in praxi wohl geübt, und gute reputation hat, in specie, dass er zu Vergleichen facil hat. Er würde also die Gnade Sermi., worum er bittet, ganztz wohl verdienen."[5] Am 2. Oktober 1750 wurde Mund zum Stadtsyndicus in Braunschweig ernannt; ein Amt, das er bis 1755 ausübte.[6]

---

1 Niedersächsisches Landesarchiv – Staatsarchiv Wolfenbüttel, 2 Alt Nr. 16609.
2 Stadtarchiv Braunschweig, G III 1: 201, S. 81 und S. 362. Getauft wurde er auf die Namen Heinrich Statz Otto, er selbst verwandte aber stets die Langform Anastasius.
3 Stadtarchiv Braunschweig, G III 1: 27, S. 71 (Reichardt). Stadtarchiv Braunschweig, G III 1: 201, S. 342, S. 331, S. 352, S. 362, S. 386. Stadtarchiv Braunschweig, G III 1: 202, S. 3 und S. 5. Stadtarchiv Braunschweig, G III 1: 210, S. 598, S. 615, S. 618, S. 681.
4 Niedersächsisches Landesarchiv – Staatsarchiv Wolfenbüttel, 2 Alt Nr. 16609. Stadtarchiv Braunschweig, C III 2: 5.
5 Niedersächsisches Landesarchiv – Staatsarchiv Wolfenbüttel, 2 Alt Nr. 16609. Avancements, Begnadigungen und Versetzungen, in: Braunschweigische Anzeigen, Dezember 1747, 98. Stück, Sp. 2130 (Hier wird der Vorname Otto irrtümlich als Familienname genannt).
6 Avancements, Begnadigungen, Versetzungen, in: Braunschweigische Anzeigen, November 1750, 95. Stück, Sp.1923.

Adelsbrief des Heinrich Anastasius Otto Mund 1792 (Niedersächsisches Landesarchiv – Staatsarchiv Wolfenbüttel, 138 Uhrk Nr. 50).

Am 8. September 1750 heiratete er die Jungfer Eva Maria Hogreve, die Tochter des wohlhabenden Kaufmann Johann Philipp Hogreve[7] aus Braunschweig. Das Eheglück währte nur kurz, denn seine Frau starb bereits am 19. September 1755 im Alter von 23 Jahren an der Schwindsucht. Das gleiche Schicksal erlitten die Söhne Johann Philipp Carl (28. Dezember 1754 – 4. April 1756) und Julius Anthon Heinrich (2. November 1753 – 11. April 1755), auch sie starben an der Schwindsucht. Der Erstgeborene Christian Philipp (28. September 1751) starb am 17. November 1787 an ‚Wunden und Blattern', wie das Kirchenbuch vermerkt. Ein stattliches Alter erreichte allein Johann Heinrich (5. September 1752 – 9. Mai 1816).[8]

Am 14. März 1755 wurde Mund Großer Bürgermeister der Stadt Braunschweig,[9] ein Amt, das er bis zu seinem Tode am 4. Mai 1796 ausüben musste. Das Kirchenbuch meldete als Todesursache ‚Entkräftung'.[10]

Mund war ein belesener Mann. Er besaß für die Maßstäbe der Zeit eine sehr umfangreiche Bibliothek. Versteigert wurde am 29. Dezember 1800 eine „Büchersammlung, welche vormals dem verstorbenen Hrn. Bürgermeister von Mund gehört hat, und die größtentheils aus juristischen und historischen Werken besteht."[11] Der in der Herzog August Bibliothek in Wolfenbüttel vorhandene Katalog umfasst 5.323 Titel.

Auch finanziell war Mund gut gestellt. Er besaß das Gut Dettum, von dem Hassel und Bege berichten: „Es ist adlich frei, steht mit 8 ggr 3 ¼ pf in der Rittermatrikel, und hat 214 Morgen 65 Ruthen Acker und 18 Morgen 60 Ruthen Wiesen."[12] Weil es Schwierigkeiten bei der Einlösung gab, ist auch bekannt, dass er größere Beträge

---

7 Julia M. Nauhaus, Die Gemäldesammlung des Städtischen Museums Braunschweig, Hildesheim 2009, Nr. 1828.

8 Stadtarchiv Braunschweig, G III 1: 158, S. 30, S. 61, S. 73, S. 86, S. 100. Stadtarchiv Braunschweig, G III 1: 164, S. 127, S. 132, S. 134, S. 664. Stadtarchiv Braunschweig, G III 1: 165, S. 75. Getaufte, in: Braunschweigische Anzeigen, Oktober 1752, 80. Stück, Sp. 1594.

9 Avancements, Begnadigungen, Versetzungen, in: Braunschweigische Anzeigen, Dezember 1755, 101. Stück, Sp. 2038.

10 Stadtarchiv Braunschweig, G III 1: 165, S. 75. Sterbefälle, in: Braunschweigische Anzeigen, Mai 1796, 36. Stück, Sp. 748.

11 Auktion, in: Braunschweigische Anzeigen, November 1800, 94. Stück, Sp. 2371-2372. In der Herzog August Bibliothek Wolfenbüttel irrtümlich unter Mundt: Verzeichniß einer Büchersammlung (…) unter der Signatur M Bc 1494 verzeichnet. Laut Katalog sollte die Versteigerung ursprünglich am 08.12.1800 stattfinden.

12 Georg Hassel, Karl Bege, Geographisch-statistische Beschreibung der Fürstenthümer Wolfenbüttel und Blankenburg, Band I, Braunschweig 1803, S. 390.

ausleihen konnte.¹³ Leisewitz schreibt am 4. Juni 1780 an seine Braut: „Ich war heute zum erstenmale mit dem dicken Bürgermeister Mund und seinen beyden Söhnen in Gesellschaft. Der Vater kam mir wenigstens gescheuter vor, als ich gedacht hatte, und von seinem infamen Charakter ließ er nichts durchblicken. Der Doctor [Johann Heinrich Mund] – dass doch so ein Schöpskopf oder Schurke 200 000 Rthlr haben soll! – schien sich an mich an drängen zu wollen, ich nahm mich sehr in Acht, konte (!) es doch aber nicht über das Herz bringen ihm einige Höflichkeiten zu versagen. Der Elende interreßirte mich ungemein, ich glaubte Anfangs viel Verstand in seinem Gesichte zu bemerken, aber darin irrte ich mich. Gott, was bin ich gegen den Menschen glücklich! Er erzählte mir, er habe seit seinem 5ten Jahre Wunden, jetzt 16, und einen Knochen Krebs, der immer weiter um sich fräße, und das mit einer so anscheinenden Gleichgültigkeit, als wenn er von einem Catharr spräche. Er rührte mich ungemein."¹⁴ Nun, Leisewitz urteilte über viele seiner älteren Kontaktpersonen recht hart, unklar ist, worauf sich der angeblich infame Charakter des Bürgermeisters gründete.

Eine reiche Verwandte aus der Linie seiner Frau, Dorothea Christine Hessen, Witwe von Johann Heinrich Hogreven, sah ihn ganz anders. In ihrem Testament heißt es: „ 3. Vermache ich dem Herrn Syndicus Heinrich Anastasius Otto Mund, welchen ich mütterlich geliebt habe, und ihm daher besonders gewogen bin, mein jetziges nicht weit von dem Wilhelmthore belegenes Wohnhaus somit zubehörigen und allen darin befindlichen Meublen, Schränken, Stühlen, Tischen, Spiegelns, Gardinen, Bildern, Betten, Haus- und Küchengeräthen, Zierrathen und übrigen Nothwendigkeiten, so ich im Gebrauch gehabt und bey meinem seel[igen] Ableben sich befinden werden, auch soll meine Portechäse und Haus-Uhr ihm vermacht seyn. Desgleichen vermache ich dem Herrn Syndicus Mund zum Voraus meinen vor dem Peters-Thore an der Masch belegenen, und mit dem letzthen zugekauften Finckeschen Garten, nunmehro vergrößerten Garten somit allen darauf befindlichen Häusern und Gebäuden, auch denen darinn befindlichen Meublen und Zierraten und was auf den Garten an Orangerie, Bäumen, Früchten und andern Zubehörungen vorhanden ist, nichts davon ausgenommen, wie ich solches besessen habe und künftig besitzen werden. 4. Vermache ich den Herrn Syndici Mund Frau Eheliebste, gebohrenen Hogreven, meinen Schmuck, Juwelen und Perlen."¹⁵ Und dann folgen zahlreiche Le-

---

13 Niedersächsisches Landesarchiv – Staatsarchiv Wolfenbüttel, 4 Alt 5 Nr. 417. Niedersächsisches Landesarchiv – Staatsarchiv Wolfenbüttel, 4 Alt 5 Nr. 622. Niedersächsisches Landesarchiv – Staatsarchiv Wolfenbüttel, 2 Alt Nr. 14273.
14 Johann Anton Leisewitzens Tagebücher nach den Handschriften herausgegeben von Heinrich Mack und Johannes Lochner, 1. Band. Weimar 1916, S. 212.
15 Niedersächsisches Landesarchiv – Staatsarchiv Wolfenbüttel, 6 Alt Nr. 1002-1004.

gate, die mehr als 30 000 Reichstaler ausmachen. Für die Hogreve-Stiftung, die erst 1936 wegen Vermögensmangel aufgelöst worden ist, wurden 8 000 Reichstaler bereit gestellt.[16] Und wenn noch etwas übrig sein sollte, dann wäre dieser Rest auch an den Bürgermeister gefallen. Weniger gut bedachte Angehörige fochten das Testament an. Der Prozess ging bis zum Reichskammergericht. Das Testament sei nicht rechtskräftig zu Stande gekommen, weil Mund als Begünstigter daran mitgewirkt habe. Der Aktenstapel im Staatsarchiv umfasst etwa 15 cm, und doch ist der Ausgang unklar.

Um 1792 entschlossen sich sein Sohn Johann Heinrich Mund und die Tochter des Cammer- und Closterrathes Wilhelm Freiherrn von Gebhardi, Juliane Catharine Friederike, in den Stand der Ehe zu treten. Ob der bürgerliche Stand des Bräutigams nun wirklich ein Ehehindernis war, sei einmal dahingestellt. Jedenfalls war diese beabsichtigte Heirat Anlass, dass Vater Mund die Nobilitierung betrieb, wobei er nicht vergaß, auf den Anlass dieses Begehrens deutlich hinzuweisen. So schreibt er: „Ich erlebe in meinem sieben und siebzigsten Jahre noch die Freude, daß mein einziger Sohn Johann Heinrich sich mit der Tochter des Herrn Wilhelm von Gebhardi, Dohm-Dechant bey dem Kaiserl. Unmittelbaren Stifts St. Simonis und Judae in Goslar, Herzoglicher Braunschweigischer Cammer- & Closter-Raht, auch praebendaria minori bey dem Stifte St. Blasi verlobt hat."[17] Sein Beitrag war sicherlich auch nicht ganz unwichtig, er übereignete seinem Sohn das Gut Dettum. Der Adelsbrief, in dem die oben erwähnten Umstände ausführlich geschildert werden, wurde mit Datum 12. Dezember 1792 ausgefertigt, eine beglaubigte Abschrift nebst Reinzeichnung des Wappens befindet sich im Staatsarchiv Wolfenbüttel.[18]

Die Kosten des Verfahren beliefen sich in Wien auf 434 Gulden. Der Anwalt erhielt außerdem als ihm zur ‚beliebigen Discretion' überlassen ein Honorar von 50 Gulden – es entstanden also alles in allem Kosten in Höhe von 323 Reichsthalern. Dagegen nehmen sich die an die Herzogliche Kasse zu zahlenden 10 Reichsthaler, 10 Gute Groschen recht bescheiden aus. Nach einer sanften Mahnung beim Herzog wegen der bevorstehenden Hochzeit wurde die Standeserhöhung am 30. März 1793 in den Braunschweigischen Anzeigen publiziert.[19] Sein Sohn wird sich Mund von Dettum nennen, für den Bürgermeister findet sich nur die Form ‚von Mund'. Die

---

16 Stadtarchiv Braunschweig, E 130: 607.
17 Stadtarchiv Braunschweig, H VIII A: 3713.
18 Niedersächsisches Landesarchiv – Staatsarchiv Wolfenbüttel, 138 Urk Nr. 50.
19 Stadtarchiv Braunschweig, H VIII A: 3713. Niedersächsisches Landesarchiv – Staatsarchiv Wolfenbüttel, 7 Alt Fb 1 Nr. 3. Niedersächsisches Landesarchiv – Staatsarchiv Wolfenbüttel, 7 Alt Fb 1 Nr. 215.

Heirat erfolgte am 20. Mai 1793 in Braunschweig.[20] Über das Vermögen des ‚Mecklenburg-Strelitzsche Titulär-Drosten Johann Heinrich Mund von Dettum wird im Oktober 1798 wegen zerrütteter Vermögensverhältnisse die Zwangsverwaltung verhängt, in deren weiteren Verlauf das Gut 1805 zwangsversteigert wird.[21]

Peter Albrecht, Braunschweig

20 Stadtarchiv Braunschweig, G III 1: 160, S. 233.
21 Gerichtliche Vorladungen, in: Braunschweigische Anzeigen, November 1798, 89. Stück, Sp. 2069-2072. Urtheile und Bescheide, in: Braunschweigische Anzeigen, Juli 1799, 55. Stück, Sp. 1381. Gerichtliche Verkaufungen, in: Braunschweigische Anzeigen, Februar 1805, 11. Stück, Sp. 350.

„Rien ne m'y embarrasse plus, que de ne Vous pouvoir assez prouver le respect et l'estime, que je Vous dois et que je Vous consacre du fond de mon cœur."[1]

GEORG HEINRICH KOCH (1762 – 1777)

Georg Heinrich Koch[2] erblickte wahrscheinlich im Jahr 1713 (spätestens 1714) das Licht der Welt.[3] Seine Herkunft,[4] der familiäre Hintergrund oder auch Details zu seiner Ausbildung sind nicht überliefert. Koch und seine Frau Sophia Maria Elisabeth[5] hatten mindestens drei Kinder: den Sohn Georg Christian August,[6] der seinem Vater nicht nur im Dienst der Stadt Braunschweig, sondern auch im Amt des Bürgermeisters nachfolgte, die Tochter Sophia Dorothea Christina[7] und einen zweiten Sohn Georg Heinrich August,[8] der ebenfalls Aufgaben in der Stadtverwaltung übernahm.[9] Die Familie Koch wohnte, zumindest zeitweise, in Wolfenbüttel.[10]

In Wolfenbüttel begann Koch offenbar auch seine Amtskarriere, Korrespondenz aus dem Jahr 1755, adressiert an den Polizeimeister Koch zu Wolfenbüttel, belegt dies.[11]

---

1   „Nichts sorgt mich mehr, als dass ich Ihnen nicht den notwendigen Respekt und die Wertschätzung beweisen kann, die ich Ihnen schulde und die ich Ihnen aus meinem tiefsten Herzen widme."Auszug aus einem Dankesbrief an den Wolfenbütteler „Maitre des Polices" Koch vom 01.01.1757 geschrieben von Johann Grashoff. Stadtarchiv Braunschweig, Revidenda J-L, Nr. 174.

2   Ursula Beiß, Bürgermeister und Syndici der Stadt Braunschweig 1688-1808, in: Gerd Spies (Hrsg.), Festschrift zur Ausstellung Brunswiek 1031 – Braunschweig 1981, die Stadt Heinrichs des Löwen von den Anfängen bis zur Gegenwart – Vom 25.4.1981 bis 11.10.1981, Braunschweig 1981, S. 595-614. Bei Beiß wird er fälschlicherweise als Georg August Koch gelistet. Wahrscheinlich liegt eine Verwechselung mit seinem Sohn Georg August Koch vor.

3   Er starb im Alter von 63 Jahren im Juni 1777, das heißt, sein Geburtsdatum liegt entweder in der zweiten Jahreshälfte 1713 oder in der ersten Jahreshälfte 1714.

4   In den Taufregistern von St. Aegidien, also der Gemeinde, in der er später begraben werden sollte, taucht er nicht auf. Es ist anzunehmen, dass die Familie Koch ursprünglich nicht aus Braunschweig stammte.

5   Testament des Georg Heinrich Koch. Stadtarchiv Braunschweig, D I 7 Nr. 7, S. 157 – 159.

6   Niedersächsisches Landesarchiv – Staatsarchiv Wolfenbüttel, 1 W Nr. 5, Bl. 286.

7   Stadtarchiv Braunschweig, D I 7 Nr. 7, S. 157 – 159.

8   Der Stadtsekretär oder Syndicus der Stadt Braunschweig Georg Heinrich August Koch war Herausgeber einiger Gedichtbände und verstarb 1773. (Johann Georg Meusel, Lexikon der vom Jahr 1750 bis 1800 Verstorbenen Teutschen Schriftsteller, Hildesheim 1967 (Nachdr. d. Ausgabe Leipzig 1802 -1815). Cf. Anmerkung Nr. 21)

9   Stadtarchiv Braunschweig, C III 1: 30, S. 19. Braunschweigische Anzeigen vom 15. September 1773, S. 944 (Stadtarchiv Braunschweig Z 1: 1773).

10 Niedersächsisches Landesarchiv – Staatsarchiv Wolfenbüttel, 1 W Nr. 5, Bl. 286. Der Sohn Kochs, Georg August, gibt auf einem Personalfragebogen aus der Westphälischen Zeit an, dass er 1750 in Wolfenbüttel geboren wurde.

11 Stadtarchiv Braunschweig, Revidenda J-L, Nr. 174.

Georg Heinrich Koch war nämlich bereits als Polizei-Syndicus tätig, bevor er Bürgermeister wurde. Die Berufung ins höchste Amt der Stadt erfolgte schließlich am 11. Juni 1762.[12] Als Bürgermeister stand er weiterhin dem Polizei-Departement vor und wurde daher auch als Polizeidirektor bezeichnet.[13] Bis 1773 war er zudem Direktor des Waisenhauses Beatae Mariae Virginis.[14] Diese traditionsreiche, karikative Institution der Stadt versorgte im 18. Jahrhundert nicht mehr nur die städtischen Waisenkinder, sondern diente gleichzeitig durch ihre Funktion als „Armen-, Waisen-, Zucht- und Werkhaus" als die zentrale „Almosenvergabestelle" Braunschweigs.[15] Weiterhin war Georg Heinrich Koch als Syndicus der Vormundschafts-Stube aktiv, die Ernennung erfolgte im September 1773.[16]

Die städtische Verwaltung wurde zu Kochs Zeiten an einigen Stellen reformiert, so wurde beispielsweise auf polizei-administrativer Ebene das Braunschweiger Stadtgebiet in sechs Distrikte eingeteilt, die sich an den Stadttoren orientierten.[17] Die städtische Lebensqualität erhöhte sich dank einiger Neuerungen sukzessive: neben der bereits 1753 erfolgten Gründung der Landes-Brandversicherungsanstalt wurde eine Kommission zur Pflasterung der Straßen eingerichtet, die Müllentsorgung verbessert und die Straßenbeleuchtung eingeführt, für die sich Koch besonders stark machte.[18]

Koch war als Bürgermeister insgesamt 15 Jahre im Amt. Gemäß der Rotation der vier Bürgermeister stand er somit vier Mal dem Ratskollegium als Direktor vor.[19] Die überlieferten Akten zeugen von einer regen Amtstätigkeit Kochs, der als Bürgermeister auch in seinen Funktionen als Polizeidirektor und Mitglied der Armendirektion der Stadt recht aktiv war.[20] So belegt beispielsweise ein mehrseitiger Bericht über den Zustand der Kirche St. Leonhardt wie gewissenhaft er seinen Aufgaben nachging. Der Hauptaktenbestand des Magistrats enthält zudem diverse Akten zu

---

12 Stadtarchiv Braunschweig, H III 2: 43.
13 Stadtarchiv Braunschweig, G III 1: 5. Seine Frau wird als Witwe des Bürgermeisters und Polizeidirektors begraben.
14 Stadtarchiv Braunschweig, G IV 1, Nr. 25. Kochs Name findet sich in der Liste der Direktoren ab 1773, wann seine Ernennung erfolgte ist unklar.
15 Annette Boldt-Stülzebach, Die Anfänge des Hospitals Beatae Mariae Virginis in Braunschweig, in: 750 Jahre Großes Waisenhaus BMV: 1245 – 1995, Zeitgeschichtliche Beiträge, Braunschweig 1995.
16 Stadtarchiv Braunschweig, G III 1: 5.
17 Stadtarchiv Braunschweig, H III 2: 43. Die Einteilung erfolgte in den Wenden-, Stein-, August-, Wilhelm-, Hohe- und Petritor-Distrikt.
18 Richard Moderhack, Braunschweiger Stadtgeschichte, Braunschweig 1997, S. 137. Wilhelm Schrader, Vom Anfang der Straßenbeleuchtung in Braunschweig, in: Braunschweigisches Magazin 35 (1929), S. 70-73. Stadtarchiv Braunschweig, C VII 902.
19 Beiß, Bürgermeister (wie Anmerkung 2).
20 Stadtarchiv Braunschweig, G IV II: 155.

unterschiedlichen kommunalen Aufgabenstellungen mit denen Koch befasst war.[21] Neben privaten Aufzeichnungen finden sich vor allem Schreiben von Antragstellern bzw. Bürgern, die sich ratsuchend an Koch sowohl in seiner Funktion als Bürgermeister, als auch als Polizeichef wandten.[22]

Georg Heinrich Koch verfügte als Ratsmitglied sicherlich über einen gehobenen gesellschaftlichen Status. Die Bedeutung seiner Familie lässt sich darüber hinaus auch an einer prominenten Mitgliedschaft ablesen. In der 1744 in Braunschweig eingerichteten Freimaurerloge „Carl zur gekrönten Säule"[23] war Kochs jüngerer Sohn Georg Heinrich August Mitglied.[24] Obgleich Koch senior und sein ältester Sohn durch ihr Amt als Bürgermeister politisch noch bedeutender waren, tauchen ihre Namen nicht in den Mitgliederlisten auf. Dennoch hat der Name Koch wahrscheinlich ein Übriges zur Aufnahme Georg Heinrich Augusts bewirkt.

Bürgermeister Koch verstarb am Morgen des 29. Juni 1777 im Alter von 63 Jahren an der Auszehrung. Alleinerbin wurde seine Frau, obgleich der Nachlass offenbar „sehr gering" war. Zusätzlich setzte er seine Frau als Vormund für die gemeinsame Tochter ein.[25] Am 3. Juli wurde er auf den Kirchhof St. Ägidien beerdigt,[26] wo sieben Jahre später auch seine Witwe beigesetzt wurde.[27]

Georg Heinrich Koch erfüllte seine vielfältige Aufgaben auf effiziente Art und Weise und war der Stadt Braunschweig somit ein treuer und pflichtbewusster Diener.

Robert Bock, Braunschweig

---

21 Stadtarchiv Braunschweig, C III 1: 7.
22 Vgl. Anmerkung 1.
23 Stadtarchiv Braunschweig, H III 3: 6 Vol. 2, S. 474. Kurt Jäger, Die gerechte und vollkommene Freimaurerloge „Carl zur gekrönten Säule". Ein geschichtlicher Abriß, in: 240 Jahre Carl zur gekrönten Säule 1744-1984, Braunschweig 1984.
24 Klaus-Michael Swiontek, Geschichte der Loge „Carl zur gekrönten Säule" im Orient Braunschweig, in: 250 Jahre Freimaurerloge Carl zur gekrönten Säule 1744-1994, Braunschweig 1994, S. 6. Stadtarchiv Braunschweig, H III 3, 6 Vol. 2. Unter dem Datum des 14. Dezember 1773 werden „Empfindungen der Freundschaft bei dem Grabe des (…) Bruders, Georg Heinrich August (sic!) Koch, Syndici beim (…) Stadt Magistrat, geäußert (…)"
25 Stadtarchiv Braunschweig, D I 7 Nr. 7, S. 157 – 159.
26 Stadtarchiv Braunschweig, G III 1: 5 und Stadtarchiv Braunschweig, H III 2: 43.
27 Stadtarchiv Braunschweig, G III 1: 5.

„Bevor ich Ihm indes in greise Locken die Palme flechte, soll der Freunde Schaar,
der Bürger Herr mit jauchzendem Frohlocken gesund und rasch,
wie je ein Jüngling war, den Jubelgreis noch lange, lang' erblicken!
Sein Muster soll in jede Brust sich drücken und
schwören soll im festlichen Verein die Jugend, Ihm ähnlich zu sein."[1]

Samuel Gebhard Hurlebusch (1778 – 1807)

Samuel Gebhard Hurlebusch wurde am 5. Dezember 1720 in Visselhövede nahe Verden geboren, wo ein kinderloser Bruder[2] nach Beendigung seiner Militärkarriere weiterhin lebte.[3] Sein Studium nahm Hurlebusch mit dem Sommersemester 1740 in Jena und ab April 1743 in Göttingen auf.[4] Die Ernennung zum Dr. iur. h.c. erfolgte 1789 jedoch erst deutlich später.

Am 14. Januar 1756 heiratete der Neu-Braunschweiger in der Martinikirche Henriette Melusina von Strombeck.[5] Sie hatten drei gemeinsame Kinder, von denen zwei das Erwachsenenalter erreichten. Auch sie wurden wie ihre Eltern Teil der braunschweigischen Bürgerelite, wie die Karriere seines Sohnes zeigt: Dr. August Ferdinand Hurlebusch (verheiratet mit der Wolfenbüttelerin Christiane Louise Runckel – verwitwete von Strombeck),[6] war der spätere Direktor der Wolfenbütteler Kanzlei[7] und Präsident des Kriminal-Gerichts des Oker-Departments in der Westphälischen Zeit. Einer der Paten des 1756 geborenen Sohnes war Bürgermeister Wilmerding; allerdings bereits zu einer Zeit, als Hurlebusch senior gerade erst zum Stadtsekretär ernannt worden war. Die Tochter Sophia Dorothea Henriette starb zwar schon im

---

1 Auszug aus einer Lobrede zum Anlass des 50jährigen Dienstjubiläums von Samuel Gebhard Hurlebusch, Stadtarchiv Braunschweig, H VIII A: 1952, Bl. 8.
2 Niedersächsisches Landesarchiv – Staatsarchiv Wolfenbüttel, 1 W Nr. 5, Bl. 282.
3 Stadtarchiv Braunschweig, H VIII A: 1952. Eine Verwandtschaft zum Braunschweiger Organisten Heinrich Lorenz Hurlebusch (Vater des Komponisten Conrad Friedrich Jacob Hurlebusch) lässt sich nicht nachweisen, vgl. Horst Rüdiger Jarck, Dieter Lent (Hrsg.), Braunschweigisches Biographisches Lexikon, 8. bis 18. Jahrhundert, Braunschweig 2006, S. 364-365.
4 Niedersächsisches Landesarchiv – Staatsarchiv Wolfenbüttel, 1 W Nr. 5, Bl. 282. Jens Th. Kaufmann, Stammfolge der niedersächsischen Honoratiorenfamilie Hurlebusch vom 16. bis 19. Jahrhundert, in: Zeitschrift für Niederdeutsche Familienkunde, 85 (2010) 4, S. 343-367.
5 Ebd.
6 Stadtarchiv Braunschweig, H VIII A: 1952. Stadtarchiv Braunschweig, G III 1: 165.
7 Niedersächsisches Landesarchiv – Staatsarchiv Wolfenbüttel, 1 W Nr. 5, Bl. 282.

Abbildung des Hotels D'Angleterre, Sitz des Großen Clubs (Stadtarchiv Braunschweig, H XVI A VII 2 Br)

Säuglingsalter; bemerkenswert dennoch auch ihre Taufpaten: Hofrat von Strombeck sowie Frau Bürgermeister Wilmerding. Gebhardina Louisa Henriette, geboren 1764, heiratete (allerdings erst lange nach dem Tod ihrer Eltern) Dr. med. Johann Heinrich Gottlieb Fricke, der als Professor für Physik und Chemie am Collegium Carolinum wirkte.[8]

---

8 Stadtarchiv Braunschweig, G III 1: 165. Kaufmann, Stammfolge (wie Anmerkung 4), S. 343-367.

Die privilegierte Stellung der Hurlebuschs lässt sich auch an ihrem Besitz ablesen. Die Eheleute Hurlebusch kauften 1757 ein Haus am Neuen Weg und verkauften 1787 eine Immobilie am Bohlweg. Frau Hurlebusch veräußerte außerdem ein Haus in der Schöppenstedter Straße und erwarb 1795 ein Haus in der Scharrnstraße.[9] Zusätzlich besaß die Familie einen Garten an der Heerstraße am Petritor.[10] Hurlebuschs komfortables Einkommen von zuletzt über 1.000 Talern im Jahr machte es möglich.[11]

Samuel Gebhard Hurlebuschs politische Karriere im Dienst der Stadt Braunschweig begann im April 1748 als Auditor im Regiment v. Weyhe.[12] Der nächste Schritt auf der Karriereleiter wurde im Dezember 1755 mit der Ernennung zum Stadtsekretär erklommen.[13] Acht Jahre später erfuhr Hurlebusch eine weitere Beförderung: Am 11. April 1763 wurde er zum Stadt-Syndicus ernannt.[14]

An die Spitze des Magistrats gelangte er schließlich 15 Jahre später; als Nachfolger für den verstorbenen Bürgermeister Georg Heinrich Koch wurde Samuel Gebhard Hurlebusch am 24. April 1778 in das Ratskollegium eingeführt.[15] Zusammen mit der Ernennung zum Bürgermeister[16] wurde ihm „das Kondirektorium derer Justiz- geistlichen Gerichts- und Stadtdepartements-Sachen" übertragen.[17] Neben seiner Tätigkeit als Bürgermeister wirkte er zudem als Gerichtsassessor in Wolfenbüttel,[18] wobei diese Hofgerichtskompetenz natürlich auch mit einem zusätzlichen Sold vergütet wurde.[19]

Das sog. Geistliche Gericht, dem er als Direktor vorstand, wurde ursprünglich 1680 ins Leben gerufen und im Laufe des folgenden Jahrhunderts hinsichtlich seines Wirkungskreises als oberste Kirchenbehörde der Stadt schrittweise erweitert. Hurlebusch hatte seine Aufgabe als Direktor dieser Einrichtung offenbar sehr ernst genommen und das positive Urteil über das Wirken des städtisch-kirchlichen Gre-

---

9   Ebd.
10 Stadtarchiv Braunschweig, H VIII A: 1952.
11 Niedersächsisches Landesarchiv – Staatsarchiv Wolfenbüttel, 1 W Nr. 5, Bl. 282.
12 Kaufmann, Stammfolge (wie Anmerkung 4), S. 343-367. Stadtarchiv Braunschweig, H III 2: 43.
13 Stadtarchiv Braunschweig, F VIII 7: 66. Die Besoldung des Sekretärs Hurlebusch erfolgte ab dem Johannisquartal 1755.
14 Stadtarchiv Braunschweig, H III 2: 43. Stadtarchiv Braunschweig, F VIII 7: 74. Im Fragebogen aus der Westphälischen Zeit gibt er jedoch an, dass er bereits 1762 zum Syndicus ernannt worden ist.
15 Stadtarchiv Braunschweig: F VIII 7: 89.
16 Stadtarchiv Braunschweig, C III 1: 7, Bl. 8.
17 Stadtarchiv Braunschweig, H VIII A: 1952.
18 Niedersächsisches Landesarchiv – Staatsarchiv Wolfenbüttel, 1 W Nr. 5, Bl. 282.
19 Stadtarchiv Braunschweig, F VIII 7: 89.

miums war wohl zu einem nicht unwesentlichen Teil auch ihm zuzuschreiben.[20] Einen ähnlichen Eindruck von der Sorgfalt seiner Arbeit spiegelt der Untersuchungsbericht über die Braunschweiger Gymnasien Katharineum und Martineum wider.[21]

Gemäß der jährlichen Rotation der vier Bürgermeister der Stadt stand Hurlebusch in seiner 28jährigen Amtszeit dem Ratskollegium neun Mal als Direktor (zuletzt 1804/1805) vor.[22]

Die gesellschaftliche Bedeutung Hurlebuschs lässt sich an seiner Mitgliedschaft im „Großen Club" ablesen, der 1780 gegründet wurde und Angehörigen des Adels, des Militärs, des Bildungs- und Kaufmannsbürgertums (weit über die Braunschweiger Landesgrenzen hinaus) eine Plattform des geistigen Austauschs bieten sollte.[23]

Es überrascht wenig, dass Hurlebusch ein Mitglied dieses Vereins war, da er als einer der vier Bürgermeister der Stadt schließlich nicht nur administratives, sondern vor allem auch soziales Gewicht hatte.[24] Bemerkenswert ist jedoch, dass er bereits im dritten Jahr seines Bürgermeisteramtes Mitglied wurde.

Die Zeit von 1777 bis 1809 wurde von wenigen markanten städtischen Konflikten geprägt. Die Jahre von Hurlebuschs Amtszeit zeichnen sich vor allem durch eine rege Bautätigkeit aus (beispielsweise der Abriss der alten Stadttore, Schleifung der Festungsbauten, Umbau des Neustadtrathauses, Errichtung von Waisenhaus und Armenanstalt).[25] Die Französische Revolution und ihre Leitgedanken fanden in Braunschweig, zumindest in der Öffentlichkeit, zunächst keinen Widerhall. Im Gegenteil, der Einzug des Erbprinzenpaares im Herbst 1790 wurde mit großem Aufwand in der ganzen Stadt gefeiert.

---

20 Wolfgang A. Jünke, Ausgewählte Beispiele für die Tätigkeit des Geistlichen Gerichts der Stadt Braunschweig zwischen 1780 und 1814, in: Gerd Spies (Hrsg.), Festschrift zur Ausstellung Brunswiek 1031 – Braunschweig 1981, die Stadt Heinrichs des Löwen von den Anfängen bis zur Gegenwart – Vom 25.4.1981 bis 11.10.1981, Braunschweig 1981, S. 161-180.
21 Niedersächsisches Landesarchiv – Staatsarchiv Wolfenbüttel, 2 Alt Fb. 11 Nr. 466.
22 Ursula Beiß, Bürgermeister und Syndici der Stadt Braunschweig 1688 – 1808, in: Gerd Spieß (Hrsg.), Festschrift zur Ausstellung Brunswiek 1031 – Braunschweig 1981, die Stadt Heinrichs des Löwen von den Anfängen bis zur Gegenwart – Vom 25.4.1981 bis 11.10.1981, Braunschweig 1981, S. 595-614.
23 Richard Moderhack, Braunschweiger Stadtgeschichte, Braunschweig 1997, S. 149.
24 Karl Steinacker, Abklang der Aufklärung und Widerhall der Aufklärung in Braunschweig, Braunschweig 1939, S. 109. Bei Steinacker wird Hurlebusch schlicht als Bürgermeister von Braunschweig bezeichnet.
25 Moderhack, Stadtgeschichte (wie Anmerkung 23), S. 277-280.

Autograph mit
Papiersiegel
(Stadtarchiv
Braunschweig,
H VIII A: 1952)

Neben den Ereignissen am herzoglichen Hof galt die Aufmerksamkeit der Bürger und der magistralen Obrigkeit in den 1790er Jahren vor allem den sog. Gesellenunruhen, deren Beilegung mehrere Jahre in Anspruch nehmen sollte. Die Bürgermeister schienen in diesen Konflikten, hervorgerufen durch Streitigkeiten zwischen Gesellen und Meistern, keine herausragende Rolle eingenommen zu haben. Verhaftungen sowie die Kooperation mit anderen Staaten wurden maßgeblich von der Polizeidirektion übernommen.[26]

Dem Aufstieg des Samuel Gebhard Hurlebusch stand diese innenpolitisch gemäßigte Zeit jedoch nicht im Wege. Am 27. Dezember 1804 wurde er von Herzog Karl Wilhelm Ferdinand zum „Geheimen Justiz-Rath" ernannt.[27]

Am 2. April 1805 beging Samuel Hurlebusch sein 50jähriges Dienstjubiläum, welches im Rahmen einer Amtsfeier offenbar im großen Stil begangen wurde.[28] Die bei Vieweg gedruckte Lobrede wurde jedoch weder auf Veranlassung des Hofes oder

---

26 Peter Albrecht, Braunschweig im Herbst des Jahres 1790, in: Birgit Pollmann (Hrsg.), Schicht – Protest – Revolution in Braunschweig 1292 bis 1947/48. Beiträge zu einem Kolloquium der Technischen Universität Braunschweig des Instituts für Sozialgeschichte und des Kulturamtes der Stadt Braunschweig vom 26. bis 28. Oktober 1992 (Braunschweiger Werkstücke 89), Braunschweig 1995, S. 75-104.
27 Stadtarchiv Braunschweig, H VIII A: 1952.
28 Ebd.

der Stadt in Auftrag gegeben, sondern im Namen einiger (nicht näher genannter) Verehrer.[29]

1807 wurde Justizrat Hurlebusch im Rahmen der administrativen Neuorganisation im Königreich Westphalen – wie alle anderen Amtsträger auch – zu seiner politischen Laufbahn und seinen weiteren Ambitionen befragt.[30] Der zu diesem Zeitpunkt 86-Jährige wünschte sich, dass er bis zum Ende seiner Tage in seinen Ämtern verbleiben könne. Welche Rolle er in dem neu zusammengesetzten Magistrat schlussendlich zu spielen vermochte, ist nicht mehr nachvollziehbar.

Samuel Gebhard Hurlebusch hat im Dienste der Stadt Braunschweig eine bemerkenswerte Karriere absolviert, nicht, weil er in seiner größtenteils vom aufgeklärten Absolutismus geprägten Amtszeit herausragende politische Entscheidungen vertreten hat, sondern weil er – vermutlich wie kein anderer – veranschaulicht, wie die bürgerliche Elite seiner Zeit den stetigen Wandel von Herrschaft, Zeitgeist, Krieg und Frieden scheinbar mühelos überwinden und persönlich nutzbar zu machen verstand.

Samuel Gebhard Hurlebusch starb am 9. März 1809 nachmittags um 3 Uhr im Alter von 89 Jahren am Lungenschlage. Die Feierlichkeiten seiner Beerdigung fanden am 14. März 1809 in St. Martini statt,[31] ein Jahr nachdem schon seine Frau dort beigesetzt worden war.[32]

Nachrufe finden sich standesgemäß in den Braunschweigischen Anzeigen[33] und in den Anzeigen für das Okerdepartement. Hier wie auch im Sterberegister von St. Martini[34] wird er angemessen gewürdigt, jedoch ohne die Erwähnung seines langjährigen Wirkens als Bürgermeister.

Robert Bock, Braunschweig

---

29 Es existiert eine weitere Festschrift, die dem „Herrn Hofgerichts-Assesor Hurlebusch bei der Feier der Vollendung seines fünfzigjährigen Dienst-Amtes" gewidmet ist. Stadtarchiv Braunschweig H VIII A: 1952. Bedauerlicherweise ist das Datum nicht vollständig lesbar (179?). Diese Preise lässt sich somit nicht mit dem tatsächlichen Dienstjubiläums in Einklang bringen.
30 Niedersächsisches Landesarchiv – Staatsarchiv Wolfenbüttel, 1 W Nr. 5.
31 Stadtarchiv Braunschweig, G III 1: 165. Er starb in dem von seiner Frau 1795 gekauften Haus in der Scharrnstraße.
32 Kaufmann, Stammfolge (wie Anmerkung 4), S. 343-367.
33 Stadtarchiv Braunschweig, H VIII A: 1952.
34 Stadtarchiv Braunschweig, G III 1: 165.

„Ich werde nicht ermangeln, durch Fleiß und application dieses in mir zu setzende Vertrauen zu demeriren zu suchen, auch mich für diese gewogenheit jederzeit ungemein verbunden erkennen......"[1]

LEVIN HEINRICH LUDWIG PAPEN (1781 – 1795)

Levin Heinrich Ludwig Papen wurde am 13. Juli 1730 in Eitzum als zweiter Sohn des Predigers von Eitzum Balthasar Johann Papen und Elisabeth Henriette Christiane Dreissigmark, der zweiten Tochter des Superintendenten von Schöppenstedt geboren.[2] In Eitzum wurde er privat vom späteren Superintendenten Berkhan unterrichtet. Nach dem Umzug nach Wolfenbüttel, sein Vater hatte dort die Stelle des Garnisonpredigers angenommen, wurde Papen weiterhin sowohl privat als auch öffentlich unterrichtet. Seine Lehrer waren unter anderem der Rektor Cordes und der Konrektor Hofmann. 1748 ging Papen an die Universität nach Helmstedt, wo er bis 1751 in den Hauptfächern Philosophie und Mathematik studierte. In den Nebenfächern beschäftigte er sich zudem mit gerichtlicher Arzneikunde und Geschichte.

Nach Abschluss seines Studiums kehrte Papen im Herbst 1751 nach Wolfenbüttel zurück, wo er eine Anstellung als Auditor beim fürstlichen Residenzamt und im Polizeigericht fand. Mit der Erledigung von Verwaltungsaufgaben im Amt Hedwigsburg verschaffte sich Papen erste Einblicke in den Gang der Verwaltungsgeschäfte.[3] Im Jahr 1757 erhielt er eine Anstellung als Auditeur beim Zastrowschen Regiment und verließ Wolfenbüttel zunächst wieder. Nach dem Ende des siebenjährigen Krieges und der Rückkehr des Regiments behielt er dort bis zum Jahr 1767 das ihm anvertraute Richteramt.

Als in Braunschweig der Dienstposten des Gerichtsverwalters vakant wurde, bewarb sich Papen am 21. Mai 1767 beim Rat der Stadt um diese Stelle. Nach positiver Bewertung seines Gesuchs durch den Rat, genehmigte Herzog Carl am 6. Juli 1767 die Einstellung als Stadtrichter und Gerichtsverwalter in Braunschweig.[4] Seine er-

---

[1] Stadtarchiv Braunschweig, C III 1: 22, Bl. 7v.
[2] Landeskirchliches Archiv Wolfenbüttel, Kirchenbuch Eitzum 1717-1808, S. 30.
[3] Julius August Remer, Andenken Levin Heinrich Ludwig Papens, Bürgermeisters in Braunschweig, in: Braunschweigisches Magazin Nr. 30, 23.07.1796, Spalte 469-470.
[4] Stadtarchiv Braunschweig, C III 1: 22, Bl. 7r-9r.

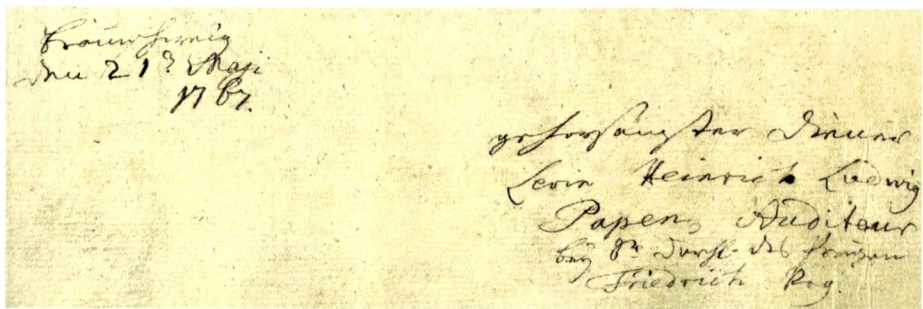

Autograph
(Stadtarchiv
Braunschweig,
C III 1: 22, Bl. 7)

folgreiche Tätigkeit verdankte er seinem großen Einfühlungsvermögen und der Menschlichkeit, mit denen er allen Personen in seinem Umfeld gegenübertrat. Obwohl das Amt wenig Verdienst einbrachte, übte Papen es mit großer Leidenschaft aus.

1778 wurde Papen zum Syndikus beim Vormundschaftskollegium und im Februar 1781 zum Bürgermeister, mit einer jährlichen Besoldung von 500 Talern, bestellt.[5] Im selben Jahr startete er seine Bemühungen zur Gründung einer Stiftung für aus dem Krieg zurückgekehrte Männer, die am 21. Juli 1794 unter dem Namen „Braunschweigs Stiftung zum Andenken des 6ten Februars 1794" mit einem Grundkapital von 10.000,00 Talern eingerichtet wurde. Das Datum orientierte sich an der „am 6. Februar 1794 aus einem Gefahr vollen Feldzuge [gegen die Franzosen] glücklich erfolgten Zurückkunft des Durchlauchtigsten Fürsten und Herren, Herrn Carl Wilhelm Ferdinand,..." Den Schwerpunkt bildete die Unterstützung von Handwerksmeistern, die nach dem Krieg wieder in ihren Beruf zurückkehren wollten. Es wurde aber auch schuldlos in Armut geratenen Personen geholfen. Die Unterstützung pro Person betrug 16 Reichstaler und wurde jährlich an so viele Hilfsbedürftige ausgezahlt, wie Kapital zur Verfügung stand.[6]

Papen wurde von seinen Freunden als gütiger, freundlicher, mitfühlender und sehr umgänglicher Mensch beschrieben. Nach dem Tod seines Vaters holte er seine Mutter und seine Schwester nach Braunschweig, wo sie zusammen lebten. Er

---

5   Stadtarchiv Braunschweig, C III 1: 4, Bl. 107r.
6   Stadtarchiv Braunschweig C I 1: 7, 1794.

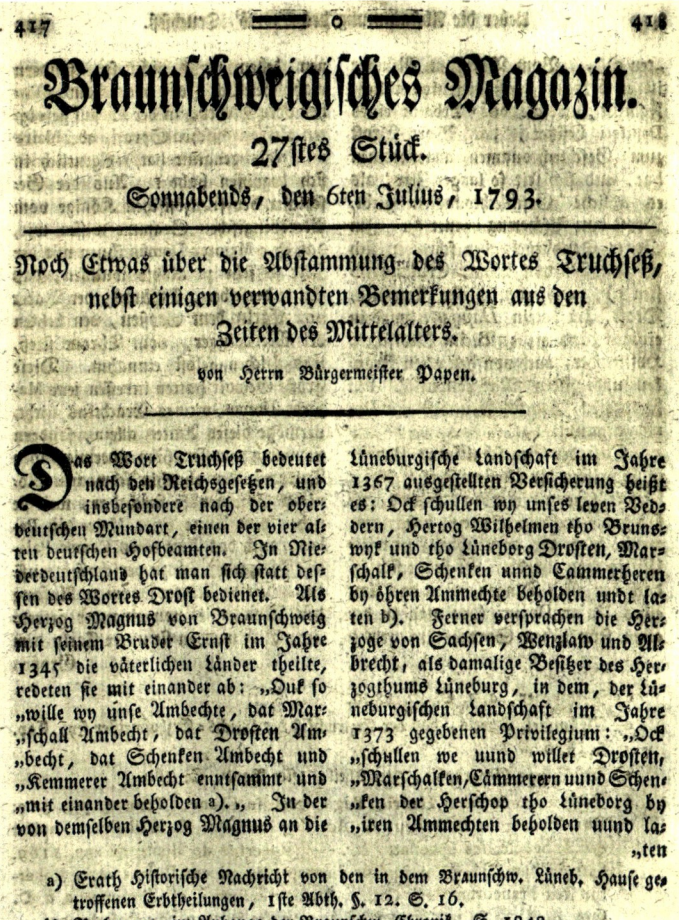

Auszug Artikel von Papen in den Braunschweigischen Anzeigen (Stadtarchiv Braunschweig, Z 1)

pflegte und umsorgte seine Mutter mit größter Fürsorge und wohnte nach deren Tod weiterhin mit seiner Schwester zusammen.[7] Am gesellschaftlichen Leben der Stadt nahm Papen unter anderem als Gründungsmitglied des Großen Clubs teil. Hierbei handelte es sich um eine Gesellschaft, in der sich regelmäßig Honoratioren der Stadt, höhere Stände, Kaufleute, Beamte und Gelehrte zum Gedankenaustausch über literarische, politische und philosophische Tagesfragen trafen, in der aber auch literarische Lesungen und musikalische Aufführun-

---

7 Julius August Remer, Bürgermeisters Papen Andenken, in: Braunschweigisches Magazin Nr. 31, 30.7.1796, Spalte 486-487.

gen oder auch Bälle stattfanden. Eine eigene Bibliothek, ein Spielzimmer und Billards standen den Mitgliedern ebenfalls zur Verfügung.[8]

Von 1754 bis in die 90er Jahre des 18. Jahrhunderts schrieb Levin Heinrich Ludwig Papen Aufsätze zu unterschiedlichen Themen.[9] Im Braunschweigischen Magazin, einer wöchentlichen Beilage zu den „Braunschweigischen Anzeigen", wurde beispielsweise im Juli 1793 seine Schrift zu dem Thema „Noch etwas über die Abstammung des Wortes Truchseß, nebst einigen verwandten Bemerkungen aus den Zeiten des Mittelalters" publiziert.[10]

Levin Heinrich Ludwig Papen starb am 30. September 1795 an einem Nervenfieber und wurde am 4. Oktober auf dem Friedhof der Petrikirche begraben.[11]

Hartmut Nickel, Braunschweig

---

8 Stadtarchiv Braunschweig, G XI 1: 4.2.
9 Remer, Papen (wie Anmerkung 7), Spalte 481-482.
10 Levin Heinrich Papen, Noch Etwas über die Abstammung des Wortes Truchseß, nebst einigen verwandten Bemerkungen aus den Zeiten des Mittelalters, in: Braunschweigisches Magazin Nr. 27, 06.07.1793, Sp. 417-432, Braunschweigisches Magazin Nr. 28, 13.7.1793, Sp. 433-448.
11 Stadtarchiv Braunschweig, G III 1: 207, S. 91.

„... der seine Dienstgeschäfte gewissenhaft und mit der pünktlichsten Treue erfüllt, und dem nur wenige Augenblicke des Tages zur Erholung und zum Lebensgenusse unter seiner Familie übrig sind ..."[1]

GEORG CHRISTIAN AUGUST KOCH (1795 – 1808)

Georg Christian August Koch wurde am 8. März 1750 als ältester Sohn des Polizeimeisters und späteren Braunschweiger Bürgermeisters Georg Heinrich Koch (1713-1777) und Sophie Maria Elisabeth Cuno in Wolfenbüttel geboren.[2]

Nach seinem Schulbesuch am Martineum in Braunschweig[3] schrieb sich Koch am 19. Oktober 1770 an der Universität Helmstedt ein, um ein privates Studium zu absolvieren.[4]

Ein Brief aus seiner Studienzeit an seinen Vater überliefert, dass er die Vorlesungen in den Fächern Mathematik bei Georg Simon Klügel sowie Metaphysik und Naturrecht bei Johann Carl Christoph Ferber besuchte. Zudem erhielt Koch Unterricht in Französisch und nahm am „Englischen Collegio" bei Gottlob Benedikt von Schirach teil, dessen Besuch auf seinen eigenen Wunsch gegen den Willen seines Vaters erfolgte.[5]

Wie die Matrikel der Universität zu Göttingen belegen, wechselte Koch am 18. Oktober 1771 als Student der Rechtswissenschaften an die Universität zu Göttingen.[6] Nach dem Abschluss seines Studiums begann er 1773 seine Amtskarriere in der Magistratsverwaltung der Stadt Braunschweig, wo er bis zu seiner Pensionierung im Jahre 1825 tätig war. Zunächst nahm Koch als Auditor eine Stelle im Sekretariat des für das städtische Vormundschaftswesen zuständige Pupillenkollegiums an. Dort

---

1   Stadtarchiv Braunschweig, C IV 3: 1, Seite 116-117. Gesuch des Munizipalrates an den Maire der Stadt Braunschweig um eine außerordentliche Gehaltszahlung an den ersten Adjunkten der Mairie Georg August Koch vom 2. Oktober 1812.
2   Niedersächsisches Landesarchiv – Staatsarchiv Wolfenbüttel, Kb Abt. 1 Nr. 1321, S. 79.
3   Niedersächsisches Landesarchiv – Staatsarchiv Wolfenbüttel, 1 W Nr. 5 (Fragebogen Koch).
4   Herbert Mundhenke, Matrikel der Universität Helmstedt, Hildesheim 1979, S. 234.
5   Stadtarchiv Braunschweig, H VIII A: 3080a, Brief vom 29. Oktober 1770 aus Helmstedt.
6   Götz von Selle (Hrsg.), Die Matrikel der Georg-August-Universität zu Göttingen 1734-1837, Hildesheim/Leipzig 1937, S. 192.

Siegel und Unterschrift von Georg August Koch, 1809 (Stadtarchiv Braunschweig: C IV 3: 1, S. 12 v)

wurde er mit der Protokollführung betraut, nachdem sein Bruder Georg Heinrich August Koch (1742-1773) zum Syndikus befördert worden war.⁷

1775 wurde Koch zum Sekretär der Vormundschaftsstube ernannt, bevor auch er im Februar 1788 wie zuvor sein Vater und Bruder zum Syndikus dieser Behörde berufen wurde.⁸ Das Pupillenkollegium entstand im Zuge der städtischen Verwaltungs- und Gerichtsreform in den 1750er Jahren und war dem Vormundschaftsdepartement zugeordnet. Die auch als Vormundschaftsstube bezeichnete Behörde setzte sich aus einem Bürgermeister, einem Syndikus und einem Sekretär zusammen und war für die Aufsicht und Verwaltung der Vormundschaftsangelegenheiten sowie die Prüfung der Vormundschaftsrechnungen zuständig.⁹

Nachdem im Jahre 1795 Bürgermeister Levin Papen verstorben und Bürgermeister Heinrich Anastasius von Mund in den Ruhe-

---

7   Stadtarchiv Braunschweig, C III 1: 30, S. 19. Braunschweigische Anzeigen vom 15. September 1773, S. 944 (Z 1: 1773). Georg Heinrich August Koch hat sich neben seiner Amtstätigkeit als Verfasser mehrerer Gedichtbände hervorgetan, vgl. Johann Georg Meusel, Lexikon der vom Jahr 1750 bis 1800 verstorbenen Teutschen Schriftsteller, Hildesheim 1967 (Nachdruck der Ausgabe Leipzig 1802-1815), S. 160. Er dichtete u.a. 1766 eine Ode auf die Geburt des Erbprinzen von Braunschweig (I 13-851). Koch war nachweislich Mitglied der 1744 in Braunschweig begründeten Freimaurerloge „Carl zur gekrönten Säule", vgl. Stadtarchiv Braunschweig, H III 3: 6 Vol. 2, S. 474.

8   Stadtarchiv Braunschweig, C III 1: 30, S. 20. Braunschweigische Anzeigen vom 31. Mai 1775, S. 559 (Z 1: 1775). Stadtarchiv Braunschweig, C III 1: 44, S.1.

9   Hans-Walter Schmuhl, Die Herren der Stadt, Gießen 1998, S. 337. Philip Christian Ribbentrop, Bd.2, Braunschweig 1791, S. 94.

stand getreten war, bewarb sich Georg August Koch um eine der beiden freigewordenen Bürgermeisterstellen. Im Oktober 1795 wurde er vom Ratskollegium neben dem Syndikus des städtischen Obergerichtes Johann Heinrich Wilmerding (1781-1820) ins Bürgermeisteramt gewählt.[10] Am 20. Oktober 1795 wurde er von Herzog Carl Wilhelm Ferdinand als Bürgermeister bestätigt und zugleich zum Direktor der Vormundschaftsstube ernannt. Außerdem wurde ihm die Aufsicht über den Stadtärar aus dem Zuständigkeitsbereich des Stadtdepartements sowie die Verwaltung der Güter und des Vermögens der Stadtpfarrkirchen anvertraut.[11] Koch erhielt eine jährliche Besoldung von 760 Reichstalern, die in den Jahren seines Direktorats und durch Bewilligung von außerordentlichen Zulagen regelmäßig erhöht wurde.[12]

Während seiner dreizehnjährigen Amtszeit von 1795 bis 1808 hatte Koch entsprechend der jährlichen Rotation der nunmehr drei amtierenden Bürgermeister das Direktorium in den Jahren 1796/1797, 1799/1800, 1802/1803, 1805/1806 inne.[13] Dieser Zeitraum wurde bestimmt durch zahlreiche bauliche Veränderungen in der Garnisons- und Residenzstadt Braunschweig. So wurden mittelalterliche Gebäude wie Kapellen und Torbauten (z. B. Burgtor 1798/1799, Steintor 1805) abgerissen. Gleichzeitig entstanden neue eindrucksvolle Bauwerke, deren Architektur dem bürgerlichen Baustil entsprach (z. B. Vieweg-Haus am Burgplatz 1799-1804, Villa „Salve Hospes" 1805). Die zu militärischen Zwecken errichteten massiven Festungsanlagen wurden ab 1802 sukzessive entfestigt und in die heute noch zum Teil erhaltenen Wallpromenaden und Parks unter maßgeblichen Einfluss von Peter Joseph Krahe umgestaltet. Auf sozialem Gebiet fand die Neuorganisierung des Armenwesens durch die Eröffnung der Braunschweigischen Armenanstalt im Jahre 1805 ihren Abschluss.[14]

Am Ende seiner Tätigkeit als Bürgermeister stand der politische Umbruch durch die Besetzung des Herzogtums und der Stadt Braunschweig durch napoleonische Truppen im Oktober 1806. Für Koch galt es unter der Führung des dirigierenden Bürger-

---

10 Stadtarchiv Braunschweig, C III 1: 48, fol. 7-7v.
11 Ebd., S. 10-10v. Niedersächsisches Landesarchiv – Staatsarchiv Wolfenbüttel, 1 W Nr. 5, S. 286. Stadtarchiv Braunschweig, F I 1: 261, 268.
12 Stadtarchiv Braunschweig , F VIII 7: 106-119. Stadtarchiv Braunschweig, C IV 3: 1, Seite 116-118.
13 Ursula Beiß, Bürgermeister und Syndici der Stadt Braunschweig 1688 – 1808, in: Gerd Spies (Hrsg.), Festschrift zur Ausstellung Brunswiek 1031 – Braunschweig 1981, die Stadt Heinrichs des Löwen von den Anfängen bis zur Gegenwart – Vom 25.4.1981 bis 11.10.1981, Braunschweig 1981, S. 610-613. Laut Beiß erfolgte der jährliche Wechsel eines Bürgermeisters seit Ende des 17. Jh. immer an Michaelis (29. September). Nach Ribbentrop, 1791, S. 95 (vgl. Anmerkung 9) fand der Wechsel am Freitag nach Bartholomäi (Ende August) statt.
14 Richard Moderhack, Braunschweiger Stadtgeschichte, Braunschweig 1997, S. 150-152.

meisters Wilmerding die von den Franzosen eingeführten Reformen auf lokaler Ebene umzusetzen, die am Anfang durchaus in einer breiten Bevölkerungsschicht auf Sympathie stießen. Mit der Bildung des Königreichs Westphalen infolge des Friedens von Tilsit 1807 ging die Schaffung von Departements einher – Braunschweig war künftig die Hauptstadt des aus dem Herzogtum Braunschweig geschaffenen Okerdepartements. Im Januar 1808 wurde die Magistratsverfassung aufgehoben und die Lokalverwaltung nach französischem Muster umgestaltet und neu organisiert.[15] Während Wilmerding eine weitere Beschäftigung in der napoleonischen Munizipalverwaltung ablehnte, wollte Koch seine bisherigen Ämter „in der gleichen Art und Weise" fortführen. In einem Fragebogen der westphälischen Verwaltung, in dem sich alle Amtsträger zu ihrer zukünftigen Tätigkeit äußern mussten, gab er zudem an, dass ein Verbleib in seinem Amt für ihn von großer existenzieller Bedeutung sei, da er für den Lebensunterhalt einer großen Familie zu sorgen habe.[16]

Georg August Koch wurde in der neuen Verwaltungsbehörde der Mairie in einer herausragenden Position – als erster Adjunkt des Maire – angestellt. Die beiden Maire Wilhelm von Mahrenholtz und Ludwig von Münchhausen konnten ihre vielfältigen Aufgaben auf vier Adjunkte delegieren, die im Oktober 1808 vereidigt wurden. Koch wurde zudem zum „Chef des Bureau" ernannt.[17] Aus einer überlieferten Übersicht der Geschäftsverteilung der Mairie aus dem Jahr 1812 geht der große Zuständigkeitsbereich hervor, für den Koch als Büroleiter verantwortlich war:

„Generalia, Bureau-Chefangelegenheiten; Rechnungssachen, Budjets; Munizipalitäts-Angelegenheiten; Octroi (Erlasse und Verordnungen); Milde Stiftungen; Ankauf und Verkauf des Tannenholzes; Repartition der Personal- und Communalsteuern; Stadtanleihe; Gezwungene Anleihen; Städtische Verwaltung; Kirchensachen".[18] Er bekleidete außerdem von 1808 bis 1811 das Amt des Friedensrichters im Gerichtsbezirk Canton Braunschweig Stadt.[19] Nach der westfälischen Gerichtsordnung waren die Friedensrichter zuständig für die Schlichtung von Rechtsstreitigkeiten, die

---

15 Schmuhl, Die Herren der Stadt (wie Anmerkung 9), S. 350-364.
16 Niedersächsisches Landesarchiv – Staatsarchiv Wolfenbüttel, 1 W Nr. 5, S. 285v.
17 Schmuhl, Die Herren der Stadt (wie Anmerkung 9), S. 354, 363. Stadtarchiv Braunschweig, C IV 1: 2, S. 47-48, S. 69. Neben Koch übten Johann Lüdersen, Carl Ursall und Christoph Widmann/später Carl Stisser das Amt des Adjunkten aus.
18 Stadtarchiv Braunschweig, C IV 1: 2, S. 37.
19 Stadtarchiv Braunschweig, C IV 2: 6. Im Adressbuch der Stadt Braunschweig 1812 wird Koch unter den Friedensrichtern der Stadtkantone nicht aufgeführt (Stadtarchiv Braunschweig, H I: 1812, Behördenteil).

Behandlung von Zivil- und kleinen Strafsachen, familienrechtliche Angelegenheiten sowie für Vormundschafts- und Erbsachen.[20]

Auch nach der Zerschlagung des Königreichs Westphalen und der Machtübernahme durch Herzog Friedrich Wilhelm 1813 konnte Koch seine Tätigkeit in der städtischen Verwaltung fortsetzen. Durch die Einrichtung eines Stadtgerichtes als Justiz- und Verwaltungsbehörde im Frühjahr 1814 wurde die vorherige Trennung von Justiz und Verwaltung wieder rückgängig gemacht. Das Stadtgericht setzte sich seit 1815 aus einem Stadtdirektor, fünf Stadträten (Richtern), fünf Assessoren, fünf Stadtsekretären und einem herzoglichen Polizeidirektor zusammen und war direkt der fürstlichen Kammer unterstellt.[21] Koch fand in dieser neu gebildeten Behörde eine Anstellung als Stadtrat. Auf Vorschlag des Stadtdirektors Wilmerding wurde er wie in der Zeit seines Bürgermeisteramtes zum Direktor des Vormundschaftsdepartements berufen, da er seine Erfahrungen bei der Umgestaltung des Vormundschaftswesen und Wiederherstellung der Vormundschaftsverfassung im Zustand vor 1808 in die Verwaltung bestens einbringen konnte. Das Kollegium des Departements wurde ergänzt durch einen Senator, einen Stadtrat und einem Sekretär, die Koch bei der Beratung und Verwaltung der Vormundschaftsangelegenheiten unterstützten.[22] Koch erhielt aus der fürstlichen Kammer-Kasse eine jährliche Besoldung von 1200 Reichstalern.[23] Er gehörte der Verwaltung des Stadtgerichtes bis zum Jahr 1825 an und schied dann wohl aus Altersgründen aus seinem Amt.[24]

Georg August Koch heiratete 1789 Dorothea Sophie Johanne Häseler, eine Tochter des Ratssyndikus Johann Georg Christoph Häseler.[25] Aus der Ehe gingen sechs Kinder hervor.[26]

Sein ältester Sohn Johann Georg Christian Koch (1790-1861) machte wie sein Vater Karriere als Verwaltungsbeamter. Er begann seine Laufbahn 1814 als Regiments-Zahlmeister beim zweiten Jägerbataillon. 1827 wurde Koch als Kammer-Assessor

---

20 Theodor Müller, Stadtdirektor Wilhelm Bode (Braunschweiger Werkstücke 29), Braunschweig 1963, S. 36.
21 Schmuhl, Die Herren der Stadt (wie Anmerkung 9), S. 365-367. Stadtarchiv Braunschweig, H I: 1815-1825 (Behördenteil). Theodor Müller (wie Anmerkung 20), S. 53-55.
22 Stadtarchiv Braunschweig, C III 1: 56, S. 9 u. 30.
23 Stadtarchiv Braunschweig, C III 1: 57, S. 5.
24 Stadtarchiv Braunschweig, H I: 1825 und 1826 (Behördenteil). Bis 1825 ist Koch als Stadtrat des Stadtgerichtes Braunschweig in den Adressbüchern verzeichnet. Koch war nicht mehr Mitglied des von den Stadtverordneten gewählten Magistrates unter dem Magistratsdirektor Wilhelm Bode.
25 Stadtarchiv Braunschweig, G III 1: 28, S. 219. Zur Familie Häseler, vgl. Stadtarchiv Braunschweig H VIII A: 1538.
26 Stadtarchiv Braunschweig, G III 1: 304, S. 175, 187, 198, 211, 221, 233 und 271.

bei der herzoglichen Kammer ernannt und 1835 zum Ministerialrat sowie 1848 zum Geheimrat im herzoglichen Staatsministerium befördert. Ihm wurde 1837 von Herzog Wilhelm der Adelstitel verliehen.[27]

Für seinen jüngsten Sohn Carl Heinrich Anton Koch (geb. 1802) ist belegt, dass er 1822 am Collegium Carolinum wie sein Bruder Johann Georg Christian ein juristisches Studium begonnen hatte.[28] Bürgermeister Koch wohnte mit seiner Familie zunächst in einem Haus vor der Burg 8, später in der Karrenführerstraße 13 und zuletzt in der Steinstraße 1.[29] Sein Vermögen reichte offenbar nicht aus, um eine eigene Immobilie zu erwerben. Er starb am 27. Februar 1829 im Alter von 78 Jahren und wurde auf dem Kirchhof der Gemeinde St. Martini bestattet.[30]

Georg Christian August Koch kann als ein typischer Vertreter eines hochrangigen Beamten des Braunschweiger Bildungsbürgertums charakterisiert werden. Nach juristischer Vorbildung absolvierte er eine beachtliche Verwaltungskarriere und spielte in der Magistratsverwaltung der Stadt Braunschweig zum Ende des 18. und zu Beginn des 19. Jahrhunderts eine bedeutende Rolle. Auch in der Phase der wechselnden Herrschaft und der unterschiedlich organisierten Verwaltungssysteme vermochte sich Koch als verlässlicher und pflichtbewusster Verwaltungsbeamter zu behaupten. Dass seine Arbeit durchaus geschätzt wurde, kommt in dem diesen Beitrag vorangestellten Zitat und in den regelmäßig gewährten finanziellen Zulagen zum Ausdruck. Besondere Verdienste oder stadtpolitische Impulse, die Koch während seiner Amtszeit als Bürgermeister in der Zeit von 1795 bis 1808 zugeschrieben werden können, sind in den schriftlichen Quellen und der Braunschweiger Stadtgeschichtsforschung nicht überliefert.[31]

Mark Opalka, Braunschweig

---

27 Stadtarchiv Braunschweig, H I: 1828, 1838. Stadtarchiv Braunschweig, H VIII A: 3081 (darin sind einige Briefe von Johann Georg Christian von Koch überliefert).
28 Peter Düsterdieck, Die Matrikel des Collegium Carolinum und der Technischen Hochschule Carolo-Wilhelmina zu Braunschweig 1745-1900, Hildesheim 1983, S. 32 und 43.
29 Stadtarchiv Braunschweig, H I: 1811, 1817, 1820-1826.
30 Stadtarchiv Braunschweig, G III 1: 184.1, S. 75.
31 Hierzu ist anzumerken, dass die Protokolle des Magistratskollegiums aus der Amtszeit Koch's im Bestand „C Älteres Magistratsarchiv" fehlen.

„Denn Wilmerdings Intentionen, geprägt durch einen traditionalen Stadtrepublikanismus, gingen in erster Linie dahin, die Autonomie der Kommune zu stärken."[1]

Johann Heinrich Wilmerding (der Jüngere) (1795 – 1808; 1814 – 1825)

Johann Heinrich Wilmerding (der Jüngere) wurde als Sohn des gleichnamigen früheren Braunschweiger Bürgermeisters Wilmerding am 8. April 1749 in Braunschweig geboren. Seine Mutter Dorothea Catharine war die Tochter von Christoph von Strombeck und zweite Ehefrau des Vaters. Sowohl väterlicherseits als auch mütterlicherseits entstammte Wilmerding damit einflussreichen und bekannten Braunschweiger Familien. Die Strombecks gehörten seit dem 14. Jahrhundert zu den Familien Braunschweigs, die wichtige Funktionen und Ämter bekleideten, Vater Wilmerding wurde als gebildeter und patriotisch eingestellter Bürgermeister geschätzt und geachtet.[2]

Bevor Wilmerding in Leipzig und Göttingen Rechtswissenschaften studierte, hatte er mit dem Martineum eine der beiden Lateinschulen in seiner Heimatstadt besucht. Nach dem Abschluss seines Studiums folgten klassische Stationen eines Juristen. So war er zunächst in Braunschweig als Anwalt tätig, bevor er in die Richterlaufbahn wechselte. Seiner Funktion als Syndikus des Obergerichts und als Bürgermeister gingen Stationen als Sekretär am Obergericht des Magistrats und als Direktor des Untergerichts Braunschweig voraus. Am 24. Oktober 1782 ehelichte er Christina Louise Wilhelmine von der Heyde, die Tochter eines Braunschweiger Kaufmannes. Von den fünf Kindern aus dieser Ehe verstarben drei kurz hintereinander bereits vor den Eltern. Seine Frau überlebte ihn um zwei Jahre. Wilmerding selbst verstarb im Alter von 79 Jahren am 14. April 1828 in seiner Heimatstadt.[3]

Von 1781 bis zum 1. März 1808 bekleidete der gelernte Jurist Wilmerding die Funktion des Syndikus am Obergericht in Braunschweig und war damit gleichzeitig auch

---

1   Hans-Walter Schmuhl, Die Herren der Stadt: Bürgerliche Eliten und städtische Selbstverwaltung in Nürnberg und Braunschweig vom 18. Jahrhundert bis 1918, Gießen 1998, S. 367.
2   Stadtarchiv Braunschweig, H VIII A 5: 338.
3   Friedrich Carl von Strombeck, Nekrolog auf Johann Heinrich Wilmerding, in: Vaterländisches Archiv, 1828, S. 333-334.

Johann Christian Ludwig Tunica, Bildnis Johann Heinrich Wilmerding, Öl/Leinwand, 1824 (Städtisches Museum Braunschweig, Inv. Nr. 401, Foto: Jakob Adolphi)

Direktor des Geistlichen Gerichts. Das Bürgermeisteramt trat er im Jahr 1795 an. Er war zudem Präsident des fürstlichen Ober-Sanitäts-Kollegiums[4]. Diese Zeit war in Braunschweig insbesondere durch städtebauliche Veränderungen geprägt, beispielsweise wurden die Wallanlagen umgestaltet. Gut eine

---

4 Stadtarchiv Braunschweig, H IV 3: 58b, S. 291 und S. 301-303.

Dekade nach der Übernahme des Bürgermeisteramtes durch Wilmerding, im Herbst 1806, besetzten die Truppen Napoleons I. nach ihrem Sieg bei Jena und Auerstedt das Herzogtum und die Stadt Braunschweig. Anfangs wurden die danach angestoßenen Reformen nach französischem Vorbild wohlwollend aufgenommen. Doch schon bald förderten die negativen Seiten dieser Umgestaltung patriotisches Gedankengut bei den Braunschweigern. Zunächst blieb Wilmerding in seinem Amt und versuchte den einschneidenden Reformen der Franzosen ihre Härte zu nehmen. Er konnte verhindern, dass Verfügungen und Anordnungen in der Stadt und für die Bürger in aller Strenge umgesetzt wurden. In der Folge der Konstituierung des Königreich Westphalens und der Einführung der Munizipalverwaltung nach französischem Muster 1807 wurde jedoch auch die Magistratsverfassung aufgehoben. Wilmerding legte daraufhin am 1. März 1808 seine Ämter als Bürgermeister und Syndikus nieder.[5]

In der folgenden Zeit zog er sich vornehmlich in sein Privatleben zurück. Lediglich als Deputierter des Okerdepartements im Königreich Westphalen nahm er von 1808 bis 1813 an den Sitzungen des westphälischen Reichstages teil.[6] Zudem war er seit 1808 Präsident des Obersanitätskollegiums – dies jedoch unentgeltlich. Aufgrund des ihm zur Verfügung stehenden Familienvermögens und seiner bescheidenen Lebensführung war Wilmerding nicht auf eine Besoldung angewiesen, so dass er sich in der folgenden Zeit vor allem privaten Recherchearbeiten im Archiv widmen konnte. Ziel seiner Nachforschungen waren Belege zu den Rechten und Besitztümern Braunschweigs. Nachdem die Stadt 1671 von den Herzögen erobert worden war, hatte sie einen großen Teil ihrer Selbstständigkeit eingebüßt. Im Sinne seiner bürgerlich-freiheitlichen Einstellung hoffte Wilmerding durch diese Archivbesuche Belege zu finden, um später möglicherweise die Rechte der Stadt, vor allem bei der Selbstverwaltung, wieder beleben zu können.[7]

Erst nach dem Ende des Königreich Westphalens 1813 und der Rückkehr von Herzog Friedrich Wilhelm nach Braunschweig im Dezember des gleichen Jahres kehrte Wilmerding in die Verwaltungsgeschäfte seiner Heimatstadt zurück. Auch wenn Gesetzgebung und Verwaltungsorganisation der westphälischen Zeit in großen Teilen wieder aufgehoben wurden, fanden dennoch einige Reformen Eingang in die Neustrukturierung von Regierung und Verwaltung des wiederhergestellten Her-

---

5 Stadtarchiv Braunschweig, H XIV 2: 3.
6 Jochen Lengemann, Parlamente in Hessen 1808-1813, Frankfurt am Main 1991.
7 Stadtarchiv Braunschweig, H VIII A 5: 338. Niedersächsisches Landesarchiv – Staatsarchiv Wolfenbüttel, 1 W Nr. 5.

zogtums Braunschweig. Mit der provisorischen Justiz- und Polizeiverfassung vom 15. Januar 1814 wurde in Braunschweig ein Stadtgericht als Justiz- und Verwaltungsbehörde geschaffen. Es setzte sich zusammen aus einem Stadtdirektor, fünf Stadträten sowie einem herzoglichen Polizeidirektor und war der Fürstlichen Kammer als oberster Verwaltungsbehörde des Herzogtums direkt unterstellt. Somit erhielten die formalen Gegebenheiten aus der Zeit vor dem Königreich Westphalen wieder ihre Gültigkeit. Wilmerding war in der sich anschließenden Zeit der Reorganisation der Verwaltungsgeschäfte der einzige hochrangige Beamte, der bereits vor 1806 in den Diensten der Stadt tätig gewesen war. Bereits am 12. November 1813 war er dem westphälischen Maire von Münchhausen als Mitglied des provisorischen Stadtrats beigeordnet worden. Mit der Einrichtung des Braunschweiger Stadtgerichts im Frühjahr 1814 wurde Wilmerding schließlich zum Stadtdirektor ernannt. Der Rückzug aus seinen Ämtern in der Zeit des Königreichs Westphalens dürfte diese Entscheidung begünstigt haben.[8]

In dieser Position nutzte Wilmerding in den Folgejahren seine Einflussmöglichkeiten zielgerichtet: „Er begnügte sich daher keineswegs damit, die altbraunschweigischen Verhältnisse wiederherzustellen, sondern setzte sich [...] energisch für eine grundlegende Reform der städtischen Selbstverwaltungsstrukturen ein."[9] In dem erst am 12. Oktober 1819 einberufenen Landtag des Herzogtums war Wilmerding als Stadtdirektor von Braunschweig qua Amt vertreten. Hier engagierte er sich für die Belange der selbstbewusst auftretenden Bürgerschaft Braunschweigs. Die Stadt wurde denn auch seit der Verabschiedung der Erneuerten Landschaftsordnung von 1820 durch fünf weitere Abgeordnete – von denen drei aus der eingesessenen Bürgerschaft mit Grundbesitz gewählt wurden – in den Landständen vertreten. Die Braunschweiger Stadtdeputierten im Landtag, allen voran Wilmerding, machten sich neben weiteren reformatorischen Ansätzen vor allem für eine größere städtische Selbstständigkeit stark. Insbesondere eine Trennung von Rechtsprechung und Verwaltung wurde gefordert.[10]

Am 4. Juni 1822 überreichte Wilmerding dem Geheimratskollegium als oberster Verwaltungsbehörde im Herzogtum sorgfältig ausgearbeitete Vorschläge zu Struktur und Aufbau einer künftigen kommunalen Selbstverwaltung. Selbstsicher und überzeugt vertrat er diesen Alternativentwurf zu den von der zuständigen landständischen Kommission erarbeiteten Empfehlungen, welche man „[...]nicht als Vorschrift [habe] annehmen können, da die Landschaft nicht befugt ist, der Stadt

---

8 Schmuhl, Herren der Stadt (wie Anmerkung 1), S. 365-367.
9 Ebd., S. 367.
10 Ebd., S. 370-373.

Braunschweig eine Verfassung zu geben [...].¹¹ Vielmehr regte er an, dem Magistrat die Verantwortung für die administrativen Aufgaben mit Ausnahme der Jurisdiktion zu übertragen. Dem Magistrat sollte dazu ein fest besoldetes und auf Lebenszeit gewähltes Gremium vorstehen. Wilmerding schlug vor, dass sich dies aus einem Stadtdirektor (Stadtpräsident, Oberbürgermeister) mit juristischen Kenntnissen, der von zwei weiteren Bürgermeistern und einem Kämmerer (Stadtrat, Senator, Ratsherr) bei der Wahrnehmung der Aufgaben unterstützt wird sowie zwei weiteren ehrenamtlichen Stadträten aus den hausbesitzenden Bürgern zusammensetzen sollte. Für Protokollierung sowie für das Führen von Steuerlisten und der Registraturgeschäfte riet er zur Beschäftigung von zwei nicht stimmberechtigten Sekretären im Magistratskollegium. Beschlüsse, bei denen der herzogliche Polizeidirektor ebenfalls mit Sitz und Stimme bei den Sitzungen berücksichtigt wurde, sollten nach Mehrheit im Kollegium gefasst werden. Des Weiteren unterbreitete Wilmerding auch genaue Vorschläge zur Wahl der Magistratsmitglieder.¹²

Diese Empfehlungen, denen bis auf einige wenige Punkte auch die Stadtdeputierten zugestimmt hatten, wurden im Wesentlichen in die vom Landtag beschlossene Verordnung über die Polizei- und Gemeindeverwaltung vom 26. März 1823 übernommen.¹³ Bei der 1825 durchgeführten Wahl des neuen Stadtmagistrats machte Wilmerding, der noch am 30. September des gleichen Jahres in den Ruhestand ging, nochmals seinen Einfluss geltend. Als Kopf des Magistratskollegiums und somit als sein Nachfolger wurde sein Wunschkandidat Wilhelm Bode berufen. In ihm sah er einen unabhängigen und tüchtigen Mann, der durch seine gründlichen Geschichtskenntnisse auch zukünftig die städtische Selbstständigkeit und finanzielle Unabhängigkeit auszubauen vermochte – aus seiner Sicht der ideale Kandidat zur Fortführung der bereits eingeschlagenen politischen Linie.¹⁴

Wilmerdings Einfluss strahlte auch auf die Region aus: Bis 1807 und nochmals zwischen 1819 und 1825 war er Mitglied der Braunschweig-Wolfenbüttelischen und Blankenburgischen Landschaft (Landtag) und setzte sich für Reformen in der Verwaltung ein.¹⁵ Die Art Wilmerdings beschreibt Friedrich Carl von Strombeck sehr anschaulich: „Sein Charakter war ein althanseatischer, sein Sinn republikanisch. Recht und Gerechtigkeit und bürgerliche Freiheit gingen ihm über alles. Streng in

---

11 Niedersächsisches Landesarchiv – Staatsarchiv Wolfenbüttel, 12 Neu 13: 5329.
12 Schmuhl, Herren der Stadt (wie Anmerkung 1), S. 374-375.
13 Braunschweigische Gesetz- und Verordnungssammlung 1823, S. 38-53.
14 Theodor Müller, Stadtdirektor Wilhelm Bode, Braunschweig 1963, S. 56-57.
15 Stadtarchiv Braunschweig, H VIII A 5: 338.

der Erfüllung seiner Pflichten, war er in dieser Beziehung auch streng gegen andere. Seine Urtheile waren freisinnig und seine Bemerkungen gewürzt mit einem trockenen, aber treffenden Witz. Er war standhaft."[16]

Er stiftete der St. Martinikirche in Braunschweig ein Bild, das die Geißelung Christi darstellt und war Mitglied im Großen Club. 1810 erhielt er die Ehrung „Ritter des Ordens der Westfälischen Krone".[17] Die Stadt bewahrte Wilmerding ein bleibendes Andenken indem sie am 18. Oktober 1895 eine Straße im westlichen Ringgebiet nach ihm benannte.[18]

Romy Meyer, Oldenburg

---

16 Friedrich Carl von Strombeck: Nekrolog auf Johann Heinrich Wilmerding, in: Vaterländisches Archiv, 1828, S. 338f.
17 Stadtarchiv Braunschweig, H III 3: 403, S. 204.
18 Stadtarchiv Braunschweig, D V 1a: 68, Bl. 163.

„[…] Baron von Marenholz, Maire der Stadt,
überreichte Sr. M. die Schlüssel der Stadt"[1]

WILHELM ALBRECHT CHRISTIAN FREIHERR VON MAHRENHOLTZ (MARENHOLTZ, MARENHOLZ, MAHRENHOLZ) (1808)

Wilhelm Albrecht Christian Freiherr von Mahrenholtz wurde am 15. November 1752 in Groß Schwülper geboren. Die Familie war seit dem Mittelalter in Schwülper ansässig, der Vater Joachim Ludwig von Mahrenholz (*1719, †1777) war Kurfürstlich Hannoverscher Kriegsrat, die Mutter Dorothea Elisabeth von Plato (*1726, †1797) eine Tochter des Kurfürstlich Hannoverschen Landrats sowie Landgräflich Hessen-Darmstädtischen Oberstallmeisters Otto Eberhard von Plato auf Grabow. Zum Besitz des Freiherrn gehörte das 1772 gestiftete Fideikommiss Groß Schwülper mit Warmbüttel und Warxbüttel im Kreis Gifhorn.[2]

Wilhelm von Mahrenholtz wird in den ersten Matrikeln des Großen Clubs von 1780 als Mitglied geführt. Aus dem Jahr 1783 datiert seine Ernennung zum Kammerherrn und Landdrost unter Herzog Karl Wilhelm Ferdinand.[3] Seine erste Ehe, 1777 mit Wilhelmine Friederike von Kropff geschlossen, blieb bis zum Tod der Gattin kinderlos. 1786 heiratete er Georgina Gräfin von Hardenberg. Dem Paar wurden mehrere Kinder geboren, als ältester Sohn August Ernst Christian Wilhelm von Mahrenholtz (*1789, †1865), später Braunschweigischer Oberhofmarschall und Geheimer Rat.

Die nicht sehr harmonische Ehe wurde im August 1794 geschieden und dem Freiherrn durch die königlich preußische Regierung in Halberstadt Dispens vom Aufgebot zu einer neuen Eheschließung gewährt.[4] Noch im gleichen Monat heiratete von Mahrenholtz Louise Friederike Sophia Albertine von Bothmer, ihre erste gemeinsame Tochter wurde im Sommer 1795 geboren.

---

[1] Bericht aus Braunschweig vom 17.5., in: Moniteur Westphalien Nr. 62, 19.5.1808, S. 249.
[2] Nach Brandt hinterließ er die Güter seinem ältesten Sohn stark verschuldet. Carl Brandt, Schwülper. Ein Stück niedersächsischer Heimatgeschichte, Hildesheim 1912, S. 284-287, bes. S. 285.
[3] Niedersächsisches Landesarchiv – Staatsarchiv Wolfenbüttel, 3 Alt Nr. 601, fol. 77.
[4] Niedersächsisches Landesarchiv – Staatsarchiv Wolfenbüttel, 2 Alt Nr. 15166.

Braunschweig wurde 1808 Hauptstadt des Okerdepartements im Königreich Westphalen, die Lokalverwaltung oblag künftig einem Maire, vier Adjunkten und drei Polizeikommissaren. Wilhelm von Mahrenholtz gehörte, wie auch der Präfekt des Okerdepartements, Friedrich Ludwig Christian Henneberg, zu den Mitgliedern des alten braunschweigischen Zivilbedientenstandes, die dazu beitrugen, die Vorgaben der neuen Verfassung umzusetzen und sich aktiv an der Verwaltung des Königreichs Westphalen zu beteiligen.[5]

Er war Mitglied im Wahlkollegium des Okerdepartements (Kanton Braunschweig) und wurde Anfang Mai 1808 durch den Regenten des Königreichs Westphalen Jérôme Bonaparte zum Maire von Braunschweig ernannt. Damit löste Wilhelm von Mahrenholtz nun offiziell den Bürgermeister Johann Heinrich Wilmerding ab, der noch am 6. März 1808 eine Festrede zum Huldigungseid auf König Jérôme gehalten hatte.[6]

Von Mahrenholtz trug als Maire die Verantwortung für sämtliche Verwaltungsentscheidungen im Grunde allein, gemäß der Devise der französischen Reformbürokratie, dass die Verwaltung die Sache eines einzelnen Beamten sei.[7]

Der Maire arbeitete unter der Inspektion und Aufsicht des Präfekten und des Unterpräfekten des Okerdepartements, und von Mahrenholtz fand bei seinem Dienstantritt ein beachtliches Aufgabenfeld vor: Er hatte die Besitzungen und Einkünfte der Gemeinde zu verwalten, öffentliche Arbeiten zu leiten und laufende Ausgaben aus den Gemeindegeldern zu bestreiten. Außerdem oblag seiner Aufsicht die Sicherheit, öffentliche Ordnung und Gesundheitspflege der Stadt bis hin zur Überwachung von Bauarbeiten an Kirchen.[8]

Kein Wunder also, dass ein Mann mit der Übersicht für so viele Tätigkeiten, wie schon Venturini feststellte, „schwerlich in jeder Gemeinde zu finden"[9] war. Einige Verordnungen aus dem Frühsommer 1808 geben einen Eindruck vom Tagesgeschäft

---

5   Hans-Walter Schmuhl, Die Herren der Stadt. Bürgerliche Eliten und städtische Selbstverwaltung in Nürnberg und Braunschweig vom 18. Jahrhundert bis 1918, Bielefeld 1998, S. 353-358.
6   Dorothea Puhle, Das Herzogtum Braunschweig-Wolfenbüttel im Königreich Westphalen und seine Restitution 1806-1815, Braunschweig 1989, S. 267.
7   Willy Kohl, Die Verwaltung der östlichen Departements des Königreichs Westphalen 1807-1814, Berlin 1937, S. 31-34. Schmuhl, Herren der Stadt (wie Anmerkung 5), S. 354.
8   Ebd.
9   Karl Venturini, Taschenbuch für Mairen und Munizipalräthe. Zur allgemein faßlichen Übersicht ihrer Pflichten und Obliegenheiten nach dem Geiste der Staatsverfassung des Königreichs Westphalen. Zweite verbesserte und vermehrte Auflage Braunschweig 1810, S. 11 (Anm.).

des Maire: Von Mahrenholtz rief zum Beispiel Hauseigentümer und Wirte in Braunschweig dazu auf, Fremde in der Stadt anzuzeigen. Er kümmerte sich um ein Badeverbot in der Oker, ordnete an, keine Hunde umherstreunen zu lassen, verkündete die Bierpreise, die Verteilung der direkten Steuern auf die Einwohner der Gemeinde und Einzelheiten zu den Militärkonskriptionen.[10]

Kurz nach seinem Amtsantritt organisierte von Mahrenholtz den Besuch des Königspaars Jérôme und Katharina, der Braunschweig vom 17. bis 22. Mai 1808 in Atem hielt. Viel Freiraum blieb ihm dafür nicht, denn eine Instruktion des Innenministeriums in Kassel gab genaue Anweisungen, wie der Einzug der Majestäten in die Stadt abzulaufen habe[11]: Als Maire überreichte von Mahrenholtz dem König die Schlüssel der Stadt und erhielt sie vom Regenten in einer symbolischen Geste des Vertrauens zurück. Bei zahlreichen Festakten, Umzügen und abendlichen Ballveranstaltungen repräsentierte der Maire die Lokalverwaltung und machte den König mit den Damen und Herren der Gesellschaft bekannt. Am 18. August 1808 leistete von Mahrenholtz seinen Amtseid gegenüber dem Präfekten Henneberg.[12]

Als Maire war der Freiherr Vorsitzender des Munizipalrates, dessen zwanzig Mitglieder, auf Vorschlag der Departementskollegien, ebenfalls vom König ernannt wurden. Der Munizipalrat kam einmal jährlich im November zusammen und begutachtete die Rechnung über die Gemeindeeinnahmen und -ausgaben, die der Maire dem Unterpräfekten vorzulegen hatte.

Der Rat wurde außerdem befragt, wenn es etwa um die Verteilung von öffentlichen Arbeiten ging, um Anleihen oder die Veräußerung von Immobilien. Beschlussrechte standen dem Rat nicht zu, dennoch wertet Schmuhl die königlich-westphälischen Verwaltungsstrukturen als eine „bescheidene Ausweitung der städtischen Selbstverwaltung" im Vergleich zu den Strukturen der Fürstenstadt.[13]

---

10 Bekanntmachungen, in: Braunschweigische Anzeigen, 39. Stück, 18.05.1808, Sp. 1577. Bekanntmachungen, in: Braunschweigische Anzeigen, 42. Stück, 28.05.1808, Sp. 1667-1668. Bekanntmachungen, in: Braunschweigische Anzeigen, 45. Stück, 11.06.1808, Sp. 1771. Bekanntmachungen, in: Braunschweigische Anzeigen, 50. Stück, 29.06.1808, Sp. 1913-1914. Bekanntmachungen, in: Braunschweigische Anzeigen, 55. Stück, 16.07.1808, Sp. 2083-2085. Bekanntmachungen, in: Braunschweigische Anzeigen, 58. Stück, 27.07.1808, Sp. 2195.
11 Stadtarchiv Braunschweig, C IV 7: 26, fol. 22-24; siehe auch: Martin Knauer, Im Zeichen der Herrschaft: Staatskult und monarchische Repräsentation im Königreich Westphalen, in: Gerd Dethlefs, Armin Owzar, Gisela Weiß (Hrsg.), Modell und Wirklichkeit. Politik, Kultur und Gesellschaft im Großherzogtum Berg und im Königreich Westphalen 1806-1813, Paderborn u.a. 2008, S. 181-197, hier: S. 185.
12 Stadtarchiv Braunschweig, C IV 1: 2, fol. 54.
13 Schmuhl, Herren der Stadt (wie Anmerkung 5), S. 355.

Das Jahr 1808 war für den Freiherrn trotz seiner politischen Karriere im sich etablierenden Königreich Westphalen von vielen Schicksalsschlägen geprägt: Am 29. Juni verstarb seine Ehefrau Louise Friederike mit nur 33 Jahren. Am 22. September folgte ihr der zehnjährige gemeinsame Sohn, Junker Adolph Carl Ludewig, der an der Ruhr starb.[14] Eine schwere Krankheit kostete schließlich auch den Familienvater selbst das Leben: „Der Freiherr auch Maire der Stadt Braunschweig Herr Wilhelm Christian Albrecht von Marenholtz, sind d. 18ten December 56 Jahr alt am typhösen Fieber [...] gestorben, den 22ten December aber auf das Gut nach großen Schwülper ins Gewölbe beygesetzt."[15] Sein Nachfolger nach nur sieben Monaten im Amt des Maire wurde Ludwig Friedrich Freiherr von Münchhausen.

Die Leistungen des Freiherrn zu würdigen, fällt angesichts der kurzen Dienstzeit und persönlichen Belastungen des ersten Braunschweiger Maires nicht leicht. Die Weisungsgebundenheit gegenüber der Präfektur sorgt dafür, dass eigenständige Entscheidungen des Maire heute kaum mehr nachzuvollziehen sind. Das Amt des Maire besaß für die neuen Herrschaftsverhältnisse im Königreich Westphalen durchaus repräsentative Funktion, wofür vor allem die Ernennung des Freiherrn unmittelbar vor dem feierlichen Einzug des Königspaars in Braunschweig spricht.

Heidi Mehrkens, Braunschweig

---

14 Stadtarchiv Braunschweig, G III 1: 123, S. 109 und S. 111.
15 Stadtarchiv Braunschweig, G III 1: 123, S. 115.

„Der Herzog von Oels verlangte nun Lebensmittel und Fourage für seine Trouppen [...] und äußerte mit aufscheinender Empfindlichkeit, daß die hiesigen Einwohner auf Verlangen der Mairie aufgefordert wären, sich bei seiner Ankunft ruhig zu verhalten."[1]

LUDWIG FRIEDRICH FREIHERR VON MÜNCHHAUSEN (1809 – 1814)

Ludwig Friedrich Freiherr von Münchhausen, Herr auf Oldendorf, Vahlberg und Hainspitz, wurde am 11. August 1758 auf Gut Hainspitz bei Altenburg in Thüringen geboren und war evangelisch-lutherischer Konfession. Sein Vater, der Herzoglich Braunschweigische Geheimrat, Hof- und Zeremonienmeister Albrecht Emond Georg von Münchhausen (*1729, †1796), übernahm 1756 mit seiner Ehegattin Gertrude Melusine geborene von Adelebsen (*1733, †1798), Oldendorf von seinem Bruder und erwarb wenig später das Lehnsgut Groß Vahlberg[2] in der heutigen Samtgemeinde Schöppenstedt.

Ludwig von Münchhausen war dreimal verheiratet, zunächst mit Caroline Lydia Dewar (*1768, †1800), die er 1791 in Braunschweig ehelichte. Nach ihrem frühen Tod schloss er 1801 die Ehe mit Caroline Auguste von Preen in der Stiftskirche St. Blasius. Sie starb 1806 an einem Nervenfieber. Im März 1808 heiratete von Münchhausen Sophie Marie Charlotte von Praun. Auch dieser Ehe waren keine Nachkommen beschert, der kinderlose Freiherr adoptierte deshalb den Sohn seines Bruders Karl, Ludwig Karl Heino von Münchhausen (*15.11.1802, †4.2.1879), der auch sein Erbe wurde.[3]

Als Herr auf Oldenburg, Vahlberg und Hainspitz übte von Münchhausen unter anderem das Amt des Hofrichters und des Justizpräsidenten zu Vahlberg aus. In der Westphalenzeit war er politisch aktiv als Mitglied des Wahlkollegiums des Okerdepartements und als Wahlzeuge in dessen Sitzungen im April 1808. Auch war er

---

1 Ratsprotokoll vom 31.07.1809, Stadtarchiv Braunschweig, C IV 9: 17, fol. 62.
2 Gesine Schwarz, Die Rittersitze des alten Landes Braunschweig, Braunschweig 2008, S. 145-154.
3 Niedersächsisches Landesarchiv – Staatsarchiv Wolfenbüttel, 40 Neu 2 Nr. 5972.

Ansicht des Schlosses Salzdahlum, 1811 als Schenkung von König Jerome Bonaparte an die Stadt gelangt, Kupferstich von Anton August Beck, um 1760 (Stadtarchiv Braunschweig, H V 23)

als Grundeigentümer Mitglied des Departementrats und der Reichsstände des Königreichs Westphalen von 1808-1813.[4]

Nach dem Tode des Freiherrn von Mahrenholtz wurde von Münchhausen am 31. Januar 1809 zum Maire von Braunschweig ernannt.[5] Während seiner fast fünfjährigen Dienstzeit fiel es Münchhausen nicht immer leicht, die Interessen der Stadt gegen die sowohl finanziellen als auch ideellen Ansprüche der Machthaber in Kassel zu wahren. Vor allem die Ereignisse des Sommers 1809 forderten von Münchhausen, der die Mairie in seiner Stadtwohnung Am Steingraben einrichtete, politisches Fingerspitzengefühl ab.

Im Juni wurde die Stadt Braunschweig noch von königlicher Seite autorisiert, 150.000 Taler anzuleihen, „um solche zu dem Ausbau Unsers Königl. Schlosses daselbst zu verwenden".[6] Am

---

4 Wahlcollegium des Oker-Departements im Jahre 1808, Braunschweig 1808, S. 39-42.
5 Stadtarchiv Braunschweig, C IV 1: 2, fol. 58.
6 Königliches Dekret vom 17. Juni 1809, Artikel 1, Stadtarchiv Braunschweig, H IV: 283. Dorothea Puhle, Das Herzogtum Braunschweig-Wolfenbüttel im Königreich Westphalen und seine Restitution 1806-1815, Braunschweig 1989, S. 269.

31. Juli sorgte dann die Ankunft des Herzogs von Oels mit seinem Corps in Braunschweig für helle Aufregung in der Mairie: Von Münchhausen forderte die Bürger auf, sich „durchaus leidend und ruhig"[7] zu verhalten, dies geschah in Absprache mit der Präfektur, um insbesondere in Richtung Kassel den Willen zum passiven Widerstand gegenüber Friedrich Wilhelm zu demonstrieren. Um Braunschweig vor Repressalien und militärischen Angriffen zu schützen, bat von Münchhausen den Herzog außerdem inständig, mit seinen Truppen aus der Stadt zu rücken. In diesem Zusammenhang überliefert das Protokoll den Ausruf des Herzogs gegenüber dem Maire, er wolle eher „auf dem Schutthaufen von Braunschweig crepiren"[8] als mit seinen Soldaten zu weichen. Gegen die Zusage der Lieferung von Fourage und Lebensmitteln, Uniformstücken und Pferden erklärte sich der Herzog dann jedoch zur Schonung der Stadt bereit und verließ Braunschweig am 2. August. Sofort, so schildert es das Protokoll, wurden die Proklamationen des Herzogs von den Mauern entfernt, und die Mairie erstellte in den folgenden Wochen Listen von Einwohnern, die sich in die Dienste des Herzogs begeben hatten, und lieferte gefundene Waffen und militärisches Zubehör an die Präfektur ab.[9]

Der Position des Maire in der Stadt fügten die Ereignisse des Jahres 1809 keinen dauerhaften Ansehensverlust zu: Am 5. Februar 1810 wurde von Münchhausen zum Ritter Erster Klasse des Ordens der Westphälischen Krone ernannt. Dieser Orden war kurz zuvor von Jérôme Bonaparte gestiftet worden.[10] 1811 schließlich wurde der Stadt Braunschweig per königlichem Dekret nicht nur das Schloss Salzdahlum zum Geschenk gemacht, sie erhielt als Dank für treue Dienste auch eine Büste des Königs in weißem Marmor zugeeignet.[11] Erst die Unruhen des Jahres 1812 trübten wohl nachhaltig den guten Eindruck, den der König von Braunschweig besaß.

Um nach der siegreichen Schlacht bei Leipzig, dem Einmarsch preußischer Truppen im September 1813 und während der Auflösung des Königreichs Westphalen Ruhe und Sicherheit in der Stadt und im Herzogtum zu gewährleisten, wurden von Münchhausen und die übrigen Verwaltungsbeamten im November von dem Statthalter des Herzogs Friedrich Wilhelm, Major Johann Olfermann, in ihren Ämtern

---

7 Stadtarchiv Braunschweig, C IV 9: 17, fol. 60-63; siehe auch Puhle, Herzogtum (wie Anmerkung 6), S. 304-306.
8 Stadtarchiv Braunschweig, C IV 9: 17, fol. 64.
9 Siehe auch Paul Zimmermann, Stadt und Land Braunschweig unter Königlich westfälischer Regierung, in: Jahrbuch des Braunschweigischen Geschichtsvereins 21 (1934), S. 53-77, hier: S. 54.
10 Ernst Heusinger, Geschichte der Residenzstadt Braunschweig von 1806 bis 1831: mit besonderer Berücksichtigung der westphälischen Hof- und Staatsverhältnisse, Braunschweig 1861, S. 81.
11 Stadtarchiv Braunschweig, C IV 7: 26, fol. 332; Puhle, Herzogtum (wie Anmerkung 6), S. 280.

bestätigt.¹² 1814 stand von Münchhausen als Braunschweigischer Oberkammerherr und Hofmarschall wieder in herzoglichen Diensten und machte sich im August 1815 um die Rückführung der Braunschweigischen Kunstschätze aus Frankreich verdient.¹³ Freiherr von Münchhausen war Ritter des Johanniter-Ordens und seit 1819 Kommandeur des Guelphen-Ordens. Er starb am 14. September 1827 in Braunschweig. Der Eintrag im Kirchenregister der Gemeinde St. Katharinen verweist auf seine Beisetzung am 18. September „im hohen Sarge, begraben zu großen Vahlberg, Erbbegräbniß".¹⁴

Kohls Urteil, dass viele Maires der Westphalenzeit sich wegen ihrer „Machtvollkommenheit [...] wie kleine Könige, zum Mißfallen ihrer Mitbürger"¹⁵ aufgeführt hätten, trifft auf den Freiherrn von Münchhausen wohl nicht zu. Immerhin gelang ihm der schwierige Spagat, in einer Zeit wechselnder Herrschaftsverhältnisse weder beim König von Westphalen noch beim Herzog Friedrich Wilhelm oder bei den Braunschweiger Bürgern dauerhaft in Ungnade zu fallen.

Heidi Mehrkens, Braunschweig

---

12 Bekanntmachungen, in: Braunschweigische Anzeigen, 89. Stück, 13.11.1813, Sp. 2899.
13 Über die Wegführung und die Zurückkunft der Braunschweigischen Kunst- und Bücherschätze, von dem Herrn Hofrath und Professor Emperius, in: Braunschweigisches Magazin 1816, zweites Stück, Sp. 32. Puhle, Herzogtum (wie Anmerkung 6), S. 286.
14 Stadtarchiv Braunschweig, G III 1: 101 I, S. 95.
15 Willy Kohl, Die Verwaltung der östlichen Departements des Königreichs Westphalen 1807-1814, Berlin 1937, S. 31.

3. Von Wilhelm Bode zu Ernst Böhme. Die Braunschweiger Oberbürgermeister von der ersten Hälfte des 19. Jahrhunderts bis zum Ende des Zweiten Weltkriegs

Bild umseitig: Ansicht des neuen Rathauses, um 1905 (Stadtarchiv Braunschweig, H X VI: A II 16a)

STADTERWEITERUNG, INDUSTRIALISIERUNG UND PROFESSIONALISIERUNG DER STADTVERWALTUNG BRAUNSCHWEIGS IM LANGEN 19. JAHRHUNDERT

Industrialisierung und Urbanisierung gehören im langen 19. Jahrhundert zu den Prozessen mit einschneidenden Auswirkungen auf die Lebenswelt der damaligen Bevölkerung: Die Zahl der städtischen Einwohner wuchs rasant und mit diesen die Anforderungen an die städtische Verwaltung, die sich zu einer kommunalen Leistungsverwaltung entwickelte. Als Folge des Prozesses der Urbanisierung entstand eine spezifisch städtische Lebensweise, die anfangs vom Bürgertum, gegen Ende der Epoche von der Arbeiterschaft geprägt worden ist. Braunschweig, das im Mittelalter zu den mächtigen Hansestädten zählte und nach dem Verlust der Stadtfreiheit als Residenz- und Messestadt eine bedeutende Rolle im Herzogtum spielte, begann sich in diesem Zeitraum zu einer modernen Großstadt zu entwickeln. Ziel dieser knappen Überblicksdarstellung ist es, einen Eindruck von den einschneidenden Veränderungen zu vermitteln, mit denen sich Braunschweig im 19. Jahrhundert konfrontiert sah. Nach Sachzusammenhängen und innerhalb dieser chronologisch soll die Entwicklung in den Bereichen kommunale Leistungsverwaltung, Stadterweiterung und Industrialisierung schlaglichtartig beleuchtet werden.

1. Ausgangssituation Anfang des 19. Jahrhunderts

Die mittelalterlichen Stadtgrenzen Braunschweigs bildeten bis in die erste Hälfte des 19. Jahrhunderts die Grenze des städtischen Siedlungsraums. Die ehemaligen Festungsanlagen waren zwar bereits um 1800 geschliffen und bis 1831 in Wallanlagen umgewandelt worden, an denen zum Teil prächtige Wohnhäuser für das wohlhabende Bürgertum entstanden waren, doch das Leben der knapp 40.000 Einwohner spielte sich hauptsächlich in den gut 3.000 Häusern des ursprünglichen Stadtkerns ab.[1]

Auch die den städtischen Einwohnern zur Verfügung stehende Infrastruktur war vor gut 150 Jahren noch mittelalterlich geprägt. Dies lässt sich besonders eindrucksvoll an der Wasserversorgung und dem Straßenbau zeigen. Die Wasserversorgung erfolgte noch Mitte des 19. Jahrhunderts mithilfe von den Pipenbruderschaften betriebenen Pumpenwerken und Wasserkünsten, die die öffentlichen und privaten

---

[1] Richard Moderhack, Braunschweiger Stadtgeschichte, Braunschweig 1997, S. 163.

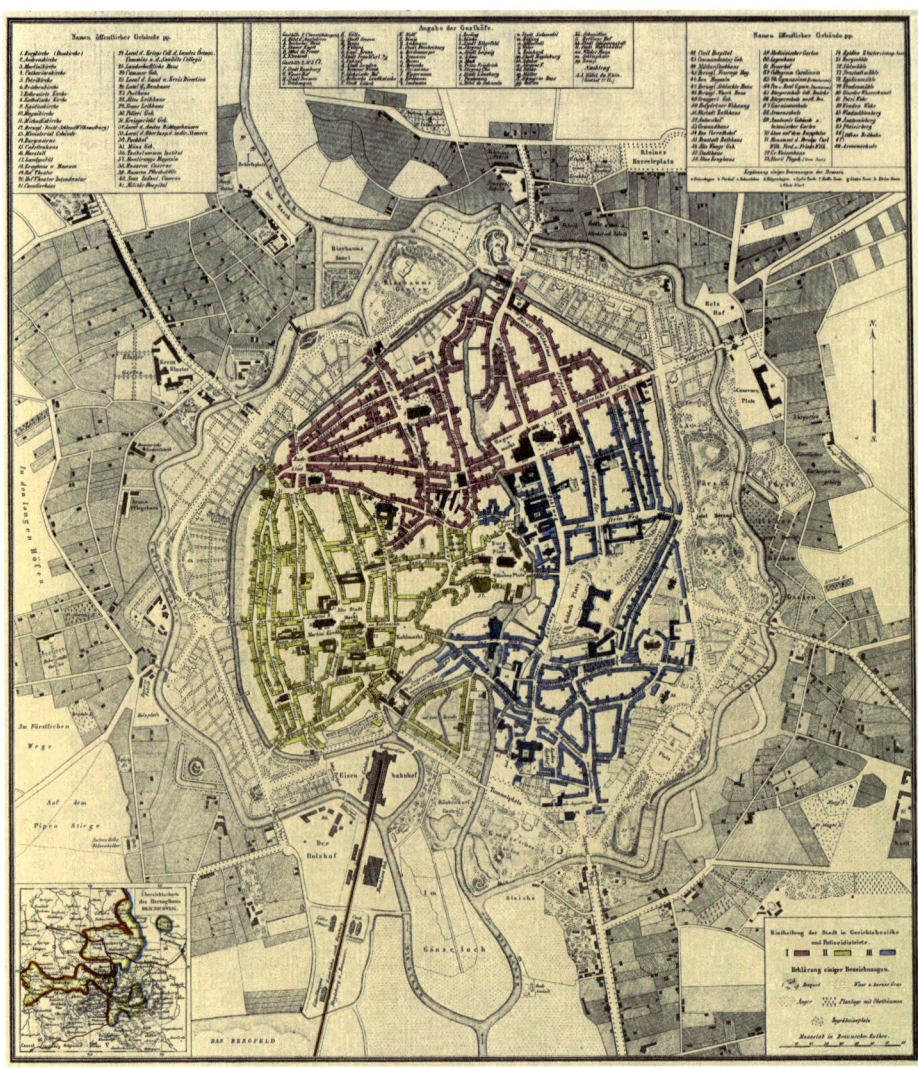

Stadtplan von August Wehrt, 1844 (Stadtarchiv Braunschweig, H XI 7: 1)

Brunnen über hölzerne Röhrenleitungen mit Okerwasser versorgten.[2] Die zahlreichen Straßen und Tweten der Stadt waren nur teilweise befestigt. Die übliche Befestigung war zur damaligen Zeit die so genannte Chaussierung, d. h. eine nicht versiegelnde Befestigung der Straßen und Gossen mithilfe von Pflas-

---

2 Wilhelm Appelt, Theodor Müller (Hrsg.), Wasserkünste und Wasserwerke der Stadt Braunschweig (Braunschweiger Werkstücke 33), Braunschweig 1954. Jürgen Mertens, Die neuere Geschichte der Stadt Braunschweig in Karten, Plänen und Ansichten, Braunschweig 1981, Blatt 50.

tersteinen, Schotter und Sand, die ständiger Pflege bedurfte und regelmäßig Instandsetzungsarbeiten erforderlich machte.

Was die rechtliche Stellung der Stadt betrifft, so ist die für die westphälische Zeit charakteristische Trennung von Justiz und Verwaltung nach der Übernahme der Amtsgeschäfte durch Herzog Friedrich Wilhelm und die provisorische Justiz- und Polizeiverfassung vom 15. Januar 1814 wieder aufgehoben worden. In der Stadt Braunschweig wurde wie vor 1806 ein aus einem Stadtdirektor, fünf Stadträten sowie dem herzoglichen Polizeidirektor bestehendes Stadtgericht eingesetzt, das der Herzoglichen Regierungskommission unmittelbar unterstellt war. Zum Stadtdirektor wurde mit Johann Heinrich Wilmerding ein Mann ernannt, der dieses Amt bereits zwischen 1782 und 1807 ausgeübt hatte, sich in der französischen Zeit allerdings weitgehend von seinen politischen Ämtern zurückgezogen hatte.[3] Vorrangiges verwaltungspolitisches Ziel Wilmerdings war es, eine Reform der städtischen Selbstverwaltung und die erneute Trennung von Justiz und Verwaltung zu erreichen.[4] Wilmerdings Vorschläge flossen in die Verordnung über die Polizei- und Gemeindeverwaltung ein, die am 1. Oktober 1825 zeitgleich mit dem Eintritt Wilmerdings in den Ruhestand in Kraft trat. Nach der neuen Verordnung übernahm der Magistrat mit dem Stadtdirektor an der Spitze die Leitung der Verwaltung mit Ausnahme der Gerichtsbarkeit. Justiz und Verwaltung waren wieder getrennt. Dem Magistrat beratend zur Seite stand die aus 24 Vertretern bestehende Stadtverordnetenversammlung, deren Rechte sich insbesondere auf die Prüfung des Etats, die Veranlagung von Steuern sowie die Genehmigung von Grundstücksverkäufen erstreckten.[5]

Der letzte große Erfolg Wilmerdings im Amt des Stadtdirektors war, dass er mit Wilhelm Bode seinen Wunschkandidaten als Nachfolger durchsetzen konnte, welchen er für befähigt hielt, den von ihm eingeschlagenen Weg zum Wohle der Stadt fortzusetzen. Wilhelm Bode blieb knapp 50 Jahre im Amt, er prägte nicht nur die Kommunal- sondern auch die Landespolitik maßgeblich und wurde von Richard Moderhack als „bedeutendstes Stadtoberhaupt seit Hermen von Vechelde"[6] gewürdigt. Bereits kurz nach seinem Amtsantritt analysierte Bode die bestehenden Verhältnisse in Braunschweig und leitete daraus einen Aufgabenkatalog ab.[7] Eine

---

3   Hans-Walter Schmuhl, Die Herren der Stadt. Bürgerliche Eliten und städtische Selbstverwaltung in Nürnberg und Braunschweig vom 18. Jahrhundert bis 1918, Gießen 1998, S. 366-367.
4   Ebd., S. 374-375.
5   Theodor Müller, Stadtdirektor Wilhelm Bode. Leben und Werk (Braunschweiger Werkstücke 29), Braunschweig 1963, S. 55-58.
6   Moderhack, Stadtgeschichte (wie Anmerkung 1), S. 166.
7   Stadtarchiv Braunschweig, D III: 3-4.

Aufbau der städtischen Verwaltung um 1850

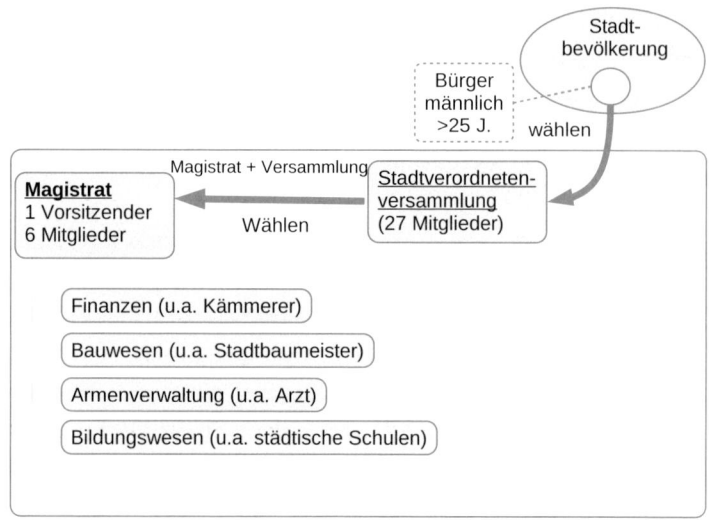

selbstständige Verwaltung und die finanzielle Unabhängigkeit der Stadt waren die Schwerpunkte, für die Bode sich in seiner mehr als zwanzigjährigen Amtszeit erfolgreich einsetzte.[8]

Eine rechtliche Absicherung der Stellung Braunschweigs im Herzogtum brachte die Allgemeine Städteordnung von 1834, in der erstmals die Rahmenbedingungen der städtischen Verfassung und Verwaltung sowie die Regelung der polizeilichen Aufgaben festgeschrieben waren.[9] Die Städte im Herzogtum erhielten unter der Oberaufsicht der Kreisdirektion das Recht, „ihr Vermögen so wie die rein städtischen Angelegenheiten, in dem gesetzlich bestimmten Verhältnisse selbständig zu verwalten"[10] und bestimmte Steuern einzuziehen. Insbesondere die Unterstellung unter die Kreisdirektion schränkte die Handlungsfreiheit des Magistrats allerdings häufig ein, wie Bode in seinen Erinnerungen beklagte.[11]

---

8 Müller, Bode (wie Anmerkung 5), S. 61-66.
9 Allgemeine Städteordnung für das Herzogtum Braunschweig vom 04.06.1834, in: Gesetzes- und Verordnungssammlung für die Herzoglich Braunschweigischen Lande, 21. Jahrgang, 1834, S. 17-56.
10 Ebd., S. 19.
11 Niedersächsisches Staatsarchiv – Landesarchiv Wolfenbüttel, Hs Abt. VI Gr. 9, Nr. 68.

Durch die am 1. Juli 1850 in Kraft getretene revidierte Städteordnung erhielt Braunschweig wieder den Status einer landesunmittelbaren Stadt; die Kompetenzstreitigkeiten mit der Kreisdirektion entfielen. Auch die revidierte Städteordnung räumte „jeder Stadt das Recht ein, innerhalb der durch das Gesetz festgestellten Schranken alle ihre Gemeindeangelegenheiten [...] innerhalb des Stadtbezirks selbständig zu verwalten und ihre Vorsteher und Vertreter frei zu wählen."[12] Wie sah diese Selbstverwaltung in Braunschweig Mitte des 19. Jahrhunderts aus? Die Stadtgemeinden im Land Braunschweig wurden von dem Magistrat und der Stadtverordnetenversammlung vertreten. Letztere, die Vertretung der Bürger, bestand in Braunschweig aus 27 (ab 1892 36) Mitgliedern, die von den wahlberechtigten Bürgern im Dreiklassenwahlrecht für jeweils sechs Jahre gewählt wurden.[13] Wahlberechtigt waren nur männliche Personen über 25 Jahren, die im Besitz des Bürgerrechts waren.[14] Im hier betrachteten Zeitraum waren dies nur knapp zehn Prozent aller Einwohner, die an der städtischen Selbstverwaltung teilhaben konnten.[15] Die Stadtverordnetenversammlung tagte je nach Bedarf, meist ein Mal im Monat. Als ausführende Gewalt fungierte der Stadtmagistrat, der von der Stadtverordnetenversammlung und dem Stadtmagistrat gewählt wurde und in Braunschweig aus sieben Personen bestand.[16] Laut Statut Nr. 12 vom 21. November 1864 waren dies der Vorsitzende, der seit 1848 den Titel Oberbürgermeister führte und sechs weitere Mitglieder, von denen vier unbesoldet und zwei besoldet waren.[17] Der Vorsitzende, von 1848 bis 1879 Heinrich Caspari, amtierte in Braunschweig auf Lebenszeit, die Magistratsmitglieder wurden auf jeweils sechs Jahre gewählt.[18] Laut revidierter Städteordnung war der Magistrat die Obrigkeit der Stadt. Er hatte die städtischen Angelegenheiten zu verwalten und wurde dabei vom Herzoglichen Staatsministerium kontrolliert.[19]

In Paragraf 95 der revidierten Städteordnung wurden die Aufgaben des Magistrats spezifiziert: Er war u.a. verantwortlich für die Verwaltung des städtischen Vermögens, den Straßenbau, das Bauwesen, die Ortspolizei sowie das städtische Schulwesen.[20] Um diese Aufgaben zu bewältigen, unterstanden ihm zur Ausführung der

---
12 Revidierte Städteordnung für das Herzogthum Braunschweig, Braunschweig 19.03.1850, S. 1.
13 Ebd., S. 9 und S. 13.
14 Ebd., S. 5.
15 Schmuhl, Herren der Stadt (wie Anmerkung 3), S. 432-433.
16 Ebd., S. 25.
17 Statut Nr. 12 des Stadt-Magistrats über die Zusammensetzung des Stadt-Magistrats zu Braunschweig, die Hülfsbeamten desselben und die Gemeindediener, sowie die Dienst- und Gehalts-Verhältnisse der städtischen Beamten und Diener, 28.02.1858, in: Sammlung der Statuten der Stadt Braunschweig.
18 Revidierte Städteordnung (wie Anmerkung 5), S. 25-26.
19 Ebd., S. 31.
20 Ebd., S. 32-33.

Amtsgeschäfte Hilfsbeamte und Gemeindediener.[21] Dazu zählten unter anderem ein Stadtsekretär, ein Revisor für die städtischen Rechnungen, ein Rechnungsführer für die Armenkasse, ein Stadtbaumeister, ein Stadtkämmerer und ein Armenarzt. Beispielhaft für die Ebene der Gemeindediener können die Magistratsdiener und der Marktmeister angeführt werden, der verantwortlich war für den reibungslosen Ablauf der regelmäßig veranstalteten Märkte. Seit 1681 fanden zusätzlich zu den Wochenmärkten in Braunschweig im Februar und im August auch große Warenmessen statt, die im 18. Jahrhundert von enormer Bedeutung für die städtische Wirtschaft gewesen waren.[22] Doch seit 1842 war der Warenumsatz auf den Messen stetig rückläufig. Die Entwicklung von der Waren- zur Mustermesse, wie sie in den Konkurrenzstädten Frankfurt und Leipzig vollzogen wurde, fand in Braunschweig nicht statt. Ein Indiz dafür, dass sich die wirtschaftliche Situation Braunschweigs am Vorabend der Industrialisierung gewandelt hatte, der Handel an Bedeutung verlor.

Bereits Mitte des 19. Jahrhunderts existierten in Braunschweig vereinzelte, als „Fabriken" bezeichnete Produktionsstätten, wie etwa Zigarren- und Zichorienfabriken, in denen landwirtschaftliche Erzeugnisse aus dem Umland größtenteils in Handarbeit und ohne maschinelle Unterstützung weiterverarbeitet wurden. Laut Gewerbestatistik arbeiteten 1855 in 99 Fabriken 1.796 Männer und 903 Frauen, also durchschnittlich 27 Personen in einer Fabrik.[23] Doch insgesamt befand sich die Braunschweiger Wirtschaft zu diesem Zeitpunkt noch auf einem vorindustriellen Niveau.[24] Dies wird unter anderem auch daran deutlich, dass die beim Magistrat beantragten Konzessionen und Gewerbescheine sich nahezu ausschließlich auf herkömmliche Gewerbe- und Ausschankbetriebe bezogen.[25] Mit der seit 1838 zwischen Braunschweig und Wolfenbüttel verkehrenden Staatsbahn,[26] hatte das Herzogtum allerdings gute Startbedingungen am Vorabend der industriellen Revolution. Die 1838 gegründete Staatliche Eisenbahn-Werkstätte, die für Wartung und

---

21 Ebd., S. 41.
22 Markus A. Denzel, Die Braunschweiger Messen als regionaler und überregionaler Markt im norddeutschen Raum in der zweiten Hälfte des 18. und im beginnenden 19. Jahrhundert, Stuttgart 1998.
23 Stadtarchiv Braunschweig, D IV: 1099.
24 Hans Theissen, Industrielle Revolution und bürgerliche Umwälzung im Herzogtum Braunschweig. Zur Genese einer landwirtschaftlich initiierten Industrialisierung in einem deutschen Kleinstaat des 19. Jahrhunderts, Berlin 1988, S. 226.
25 Übersicht über die Verwaltung der städtischen Angelegenheiten zu Braunschweig während des Jahres 1855, in: Braunschweigisches Magazin, 06.09.1856, S. 424.
26 Gerhard Schildt, Das Herzogtum Braunschweig zwischen Biedermeier und Industrialisierung, in: Jörg Leuschner u.a. (Hrsg.); Wirtschafts- und Sozialgeschichte des Braunschweigischen Landes, Band III Neuzeit, Hildesheim 2008, S. 128.

Pflege der Waggons verantwortlich war, war noch 1861 der einzige Betrieb in Braunschweig, der mehr als 100 Mitarbeiter beschäftigte.[27]

Nachdem die städtebauliche, politische und wirtschaftliche Ausgangssituation in Braunschweig bis zur Mitte des 19. Jahrhunderts kurz umrissen worden ist, sollen nun die Veränderungen analysiert werden, mit denen sich die Stadt Braunschweig in der zweiten Hälfte des 19. Jahrhunderts konfrontiert sah.

2. Entstehung der kommunalen Leistungsverwaltung, Stadterweiterung und Industrialisierung in Braunschweig von der zweiten Hälfte des 19. Jahrhunderts bis zum Ende der Honoratiorenherrschaft

Das Bevölkerungswachstum, das u.a. bedingt war durch Wanderungsbewegungen, eine Liberalisierung der Ehegesetzgebung sowie einen Rückgang der Sterblichkeit und den Beginn der Industrialisierung stellte Braunschweig seit den 1860er Jahren vor große Herausforderungen. Der Bedarf nach Wohnraum stieg enorm an, gleichzeitig geriet die größtenteils noch mittelalterliche Infrastruktur an ihre Belastungsgrenze.[28] Schaffung von Wohnraum und ein Ausbau der kommunalen Dienstleistungen, d. h. der Aufbau einer Leistungsverwaltung war unabdingbar für die weitere Entwicklung der Stadt.

2.1 Ausbau der kommunalen Dienstleistungen

Die Versorgung der Stadt mit Wasser ist ein Gradmesser, an dem sich die Anfänge der modernen Daseinsfürsorge besonders deutlich veranschaulichen lassen.[29] Steigende Einwohnerzahlen sowie die zunehmende Verschmutzung des Okerwassers durch die Abwässer der ersten Fabrikanlagen[30] ließen die Versorgung mit Frisch-

---

27 Ebd., S. 139-141.
28 Gerhard Schildt, Die Wohnraumverknappung für die Braunschweiger Unterschichten während der Industrialisierung 1855-1971, in: Horst Matzerath u.a. (Hrsg.), Städtewachstum und innerstädtische Strukturveränderungen. Probleme des Urbanisierungsprozesses im 19. und 20. Jahrhundert, Stuttgart 1984, S. 148-164. Gundela Lemke, Wohnungsreformerische Bestrebungen in Braunschweig 1850-1918 (Braunschweiger Werkstücke 92), Braunschweig 1995.
29 Zur Bereitstellung weiterer kommunaler Dienstleistungen, vgl. Norman-Mathias Pingel, Stadterweiterung und städtische Behörden in Braunschweig 1851-1914 (Braunschweiger Werkstücke 99), Braunschweig 1998.
30 Friedrich Ludwig Knapp, Verunreinigung des Wassers der Stadtgraben von Braunschweig durch die daran liegenden Fabriken, Braunschweig 1870.

wasser und eine zeitgemäße Kanalisation – noch 1850 hatte eine Choleraepidemie mehr als 1.000 Opfer gefordert[31] – zu den vordringlichsten Aufgaben der Stadtverwaltung werden. Bereits 1846 hatte der Stadtbaumeister Köllsch einen Plan für den Ausbau der Wasserkünste und die Verlegung von gusseisernen Röhren entworfen, der allerdings an der Finanzierung scheiterte.[32] Seit dem Verlust der Stadtfreiheit 1671 waren die Stadtfinanzen ein Streitpunkt zwischen der Landesregierung und der Stadtverwaltung. Eine erste Einigung erfolgte zunächst 1832 im von Stadtdirektor Wilhelm Bode ausgehandelten Interimisticum.[33] Endgültig geklärt wurden die Vermögensverhältnisse der Stadt aber erst 1858 im so genannten Caspari-Vertrag. Die Stadt trat die Ansprüche auf einige Besitztümer ab und verzichtete auf Einkünfte, die ihr 1671 bereits entzogen worden waren. Im Gegenzug übernahm die Herzogliche Landesregierung u.a. folgende Kosten auf die Staatskasse: Bau und Instandhaltung der öffentlichen Okerbrücken, Instandhaltung der Wallpromenaden, Beteiligung an den Kosten für die Straßenpflasterung, die Straßenbeleuchtung sowie die städtische Wasserleitung.[34] Nachdem die finanziellen Verhältnisse knapp 200 Jahre nach dem Verlust der Stadtfreiheit endgültig geklärt worden waren, konnte sich die Stadtverwaltung auf die Lösung der durch den Bevölkerungsanstieg und die Industrialisierung verursachten Probleme konzentrieren. Sie reagierte mit dem Ausbau der Stadtverwaltung und den kommunalen Dienstleistungen.

Am 4. Oktober 1862, erließ der Magistrat ein Statut über „die Aufbringung der Kosten der Einrichtung und Unterhaltung einer allgemeinen Wasserleitung in der Stadt Braunschweig". Die Finanzierung erfolgte durch die Aufnahme einer Anleihe in Höhe von 150.000 Reichstalern durch die Stadt sowie einen Zuschuss aus der Staatskasse.[35] Im Frühjahr 1863 wurde mit der Verlegung der gusseisernen Röhren im Innenstadtgebiet begonnen.[36] Das insgesamt 30 km lange Röhrennetz sowie das neue Wasserwerk am Rande des heutigen Bürgerparks waren im Herbst 1864 fertiggestellt. Am 1. Januar 1865 nahm das städtische Wasserwerk seinen vollen Betrieb auf und versorgte in diesem Jahr bereits 934 Haushalte der Innenstadt gegen eine regelmäßige Abgabe mit Wasser. Laut dem Statut von 1862 sollten „die Eigenthümer der

---

31 Moderhack, Stadtgeschichte (wie Anmerkung 1), S. 178.
32 Appelt, Müller, Wasserkünste (wie Anmerkung 2), S. 79.
33 Wilhelm Bode, Übersicht der Stadtverwaltung zu Braunschweig seit dem Jahre 1825, Heft 1, Braunschweig 1832, S. 10-15.
34 Pingel, Stadterweiterung (wie Anmerkung 29), S. 51-54.
35 Statut Nr. 15 die Aufbringung der Kosten der Einrichtung und Unterhaltung einer allgemeinen Wasserleitung in der Stadt Braunschweig betreffend, 04.10.1862, in: Sammlung der Statuten der Stadt Braunschweig.
36 Mertens, Braunschweig in Karten (wie Anmerkung 2), Blatt 50 und S. 187-188.

Stadterweiterungsplan 1870 von Tappe (Stadtarchiv Braunschweig, H XI 25: 3)

Häuser an den Promenaden, sowie vor den Thoren der Stadt zu dieser Abgabe erst dann herangezogen werden, wenn die Röhrenleitung der allgemeinen Wasserleitung sich bis zur ihren Grundstücken erstreckt."[37] Dieser Zeitpunkt war bereits 1867 erreicht, als dank der Erweiterung des Rohrnetzes auch die vor den Toren der Stadt gelegenen Wohnhäuser und Industriebetriebe an die städtische Wasserversorgung angeschlossen werden konnten. Die hohen Investitionskosten hatten sich durch das Wassergeld keine fünf Jahre nach dem Bau der ersten Wasserleitung bereits amortisiert, so dass die Wasserwerke bereits 1867 einen Gewinn von 4.000 Talern ausweisen konnten.[38]

---

37 Statut Nr. 15 (wie Anmerkung 35).
38 Appelt, Müller, Wasserkünste (wie Anmerkung 2), S. 87.

Entwicklung der Einwohnerzahl Braunschweigs

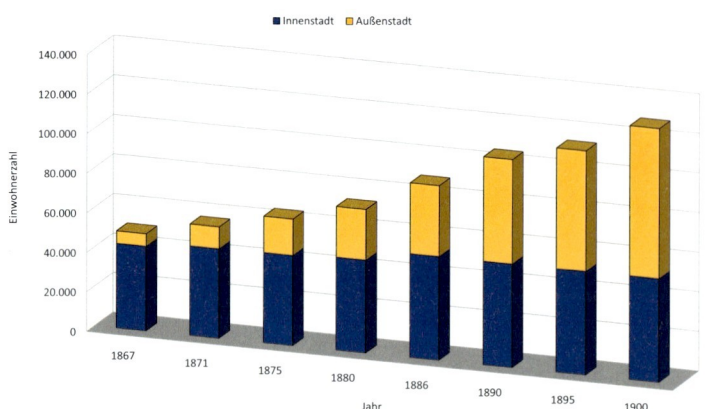

Nachdem die Versorgung mit Frischwasser geregelt worden war, widmete sich die Stadtverwaltung der Verbesserung der Beseitigung der Abwässer. 1869 wurde mit dem Ausbau der Kanalisation durch unterirdische Tonröhren begonnen, in den 1870er und 1880er Jahren wurden die zahlreichen Okerarme in der Stadt zugeschüttet oder verrohrt,[39] ab 1890 der Plan von Mitgau zur unterirdischen Entwässerung der gesamten Stadt umgesetzt. Die Gründung des Städtischen Krankenhauses (1878), die Eröffnung des Städtischen Schlachthauses (1879) und die Einrichtung einer Markthalle (1897)[40] waren weitere Maßnahmen zur Hebung des hygienischen Standards in der Stadt.[41]

Um den stetig steigenden Bedarf der ständig wachsenden Bevölkerung an qualitativ hochwertigem Frischwasser zu decken, wurden Anfang des 20. Jahrhunderts gleich zwei neue Wasserwerke erbaut. Das Grundwasserwerk am Bienroder Weg nahm am 15. Januar 1902 den Betrieb auf, am 15. Mai 1911 ging ein zweites Grundwasserwerk in Rüningen ans Netz. Die beiden Wasserwerke versorgten im Jahr 1911 die insgesamt 143.500 Einwohner Braunschweigs über ein 113 km langes Rohrnetz und 7.300 Hausanschlüsse mit Frischwasser.[42]

---

39 Mertens, Braunschweig in Karten (wie Anmerkung 2), S. 199.
40 Heinz Rudolph, Das städtische Schlachthaus, in: Rudolf Blasius u. a. (Hrsg.), Die Stadt Braunschweig in hygienischer Beziehung. Festschrift für die Theilnehmer der XVI. Versammlung des Deutschen Vereins für öffentliche Gesundheitspflege, Braunschweig 1890, S. 246-249.
41 Moderhack, Stadtgeschichte (wie Anmerkung 1), S. 178-179.
42 Appelt, Müller, Wasserkünste (wie Anmerkung 2), S. 107-114.

Stadterweiterung, Industrialisierung und Professionalisierung

Altewiekring um 1900 (Stadtarchiv Braunschweig, H XVI: A VIII A)

2.2 Stadterweiterung

Zwischen 1850 und 1880 hatte sich die Einwohnerschaft Braunschweigs fast verdoppelt von anfänglich ca. 39.000 auf 75.000 Einwohner. Ein steigender Bedarf nach Wohnraum war die Konsequenz, doch in der seit Jahrhunderten dicht besiedelten Kernstadt war kaum Platz für umfangreiche Neubauten. Die Bautätigkeit in der Außenstadt stieg deshalb seit den 1860er Jahren sprunghaft an, wobei zunächst noch keine behördlichen Regulierungen Anwendung fanden. Seit dem 12. März 1863 galt zwar die städtische Bauordnung, diese enthielt allerdings keine speziellen Vorschriften zur Stadterweiterung, sondern schrieb u.a. feuerpolizeiliche, nachbarschaftsrechtliche und konstruktionstechnische Bestimmungen vor.[43] Ein Umstand, den Zeitgenossen bereits früh kritisierten. 1869 wurde in der Stadtverordnetenversammlung deutliche Kritik an der „regellosen Ausbreitung der Stadt vor allen sieben Stadttoren" geübt.

---

43 Mertens, Braunschweig in Karten (wie Anmerkung 2), Blatt 52 und S. 192.

Ein Jahr später reagierte die städtische Verwaltung mit der Veröffentlichung des Statuts die Erweiterung der Stadt Braunschweig betreffend, das vorschrieb, dass zukünftig sowohl Neubauten als auch Veränderungsbauten in Übereinstimmung mit dem Statut zu erfolgen hatten.[44] Parallel zum Statut wurde ein Stadterweiterungsplan vorgelegt, der vom damaligen Stadtbaumeister Tappe gezeichnet worden war.

Bei Tappes Plan handelte es sich allerdings weniger um eine geplante Erweiterung der Stadt, sondern vielmehr um eine Festschreibung des aktuellen Status Quo in der städtischen Feldmark. Denn nur die im Plan lila eingefärbten Straßen (siehe Abb. S. 343) waren von Tappe geplante Neuanlagen, bei den gelb eingezeichneten Flächen handelt es sich um bereits existierende Straßen, grau gefärbt sind die unverändert gebliebenen Heerstraßen und kleinere Wege. Es ist deutlich zu erkennen, dass sich die Erweiterung der Siedlungsflächen eng an die Ausfallstraßen anschloss. Sie konzentrierte sich im Südosten der Stadt beispielsweise zwischen der Wolfenbütteler Straße und der Kastanienallee, im Nordwesten rund um die Celler Straße.[45]

Die Bedingungen für die Einführung der bisher nur in der Kernstadt garantierten kommunalen Dienstleistungen auch in der Außenstadt waren im zeitgleich veröffentlichten Statut formuliert: Die Gas- und Wasserversorgung, aber auch Straßenbeleuchtung, Nachtwächterdienst und Müllabfuhr sollten erst dann bereit gestellt werden, wenn „eine genügende Anzahl von Wohnhäusern oder gewerblichen Etablissements errichtet sein wird".[46] Dass dies innerhalb relativ kurzer Zeit der Fall war, zeigt ein Vergleich der Zahl der Einwohner von Innen- und Außenstadt. Während 1867 nur 6.384 Personen in der Außenstadt lebten und damit 13 % der Einwohner Braunschweigs, waren es 1871 bereits 11.115, 1875 18.400 und 1880 bereits 25.626 Personen. 1890, dem Jahr in dem Braunschweig mit mehr als 100.000 Einwohnern zur Großstadt wurde, lebten in Innen- und Außenstadt mit 52.300 bzw. 52.700 bereits annähernd gleich viele Personen. Im Jahr 1900 waren es bereits 76.000 in der Außenstadt und nur noch 52.200 in der Innenstadt. Während die Zahl der Wohngebäude in der Innenstadt zwischen 1880 und 1899 nur um 7 % zunahm, hatte sie sich im gleichen Zeitraum in der Außenstadt mehr als verdoppelt.[47]

---

44 Statut Nr. 23 die Erweiterung der Stadt betreffend, 01.07.1870, in: Sammlung der Statuten der Stadt Braunschweig.
45 Mertens, Braunschweig in Karten (wie Anmerkung 2), S. 193.
46 Statut Nr. 23 (wie Anmerkung 44).
47 Mertens, Braunschweig in Karten (wie Anmerkung 2), Blatt 57.

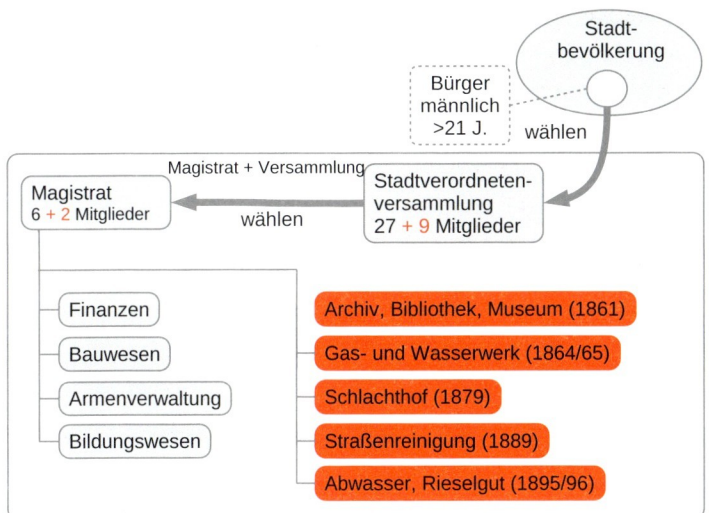

Stadtverwaltung um 1900.

Bereits im Jahr 1889, also fast 20 Jahre nach Tappes erstem Stadterweiterungsplan, hatte dessen Nachfolger, Stadtbaurat Winter,[48] einen Ortsbauplan zur weiteren Bebauung der Außenstadt entworfen. Dieser, dem zeitgenössischen Ideal eines Stadtgrundrisses entsprechende Plan, in dem das 1882 von den Stadtverordneten beschlossene Konzept einer breiten Ringstraße durch die Außenstadt („Wilhelminischer Ring") analog zu den bereits existierenden Wallpromenaden umgesetzt worden war, prägte die Stadterweiterung in den folgenden Jahrzehnten und ist auch heute noch deutlich im Straßenbild der Stadt zu erkennen.[49]

2.3 Ausbau der Stadtverwaltung

Welche Auswirkungen die Stadterweiterung auf die Stadtverwaltung hatte, lässt sich anhand des städtischen Bauwesens eindrucksvoll verdeutlichen. An der Spitze der städtischen Bau-

---

48 Monika Lemke-Kokkelink, Ludwig Winter (22.10.1843-6.5.1930). Stadtbaurat und Architekt des Historismus in Braunschweig (Braunschweiger Werkstücke 86), Braunschweig 1993.

49 Pingel, Stadterweiterung (wie Anmerkung 29), S. 36-40. Mertens, Braunschweig in Karten (wie Anmerkung 2), Blatt 56 und S. 203-205.

verwaltung, die für die Überwachung der Bautätigkeit verantwortlich war, stand seit 1855 der Stadtbaumeister Carl Tappe. Dessen Aufgabenbereich wurde durch die Bestimmungen der Feuerpolizei-Ordnung von 1855, die Bauordnung von 1863 sowie durch die Bildung eines Stadtbauamts, dem der Stadtbaumeister die von ihm geprüften Neubaupläne vorzulegen hatte, ständig erweitert. Die Aufgabenvielfalt im Zuge des Stadterweiterungsprozesses, der Mitte der 1860er Jahre einsetzte, führte zu einem kontinuierlichen Ausbau der städtischen Bauverwaltung. Im Jahr 1878, dem Jahr vor seiner Pensionierung, leitete Tappe bereits eine aus den drei Abteilungen Hochbau, Wege- und Kommunalbauten sowie Bau- und Feuerpolizei bestehende Behörde, die insgesamt zehn Mitarbeiter hatte.[50] Unter seinem Nachfolger Ludwig Winter (1879-1915) setzte sich der Trend zur personellen und administrativen Erweiterung der städtischen Bauverwaltung weiter fort. Die große Bedeutung des Bauwesens spiegelte sich seit 1914 auch in den Statuten der Stadt wider, in denen festgeschrieben worden war, dass einer der Magistratsmitglieder die Befähigung zum höheren Staatsbaudienst haben musste. Besetzt wurde diese Stelle mit dem Stadtbaurat Karl Gebensleben, der 1915 die Nachfolge von Ludwig Winter antrat.[51]

Doch der Ausbau der Stadtverwaltung, an deren Spitze von 1879 bis 1904 Oberbürgermeister Wilhelm Pockels stand, beschränkte sich nicht allein auf das Bauwesen. Folgende Zweige der Stadtverwaltung entstanden beispielsweise erst in der zweiten Hälfte des 19. Jahrhunderts: 1861 im Zuge der 1000-Jahr-Feier der Stadt die Gründung von Archiv, Bibliothek und Museum, 1876 auf herzoglichen Befehl das Standesamt, 1879 das bereits erwähnte städtische Schlachthaus, 1889 die Stadtreinigung.

2.4 Industrialisierung

Für den Industrialisierungsprozess in Braunschweig spielten der Nahrungsmittelsektor und hier insbesondere die Zuckerrübenindustrie eine wichtige Rolle. Begünstigt wurde die Rübenverarbeitung durch den Beitritt des Herzogtums zum Deutschen Zollverein im Jahr 1842, der vor der Einfuhr des billigen Rohrzuckers aus England schützte. In der Landwirtschaft erfolgte eine Umstellung vom extensiven Getreideanbau zum intensiven Zuckerrübenanbau, gleichzeitig entstanden im ge-

---

50 Pingel Stadterweiterung (wie Anmerkung 29), S. 49.
51 Schmuhl, Herren der Stadt (wie Anmerkung 3), S. 510.

samten Herzogtum Zuckerfabriken.[52] In der Stadt Braunschweig bestanden 1855 mit der Seeligschen Zuckerfabrik, der Zuckerraffinerie und der Aktienzuckerfabrik gleich drei Zuckerfabriken[53] im westlich des Bahnhofs gelegenen Industriegebiet. Weitere Unternehmen wie eine Zichorienfabrik und eine Flachsdampfspinnerei folgten in den kommenden Jahren, so dass sich der Wilhelmitorbezirk, der älteste Industriestandort der Stadt – gelegen zwischen dem Alten Bahnhof und der Frankfurter Straße rasant entwickelte. Im Braunschweiger Tageblatt vom 30. Juni 1867 heißt es hierzu: „Mit jedem Jahr erweitern sich die älteren Fabriken an diesem Orte und entstehen neue großartige Anlagen und voraussichtlich werden binnen kurzem Ackerbau und Landwirtschaft in dieser Gegend der Industrie und dem Handel gänzlich weichen müssen. Selbstverständlich trägt die günstige Lage unmittelbar neben dem Bahnhofe, dessen Schienenstränge mit unbedeutenden Kosten bis zu den Fabrikhöfen geleitet werden können, das Meiste dazu bei, dass gerade an dieser Stelle immer neue Fabrikanlagen entstehen." Schon den Zeitgenossen war demnach bewusst, dass Eisenbahnanschlüsse zu den wichtigsten Voraussetzungen für die industrielle Revolution zählten, die in Braunschweig Mitte der 1860er Jahre Fahrt aufnahm.[54] Der Eisenbahnbau[55] sowie die industrielle Verarbeitung von landwirtschaftlichen Produkten bildeten denn auch die Leitsektoren der Industrialisierung in Braunschweig. Die vormals bedeutende Braunschweiger Konservenindustrie, die vor dem Ersten Weltkrieg zwei Drittel der deutschen Gemüsekonserven produzierte und bedeutende Firmengründungen in der metallverarbeitenden Industrie nach sich zog, soll hier als typische Stellvertreterin der landwirtschaftlich initiierten Industrialisierung kurz vorgestellt werden.[56]

Der Chemiker Franz Varrentrapp, der seit 1841 als Sekretär des Gewerbevereins in Braunschweig arbeitete, regte eine Konservierung des Braunschweigers Spargels in Dosen an.[57] Zunächst konservierten vor allem kleinere Handwerksbetriebe den Überschuss aus den städtischen Gärten. Philipp Wilhelm Daubert gründete 1852

---

52 Gerd Biegel (Hrsg.), Braunschweigische Industriegeschichte 1840-1990. Ausstellung anlässlich des 125jährigen Bestehens der Industrie- und Handelskammer Braunschweig, Braunschweig 1989, S. 10.
53 Theissen, Industrielle Revolution (wie Anmerkung 24), S. 222-223.
54 Schildt, Braunschweig (wie Anmerkung 26), S. 146-147.
55 Karl Liedke; Bernd Rother, Von der Zuckerfabrik zum Mikrochip. Braunschweigs Industrie von 1850 bis heute, Frankfurt 1989, S. 12-14.
56 Konservenindustrie in Braunschweig, in: Wikipedia, die freie Enzyklopädie [URL: http://de.wikipedia.org/wiki/Konservenindustrie_in_Braunschweig eingesehen am 30.09.2010]. Bernd Rother, Konservenindustrie, in: Luitgard Camerer u.a. (Hrsg.), Braunschweiger Stadtlexikon, Braunschweig 1992, S. 132.
57 Mitteilungen für den Gewerbeverein des Herzogtums Braunschweig, 1844, S. 261-263.

Stadtplan aus dem Braunschweiger Adressbuch, 1898 (Stadtarchiv Braunschweig, H XI 11: 11)

das erste größere Unternehmen.[58] In den 1860er Jahren folgten weitere Unternehmen, wie dasjenige der Gebrüder Grahe, das 1873 den ersten aus Frankreich importierten Autoklav einsetzte, einem Kessel zur Erleichterung der Sterilisation unter Druck.[59] Das vormalige Luxusgut Konserve wurde durch die 1890 entwickelte Dosenverschließmaschine, die das aufwendige Verlöten der Dosen von Hand überflüssig machte, um bis zu 50 Prozent günstiger. Die Gründung von zahlreichen weiteren Konservenfabriken in Braunschweig war die Folge.[60] Parallel zum Aufstieg der Konservenindustrie entstand die blechver-

---

58 Norman-Mathias Pingel, Daubert Konservenfabriken, in: Manfred R. W. Garzmann, Wolf-Dieter Schuegraf (Hrsg.), Braunschweiger Stadtlexikon, Ergänzungsband, Braunschweig 1996, S. 36.
59 Biegel, Industriegeschichte (wie Anmerkung 52), S. 25.
60 Liedke, Rother, Braunschweigs Industrie (wie Anmerkung 55), S. 21.

arbeitende Industrie, für die stellvertretend an dieser Stelle nur das 1898 gegründete Braunschweiger Traditionsunternehmen Schmalbauch (Schmalbach-Lubeca AG, heute Bell Packaging Europe) genannt werden soll.[61] Schon Ende des 19. Jahrhunderts lag die Jahresproduktion der Braunschweiger Konservenindustrie bei ca. 15 Millionen Kilodosen. Doch erst der Erste Weltkrieg und hier insbesondere der Bedarf der Armee nach haltbaren Nahrungsmitteln brachten den endgültigen Durchbruch für die Konserve. Das Herzogtum Braunschweig war mit 16 der 105 Konservenfabriken das Zentrum der deutschen Konservenproduktion.[62]

3. Fazit und Ausblick auf das 20. Jahrhundert

Zusammenfassend lässt sich für die Entwicklung Braunschweigs in der zweiten Hälfte des 19. Jahrhunderts folgendes festhalten: Braunschweigs Bevölkerungszahl stieg zwar seit 1850 kontinuierlich an, das Wachstum erfolgte aber nicht annähernd so schnell und sprunghaft wie in anderen deutschen Großstädten. Dennoch verlief die Stadterweiterung zunächst ohne behördliche Regulierung. Erst 1870 wurde ein erster Stadterweiterungsplan veröffentlicht. Eine direkte Folge der Ansiedlung in der Außenstadt war der Verlust der Bedeutung der Stadttore, die ihre Berechtigung als einzige Verbindungsstellen zwischen Innen- und Außenstadt nicht mehr aufrecht halten konnten. Seit Mitte der 1870er Jahre wurde die Außenstadt nicht nur zum Standort für Wohnbauten, sondern es wurden auch zunehmend kommunale und staatliche Zweckbauten dort errichtet. Stellvertretend erwähnt seien hier nur das städtische Krankenhaus an der heutigen Holwedestraße (1878),[63] der Schlachthof an der Hamburger Straße (1879)[64] sowie der Neubau der Technischen Hochschule (1877). Der Umfang der städtebaulichen Veränderungen in Braunschweig innerhalb von nur 50 Jahren veranschaulicht ein Stadtplan aus dem Braunschweiger Adressbuch von 1898. An den roten Flächen, die nun weit über die Umflutgräben hinausreichen, ist deutlich zu erkennen, wie sehr die Stadt in der zweiten Hälfte des 19. Jahrhunderts über ihre ehemaligen Stadtgrenzen hinaus gewachsen war.

Neue Impulse erhielt der Wohnungsbau in Braunschweig nach dem Ersten Weltkrieg in den 1920er Jahren mit der Gründung der Nibelungen-Wohnbau GmbH, die

---

61 Reinmar Fürst, Verpackung gelobt, getadelt – unentbehrlich. Ein Jahrhundert Verpackungsindustrie, der Weg eines Unternehmens von Braunschweig nach Europa, Düsseldorf 1973.
62 Liedke, Rother, Braunschweigs Industrie (wie Anmerkung 55), S. 23.
63 Arbeitskreis Andere Geschichte e.V. (Hrsg.), Braunschweiger Spaziergänge. Sieben Führungen durch das Ringgebiet, Braunschweig 2008, S. 35-39.
64 Ebd., S. 79-81.

an der Siegfriedstraße (ab 1926) und im August-Bebel-Hof (ab 1929) noch heute das Stadtbild dort prägende Wohnbauten nach den Entwürfen von Herman Flesche errichtete.[65] Flesche setzte sich auch für eine Sanierung der Fachwerkhäuser in der Innenstadt ein, die in den Anfangsjahren des nationalsozialistischen Regimes unter seiner Leitung begonnen, mit Ausbruch des Krieges 1939 aber eingestellt wurde.

Durch den Ausbau des städtischen Verwaltungsapparats und die Bereitschaft zur Übernahme von neuen Aufgaben im Rahmen des Gemeinwesens während der Industrialisierung reagierte der Magistrat auf die neuen Aufgaben und schaffte die Strukturen, die eine geordnete Stadterweiterung möglich machten. Dieser Trend zur Kommunalisierung ist in den meisten deutschen Städten während der zweiten Hälfte des 19. Jahrhunderts zu beobachten.[66] Die Kommunalisierung ging einher mit einer kontinuierlichen Vergrößerung des städtischen Verwaltungsapparats. Wobei festzuhalten ist, dass sich trotzdem die hohen Investitionskosten beispielsweise bei der Erneuerung der städtischen Wasserversorgung erstaunlich rasch amortisiert hatten und die städtischen Wasserwerke Gewinn erwirtschaften konnten.

Die Revolution von 1918 hatte praktisch keine Auswirkungen auf die städtische Verwaltungsstruktur. Zwar dankte der Herzog ab und die Sozialistische Räterepublik Braunschweig wurde proklamiert, doch die vorhandenen Strukturen auf kommunaler Ebene stellten die neuen Machthaber nicht in Frage. Bürgermeister und Kreisdirektoren blieben fast alle im Amt.[67] Auch in Braunschweig hatte die Revolution keine Auswirkungen auf das Amt des Oberbürgermeisters, das zwischen 1904 und 1925 von dem eng in die Honoratiorenschaft eingebundenen Hugo Retemeyer ausgeübt wurde, dem Paul Trautmann nachfolgte (1925-1929). Selbst die Änderung des Wahlrechts – 1919 wurde der Oberbürgermeister direkt gewählt, in der Verfassung des Freistaats von 1922 wurde in Übereinstimmung mit der Weimarer Verfassung das allgemeine und gleiche Verhältniswahlrecht eingeräumt und damit der Wandel von der Bürger- zur Einwohnergemeinde endgültig vollzogen – änderten kaum etwas an der personellen Besetzung des Amtes, obgleich „wohl nie zuvor und nie da-

---

65 Moderhack, Stadtgeschichte (wie Anmerkung 1), S. 196.
66 Wolfgang R. Krabbe, Kommunalpolitik und Industrialisierung. Die Entfaltung der städtischen Leistungsverwaltung im 19. und frühen 20. Jahrhundert. Fallstudien zu Dortmund und Münster (Schriften des Deutschen Instituts für Urbanistik 74), Stuttgart 1985.
67 Hans-Ulrich Ludewig, Der Erste Weltkrieg und die Revolution (1914-1918/19), in: Horst-Rüdiger Jarck; Gerhard Schildt (Hrsg.), Die Braunschweigische Landesgeschichte. Jahrtausendrückblick einer Region, Braunschweig 2000, S. 935.

nach die Braunschweiger in einem so starken Maße politisiert waren wie während der vierzehn Jahre der Weimarer Republik."[68] Endgültig beendet wurde die Zeit der Honoratiorenherrschaft in Braunschweig mit der Städteordnung von 1924, die eine Änderung der Machtverhältnisse zugunsten der Stadtverordnetenversammlung festschrieb. Sie beschloss fortan über einen Großteil der städtischen Selbstverwaltungsangelegenheiten, der Rat war nur noch Verwaltungs- und Vollzugsorgan.[69] Zum ersten sozialdemokratischen Oberbürgermeister der Stadt Braunschweig wurde im November 1929 Ernst Böhme gewählt, der bereits im März 1933 von den Nationalsozialisten des Amtes enthoben und verhaftet wurde. Die Gleichschaltung der Stadtverordnetenversammlung im Mai 1933 und die Deutsche Gemeindeordnung von 1935 verankerten das Führerprinzip anstelle der Selbstverwaltung auch auf der kommunalen Ebene. Als Oberbürgermeister amtierte während der NS-Zeit Wilhelm Hesse, der bereits 1930 in die NSDAP eingetreten war. Nachdem Hesse 1943 zum Kriegsdienst angetreten war, wurde er von Hans-Joachim Mertens vertreten, der sich kurz vor dem Zusammenbruch des nationalsozialistischen Regimes das Leben nahm. Eine wichtige Rolle beim Wiederaufbau der Stadt spielte der bereits vor 1933 zum Oberbürgermeister gewählte Ernst Böhme, den die amerikanische Militärregierung am 1. Juni 1945 zum Oberbürgermeister ernannte.

Mit Blick auf der Verlauf der Industrialisierung in Braunschweig lässt sich konstatieren, dass sie eher zögerlich einsetzte. In den meisten Fällen entwickelten sich die späteren Industriebetriebe aus kleinen Handwerksbetrieben, wie sich stellvertretend an der Entwicklung der heute noch am Standort Braunschweig produzierenden Braunschweigische Maschinenbau-Anstalt aufzeigen lässt. Zunächst existierte nur eine von Christian Pommer inhaberbetriebene Schmiede mit 25 Gesellen. Zur Fabrik wurde der Betrieb, nachdem 1853 ein kapitalstarker Teilhaber, in diesem Fall der Kaufmann Friedrich Seele, der auch Mitglied des Magistrats war, für das entsprechende Firmenvermögen sorgte. Eine Umbenennung in Maschinenfabrik Friedrich Seele & Co. erfolgte. Dank dem Ingenieur und Technischen Direktor Wilhelm Schöttler und dem von ihm weiter entwickelten Diffusionsverfahren, einer Methode zur Gewinnung des Zuckerrübensafts, erreichte man eine führende Rolle im Anlagenbau für Zuckerfabriken.[70] 1877 baute das Unternehmen bereits 39 % aller Diffusionsanlagen im Deutschen Reich. Schon 1870 war die Umwandlung in eine

---

68 Bernd Rother, Der Freistaat Braunschweig in der Weimarer Republik (1919-1933), in: Horst-Rüdiger Jarck; Gerhard Schildt (Hrsg.), Die Braunschweigische Landesgeschichte. Jahrtausendrückblick einer Region, Braunschweig 2000, S. 946.
69 Schmuhl, Herren der Stadt (wie Anmerkung 3), S. 524.
70 Theissen, Industrielle Revolution (wie Anmerkung 24), S. 257-258. Schildt, Braunschweig (wie Anmerkung 26), S. 141.

Aktiengesellschaft und die Umbenennung in den heute noch gültigen Firmennamen Braunschweigische Maschinenbauanstalt AG erfolgt.[71]

Dieses Beispiel zeigt auch, dass die Industrialisierung Braunschweigs vornehmlich landwirtschaftlich initiiert war. Dies hängt vor allem damit zusammen, dass der Kleinstaat Braunschweig verkehrstechnisch benachteiligt war. Dem Land fehlten die entsprechenden Bahnlinien, die unabdingbare Voraussetzung für den Aufbau von Produktionsstätten mit Fernabsatz war. Die industrielle Entwicklung Braunschweigs blieb deshalb hinter derjenigen der zu Preußen gehörenden Nachbarstädte Hannover und Magdeburg zurück. Diese hatten als Hauptstädte großer preußischer Provinzen zum einen größere Einflussmöglichkeiten, zum anderen lagen sie verkehrstechnisch günstiger. Doch, dass die industrielle Entwicklung in Braunschweig hinter derjenigen der Nachbarstädte zurück blieb, bedeutete nicht, dass sie erfolglos war. Das aus der Firma Max Jüdel und Co. hervorgegangene Braunschweiger Siemenswerk[72], die MIAG GmbH (ehemals Braunschweigische Mühlenbauanstalt Amme, Gieseke und Kollegen) sowie die bereits vorgestellte Braunschweigische Maschinenbauanstalt haben ihre Wurzeln im 19. Jahrhundert und tragen heute zur Bedeutung Braunschweigs als dynamischem Wirtschaftsstandort mit Tradition bei.

Claudia Böhler, Braunschweig

---

71 100 Jahre Braunschweigische Maschinenbauanstalt 1853-1953, Braunschweig 1953.
72 Theissen, Industrielle Revolution (wie Anmerkung 24), S. 259.

„Die einzelnen Überbleibsel der preußischen Regimenter durchzogen die Stadt,
bunt zusammengewürfelt, bei Tage und bei Nacht."[1]

WILHELM JULIUS LUDWIG BODE (1825 – 1848)

In unmittelbarer Nähe zu seiner späteren jahrzehntelangen Wirkungsstätte wurde Wilhelm Julius Ludwig Bode als Sohn des Superintendenten Georg Heinrich Bode (1739-1812) und seiner zweiten Ehefrau Johanna Dorothea Bode, geborener Poppermüller (1753-1821), am 18. Mai 1779 in Königslutter am Elm geboren.

Nachdem der Vater ihn zunächst im Pfarrhause unterrichtet hatte, besuchte Wilhelm Bode seit 1794 das Katharineum in Braunschweig und begann im Sommer 1798 das Studium der Rechtswissenschaften an der Julia Carolina zu Helmstedt. Seine ausgeprägten historischen Interessen bewogen ihn, zusätzlich an den Vorlesungen und Seminaren über allgemeine und braunschweigische Geschichte bei Professor Julius August Remer (1738-1803) teilzunehmen. Im Herbst 1800 setzte er seine Studien an der Georgia Augusta zu Göttingen fort und trat nach dem juristischen Examen im November 1801 in den herzoglich-braunschweigischen Staatsdienst ein. Zunächst war er als Actuarius (Gerichtsangestellter) am Fürstlichen Amte seiner Heimatstadt, dann seit 1808 als Friedensrichter im Canton Bahrdorf und schließlich ab 1814 als Justizamtmann am Kreisgericht Vorsfelde tätig. Am 14. November 1811 heiratete er Caroline Franziska Henke (1790-1871), die Tochter des Helmstedter Kirchenhistorikers Heinrich Philipp Conrad Henke (1752-1809). Dieser Ehe entsprossen die Kinder Wilhelm, Sophia und Luise, die Wilhelm Bode neben seiner Ehefrau Caroline zu alleinigen Erben in seinem eigenhändigen Testament vom 16. März 1843 einsetzte. Seine Versetzung an das Kreisgericht Riddagshausen am 2. August 1820 brachte Bode dann in die unmittelbare Nähe seines späteren lebenslangen Wirkungskreises.

In den Jahren 1823-1825 wurde im Herzogtum Braunschweig eine umfassende Verwaltungsreform durchgeführt, die auf eine strikte Trennung von Justiz und Verwal-

---
1   Stadtarchiv Braunschweig, H III 3: 271. Wilhelm Bode berichtet in diesem autobiographischen Fragment über die nach der verlorenen Schlacht gegen Napoleon bei Jena und Auerstedt (14. Oktober 1806) in Königslutter eintreffenden preußischen Soldaten, für deren Einquartierung und Versorgung er zuständig war.

Porträt von Wilhelm Bode, Ölgemälde um 1835 (Braunschweigisches Landesmuseum, 21832, Repro: I. Döring)

tung abzielte und gleichzeitig die Rechte des städtischen Rates beträchtlich stärkte. In mehreren Publikationen, so z. B. in der Abhandlung „Das Grundsteuer-System des Herzogthums Braunschweig" (1824) hatte sich Bode als profunder Kenner der komplexen braunschweigischen Verwaltungs- und Rechtsgeschichte ausgewiesen.

Zunächst erhielt die Stadt Braunschweig eine noch eingeschränkte Selbstverwaltung, die durch drei fest besoldete und auf Lebenszeit gewählte Mitglieder des Magistrates mit einem juristisch ausgebildeten Stadtdirektor an der Spitze ausgeübt werden sollte, worin sich die verstärkte Professionalisierung dieses Spitzenamtes seit dem 17. Jahrhundert erneut in sinnfälliger Form ausdrückte.

Auf massives Drängen des Bürgermeisters Johann Heinrich Wilmerding (1749-1828), der 1825 Bode als seinen Nachfolger wegen dessen fundierten historischen Kenntnissen, die für die harten Auseinandersetzungen mit den herzoglichen Behörden um das städtische Vermögen hilfreich sein konnten, mit Nachdruck vorgeschlagen hatte, wählten die Stadtdeputierten den Justizamtmann Wilhelm Bode einstimmig zum neuen Stadtoberhaupt auf Lebenszeit. Am 1. Oktober 1825 trat Wilhelm Bode sein neues Amt als Magistratsdirektor an und trug seit dem 5. Dezember 1832 – analog zu den im Herzogtum Braunschweig erstmals eingesetzten Kreisdirektoren – den Titel „Stadtdirektor".

Der Antrag der Stadtdeputierten, dem neuen Stadtoberhaupt die Dienstbezeichnung „Oberbürgermeister" zu verleihen, wurde von dem zuständigen Staatsministerium vermutlich aus politischen Gründen abschlägig beschieden. Wilhelm Bode war der „Spitzenverdiener unter den magistratischen Beamten".[2] Ab dem 1. Januar 1836 bezog er ein Jahresgehalt von 1.700 Talern; ferner hat ihm eine kostenfreie Dienstwohnung im Stadthause, also im Gebäude der ehemaligen Dechanei des Stiftes Sancti Blasii, Kleine Burg 6, bis 1848 zur Verfügung gestanden.

Es gehörte zu Wilhelm Bodes vorrangigen Aufgaben, die Einheit der Stadtverwaltung herzustellen und die schwierigen Finanzverhältnisse gegen den größtenteils erbitterten Widerstand der Herzoglichen Kammer zu ordnen. Bereits im Sommer 1832 vermochte Wilhelm Bode nach langwierigen Verhandlungen mit dem Staatsministerium die finanziellen Ansprüche der Stadt auf das „Große Ärar" durchzusetzen: Im Rescript, das diese Übereinkunft betraf, übernahm die herzogliche Regierung bestimmte städtische Lasten.[3] Die allgemeine Städteordnung für das Herzogtum Braunschweig von 1834 billigte den Städten ein erweitertes Selbstverwaltungsrecht und eine selbstständige Finanzverwaltung zu. Vergeblich hatte sich

---

2 Hans Walther Schmuhl, Die Herren der Stadt. Bürgerliche Eliten und städtische Selbstverwaltung in Nürnberg und Braunschweig vom 18. Jahrhundert bis 1918, Bielefeld 1998, S. 400.
3 Am 10. August 1858 konnte Bodes Nachfolger, Oberbürgermeister Heinrich Caspari, einen Vertrag abschließen, der weitere finanzielle Vorteile für die Stadt einbrachte und eine verspätete Entschädigung für das 1671 erlittene Unrecht darstellte, vgl. Beitrag Heinrich Caspari.

Wilhelm Bode gegen die dienstliche Unterstellung der Stadt Braunschweig unter die neugeschaffene Kreisdirektion gewandt, da diese Mittelinstanz die Entscheidungsfreiheit des Magistrates in unzumutbarer Weise einschränkte.

Mit ungewöhnlicher Tatkraft hat Stadtdirektor Bode die grundlegende Neugestaltung des gesamten städtischen Schulwesens durchgeführt, das Taubstummeninstitut am 6. September 1832 mitbegründet und die Initiative des Mediziners Heinrich Wilhelm Ludolph Lachmann (1801-1861) unterstützt, eine Blindenschule in Braunschweig einzurichten. Starkes soziales Engagement zeigte Wilhelm Bode für das Große Waisenhaus Beatae Mariae Virginis und für das St. Alexii-Pflegehaus. Obwohl der Staat sich ein Mitspracherecht vorbehielt, war es dem Stadtoberhaupt dennoch gelungen, das Waisenhaus als mittelalterliche Bürgerstiftung für die Pflege der Kranken, Armen und Waisen erneut in städtische Obhut zu übernehmen. Auch die langjährigen Dienste in den leitenden Medizinalbehörden des Herzogtums Braunschweig gehörten zu Wilhelm Bodes weitgespannten Tätigkeitsfeldern. Am 29. Februar 1828 wurde er zum Direktor des Anatomisch-Chirurgischen Institutes ernannt, das als Ausbildungsstätte für Chirurgen und Wundärzte diente, und im Jahre 1832 zum Präsidenten des Obersanitätskollegiums bestellt, der obersten Gesundheitsbehörde des Landes.

Das despotische Regiment Herzog Karls II. (1804-1873), der an seinem 19. Geburtstag am 30. Oktober 1823 die Regierung übernommen hatte, lehnte Wilhelm Bode ganz entschieden ab. Er weigerte sich, den vom neuen Regenten geforderten Huldigungseid vor der Bestätigung zu leisten, wie sie von der „Erneuerten Landschaftsordnung" vom 25. April 1820 zwingend vorgeschrieben war, und wurde deshalb vom Staatsministerium im Februar 1830 aus der Landesökonomie-Kommission entlassen.

An der Empörung vom 7. September 1830 gegen Karl II. hat sich Wilhelm Bode nicht beteiligt. Seine vordringlichen Aktivitäten konzentrierten sich darauf, die Ruhe und Ordnung in der Stadt möglichst rasch wieder herzustellen. Denn der Magistrat war in dieser höchst angespannten Lage die einzige funktionstüchtige Behörde in der gesamten Stadt. Er vermochte ohne größere Schwierigkeiten innerhalb kurzer Frist eine knapp 1.500 Mann starke Bürgerwehr aufzubieten und auszurüsten, die unter der umsichtigen Leitung Wilhelm Bodes die städtische Ordnung aufrechterhalten hat. Für seine Verdienste wurde ihm von der Braunschweiger Bürgerschaft 1830 ein silberner Gedenkpokal verliehen.

Uneigennützig und vertrauensvoll diente Wilhelm Bode dem neuen Regenten, Herzog Wilhelm, der an seinem 25. Geburtstag, am 25. April 1831, die Huldigung seines

Landes entgegengenommen hatte, bis zum Ende seiner Amtstätigkeit im April 1848. Die wiederholten Angebote des modernen Tendenzen aufgeschlossenen Fürsten, eine leitende Position im braunschweigischen Staatsdienst zu übernehmen, hat der Magistratsdirektor stets vehement abgelehnt. Mit dem Erlass der „Neuen Landschaftsordnung" vom 12. Oktober 1832 erhielt das Herzogtum Braunschweig ein für die damalige Zeit ausgesprochen liberales Staatsgrundgesetz, das in seinen fundamentalen Bestimmungen bis zum Herbst 1918 in Kraft geblieben ist und bereits wesentliche Ansätze für eine eigenständige Kommunalverfassung enthielt. An der Ausarbeitung des Staatsgrundgesetzes war Wilhelm Bode maßgeblich beteiligt; denn es war ihm schließlich gelungen, beim Staatsministerium die Entschädigungsansprüche auf den 1671 enteigneten städtischen Grundbesitz durchzusetzen und damit von 1832 an das städtische Finanzwesen auf eine solide Grundlage zu stellen.

Silberpokal der Braunschweiger Bürgschaft für Wilhelm Bode, verliehen für seine Leistungen bei der Revolution 1830 (Städtisches Museum Braunschweig, Foto: Jakob Adolphi)

Entscheidenden Anteil hatte Wilhelm Bode auch an der dringend erforderlichen Sicherstellung und zweckmäßigen Verwahrung der städtischen Archivalien, die durch landesherrliche Beschlagnahmungen im Sommer 1671 teilweise irreparable Verluste erlitten hatten. Der Stadtdirektor war der eifrigste Benutzer des Stadtarchives, aus dessen umfangreichen Beständen – insbesondere aus den von seinem Vorgänger Wilmerding während des Königreiches Westphalen (1806-1813) eigenmächtig in Besitz genommenen, als geheim eingestuften Akten – er in äußerst mühevoller Arbeit die beweiskräftigen Ansprüche der Stadt auf ihre damals entschädigungslos abgetretenen Liegenschaften, Einkünfte und Kompetenzen feststellen konnte.

In der Persönlichkeit Wilhelm Bodes haben sich die hervorragenden Qualitäten des professionellen, juristisch vorgebildeten Verwaltungsfachmannes mit denen des geschichtlich stark interessierten Politikers zu einer unauflöslichen, geradezu idealen Symbiose verbunden: Er war eine Persönlichkeit von überregionaler Bedeutung, ein großer Freund historischer Studien und ein immens fleißiger Sammler geschichtlicher Überlieferungen. Er betrieb eine systematische Neuordnung der Urkunden- und Aktenbestände des Stadtarchives, das sich seit 1835 im Kreuzgang der Brüdernkirche und seit 1863 im Neustadtrathause befunden hat. Nach seiner Wahl zum Stadtdirektor orientierten sich seine wissenschaftlichen Abhandlungen ausschließlich an der komplexen Geschichte unserer Stadt. Umfangreiche Materialien trug er für die beabsichtigten und überwiegend verwirklichten Projekte zusammen, z. B. seine in der Rubrik „Wichtige Publikationen" in Auswahl aufgeführten Einzeltitel.

Das Stadtarchiv Braunschweig verwahrt heute seinen handschriftlichen Nachlass in fast 400 voluminösen Bänden, angefüllt mit Urkundenabschriften, Auszügen aus mittelalterlichen Handschriften und Entwürfen zu größeren Abhandlungen. Ein Teilnachlass befindet sich im Staatsarchiv Wolfenbüttel. In Anerkennung seiner kulturellen und wissenschaftlichen Leistungen hat die juristische Fakultät der Universität Göttingen am 5. September 1828 – anlässlich des 300-jährigen Reformationsjubiläums in der Stadt Braunschweig – Wilhelm Bode die Würde eines Ehrendoktors Dr. iur. h.c. verliehen.

Am 8. April 1848 trat der Stadtdirektor freiwillig von seinem Amt zurück – im Alter von fast 69 Jahren und nach knapp 23jähriger unermüdlicher Tätigkeit für die Stadt Braunschweig, um sich endlich in Muße seinen wissenschaftlichen Projekten zu widmen. Wilhelm Bode steht in seiner Bedeutung für unsere Stadt gleichrangig neben dem Bürgermeister Hermen von Vechelde (gest. 1420), der nahezu 40 Jahre in den führenden Positionen unseres spätmittelalterlichen Gemeinwesens tätig und maßgeblich an der Verfassung von 1386 beteiligt gewesen ist.

In der Persönlichkeit Wilhelm Bodes hat die Stadt Braunschweig während der stadtgeschichtlich äußerst turbulenten Periode einen kompromisslosen Verfechter bürgerlicher Selbstverwaltung besessen, der in seiner „Übersicht der Stadtverwaltung zu Braunschweig seit dem Jahre 1825" präzise Rechenschaft über diese verdienstvollen Tätigkeiten abgelegt hat.

In seinen letzten Lebensjahren hat Wilhelm Bode weiterhin das Stadtarchiv betreut und seine historischen Studien fortgesetzt. Nachdem er noch am 12. März 1854 seinen langjährigen Freund, den Archivar und Präsidenten des Obergerichtes in Wolfenbüttel, Johann Heinrich August Hettling (1785-1857), in den neuen Räumen des damaligen welfischen Landeshauptarchives besucht hatte, erkrankte er wenige Tage später und verstarb am 20. April 1854 in seiner Wohnung am Wilhelmitorwall.

Am 23. April 1854 wurde Wilhelm Bode unter großer Anteilnahme der Bevölkerung auf dem Michaeliskirchhof zu Grabe getragen.

Quellen

Niedersächsisches Landesarchiv – Staatsarchiv Wolfenbüttel, Hs VI 11 Nr. 18. Niedersächsisches Landesarchiv – Staatsarchiv Wolfenbüttel, 25 E Neu I, 30. Stadtarchiv Braunschweig G IX 26: 1-12. Stadtarchiv Braunschweig, D III: 2. Stadtarchiv Braunschweig, D III: 3-5. Stadtarchiv Braunschweig, D IV: 95. Stadtarchiv Braunschweig, G IV 1: 25. Stadtarchiv Braunschweig, H III 3: 403. Stadtarchiv Braunschweig, H III 3: 271. Stadtarchiv Braunschweig, H III 3: 282. Stadtarchiv Braunschweig, H IV. Stadtarchiv Braunschweig, H VIII A: 399. Stadtarchiv Braunschweig, H XIV: 23. Stadtarchiv Braunschweig, H XV A: M I/Bo.

Literatur

Ursula Beiß, Bürgermeister und Syndici der Stadt Braunschweig 1688-1808, in: Gerd Spies (Hrsg.), Festschrift zur Ausstellung Bruneswiek 1031 – Braunschweig 1981, die Stadt Heinrichs des Löwen von den Anfängen bis zur Gegenwart – Vom 25.4.1981 bis 11.10.1981, Braunschweig 1981, S. 595-614. Otto Böse, Magistratsdirektor Dr. Wilhelm Bode im Kampf um die politische Macht, in: Braunschweigische Heimat 35 (1949), S. 69-82. Manfred R. W. Garzmann, Wilhelm Bode. Stadtdirektor – Historiker – Sammler (Kleine Schriften, Heft 3), Braunschweig 1979. Gerhard Schildt, Wilhelm Bode in: Horst-Rüdiger Jarck, Günter Scheel (Hrsg.), Braunschweigisches Biographisches Lexikon, 19. und 20. Jahrhundert, Hannover 1996. Dirk Leoben, Wilhelm Bode, in: Gerd Biegel (Hrsg.), 575 Jahre Martino-Katharineum 1415-1990, Braunschweig 1990, S. 113-115. Aribert Marohn, Die bedeutende Schulreform des Jahres 1828, in: Gerd Biegel (Hrsg.), 575 Jahre Martino-Katharineum 1415-1990, Braunschweig 1990, S. 55-64. Richard Moderhack, Braunschweiger Stadtgeschichte, Braunschweig 1997. Theodor Müller, Wilhelm Bode 1779-1854, in: Niedersächsische Lebensbilder, Band 4, 1960, S. 31-43. Theodor Müller, Stadtdirektor Wilhelm Bode (Braunschweiger Werkstücke 29), Braunschweig 1963. Matthias Puhle, Ein Pokal für Wilhelm Bode. Zur Braunschweiger Revolution von 1830 (Arbeitsberichte aus dem Städtischen Museum Braunschweig, Heft 36), Braunschweig 1980. Hans-Walther Schmuhl, Die Herren der Stadt: Bürgerliche Eliten und städtische Selbstverwaltung in Nürnberg und Braunschweig vom 18. Jahrhundert bis 1918, Gießen 1998.

Publikationen von Wilhelm Bode (in Auswahl)

Anweisungen für die Ortsvorsteher, 1821.
Beitrag zu der älteren Geographie und Topographie eines Theils des jetzigen Herzogthums Braunschweig, in: Braunschweigisches Magazin 1823, Stück 19-21.
Das Grundsteuer-System des Herzogthums Braunschweigs, 1824.
Der Culturzustand des alten Herzogthums Sachsen, 1828.
Beitrag zu der Geschichte der Unterrichtsanstalten, besonders der Bürgerschulen der Stadt Braunschweig, in: Braunschweigisches Magazin 1830, Stück 11 und 12.
Beitrag zur Geschichte der Stadt Braunschweig, besonders die Errichtung der Hospitäler und die gegen die Pest und andere ansteckende Krankheiten in älteren Zeiten ergriffenen Maßregeln betreffend, in: Braunschweigisches Magazin 1831, Stück 37-39.
Übersicht der Stadtverwaltung zu Braunschweig seit dem Jahre 1825, Hefte 1-4, 1832-1836.
Beitrag zur Geschichte der Feudalstände im Herzogthum Braunschweig, 1843.
Erinnerung an die Begründung des Hospitals BMV zu Braunschweig, 1845.
Der Elm mit seiner Umgebung und seinen Denkmälern in der Vorzeit, 1846.
Das ältere Münzwesen der Staaten und Städte Niedersachsens, Braunschweig, 1847.
Geschichte des Bundes der Sachsenstädte bis zum Ende des Mittelalters mit Rücksicht auf die Territorien zwischen Weser und Elbe, in: Forschungen zur Deutschen Geschichte, Band 2, Göttingen 1861, S. 209-292.

Manfred R. W. Garzmann, Braunschweig

*„Mehr als 30 Jahre hat er an der Spitze der Verwaltung
der Stadt Braunschweig gestanden und ist in dieser Zeit in unermüdlicher Weise
beflissen gewesen das Wohl unseres Gemeinwesens zu fördern"*[1]

CARL WILHELM HEINRICH CASPARI (1848 – 1879)

Am 29. November 1805 wurde Carl Wilhelm Heinrich Caspari als Sohn des aus Bückeburg stammenden Arztes Dr. Johann Carl Philipp Caspari und seiner ersten Ehefrau Friederike Georgine Eleonore geborene Gravenhorst als zweites von sechs Kindern in Braunschweig geboren.[2]

Carl Wilhelm Heinrich erhielt seine vorwissenschaftliche Bildung zunächst auf dem Martino-Katharineum und besuchte ab dem 6. Oktober 1823 das Collegium Carolinum.[3] Entgegen der Familientradition, Vater und Großvater hatten Medizin studiert, entschied sich Caspari für ein Studium der Rechtswissenschaften, das er von April 1825 bis 1828 an der Universität Göttingen absolvierte.[4] Nach der Zulassung als Advokat im Dezember 1828 schlug er die Beamtenlaufbahn ein und war zunächst von November 1829 bis April 1832 als Auditor beim Kreisamt Riddagshausen beschäftigt.

Nach einer kurzen Tätigkeit als Polizeikommissar in Braunschweig im Jahr 1832 wurde er ab März 1833 als Kreisgerichtsassessor in Helmstedt und ab Ostern 1835 in Blankenburg eingesetzt. Bereits im August 1835 wurde Caspari mit der Verwaltung des herzoglichen Amtes Blankenburg betraut, im Dezember 1835 erfolgte die Beförderung zum Justizamtmann in Blankenburg mit einem Gehalt von 700 Reichstalern.[5] 1841 schließlich wurde seine Versetzung an das herzogliche Amtsgericht in Wolfenbüttel angeordnet.

---

1 Aus der Rede anlässlich der Verleihung des Ehrenbürgerrechts an den Oberbürgermeister a. D. Heinrich Caspari, Stadtarchiv Braunschweig, D IV: 1076.
2 Stadtarchiv Braunschweig, G III 1: E 304, S. 304.
3 Peter Düsterdieck, Die Matrikel des Collegium Carolinum und der Technischen Hochschule Carolo-Wilhelmina zu Braunschweig, 1745 – 1900, Hildesheim 1983, S. 45.
4 Götz von Selle (Hrsg.), Die Matrikel der Georg-August-Universität zu Göttingen, Hildesheim und Leipzig 1937, S. 739.
5 Stadtarchiv Braunschweig, H VI 5: 46, Bl. 10 Nr. 168.

Porträt Heinrich Casparis anlässlich der Verleihung des Ehrenbürgerrechts, 1879 (Stadtarchiv Braunschweig, H XVI: G II 2)

In die Zeit seiner Tätigkeit in Blankenburg fiel die Eheschließung mit Marie geborene Ribbentrop (1806-1894) sowie die Geburt seiner Kinder Auguste Franziska Felicitas Adelheid (1839), verheiratet mit Bürgermeister Ferdinand Rittmeyer[6] und Heinrich Wilhelm Louis Robert[7] (1841).

Vom 1. Oktober 1847 an bekleidete Heinrich Caspari das Amt des Polizeidirektors in Braunschweig. Dieses Amt behielt er über seine

---

6 Stadtarchiv Braunschweig, H VIII A: 699., Niedersächsisches Landesarchiv – Staatsarchiv Wolfenbüttel, 3Z 5/108.
7 Niedersächsisches Landesarchiv – Staatsarchiv Wolfenbüttel, 25 B Neu Nr. 539., Ebd. 3Z 5/110.

Eintrittskarte zum Festessen anlässlich des 25-jährigen Amtsjubiläums (Stadtarchiv Braunschweig, H VIII A: 699)

Ernennung zum Bürgermeister der Stadt in Personalunion noch weitere zwei Jahre bis zum 1. Juli 1850 bei.[8] Am 7. April 1848 genehmigte die Stadtverordnetenversammlung den Antrag des Stadtdirektors Bode auf Versetzung in den Ruhestand und übertrug zeitgleich dem Magistratsmitglied Caspari die kommissarische Leitung der kommunalen Angelegenheiten. Am 29. April 1848 wurde Caspari von Stadtmagistrat und Stadtverordnetenversammlung zum Nachfolger des in Ruhestand getretenen Stadtdirektors Wilhelm Bode gewählt. Die Wahl Casparis wurde vom Landesherrn Herzog Wilhelm am 9. Mai 1848 bestätigt. Bei der Amtseinführung von Heinrich Caspari am 16. Mai verlieh ihm der Herzog erstmals nicht den bis dahin gebräuchlichen Titel „Stadtdirektor", sondern feierlich den früher bereits von der Bürgerschaft geforderten Titel „Oberbürgermeister".

Von 1848 an war Heinrich Caspari zudem Mitglied und zuletzt Präsident der Braunschweigischen Landesversammlung sowie Mitglied des Direktoriums im Großen Waisenhaus BMV. Im Jahr 1852 wurde er, wie bereits sein Vater im Jahr 1811, zum Mitglied der Großen Witwen- und Waisensozietät berufen, der er

---

8 Stadtarchiv Braunschweig, D IV: 95.

sich zeitlebens verbunden fühlte und deren Chronik er verfasste.[9] In seiner 31 Jahre währenden Amtszeit als Oberbürgermeister veränderte sich das Bild der Stadt und somit die Anforderungen an die Stadtverwaltung. Hierbei spielte vor allem die Entwicklung Braunschweigs zur Industriestadt eine entscheidende Rolle. Neben der Eisenbahnindustrie bildeten die Zuckerverarbeitung, die Metallverarbeitung und die Konservenindustrie drei weitere Pfeiler für die fortschreitende Industrialisierung Braunschweigs. Als Folge der industriellen Entwicklung zogen Arbeitskräfte vom umliegenden Braunschweiger Land in die Stadt, die Bevölkerungszahlen stiegen sprunghaft an. Im Jahr 1867 überschritt die Zahl der Einwohner erstmals die 50.000er-Marke. Die zuvor auf die mittelalterlichen Grenzen beschränkten räumlichen Ausmaße der Stadt erfuhren entsprechend der Bevölkerungszunahme durch die Außenstadtbesiedelung eine Erweiterung, die durch das Statut zur Stadterweiterung aus dem Jahr 1870 festgeschrieben und vom Baumeister Carl Tappe planmäßig erfasst wurde. Neben dem erhöhten Wohnbedarf erforderte der Bevölkerungszuwachs die Verbesserung der Infrastruktur der Stadt und führte zur Weiterentwicklung kommunaler Dienstleistungen und somit zum Ausbau der Stadtverwaltung.

Den Schwerpunkt seiner Tätigkeit legte Caspari, dem die revidierte Städteordnung vom 19. März 1850 mehr Handlungsfreiheit einräumte,[10] auf die Reorganisation der städtischen Verwaltung und die Reform der kommunalen Finanzpolitik. So wurden während seiner Amtszeit, aufgrund der nun möglichen Statutengebung, rund 30 neue Statuten erlassen, von denen eine Vielzahl das Bau- und Feuerlöschwesen sowie das Schulwesen betrafen und die Erweiterung der Stadt ermöglichten. Die zentrale Dienstleistung der Stadt, neben der Müll- und Abwasserbeseitigung sowie dem Nachtwachdienst, war die Gas- und Wasserversorgung. Der Erlass des Statutes zur Finanzierung der neuen Wasserleitungen im Jahr 1862 ermöglichte die Verlegung neuer Rohre und den Bau des Wasserwerkes, das zusammen mit der 1864 durch die Stadt erworbenen Gasanstalt eine betriebswirtschaftlich wichtige Einnahmequelle für den städtischen Haushalt bildete.

Dem innovativen Geist Casparis ist darüber hinaus auch die Einrichtung neuer Institutionen zu verdanken wie beispielsweise der Bau des Schlachthofes und die Gründung der Braunschweigischen Bank (später Braunschweigische Bank- und Kreditanstalt und 1929 von der Commerzbank übernommen), deren Vorstand er von 1853-1874 angehörte, der Handelskammer (Vorläufer der Industrie- und Handels-

---

9 Friedrich Koldewey (Hrsg.), Geschichte der Ersten Großen Witwen- und Waisensozietät für die Zeit von 1705 bis 1860, verfasst von weil. Heinrich Caspari, Braunschweig 1907.
10 Revidierte Städteordnung für das Herzogthum Braunschweig, Braunschweig, 19. März 1850.

kammer) und weiterer kaufmännischer Institute, „welche den Aufschwung des Braunschweigischen Handels und Fabrikwesens zum größten Teile begründeten und hervorriefen".[11] Auch kulturell engagierte sich Caspari etwa als Mitglied der Comités zur Errichtung des Lessingdenkmals, der Brunonia, des Heinrichsbrunnens, der Reiterstatuen, der Gaußstatue und des Siegesdenkmals. In Zusammenhang mit der Tausendjahrfeier der Stadt im Jahre 1861 wurden unter Caspari zudem Stadtarchiv, Stadtbibliothek und Städtisches Museum als Städtische Sammlungen begründet. Ihm selbst wurde zu diesem Anlass die Ehrendoktorwürde der Universität Göttingen verliehen.

Der wichtigste Leistung Casparis bildete wohl der nach ihm benannte, zwischen Stadt und Landesregierung geschlossene, Caspari-Vertrag vom 10. August 1858, der das sogenannte Interimistikum Bodes aus dem Jahr 1832 ersetzte und die städtischen finanziellen Ansprüche gegenüber der Landesregierung erheblich verbesserte. Hatte Bode die konfliktbehafteten und unsicheren finanziellen Verhältnisse zwischen Stadt und Landesherr 1832 mit der Übereinkunft über die der Stadt jährlich auszuzahlende Summe von 36.000 Reichstalern aus den von der Domänenkammer verwalteten Kämmereigütern vorübergehend verbessern können, so gelang es Caspari diese in dem mit der Landesregierung geschlossenen Aerarvertrag dauerhaft zugunsten der Stadt zu regeln und festzuschreiben. Der sogenannte Caspari-Vertrag ist im Landtagsabschied vom 9. September 1858 enthalten, der am 1. August 1858 durch von Geheimrat August Geyso seitens des Staatsministeriums und am 10. August 1858 von Caspari unterzeichnet wurde. In ihm gab die Stadt Braunschweig ihre Ansprüche auf eine Anzahl Güter, Gebäude und Einkünfte an die herzogliche Landesregierung ab. Im Gegenzug erhielt die Stadt das Altstadtrathaus mit dem Autorshof zurück und ließ sich unter anderem die Finanzierung der Bau- und Erhaltungskosten der Okerbrücken, der Unterhaltungskosten der Wallpromenaden sowie die Kosten für die Pflasterung und Unterhaltung gewisser Straßen und Plätze sowie der Straßenbeleuchtung durch die Staatskasse zu sichern.[12]

Das überdurchschnittliche Engagement des langjährigen Oberbürgermeisters dokumentiert ein Zeitungsartikel aus dem Braunschweiger Tageblatt vom 14. Januar 1879, nach der Bekanntgabe der Bitte Casparis um die Versetzung in den Ruhestand: „Mit einer nicht leicht übertroffenen Arbeitskraft verband Caspari ein außergewöhn-

---

11 Zum fünfundzwanzigsten Amtsjubiläum des Oberbürgermeisters Caspari in Braunschweiger Tageblatt vom 16. Mai 1873.
12 Niedersächsisches Landesarchiv – Staatsarchiv Wolfenbüttel, 51 Neu Nr. 544.

Grabstein für Oberbürgermeister Caspari auf dem ehemalige Katharinenfriedhof (Foto: Uwe Krebs).

liches Organisationstalent und eine ausdauernde Beharrlichkeit in der Erstrebung des vorgesteckten Ziels."[13]

Am 2. Januar 1879 bat Caspari nach 31-jähriger Amtszeit um Versetzung in den Ruhestand: „Am 29. April 1848 zum Vorsitzenden des hiesigen Stadt-Magistrats erwählt, habe ich dieses Amt jetzt über 30 Jahre bekleidet und der Stadt nach meinem besten Wissen mit allen meinen Kräften zu nützen gesucht. Jetzt fühle ich nun aber, dass meine Kräfte den Anforderungen, welche jetzt an meine Stellung gemacht werden, nicht mehr in dem Maaße zu entsprechen im Stande sind, wie ich solches für notwendig halte und wie für meine innere Zufriedenheit jedenfalls erforderlich ist [...]."[14] Mit Beschluss der Stadtverordneten vom 30. Januar 1879 wurde Caspari mit einem jährlichen Ruhegehalt von 11.560 Mark in den Ruhestand versetzt.

Bereits mit den Festlichkeiten anlässlich seines 25-jährigen Dienstjubiläums hatte man die Leistungen Casparis für die Stadt gewürdigt und ihm zu diesem Anlass seitens der Stadtverordnetenversammlung eine Bronzebüste seines Brustbildes überreicht.[15] Zudem wurde ihm aus diesem Anlass das Kommandeurskreuz erster Klasse des Ordens Heinrichs des Löwen verliehen. Das Lehrerkollegium sämtlicher städtischer Schulen und der Waisenhausschule übergab ihm für seine besonderen Verdienste um das Braunschweiger Schulwesen eine in Aquarell ausgeführte Gedächtnistafel und die Handwerkskammer ernannte ihn zum Ehrenmitglied. Casparis Lebensleistung sollte nach dem Eintritt in den Ruhestand seitens der Stadt noch durch

---

13 Aus dem Herzogthume, in: Braunschweiger Tageblatt, 14.01.1879, S. 2.
14 Stadtarchiv Braunschweig, D IV: 95.
15 Stadtarchiv Braunschweig, D IV: 97 und H VIII A: 699.

die höchste Ehrenbezeugung honoriert werden, die eine Kommune verleihen kann. So wurde Caspari mit Beschluss der Stadtverordnetenversammlung vom 6. Februar 1879 das Ehrenbürgerrecht in der Stadt Braunschweig verliehen.

Nur ein Jahr später am 3. Mai 1880 starb Caspari in Braunschweig im Alter von 74 Jahren. Viele Bürger wollten der Beerdigung ihres beliebten ehemaligen Oberbürgermeisters beiwohnen und das „stattgehabte Begräbnis des Oberbürgermeisters a. D. Caspari hatte sich, wie zu erwarten war, zu einer Trauerfeierlichkeit unter so zahlreicher Beteiligung gestaltet, wie Braunschweig solche nur in seltenen Fällen zu sehen Gelegenheit hatte".[16]

Den Bestrebungen der Stadt, ihrem Ehrenbürger auf seinem Grab auf dem Katharinenfriedhof ein Denkmal errichten zu lassen, waren die Angehörigen zuvorgekommen und so wurde im November 1880 auf dem Grab des Oberbürgermeisters das von seinen Angehörigen gewidmete vier Meter hohe Denkmal durch Hofbildhauer Strümpell errichtet.

Nach Caspari wurde die Casparistraße benannt, die den Hagenmarkt und Ruhfäutchenplatz verbindet und im Zuge des Baus der Friedrich-Wilhelm-Straße und Münzstraße als Verkehrsanbindung des Alten Bahnhof bis zum Hagenmarkt 1888 fertiggestellt wurde.

Katja Matussek, Braunschweig

---

16 Braunschweigische Anzeigen vom 6. Mai 1880, S. 2.

„Wilhelm Pockels hat sich durch seine Tätigkeit
in den Annalen der Stadt Braunschweig ein Denkmal gesetzt,
das unvergänglicher ist als ein solches aus Stein und Erz."[1]

WILHELM JOHANN BAPTIST POCKELS (1879 – 1904)

Am 19. Juli 1832 wurde Wilhelm Johann Baptist als Sohn des Wolfenbütteler Stadtrats Wilhelm Johann Baptist Pockels in Wolfenbüttel geboren. Aufgewachsen ist der junge Pockels allerdings in Holzminden, nachdem sein Vater bereits ein Jahr nach seiner Geburt dorthin als Kreisdirektor versetzt worden war. In Holzminden besuchte Wilhelm zunächst die Bürgerschule und anschließend das dortige Gymnasium, das er 1850 mit dem Abitur abschloss. Noch im gleichen Jahr nahm Pockels sein Jurastudium in Göttingen auf. Im Sommer 1853 verließ er Göttingen und kehrte zunächst nach Holzminden zurück. Vom 1. Oktober 1853 an absolvierte Wilhelm Pockels seine Militärzeit beim Herzoglich Braunschweigischen Feldkorps in Braunschweig.[2] Parallel dazu legte er sein erstes juristisches Staatsexamen ab und wurde im Januar 1854 als Rechtskandidat am Herzoglichen Stadtgericht in Braunschweig zugelassen.[3] Ende des Jahres bat er um eine Versetzung in seinen Heimatort Holzminden, die bewilligt wurde. Dort war er zunächst am Herzoglichen Amtsgericht, später dann bei der Staatsanwaltschaft in Holzminden als Jurist tätig.[4]

Am 26. Januar 1858 wurde der erst 25-jährige Pockels einstimmig zum Vorsitzenden des Stadtmagistrats von Seesen gewählt und am 14. Juli als Bürgermeister von Seesen in das Amt eingeführt.[5] Knapp ein Jahr später bestand Pockels das zweite juristische Staatsexamen und verfügte damit auch über die formal nötige Qualifikation für den Staatsdienst. Die Gelegenheit für einen auch von ihm persönlich angestrebten Wechsel bot sich im Dezember 1863. Pockels wurde zum Amtsgerichtssekretär ernannt, erhielt den Titel Polizei-Assessor und war als solcher acht Jahre lang in der Landeshauptstadt Braunschweig tätig. Kurz nach seinem Umzug musste Pockels einen per-

---

1 Oberbürgermeister Dr. Pockels †, in: Braunschweigische Landeszeitung und Tageblatt, 14. Januar 1904, S. 2.
2 Niedersächsisches Landesarchiv – Staatsarchiv Wolfenbüttel, 25 B Neu Nr. 527.
3 Stadtarchiv Braunschweig, G IX 11: 8.
4 L. Engelbrecht, Oberbürgermeister Wilhelm Pockels, in: Braunschweigisches Magazin (1904), Nr. 3, S. 25-29.
5 Stadtarchiv Braunschweig, G IX 11: 8.

Bildnis Wilhelm Pockels, Öl auf Leinwand von Erich Körner, 1902 (Städtisches Museum Braunschweig, Inv.-Nr. 1200-0286-00, Foto: Jakob Adolphi)

sönlichen Schicksalsschlag hinnehmen. Am 15. August 1864 starb seine erste Frau, Fanny Rädecker, im Alter von nur 27 Jahren an Entkräftung.[6] Sie wurde am 17. August auf dem Magnifriedhof beigesetzt.[7] Erst sechs Jahre später ging Pockels eine zweite Ehe ein, er heiratete die gebürtige Holsteinerin Susanne Weinkauff,[8] mit der er sieben gemeinsame Kinder hatte.

Mit der Ernennung zum Assessor hatte Wilhelm Pockels die erste Stufe seiner beruflichen Karriere erreicht, weitere sollten sich anschließen. Am 1. März 1872 an die Herzogliche Kreisdirektion Braunschweig versetzt und ein gutes Jahr später zum ersten hauptamtlichen Direktor des Gefängnisses in Wolfenbüttel ernannt. Pockels arbeitete sich in dieser Position nicht nur schnell in das für ihn neue Sachgebiet ein, sondern er setzte auch seine persönliche Überzeugung und bürgerlich geprägte Weltanschauung um: Sein Ziel war es, „den Rückweg der Sträflinge in die bürgerliche Gesellschaft zu ebnen"[9] und diese „wenn möglich wieder zu nützlichen Mitgliedern der menschlichen Gesellschaft zu machen".[10] Ein Verhalten, das über die Landesgrenzen hinaus für Aufmerksamkeit sorgte[11] und offenbar auch in Wolfenbüttel Anerkennung fand. Denn seit 1876 saß Wilhelm Pockels in der dortigen Stadtverordnetenversammlung,[12] ein kommunalpolitisches Ehrenamt, das der damalige Gefängnisdirektor zwar annahm, aber nur wenige Jahre ausfüllen konnte.

Nachdem Wilhelm Pockels am 20. Februar 1878 als Nachfolger von Eduard Meyer[13] zum Polizeidirektor der Stadt Braunschweig berufen worden war, kehrte er in die Landeshauptstadt zurück. Doch auch dieses Amt hatte er nicht lange inne. Nach nur einjähriger Dienstzeit setzte er sich bei der Oberbürgermeisterwahl im März 1879 im zweiten Wahlgang mit 17 der 33 Stimmen der vereinigten Versammlung von Stadtmagistrat und Stadtverordneten gegen den Stadtrat Rittmeyer,[14] den Schwiegersohn des am 15. Februar pensionierten Oberbürgermeisters Heinrich Caspari,

---

6   Todesanzeige Fanny Rädecker, in: Braunschweigische Anzeigen, 17.08.1864, S. 8605.
7   Stadtarchiv Braunschweig, G III 1: 146.2, S. 774.
8   Stadtarchiv Braunschweig, G III 1: 99, S. 464.
9   Wilhelm Pockels, Über das Besserungswerk der Strafe und die Rückkehr der Sträflinge in die bürgerliche Gesellschaft, Vortrag des Strafanstalts-Directors Pockels in der Versammlung des Bürgervereins zu Braunschweig am 25. Februar 1876, Wolfenbüttel 1876, S. 12.
10 Engelbrecht, Pockels (wie Anmerkung 4), S. 27.
11 Ebd.
12 Stadtarchiv Braunschweig, G IX 11: 8.
13 Volker Dowidat, Polizei im Rückspiegel, die Geschichte der Polizeidirektion Braunschweig, Braunschweig 2003, S. 22.
14 Hans-Walter Schmuhl, die Herren der Stadt: Bürgerliche Eliten und städtische Selbstverwaltung in Nürnberg und Braunschweig vom 18. Jahrhundert bis 1918, Gießen 1998, S. 483 und 487.

Ausschnitt Stadterweiterungsplan von Ludwig Winter, 1889 (Stadtarchiv Braunschweig, H XI 26/2)

durch.¹⁵ Am 1. Mai trat Pockels, der zwischenzeitlich vom Landesherrn als Vorsitzender des Braunschweiger Stadtmagistrats bestätigt worden war und den Titel Oberbürgermeister erhalten hatte, seinen Dienst an. Schon bei der Einführung in das Amt betonte er, dass er die „Wahrung und Mehrung des Gemeinwohls unserer Stadt" als wichtigste gemeinsame Aufgabe der Stadtverwaltung betrachte.¹⁶

15 Lokales, in: Braunschweiger Tageblatt, 21. März 1879, S. 2. Stadtarchiv Braunschweig, D IV: 95. Stadtarchiv Braunschweig, D IV 101.
16 Lokales, in: Braunschweiger Tageblatt, 2. Mai 1879.

Insbesondere am Anfang seiner Amtszeit stand Pockels eine innerstädtische Opposition entgegen, die wohl Probleme damit hatte, dass dem „patriarchalisch-gemütlichen Regiment [...], ein solches folgte, bei dem die Zügel straff und energisch angezogen wurden".[17] Doch Pockels Geschäftsführung, sein Engagement und die Fortschritte in der Stadtentwicklung überzeugten auch seine Kritiker. In seiner über zwanzigjährigen Amtszeit professionalisierte sich die Stadtverwaltung und die städtische Infrastruktur wurde erheblich ausgebaut:[18] u. a. werden die städtische Kanalisation[19] sowie die Rieselfelder[20] angelegt, die Straßenbeleuchtung durch Gaslaternen verbessert, der Zentralfriedhof[21] eingerichtet, zahlreiche neue Schulen[22] sowie das neue Rathaus[23] gebaut. Eine besondere Herausforderung für die städtische Verwaltung unter Wilhelm Pockels war die durch Wanderungsbewegungen, die Industrialisierung und den Rückgang der Sterblichkeit bedingte annähernde Verdoppelung der Einwohnerzahl Braunschweigs[24] von etwa 74.000 im Jahr 1879 auf 130.000 im Jahr 1904. Sie reagierte mit einem von Stadtbaurat Ludwig Winter[25] 1889 erarbeiteten Stadterweiterungsplans,[26] in dem die rege Bautätigkeit in der Außenstadt geregelt wurde. Dieser Plan, in dem das Konzept einer breiten Ringstraße durch die Außenstadt analog zu den bereits existierenden Wallpromenaden umgesetzt worden war, prägte die Stadterweiterung in den folgenden Jahrzehnten und er ist auch heute noch deutlich im Straßenbild der Stadt zu erkennen.

Die bedeutende Rolle des Oberbürgermeisters spiegelte sich auch in den Gehaltszahlen wider. Während das Einstiegsgehalt von Pockels noch 7.500,– Mark betrug

---

17 Pockels, in: Braunschweigische Landeszeitung (wie Anmerkung 1).
18 Norman-Mathias Pingel, Stadterweiterung und städtische Behörden in Braunschweig 1851-1914 (Braunschweiger Werkstücke 99), Braunschweig 1998.
19 Louis Mitgau, Die Entwässerungsanlagen und Rieselfelder in: Rudolf Blasius (Hrsg.), Braunschweig im Jahre 1897, Braunschweig 1897, S. 352-362.
20 Stadtarchiv Braunschweig, H III 5: 48.
21 Evangelisch-Lutherischer Stadtkirchenverband (Hrsg.): Hauptfriedhof Braunschweig 1887-1987, Braunschweig 1987.
22 Monika Lemke-Kokkelink, Ludwig Winter (22.1.1843-6.5.1930), Stadtbaurat und Architekt des Historismus in Braunschweig, Katalog zur Ausstellung anlässlich des 150. Geburtstages im Braunschweiger Rathaus vom 12. Oktober bis 12. November 1993, Braunschweig 1993, S. 67-70.
23 Uwe Beitz, Zur Zierde der Stadt, Baugeschichte des Braunschweiger Burgplatzes seit 1750, Braunschweig 1989, S. 130-138.
24 Pingel, Stadterweiterung (wie Anmerkung 18), 1998, S. 13-16.
25 Stephanie Borrmann, Ludwig Winter, in: Horst-Rüdiger Jarck, Günter Scheel (Hrsg.), Braunschweigisches Biographisches Lexikon, 19. und 20. Jahrhundert, Hannover 1996, S. 661-662. Norman-Mathias Pingel, Ludwig Winter, in: Luitgard Camerer, Manfred R. W. Garzmann, Wolf-Dieter Schuegraf (Hrsg.), Braunschweiger Stadtlexikon, Braunschweig 1992, S. 250.
26 Lemke-Kokkelink, Winter (wie Anmerkung 22), S. 48-54.

erhielt er 1891 bereits 12.000,- Mark im Jahr[27] und damit mehr als der Oberlandesgerichtspräsident, der höchste Richter des Herzogtums Braunschweig.[28] Doch Pockels Karriere blieb nicht nur auf die Stadtverwaltung begrenzt. Seit 1881 war der Braunschweiger Oberbürgermeister auch Mitglied der Braunschweigischen Landesversammlung, dessen Präsident er 1898 wurde. Pockels gehörte wie beispielsweise seine Amtskollegen Franz Adickes[29] in Frankfurt a. M. und Dr. Georg Ritter von Schuh in Nürnberg[30] im langen 19. Jahrhundert zu dem Teil der politischen Funktionselite, dessen Einfluss weit über die jeweiligen Kommunen hinausging, an deren Spitze sie standen.

Bereits 1863, im Alter von nur 31 Jahren wurde Wilhelm Pockels als Anerkennung seiner besonderen Leistungen zum Wohle der Stadt zum Ehrenbürger der Stadt Seesen ernannt. Im Laufe der Jahre folgten noch zahlreiche weitere Auszeichnungen und Ehrenbezeugungen, von denen an dieser Stelle nur noch eine erwähnt werden soll: Am 9. Juli 1897 verlieh die juristische Fakultät der Universität Göttingen Wilhelm Pockels die Ehrendoktorwürde für seine Verdienste um die Neuordnung des evangelischen Kirchenwesens, die er als Mitglied der Landessynode mit verantwortet hatte.[31]

Als klassischer Vertreter des Bürgertums engagierte sich Wilhelm Pockels auch außerhalb seines Berufs. Er war seit 1864 Mitglied des Großen Klubs und hatte Ehrenämter im Schul- sowie Kirchenwesen inne.[32] Der Braunschweiger Oberbürgermeister stand dem Liberalismus zwar nahe, hielt sich aber aus dem Parteibetrieb fern und legte großen Wert auf persönliche Unparteilichkeit und größtmögliche Objektivität. Pockels, den Zeitgenossen als pflichtbewussten, energischen und prinzipientreuen, aber auch eher unnahbaren Ehrenmann charakterisierten, der immer im Dienste der Sache entschied, entsprach diesem Bild Zeit seines Lebens. Nachdem er am Morgen des 13. Januar 1904 noch den Landtag mit den Worten „seien Sie überzeugt, dass ich mit aller Gewissenhaftigkeit bestrebt sein werde, meine

---

27 Stadtarchiv Braunschweig, D IV 101.
28 Schmuhl, Herren (wie Anmerkung 14), S. 480-481.
29 Wolfgang Klötzer, Franz Adickes, Frankfurter Oberbürgermeister 1891-1912, in: Klaus Schwabe (Hrsg.), Oberbürgermeister, Büdinger Forschungen zur Sozialgeschichte, Boppard 1981, S. 39-56.
30 Gerhard Hirschmann, Dr. Georg Ritter von Schuh, Oberbürgermeister von Nürnberg 1892-1913, in: Klaus Schwabe (Hrsg), Oberbürgermeister, Büdinger Forschungen zur Sozialgeschichte, Boppard 1981, S. 57-75.
31 Tages-Nachrichten, in: Braunschweiger Tageblatt, 25. Juli 1897, S. 2. Stadtarchiv Braunschweig, H VIII A 3987.
32 Engelbrecht, Pockels (wie Anmerkung 4), S. 28.

Pflicht zu tun"[33] eröffnet hatte, zwang ihn beim anschließenden Galadiner eine Unpässlichkeit, die Veranstaltung zu verlassen. Noch auf dem Weg aus dem Saal erlag Wilhelm Pockels einem tödlichen Schlaganfall und fand damit aus Sicht des damaligen Zeitgeistes einen „Heldentod". Der Vizepräsident des Braunschweigischen Landtags Wilhelm Semler erinnerte tags darauf mit folgenden Worten an den Verstorbenen: „Unvergessen wird das Bild bleiben, wie ich gestern unsern Pockels bis zum letzten Moment hoch aufgerichtet sah, wie er strammen Schrittes sich hielt, bis der Tod – unser aller Meister – mit eiserner Hand ihn niederschlug. Ein beneidenswertes Ende fürwahr, das diesem Manne beschieden war. Bis zum letzten Moment konnte er in Pflichttreue seines Amtes walten. Wahrlich ein beneidenswertes Ende."[34]

Während Pockels Amtszeit erhielten der Oberbürgermeister und die Mitglieder des Magistrats das Recht, statt einer speziellen Amtstracht eine Amtskette zu tragen. Die zu diesem Zweck 1881 angefertigte Kette des Oberbürgermeisters ist bis heute in Gebrauch.

Am 16. Januar 1904 wurde Wilhelm Johann Baptist Pockels, der über 20 Jahre lang die Geschicke der Stadt lenkte, auf städtische Rechnung in einem Ehrengrab auf dem Braunschweiger Hauptfriedhof bestattet.[35] Die Erinnerung an Oberbürgermeister Wilhelm Pockels wird auch heute noch in der Stadt Braunschweig wachgehalten: Bereits kurz nach seinem Tod wurden Teile der Neuen Promenade, dem ehemaligen Wohnsitz des Oberbürgermeisters, in Pockelsstraße umbenannt.

Claudia Böhler, Braunschweig

---

33 Begräbnis des Oberbürgermeister Pockels, in: Braunschweiger Neueste Nachrichten, 17. Januar 1904, S. 14.
34 Engelbrecht, Pockels (wie Anmerkung 4), S. 28.
35 Stadtarchiv Braunschweig, D IV: 102.

„Arbeiten und nicht verzagen"[1]

Hugo Retemeyer (1904 – 1925)

Hugo Retemeyer wurde am 24. April 1851 in Mascherode / Kreis Braunschweig geboren. Sein Vater war dort Landwirt, seine Mutter, eine geborene Salomon, stammte aus Wolfenbüttel. Nach der Volksschule besuchte er das Gymnasium in Braunschweig und absolvierte anschließend ein Jurastudium in Göttingen und Leipzig. Im Jahr 1874 legte er das Erste juristische Staatsexamen ab, im November desselben Jahres wurde er als Auditor (Referendar) den Braunschweiger Gerichten zum Vorbereitungsdienst überwiesen. 1878 bestand er die Zweite juristische Staatsprüfung, im Juli 1879 erhielt er den Titel Gerichtsassessor.[2]

Bereits im Jahr 1880 wurde Retemeyer als besoldetes Mitglied in den Magistrat gewählt. Die städtischen Gremien sahen davon ab, dass Retemeyer die vorgeschriebenen fünf Dienstjahre als Staats- oder Kommunalbeamter oder Advokat nicht nachweisen konnte; sie beurteilten die formale Qualifikation offensichtlich höher als die Berufserfahrung und erwirkten einen Dispens der Regierung.[3] Zuständig war Retemeyer in den kommenden Jahren für das Bauwesen und für Wirtschaftsfragen. Er trieb den Ausbau der Kanalisation, der Trinkwasserversorgung und des Straßennetzes voran, wobei besonders die Anlage des sogenannten wilhelminischen Ringes zu erwähnen ist. In seine Amtszeit fällt der Neubau der Taubstummenanstalt und des Thomaestifts. Besonders interessierte ihn der städtische Marstall.

Parteipolitisch war Retemeyer nicht gebunden. Im Jahr 1887 kandidierte er allerdings bei den Reichstagswahlen für die bürgerlichen Parteien. Er gewann den Braunschweiger Wahlkreis gegen den sozialdemokratischen Kandidaten. Retemeyer blieb freilich nur eine Wahlperiode bis 1890 Mitglied des Reichstags. 1894 verlieh ihm der Regent den Titel Bürgermeister. Nach dem Tod von Oberbürger-

---

1 Hugo Retemeyer in der Sitzung der Stadtverordnetenversammlung am 14.11.1918, vgl. Sitzung der Stadtverordneten, in: Braunschweigische Landeszeitung, 15.11.1918, S. 3.
2 Für eine eindrucksvolle Würdigung Retemeyers vgl. Gerd Biegel, Hugo Retemeyer (1851 – 1931). Oberbürgermeister und Ehrenbürger der Stadt Braunschweig. Eine Würdigung zum 75. Todestag am 17. März 2007, in: Informationen und Berichte des Braunschweigischen Landesmuseums, 1-4/2006, S. 2-25.
3 Hans-Walter Schmuhl, Die Herren der Stadt. Bürgerliche Eliten und städtische Selbstverwaltung in Nürnberg und Braunschweig vom 18. Jahrhundert bis 1918, Gießen 1998, S. 480.

Hugo Retemeyer,
Fotografie 1917
(Stadtarchiv
Braunschweig,
H XVI G II: 2)

meister Wilhelm Pockels wurde Retemeyer am 28. Januar 1904 in einer gemeinsamen Sitzung von Magistrat und Stadtverordneten zu dessen Nachfolger gewählt. Im Vorfeld der Wahl war es zu Diskussionen gekommen, da es für dieses Amt keine Ausschreibung gegeben hatte. Die sozialdemokratischen Stadtverordneten schlugen einen Gegenkandidaten vor, der aber angesichts der Mehrheitsverhältnisse keine Chance besaß.

Am 4. Februar bestätigte der Regent unter Verleihung des Titels Oberbürgermeister die Wahl; am 10. Februar erfolgte die feierliche Amtseinführung durch den Kreisdirektor Konrad Langerfeldt. In seiner Antrittsrede pries Retemeyer das hohe Gut der städtischen Selbstverwaltung, warb aber zugleich um das Wohlwollen der Staatsregierung für die Stadt Braunschweig. Ein vertrauensvolles Verhältnis strebte er zur Stadtverordnetenversammlung an und er warb um das Vertrauen der Braunschweiger Bürger.[4] Bereits im Februar 1904 wurde Retemeyer als Vertreter des 2. Wahlkreises der Stadt Braunschweig in den Landtag gewählt, dessen Mitglied er bis 1919 blieb und dessen Präsidentschaft er 1917 übernahm. Er gehörte auch der Synode der evangelisch-lutherischen Landeskirche an.

Braunschweig hatte sich in den Jahrzehnten vor dem Ersten Weltkrieg zu einer modernen Industriestadt entwickelt. Die Wirtschaft wuchs dynamisch. Die Industriestruktur prägten Betriebe des Maschinen-, Apparate- und Instrumentenbaus. Mit den Büssing-Werken gab es seit der Jahrhundertwende einen zukunftsträchtigen Industriezweig. Die Stadt verdoppelte im Zeitraum von 1880 bis 1910 ihre Einwohnerzahl. In dieser Zeit entwickelte sich in Braunschweig eine klassenbewusste Industriearbeiterschaft. Es begann der Aufstieg der SPD und der Gewerkschaften. Sozialdemokraten zogen in die Stadtverordnetenversammlung ein. Die Zahl der sozialdemokratischen Stadtverordneten stieg bis 1903 auf elf; damit stellten die Sozialdemokraten bis auf einen Wahlbezirk alle Stadtverordneten der 3. Klasse. Gleichwohl sicherte das bestehende, in hohem Maße ungleiche, die Vermögenden begünstigende Dreiklassenwahlrecht den bürgerlichen Honoratioren bis 1918 eine breite Mehrheit in der Stadtverordnetenversammlung. Retemeyer hatte es also dort mit eindeutigen Mehrheitsverhältnissen zu tun.

Wichtig waren auch Retemeyers enge verwandtschaftliche Beziehungen zur städtischen Elite: Er war verschwägert mit Hermann Hauswaldt, dem Direktor der Braunschweigischen Bank; er heiratete 1882 Louise Wagner, eine Tochter des Hofbuch-

---

4 Die Antrittsrede Retemeyers wurde abgedruckt, vgl. Stadtnachrichten, in: Braunschweigische Landeszeitung, 10.2.1904. Hierzu auch: Biegel, Retemeyer (wie Anmerkung 2), S. 16.

händlers Friedrich Wagner. Er trat damit in Verbindung zu Wagners Teilhaber, Ottomar Lord, „einem der einflussreichsten Honoratiorenpolitiker Braunschweigs".[5] Angesichts der Mehrheitsverhältnisse in der Stadtverordnetenversammlung und der ‚Versäulung' der städtischen Führungsschicht fanden die Forderungen der sozialdemokratischen Stadtverordneten, wie z. B. die Änderung des Kommunalwahlrechts, die Verbesserung des Vereinsrechts, das bis dahin vor allem die Frauen diskriminierte, bis Kriegsende keine Mehrheit im Magistrat und in der Stadtverordnetenversammlung.

In der Amtszeit Retemeyers veränderte sich die Infrastruktur der Stadt kontinuierlich. Der Ausbau und die Verbesserung des Straßennetzes wurden fortgesetzt, die sanitären Einrichtungen weiter verbessert. In Rüningen und am Bienroder Weg wurden neue Wasserwerke errichtet, in Eisenbüttel ein Kraftwerk. Das städtische Rieselgut Steinhof wurde erweitert. An Kirchen-, Schul- und Anstaltsbauten sind zu erwähnen: die Johannis-, Pauli- und Jakobikirche, die Schule an der Diesterwegstraße, die Gauß-Oberrealschule, die Errichtung eines Schulmuseums. Das städtische Museum, die Stadtbibliothek und das Stadtarchiv erhielten einen Neubau; weiterhin zu erwähnen ist der Bau eines Krematoriums.[6] Bei allen baulichen Aktivitäten verfolgte der Magistrat unter Retemeyer eine vorsichtige Finanzpolitik. Die Stadt Braunschweig gehörte zu den Großstädten in Deutschland, die den niedrigsten städtischen Steuersatz erhoben.[7]

Der erste Weltkrieg stellte die städtischen Behörden vor neue Herausforderungen. Das betraf in erster Linie die Lebensmittel- und Brennstoffversorgung der Bevölkerung sowie die Kriegsfürsorge. Bereits wenige Monate nach Kriegsbeginn machten sich Engpässe bei den Nahrungsmitteln bemerkbar. Im März 1915 wurden an die Bevölkerung Brotkarten ausgegeben, eine erste Bewirtschaftungsmaßnahme. Angesichts der ständig steigenden Lebensmittelpreise wurde – nicht zuletzt auf Grund des energischen Drängens der sozialdemokratischen Stadtverordneten – in der kurz zuvor errichteten städtischen Lebensmittelstelle eine Preisprüfungskommission gegründet.

Im Mai 1916 ging die Stadt zur völligen Bewirtschaftung von Fleisch über. Vorausgegangen waren schwere Unruhen in der Stadt Braunschweig. Erst auf entschiedenes Drängen der Landesregierung und des Militärs ergriff der Magistrat weitere

---

5   Schmuhl, Herren (wie Anmerkung 3), S. 485.
6   Verwaltungsberichte der Stadt Braunschweig 1880ff.
7   Biegel, Retemeyer (wie Anmerkung 2), S. 16.

Maßnahmen: die Errichtung von zwei Stadtküchen und das Einsetzen eines Ernährungsausschusses, der sich zur wichtigsten städtischen Institution für die Versorgung entwickelte. Lange Zeit verhielten sich Magistrat und Stadtverordnetenversammlung sehr zurückhaltend gegenüber einer Beteiligung von Sozialdemokraten in den genannten Institutionen, eine Politik, die zweifellos das Konfliktpotenzial zwischen Bürgertum und Arbeiterschaft erhöhte. Dass eine Reform des rückständigen Gemeindewahlrechts nicht zustande kam, verschärfte die Spannungen. Die politische Führungsschicht der Stadt erwies sich als zu wenig reformbereit.[8]

Eine revolutionäre Massenbewegung fegte am 7./8. November 1918 – früher als in der Reichshauptstadt Berlin und in den meisten Bundesstaaten – das alte System hinweg. Der Herzog dankte ab, die „Sozialistische Republik Braunschweig" wurde ausgerufen, ein Arbeiter- und Soldatenrat und der Rat der Volksbeauftragten übernahmen die Macht. In beiden Institutionen besaß der linke Flügel der Arbeiterbewegung den dominierenden Einfluss – das gab es sonst nirgends im Reich. Für kurze Zeit hatte der Arbeiter- und Soldatenrat Oberbürgermeister Retemeyer zusammen mit Mitgliedern der Staatsregierung verhaftet; Retemeyer wurde aber bereits am 12. November aus der Haft entlassen.[9] Am 14. November trat die Stadtverordnetenversammlung in der alten Besetzung zu ihrer ersten Sitzung nach den turbulenten Tagen zusammen. Retemeyer sah die Stadt vor zwei große Aufgaben gestellt, den Empfang und die Unterbringung „unserer Krieger" sowie die Ernährung der Bevölkerung. Realistisch stellte er sich auf den Boden der Tatsachen: „Wir erkennen an, daß von unserem früheren Herzog die Staatsgewalt in die Hände des Arbeiter- und Soldatenrats gelegt ist … Wir müssen mit der tatsächlichen Regierung Hand in Hand gehen, um unsere Aufgaben zu erfüllen … Arbeiten und nicht verzagen."[10] Bereits am 15. Dezember 1918 fanden die ersten Stadtverordnetenwahlen nach dem vom Rat der Volkskommissare eingeführten allgemeinen, gleichen, geheimen und direkten Wahlrecht statt; erstmals hatten die Frauen das Wahlrecht. Die USPD – die Sozialdemokratie hatte sich 1917 gespalten – erhielt zwölf Mandate, die SPD acht Sitze, die DDP (Liberale) neun und der Landeswahlverband, eine bürgerliche Sammlungsbewegung, sieben Sitze. Der alte Magistrat mit Oberbürgermeister Retemeyer blieb trotz der veränderten Mehrheitsverhältnisse im Amt. Er regierte die Stadt auch in den turbulenten ersten Monaten des Jahres 1919.

Am 10. Februar 1919 trat der neu gewählte Landtag zu seiner konstituierenden Sitzung zusammen und verabschiedete wenig später die vorläufige Verfassung, die für das

---

8   Hans-Ulrich Ludewig, Das Herzogtum Braunschweig im Ersten Weltkrieg, Braunschweig 1984.
9   Stadt Braunschweig, in: Braunschweigische Landeszeitung, 12.11.1918, S. 3.
10 Sitzung der Stadtverordneten, in: Braunschweigische Landeszeitung, 15.11.1918, S. 3.

Land die parlamentarische Demokratie einführte. Dagegen liefen die Anhänger eines Rätesystems Sturm. Massenkundgebungen bestimmten das Stadtbild.

Am 9. April 1919 proklamierten die radikalen Kräfte den Generalstreik und legten die Stadt lahm. In dieser Situation geschah etwas Unerwartetes: die Bürgerlichen riefen den Gegenstreik aus; auch die städtischen Beamten. Die Aufforderung von Oberbürgermeister Retemeyer, den ungesetzlichen Streik zu beenden, wiesen die Beamten empört zurück.[11] Über Braunschweig verhängte die Reichsregierung den Belagerungszustand und schickte Militär. Das Freikorps Maercker besetzte am 17. April die Stadt[12]. Anfang Mai legte Retemeyer sein Landtagsmandat nieder und widmete sich ganz seiner Aufgabe als Oberbürgermeister.

Seit dem Frühsommer 1919 steuerte die Politik in Braunschweig allmählich in ruhigeres Fahrwasser. Nach dem Landesgesetz vom 2. August 1919 endete die Amtszeit des Magistrats und des Oberbürgermeisters am 30. September. Die Neuwahlen fanden in Braunschweig am 21. September statt. Retemeyer kandidierte erneut. Er wurde unterstützt von den bürgerlichen Parteien und von den Sozialdemokraten. Sein Gegenkandidat war August Wesemeier von der USPD. Retemeyer gewann die Wahl mit 32.205 Stimmen gegen 15.758. Gewählt war er für zehn Jahre.

Die Jahre 1919 bis 1923 waren für die Stadt Braunschweig wie für das ganze Land eine Zeit schwerster politischer, wirtschaftlicher und gesellschaftlicher Spannungen. Die Versorgungslage verschlechterte sich, es kam immer wieder zu Teuerungsunruhen. Arbeitslosigkeit und Inflation nahmen 1923 dramatische Ausmaße an. Mit der Errichtung des Städtischen Wohnungsamtes und des Städtischen Fürsorgeamtes reagierte die Stadt auf die Notsituation.[13]

Zum 31. März 1925 trat Oberbürgermeister Retemeyer, dem schon länger Krankheiten zu schaffen machten, in den Ruhestand. Wenige Tage zuvor hatte ihm der Magistrat auf einstimmigen Antrag der Stadtverordnetenversammlung das Ehrenbürgerrecht verliehen.

---

11 Vom Beamten- und Bürgerstreik, in: Braunschweigische Landeszeitung, 17.04.1919, S. 6.
12 Zur Revolution 1918/19: Ernst-August Roloff, Braunschweig und der Staat von Weimar, Braunschweig 1964. Bernd Rother, Die Sozialdemokratie im Land Braunschweig 1918-1933, Bonn 1990.
13 Die Stadt Braunschweig in der Zeit vom 1.April 1921 bis 31. März 1926. Verwaltungsbericht im Auftrage des Rats der Stadt, Braunschweig 1929.

Hugo Retemeyer, der am 17. März 1931 starb, hatte jahrzehntelang in den letzten Friedensjahren im Kaiserreich, im ersten Weltkrieg, in den turbulenten Monaten der Revolution 1918/19 und in den krisenhaften ersten Jahren der Weimarer Republik die Politik der Stadt mit außerordentlicher Tatkraft und politischem Realismus mitbestimmt.

Neubau Städtisches Museum, Stadtbibliothek und Stadtarchiv, 1906/10 (Stadtarchiv Braunschweig H XVI K II 1a)

Hans-Ulrich Ludewig, Schöppenstedt

*„Er hat Bedeutendes geschaffen,
und Großes sollte vollbracht werden"*[1]

PAUL TRAUTMANN (1925 – 1929)

Paul Trautmann wurde am 24. Februar 1881 als Sohn des Amtsrichters und nationalen Reichstagsabgeordneten Wilhelm Trautmann in Staßfurt bei Magdeburg geboren. Nach Studium in Halle, Göttingen und Kiel, juristischem Doktorexamen und volkswirtschaftlichem Staatsexamen mit der Note „magna cum laude" arbeitete er seit 1905 als Referendar bei der Stadt Kiel. 1912 wurde er als Gerichtsassessor ins Reichsministerium des Inneren berufen. Dort befasste er sich vor allem mit staats- und verkehrsrechtlichen Fragen und entwarf u. a. das erste Reichsluftgesetz, seit 1915 war er als Regierungsrat auch für die Bearbeitung der Kriegswirtschaft, insbesondere für Fragen der Volksernährung, sowie der Förderung und Erhaltung der deutschen Industrie zuständig. Am 12. Dezember 1916 wurde er zum Oberbürgermeister der Stadt Frankfurt/Oder gewählt. Dieses Amt trat er am 13. Februar 1917 an. Aus dieser Position bewarb er sich um das Amt des Oberbürgermeisters der Stadt Braunschweig. Nach seiner Wahl aus 58 Bewerbern am 2. Juli 1925 erfolgte seine Amtseinführung am 22. Oktober 1925 als Nachfolger von Hugo Retemeyer.

In seine Amtszeit fielen folgende wichtige Ereignisse:
1. Anschluss Braunschweigs an die Luftverkehrslinie Bremen-Chemnitz (3. Mai 1926)
2. Gründung der Nibelungen Wohnbau GmbH (2. Juli 1926)
3. Gründung der Braunschweigischen Flughafengesellschaft mbH (17. August 1926)
4. Bau des Nibelungenviertels (Richtfest für die Häuser an der Siegfriedstraße am 6. November 1926)
5. Motorisierung der Müllabfuhr (16. Februar 1928)
6. Eröffnung des Städtischen Viehhofes (5. März 1928)
7. Einweihung des „Hauses der geistigen Arbeit" (Öffentliche Bücherei und Lesehalle) (15. April 1928)
8. Einweihung des Gauß-Museums im Gaußhause Wilhelmstraße 30 (30. April 1929)

---

1 Abschied von Paul Trautmann, in: Braunschweigische Landeszeitung, 17.08.1929, S. 4.

Porträt von
Paul Trautmann, 1926
(Stadtarchiv
Braunschweig,
H XVI: G II 2)

Besonders zu erwähnen ist auch die auf Anregung Paul Trautmanns durchgeführte Feier des Goethe-Lessing-Jahres von 1929. Sie galt dem 200. Geburtstag Lessings und der Uraufführung von Goethes „Faust I" im Jahre 1829. Zwei bedeutende

Einführung des Oberbürgermeister Dr. Paul Trautmann am 22. Oktober 1925 in Braunschweig. Öl auf Leinwand von Franz Eduard Rothe, 1927 (Städtisches Museum Braunschweig, Inv.-Nr. 1200-0654-00, Foto: Jakob Adolphi)

Ausstellungen „Faust auf der Bühne" (in der Burg Dankwarderode) und „Lessing und seine Zeit" (in der Herzog August-Bibliothek Wolfenbüttel) haben damals die Aufmerksamkeit einer breiten Öffentlichkeit auf Braunschweig gelenkt.

Paul Trautmann erreichte im Rahmen seiner großzügigen Siedlungs- und Wohnungspolitik schon in den Jahren 1927 und 1928 das von ihm selbst aufgestellte jährliche Wohnungsbauziel von 1.000 Wohnungen. Ihm gelang auch die zunächst nicht für realisierbar gehaltene Verlegung der Reichsverkehrsfliegerschule nach Braunschweig. Am 15. November 1929 wurde der Schulbetrieb auf dem Flugplatz bei Broitzem eröffnet. Trautmann legte damit die Grundlagen für die Entwicklung Braunschweigs zur Stadt der Luftfahrt.

Auch der Ausbau der Straßen der Stadt ging während seiner Amtszeit zügig voran. Außerdem setzte sich Trautmann energisch für die flächenmäßige Erweiterung des Braunschweiger

Stadtgebiets und eine Aufhebung des Casparivertrages[2] ein, die allerdings erst nach seinem Tod 1934 erfolgte.

Am 13. August 1929 verstarb Trautmann völlig unerwartet an Lungenentzündung und Herzschwäche im Alter von nur 48 Jahren. Er wurde auf dem Braunschweiger Hauptfriedhof beerdigt. Neben dem Bautlerschen Mausoleum ist heute noch der für ihn errichtete, mit dem Stadtlöwen geschmückte, massive Grabstein zu finden.

Durch Paul Trautmann kam neues Leben in die Stadt, wegen seines frühen Todes musste er aber die Vollendung mancher Pläne seinen Nachfolgern überlassen. In seine Amtszeit fällt noch ein recht bekanntes lokales Ereignis, das erwähnt werden sollte. Am 6. Oktober 1927 erhielt die Stadt Braunschweig anlässlich des Gastspieles des Zirkus Sarrasani von dessen Besitzer ein junges Berberlöwenpärchen als lebende Wappentiere zum Geschenk. Sie wurden nach dem amtierenden Oberbürgermeister „Traute" und „Männe" genannt. Paul Trautmann ließ die Tiere im Städtischen Viehhof in eigens für sie geschaffenen Räumen unterbringen. Ein für die jungen Löwen im Stadtgebiet geplanter Zwinger ließ sich aus Kostengründen allerdings nicht verwirklichen.

Quellen

Stadtarchiv Braunschweig, D IV 107. Stadtarchiv Braunschweig, D IV 108. Stadtarchiv Braunschweig, D V 7: 2. Stadtarchiv Braunschweig, E II II: 541. Stadtarchiv Braunschweig, G X 6: 39. Stadtarchiv Braunschweig, H VIII A 49: 88. Stadtarchiv Braunschweig, H XIV: 23. Abschied von Paul Trautmann, in: Braunschweigische Landeszeitung, 17.08.1929, S. 4. Paul Trautmann, Kiels Ratsverfassung und Ratswirtschaft vom Beginn des 17. Jahrhunderts bis zum Beginn der Selbstverwaltung. Ein Beitrag zur deutschen Städtegeschichte, Kiel 1909, in: Mitteilungen der Gesellschaft der Kieler Stadtgeschichte, Hefte 25 und 26. Verwaltungsberichte der Stadt Braunschweig 1921-1926, 1926-1933. Braunschweigische Landeszeitung, Braunschweiger Neueste Nachrichten, Braunschweiger Allgemeiner Anzeiger sowie Volksfreund, 14.-17. August 1929.

Literatur

Luitgard Camerer, Manfred R. W. Garzmann, Wolf-Dieter Schuegraf (Hrsg.), Braunschweiger Stadtlexikon, Braunschweig 1992, S. 56. Luitgard Camerer, Manfred R. W. Garzmann und Wolf-Dieter Schuegraf (Hrsg.), Braunschweiger Stadtlexikon – Ergänzungsband, Braunschweig 1996, S. 131. Horst-Rüdiger Jarck, Günter Scheel (Hrsg.), Braunschweigisches Biographisches Lexikon, 19. und 20. Jahrhundert, Hannover 1996, S. 613. Erich Schulz, Führende Männer auf Braunschweigs Weg zur Großstadt, in: Braunschweiger Kalender, 1954, S. 38-40.

Johannes Angel, Weddel

---

2 Braunschweiger Stadtlexikon, herausgegeben im Auftrag der Stadt Braunschweig von Luitgard Camerer, Manfred R. W. Garzmann und Wolf-Dieter Schuegraf, Braunschweig 1992, S. 56.

„Deshalb ist die Pflege der geistigen Dinge
die Mutter der wirtschaftlichen Entwicklung"[1]

ERNST BÖHME (1929 – 1933; 1945 – 1948)

Ernst Böhme wurde am 23. Januar 1892 als Kind des Fabrikarbeiters Gustav Böhme und dessen Ehefrau Marie, geb. Wackerhagen in Magdeburg geboren. Von 1898 bis 1903 besuchte er die Bürgerschule, wechselte Ostern 1903 an die dortige Realschule und unter großen finanziellen Opfern der Familie wurde ihm 1906 der Besuch des Reform-Realgymnasiums in Magdeburg ermöglicht, wo er 1912 das Abitur machte. Im gleichen Jahr trat Ernst Böhme in die SPD ein. Nicht zuletzt vor dem Hintergrund der sozialen Verhältnisse der Familie war er ein ehrgeiziger und immens fleißiger Schüler, der sich noch im Alter stolz erinnerte an die „Auszeichnungen und Prämien, da er in sämtlichen Klassen ständig Klassenerster war".[2]

1912 bis 1914 studierte Ernst Böhme Rechts- und Staatswissenschaften in Göttingen, München, Berlin und Halle. Das notwendige Geld hatte er sich durch Nachhilfestunden als Abiturient und Mitarbeit im Magdeburger Gewerkschaftshaus verdient, das sein Vater inzwischen als Gastwirt übernommen hatte. Noch bevor Ernst Böhme das Studium ordnungsgemäß abschließen konnte, begann 1914 der Erste Weltkrieg, an dem er als Kriegsfreiwilliger teilnahm und schwer verwundet wurde. Hohe Auszeichnungen, aber auch die Erfindung und Konstruktion eines Apparates zur automatischen Berechnung des Witterungseinflusses auf die Flugbahn von Steilbahngeschossen blieben neben dem Grauen des Krieges prägende Erinnerungen an diese Zeit.[3] Während eines Heimaturlaubs 1917 legte Ernst Böhme seine erste juristische Staatsprüfung ab und wurde zum Rechtsreferendar ernannt. Nach

---

[1] Ernst Böhme, Die Zukunft Braunschweigs. Rede auf der Jahreshauptversammlung der Stadtvertretung Braunschweig am 15. Oktober 1947 (Kommunalpolitische Schriften der Stadt Braunschweig, Heft 1) Braunschweig 1947, S. 16.

[2] Skizze des Lebenslaufs von Ernst Böhme vom 25. März 1964 für den Sohn Heinz Böhme, S. 1 (Archiv KWSBB). Zu Ernst Böhme, vgl. auch: Hans-Ulrich Ludewig, Böhme, Ernst, in: Braunschweigisches Biographisches Lexikon (hrsg. von Horst-Rüdiger Jarck und Günter Scheel), Hannover 1996, S. 76f. Beatrix Herlemann, Böhme, Ernst, in: Magdeburger Biographisches Lexikon (hrsg. von Guido Heinrich und Gunter Schandera), Magdeburg 2002, S. 73. Gerd Biegel, Kultur als große Wiederaufbauhilfe. Ernst Böhme: Herausragender SPD Kommunalpolitiker und Braunschweiger Ehrenbürger, in: Die 100 größten Braunschweiger. Spezialausgabe der Braunschweiger Zeitung, Nr. 1 (2005), S. 42.

[3] Skizze des Lebenslaufs (wie Anm. 2), S. 1 und „Meinem lieben Vater", Laudatio von Dr. Karl-Heinz Böhme zum 75. Geburtstag von Ernst Böhme am 23. Januar 1967, S. 4 (Stadtarchiv Braunschweig, H VIII A: 417).

Bildnis von Dr. Ernst Böhme, Ölgemälde von Kurt Mohr, 1949 (Städtisches Museum Braunschweig, Inv.-Nr.: 1980-0068-00, Foto: Jakob Adolphi)

einem längeren Lazarettaufenthalt (August 1918 – März 1919) und bevor die Möglichkeit bestand, das zweite juristische Staatsexamen abzulegen, war er ab April 1919 bis 1921 als Arbeitersekretär in Neustrelitz tätig, gründete mehrere SPD-Ortsvereine in Mecklenburg und übernahm den Vorsitz des SPD-Ortsvereins in Neustrelitz. In diese Zeit fiel auch seine regionale Organisation des Generalstreiks gegen den Kapp-Putsch vom 13. März 1920. In den beiden folgenden Jahren setzte Ernst Böhme seinen juristischen Vorbereitungsdienst in Neustrelitz, Magdeburg und Naumburg an der Saale fort, den er im Dezember 1922 mit dem Assessorexamen abschloss. Im Februar begann er seinen Dienst bei der Stadtverwaltung Magdeburg, der ihn bis 1929 vom Magistratsassessor bis zum Stadtrat führte. In dieser Zeit gehörte Ernst Böhme neben dem Magdeburger Oberpräsidenten Otto Hörsing zu den Gründungspersönlichkeiten des am 22. Februar 1924 in Magdeburg ins Leben gerufenen Reichsbanners Schwarz-Rot-Gold.[4] 1925 heiratete er Lili Bahn.

Nach einem auch medial intensiv begleiteten Auswahlverfahren wurde Ernst Böhme am 23. November 1929 zum Oberbürgermeister der Stadt Braunschweig gewählt. Er war mit 37 Jahren der jüngste Oberbürgermeister einer deutschen Großstadt in der Weimarer Republik. Bei der Amtseinführung am 13. Dezember 1929 legte Ernst Böhme gegenüber den Mitarbeitern der Stadtverwaltung sein Grundverständnis bürgernaher Verwaltung dar, ausgehend von dem Grundsatz, „daß wir für das Publikum und nicht das Publikum für uns da ist".[5] In den politisch bereits unruhigen und wirtschaftlich schwierigen Zeiten realisierte Ernst Böhme als Großprojekte ein neues Stadtbad am Bürgerpark, den Bau der Wendentorbrücke, den Straßenausbau nach Norden, die Anlage des Hafens am Mittellandkanal sowie die Erschließung und Anlage einer Stadtrandsiedlung bei Lehndorf und verfolgte als Programm jährlich 1.500 neue Wohnungen zu schaffen. In seine Amtszeit fiel auch der 100. Geburtstag des Braunschweiger Schriftstellers Wilhelm Raabe, dessen Werken Ernst Böhme seit seiner Gymnasialzeit verbunden war. Daher unterstützte er 1931 die Errichtung eines Raabe-Denkmals auf dem Magnikirchhof ebenso wie er für die Erhaltung des Dichternachlasses sorgte, nur die geplante Einrichtung einer Gedenkstätte gelang ihm vorerst nicht.

Als Abgeordneter im Braunschweigischen Landtag hat sich Ernst Böhme seit 1930 engagiert für die Belange der Stadt Braunschweig eingesetzt und politisch gegen die seit 1930 mitregierenden Nationalsozialisten gekämpft. 1931 stellte er sich öffentlich im Landtag dagegen, Adolf Hitler einzubürgern, was ihm hasserfüllte Reaktionen und massive politische Anfeindungen einbrachte. Durch eine Verfügung des damaligen braunschweigischen Innenministers, dem Nationalsozialisten Dietrich Klagges, wurde Ernst Böhme am 13. März 1933 seines Amtes enthoben, von der SS im Rathaus verhaftet und in „Schutzhaft" genommen, aber noch am gleichen Abend entlassen. Am 25. März überfielen ihn dann SS-Schergen in seiner Wohnung in der Adolfstraße

---

4   Karl Rohe, Das Reichsbanner Schwarz Rot Gold. Ein Beitrag zur Geschichte und Struktur der politischen Kampfverbände zur Zeit der Weimarer Republik, Düsseldorf 1966, S. 45 und 63 ff.
5   Braunschweigische Landeszeitung vom 14. Dezember 1929 (Stadtarchiv Braunschweig H XIV: 23).

Verhaftung von Ernst Böhme durch die SS am 23. März 1933 (Stadtarchiv Braunschweig, H XVI: H III 1 f)

52, wobei Böhme mehrfach bis zur Bewusstlosigkeit geprügelt und grausam misshandelt wurde. Im Anschluss an diese Misshandlungen wurde er, dem man eine rote Schärpe umlegte, erneut in „Schutzhaft" genommen und in menschenverachtender Weise von der SS durch die Stadt ins Gefängnis am Rennelberg getrieben. Nach der Entlassung aus dem Gefängnis am 19. April 1933[6] wechselte Ernst Böhme nach Berlin. Da aus politischen Gründen seine Zulassung als Anwalt abgelehnt wurde, begann er ein Studium der Betriebs- und Volkswirtschaft in Berlin und Halle und nach einer ergänzenden Prüfung vor der Industrie- und Handelskammer war er von 1936 bis 1944 als Steuer- und Devisenberater in Berlin tätig. Eine kurzzeitige Einziehung zum Wehrdienst als Kriegsverwaltungsrat wurde aus politischen Gründen aufgehoben. Als am 30. Januar 1944 die Wohnung in der Kantstraße 150 in Charlottenburg ausgebombt wurde, zog die Familie nach Naumburg an der Saale, wo Ernst Böhme bis April

---

6 Die Anweisung zur Entlassung an Klagges erfolgte offenbar aufgrund einer Initiative von Joseph Goebbels, zu dem Böhmes Schwägerin, die Staatsschauspielerin Roma Bahn persönlichen Kontakt hatte.

1945 freiberuflich als Steuerberater und Buchprüfer tätig war. Auf Wunsch zahlreicher Bürger und auf Beschluss der amerikanischen Militärregierung kehrte Ernst Böhme nach Kriegsende nach Braunschweig zurück und wurde zum 1. Juni 1945 wieder in sein Amt als Oberbürgermeister eingesetzt. Die ab Juni 1945 zuständige britische Militärregierung setzte ab 1. April 1946 für den Bereich ihrer Besatzungszone eine neue Gemeindeordnung in Kraft, die nach britischem Vorbild eine zweigleisige Verwaltungsspitze vorsah. Neben dem ehrenamtlichen Oberbürgermeister, der zugleich Ratsvorsitzender war, führte nun ein hauptamtlicher Oberstadtdirektor die Leitung der Verwaltung.[7] Dieses Amt übernahm am 12. September 1946 Erich Walter Lotz, der bis 1960 erster Oberstadtdirektor Braunschweigs war. Ernst Böhme dagegen hatte sich für das ehrenamtliche Oberbürgermeisteramt entschieden, das in erster Linie repräsentative Aufgaben vorsah. Dennoch war er maßgebender Motor beim Wiederaufbau der weitgehend zerstörten und geschundenen Stadt Braunschweig. Neben einer planmäßigen Trümmerräumung, die Ernst Böhme erfolgreich organisierte, standen Wiederaufbau, Wohnungsbeschaffung und Infrastrukturmaßnahmen im Mittelpunkt der notwendigen Entscheidungen.

Aufgrund einer schweren Erkrankung nach einer misslungenen Kehlkopfoperation legte Ernst Böhme sein Amt am 17. Dezember 1948 nieder und übergab es in der an diesem Tag stattfindenden ordentlichen Sitzung der Stadtvertretung in der Aula der Kant-Hochschule an seinen Nachfolger Otto Bennemann.[8] In gleicher Sitzung wurde Ernst Böhme einstimmig zum Ehrenbürger der Stadt Braunschweig ernannt.[9] In der Folgezeit arbeitete er als Anwalt und Notar mit eigener Praxis und setzte seine politische Arbeit fort. Schon seit 1946 war Ernst Böhme Mitglied des Braunschweigischen Landtags und ab 1949 des Niedersächsischen Landtags bis 1955, da er wegen parteiinterner Auseinandersetzungen nicht mehr kandidierte. Von 1946 bis 1955 war Ernst Böhme Mitglied des Deutschen Städtetages und Vorsitzender von dessen Rechts- und Verfassungsausschusses, stand als Präsident der Deutschen Gesellschaft für das Badewesen vor und war seit 1957 Mitglied des Niedersächsischen Staatsgerichtshofes. Ernst Böhme starb am 21. Juli 1968 in Braunschweig im Alter von 76 Jahren und ist in einem Ehrengrab auf dem Braunschweiger Hauptfriedhof bestattet.

---

7 Wolfgang Rudzio, Das politische System der Bundesrepublik Deutschland. 8. aktualisierte und erweiterte Auflage, Wiesbaden 2011. Florian Ebeling, Kommunalverfassungsreform in Niedersachsen – Von der Doppelspitze zur Einheitsspitze, Göttingen 2000. Gert Hoffmann, Die sogenannte Zweigleisigkeit der niedersächsischen Kommunalverfassung. Ein Beitrag zur aktuellen Reformdiskussion, Gifhorn 1987.

8 Protokoll der 1. ordentlichen (öffentlichen) Sitzung der Stadtvertretung der Stadt Braunschweig am Freitag, den 17. Dezember 1948 (Stadtarchiv Braunschweig, E 15 Akz. 2008/123: 266).

9 Unter Punkt 2 der Tagesordnung lautete der Beschluss: „Dem Oberbürgermeister a.D. Rechtsanwalt und Notar Ernst Böhme wird in Anerkennung seiner Verdienste für die Entwicklung der Stadt Braunschweig die Ehrenbezeichnung ‚Ehrenbürger der Stadt Braunschweig' verliehen."

Trotz der wirtschaftlichen Turbulenzen der Weimarer Republik und der Weltwirtschaftskrise war es Ernst Böhme gelungen, schon kurz nach seinem Amtsantritt 1929 wichtige Projekte der Stadtentwicklung in Gang zu setzen. Dies geschah auch, wie etwa beim Hafenbau, gegen den Widerstand der ab 1930 zunehmend nationalsozialistisch dominierten Landesregierung. Die Ordnung der städtischen Finanzen gelang ihm in der kurzen Zeit seiner ersten Amtsperiode ebenso wie eine vollständige Neuorganisation der städtischen Verwaltung, wobei er seine Vorstellungen durchaus mit starkem Selbstbewusstsein durchzusetzen wusste, was ihm nicht nur Freunde einbrachte. Dies sollte sich schließlich vor der Landtagswahl 1955 zeigen, wo sich Ernst Böhme aus seiner Sicht als Opfer einer innerparteilichen Verleumdungskampagne sah und nicht mehr kandidierte.[10]

Hervorzuheben ist, dass sich Ernst Böhme trotz der persönlichen Erfahrungen mit dem unmenschlichen Terror der Nationalsozialisten, gerade auch in Braunschweig, nach dem Ende des Zweiten Weltkriegs wieder für Braunschweig in die Pflicht nehmen ließ. Preußisch geprägtes Pflichtbewusstsein, vollkommene Überzeugung, für eine demokratische Gesellschaftsordnung und Politik einzustehen sowie ein umfassendes humanistisches Bildungsideal waren sicherlich die tragenden Grundlagen für diese Entscheidung. Ernst Böhme waren dabei stets die Schwierigkeiten der im Interesse der notleidenden Menschen notwendigen schnellen Wiederaufbauarbeiten klar, denn „das alte Braunschweig kann nicht wieder aufgebaut werden".[11] Sein Bekenntnis zur Demokratie hat Ernst Böhme immer wieder öffentlich vertreten, denn er war überzeugt, gegen Gewalt- und Alleinherrschaft „ist bisher keine bessere Staatsform als die der Demokratie entwickelt worden."[12] Ernst Böhme war ausgebildeter Verwaltungs- und Finanzfachmann, hatte große Erfahrungen als Kommunalpolitiker und Jurist sowie ein außergewöhnliches Planungstalent. Dies kam der Stadt Braunschweig während des Wiederaufbaus sehr zugute. Wesentlich war auch sein humanistisches Bildungsideal und er hatte die Notwendigkeit erkannt, dass „die Pflege der geistigen Dinge die Mutter der wirtschaftlichen Entwicklung " ist.[13]

Wissenschaft, Bildung und Kultur hatten einen hohen Stellenwert im politischen Denken und Handeln von Ernst Böhme. Dem Wiederaufbau und dem Ausbau der

---

10 Skizze des Lebenslaufes (wie Anm. 2), S. 4.
11 Ernst Böhme, „Braunschweig baut wieder auf!", Manuskript vom 25.Oktober 1945, S. 2 (Stadtarchiv Braunschweig, H VIII A: 417).
12 Eröffnungsansprache des Oberbürgermeisters Böhme in der ersten Sitzung der neuen Stadtvertretung der Stadt Braunschweig am 5. Dezember 1945, S. 8 (Stadtarchiv Braunschweig, E 41: 299).
13 Ernst Böhme (wie Anm. 1), S. 16.

Technischen Hochschule sollte „die denkbar größte Förderung zuteil werden"[14], auch wenn sie nicht unmittelbar in die städtische Zuständigkeit fiel, aber Wissenschaft sollte einen wichtigen Anteil an der Zukunftsfähigkeit der Stadt Braunschweig besitzen. In Ernst Böhmes Amtszeit setzte der Strukturwandel zum Wissenschaftsstandort mit Großforschungseinrichtungen wie der heutigen Physikalisch-Technischen Bundesanstalt (PTB) ein. Damit hatte der Oberbürgermeister gemeinsam mit der Technischen Hochschule einen der nachhaltigsten Wandlungsprozesse für den Standort Braunschweig in Gang gesetzt, dem er zukünftig als Landtagsabgeordneter viel Aufmerksamkeit und politische Förderung widmete. Sein Engagement für Wiederaufbau und Fortbestehen der Universität wurde am 9. September 1946 mit der Auszeichnung zum Ehrensenator der Technischen Hochschule Braunschweig gewürdigt.[15]

Auch die Kultur, insbesondere das Thema Wilhelm Raabe, blieb eine Herzensangelegenheit Böhmes, denn er sah gerade in der Kultur ein Grundsatzprogramm für die städtische Politik, „das ungeachtet der sozialen Lage des Einzelnen jedem interessierten Mitbürger zugängig gemacht werden soll."[16] Neben Theater, Bildender Kunst und freier Kulturszene widmete sich Ernst Böhme mit Vorliebe seiner Zielvorstellung, aus Braunschweig wieder ein literarisches Zentrum zu machen, wie es dies zu früheren Zeiten gewesen war. Besonderen Nachdruck legte er dabei in einer kulturpolitischen Grundsatzrede auf das Beispiel „Wilhelm Raabe": „An geeigneter Stelle wird ein ‚Raabe-Zimmer' mit den wesentlichsten Erinnerungstücken eingerichtet werden. Hier soll zugleich das Gedenken an jene Dichter und Forscher gepflegt werden, deren Name mit Braunschweig untrennbar verbunden ist. Die Stadt beabsichtigt, den beiden Töchtern des Dichters auf Lebenszeit einen Ehrensold auszusetzen. Darüber hinaus wird die Stadt Braunschweig eine wissenschaftliche Gesamtausgabe der Werke Wilhelm Raabes veranstalten, zu welchem Zwecke ein Ausschuss Wilhelm Raabe-Werke ins Leben gerufen wurde. Neben der mehr repräsentativen Gesamtausgabe ist eine bald erscheinende Volksausgabe Wilhelm Raabes geplant. Die Bedeutung des Wilhelm-Raabe-Preises soll in Zukunft ganz wesentlich erweitert werden. Die Verleihung im Jahre 1946 wird anlässlich eines Dichter-Tages, an dem zugleich des 200. Geburtstages von Campe gedacht werden soll, nachgeholt werden. Der Preis hat die Höhe von 10.000 Mark." Damit knüpfte Ernst Böhme uneingeschränkt an die Planungen und Ziele der Jahre 1929 – 1932 an

---

14 Ernst Böhme (wie Anm. 12), S. 16.
15 Universitätsarchiv der Technischen Universität Braunschweig, B 3:8.
16 Gerd Biegel, „Hunger nach Kultur". Die Anfänge kulturellen Lebens im Jahr 1946 als Signal der Hoffnung, in: 1946 – 1996. Auf dem Weg in die Demokratie (hrsg. von Gerd Biegel), Braunschweig 1997, S. 59.

und selbst dem durch die Nazis in Verruf gekommenen Wilhelm-Raabe-Preis bereitete er eine Plattform, die dem Ansehen Wilhelm Raabes würdig war. Der erste Preisträger des neuen Wilhelm-Raabe-Preises im Jahr 1946 war Fritz von Unruh. Es sei nebenbei daran erinnert, dass der Wilhelm-Raabe-Preis der Stadt Braunschweig in Höhe von 10.000 DM im Jahr 1946 der höchst dotierte deutsche Literaturpreis überhaupt gewesen ist. Die Heidelberger Rhein-Neckar-Zeitung kommentierte diesen kulturellen Aufbruch Braunschweigs mit folgendem Beitrag: „Braunschweig ist eine Stadt in Schutt und Trümmern. Dennoch ist der Wiederaufbau voll im Gange. Neben den materiellen Voraussetzungen sieht Oberbürgermeister Böhme seine Hauptaufgabe darin, dem kulturellen Leben neue Wege zu erschließen. Zwei ermunternde, in diesem Zusammenhang bedeutsame Worte: ‚seine Hauptaufgabe', die an anderer Stelle ihre ebenso bedeutsame Erklärung finden: ‚Durch die kulturelle Arbeit der Stadt Braunschweig sollen die moralischen Grundlagen für den Wiederaufbau der Stadt geschaffen werden.' Großartig, ausgezeichnet! Während man anderswo, an heil gebliebener, vom Krieg verschonter Stätte, bemüht ist, kulturell leise zu treten und sich zu so gewagten Sentenzen, großzügige kulturelle Veranstaltungen seien jetzt unangebracht, bereit findet, rafft aus Schutt und Trümmern einer zerstörten Stadt sich ein Wille auf, der Hinterlassenschaft des Chaos dort zuerst zu begegnen, von wo aus im letzten Grunde die Verheerungen ihren Ausgang nahmen. Kulturpflege ist kein Ausschank und keine Kuchenbäckerei. Man muß es treiben wie die Braunschweiger, die eines Tages bestimmt auch wieder gute Würste machen werden."[17]

Die Ehrenmitgliedschaften bei der Raabe-Gesellschaft und der Schützengesellschaft von 1545 Braunschweig, der Ehrenvorsitz des Deutschen Roten Kreuzes und des Kunstvereins Braunschweig, dessen Vorsitz er zwanzig Jahre innehatte, spiegeln zugleich das vielfältige kulturelle und gesellschaftliche Engagement Böhmes in und für Braunschweig. Aber auch weit über die lokale Politik hinaus war Böhme engagiert, so 1945 als Mitgründer und Mitglied des Deutschen Städtetages, wo er nach der Wiederbegründung bis 1955 Vorsitzender des Rechts- und Verfassungsausschusses war. Schon 1947 hatte er einen Entwurf für eine Deutsche Gemeindeordnung vorgelegt. Bei der Neuordnung der Gemeindeverfassung durch die englische Militärregierung mit Einführung der Doppelspitze gehörte Böhme zu denjenigen Kritikern, die wie in den anderen Besatzungszonen die hauptamtliche Vertretung durch einen Bürgermeister bzw. Oberbürgermeister forderten. Damit wollte er auch ein Signal setzen und durch „Rechtseinheitlichkeit in ganz Deutschland [...] auf

---

17 Zitiert nach der Braunschweiger Zeitung vom 1. Juni 1946 (Stadtarchiv Braunschweig, Z 59: 1946).

dem Gebiet der Gemeindeverfassung das herbeiführen, was wir so sehr ersehnen, die Einheit Deutschlands?"¹⁸

Die in seinen zusätzlichen Tätigkeiten gewonnenen Erfahrungen sind eingeflossen in die wichtigste Arbeit als Landtagsabgeordneter, der Ausarbeitung der niedersächsischen Verfassung. Nicht zuletzt diese Leistungen, aber auch die vielfältigen ehrenamtlichen Aktivitäten in Vereinen, Verbänden und Gesellschaften und die damit verbundenen nachhaltigen Verdienste wurden durch hohe Auszeichnungen gewürdigt, darunter die Niedersächsische Landesmedaille, das Große Verdienstkreuz des Niedersächsischen Verdienstordens, die goldene Plakette für besondere Verdienste der Stadt Braunschweig sowie die Goethe-Medaille der Stadt Frankfurt. Noch einmal öffentlich geehrt wurde Ernst Böhme am 23. Januar 1962 zu seinem 70. Geburtstag im Beisein hoher Repräsentanten von Land und Stadt, darunter Innenminister Otto Bennemann, Oberbürgermeisterin Martha Fuchs, dem Präsidenten des Niedersächsischen Staatsgerichtshofes Dr. Friedrich-Wilhelm Holland und Verwaltungspräsident Dr. Friedrich August Knost. Innenminister Otto Bennemann überreichte im Auftrag des Bundespräsidenten die höchste Aus-

Porträt Ernst Böhme, 1968 (Stadtarchiv Braunschweig, H XVI: G II 2 F.4)

---

18 Vortrag des Oberbürgermeisters Ernst Böhme im Radio Hamburg über: Kritische Betrachtung der Gemeindeordnung der britischen Zone vom 5.Februar 1947, S. 4 (Stadtarchiv Braunschweig, E 15 Akz.2008/123: 266).

zeichnung der Bundesrepublik, den Großen Verdienstorden mit Stern, Oberbürgermeisterin Martha Fuchs ehrte Ernst Böhme als ersten Braunschweiger mit der Goldenen Plakette der Stadt.

Bis kurz vor seinem Tod am 21. Juli 1968 hatte Ernst Böhme seine Anwaltskanzlei weiter geführt mit dem Schwerpunkt auf das schwierige Gebiet des Wiedergutmachungs- und Entschädigungsrechts. Bei der Trauerfeier für Dr. Ernst Böhme würdigte ihn Oberbürgermeister Bernhard Ließ als Persönlichkeit, die „Verantwortungsbewusstsein, unschätzbare Erfahrung in der Kommunalpolitik, Verstand, Tatkraft und Mut sowie Autorität" besaß und der Motor war, „der die zur Beseitigung der geistigen, seelischen und materiellen Trümmer entschlossenen Frauen und Männer führte, Ziel wies, ermunterte und gegebenenfalls antrieb."[19]

Gerd Biegel, Braunschweig

---

19 Nekrolog auf Rechtsanwalt und Notar Ernst Böhme, ehemals Oberbürgermeister und Ehrenbürger der Stadt Braunschweig, gehalten am 26. Juli 1968 von Herrn Oberbürgermeister Bernhard Ließ, S. 20 (Stadtarchiv Braunschweig, H III 3:323).

"Dr. Hesse war einer der aktivsten und bekanntesten Nationalsozialisten im Bereich der Stadt Braunschweig"[1]

DR. WILHELM HESSE (1933 – 1945)

Wilhelm Karl Ferdinand Hesse wurde am 27. Dezember 1901 in der braunschweigischen Kleinstadt Stadtoldendorf geboren. Sein Vater war der Stellmachermeister Karl Hesse, seine Vorfahren waren Bauern. Hesse absolvierte die siebenstufige Bürgerschule.

Hesses Bildungsweg zeigt eine starke Aufstiegsorientierung: Von 1916 bis 1922 besuchte er die Lehrerbildungsanstalt in Braunschweig. In den Folgejahren wurde er als Hilfslehrer an den Volksschulen in Lamme und Meerdorf angestellt. Gleichzeitig legte er an der Gauss-Oberrealschule die Reifeprüfung ab und begann an der Technischen Hochschule Braunschweig ein Studium der Mathematik und Naturwissenschaften. 1924 beantragte er seine vorläufige Entlassung aus dem Braunschweigischen Schuldienst, um – nach drei Semestern in Braunschweig – sein Studium in Göttingen fortzusetzen.[2]

Hesse schloss im Juli 1926 das Universitätsstudium mit einer Promotion ab. Seine wissenschaftliche Arbeit trägt den Titel: Über die Abhängigkeit der Viskosität von der Temperatur bei unterkühlten Flüssigkeiten. In der mündlichen Prüfung wurde er in physikalischer Chemie, in Physik und Analysis geprüft. Die Promotionsleistungen wurden mit „ausgezeichnet" bewertet. Der Prüfer Gustav Tammann, Professor für physikalische Chemie, hob hervor, dass sich Hesse, obwohl Lehramtskandidat, eine experimentelle Arbeit vorgenommen hatte. Auch der Physiker James Franck und der Mathematiker Richard Courant – beide jüdischer Herkunft – bewerteten Hesses Prüfungsleistungen als sehr gut.[3]

Mit einer Anfang 1927 mit Auszeichnung bestandenen Staatsexamensprüfung trat Hesse in den Vorbereitungsdienst des Höheren Schulwesens in Braunschweig ein

---

[1] Schreiben der Stadt Braunschweig am 17.06.1952, Stadtarchiv Braunschweig, E II II: 262.
[2] Niedersächsisches Landesarchiv – Staatsarchiv Wolfenbüttel, 12 A Neu 13 39773. Niedersächsisches Landesarchiv – Staatsarchiv Wolfenbüttel, 12 Neu Fb. 7 II, 188.
[3] Universitätsarchiv Göttingen, Math.NatProm 0015.

und wurde am Wilhelm-Gymnasium und am Elisabeth-Lyzeum (Kleine Burg) ausgebildet. Die abschließende pädagogische Prüfung bestand er mit „gut". Die Stadt Braunschweig stellte ihn daraufhin zum 1. April 1929 als Studienrat für das Elisabeth-Lyzeum und die beiden städtischen Oberrealschulen ein. Die übliche Eingangsstufe als Studienassessor wurde übersprungen. – 1928 heiratete Hesse die 22-jährige Anni Uhden aus Stadtoldendorf. Die Ehe blieb kinderlos.

Nach eigenen Angaben war Hesse während seiner Ausbildungszeit nicht politisch aktiv. Zum 1. Oktober 1930 trat er in die NSDAP ein und erhielt die Mitgliedsnummer 335 579. Er betätigte sich als Propagandaleiter, gründete eine nationalsozialistische Kulturvereinigung und wurde als Nachfolger von Kurt Schmalz bereits Ende Oktober 1931 Ortsgruppenleiter für die Stadt Braunschweig. Im September 1932 rückte er zum Kreisleiter auf. Hesse wurde als guter Organisator gelobt, der die Partei der Landeshauptstadt sehr erfolgreich aufgebaut habe. So veranstaltete er anlässlich der Einbürgerung Hitlers als braunschweigischer Staatsbürger im Februar 1932 parallele Kundgebungen mit insgesamt 12.000 Parteianhängern. Im Juni 1932 fand zur Reichstagswahl eine Großkundgebung mit Gregor Strasser und 33.000 Zuhörern statt. Kundgebungen mit Hitler und Göring im Eintrachtstadion folgten. Hesse setzte sich für die Herausgabe einer Braunschweiger Lokalausgabe der nationalsozialistischen Tageszeitung ein.[4]

Am 7. April 1933 bestellte der Braunschweigische Innenminister Klagges den NSDAP-Kreisleiter Dr. Hesse zu seinem Beauftragten beim Rat der Stadt Braunschweig. Seine Hauptaufgabe war die Gleichschaltung der städtischen Verwaltung. Hesse betrieb die Entlassung oder Zwangspensionierung als politisch unzuverlässig geltender Beamter, Angestellter und Arbeiter, überwiegend Mitglieder der SPD. Aus dem Dienst entfernt wurden aber auch Angehörige der Stadtverwaltung, die keiner Partei angehört hatten, wie der Leiter des städtischen Betriebsamts Kellner, der den Arbeitersportverein Freie Turner gefördert und eine jüdische Ehefrau hatte. Vielfach wurden die freiwerdenden Positionen mit Anhängern der NSDAP besetzt.

Am 18. Oktober 1933 wählte die nur noch aus Nationalsozialisten bestehende Stadtverordnetenversammlung den 31-jährigen Hesse zum Oberbürgermeister. Als solcher besaß Hesse weitreichende Entscheidungsbefugnis, da das Führerprinzip auch in der Kommunalverfassung eingeführt wurde. Ohne Zweifel beanspruchte die Stadtentwicklung, für die 1934 durch die Eingemeindung zahlreicher Stadtrand-

---

4   Oberbürgermeister Dr. Wilhelm Hesse, in: Braunschweiger Tageszeitung, 12.10.1933, S. 2. Kurt Schmalz, Nationalsozialisten ringen um Braunschweig, Braunschweig 1934, passim.

Reichsjägerhof Hermann Göring

Reichsjägerhof (Stadtarchiv Braunschweig H XVI H III 1 f: 1933)

gemeinden räumliche Voraussetzungen geschaffen worden waren, besondere Aufmerksamkeit des Oberbürgermeisters. In ungewöhnlichem Umfang wurden in den folgenden Jahren neue Wohnsiedlungen (Dietrich Klagges Gartenstadt, Gemeinschaftssiedlung Lehndorf, DAF-Siedlung Mascheroder Holz u.a.) errichtet. Mit der Altstadtsanierung in einem – allerdings beschränkten – Bereich der Neustadt wurde ein weiterer städtebaulicher Akzent gesetzt. In der zweiten Hälfte der 1930er Jahre galt die stadtplanerische Aufmerksamkeit der Anlage eines neuen Personenbahnhofs, der Entwicklung einer Hochschulstadt und städtebaulicher Erweiterungen im Süden.

In einem engen Wechselspiel mit der Staatsregierung betrieb die von Hesse geführte städtische Verwaltung die Imageförderung der Stadt, zu der vor allem die Ansiedlung von prestigebeladenen Einrichtungen des NS-Staats (SS-Junkerschule, Reichsjägerhof, Reichakademie für Jugendbildung u.a.) beitragen sollten. Ende 1941 verlieh der neue Gauleiter Hartmann Lauterbacher der Stadt einen besonderen Gaukulturauftrag, mit dem

Braunschweig ein kulturelles Zentrum des Gaus Südhannover-Braunschweig werden sollte. Hesse wurde persönlich mit der Umsetzung beauftragt. Bemerkenswert ist, dass die Stadtverwaltung in der antisemitischen Kampagne vor dem Nürnberger Parteitag 1935 initiativ wurde. Eine Ausstellung „Volk und Rasse" wurde im städtischen Schulmuseum von Hesse eröffnet, antisemitische Plakate an Straßen und Masten ausgehängt. In ungewöhnlicher Weise profitierte die Stadt von dem ab 1938 stark wachsenden Druck auf jüdische Einwohner, ihre Immobilien zu veräußern – einen erheblichen Teil der Grundstücke erwarb die Kommune zu für sie günstigen Konditionen, um Austauschobjekte für künftige städtebauliche Vorhaben zu haben.

Hesse wurde allgemein als überzeugter und ehrgeiziger Nationalsozialist gesehen. In verwaltungsinternen Ermittlungen der Nachkriegszeit gaben Beteiligte zwar an, dass Hesse sehr „diktatorisch" auftrat und ihm „politisch nicht angenehme" Mitarbeiter drangsaliert habe, belastbare Hinweise auf Korruption ergaben sich aber nicht.[5]

Hesse wurde am 1.Mai 1945 seines Amtes als Oberbürgermeister enthoben. Er befand sich zu diesem Zeitpunkt in russischer Kriegsgefangenschaft, aus der er erst im Januar 1948 zurückkehrte. Hesse hatte 1937/1938 eine viermonatige militärische Ausbildung absolviert und war bereits zu Beginn des Zweiten Weltkriegs für zwei Monate zu einem Wolfenbütteler Flak-Regiment einberufen. Im April 1943 hatte er sich zum erneuten Kriegseinsatz gemeldet und war u.a bei einem Flak-Sturmregiment in Lettland und Kurland. Sein letzter Dienstgrad war Leutnant d. R.

Vom öffentlichen Ankläger beim Spruchgericht Bielefeld wurde Hesse nach seiner Rückkehr Anfang 1949 gemeinsam mit dem früheren Ministerpräsidenten Klagges und zwei weiteren früheren Staatsbeamten wegen der Zugehörigkeit zur SS und der Kenntnis des verbrecherischen Charakters dieser Organisation angeklagt. Hesse hatte Ende 1939, nachdem er das Amt des NSDAP-Kreisleiters aufgrund einer allgemeinen Anordnung niederlegen musste, die Aufnahme in die Schutzstaffel beantragt. Der Führer des SS-Oberabschnitts Mitte Jeckeln hatte die Aufnahme befürwortet, und Hesse wurde im Rang eines SS-Standartenführers (entspricht einem Oberst) seinem Stab zugeteilt. Das Spruchgericht Bielefeld verurteilte ihn im August 1949 zu zwei Jahren Haft, die als durch die Kriegsgefangenschaft verbüßt galten. Eine Sperre über sein Vermögen – im Wesentlichen ein Mitte der 1930er Jahre neu erbautes Wohnhaus in Querum – wurde im September 1949 aufgehoben. Im

---

5 Stadtarchiv Braunschweig, E 10 II: 16. Verwaltungsbericht der Stadt Braunschweig 1933, Braunschweig 1935 sowie die Folgebände bis Verwaltungsbericht der Stadt Braunschweig 1940, Braunschweig 1942.

Porträt Wilhelm Hesse (Stadtarchiv Braunschweig, H XVI: G II 2)

Entnazifizierungsverfahren wurde Hesse 1950 in die Kategorie III (minderbelastet) eingereiht, in der Berufungsinstanz Anfang 1951 in Kategorie IV (Mitläufer) herabgestuft.[6]

Hesse, der seit September 1949 Arbeit als Metallograph hatte und mit seiner Frau in die Nähe von Siegen gezogen war, versuchte in den kommenden Jahren, seine Wiederverwendung als Beamter durchzusetzen. Im Entnazifizierungsverfahren waren Hesse Rechte aus der Funktion als Oberbürgermeister abgesprochen worden. Hesse verzichtete insofern darauf, solche

---

6 Bundesarchiv Berlin, SSO Hesse, Wilhelm. Bundesarchiv Koblenz, Z 42 IV / 6320.

künftig zu beanspruchen, verlangte aber seine Wiederbeschäftigung als Studienrat und berief sich darauf, dass er den Beamtenstatus erreicht habe, bevor er Mitglied der NSDAP geworden sei. Der Haupt- und Finanzausschuss der Stadt lehnte die Wiederverwendung als Studienrat 1951 ab, der Rat folgte dem am 12. August 1953. Doch Hesse erstritt durch mehrere Instanzen (so Oberverwaltungsgericht Lüneburg 20. Dezember 1954) einen Beschäftigungsanspruch.[7]

Als Ende 1948 eine staatsanwaltliche Voruntersuchung wegen der Folterungen an politisch Andersdenkenden im Gebäude der AOK im Jahr 1933 eröffnet wurde, wurde Hesse beschuldigt, veranlasst zu haben, dass auch drei NSDAP-Angehörige schwer misshandelt worden waren. Es handelte sich um parteiinterne Konkurrenten des Kreisleiters, die in einem Anschuldigungsschreiben an die Gauleitung das Gerücht verbreitet hatten, Hesse habe sich an schulpflichtigen Kindern vergangen. Die SA-Hilfspolizei hatte diese drei Parteiangehörigen im Juli 1933 verhaftet und in der AOK – bei ständigen Folterungen – verhört. Als dann der parteioffiziöse Kreis-Untersuchungs- und Schlichtungsausschuss zusammentrat, habe sich Hesse an den Verhören beteiligt.

Im Januar 1950 wurde Hesse mit vier weiteren Beteiligten dieser Gewalttaten angeklagt, am 24. Mai 1951 erfolgte das Urteil des Braunschweiger Schwurgerichts unter Vorsitz von Landgerichtsdirektor Hübschmann. Das Gericht sah es zwar als erwiesen an, dass Hesse an den Vernehmungen in einem Fall beteiligt war und nicht ernstlich dagegen eingeschritten sei, als die SA-Leute den Vorgeführten „mit Werkzeugen" geschlagen hätten. Dem Antrag der Staatsanwaltschaft folgend wurde das Verfahren gegen Hesse und zwei weitere Angeklagte aber eingestellt, da die Vergehen unter ein Straffreiheitsgesetz von Ende 1949 fielen. Wäre Hesse rechtswirksam verurteilt worden, hätte dieses dienstrechtliche Konsequenzen haben können.[8]

Da infolge eines neuen Schulverwaltungsgesetzes die Zuständigkeit für die städtischen Lehrer an das Land Niedersachsen übergegangen war, erklärte die Verwaltung der Höheren Schulen in Hannover 1956 ihre Bereitschaft, Hesse nun in einer Oberschule in Buxtehude zu beschäftigen. Doch Hesse, der als Metallograph in der Siegener Metallfirma Gontermann und Peipers ein gutes Einkommen hatte, ließ sich beurlauben. 1958 kam es zu einem Vergleich zwischen Hesse und dem Land: Hesse würde nicht mehr als Lehrer arbeiten. Ein Ruhegehaltsanspruch ab dem 62. Lebensjahr blieb ihm aber erhalten. Wie die zugänglichen Verwaltungsakten erken-

---

7 Niedersächsisches Landesarchiv – Staatsarchiv Wolfenbüttel, 2 Nds Zg. 6/1967, Nr. 32.
8 Niedersächsisches Landesarchiv, Staatsarchiv Wolfenbüttel 62 Nds Fb. 2 Zg. 33/1986, Nr. 629 und 634.

nen lassen, war die juristische Auseinandersetzung um Hesses Ansprüche als Beamter damit jedoch nicht abgeschlossen.[9] – Dr. Wilhelm Hesse starb am 21. August 1968.

Quellen

Bundesarchiv Berlin, SSO Hesse, Wilhelm (SS-Führerpersonalakte), SS (RS) Hesse, Wilhelm (Rasse- und Siedlungshauptamt). Bundesarchiv Koblenz, Z 42 IV/6320 (Anklage Spruchgericht). Niedersächsisches Landesarchiv – Staatsarchiv Wolfenbüttel, 12 A Neu 13 39773 (Personalakte). Niedersächsisches Landesarchiv – Staatsarchiv Wolfenbüttel, 12 Neu Fb 7 II Nr. 188 (Personalakte). Niedersächsisches Landesarchiv – Staatsarchiv Wolfenbüttel, 2 Nds. Zg. 6/1967 Nr. 32 (Verwaltungsgerichtsverfahren). Niedersächsisches Landesarchiv – Staatsarchiv Wolfenbüttel, 4 Nds. Präs Zg. 2010/009 Nr. 7 (Personalakte). Niedersächsisches Landesarchiv – Staatsarchiv Wolfenbüttel, 26 Nds. Nr. 1123 (Beaufsichtigung des Vermögens). Niedersächsisches Landesarchiv – Staatsarchiv Wolfenbüttel, 62 Nds. Fb. 2 Zg. 33/1986 Nr. 629 und 634 (NSG-Verfahren vor Landgericht). Stadtarchiv Braunschweig, E 10 I: 14 (Einsetzung). Stadtarchiv Braunschweig, E 10 II: 16 (Vorgänge in der NS-Zeit). Stadtarchiv Braunschweig E 11 H: 262 (Personalakte). Stadtarchiv Braunschweig, E 56 X: 1,11 (Requisitionsakte). Stadtarchiv Braunschweig, H XIV: 23 (Zeitungsausschnittsammlung). Universitätsarchiv Göttingen Math.Nat.Prom 0015 (Promotionsakte).

Literatur

Erika Eschebach, Die bildende Kunst in der Stadt Braunschweig – Aspekte städtischer Kulturpolitik im Nationalsozialismus, in: Deutsche Kunst 1933 – 1945 in Braunschweig. Kunst im Nationalsozialismus, Hildesheim 2000, S. 66-74. Horst-Rüdiger Jarck, Günter Scheel (Hg.), Braunschweigisches Biographisches Lexikon 19. und 20. Jahrhundert, Hannover 1996, S. 270.

Frank Ehrhardt, Braunschweig

---

9 Niedersächsisches Landesarchiv, Staatsarchiv Wolfenbüttel 4 Nds Präs Zg. 2010/009 Nr. 7. Stadtarchiv Braunschweig E 11: II – 262.

„Mein Leben ist so oder so verwirkt. Falls ich die Stadt mit dem Volkssturm verteidige, werde ich von den Alliierten an die Wand gestellt, weil ich in einer offenen Stadt den Widerstand organisiere. Wenn ich mich weigere, Braunschweig zu verteidigen, werde ich von der Partei hingerichtet"[1]

HANS-JOACHIM MERTENS (1943 – 1945)

Hans-Joachim Mertens wurde am 28. Oktober 1905 als Sohn des Hauptmanns Albert Mertens und seiner Frau Marie geborene Baumgarten in Halle/Saale geboren. 1930 heiratete er die aus Stettin stammende Hildegard Schulz (*14. April 1906). Aus der Ehe gingen fünf Kinder hervor.

Mertens besuchte von 1915 bis 1924 das Wilhelm-Ernst Gymnasium in Weimar und war anschließend ein Jahr lang als Landwirtschaftslehrling tätig. Ab 1925 studierte er Volkswirtschaft, Staats- und Rechtswissenschaften an den Universitäten Jena, München und Göttingen. Im März 1929 legte er vor dem Oberlandesgericht in Celle die erste juristische Staatsprüfung ab, 1930 erfolgte an der rechtswissenschaftlichen Fakultät der Universität Göttingen die Promotion zum Dr. jur. Von 1929 bis Herbst 1932 leistete Mertens den Vorbereitungsdienst als Gerichtsreferendar bei verschiedenen Gerichtsbehörden der Oberlandesgerichtsbezirke Naumburg an der Saale und Jena. Am 22. Juli 1933 erfolgte die große Staatsprüfung vor dem Preußischen juristischen Staatsprüfungsamt in Berlin.

Nach einjähriger Tätigkeit als Gerichtsassessor beim Amtsgericht und der Staatsanwaltschaft in Erfurt wurde Mertens am 1. August 1934 zum außerplanmäßigen Staatsanwalt bei der Staatsanwaltschaft in Nordhausen ernannt. Nachdem er in einem Prozess gegen den damaligen Kreisleiter von Nordhausen dessen Verurteilung zu 18 Monaten Gefängnis erwirkt hatte, galt er als politisch untragbar und wurde 1935 zur Staatsanwaltschaft beim Landgericht Braunschweig strafversetzt, wo er u. a. 1936 die Anklage gegen den Massenmörder Opitz[2] vertrat und am 1. Juni 1937 zum planmäßigen Staatsanwalt ernannt wurde.[3]

---

1 Stadtarchiv Braunschweig, E II II: 588.2, Bl. 394r.
2 Stadtarchiv Braunschweig, H XV A: G III 1.
3 Stadtarchiv Braunschweig, E II II: 588.1, Bl. 4r ff, 75rv, 159v.

Porträt Hans-Joachim Mertens (Stadtarchiv Braunschweig, E 11 II: 588.1, Bl. 3)

Mertens war seit 1932 Mitglied der NSDAP, zudem Beisitzer des Kreisgerichts Braunschweig-Land, bis 1939 Blockleiter der Ortsgruppe Stadtpark, seit 1934 Mitglied des NSKK (Nationalsozialistisches Kraftfahrer-Korps) und ab 1942 allgemeines Mitglied der SS, zum Schluss im Rang eines Obersturmführers.[4]

Am 7. Oktober 1939 wurde er in die Dienste der Stadt Braunschweig berufen und trat als „Erster Beigeordneter der Stadt

---

4   Stadtarchiv Braunschweig, E 11 II: 588.1, Bl. 75r.

Braunschweig" mit der Amtsbezeichnung „Bürgermeister"[5] die Nachfolge des nach Berlin berufenen Bürgermeisters Clahes an. Bis 1943 war Mertens als Dezernent für das Versicherungs-, das Fürsorge-, das Jugend-, das Gesundheitsamt und die Wohlfahrtsanstalten zuständig,[6] bearbeitete aber auch Sachgebiete, die mit dem Luftschutz zusammenhingen.[7] Nachdem sich der Braunschweiger Oberbürgermeister Dr. Wilhelm Hesse am 1. April 1943 freiwillig zum Wehrdienst gemeldet hatte, übernahm Mertens als Vertreter des Oberbürgermeisters dessen Amt. Er war nunmehr für das Dezernat I zuständig, zu dem neben der Hauptverwaltung u. a. auch die Rechtsabteilung, die Stadtwerke sowie der Bereich Luftschutz und Fliegerschäden gehörten.[8]

Gegenüber der NSDAP verhielt er sich zurückhaltend, was ihm des Öfteren Schwierigkeiten aufgrund von Denunziationen einbrachte. Da Mertens Einladungen zu SS-Treffen stets ignoriert hat, wurde zudem 1944 versucht, Mertens wieder auszuschließen, wozu es aufgrund der zeitlichen Ereignisse jedoch nicht mehr kam.[9] Die von Seiten der Kreisleitung in den letzten Kriegstagen ausgegebenen Befehle, vor allem zur Sprengung des Elektrizitätswerks sowie der Versorgungsbetriebe und die Aufforderung zur unbedingten Verteidigung der Stadt, brachten Mertens in seiner Funktion als Oberbürgermeister in große Gewissenskonflikte. Zum einen fühlte er sich seinem geschworenen Eid verpflichtet, zum anderen widersprach es seiner persönlichen Überzeugung das Leben von vielen Menschen durch eine sinnlos gewordene Verteidigung der Stadt aufs Spiel zu setzen: „Die Befehle und Weisungen, die ich erhalten habe, lassen sich nur schwer mit meinem Gewissen vereinen ... Ich mag meinen Treueid nicht brechen, kann aber auch nicht gegen meine Überzeugung handeln. Die Stadt ist voll von Frauen und Kindern. Sie würden in der Stadt sinnlos gemordet."[10]

Im posthum im Jahr 1949 vorgenommenen Entnazifizierungsverfahren[11] wurde Mertens zwar als Unterstützer des Nationalsozialismus eingeordnet, da er diesen

---

5 Stadtarchiv Braunschweig, E 11 II: 588.1, Bl. 20r.
6 Nachrichtenblatt der Stadtverwaltung Braunschweig, 7. Jahrgang, Nr. 9, 30.01.1935.
7 Stadtarchiv Braunschweig, E 11 II: 588.1, Bl. 42v.
8 Nachrichtenblatt der Stadtverwaltung Braunschweig, 15. Jahrgang, Nr. 17, 30.03.1943.
9 Stadtarchiv Braunschweig, H VIII A: 3605. Stadtarchiv Braunschweig, H III 2: 85, Bl. 9. Stadtarchiv Braunschweig, E 11 II: 588.1, Bl. 75rv.
10 Reinhard Bein, Im deutschen Land marschieren wir. Freistaat Braunschweig 1930-1945, Braunschweig 1987, S. 250.
11 Stadtarchiv Braunschweig E 11 II: 588.1, Bl. 75 rv.

jedoch nicht wesentlich förderte wurde er der Kategorie IV („Mitläufer") zugeordnet.

In den letzten Tagen des Krieges im April 1945 sah Mertens schließlich nur noch eine mögliche Konsequenz: Er wählte den Freitod und erschoss sich am 11. April 1945 in seinem Dienstzimmer.[12]

Hartmut Nickel, Braunschweig

---

12 Stadtarchiv Braunschweig, H III 2: 85, Bl. 12 f.

*„Herr Dr. Bockler war unter Zurückstellung seiner eigenen Person
in die Bresche gesprungen und bewahrte durch seinen persönlichen Mut
Braunschweig vor der schlimmsten Vernichtung."*[1]

DR. ERICH BOCKLER (1945)

Erich Bockler kam am 30. September 1899 als Sohn des Postassistenten Hermann Bockler[2] und dessen Frau Christine geborene Fischer in Hannover zur Welt.[3] Aufgewachsen und zur Schule gegangen ist Erich Bockler in Braunschweig, denn im Sommer 1906 zog die Familie in die Braunschweiger Ziethenstraße.[4]

Nach erfolgreich abgelegtem Abitur studierte Bockler von 1918 an Rechts- und Staatswissenschaften an den Universitäten in Göttingen, Hamburg und München.[5] Im Jahr 1921 legte er die erste Staatsprüfung ab und trat anschließend seinen Dienst als Rechtsreferendar an. Ein Jahr später wurde er mit einer vergleichenden Arbeit über den Bundesrat unter Bismarck und dem Reichsrat im Deutschen Reich promoviert.[6] Nachdem Bockler 1925 sein zweites juristisches Staatsexamen abgelegt hatte, ließ er sich als Rechtsanwalt in Braunschweig nieder.

Im Jahr 1935 begann Bockler ein zweites Studium an der Universität Göttingen, das er 1937 mit einem Diplom im Fach Landwirtschaft abschloss. Über die Beweggründe, die Bockler veranlassten, ein weiteres Studium aufzunehmen, finden sich in den überlieferten Akten keine Hinweise. Sein neu erlerntes Wissen nutzte Bockler jedenfalls nur wenige Monate, als er nach eigenen Angaben von Mai bis November 1943 Eigentümer des Ritterguts des Klosters Beuren war.[7] Im Dezember 1943 wurde Bockler schließlich zum Notdienst verpflichtet und als Kommandeur der Schutz-

---

1 Ministerpräsident Hubert Schlebusch bei der Amtseinführung von Ernst Böhme am 1. Juni 1945, Stadtarchiv Braunschweig, H III 2: 85.
2 Stadtarchiv Braunschweig, D I 12: 81.
3 Stadtarchiv Braunschweig, E 99: 14.
4 Stadtarchiv Braunschweig, D I 12: 81.
5 Stadtarchiv Braunschweig, E 11 II: 89.
6 Erich Bockler, Vergleichende Darstellung der Kompetenzen des Bundesrats der Bismarck'schen Reichsverfassung und des Reichsrats nach der Verfassung des Deutschen Reiches vom 11.VIII.1918, Braunschweig 1922.
7 Stadtarchiv Braunschweig, E 11 II: 89.

Erich Bockler,
Fotografie um 1950
(Stadtarchiv
Braunschweig,
H XVI G II 2)

polizei in Braunschweig eingesetzt. In dieser Funktion versuchte er in den letzten Kriegstagen im April 1945 gemeinsam mit dem ebenfalls in Braunschweig gebliebenen Polizeihauptmann Stahl, einerseits in der Stadt ein Mindestmaß an Sicherheit und Ordnung aufrechtzuerhalten, um Plünderungen und Exzesse zu verhindern und andererseits eine bedingungslose Übergabe der Stadt zu erreichen, um weitere Luftangriffe auf die schwer beschädigte Stadt zu vermeiden.[8]

Diese letzten Kriegstage waren geprägt von Gerüchten und sich widersprechenden Befehlen. Das nationalsozialistische Herrschaftssystem war in Auflösung begriffen. Seit dem 6. April 1945 besetzten amerikanische Truppen das Land Braunschweig, die kaum auf organisierte Gegenwehr stießen und bereits am 10. April 1945 die Landeshauptstadt Braunschweig angriffen.[9] Vereinzelt kam es zwar zu Verteidigungsmaßnahmen – zur Errichtung von Barrikaden und zur Blockade von Zugangswegen – aber die Mehrheit der Braunschweiger Bevölkerung sah keinen Sinn mehr im weiteren Widerstand. Angesichts der drohenden Niederlage verließen zahlreiche Amtsträger die Stadt, nicht ohne vorher Akten der Polizei und der Stadtverwaltung zu verbrennen.[10] Der amtierende Bürgermeister Hans-Joachim Mertens sah für sich persönlich keinen Ausweg in der Flucht und erschoss sich am 11. April 1945 in seinem Dienstzimmer. Braunschweig hatte seine bisherige kommunale Führungsspitze verloren. In der Stadt herrschte ein gesellschaftliches und politisches Vakuum, ein quasi-rechtsfreier Raum: Die bereits schwer zerstörte Stadt wurde angegriffen, viele Menschen waren ausgebombt oder auf der Flucht, die deutschen Stellen hatten ihre Tätigkeit praktisch eingestellt.

In einer der letzten Besprechungen, die im Kreisbefehlsstand der NSDAP im Nussbergbunker[11] stattfanden, betraute Ministerpräsident Klagges[12] vor seinem Fluchtversuch am 11. April 1945 Erich Bockler mit sofortiger Wirkung mit der Führung der Geschäfte des Oberbürgermeisters. Nach dem ursprünglichen Willen von Klagges sollte eigentlich der Stadtrat Dr. Bernhard Mewes das Amt übernehmen, aber dieser hatte sich bereits nach Bad Harzburg abgesetzt. Bockler willigte nach eigener Aus-

---

8 Stadtarchiv Braunschweig, H III 2: 85. Karl-Joachim Krause, Braunschweig zwischen Krieg und Frieden, die Ereignisse vor und nach der Kapitulation der Stadt am 12. April 1945, überarbeitete Auflage, Braunschweig 2005, S. 67-71.
9 Robert L. Hewitt, Work Horse of the Western Front, the Story oft he 30th Infantry Division, Washington 1946, S. 253-269.
10 Stadtarchiv Braunschweig, H III 2: 85.
11 Burchardt Warnecke, Der Braunschweiger Nußberg und seine Umgebung, ein Stück Stadtgeschichte aus dem Osten der Stadt Braunschweig, Braunschweig 2006.
12 Hans-Ulrich Ludewig, Dietrich Klagges, in: Horst-Rüdiger Jarck; Günter Scheel (Hrsg.): Braunschweigisches Biographisches Lexikon, 19. und 20. Jahrhundert, Hannover 1996, S. 318-319.

Steinweg 1945
(Stadtarchiv
Braunschweig,
H XVI H II 17)

sage unter der Bedingung ein, dass er das Amt so führen dürfe „wie er es mit seinem Gewissen verantworten könne und später den Bürgern Braunschweigs auch verantworten müsse".[13]

Als wichtigste Aufgabe betrachtete Bockler es, eine kampflose Übergabe der Stadt zu erreichen, um so weitere Angriffe auf Braunschweig zu verhindern. Eine in seinen Augen sinnlose weitere Verteidigung der Stadt „wegen der Ehre" lehnte er mit den Worten „hierfür sei bereits genug Blut geflossen" ab.[14] Am 12. April 1945, nachts um 3.00 Uhr war es endlich so weit: Erich Bockler als amtierender Oberbürgermeister und Carl Stahl als kommissarischer Polizeipräsident unterzeichneten das Protokoll der Verhandlung, in der die Übergabe der Stadt an die amerikanischen Truppen, die Einstellung der Feindseligkeiten und die ordnungsgemäße Unterbringung der amerikanischen Soldaten zugesichert worden waren.[15]

13 Stadtarchiv Braunschweig, H III 2: 85.
14 Ebd.
15 Ebd.

Noch am gleichen Tag wurde Bockler zunächst von der alliierten Militärregierung in seinem Amt bestätigt und damit beauftragt, „die Neubesetzung und Umbesetzung der Beamten- und Angestelltenstellen der Stadtverwaltung unter Beachtung der Richtlinien der Militärregierung unverzüglich nach weiteren Weisungen durchzuführen".[16] Bereits wenige Tage später erließ Bockler eine öffentliche Aufforderung an alle städtischen Beamten, „zum Dienst zu erscheinen mit der Androhung der sonstigen Dienstentlassung".[17]

Ein Teil der Angestellten und Beamten kehrte daraufhin in den Dienst zurück und die Verwaltung kam langsam wieder in Gang. Entlassen wurden allerdings zunächst alle diejenigen, die der NSDAP angehört hatten. In Braunschweig trennte man sich aufgrund der Vorgaben zur Entnazifizierung von gut 350 Mitarbeitern, gleichzeitig kehrten Beamte zurück, denen nach 1933 Berufsverbot erteilt worden war.[18] Das Bemühen um die öffentliche Sicherheit[19] und die Nahrungsmittelversorgung der Bevölkerung[20] sowie der Wiederaufbau[21] waren die drängendsten Aufgaben der Stadtverwaltung in der durch die Bomben schwer beschädigten Stadt.

Am 1. Juni 1945 wurde Dr. Ernst Bockler, der seit dem 1. Mai 1945[22] bis zum 31. Juli 1945[23] auch Braunschweigischer Staatsminister für Justiz- und Kulturwesen gewesen war, als Oberbürgermeister abgelöst vom 1933 von den Nationalsozialisten seines Amtes enthobenen Ernst Böhme.

Bei der Übergabe des Amtes an den am 12. Dezember 1929 rechtmäßig gewählten Böhme, zog Bockler eine Bilanz seiner kurzen Amtszeit, die gekennzeichnet war von den schwierigen Verhältnissen, die damals in Braunschweig geherrscht hatten: öffentliche Ordnung und Sicherheit, Verhinderung einer Hungersnot und die Versorgung mit Kohle, das waren die dringlichsten Aufgaben, die die Stadtverwaltung

---

16 Stadtarchiv Braunschweig, E 11 II: 89.
17 Stadtarchiv Braunschweig, H III 2: 85.
18 Stadt Braunschweig (Hrsg.), Verwaltungsbericht der Stadt Braunschweig 1945-1946, Braunschweig 1948, S. 9.
19 Neues Polizeiwesen, in: Braunschweiger Bote, Nachrichtenblatt der amerikanischen 12. Heeresgruppe, Nr. 3, 18. Mai 1945, S. 2.
20 Milch und Lebensmittel, in: Braunschweiger Bote, Nachrichtenblatt der amerikanischen 12. Heeresgruppe, Nr. 3, 18. Mai 1945, S. 2.
21 Ankurbelung der Industrie, in: Braunschweiger Bote, Nachrichtenblatt der amerikanischen 12. Heeresgruppe, Nr. 4, 25. Mai 1945, S. 2. Gasthäuser und Restaurants, in: Braunschweiger Bote, Nachrichtenblatt der amerikanischen 12. Heeresgruppe, Nr. 4, 25. Mai 1945, S. 2.
22 Stadtarchiv Braunschweig, E 11 II: 89.
23 Rücktritt des Ministers Dr. Bockler, in: Neuer Hannoverscher Kurier, Nr. 16, 10. August 1945, S. 3.

im April und Mai 1945 lösen musste und gelöst hat.²⁴ Bockler selbst betrachtete sich auf dem Posten des Oberbürgermeisters nur als Übergangslösung, der in der schwersten Stunde der Stadt die ihm auferlegte Pflicht nicht ausschlagen wollte, der aber auch an einer Wiedereinführung von Ernst Böhme keinen Zweifel ließ.

Über die politische Motivation des Mannes, der mit einer Amtszeit von lediglich sechs Wochen der Bürgermeister Braunschweigs mit der kürzesten Amtsperiode ist, lässt sich allerdings aufgrund der unklaren Quellenlage keine endgültige Aussage treffen.

Bockler war zwar parteilos und nach eigener Aussage „einer der größten Gegner des Nationalsozialismus und Märtyrer der Bewegung",²⁵ der jedoch im Februar 1946 vom ehemaligen Ministerpräsidenten Dietrich Klagges gebeten worden war, dessen Verteidigung zu übernehmen. Ein Ansinnen, das Bockler ablehnte, allerdings nicht ohne darum zu bitten, dass Klagges dies nicht persönlich nehmen solle.²⁶ Festzuhalten bleibt, dass Bockler weder vor noch nach der Stunde Null als Politiker in Erscheinung getreten ist, aber er in den wenigen Wochen, in denen er als Oberbürgermeister der Stadt tätig war, positiven Einfluss darauf hatte, dass die städtische Verwaltung schnell wieder in Gang kam.

Nach dem Ende seiner kurzen politischen Karriere kehrte Erich Bockler in seinen angestammten Beruf zurück und praktizierte bis zu seinem Eintritt in den Ruhestand als Rechtsanwalt und Notar in Braunschweig. Im September 1968 verließ der inzwischen 69-jährige Bockler Braunschweig und zog nach Berlin, wo seine Frau Wilhelmine, die er am 25. Oktober 1946 geheiratet hatte, bereits seit 1964 lebte.²⁷

Doch bestattet wurde Erich Bockler, der ein gutes Jahr später am 15. Dezember 1969 in Wiesbaden verstarb, zwei Tage vor Heiligabend auf dem Braunschweiger Zentralfriedhof.²⁸

Claudia Böhler, Braunschweig

24 Stadtarchiv Braunschweig, H III 2: 85.
25 Stadtarchiv Braunschweig, H III 2: 85.
26 Niedersächsisches Landesarchiv – Staatsarchiv Wolfenbüttel, 62 Nds Fb. 2, Nr. 798, Bl. 320ff. Werner Sohn, Im Spiegel der Nachkriegsprozesse: Die Errichtung der NS-Herrschaft im Freistaat Braunschweig, Braunschweig 2003, S. 137.
27 Stadtarchiv Braunschweig, E 99: 14.
28 Todesanzeige, in: Braunschweiger Zeitung, 19. Dezember 1969, S. 11.

4.4 Die Braunschweiger Oberbürgermeister und Oberstadtdirektoren (seit 1946)

Bild umseitig: Erweiterungsbau des Rathauses am Bohlweg (Stadtarchiv Braunschweig HXXX)

„Zweiköpfigkeit" – „Zweipoligkeit" – „Zweigleisigkeit"
Stationen des Übergangs zur „Eingleisigkeit" in der niedersächsischen Kommunalverfassung

Vorbemerkung

Beim Thema „Kommunalverfassung" (Gemeindeordnungen) geht es weitgehend um Fragen der Rechtsnormen, die das Verhältnis der Kommune zum Gesamtstaat regeln, wobei Art. 28 Absatz 2 des Grundgesetzes generell das kommunale Selbstverwaltungsrecht festschreibt und zusammen mit dem integrationspolitischen Verfassungsauftrag zur Verwirklichung eines vereinten Europas in Art. 23 des Grundgesetzes das neue Leitbild eines vierstufigen Föderalismus (Europäische Union, Bund, Länder, Gemeinden) zum Ausdruck bringt. Da zugleich nach Artikel 70 des Grundgesetzes die Zuständigkeit zur Regelung der Gemeindeverfassung bei den Ländern liegt, hatten sich in der Bundesrepublik zwischen 1949 und 1990 unterschiedliche Traditionen der Kommunalverfassungen entwickelt, deren Einzelheiten hier allerdings nicht dargestellt werden können.[1] Zusammenfassend lässt sich sagen, dass vier systemische Formen vorherrschend waren:
– Norddeutsche Ratsverfassung in Niedersachsen und Nordrhein-Westfalen;
– Magistratsverfassung in Hessen und den Städten Schleswig-Holsteins;
– Bürgermeisterverfassung in Rheinland-Pfalz und im Saarland sowie in den Landgemeinden Schleswig-Holsteins;
– Süddeutsche Ratsverfassung in Baden-Württemberg und Bayern.

Diese Verfassungsformen hatten nach dem Zweiten Weltkrieg fast 40 Jahre in den alten Bundesländern bestanden, ehe sich in den 1990er Jahren Prozesse verstärkten (so in der alten Bundesrepublik bereits seit den späten 1960er/1970er Jahren Partizipationsforderungen, die sich in unterschiedlichen Bürgerinitiativen zeigten, ferner die politischen Ereignisse 1989 in der DDR), die zu einer weitgehenden Vereinheit-

---
1 Vgl. Wolfgang Rudzio, Das politische System der Bundesrepublik Deutschland. 8. aktualisierte und erweiterte Auflage. Wiesbaden 2011. Oscar W. Gabriel weist darauf hin, dass mit dem im GG Art. 28 Abs. 1 formulierten Homogenitätsgebot, wonach die Grundsätze der freiheitlich demokratischen Grundordnung nicht allein für das nationale politische System gelten, sondern auch die Gemeinden und Gemeindeverbände einschließen, ein Kernelement der kommunalen Demokratie Verfassungsrang erhalte. „Die Verfassungen und Gesetze der Länder dürfen hinter dem vom Grundgesetz garantierten Mindestniveau an Autonomie und Demokratie nicht zurückbleiben". Oscar W. Gabriel, Kommunale Selbstverwaltung in Deutschland, in: 50 Jahre Bundesrepublik Deutschland. Rahmenbedingungen – Entwicklungen – Perspektiven. Herausgegeben von Thomas Ellwein† und Everhard Holtmann. Opladen 1999 (Politische Vierteljahresschrift Sonderheft 30/1999), S. 154-166; S. 157.

lichung führten, einem „Siegeszug der plebiszitären Bürgermeisterverfassung".[2] In allen Flächenstaaten der Bundesrepublik herrscht seitdem – mit Ausnahme Hessens – ein kommunaler Verfassungstyp vor, der – bei allen Abweichungen von Land zu Land – deutlich am Modell der Süddeutschen Ratsverfassung orientiert ist. Deren kennzeichnendes Merkmal ist die starke Stellung des Bürgermeisters, der seine herausgehobene Position der Konzentration der wichtigsten Führungskompetenzen in seinem Amt verdankt. Die herausgehobene Stellung wird darüber hinaus wesentlich gestärkt durch die Direktwahl des Bürgermeisters.[3]

Am heftigsten und längsten wurde um die Reform der Gemeindeordnung in Niedersachsen gerungen, die bekanntlich als letzte der Gemeindeordnungen in der Bundesrepublik an eine allgemeingültige Rahmenordnung angepasst wurde, welche mit dem Begriff „Eingleisigkeit" gekennzeichnet wird. Die einzelnen Stufen der Reform und die damit verbundenen inhaltlichen Auseinandersetzungen in Politik und Verwaltung wurden gemeinhin als „Zweigleisigkeit", „Zweiköpfigkeit" oder „Zweipoligkeit" charakterisiert.[4] Letztendlich sind diese unterschiedlichen Begriffe jedoch alle im rechtlichen Sinne mit dem Begriff der „Zweigleisigkeit" erfasst. Darunter verstanden wird „die Eigentümlichkeit, daß der Vorsitzende des Rates eine gegenüber allen anderen Vorsitzenden von Vertretungen, in denen es die […] Trennung [Verwaltungsleitung und Vorsitz in der Vertretung] gibt, herausgehobene Stellung hat, die in der historischen Bezeichnung für deutsche Hauptgemeindebeamte, nämlich ‚Bürgermeister' (‚Oberbürgermeister') kulminiert".[5] Mit der „Zweiköpfigkeit" ist die „Charakterisierung zweier ‚starker' Personen an der Spitze der kommunalen Gebietskörperschaft und der daraus resultierenden Konkurrenzsituation"[6] besonders betont, während die „Zweipoligkeit" die Gefahr des gegensätzlich orientierten Dualismus unterstreicht. Die „Zweigleisigkeit" war besonders typisch für die unter britischer Verwaltung stehenden Länder Niedersachsen und Nordrhein-Westfalen, da die Briten eine Neuordnung der kommunalen Rechtsstrukturen nach dem Vorbild ihrer Rechtstradition des „Local Government" durchsetzten, was letztlich zur norddeutschen Ratsverfassung führte. Diese sah vor, dass nur ein zentrales

---

2 Rudzio, System (wie Anmerkung 1), S. 355.
3 Ebd., S. 355-358. Hans-Georg Wehling, Kommunale Selbstverwaltung, in: 50 Jahre Bundesrepublik Deutschland. Rahmenbedingungen – Entwicklungen – Perspektiven. Herausgegeben von Thomas Ellwein† und Everhard Holtmann, Opladen 1999 (Politische Vierteljahresschrift Sonderheft 30/1999), S. 544-564, S. 553.
4 Vgl. zur Unterscheidung Gert Hoffmann, Die sogenannte Zweigleisigkeit der niedersächsischen Kommunalverfassung. Ein Beitrag zur aktuellen Reformdiskussion. Gifhorn 1987, S. 1 f.
5 Hoffmann, Zweigleisigkeit (wie Anmerkung 4), S. 1.
6 Ebd., S. 2.

Organ bestand, der Rat (nomistische Struktur). Dem ehrenamtlich tätigen (Ober-)Bürgermeister, der vom Rat gewählt wurde, kamen lediglich die Vorsitzendenfunktion im Rat sowie Repräsentationsfunktionen als Vertreter der Kommune zu. Die Geschäfte der Verwaltung nahm dagegen der (Ober-)Stadtdirektor als Hauptverwaltungsbeamter wahr, der vom Rat gewählt und in dessen Auftrag tätig war.

Stationen seit 1945

Verfolgt man die Entwicklung in Niedersachsen seit 1945, so stellt man fest, dass es immer wieder heftige Diskussionen über die Qualität der Kommunalverfassung mit mehrfach gescheiterten Reformversuchen gegeben hat. Bereits 1947 hatte der Braunschweiger Oberbürgermeister Dr. Ernst Böhme, der in der Folgezeit auch als bundesweiter kommunalpolitischer Sprecher der SPD wirkte, die von den Briten eingeführte Gemeindeordnung heftig kritisiert. Er sah die Mängel „vor allem in der Bestimmung, dass der Bürgermeister nur ehrenamtlich tätig ist, jedes Jahr neu gewählt werden muss und höchstens drei Jahre hintereinander im Amt sein darf, sowie in der Stellung des Stadtdirektors, dessen Zuständigkeit zu Kompetenzstreitigkeiten mit dem Bürgermeister führen könne".[7] Böhme befürwortete den sogenannten „Bielefelder Entwurf" des Städtetags, „der das Einkammersystem mit einem ehrenamtlichen Ratsvorsitzenden und einem berufsmäßigen Bürgermeister"[8] vorsah. Konsequenterweise lehnte er dann auch die nach langjährigen heftigen Kontroversen entstandene Niedersächsische Gemeindeordnung (NGO) von 1955 im Niedersächsischen Landtag bei der Schlussabstimmung ab, obwohl sie überwiegend einem SPD-Entwurf entsprach. In der Folgezeit blieben die einzelnen Bestimmungen der NGO von 1955 heftig umstritten, auch wenn die Briten als aufmerksame Beobachter der Diskussion mit dem Ergebnis von 1955 nicht unzufrieden waren. „Ihr Hauptziel, der Beamtenschaft in der kommunalen Selbstverwaltung nicht wieder eine allzu starke Stellung einzuräumen und dem Hauptgemeindebeamten vor allem nicht wieder den traditionsreichen und damit prestigeträchtigen Titel ›Bürgermeister‹ zu geben, war gewahrt geblieben".[9] In allen Diskussionen vorher und auch nachher wurde deutlich, dass eine solche Gemeindeordnung letztlich die jeweils zeitbedingte Machtverteilung im Lande ebenso widerspiegelte, wie neben den parteipolitischen Interessen auch die persönlichen Ambitionen der jeweiligen Amtsinhaber, weshalb eine wichtige Rolle die sog. „Landräte- und Bürger-

---

7 Flensburger Tageblatt vom 8. März 1947.
8 Ebd.
9 Hoffmann, Zweigleisigkeit (wie Anmerkung 4), S. 103.

meisterfraktion" spielte. Beim Wechsel von Zwei- zu Eingleisigkeit musste stets ein Amtsinhaber (in der Regel der ehrenamtliche) sein Amt aufgeben, zugleich verloren die entsprechenden Parteien einen ihrer maßgebenden Posten im kommunalen Alltags- und Politikgeschäft. Vor diesem Hintergrund nützten auch wissenschaftliche Gutachten auf empirischer Grundlage wenig, wie die erfolglos verlaufenden Änderungsversuche immer wieder erkennen ließen.[10]

Als das Grundgesetz 1949 im Artikel 28 Absatz 1 u.a. festlegte, „in den Ländern, Kreisen und Gemeinden muss das Volk eine Vertretung haben, die aus allgemeinen, unmittelbaren, freien, gleichen und geheimen Wahlen hervorgegangen ist", so stand dahinter eine lange rechtshistorische Tradition, deren Wurzeln bis zur Preußischen Städteordnung des Freiherrn vom Stein aus dem Jahr 1808 reichen.[11] Auch die Weimarer Verfassung gewährte die kommunale Selbstverwaltung. Ein grundlegender Bruch dieser Rechtstradition erfolgte durch die Nationalsozialisten spätestens mit der zum 1. April 1935 eingeführten reichseinheitlichen Deutschen Gemeindeordnung (DGO) mit einer zentralistischen Regelung nach dem „Führerprinzip".

Entscheidungen der britischen Besatzungsmacht

Die Deutsche Gemeindeordnung (DGO) von 1935 hatte zunächst nach Kriegsende weiterhin Gültigkeit, lediglich die Vorschriften, die dem Führerprinzip entsprachen, wurden von den Besatzungsmächten umgehend außer Kraft gesetzt. Obwohl dies zunächst auch in der britischen Zone zu gelten schien, kam es hier zum radikalsten Eingriff in die kommunale „Verfassungstradition". Mit dem Ende des nationalsozialistischen Terrorregimes beschlossen die Briten in Niedersachsen eine Totalrevision der Deutschen Gemeindeordnung und führten nach dem Vorbild britischer Rechtstradition eine strikte Trennung zwischen politischer Führung und unpolitischer Verwaltung durch.

---

10 Eine umfassende Darstellung und hilfreiche Analyse dieser Entwicklung findet sich bei Hoffmann, Zweigleisigkeit (wie Anmerkung 4), aber auch bei dem überzeugten Vertreter des britischen Modells Rudzio, System (wie Anmerkung 1). Besonders detailreich und informativ ist auch Florian Ebeling, Kommunalverfassungsreform in Niedersachsen – Von der Doppelspitze zur Einheitsspitze. Diss. Göttingen 2000.

11 Die mittelalterliche Städtefreiheit war im Zeitalter des Absolutismus bis auf wenige Ausnahmen beseitigt worden. Vgl. Hoffmann, Zweigleisigkeit (wie Anmerkung 4); Rudzio, System (wie Anmerkung 1), S. 349 mit Literaturhinweisen.

Die realisierte Ablösung der DGO durch die September-Direktive und schließlich mit Verordnung 21 der Militärregierung vom 1. April 1946, die als „einseitiger Akt der Militärregierung und nicht wie in anderen Zonen als Werk eines deutschen Gesetzgebers in Kraft trat",[12] war das Ergebnis einer negativen Einschätzung der deutschen Kommunalverfassung, „der Bismarck-Tradition", durch die Briten. Diese gingen davon aus, dass in der deutschen Verwaltungsstruktur Bürokraten eine führende Rolle zugewiesen sei, ohne dass diese durch Wahl bestätigt worden waren oder durch den Souverän (das Volk) kontrolliert werden konnten. In einer Betrachtung zum System des „Local Government in occupied Germany" wurde festgestellt: „Die konservative kommunale Beamtenschaft mit ihren quasi ›diktatorischen‹ Befugnissen habe sich als eine der Hauptstützen des untergegangenen Regimes, ja sogar als eine der Hauptursachen für die Entstehung desselben dargestellt",[13] und aus diesem Grund kaum Widerstand geleistet. Vor diesem Hintergrund wurde auch die Position der Bürgermeister im Sinne der deutschen kommunalen Rechtstradition bewertet: Es sei „im Rahmen der Bürgermeisterverfassung für eine starke Führungspersönlichkeit ein Leichtes gewesen, sich zu einer Art Diktator aufzuschwingen".[14] Damit wurde die deutsche Kommunalverfassung zwangsläufig obsolet.

Die Verwaltungsreform der Briten sah vor, grundsätzlich das „Führerprinzip" aus allen Bereichen der öffentlichen Verwaltung zu entfernen, Befugnisse auf Personengruppen zu übertragen und auf diese Weise die unterschiedlichen Meinungen und Interessen der Bevölkerung abzubilden. Daher wurde die Gemeindevertretung als Organ zum eigentlichen Träger aller Verantwortung für die Gemeinde. Die Führung der Gemeindeangelegenheiten wurde den Gemeinderäten übertragen, die Verwaltung der Gemeinde dagegen sollte ausschließlich dem Rat obliegen. Der Rat vertrat die Gemeinde und nahm seine Verwaltungsaufgaben durch Verwaltungsbeamte wahr. „Gesetzestechnisch knüpften die Briten insofern an die DGO von 1935 an, als sie den Monismus, die Konzentration aller Kompetenzen auf ein Organ, beibehielten und lediglich das Organ austauschten".[15]

Grundsätzlich geändert aber haben die Briten die Funktion des traditionellen Bürgermeisters, woraus sich die Doppelspitze in der öffentlichen Verwaltung ergab,

---

12 Vgl. hierzu ausführlich Wolfgang Rudzio, Die Neuordnung des Kommunalwesens in der Britischen Zone. Zur Demokratisierung und Dezentralisierung der politischen Struktur: eine britische Reform und ihr Ausgang. Stuttgart 1968 (Quellen und Darstellungen zur Zeitgeschichte Band 17), S. 50.
13 Ebeling, Kommunalverfassungsreform (wie Anmerkung 10), S. 16; vgl. auch Rudzio, Neuordnung (wie Anmerkung 12), S. 47 f.
14 Ebeling, Kommunalverfassungsreform (wie Anmerkung 10), S. 16.
15 Ebd.

was eine Zäsur im bisherigen deutschen Kommunalsystem darstellte. Zum einen fiel die politisch-repräsentative Führungsaufgabe einem zukünftig ehrenamtlichen Bürgermeister zu, während die bisherigen ausführenden Aufgaben dem Gemeindedirektor (Oberstadtdirektor), einem Kommunalbeamten in leitender Position, zufielen. Dies bedeutete letztlich eine unpolitisch-instrumentale Rolle im Rahmen der Amtsführung an der Spitze der Kommunalverwaltung.

Der Bürgermeister wurde vom Rat auf ein Jahr gewählt, eine zweimalige Wiederwahl war zulässig, so dass ein Bürgermeister maximal drei Jahre fortlaufend im Amt sein konnte. Der Bürgermeister behielt eine zentrale Position, da er nicht nur Vorsitzender des Rates war, sondern die Gemeinderäte über alle Verwaltungsangelegenheiten zu informieren hatte und damit eine enge Einbindung in die Kommunalbürokratie benötigte. Diese Bindungen und ein in der Sache gegebener Informationsvorsprung bestimmten damit die herausgehobene Position, die sich auch in der traditionsreichen Amtsbezeichnung „(Ober-)Bürgermeister" widerspiegelte.

Erwähnenswert auch, dass er über ein Eilentscheidungsrecht verfügte, so dass er gemeinsam mit einem weiteren Gemeinderatsmitglied sämtliche Verordnungen, Satzungen, Verfügungen etc. zu unterzeichnen hatte. Im Gegensatz dazu kam dem Gemeindedirektor nur die Stellung eines Schriftführers im Rat zu, der jedoch über keinerlei Stimmrecht oder sonstige aktive Rechte im Rat verfügte. Aufgaben waren auch die Ernennung und Entlassung von Angestellten, die Einberufung der Ratsversammlung sowie die Aufstellung der Tagungsordnung und die Protokollführung.

Damit war der Grundstein für einen in Deutschland neuen Verfassungstyp gelegt: die norddeutsche (britische) Ratsverfassung, die eine Trennung zwischen Politik und Verwaltung festlegte – die sich in den Personen des Bürgermeisters und des Gemeindedirektors manifestierte: eine politisch-repräsentative Führungsaufgabe des ehrenamtlichen Bürgermeisters und dem unpolitisch gedachten Kommunalbeamten (= Zweigleisigkeit). „Dies hatte zur Folge, daß die an das englische Local Government eng angelehnte rev. DGO auf ein ganz anderes, sehr pragmatisch angelegtes Rechtssystem mit einem geschichtlich völlig entgegengesetztem, traditionell sehr normativen Verfassungsverständnis der Deutschen prallte."[16] In diesem Wandel, der auf die britische Besatzungszone begrenzt war, lag so etwas wie ein „Kulturbruch", womit Konflikte in der Folgezeit geradezu vorprogrammiert waren.

---

16 Ebd., S. 18.

Die Situation in der Stadt Braunschweig

Im Zeitraum vom 11. April 1945 bis 31. Oktober 2001 übten insgesamt 13 „ehrenamtliche" Oberbürgermeister ihr Amt aus: Für die Entwicklung in Braunschweig bis zur Einführung der „Eingleisigkeit" 1996 ergibt sich dabei folgendes Bild:[17] Dr. Erich Bockler – Dr. Ernst Böhme – Otto Bennemann – Dr. Kurd Semler – Otto Bennemann – Martha Fuchs – Bernhard Ließ – Walter Klöditz – Günther Jaenicke – Gerhard Glogowski – Hartmut Scupin – Gerhard Glogowski – Werner Steffens. Die längste Amtszeit weist Werner Steffens mit elf Jahren auf (11.9.1990-31.10.2001), gefolgt von Otto Bennemann (17.12.1948-3.12.1952; 15.12.1954-27.5.1959) und Gerhard Glogowski (2.11.1976-3.11.1981; 5.11.1986-11.9.1990) mit jeweils acht Jahren, ferner Bernhard Ließ (21.10.1964-21.11.1972). Die kürzeste Amtszeit betrug 50 Tage: Dr. Erich Bockler, parteilos, war lediglich vom 11. April bis zum 1. Juni 1945 im Amt, eine Übergangsfunktion. Ihm folgte zwischen dem 1. Juni 1945 und dem 17. Dezember 1948 Dr. Ernst Böhme, der dieses Amt bereits vom 23.11.1929 bis zum 13.3.1933 innegehabt hatte und von der NSDAP abgesetzt und inhaftiert worden war. In zwei Fällen mussten Amtsträger eine Unterbrechung durch die Wahl eines parteipolitischen Konkurrenten hinnehmen: Otto Bennemann amtierte vom 17. Dezember 1948 bis 3. Dezember 1952 und vom 15. Dezember 1954 bis 27. Mai 1959, Dr. Kurd Semler vom 3. Dezember 1952 bis 15.1 Dezember 1954; Gerhard Glogowski vom 2. November 1976 bis 3. November 1981 und vom 5. November 1986 bis 11. September 1990, Hartmut Scupin vom 3. November 1981 bis 5. November 1986.

Demgegenüber übten im Zeitraum von September 1946 bis zum 31. Oktober 2001 lediglich vier Oberstadtdirektoren ihr Amt aus: Dr. Erich Walter Lotz (September 1946-29.2.1960), Hans Günther Weber (1.3.1960-30.1.1980), Dr. Joachim Körner (1.2.1980-31.1.1989) und Dr. Jürgen Bräcklein (1.2.1989-31.1.2001); alle waren Mitglied der SPD. Ferner Dr. Udo Kuhlmann (CDU), der infolge der Übergangsregelung bis zur Eingleisigkeit neun Monate vertretungsweise amtierte (1.2.-31.10.2001). Damit übertrafen drei der vier Oberstadtdirektoren die mit elf Jahren längste Amtszeit eines Oberbürgermeisters (Werner Steffens): Dr. Erich Walter Lotz, Hans-Günther Weber und Dr. Jürgen Bräcklein. Dr. Joachim Körner hatte mit neun Jahren die kürzeste Amtszeit unter den Oberstadtdirektoren. Es wird deutlich, dass die Funktion des Oberstadtdirektors als Spitze der Verwaltung das tragende Kontinuitätselement in der Kommunalverfassung darstellte.

---

17 Zu den Angaben vgl. Braunschweigs Oberbürgermeister und Oberstadtdirektoren [http://www.braunschweig.de/stadtportrait/geschichte/obm_liste.html eingesehen am 27.10.2012].

Zugleich spiegelt der Umstand, dass neun der 13 Oberbürgermeister und alle Oberstadtdirektoren Mitglied der SPD waren, die jeweiligen Mehrheitsverhältnisse im Rat der Stadt. Dies zumindest hinsichtlich der größten Fraktion im Rat, die traditionell den Oberbürgermeister stellte. Da beim Prinzip der Zweigleisigkeit der Oberbürgermeister nicht direkt von den Bürgern, sondern vom Rat der Stadt gewählt wurde, stellte im allgemeinen die größte Fraktion den Oberbürgermeister, so dass sich die politische Dominanz der SPD in Braunschweig auch an der Besetzung der Spitzenämter deutlich ablesen lässt. Eine Wahl gegen die Mehrheitsfraktion galt als demokratisch fragwürdig und stellte eher einen Ausnahmefall dar. So wurde etwa am 3. Dezember 1952 Dr. Kurd Semler (CDU) mit Unterstützung des BHE (Block der Heimatvertriebenen und Entrechteten) und weiterer Gruppierungen („Braunschweiger Bürgerschaft") gegen die Stimmen der Mehrheitsfraktion SPD zum Oberbürgermeister der Stadt Braunschweig gewählt. Aus der Gemeindewahl vom 9. November 1952 war die SPD mit 43,9 Prozent der Stimmen als stärkste Kraft hervorgegangen und hatte Otto Bennemann, der seit 1948 das Amt innegehabt hatte, erneut nominiert. Unmittelbar im Anschluss an die geheime Wahl gab der SPD-Ratsherr Willi Telge eine Erklärung ab, die die Problematik zwischen demokratischer Tradition und politischer Realität deutlich machte: „Gestützt auf dieses Ergebnis [der Kommunalwahl] hat die Fraktion der SPD Otto Bennemann als Oberbürgermeister vorgeschlagen. Das entsprach dem Brauch, der stärksten Partei den Posten des Vorsitzenden vorzubehalten. Die Fraktion der SPD hat die aus der politischen Situation gegebenen Ansprüche der anderen Fraktionen in der Vergangenheit geachtet. Sie hat auch, als sie über die absolute Mehrheit verfügte, der Wahl von Dr. Semler zum Oberbürgermeister-Stellvertreter zugestimmt, und bei der Wahl der Vorsitzenden der Ausschüsse die Wünsche der anderen Fraktionen loyal berücksichtigt. [...] Die SPD empfindet die Ablehnung des Vorschlages [...] als eine Brüskierung der SPD und ihrer Fraktion. Sie bedeutet eine völlige Uebergehung der 158.328 sozialdemokratischen Wählerstimmen, die um so schwerer wiegt, weil Otto Bennemann mit 12.226 Stimmen allen anderen Kandidaten weit voraus liegt".[18]

Kurd Semler berichtet in seinen Tagebüchern, die heute im Stadtarchiv Braunschweig aufbewahrt werden, über das Geschehen. Darin erinnerte er sich auch an die erste Ratssitzung unter seinem Vorsitz, die „recht unruhig" verlaufen war,[19] was letztlich auf eine heftige Diskussion um das aus der Sicht der SPD-Fraktion undemokratische Wahlverhalten bei der Oberbürgermeisterwahl verweist. Der politische Alltag ließ rasch deutlich werden, dass die britische Idee der amtsbezogenen

---

18 Braunschweiger Zeitung vom 4. Dezember 1952.
19 Kurd Semler, Tagebuch, Stadtarchiv Braunschweig, G IX 60:1, Bd. 9, S. 28.

Oberbürgermeister Otto Bennemann und Oberstadtdirektor Dr. Erich Walter Lotz bei der Einweihung des Kinderheims an der Hugo Luther-Straße, 1951 (Stadtarchiv Braunschweig, H XXX 11: 300)

„Entpolitisierung" reine Theorie blieb, denn sowohl beim (Ober) Bürgermeister als auch beim (Ober)Stadtdirektor spiegelten die Wahlen durch den Gemeinderat letztlich die jeweiligen politischen Mehrheitsverhältnisse wider, und die Forderung nach Neutralität der Hauptverwaltungsbeamten dürfte tatsächlich nur „schöner Schein" gewesen sein.

Die von den Briten eingeführte rev. DGO sah zwar eine Trennung von „Politik" und „Verwaltung" – personifiziert im Amt des (Ober)Bürgermeisters und des (Ober)Stadtdirektors – vor, doch in der Praxis konnte das System zu erheblichen Reibungsverlusten und Effizienz mindernden Konflikten führen, vor allem, wenn die Doppelspitze unterschiedlichen Parteien angehörte. So meinte Dr. Kurd Semler (CDU) über die konkrete Zusammenarbeit mit dem Oberstadtdirektor Dr. Erich Walter Lotz (SPD): „Mit Lotz hatte ich gestern in Gegenwart Bennemanns Besprechung. Seine Stellung ist nicht leicht. Da er Mitglied der SPD ist, [...] [er] als Oberstadtdirektor die Beschlüsse der Stadtvertretung ausführen muß, werden ihm ärgerliche [unleserlich: Auswirkungen?] nicht erspart bleiben. Er tut mir

Oberbürgermeister Otto Bennemann und Oberstadtdirektor Dr. Erich Walter Lotz beim Empfang des Regierenden Bürgermeisters von Berlin Willy Brandt, 9. April 1959 (Stadtarchiv Braunschweig, G IX 108)

leid deswegen. Denn im Grunde ist er tüchtig u. aktiv zum Wohle der Stadt".[20] Lotz betonte in der erwähnten ersten Sitzung dem Rat gegenüber, „daß in der kommenden Arbeit jede überspitzte Parteidoktrin nur schaden" könne.[21] In gleicher Weise gilt dies hinsichtlich der Persönlichkeitsstruktur der Amtsinhaber.

Dass das Handeln zweier Führungspersönlichkeiten in der Praxis nicht immer frei von Konkurrenzsituationen zu denken ist, gehört zur allgemeinen Alltagserfahrung. In hohem Maße dürften angesichts der Entscheidung der Briten diejenigen Persönlichkeiten sensibilisiert gewesen sein, die bereits in der

---

20 Ebd.
21 Ordentliche (öffentliche) Ratssitzung am 03.12.1952, Protokoll, Punkt 6. der Tagungsordnung, S. 13, Stadtarchiv Braunschweig, G IX 60:1 Bd. II, 1.

Weimarer Republik kommunale Leitungsfunktionen innegehabt hatten. Besonders deutlich belegt dies ein Briefwechsel zwischen Oberbürgermeister Dr. Ernst Böhme (SPD) und dem späteren Oberstadtdirektor Dr. Erich Werner Lotz (SPD) aus dem Jahr 1946. Letzterer schrieb am 10. Juli 1946 an Böhme: „Ich kenne Sie gut, sogar sehr gut und habe deshalb ganz freimütig geschrieben, dass ich glaube, dass zwei so energische und umsichtige Kommunalbeamte, wie wir beide, schlecht in der Gewaltenteilung arbeiten könnten. Freude hätte ich schon an der Arbeit mit Ihnen, und die Aufgabe würde mich sehr locken, wenngleich – das sage ich offen – eben zwei Leute wie wir sehr leicht durch ihre Spannkraft, Energie und ihr Wissen trotz persönlicher Nähe ob dieser Teilung der Gewalten in Konflikt kommen können".[22] Böhme antwortete am 14. Juli 1946: „Ich bin im Gegensatz zu Ihnen der Meinung, daß wir sehr gut zueinander passen würden, weil ich die Absicht habe, mich der englischen Idee entsprechend tatsächlich als Oberbürgermeister auf die Repräsentation und die Führung der Stadtvertretung zu beschränken, wenn ich nur einen Oberstadtdirektor bekomme, der soviel eigene Initiative hat, daß ich mir diese Ruhe gönnen kann".[23]

In der Antwort Böhmes wird deutlich, dass in seinem Verständnis auch nach der rev. DGO dem Amt des Oberbürgermeisters der Vorrang einzuräumen war. Es war dies eine pragmatische Antwort Böhmes, vor allem vor dem Hintergrund, dass er der Zweigleisigkeit durchaus kritisch gegenüberstand. In einem Beitrag im Nordwestdeutschen Rundfunk Anfang März 1947 übte Böhme deutliche Kritik an der durch die Militärregierung eingeführten Gemeindeordnung in der britischen Besatzungszone. Er sah die Mängel „vor allem in der Bestimmung, dass der Bürgermeister nur ehrenamtlich tätig ist, jedes Jahr neu gewählt werden muss und höchstens drei Jahre hintereinander im Amt sein darf, sowie in der Stellung des Stadtdirektors, dessen Zuständigkeit zu Kompetenzstreitigkeiten mit dem Bürgermeister führen könne".[24] In einem Gegenentwurf des Städtetags, dem sogenannten „Bielefelder Entwurf", wurde daher ein „Einkammersystem mit einem ehrenamtlichen Ratsvorsitzenden und einem berufsmäßigen Bürgermeister"[25] vorgesehen, ein Vorschlag, den auch Böhme favorisierte und den er in einen größeren politisch-symbolischen Kontext stellte: „Der Bielefelder Entwurf bietet wie keine der anderen Varianten die Möglichkeit, dass durch seine übereinstimmende Annahme in den einzelnen Ländern Deutschlands eine Rechtseinheitlichkeit in ganz Deutschland geschaffen wird.

---

22 Schreiben Erich Walter Lotz an Ernst Böhme vom 10. Juli 1946, Stadtarchiv Braunschweig, E 11: 690.1.
23 Schreiben Ernst Böhme an Erich Walter Lotz vom 14 Juli 1946, Stadtarchiv Braunschweig, E 11: 690.1.
24 Flensburger Tageblatt (wie Anmerkung 7).
25 Ebd.

Oberstadtdirektor Dr. Erich Walter Lotz und Oberbürgermeister Bennemann verabschieden die englische Besatzung, 24. Januar 1958 (Stadtarchiv Braunschweig, H XXX)

Oberstadtdirektor Dr. Erich Walter Lotz im Kreis seiner Dezernenten, 21. Januar 1960 (Stadtarchiv Braunschweig, H XXX)

Wäre es nicht ein schöner Gedanke, dass die Länderparlamente jetzt, da keine Reichsinstanz da ist, da im Gegenteil die Militärregierungen der verschiedenen Zonen ein möglichst zersplittertes Recht zu wünschen scheinen, durch freiwillige Entschließung wenigstens auf dem Gebiet der Gemeindeverfassung das herbeiführen, was wir so sehr ersehnen: Die Einheit Deutschlands".

Einführung der NGO von 1955

Die durch die Briten geschaffene norddeutsche Ratsverfassung mit ihrer Trennung von Politik und Verwaltung bedeutete (neben den juristischen Aspekten) vor allem, dass die Briten (im Gegensatz zu den anderen westlichen Besatzungsmächten) grundlegend und nachhaltig in die Struktur und das Verständnis der kommunalen Selbstverwaltung eingegriffen haben.²⁶ Dies mag ein Grund für die geringe Akzeptanz dieser revidierten DGO in Niedersachsen gewesen sein, die sich nicht zuletzt darin ausdrückte, dass sowohl Politik als auch Verwaltung stets deren Übergangscharakter betont haben: „Es wird jedoch besonders darauf hingewiesen, daß die revidierte Gemeindeordnung lediglich eine Zwischenlösung darstellt. Am Ende ist beabsichtigt, die Deutsche Gemeindeordnung durch eine Reihe örtlicher Regierungsvorhaben zu ersetzen [...]".²⁷ Ein Beamter der braunschweigischen Regierung formulierte die offizielle Haltung der braunschweigischen Landesregierung folgendermaßen: „Sie trägt ausgesprochenen Übergangscharakter und hat daher lediglich bis zur Schaffung echter demokratischer Einrichtungen Geltung."²⁸ Vor diesem Verständnishintergrund wird klar, weshalb in der Folgezeit die rev. DGO in der briti-

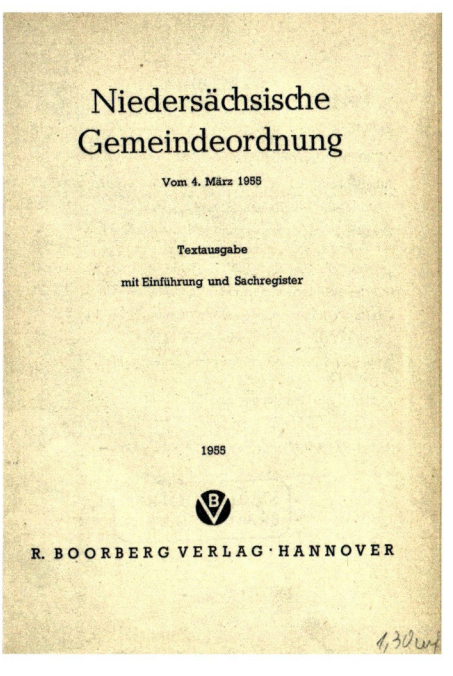

Niedersächsische Gemeindeordnung, 1955.

---

26 Lars Holtkamp, Reform der Kommunalverfassungen in den alten Bundesländern – eine Ursachenanalyse, in: Jörg Bogumil, Hubert Heinelt (Hrsg.), Bürgermeister in Deutschland. Politikwissenschaftliche Studien zu direkt gewählten Bürgermeistern (Stadtforschung aktuell Band 102), Wiesbaden 2005., S. 13-32, 23 f; Hoffmann, Zweigleisigkeit, (wie Anmerkung 4), S. 41 f.
27 Braunschweiger Zeitung vom 16.4.1946, zitiert nach Gert Hoffmann, Zweigleisigkeit (wie Anmerkung 4), S. 41; Ebeling, Kommunalverfassungsreform (wie Anm. 10), S. 21, Anmerkung 1.
28 Braunschweiger Zeitung vom 12.7.1946, zitiert nach Gert Hoffmann, Zweigleisigkeit (wie Anmerkung 4), S. 41; Ebeling, Kommunalverfassungsreform (wie Anmerkung 10), S. 21, Anmerkung 1.

schen Zone ständigen Reformversuchen ausgesetzt war. In einem Entwurf der niedersächsischen Landesregierung an die Briten vom 31. Januar 1947 bekundete die Landesregierung den Wunsch nach Rückkehr zu den traditionellen Verfassungsformen, nach denen die Landrats- und Oberbürgermeistertitel wieder dem Hauptverwaltungsbeamten zufallen sollten. Diesem Wunsch wurde jedoch von den Briten eindeutig eine Absage erteilt.[29]

Nach der ersten Landtagswahl von 1947 wurde in Niedersachsen eine sehr breite Regierungskoalition von SPD, CDU und Zentrum unter Ministerpräsident Hinrich Wilhelm Kopf gebildet. Die anschließenden Versuche einer Revision der rev. DGO, die schließlich in die NGO von 1955 mündeten, waren ein fast unüberschaubarer und vielschichtiger Prozess, in dem es auch zu parteiübergreifenden Koalitionen kam. Während Schleswig-Holstein aufgrund der absoluten Mehrheit der SPD schnell zum traditionellen Kommunalrecht zurückkehrte, kamen die Bestrebungen in Nordrhein-Westfalen und in Niedersachsen nicht voran.[30] Nach Hoffmann ging in Niedersachsen der NGO von 1955 eine langjährige und intensive Debatte voraus, „wie es sie in ähnlicher, teilweise restlos verwirrender Weise in keinem anderen Bundesland gegeben hat".[31] Aus der Fülle der unterschiedlichen Argumente, Diskussionen und Entwürfe seien zwei exemplarische Positionen herausgegriffen.

So legte im September 1948 die Regierungskoalition von SPD, CDU und Zentrum unter Führung von Ministerpräsident Kopf einen Regierungsentwurf vor, der eine Änderung der rev. DGO in Anlehnung an die sogenannte Magistratsverfassung enthielt und einen kollegialen Vorstand der Gemeinden vorsah. Damit folgte man der „Meinberger Empfehlung" der drei sozialdemokratischen Innenminister in der britischen Zone, die eine einheitliche Kommunalverfassung auf der Basis der unechten Magistratsverfassung vorsah. Obwohl diese Konzeption auch beim Niedersächsischen Städtetag, beim Städtebund, den Regierungspräsidenten und der Niedersächsischen CDU auf breite Zustimmung stieß, scheiterte sie letztlich an der uneinheitlichen Haltung der SPD-Landtagsfraktion.

So präsentierte Innenminister Richard Borowski (SPD) im Gegensatz zur Linie des Ministerpräsidenten einen eigenen Entwurf der Gemeindeordnung am 1. August 1949

---

29 Hoffmann, Zweigleisigkeit (wie Anmerkung 4), S. 44-46; Rudzio, Neuordnung (wie Anmerkung 12), S. 54.
30 Wehling, Selbstverwaltung (wie Anmerkung 3), S. 552.
31 Hoffmann, Zweigleisigkeit (wie Anmerkung 4), S. 67. Zur Vorgeschichte der NGO von 1955 vgl. Ebeling, Kommunalverfassungsreform (wie Anmerkung 10), S. 21-27; Hoffmann, Zweigleisigkeit (wie Anmerkung 10), S. 59-104; Rudzio, Neuordnung (wie Anmerkung 12), S. 166-189.

bzw. in leicht überarbeiteter Fassung am 15. März 1950. Gestützt wurde Borowski dabei von der parteiübergreifenden „Fraktion der Oberbürgermeister und Landräte", die eine starke Position einnahm: von den 64 Abgeordneten der SPD waren 31 Bürgermeister, Landräte oder Stellvertreter (alle ehrenamtlich tätig), bei der DP von 28 Abgeordneten 15 Amtsinhaber, bei der CDU von 30 Abgeordneten 5 Amtsträger, bei der FDP betrug das Verhältnis 13:6 und beim Zentrum 6:2. Insgesamt stellte diese parteiübergreifende „Fraktion" eine durchsetzungsstarke Lobby dar.[32] Im Gegensatz zu Ministerpräsident Kopf verfocht Borowski das britische System und lehnte die Rückkehr zur alten Gemeindeordnung ab. Er betonte, dass „alle bisherigen Gemeindeordnungen der deutschen Länder eine wirkliche Selbstverwaltung der Gemeindebürger durch ihre gewählten Vertreter nicht verwirklicht [hätten]".[33] Auch in der rev. DGO sei trotz der „eindeutig untergeordneten Stellung" des Hauptgemeindebeamten der Rat immer noch nicht das entscheidende Verwaltungsorgan. Daher müsse an eine „im echten Sinne demokratische Gemeindeordnung" die „unabdingbare Forderung" gerichtet werden, dass das gewählte Ratsmitglied zum „wirklichen Träger der Gemeindeverwaltung", und zwar auch der laufenden Alltagsarbeit werde.

Der Entwurf des Innenministers forderte einen neuen Typ des kommunalen Verwaltungsbeamten, der nicht nach „Auswirkung seiner eigenen Persönlichkeit strebe", sondern der „Diener seines Rates" sein wolle. Dies sei zu einer wirklich demokratischen Gestaltung der Selbstverwaltung notwendig.[34] Der Rat solle über alle Gemeindeangelegenheiten entscheiden und die Verantwortung für Auftragsangelegenheiten tragen, während der Hauptverwaltungsbeamte auf ausführende Tätigkeiten im engeren Sinne begrenzt wurde. Dieser Entwurf, sowie auch zwei weitere, modifizierte, führte zu heftigen Reaktionen und zur Diskussion höchst entgegengesetzter politischer Positionen und Borowski scheiterte letztendlich.

Aus dem Wirrwarr unterschiedlicher Meinungsbildungen, politischer Interessen und Befindlichkeiten zeichnete sich schließlich ab, dass nur ein Gesetzentwurf auf der Grundlage einer „Ratsverfassung" Aussicht auf eine politische Mehrheit haben konnte. Am 11. November 1954 wurde die Ratsverfassung mit deutlicher Mehrheit von 90:50 Stimmen beschlossen. Ministerpräsident Kopf und Dr. Böhme, Braun-

---

32 Hoffmann, Zweigleisigkeit (wie Anmerkung 4), S. 60 f.; Rudzio, Neuordnung (wie Anmerkung 12), S. 166.
33 Zitiert nach Hoffmann, Zweigleisigkeit (wie Anmerkung 4), S. 61; Ebeling, Kommunalverfassungsreform (wie Anmerkung 10), S. 21, Anm. 1.
34 Zitiert nach Hoffmann, Zweigleisigkeit (wie Anmerkung 4), S. 61-63; Ebeling, Kommunalverfassungsreform (wie Anmerkung 10), S. 22 f; Rudzio, Neuordnung (wie Anmerkung 12), S. 176-184.

schweigs Oberbürgermeister a. D., beide dezidierte Verfechter einer Magistratsverfassung, blieben der Abstimmung fern.[35] Mit der so verabschiedeten Niedersächsischen Gemeindeordnung vom 4. März 1955 wurde als neues Element der Verwaltungsausschuss als zweites Organ in die Kommunalverfassung eingeführt.[36] Zwar blieb der Rat für alle Angelegenheiten der Gemeinde zuständig, er konnte jedoch, abgesehen von den ausschließlich ihm übertragenen Aufgaben, seine Befugnisse auf den neu geschaffenen Verwaltungsausschuss sowie den Gemeindedirektor übertragen. Der Verwaltungsausschuss, dem der Ratsvorsitzende, die jeweiligen Beigeordneten und der Hauptverwaltungsbeamte (ohne Stimmrecht) angehörten, leitete die Verwaltung. Aufgaben waren u.a. die Vorbereitung und Ausführung der Ratsbeschlüsse, außerdem führte er neben den ihm vom Rat übertragenen Angelegenheiten die laufende Verwaltung und anderes mehr. Der Gemeindedirektor dagegen, der ja vom Rat als Zeitbeamter gewählt wurde, war schließlich für die Ausführung der Beschlüsse des Verwaltungsausschusses und die ihm vom Rat und Verwaltungsausschuss übertragenen Angelegenheiten zuständig. „Damit war die Verwaltungsführung des Rates via Verwaltungsausschuss gesichert und zugleich praktikabel gestaltet, während das Beamtentum auf ausführende Funktionen beschränkt blieb [...]".[37] Der Gesetzgeber hatte die sogenannte zweigleisige Führung von Gemeindedirektor und Bürgermeister festgeschrieben.

Vielfältige Einzelbestimmungen, Kompetenzbeschreibungen und strukturelle Differenzierungen änderten nichts mehr an der grundlegenden Feststellung, dass sich die norddeutsche Ratsverfassung endgültig durchgesetzt und die britische Reform der DGO dauerhafte Spuren im Kommunalverfassungsrecht hinterlassen hatte: „Das Hauptziel der Briten, der Beamtenschaft in der kommunalen Selbstverwaltung keine allzu starke Stellung einzuräumen bzw. keinen Hauptverwaltungsbeamten, der als allmächtiger Bürgermeister zur Führungsperson der Gemeinde wird, zu dulden, wurde mit der NGO von 1955 erreicht. Allerdings konnte, obwohl die Anhänger der britischen Ratsverfassung als Gewinner der Gesetzesdebatte angesehen wurden, nicht mehr von einer monistischen Ratsverfassung die Rede sein. Zunächst richtete die NGO vom 4.3.1955 den Verwaltungsausschuss ein, der die wichtigsten Verwaltungszuständigkeiten des Rats übernahm. Darüber hinaus wurde auch die

---

35 Rudzio, Neuordnung (wie Anmerkung 12), S. 186, Anm. 183.
36 Vgl. Ebeling, Kommunalverfassungsreform (wie Anmerkung 10), S. 25-27. Wehling betont, dass mit dem Verwaltungsausschuss als Besonderheit innerhalb der Norddeutschen Ratsverfassung auch zugleich die „Hierarchisierung der Ratsarbeit" institutionalisiert wurde: „Der Verwaltungsausschuss teilt die Ratsmitglieder in ›Ratsmitglieder zu Fuß‹ und ›Ratsmitglieder zu Pferde‹", vgl. Wehling, Selbstverwaltung (wie Anmerkung 3), S. 555.
37 Rudzio, Neuordnung (wie Anmerkung 12), S. 186.

Stellung des Hauptverwaltungsbeamten aufgewertet, dessen Position sich eindeutig verbessert hatte. Anstatt des ›Schriftführers des Rats‹ (§ 34 rev. DGO) und des ›Erfüllungsgehilfen‹ (§ 34 rev. DGO) war er jetzt – wenn auch nicht stimmberechtigtes – Mitglied des neu kreierten Organs Verwaltungsausschuss, bei dem das Zentrum der gemeindlichen Verwaltungsmacht angesiedelt war".[38]

Für die Briten war damit eine aus ihrer Sicht demokratische kommunale Selbstverwaltung gesichert, und zwar im Sinne des englischen Systems der „clerks" und „mayors". Bezüglich des englischen „local government" war die Überzeugung der Briten ungebrochen, wenn sie feststellten: „The English system of goverment is the most democratic in the world!"[39]

Der Weg zur Eingleisigkeit

Obwohl die NGO von 1955 nach langen und äußerst kontrovers geführten Auseinandersetzungen verabschiedet worden war, hielten die Diskussionen weiter an. Hauptkritikpunkt war und blieb die sogenannte Doppelspitze, in der man eine Deklassierung des fachlich kompetentesten Beamten (Ober/Stadt/Gemeinde-Direktor) sah, der keine grundlegenden Entscheidungen ohne Verwaltungsausschuss bzw. Rat treffen konnte und dennoch die Hauptlast der Verantwortung trug.

Das Beamtentum hatte nach allgemeiner Einschätzung „eine capitis deminutio maxima über sich ergehen lassen müssen, die in der kommunalen Verfassungsgeschichte ein Beispiel sucht".[40] Immer wieder wurde die Forderung nach einem „Oberbürgermeister neuen Typs" als Verwaltungsspitze erhoben und 1961 von der CDU die Beseitigung der Doppelspitze zur Diskussion gestellt. Letztere blieb aber weiterhin bestehen, auch wenn die von der SPD angestoßene Große Novelle von 1963, die „für lange Zeit die letzte wirklich einschneidende Änderung der NGO darstellen sollte",[41] das System der englischen Verfassung weitgehend beseitigte, „da die große Novelle eine kollegiale Verwaltungsführung durch das monokratische Führungssystem ersetzte".[42]

---

38 Ebeling, Kommunalverfassungsreform (wie Anmerkung 10), S. 26f.
39 Ebd., S. 27, Anm. 38.
40 Walter Wegner, 18 Monate Niedersächsische Gemeindeordnung, in: Der Städtetag, Okt. 1956, S. 445 ff; zitiert Rudzio, Neuordnung (wie Anmerkung 12), S. 186.
41 Ebeling, Kommunalverfassungsreform (wie Anmerkung 10), S. 32.
42 Ebd.

Mit der Einführung der Doppelspitze war in den ehrenamtlichen Bürgermeistern und Landräten eine wirkungsmächtige Gruppe von Mandatsträgern entstanden, die sich erfolgreich gegen eine Reform der Gemeindeordnung aussprach. In der politischen Öffentlichkeit blieb die Reform der Doppelspitze aber weiterhin ein kontrovers diskutiertes Thema. So gab es Parteitagsbeschlüsse der SPD für die Eingleisigkeit (15. September 1975 in Mannheim), erfolgte die Einsetzung von Sachverständigenkommissionen durch die Landesregierung (11. Februar 1975, „Thieme-Kommission"), wurden Gutachteraufträge vergeben (Seewald u.a.) und Sachverständigenräte eingerichtet (Konrad Adenauer Stiftung), bei denen die Weiterentwicklung des Kommunalrechts und die Frage nach der Bewertung der Doppelspitze stets auf dem Prüfstand standen und die Diskussionen heftig und kontrovers geführt wurden. In Nordrhein-Westfalen kam es schließlich Ende der 1980er Jahre zu einer öffentlichen Debatte über die Doppelspitze, intensiv begleitet von der Tagespresse. Das Ergebnis war 1993 ein Antrag von CDU und FDP auf ein Volksbegehren. Diese Diskussionen brachten auch in Niedersachsen erneut Bewegung in die Angelegenheit.[43]

Einen entscheidenden Anstoß für einen politischen Paradigmenwechsel bedeuteten die Entwicklungen nach der Grenzöffnung 1989 und der Wiedervereinigung, da sich die neuen Bundesländer weitgehend an der baden-württembergischen Gemeindeordnung (süddeutsche Ratsverfassung) orientierten. Bis Januar 1994 wurden in den neuen Bundesländern die Direktwahl des Bürgermeisters sowie die „Eingleisigkeit" verabschiedet. Diese Entwicklung hatte unmittelbare Auswirkungen auf die Diskussion um die Reformen der Kommunalverfassungen in den alten Bundesländern, die „einen Schub aus den neuen Bundesländern erhielt".[44] Angesichts von Entwicklungen in den alten Bundesländern, in denen die Wähler teilweise seit Jahrzehnten verstärkt für mehr Mitspracherechte und stärkere Beteiligung eintraten, gerieten Nordrhein-Westfalen und Niedersachsen zunehmend unter Anpassungsdruck, da sie Gefahr liefen, zu den „Nachzüglern" zu zählen.[45]

1994 sprach sich in Niedersachsen der damalige CDU-Oppositionsführer Christian Wulff während des Landtagswahlkampfes für ein Volksbegehren und die Direktwahl der Bürgermeister aus und forderte die Eingleisigkeit. Aufgrund der Meinungsvielfalt zur Frage einer neuen Kommunalverfassung protegierte er – ähnlich wie die

---

43 Zur Entwicklung in Nordrhein-Westfalen vgl. Holtkamp, Reform (wie Anmerkung 26), S. 24-27; Zur Entwicklung in Niedersachsen vgl. Ebeling, Kommunalverfassungsreform (wie Anmerkung 10), S. 32-56; Hoffmann, Zweigleisigkeit (wie Anmerkung 4), S. 110-148.
44 Gabriel, Selbstverwaltung (wie Anmerkung 1), S. 164.
45 Holtkamp, Reform (wie Anmerkung 26), S. 18.

Oppositionsparteien in Nordrhein-Westfalen – ein Volksbegehren, gegebenenfalls einen Volksentscheid. 1991 hatten sich bei einer Volksabstimmung in Hessen 82 Prozent der Bürger für die Einführung der Direktwahl ausgesprochen.[46] Auch Ministerpräsident Gerhard Schröder hatte bereits auf einem Neujahrsempfang der Industrie- und Handelskammer Hannover/Hildesheim 1994 Sympathie für eine Direktwahl der Bürgermeister bekundet. Zudem war bekannt, dass Innenminister Glogowski – als langjähriger Oberbürgermeister Braunschweigs mit hinreichenden Praxiskenntnissen ausgestattet – für die Eingleisigkeit eintrat. Allerdings war die Haltung in der Politik zur Frage der Eingleisigkeit keineswegs eindeutig. Die Ambivalenz der Meinungen wurde in einem Interview deutlich, das Ernst-August Roloff am 24. August 1989 mit Gerhard Glogowski zu dieser Thematik geführt hatte: Auf die Frage „Wie stehen Sie zur Direktwahl des Oberbürgermeisters?" meinte Glogowski zunächst: „Wir haben in Niedersachsen Hauptverwaltungsbeamte, die mehr oder weniger gut verwalten und Oberbürgermeister, die mehr oder weniger gut repräsentieren können. Zur Identifikation gehört aber eine Persönlichkeit, an die der Bürger sich wenden kann, die der legitime Vertreter der Stadt ist. Ein bayerischer Oberbürgermeister einer Stadt mit 100.000 Einwohnern würde sich z. B. in Hannover nicht zum Oberstadtdirektor wählen lassen. D. h. wir brauchen einen Verwaltungschef, der, wenn er zum Bürger geht, auch das Gefühl hat, von diesem Bürger abhängig zu sein. Es gibt Hauptverwaltungsbeamte, die 12 Jahre lang nie ein Gespräch mit Bürgern geführt haben. Ich muß das tun, weil ich ja wiedergewählt werden will. Es ist durchaus möglich und im Sinne unserer geltenden Kommunalverfassung, das nur auf der Ratsebene zu legitimieren, aber ich halte es für besser, wenn wir einen an der Spitze haben, der auch aufs Volksfest geht und sich mit den Leuten ›herumschlagen‹ muß und dem Volk aufs Maul schaut. Ich meine also vom Grundsatz her, der Bürger hätte einen stärkeren Anwalt, wenn es die Direktwahl gäbe. Aber es paßt eigentlich in die niedersächsische Kommunalverfassung nicht hinein und würde dazu zwingen, die gesamte Kommunalverfassung zu ändern".[47] Im gleichen Interview aber machte Glogowski auch deutlich, dass er keineswegs für eine generelle Abschaffung der

---

46 Ebeling, Kommunalverfassungsreform (wie Anmerkung 10), S. 57; Holtkamp kommt für die Situation in den alten Bundesländern zu einer eindeutigen Bewertung: „Insgesamt wäre die konsequente Ablehnung der Direktwahl durch eine Landesregierung aus der Sicht der handelnden Akteure salopp gesprochen ›politischer Selbstmord‹ gewesen. In diesem Zusammenhang dürfte die Analyse tatsächlicher Vor- und Nachteile der Direktwahl weitgehend sekundär gewesen sein. Die Wiederwahlinteressen der politischen Unternehmer auf Landesebene erklären somit zureichend die Einführung der Direktwahl des Bürgermeisters in allen bundesdeutschen Gemeindeordnungen". Lars Holtkamp (wie Anm. 26), S. 19.

47 Ernst-August Roloff, AMATEURE gegen PROFIS oder Demokratie und Effizienz in der Kommunalen Selbstverwaltung. Beobachtungen und Gedanken zum Spannungsverhältnis zwischen Vertretungskörperschaft und Verwaltung in Braunschweig im Vergleich zu Kassel. Braunschweig/Göttingen 1995, S. 31. Die Autoren danken Professor Dr. Roloff herzlich für die Überlassung seines Manuskriptes.

Zweigleisigkeit eintrat, sondern eine Differenzierung zwischen Kreisen, kleineren Gemeinden und Großstädten forderte und bewertete die Verhältnisse im Rückblick: „Auf dem Lande war die Situation früher anders. Da hat die Zweigleisigkeit auch gut funktioniert. Da gab es den ehrenamtlichen Gemeindedirektor, der auch Bürgermeister war. Der hatte die Akten zu Hause. Der Sachverstand eines Bürgermeisters, der aus Lebenserfahrung und Kenntnis des Ortes, seiner Probleme und seiner Einwohner gewonnen ist, reichte durchaus. Ich bin z.B. gegen die Auflösung der Zweigleisigkeit in den Landkreisen".[48] Daraus ergab sich für ihn ganz klar: „Darum: Bei den Landkreisen und bei den kleineren Gemeinden, so meine ich, geht es mit der Zweigleisigkeit, weil das politische Mandat ehrenamtlich zu machen ist. In den großen selbständigen Städten, auf jeden Fall in den Großstädten, so etwa ab 50 000 Einwohner ist das aber eine Illusion".[49] und er folgerte: „Ich kann mir aber vorstellen, daß wir mit unterschiedlichen Kommunalverfassungen leben können, denn auch in Schleswig-Holstein gibt es für unterschiedlich große Gemeinden verschiedene Verfassungen".[50]

Allerdings gab es innerhalb der politischen Parteien auch weiterhin unterschiedliche Haltungen zur Frage der Reform. Ein Beispiel gab Hannovers Oberbürgermeister Herbert Schmalstieg (SPD), der den Vorstoß seines Parteichefs Schröder nicht mit vertreten konnte und wollte. Er war mit Blick auf die Bürger überzeugt, dass das duale System besser geeignet war zur Vermittlung zwischen Bürgerschaft und Rathaus. Für ihn hatte die Bürgernähe Priorität; Schmalstieg sah in der Person des ehrenamtlichen Bürgermeisters (bei aller persönlichen Belastung) den direkt erreichbaren und vertrauenswürdigen Ansprechpartner für die Bürgerschaft im Rathaus.[51] Hinsichtlich der Funktionsträger befürchtete Schmalstieg darüber hinaus, „daß weite Teile der Bevölkerung vom Amt des Bürgermeisters ausgeschlossen wären und nur noch Personen mit Hochschulreife oder Juristen diese Funktion wahrnehmen können".[52] Demgegenüber zählten die Hauptverwaltungsbeamten eher zu den Kritikern der Zweigleisigkeit. Im Gegensatz zu Hannovers Oberbürgermeister Herbert Schmalstieg setzte sich der Oberstadtdirektor von Hannover, Hinrich Lehmann-Grube, für Eingleisigkeit und Direktwahl des (Ober-)Bürgermeisters ein. Zur Begründung meinte er, „daß sich das zweigleisige System noch immer nicht im Be-

---

48 Roloff, Amateure (wie Anmerkung 47), S. 27.
49 Ebd.
50 Ebd., S. 31.
51 Hannoversche Allgemeine Zeitung 23./24. November 1985; vgl. Ebeling, Kommunalverfassungsreform (wie Anmerkung 10), S. 45 f.
52 Zitiert nach Ebeling, Kommunalverfassungsreform (wie Anmerkung 10), S. 46.

wußtsein der Bürger durchgesetzt habe, was bis hinauf in die höchsten Kreise der Landesregierung gelte".[53] Außerdem konstatierte Lehmann-Grube, der ein sehr erfahrener Praktiker war, „daß dem Bürgermeister als Repräsentant institutionelle Macht und Entscheidungsbefugnisse fehlten und der Stadtdirektor umgekehrt nicht auf ein gewisses politisches Gewicht und die Wirkung gegenüber der Öffentlichkeit verzichten könne".[54] Letztendlich war Hannovers Oberstadtdirektor nicht nur eine gewichtige Stimme aus der Praxis in dem politischen Verwirrspiel des Taktierens und Verzögerns in dieser wichtigen Frage zukunftsfähiger Kommunalverwaltung, sondern er stand auch weitgehend für die Haltung der niedersächsischen Oberstadtdirektoren. Allerdings zeigte sich auf einer gemeinsamen Konferenz mit den niedersächsischen Oberbürgermeistern 1985 in Braunschweig, dass die Kluft in der Frage der Eingleisigkeit nicht zu überwinden war, denn diese votierten mehrheitlich für die Beibehaltung der Zweigleisigkeit. Auch der Niedersächsische Städte- und Gemeindebund stellte sich im Interesse der Amtsinhaber gegen eine Reform.

Der niedersächsische Städtetag verwies dagegen auf den Gesetzentwurf der CDU aus dem Jahr 1961, der die Einführung der Eingleisigkeit vorsah, jedoch ohne zugleich deutlich zu machen, dass er allerdings eine Direktwahl ablehnte. Damit standen sich weiterhin Gegner und Befürworter einer Reform unversöhnlich und ohne Kompromissfähigkeit gegenüber, eine grundlegende Änderung wurde erneut in die Zukunft verschoben. Es ist in diesem Zusammenhang nicht notwendig, die folgenden Diskussionen im Einzelnen darzustellen, zumal sie geprägt waren von Intrigen, Eifersüchteleien und einem häufig provinziell anmutenden Diskussionsniveau.[55] Der Anstoß zum Handeln kam erneut von Außen, als wie bereits erwähnt sich Ende der 1980er Jahre in Nordrhein-Westfalen die Diskussion um die Reform der Kommunalverfassung verstärkte und starke Interessenverbände wie der nordrhein-westfälische Städtetag die Eingleisigkeit beschlossen haben. Daraufhin kam in Niedersachsen wieder Bewegung in die Angelegenheit. In ihrer Koalitionsvereinbarung vom 12. Juni 1990 verständigten sich SPD und GRÜNE auf die Einsetzung einer Enquete-Kommission zur Überprüfung der Notwendigkeit einer Reform der nieder-

---

53 Zitiert nach ebd.
54 Zitiert nach ebd.
55 Die Abläufe, Diskussionen und Wirkungen dieser Auseinandersetzungen um eine sinnvolle Entwicklung der niedersächsischen Kommunalverfassung ist bis in die Details rationaler Überlegungen, pragmatischer Lösungsvorschläge, aber auch irrationaler, egoistischer sowie subjektiv emotionaler Winkelzüge, Intrigen und persönlichem Besitzstandsdenken sorgfältig dokumentiert und analysiert bei Hoffmann, Zweigleisigkeit (wie Anmerkung 4) und Ebeling, Kommunalverfassungsreform (wie Anmerkung 10). Die gesamte Problematik der damaligen Diskussion hatte Gerhard Glogowski treffsicher auf den Punkt gebracht, als er offen feststellte: „Die NGO ist eines der schludrigsten Gesetze, die im kommunalen Bereich gemacht wurden" zitiert nach Roloff, Amateure (wie Anmerkung 47), S. 28.

sächsischen Kommunalverfassung und der Landtag beschloss am 22. Februar 1991 eine solche Kommission. In ihrem Abschlussbericht vom 6. Mai 1994 kam sie aber hinsichtlich der Zweigleisigkeit gegen eine Stimme zum Ergebnis, das bisherige „englische" System beizubehalten, da es sich bewährt habe. Auch die Direktwahl wurde abgelehnt. Das Ergebnis war nicht unbedingt überraschend, denn in der Enquete-Kommission waren zahlreiche ehrenamtliche Bürgermeister und Landräte vertreten, die ja als Befürworter der Doppelspitze galten und daher stellte Marc Lemmermann zum Ergebnis auch fest: „Bereits die Zusammensetzung der Enquete-Kommission war auf ein bestimmtes Ergebnis disponiert [....]. Die meisten Kommissionsmitglieder blieben bei ihrer vorgefaßten Meinung".[56]

Dieses Ergebnis der Enquete-Kommission, das weiterhin rückwärts gewandten Stillstand bedeutet hätte, war jedoch aufgrund der politischen Entwicklung bereits belanglos, denn im Wahlkampf 1994 standen die Reform und die Frage der Direktwahl von Bürgermeistern an oberster Stelle. Obwohl sich der CDU-Vorsitzende Christian Wulff im Wahlkampf für ein Volksbegehren zur Direktwahl von Bürgermeistern aussprach und die Eingleisigkeit forderte, lehnte der CDU-Landesparteitag am 9. Juni 1995 in Delmenhorst Direktwahl und Eingleisigkeit ab und beschloss die Weiterentwicklung der Kommunalverfassung im zweigleisigen System. Auch Bündnis 90/DIE GRÜNEN und FDP standen weiterhin zur Zweigleisigkeit. Dieses politische Taktieren erfolgte vor dem Hintergrund des Parteitagsbeschlusses der SPD vom 18. März 1995 in Hannover. Auf einem außerordentlichen Parteitag hatte die SPD die Einführung der Eingleisigkeit und die Direktwahl der Bürgermeister und Landräte beschlossen und forderte weitere Maßnahmen zur Verbesserung der Bürgerbeteiligung und der Wirkungsmöglichkeiten für kommunale Mandatsträger. Da die SPD mit absoluter Mehrheit in Niedersachsen regierte, war sie zur Umsetzung dieser grundlegenden Reform des niedersächsischen Kommunalverfassungsrechts nicht auf die Oppositionsparteien angewiesen und stellte eine entsprechende Gesetzesvorlage zur Diskussion. Zwar waren bei der folgenden Anhörung – etwa der kommunalen Spitzenverbände – die Haltungen zur Eingleisigkeit unterschiedlich ausgefallen, dennoch hielt die Landesregierung, wenn auch mit leichten Modifizierungen, an ihrem ursprünglichen Gesetzesentwurf fest. „Soweit die Beschlüsse des außerordentlichen Parteitages den Vorschlägen der Enquete-Kommission nicht zuwiderliefen, bildeten diese die Basis des Gesetzentwurfes. So übernahm die Landesregierung ohne wesentliche Veränderungen die Vorschläge der Kommission zur Verbesserung der Wirkungsmöglichkeiten der Mandatsträger und zur Stärkung

---

56 Marc Lemmermann, Die Reform der niedersächsischen Kommunalverfassung. Frankfurt/Main 2000; zitiert nach Holtkamp, Reform (wie Anmerkung 26), S. 26.

der Bürgerbeteiligung, da sie diese für sachgerecht befand".[57] Es sei auch erwähnt, dass die größte Oppositionsfraktion, die CDU, trotz Diskussionsbereitschaft der Regierung, ihre starre Ablehnungshaltung beibehielt und somit „die Chance versäumt [hat], die Neuordnung in ihren Auswirkungen mitzugestalten und sie (aus ihrer Sicht) auch abzumildern"[58]. Im Frühjahr 1996 schließlich verabschiedete der Landtag das „Gesetz zur Reform des niedersächsischen Kommunalverfassungsrechts". Mit einigen redaktionellen Änderungen wurde die NGO in der Fassung vom 22. August 1996 durch das niedersächsische Innenministerium bekannt gemacht. Das Ergebnis einer jahrzehntelangen Diskussion war die 1996 endlich erreichte Eingleisigkeit und Direktwahl der (Ober-)Bürgermeister. In diesem System gibt es drei kommunale Organe: Rat, Verwaltungsausschuss und (Ober-)Bürgermeister.

Tagung der internationalen Bürgermeisterunion für deutsch-französische Verständigung und europäische Zusammenarbeit in Braunschweig, 1954 (Stadtarchiv Braunschweig, H XXX)

Blickt man auf die teilweise quälende Entwicklungsgeschichte dieser Reform, so erkennt man, dass die politischen Veränderungen 1989/1990 den entscheidenden Anstoß zur Neuordnung der Kommunalverfassungen gaben, da entsprechende rechtliche

---

57 Ebeling, Kommunalverfassungsreform (wie Anmerkung 10), S. 59.
58 Ebd., S. 64.

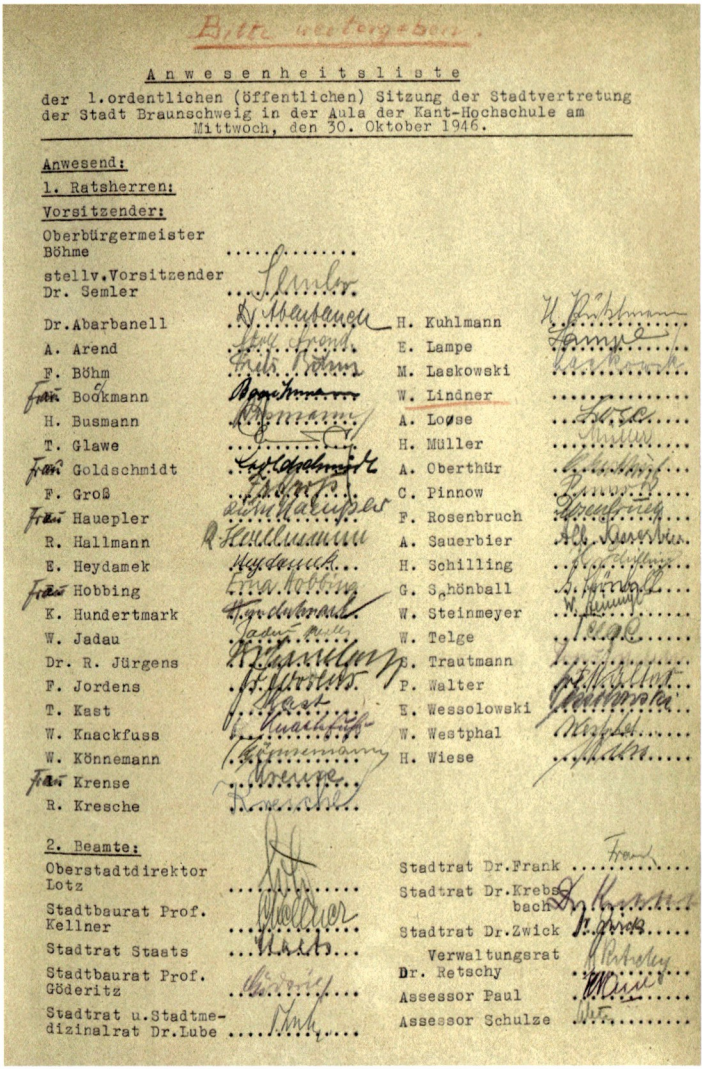

Anwesenheitsliste zur ersten Sitzung der neuen Stadtvertretung nach Kriegsende in der Aula der Kant-Hochschule am 30. Oktober 1946 (Stadtarchiv Braunschweig, E 310: 9)

Grundlagen für die damals noch neuen Bundesländer notwendig wurden. Ihre weitgehende Entscheidung für die süddeutschen Regelungen setzte den „Siegeszug der plebiszitären Bürgermeisterverfassung"[59] in Gang. Die direkte Wahl des (Ober-)Bürgermeisters als hauptamtlicher Verwaltungschef hat sich überall durchgesetzt und man spricht von „einer Konvergenz in Richtung der traditionellen Süddeutschen Ratsverfassung".[60] Wolfgang

---
59 Rudzio, System (wie Anmerkung 1), S. 355.
60 Ebd.

Rudzio hat die differenzierten Regelungen mit Einwirkungen älterer Traditionen in vier grundlegende Kommunalverfassungstypen zusammengefasst, die hier als Fazit wiedergegeben werden sollen, um das Ergebnis von Niedersachsen in die bundesdeutsche Gesamtentwicklung einzuordnen:

„1. Zunächst ist die unveränderte Süddeutsche Bürgermeisterverfassung zu nennen. In ihr fungiert der direkt gewählte Bürgermeister als Verwaltungschef und zugleich Ratsvorsitzender, darüber hinaus verfügt er teilweise über Widerspruchsrechte gegen Ratsbeschlüsse. Dieser Verfassungstypus setzt auf Integration der beiden demokratisch legitimierten Organe Rat und Bürgermeister unter Führung des letzteren (bzw. Landrats).

2. Eine Variante dazu stellt der Verfassungstyp der Dualistischen Bürgermeisterverfassung dar. Bei ihr verbleibt die Leitung des Kommunalparlaments in Händen eines Ratsmitglieds. Betont wird damit die Selbständigkeit des Rats, aber nur teilweise existiert auch eine gewaltenteilige Trennung zwischen Rat und Verwaltungschef (so in Mecklenburg-Vorpommern). Hier bleibt die Frage, ob sich dieser Typ in der Praxis mehr als symbolisch vom zuerst vorgestellten unterscheidet.

3. Hingegen als Ratsverfassung mit volksgewähltem Bürgermeister lassen sich die nordrhein-westfälische und die niedersächsische Kommunalverfassung charakterisieren. Sie postulieren prinzipiell eine Allzuständigkeit des Rates, auch in den Verwaltungsbereich hinein. Die relativ kurze Wahlperiode des Bürgermeisters, gleichgeschaltet mit der des Kommunalparlaments, verstärkt den Eindruck von einem zwar besonders legitimierten, hinsichtlich seiner Kompetenzen aber untergeordneten Verwaltungschef. Grüßen läßt hier die frühere Norddeutsche Ratsverfassung, lediglich direktdemokratisch aufgepeppt.

4. Letzteres gilt in noch gesteigertem Maße für die unechte Magistratsverfassung mit volksgewähltem Bürgermeister in Hessen. Denn sie gibt dem direkt gewählten Bürgermeister zwar die Organisationsgewalt in der Verwaltung, mauert ihn aber im Übrigen in einen kollegialen, verwaltungsführenden Magistrat ein und läßt ihm im Konfliktfall wenig eigenen Spielraum".[61]

Die Reform in Niedersachsen hat schließlich das Ziel einer Verbesserung der Verwaltungspraxis ebenso erreicht, wie eine Stärkung der Bürgerbeteiligung an der kommunalen Selbstverwaltung. Der kommunale Alltag und die in der jeweiligen Persönlichkeitsstruktur der Amtsinhaber bedingte Amtsführung der Hauptverwaltungsbeamten werden dennoch zu weiteren Diskussionen und erneuten Reformversuchen führen. Festzuhalten bleibt, dass das englische System des „Local govern-

---

61 Ebd., S. 355-358.

ment" zwischen 1945 und 1996 in Niedersachsen zu einer praxisorientierten und effizienten sowie demokratischen Form eines modernen Kommunalverfassungsrechtes fortentwickelt wurde, wie es sich z. B. zukunftsorientiert für die Stadt Braunschweig als Erfolgsmodell erwiesen hat.

Gerd Biegel und Angela Klein

*"Wir haben die Verpflichtung,
das Schöne und Gute in den deutschen Städten zu erhalten
und Neues hinzuzufügen nach all der Zerstörung und dem Zusammenbruch"*[1]

ERICH WALTER LOTZ (1946 – 1960), OBERSTADTDIREKTOR

Erich Walter Lotz wurde am 11. Februar 1895 als viertes Kind des Schneidermeisters Bernhard Lotz und dessen Ehefrau Berta in Aschersleben geboren. Dort besuchte er bis 1909 zunächst eine achtklassige Elementarschule und daran anschließend vier Jahre lang die Präparandenanstalt Aschersleben zur Vorbereitung auf das Lehrerseminar.

1914 schloss er das Lehrerseminar mit Auszeichnung ab. Doch in den Schuldienst konnte Lotz zunächst nicht eintreten, denn er wurde als Soldat eingezogen und verbrachte die folgenden Jahre an der Front. Nach seiner Rückkehr am 23. Januar 1919 bereitete er sich auf die erste Lehrerprüfung vor, die er im Juli dieses Jahres mit Erfolg ablegte. Bis 1930 war Lotz als Lehrer im öffentlichen Schuldienst tätig.

Im Oktober 1930 trat er eine neue Stelle als Direktor am Landeserziehungsheim Nordhausen im Harz an. Doch nach der nationalsozialistischen Machtübernahme wurde Lotz, der seit 1919 Mitglied der SPD war und sich in seiner Geburtsstadt Aschersleben als Stadtverordneter politisch engagiert hatte, bereits 1933 in Anwendung des Paragrafen 4 des Gesetzes zur Wiederherstellung des Berufsbeamtentums aus dem Beamtenstatus entlassen. Erich Walter Lotz stand in den darauffolgenden Jahren ständig unter Polizeiaufsicht; seit 1936 war er als Geschäftsführer im Gaststättengewerbe in Braunlage und Danzig tätig. Im selben Jahr wurde die 1922 geschlossene Ehe mit seiner Frau Berta geschieden, aus der zwei Kinder hervorgegangen waren.

---

1 Erich Walter Lotz, Schlösschen Richmond, Braunschweig 1956, S. 5. Zur Biographie von Erich Walter Lotz vgl. Hartmut Nickel, Art.: Lotz, Erich Walter, in: Manfred Garzmann, Wolf Dieter Schuegraf (Hrsg.), Braunschweiger Stadtlexikon Ergänzungsband, Braunschweig 1996, S. 95f. Andreas Röpcke, Who's Who in Lower Saxony. Ein politisch-biographischer Leitfaden der britischen Besatzungsmacht 1948/49, in: Niedersächsisches Jahrbuch für Landesgeschichte 55 (1983), S. 288-289. Wolfgang Rudzio, Die Neuordnung des Kommunalwesens in der britischen Zone, Stuttgart 1968. Hans Tigges, Das Stadtoberhaupt, Porträts im Wandel der Zeit, Baden-Baden 1988, S. 313-314.

Erich Walter Lotz, Fotografie von Heinrich Heidersberger um 1960 (Stadtarchiv Braunschweig, H XVI: G II 2)

Einladung durch den Bundespräsidenten (Stadtarchiv Braunschweig, H VIII A 3: 435)

Erst nach 1945 konnte Lotz wieder in den öffentlichen Dienst zurückkehren. Zunächst arbeitete er als Landrat in Eutin, Ostholstein, bevor er am 12. September 1946 seinen Dienst als erster Oberstadtdirektor Braunschweigs antrat. Nach englischem Vorbild hatte die britische Militärregierung eine Aufteilung des Amtes an der Stadtspitze verfügt: Der ehrenamtliche Oberbürgermeister hatte vor allem repräsentative Aufgaben zu erfüllen, der hauptamtliche Oberstadtdirektor leitete als erster Wahlbeamter der Stadt die kommunale Verwaltung. Laut Hauptsatzung vom 12. Juli 1946 war der Oberstadtdirektor verpflichtet, „den Verwaltungskörper in Ordnung zu halten und diejenigen Vorschläge zu machen, die das Wohl der Stadt und ihrer Bevölkerung zu fördern geeignet sind".[2] In diesem Sinne war eine der vorrangigen Aufgaben, die auf Erich Walter Lotz an seinem neuen Arbeitsplatz warteten, der Wiederaufbau der vom Krieg schwer gezeichneten Stadt: Die städtische Infrastruktur – Straßen, Versorgungsleitungen, Schulen, Krankenhäuser – war zu großen Teilen zerstört, zehntausende Flüchtlinge und Vertriebene verschärften

---

2 Hauptsatzung der Stadt Braunschweig vom 12.07.1946, in: Stadt Braunschweig (Hrsg.), Verwaltungsbericht der Stadt Braunschweig 1946-1947, Braunschweig 1949, S. 7-8.

die bereits bestehende Wohnungsnot, die Zahl der Arbeitssuchenden wuchs beständig. Lotz überzeugte in dieser schwierigen Stunde Null durch seine rhetorische Begabung, sein politisches Fingerspitzengefühl und seinen Sinn für das Machbare. Sein Selbstverständnis war eher von politisch aktivem Verhalten denn von abwartendem Verwalten geprägt. Lotz selbst sah es als seine vordringliche Aufgabe an „die Beschlüsse der Vertretungskörperschaft vorzubereiten und auszuführen, sicher und richtig durch das Dickicht der gesetzlichen Vorschriften hindurchzuführen und dem Rat zu dienen, einen sachlichen und dem Tatbestand gerecht werdenden Beschluss zu fassen".[3]

Ein Stil, der ihm nicht nur Freunde einbrachte. Kritiker störten sich manches Mal an dem in ihren Augen etwas zu raschen Handeln des SPD-Mitglieds. Doch die Ergebnisse seiner Arbeit sprechen eine beredte Sprache: In seiner knapp 14-jährigen Amtszeit wurden neue Straßen, Schulen und Wohnungen gebaut, ein Stadtflüchtlingsamt eingerichtet, der neue Hauptbahnhof geplant, gebaut und eingeweiht, die Messe „Harz und Heide" etabliert, fand das neu geschaffene Luftfahrtbundesamt Heimat in Braunschweig. Doch gleichzeitig legte Lotz von Beginn an auch großen Wert auf die Förderung von Kultur und Wissenschaft. Er machte sich stark für die Restaurierung des Schloss Richmond und trat für den Wiederaufbau und die Erweiterung der Technischen Hochschule ein. Noch amtierend erhielt Lotz seinem Engagement entsprechende Auszeichnungen: Im Juni 1950 wurde er zum Ehrensenator der Technischen Hochschule ernannt, im Juli 1954 von der Fakultät für Bauwesen mit dem Ehrendoktortitel ausgezeichnet.

Doch Lotz prägte als erster Oberstadtdirektor nicht nur das Bild Braunschweigs, sondern wirkte weit über die Grenzen der Stadt hinaus. Er brachte sich bis in die europäischen Gremien der städtischen Selbstverwaltung ein, die er als „Grundlage von Land und Bund" betrachtete.[4] Ein weiterer Beleg dafür, dass die Rolle des bloßen Verwaltungschefs nicht seinem Selbstverständnis entsprach. Lotz gehörte dem Präsidium und dem Hauptausschuss des Deutschen Städtetages an und wirkte in der Internationalen Bürgermeister-Union für deutsch-französische Verständigung und europäische Zusammenarbeit mit, die 1954 einen Kongress in Braunschweig abhielt.[5] Zu den wichtigen kommunalen Aufgaben im Rahmen der Wirtschaftsförderung zählte Lotz außerdem die Förderung des Fremdenverkehrs. Als Vizepräsident des Bundes Deut-

---

[3] Verwaltungsbericht der Stadt Braunschweig 1946-1947, hrsg. im Auftrag des Oberstadtdirektors vom Statistischen Amt Braunschweig, Braunschweig 1949, S. V.
[4] Ebd.
[5] Stadtarchiv Braunschweig, E 110: 2.

Bau des neuen Hauptbahnhofs (Stadtarchiv Braunschweig, H XVI E IV 2a)

scher Verkehrsverbände und Vorsitzender der Norddeutschen Landesfremdenverkehrsverbände engagierte er sich nicht nur für die touristische Vermarktung Deutschlands, auch wissenschaftlich setzte er sich mit Fragen der Fremdenverkehrswissenschaften auseinander. Lotz gilt als geistiger Vater des an der Johann-Wolfgang-Goethe-Universität 1952 eingerichteten Instituts für Fremdenverkehrswissenschaften, an dem er selbst auch aktiv in Forschung und Lehre mitgearbeitet hatte.[6]

Als Präsident des Bundesluftschutzverbandes (1956-1964) machte sich Lotz für den Aufbau des zivilen Luftschutzes in der Bundesrepublik stark. Auch diese im Nachkriegsdeutschland umstrittene Aufgabe löste Lotz mit Fingerspitzengefühl – und wurde dafür im Oktober 1963 mit dem Großen Verdienstkreuz mit Stern der Bundesrepublik Deutschland ausgezeichnet.

Dass die Braunschweiger Bürgerschaft zufrieden mit dem Wirken von Oberstadtdirektor Lotz war, zeigte sich im Juni 1958: Der Rat der Stadt votierte einstimmig für eine Verlängerung des

---

[6] Universitätsarchiv Frankfurt, Abt. 150, Nr. 325, Nr. 328 und Nr. 505.

ursprünglich auf 12 Jahre ausgelegten Dienstvertrages mit dem führenden Beamten der Stadt bis zum 29. Februar 1960.

Kurz vor seinem Ausscheiden aus dem öffentlichen Dienst – anlässlich seines 65. Geburtstags am 11. Februar 1960 – ehrte die Stadt Erich Walter Lotz mit der höchsten zu vergebenden Auszeichnung: In einem Festakt wurde ihm die Ehrenbürgerwürde verliehen.

Doch auch im Ruhestand füllte Lotz seine zahlreichen Ehrenämter mit Begeisterung und Idealismus aus. Er war bis zu seinem Tod Vorsitzender des Braunschweiger Rotkreuz-Kreisverbands und engagierte sich gemeinsam mit Gleichgesinnten im Kuratorium „Freunde des Israel-Aufbaus".

Anlässlich seines 70. Geburtstages ehrte die Stadt ihren Jubilar mit einer Feierstunde, an der mit den Ministern Hans-Christoph Seebohm und Otto Bennemann sowie den Ehrenbürgern Martha Fuchs, Ernst Böhme und Carl Heimbs zahlreiche Wegbegleiter des Ehrengastes teilnahmen. Ausgezeichnet wurde Lotz an diesem Tag mit dem Großen Verdienstkreuz des Niedersächsischen Verdienstordens sowie der Goldenen Plakette der Stadt Braunschweig. Der amtierende Oberbürgermeister Ließ würdigte Lotz in seiner Laudatio als eine Persönlichkeit, die „entscheidend die Grundlagen zum Wiederaufbau unserer Stadt und zur Herstellung echter demokratischer Verhältnisse schuf".[7]

Erich Walter Lotz starb am 20. Dezember 1966 im Alter von 71 Jahren und ist in einem Ehrengrab auf dem Braunschweiger Stadtfriedhof bestattet.

Literatur

Manfred Garzmann, Wolf-Dieter Schuegraf (Hrsg.), Braunschweiger Stadtlexikon, Ergänzungsband, Braunschweig 1996, S. 89. A. Röpcke, Who's Who in Lower Saxony. Ein politisch-biographischer Leitfaden der britischen Besatzungsmacht 1948/49, in: Niedersächsisches Jahrbuch für Landesgeschichte 55 (1983), S. 288-289. Wolfgang Rudzio, Die Neuordnung des Kommunalwesens in der britischen Zone, Stuttgart 1968. Hans Tigges, Das Stadtoberhaupt, Porträts im Wandel der Zeit, Baden-Baden 1988, S. 313-314.

Claudia Böhler, Braunschweig

---

7 Stadtarchiv Braunschweig, Reden des Oberbürgermeisters, E 15: 54.

*„Es galt, herauszukommen aus den politischen und geistigen Trümmern,
aber noch dringender war es, aus den äußeren Trümmern herauszukommen
und wieder aufzubauen."*[1]

OTTO BENNEMANN (1948 – 1952; 1954 – 1959), OBERBÜRGERMEISTER

Otto Wilhelm Bennemann wurde am 27. September 1903 als mittleres von fünf Kindern des Schlossers Edmund Bennemann und seiner Frau Ernestine in Braunschweig geboren. Sie lebten im Westen Braunschweigs mitten im dichten Arbeitermilieu mit ihren großen und kleinen Fabriken. Dort bewohnte die siebenköpfige Familie eine – so hat Otto Bennemann gesprächsweise seinen Vater zitiert – „großzügige 2-Zimmer-Wohnung" der Baugenossenschaft.[2] Die Lebensumstände der Familie waren wie überall im Wohnbezirk äußerst karg. Prägend für Bennemann war „das Vorbild der Eltern, ihre Redlichkeit, ihre Hilfsbereitschaft, ihr Platz in der Arbeiterbewegung". Auch über das elterliche Vorbild hinaus haben die unmittelbare Anschauung und die Erfahrungen in dem vom Geist einer selbstbewusst sich entwickelnden Arbeiterbewegung geprägten Wohngebiet mit seinen Gewerkschaften und der SPD, dem Konsumverein, den Gesangs- und Turnvereinen – bis zu seinem Tode ist er Mitglied der „Freien Turner" geblieben, in die er als Kind eingetreten war – nach Bennemanns Bekunden in ihm früh schon wesentliche Grundlagen für sein politisches Engagement für soziale Gerechtigkeit und Chancengleichheit gelegt.

Mit fünfeinhalb Jahren schon wurde der Junge in die „Untere Bürgerschule" an der Sophienstraße (die heutige Hauptschule Sophienstraße) eingeschult. Er erwies sich als sehr begabt und voller Wissbegierde. In seiner Erinnerung: "Ich saugte alles auf wie ein Schwamm und erwarb Wissen und Können über das Lernziel der Volksschule hinaus."[3] Den Lernstoff konnte er zuhause oft noch vertiefen, wo sein Vater eine kleine, aber beachtliche Bibliothek aufgebaut hatte – bezeichnend für das „bildungshungrige geistige Klima" in der Familie.[4] Mit 13 ½ Jahren verließ Bennemann

---
[1] Bernd Weisbrod (Hrsg.), Von der Währungsreform zum Wirtschaftswunder – Wiederaufbau in Niedersachsen, Hannover 1998, S. 259.
[2] Rainer Zirbeck, Otto Bennemann – ein großer Braunschweiger, in: Braunschweigischer Kalender, 2004, S. 29.
[3] Stadtarchiv Braunschweig, G IX 76: 100, S. 5.
[4] Stadtarchiv Braunschweig, G IX 76: 221.

Porträt von Otto Bennemann, Gemälde von Arwed D. Gorella, 1993 (Städtisches Museum Braunschweig, Inv.-Nr. 1994-0002-00, Foto: Jakob Adolphi)

die Schule, versehen mit einem exzellenten Abschlusszeugnis, das ausschließlich „Einsen" aufwies.[5] Nachdem der Vater für Otto eine Lehre als Dreher vorgesehen hatte, nahm hier sein Lehrer nachhaltigen Einfluss: Er überzeugte den Vater, dass

---

5 Stadtarchiv Braunschweig, G IX 76 (Abschlusszeugnis Otto Bennemann).

sein Sohn doch zweifellos das Zeug zu einer kaufmännischen Lehre habe. Am 2. April 1916 trat er diese Lehre bei dem Überlandwerk Braunschweig an.[6] Zeitgleich mit der Lehre besuchte er die Kaufmännische Fortbildungsschule – Vorgängerin der heutigen „Otto-Bennemann-Schule". Am 125-jährigem Jubiläum dieser Schule im Jahre 2000 hat er noch ebenso mitwirken können wie 2002 an der ersten Verleihung des nach ihm benannten und seitdem jährlich vergebenen Preises.

Aufgrund seiner besonderen Auffassungsgabe, zugleich aber auch wegen des kriegsbedingten Mangels an erwachsenen Angestellten versah der Lehrling schon bald verantwortungsvolle Aufgaben völlig selbstständig – so erledigte er schon nach einem halben Jahr, also als Vierzehnjähriger, die gesamte Lohnbuchhaltung einschließlich aller Nebenarbeiten für etwa sechzig Arbeitskräfte. Nach Abschluss der Lehre vom Ausbildungsbetrieb übernommen, war er für das zwischenzeitlich mit der Hastra fusionierte Unternehmen bis 1938 und bis in die Position eines Abteilungsleiters vielfältig, mit einem kaufmännischen Schwerpunkt, tätig. Früh schon und anhaltend, während ihn seine beruflichen Aufgaben nicht übermäßig forderten, widmete sich Bennemann einem – wie er es selbst bezeichnet hat – „Selbststudium generale". Er beschäftigte sich intensiv mit insbesondere Betriebs-, Finanz- und Volkswirtschaft, lernte aber auch englisch und französisch und besuchte die Abendschule. Früh schon setzte Otto Bennemanns gewerkschaftliches und politisches Engagement ein. Seit 1919 war er mit seinem Eintritt in den „Zentralverband der Angestellten" (ZAV) Gewerkschaftsmitglied – dies ist er im Übrigen bis zu seinem Tode 2003, also 84 Jahre lang, geblieben. 1923 trat Bennemann in die SPD ein. Hier war er insbesondere bei den Jungsozialisten aktiv. Dies wiederum brachte ihn in Kontakt mit dem Internationalen Jugendbund (IJB),[7] den der Göttinger Philosoph Leonard Nelson gegründet hatte und umfassend inspirierte. Nelsons Gedankenwelt und Lebensregeln,[8] sein philosophisch-ethisch begründeter, sich vom Marxismus abgrenzender Sozialismus hat Otto Bennemanns Denken und Wertvorstellungen, vor allem aber auch sein praktisches Handeln bis ans Lebensende stark

---

6 Den detaillierten Ablauf und alle Umstände dieses Tages hat der mit der Gabe des „fotografischen Gedächtnisses" versehene Bennemann dem Verfasser aus Anlass der 90. Wiederkehr des Gründungstages des Unternehmens vom Krankenbett geschildert.

7 Werner Link, Die Geschichte des Internationalen Jugend-Bundes (IJB) und des Internationalen Sozialistischen Kampf-Bundes (ISK), ein Beitrag zur Geschichte der Arbeiterbewegung in der Weimarer Republik und im Dritten Reich, Meisenheim am Glan 1964.

8 Holger Franke, Leonard Nelson. Ein biographischer Beitrag unter besonderer Berücksichtigung seiner rechts- und staatsphilosophischen Arbeiten, 2., erweiterte und durchgesehene Auflage, Hamburg 1997. Udo Vorholt, Die politische Theorie Leonard Nelsons, eine Fallstudie zum Verhältnis von philosophisch-politischer Theorie und konkret-politischer Praxis, Baden-Baden 1998.

Postkarte Sophienschule (Stadtarchiv Braunschweig, H XVI C 5)

beeinflusst.⁹ Als der SPD-Vorstand 1926 die Mitgliedschaft im IJB für unvereinbar mit der SPD-Mitgliedschaft erklärte und Nelson daraufhin den „Internationalen Sozialistischen Kampfbund" (ISK)¹⁰ 1926 als eigene Partei gründete, entschieden sich Bennemann und andere (darunter seine spätere Frau Franziska Stellmacher) für diese linkssozialistische Gruppierung mit ihren – für die gesamte Lebensführung – strengen ethischen Grundsätzen. Nachdem der ISK, dessen Vorsitzender in Braunschweig Otto Bennemann schließlich von 1928 bis 1936 war, schon vor 1933 im Kampf gegen die drohende nationalsozialistische Gefahr seine dringlichste Aufgabe gesehen hatte, leistete er nach der NS-„Machtergreifung", auf die Untergrundarbeit organisatorisch gut vorbereitet, vielfältige Widerstandsaktivitäten – immer existenziell durch die Gestapo gefährdet.

Im Jahre 1934 heirateten Otto Bennemann und seine Frau Franziska. Die Ehe bestand bis zu Franziskas Tod im Jahre 1986.

---

9 Stadtarchiv Braunschweig, G IX 76: 100. Carsten Grabenhorst, Otto Bennemann. Beitrag zu einer politischen Biographie, Braunschweig 1991, S. 73-84.

10 Thomas Meyer, Leonard Nelson und der Internationale Sozialistische Kampfbund, in: Dieter Dowe (Hrsg.), Begegnungen: Susi Miller zum 90. Geburtstag, Bonn 2006, S. 21-27. Stefan Wannenwetsch, Unorthodoxe Sozialisten. Zu den Sozialismuskonzeptionen der Gruppe um Otto Straßer und des Internationalen Sozialistischen Kampfbundes in der Weimarer Republik, Frankfurt 2010.

Franziska Bennemann war nicht nur in der politischen Arbeit sowohl vor dem Krieg und in Widerstand und Exil mit Otto gemeinsam aktiv, sondern auch nach dem Krieg, u.a. als Bundestagsabgeordnete von 1953-1961, eine engagierte Sozialpolitikerin.[11]

1938, die Gestapo hatte massive Schläge gegen ISK-Gruppierungen in mehreren Städten geführt, wurde auch für Otto Bennemann die Lage akut bedrohlich. In höchster Gefahr, gerade noch rechtzeitig gewarnt, entzog er sich dem Zugriff und tauchte unter, zunächst einige Tage im Harz, anschließend in Berlin. Dann flüchtete er über die Schweiz und Frankreich ins britische Exil, das sieben Jahre dauern sollte. Franziska, die sich zunächst noch in Berlin versteckt hatte, folgte ihm einige Zeit später. Das Ehepaar Bennemann verhielt sich unauffällig im Exil. Otto Bennemann verdiente seinen Lebensunterhalt zeitweise als Arbeiter auf einer Hühnerfarm. Zugleich aber wurde, u.a. in Kontakten mit anderen ISK-Mitgliedern die politische Arbeit fortgesetzt. Eine Wendung ergab sich 1940: Als angesichts der Entwicklung des Krieges in England ein politischer Stimmungswandel eingetreten war, wurde Otto Bennemann, wie andere deutsche Emigranten auch, zunächst als „enemy alien" auf der Isle of Man interniert und schließlich mit weiteren Schicksalsgenossen nach Australien in ein Lager deportiert.[12] Erst im Februar 1942 konnte er wieder nach England zurückkehren. Die auch im Lager in Australien nicht zum Erliegen gekommene politisch-konzeptionelle Arbeit für den Neubeginn in Deutschland intensivierte sich nun, u.a. im Rahmen der neu gebildeten „Union deutscher sozialistischer Gruppen in Großbritannien". In ihr war Bennemann u.a. in der Kommission für Wirtschaftsfragen tätig.[13] Er beteiligte sich an der Erstellung mehrerer Deutschlandprogramme, mit denen ein umgehender und umfassender Wiederaufbau eines rechtsstaatlichen und sozialen Staates vorbereitet wurde. Früh schon war er entschlossen, seinen Beitrag zum Neuaufbau in seiner Heimatstadt Braunschweig zu leisten und alsbald nach Ende der Kampfhandlungen dorthin zurückzukehren.

Am 24. Mai 1945 traf Bennemann in Hannover ein und nahm dort als Vertreter der ISK an den Gesprächen mit Kurt Schumacher und anderen führenden Köpfen über eine Bündelung der sozialistischen Parteien teil. Sie endeten damit, dass der ISK sich noch 1945 auflöste und seine Führung ihren Mitgliedern den Beitritt zur SPD empfahl. Nachdem Bennemann diesen Schritt vollzogen hatte, leistete er in Braun-

---

11 Gisela Notz (Hrsg.), Frauen in der Mannschaft. Sozialdemokratinnen im Parlamentarischen Rat und im Deutschen Bundestag 1948/49-1957, Bonn 2003, S. 162-175.
12 Grabenhorst, Bennemann (wie Anmerkung 9), S. 54-55.
13 Ebd., S. 59.

schweig in der personell durch Krieg und Verfolgung stark geschwächten SPD,[14] ab
1. April 1946 als Bildungssekretär und schon ab Ende 1946 als Braunschweigischer
Bezirksvorsitzender, organisatorische und inhaltliche Aufbauarbeit. Seit September 1945 hatte er auch seine Wohnung wieder in Braunschweig.

Als sich die britische Militärregierung im Jahre 1946 für die Bildung eines neuen
Braunschweigischen Landtags entschieden hatte, gehörte Bennemann zu den –
ausschließlich von den Briten ernannten – Mitgliedern. Schon Ende 1946 aber wurde dieser Landtag im Zusammenhang mit der Bildung des neuen Landes Niedersachsen von den Briten wieder aufgelöst. Anschließend hat Otto Bennemann dann
im niedersächsischen Landtag in Hannover kontinuierlich siebenundzwanzig Jahre
lang, von 1947 bis 1974, seinen Braunschweiger Wahlkreis vertreten[15] und den Aufbau und die Entwicklung des Landes mitgestaltet. Von 1959 bis 1967 war Otto Bennemann als Innenminister Mitglied der niedersächsischen Landesregierung. Auf
die Schwerpunkte seiner parlamentarischen Arbeit kann hier nicht näher eingegangen werden, jedoch soll eine Tatsache hervorgehoben werden: Die weitaus längste Zeit seiner Arbeit im Landtag hat er sich der Schul- und Bildungspolitik gewidmet, die für
ihn zeitlebens – wie auch die Zweckbestimmung seiner späteren Stiftungen ausweist – von zentraler Bedeutung gewesen ist.[16]

Nachdem Bennemann bereits 1946 von den Briten zum Ratsherrn der Stadt Braunschweig ernannt worden war, hat er anschließend sein Ratsmandat in den Wahlen
seit 1948 immer wieder errungen. 1959 hat er es schließlich, im Zusammenhang mit
seiner Berufung zum niedersächsischen Innenminister, niedergelegt.

Am 17. Dezember 1948 wurde Otto Bennemann als Nachfolger des schwer erkrankten
Ernst Böhme vom Rat zum Oberbürgermeister gewählt. Dieses Amt hatte er bis 1952
und, nach einer durch einen Wechsel der Mehrheitsverhältnisse im Rat bedingten
Unterbrechung, von 1954 bis 1959 inne. Otto Bennemann hat in seiner Amtszeit einen
herausragenden Beitrag dazu geleistet, dass in seiner schwer verwüsteten Vaterstadt,
die dazu wegen ihrer Lage besonders große Ströme von Flüchtlingen und Vertriebenen
zu bewältigen hatte, zunächst die elementarsten Bedürfnisse der Menschen – an vor

---

14 Manfred R. W. Garzmann, Der Braunschweiger Oberbürgermeister Otto Bennemann. Eine biographische Skizze, in: Danny Borchert, Christian Lamschus (Hrsg.), „Der Stadt zur Zierde ...", Beiträge zum
norddeutschen Städtewesen im 19. und 20. Jahrhundert, Göttingen 2008, S. 73.
15 Daniela Münkel, Von Hellwege bis Kubel. Niedersachsens politische Geschichte von 1955 bis 1976, in:
Gerd Steinwascher (Hrsg.), Geschichte Niedersachsens. Band 5: Von der Weimarer Republik bis zur Wiedervereinigung, Hannover 2010, S. 685-734.
16 Stadtarchiv Braunschweig, G IX 76: 221.

allem Nahrung, Unterkunft, Wärme – allmählich befriedigt werden konnten und dass aus einem riesigen Trümmerfeld mit „der Hilfe unzähliger Menschen" wieder eine bewohnbare, lebendige Stadt mit einer funktionierenden Infrastruktur wurde.[17] Besonders der Wiederaufbau und die Verbesserung des Schulwesens wie auch der Kultureinrichtungen der Stadt waren ein Schwerpunkt seiner Arbeit und ihm ein besonders wichtiges Anliegen. Bei seinem Abschied aus dem Amt des Oberbürgermeisters im Jahre 1959 hob er denn auch hervor: „Es waren die Schulen und immer wieder die Schulen und der Wohnungsbau, für die ich mich eingesetzt habe."[18]

Als Otto Bennemann, nach nicht einfacher Abwägung und zum Bedauern sehr vieler Braunschweiger[19], schließlich das Oberbürgermeisteramt niederlegte, um als Innenminister Verantwortung in der Landesregierung zu übernehmen, konnte er in Braunschweig auf ein demokratisch konstituiertes und gefestigtes Gemeinwesen und eine weithin wieder funktionierende, trotz der Folgen der Zonenrandlage und des Verlustes der Hauptstadtfunktion zumindest wieder ausreichend ausgestattete, ansehnliche Stadt blicken,[20] für die er im Übrigen bei aller mit dem neuen Amt verbundener Erweiterung seiner politischen Verantwortung selbstverständlich weiter intensiv engagiert blieb.

Auch in den fast dreißig Jahren seines Lebens nach den Mandaten und hohen Ämtern in politischer Verantwortung hat Otto Bennemann die Hände nie in den Schoß gelegt. 1990 gründete er die „Franziska und Otto Bennemann-Stiftung" als eine Unterstiftung der Friedrich-Ebert-Stiftung mit dem Auftrag und dem Anspruch, die Forschung über Idee und Gestaltung unserer demokratisch-sozialen Rechtsform und ihrer ethisch fundierten Grundwerte zu fördern. Bis kurz vor seinem Tode engagierte sich Bennemann unermüdlich in von der Stiftung geförderten Projekten.

1994 schließlich gründete er die ganz auf seine braunschweigische Heimat bezogene „Otto-Bennemann-Stiftung Braunschweig" zur dauerhaften Förderung dreier Einrichtungen, mit deren Entstehung und Entwicklung er sehr eng vertraut und verbunden war und deren Arbeit ihm besonders am Herzen lag. Diese Einrichtungen sind das „Georg-Eckert-Institut" (gefördert wird die „Vereinigung der Freunde des GEI"), der „Internationale Arbeitskreis Sonnenberg" und die Braunschweiger „Lebenshilfe". Der

---

17 Zirbeck, Bennemann (wie Anmerkung 2), S. 30.
18 Garzmann, Bennemann (wie Anmerkung 14), S. 59.
19 Stadtarchiv Braunschweig, G IX 76: 296 (Rede von Oberbürgermeister Ließ zur Verleihung der Ehrenbürgerschaft, 1968).
20 Stadtarchiv Braunschweig, G IX 76: 297 (Rede des Ministerpräsidenten Diederichs zur Verleihung der Landesmedaille, 1968).

Verleihung der Ehrenbürgerwürde (Stadtarchiv Braunschweig, H XVI G II 2)

Stifter hat bis zu seinem Lebensende die Stiftungsarbeit selbst intensiv begleitet.

Im Laufe seines langen Lebens wurde Bennemanns gesellschaftliches Engagement mit einer Reihe von Ehrungen ausgezeichnet. Ihm wurde u.a. die Ehrenbürgerwürde der Stadt Braunschweig verliehen, er war Träger des Großen Verdienstkreuzes der Bundesrepublik Deutschland mit Stern und Schulterband und Ehrensenator der Technischen Universität Carolo Wilhelmina Braunschweig.

Otto Bennemann ist drei Monate vor seinem 100. Geburtstag, am 22. Mai 2003 in seiner Heimatstadt gestorben. In einer sehr eindrucksvollen Trauerfeier in der Dornse des Altstadtrathauses nahmen die Stadt Braunschweig, das Land Niedersachsen, die Sozialdemokratische Partei, die Friedrich-Ebert-Stiftung, die Philosophisch-Politische Akademie und viele Bürger Abschied von ihm.

Er wurde an der Seite seiner Frau Franziska in einem städtischen Ehrengrab auf dem Friedhof an der Helmstedter Straße beigesetzt.

An Bennemann erinnern heute in Braunschweig die nach ihm benannte „Otto-Bennemann-Schule", eine Erinnerungstafel am Hause Hänselmannstraße Nr. 7 und seit 2010 die „Bennemann-Straße", deren Name nach der Begründung des Ratsbeschlusses ausdrücklich auch Franziska Bennemanns Wirken und Leistungen für das Gemeinwohl würdigt. Weitere Würdigungen wie das „Otto-Bennemann-Stipendium" des Georg-Eckert-Instituts und ein jährlich von der nach ihm benannten Schule verliehener „Otto-Bennemann-Preis" für Schüler mit besonderen Leistungen und zugleich beispielhaftem sozialen Engagement kommen hinzu.

Otto Bennemann, der vier verschiedene Staatsformen in Deutschland erlebt und drei von ihnen hat in Scherben fallen sehen, hat in Braunschweig, Niedersachsen und mit Wirkung weit darüber hinaus große Leistungen erbracht. Ethisch fest verankert und unbeirrbar, persönlich sehr anspruchslos, war er als Oberbürgermeister nach den durch Diktatur und Krieg verursachten Verwüstungen zur Stelle und verdiente sich als tatkräftiger und erfolgreicher „Mann der ersten Stunde" beim Wiederaufbau seiner Vaterstadt den Respekt der Bürger. Sein Lebenslauf und sein eindrucksvolles Lebenswerk reichen indessen weit über die Stadt hinaus. Gerade deshalb aber bleibt festzuhalten, dass es der Dienst an seiner Vaterstadt in schwerster Zeit war, der ihn mit besonderer Befriedigung erfüllt hat. Im Rückblick sagte er: „Kommunalpolitik ist haut- und lebensnah. Eine Wohnung, einen Kindergarten, eine Schule zu bauen, ist hundertmal befriedigender als einen klugen und sicher notwendigen Paragrafen zu formulieren."[21]

Rainer Zirbeck, Braunschweig

---

21 Stadtarchiv Braunschweig, G IX 76: 92. Der Nachlass Otto Bennemanns, der nach seiner letztwilligen Verfügung im Ganzen dem Stadtarchiv zugeführt worden ist und unter der Bestandssignatur Stadtarchiv Braunschweig, G IX 76 geführt wird, wird derzeit im Rahmen eines gemeinschaftlich durch die Stadt Braunschweig und die Friedrich-Ebert-Stiftung finanzierten Projekts für die Nutzung erschlossen.

„*Die Liebe zu meiner Vaterstadt Braunschweig
hat mich in meinen Handlungen immer geleitet*"[1]

DR. KURD SEMLER (1952 – 1954), OBERBÜRGERMEISTER

Kurd Semler wurde am 16. November 1879 in Braunschweig als Sohn des Rechtsanwalts, Notars und späteren Landtagspräsidenten Wilhelm Semler[2] geboren. Seine Reifeprüfung legte er am Martino-Katharineum in Braunschweig ab. Anschließend studierte Semler in Freiburg, München und Berlin Rechtswissenschaften. 1900 bestand er zunächst das Referendarexamen vor der Prüfungskommission des Oberlandesgerichts Braunschweig und arbeitete anschließend als Referendar im Gerichtsbezirk Braunschweig. Nachdem er im Juni 1903 in Heidelberg zum Dr. jur. promoviert worden war,[3] legte er im Dezember 1905 das zweite Staatsexamen in Braunschweig ab. Nach seiner Zulassung als Rechtsanwalt im Januar 1906 stieg Semler in die Kanzlei seines Vaters mit ein.[4]

Zwei Jahre später, am 22. März 1908, heiratete Kurd Semler Käthe Schulze, mit der er einen Sohn und zwei Töchter hatte. Der Ausbruch des Ersten Weltkrieges blieb nicht ohne Folgen für Semler und seine Familie, denn das Familienoberhaupt diente zwischen 1914 und 1918 in der Feldartillerie. Doch Kurd Semler hatte das Glück, dass er die Jahre an der Front unverletzt überstand.

Im Jahr 1919, im Alter von 40 Jahren, wurde Semler nicht nur zum Notar ernannt, sondern auch als Rechtsanwalt beim Oberlandesgericht Braunschweig zugelassen und arbeitete in den folgenden 20 Jahren als Jurist in der von seinem Vater gegründeten Kanzlei. Beim Ausbruch des Zweiten Weltkriegs wurde der inzwischen 60-jährige Semler zwar nicht mehr einberufen, aber in einem der letzten Kriegsmonate insofern Kriegsopfer, als seine Wohnung ausgebombt wurde. Wie schwie-

---

1. Kurd Semler anlässlich der Auszeichnung mit dem Großen Verdienstkreuz des Verdienstordens der Bundesrepublik, in: Hohe Ehrung für Oberbürgermeister, in: Braunschweiger Zeitung, 16.11.1954, S. 16.
2. Katja Schliwinski, Art. Semler, Kurt in: Horst-Rüdiger Jarck, Günter Scheel (Hrsg.), Braunschweigisches Biographisches Lexikon, 19. und 20. Jahrhundert, Hannover 1996, S. 565.
3. Die Dissertationsschrift lässt sich weder im Karlsruher Virtuellen Katalog noch in den Datenbanken und Zettelkatalogen der Universitätsbibliothek Heidelberg mehr nachweisen.
4. Stadtarchiv Braunschweig, E 15 Akz. 2008/123: 225.

Kurd Semler, Fotografie (Stadtarchiv Braunschweig, E 15 Akz. 2008 / 123: 225)

rig seine persönliche Lage am Ende des zweiten Weltkriegs war, geht aus seinen Tagebüchern hervor, die im Stadtarchiv Braunschweig überliefert sind.[5] Doch Semlers Situation besserte sich nach der bedingungslosen Kapitulation des NS-Regimes verhältnismäßig schnell: Der Jurist, der vor 1933 Mitglied der Deutschen Volkspartei war und nie der NSDAP beigetreten ist, erhielt bereits am 23. Mai 1945 die Erlaubnis von der interalliierten Besatzungsbehörde, wieder als Rechtsanwalt und Notar zu praktizieren.[6]

Sein beruflicher und persönlicher Hintergrund, seine politischen Erfahrungen und seine Zurückhaltung gegenüber dem NS-Regime prädestinierten Semler außerdem dafür, Aufgaben beim demokratischen Neuaufbau des Landes zu übernehmen. Semler gehörte der ersten, von der britischen Militärregierung ernannten Stadtvertretung als Ratsherr an und wurde von dieser zum ersten stellvertretenden Oberbürgermeister Braunschweigs gewählt. Bei den ersten offiziellen Wahlen am 13. Oktober 1946 wurde der inzwischen der CDU angehörende Semler als Ratsherr und von der Stadtvertretung als stellvertretender Oberbürgermeister in seinen Ämtern bestätigt.

Im Dezember 1952 ist Semler mit den Stimmen der CDU, der Deutschen Partei (DP), der FDP und des Blocks der Heimatvertriebenen und Entrechteten (BHE), die sich zu der Fraktion Braunschweiger Bürgerschaft zusammengeschlossen hatten, zum Oberbürgermeister der Stadt Braunschweig gewählt worden. Wie in den vergangenen Jahren auch, stand vor allem der Wiederaufbau in allen seinen Facetten auf der Tagesordnung des Rates, für den sich auch der neue Oberbürgermeister stark machte. Dass dem über 70-jährigen Semler sein Amt mit den vielen repräsentativen Terminen sowie den parteipolitischen Auseinandersetzungen mitunter eine Bürde war, geht aus seinen Tagebuchaufzeichnungen hervor.[7]

Semler, das erste CDU-Mitglied auf dem Posten des Stadtoberhaupts, füllte das Amt des Oberbürgermeisters denn auch nur zwei Jahre aus. Im Dezember 1954 hatten sich die Mehrheitsverhältnisse im Rat geändert, die konservative Koalition war zerbrochen und Semler unterlag in der Wahl zum Oberbürgermeister seinem Vorgänger Otto Bennemann. Doch der inzwischen bereits 75-jährige Semler, der immer das Gemeinwohl über die persönlichen Bedürfnisse gestellt hatte, blieb auch nach seiner Niederlage bei der Oberbürgermeisterwahl als Ratsherr noch weitere drei Jahre im

---

5 Stadtarchiv Braunschweig, G IX 60: 1.
6 Stadtarchiv Braunschweig, G IX 60: 1, Band 4, Bl. 31r.
7 Stadtarchiv Braunschweig, G IX 60: 1, Band 9-Band 12.

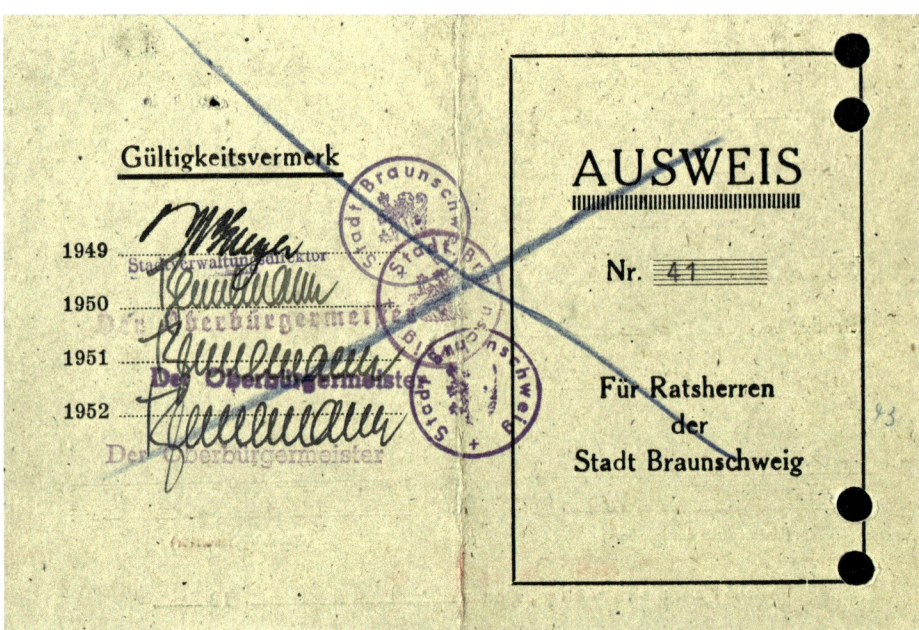

Ratsherrenausweis
(Stadtarchiv
Braunschweig, E 15
Akz. 2008/123: 225)

Amt, bevor er am 6. Mai 1957 auf sein Amt verzichtete.[8] Über seine zweijährige Amtszeit als Oberbürgermeister urteilte er: „eine Episode in meinem Leben, interessant, anstrengend, ehrenvoll."[9]

Der renommierte Jurist, der bis zu seinem Tode praktizierte, erwarb sich außerdem große Verdienste als Präsident der Anwaltskammer, die er zwischen 1946 und 1963 anführte. Auch die schönen Künste waren dem Präsidenten der Raabe-Gesellschaft (1954-1957) und Mitbegründer des Braunschweiger Golfclubs nicht fremd. Der (Wieder-)Aufbau gehörte zu den zentralen Zielen im letzten Lebensdrittel von Kurd Semler. Sowohl im Beruf als auch in der Politik sowie als Privatmann setzte er sich, dessen Haus am Zuckerbergweg bei einem der letzten schweren Bombenangriffe auf Braunschweig am 3. März 1945 abgebrannt war,[10] besonders für den innerstädtischen Aufbau ein.

---

8 Stadtarchiv Braunschweig, E 15 Akz. 2008/123: 225.
9 Stadtarchiv Braunschweig, G IX 60: 1, Band 12, Bl. 85.
10 Rudolf Prescher, Der rote Hahn über Braunschweig. Luftschutzmaßnahmen und Luftkriegsereignisse in der Stadt Braunschweig 1927 bis 1945 (Braunschweiger Werkstücke 18), Braunschweig 1955, S. 103. Stadtarchiv Braunschweig, G IX 60: 1, Band 3.

Für sein Engagement ist Kurd Semler mehrfach gewürdigt worden: Anlässlich seines 75. Geburtstages im November 1954 ist Semler für seine Verdienste um den Wiederaufbau Braunschweigs und der hiesigen Anwaltskammer mit dem Großen Verdienstkreuz des Verdienstordens der Bundesrepublik Deutschland ausgezeichnet worden.

Semler, der dem Rat der Stadt Braunschweig zwischen 1946 und 1957 angehörte, zählte zu den Gründungsmitgliedern mit großem Einfluss auf die Kommunalpolitik der Wiederaufbaujahre. In einer Phase, in der sich demokratische Strukturen wieder neu etablieren mussten, zeichnete Kurd Semler sich durch seine ruhige, besonnene und ausgleichende Art besonders aus. Kommunalpolitik betrachtete er als eine gemeinsame Aufgabe, „die nicht nur nach Parteigesichtspunkten beurteilt werden darf".[11]

Kurd Semler, der im August 1961 bereits einen Schlaganfall erlitten hatte, starb am 5. November 1965, kurz vor Vollendung seines 86. Lebensjahres. Er wurde am 9. November 1965 in Braunschweig bestattet.

Claudia Böhler, Braunschweig

---

11 Das Wohl dieser Stadt oberstes Gesetz, in: Braunschweiger Nachrichten, 16.12.1954, S. 11.

"Ihr Leben war ein Leben der Arbeit für das Gemeinwohl"[1]

Martha Fuchs (1959 – 1964), Oberbürgermeisterin

Martha Büttner wurde am 1. Oktober 1892 als älteste Tochter des Gastwirts Karl Büttner und seiner Frau Johanna Maria in Grubschütz bei Bautzen geboren. Bereits im Alter von 13 Jahren verlor Martha ihre Mutter, weshalb die älteste Tochter sich bis zur erneuten Heirat ihres Vaters um den Haushalt und ihre vier jüngeren Geschwister kümmerte. Parallel dazu schloss Martha zunächst die Bürgerschule ab und besuchte anschließend die einjährige Handelsschule in Bautzen. Nach Abschluss der Handelsschule arbeitete Martha Büttner als Kontoristin und Buchhalterin.

1919 heiratete die inzwischen 27-jährige Martha den sieben Jahre älteren Georg Fuchs, einen sozialdemokratischen Journalisten. Dieser brachte aus erster Ehe drei Kinder mit ein, für die Martha Fuchs, die selbst kinderlos blieb, zur Mutter wurde, die auch nach dem frühen Tod ihres Mannes im Jahr 1930 rührend für sie sorgte.

Bereits 1923 war die Familie nach Braunschweig gezogen,[2] wo Georg Fuchs Arbeit als Redakteur beim Braunschweiger „Volksfreund" gefunden hatte. Seine Frau Martha gab ihre Berufstätigkeit auf, kümmerte sich um die Kinder und engagierte sich in zahlreichen Ehrenämtern:[3] Sie war Mitglied des Elternbeirats, Armenwaisenpflegerin und wurde als SPD-Mitglied im April 1925 in die Stadtverordnetenversammlung gewählt, wo sie sich insbesondere für den Ausbau und die Förderung der Schulen stark machte.

---

1 Otto Bennemann anlässlich der Auszeichnung von Martha Fuchs mit dem großen Verdienstkreuz der Bundesrepublik Deutschland am 1. Oktober 1962, zitiert nach: Annette Schütze, Martha Fuchs. Zur Erinnerung an eine außergewöhnliche Frau und Sozialdemokratin, Braunschweig 1992, S. 20. Zu Martha Fuchs vgl. weiterhin: Gabriele Armenat, Frauen aus Braunschweig, Braunschweig, ³1991, S. 144-147. Regina Blume, Martha Fuchs (1892-1986), in: Braunschweiger Persönlichkeiten des 20 Jahrhunderts, Braunschweig 2012, S. 80-83.
2 Stadtarchiv Braunschweig, D I 12: 210, Nr. 36.
3 Stadtarchiv Braunschweig, E 15 Akz. 2008/123: 267.

Bildnis von Martha Fuchs, Ölgemälde von Peter Voigt, 1960 (Städtisches Museum Braunschweig, Inv.-Nr. 1200-0923-00, Foto: Jakob Adolphi)

Bei den Wahlen 1927 wurde Martha Fuchs in den Braunschweigischen Landtag gewählt. Ihrer bisherigen politischen Arbeit entsprechend, wurde sie Mitglied des Bildungsausschusses und setzte sich besonders intensiv für das Erziehungswesen ein.

Um ihre Familie versorgen zu können, nahm Martha Fuchs nach dem Tod ihres Mannes eine Stelle als Gewerbeaufseherin im Braunschweiger Staatsdienst an. 1933 nach der Machtübernahme durch die Nationalsozialisten verlor Martha Fuchs nicht nur diese Arbeitsstelle, sie wurde als prominente Sozialdemokratin auch zur Aufgabe ihrer politischen Ämter gezwungen und in den folgenden Jahren von den Nationalsozialisten verfolgt, verhört und gequält. Doch Martha Fuchs beugte sich nicht und blieb ihren Idealen treu, auch wenn sie ihre politische Arbeit in den folgenden Jahren in den Untergrund verlegen musste und sie ständigen Repressalien ausgesetzt war. Am 22. August 1944 wurde die Sozialdemokratin im Zuge der Verhaftungswelle nach dem Attentat vom 20. Juli 1944 zunächst verhaftet und nach einem mehrwöchigen Zwischenaufenthalt im Lager 21 bei Salzgitter im Konzentrationslager Ravensbrück interniert.

Nach einem knappen halben Jahr gelang ihr auf einem Überführungsmarsch im April 1945 die Flucht. Sie kehrte über Berlin und Magdeburg nach Braunschweig zurück, wo sie am 23. August 1945 ankam. Die schrecklichen Erlebnisse im Konzentrationslager hat sie schreibend verarbeitet, unter anderem in einem ergreifenden Bericht an ihre Tochter Gretl, der im März 1946 veröffentlicht wurde.[4]

Martha Fuchs gönnte sich nach ihrer Flucht kaum Ruhe und widmete sich bereits kurz nach ihrer Rückkehr nach Braunschweig mit ganzer Kraft dem Wiederaufbau der Stadt und des Landes: „Ich habe die Bitternis des Lebens in dem rechtlosen Nazi-Deutschland kennengelernt. Der Jugend zu einem besseren Deutschland zu verhelfen, soll meine mich voll erfüllende Aufgabe sein."[5]

Bereits im Dezember 1945 wurde die überzeugte Sozialdemokratin von der britischen Militärregierung in den Braunschweiger Stadtrat berufen, Anfang Januar 1946 folgte die Berufung in den Landtag, der sich am 7. Mai 1946 die Ernennung zur Ministerin für Wissenschaft und Volksbildung anschloss. Nach der Auflösung des Landes Braunschweig und der Gründung des Landes Niedersachsen am 1. November 1946 wurde Martha Fuchs in der Regierung Kopf zur Staatskommissarin für das

---

4 Martha Fuchs, Ein ewiges Schandmal, in: La otra Alemania, Das andere Deutschland, Nr. 113-119, März-Juni 1946, jeweils S. 12-15. Stadtarchiv Braunschweig, H III 2: 159.
5 Antje Dertinger, Frauen der ersten Stunde. Aus den Gründerjahren der Bundesrepublik, Bonn 1989, S. 51.

Flüchtlingswesen bestimmt. Eine unter den gegebenen Umständen[6] schier unlösbare Aufgabe, über deren Erfüllung Martha Fuchs schwer erkrankte, so dass sie im Mai 1951 aus gesundheitlichen Gründen ihr Landtagsmandat niederlegen musste.

Ein gutes Jahr später kehrte Martha Fuchs auf kommunaler Ebene wieder in die Politik zurück: Im Dezember 1952 wurde die inzwischen 60-jährige Fuchs erneut in den Rat der Stadt Braunschweig gewählt. Auch dem niedersächsischen Landtag gehörte sie in den Jahren 1954/55 noch einmal an, bevor sie sich endgültig aus der Landespolitik verabschiedete und sich darauf konzentrierte, die Zukunft ihrer Wahlheimatstadt Braunschweig aktiv mitzugestalten: Am 27. Mai 1959 wurde Martha Fuchs als Nachfolgerin des zum niedersächsischen Innenminister ernannten Otto Bennemann zur Oberbürgermeisterin der Stadt Braunschweig gewählt. „Mach's gut, Migge" titelte die Braunschweiger Presse anlässlich der Wahl salopp.[7]

Martha Fuchs selbst sah ihre wichtigste Aufgabe im Schul- und Wohnungsbau, aber auch der Ausbau von Grün- und Freizeitanlagen sowie die Errichtung einer Stadthalle als Veranstaltungszentrum lagen der neuen Oberbürgermeisterin besonders am Herzen – zum Wohl der Bürger ihrer Stadt. In ihrer Amtszeit wurden zahlreiche neue Schulgebäude (z. B. Ricarda-Huch-Schule, Volksschule Bültenweg), Sportanlagen (z. B. Sporthalle Tunicastraße) und natürlich die Stadthalle gebaut.[8]

Ein knappes halbes Jahr nach ihrer Wahl kam es im Rat zu der folgenschweren Abstimmung, die bis heute viele Braunschweiger mit dem Namen von Martha Fuchs verbinden: Mit einer knappen Mehrheit beschloss das Gremium – trotz der Proteste aus Teilen der Bevölkerung – den Abriss des Braunschweiger Residenzschlosses. Doch die Oberbürgermeisterin büßte offenbar trotz dieser nicht von allen Einwohnern begrüßten Entscheidung – entgegen der heutigen Wahrnehmung – nichts von ihrer Popularität ein. Trotz dieser politischen Mehrheitsentscheidung hat sich Martha Fuchs als Bürgermeisterin aktiv für den Erhalt der historisch wertvollen Teile der Fassade und der Reiterstandbilder eingesetzt.

Am 7. April 1961 wurde die inzwischen knapp 70-jährige Martha Fuchs mit 42 von 49 Stimmen wiedergewählt.[9] Ein Zeichen dafür, dass Bevölkerung und Rat hinter

---

6 Gerd Steinwascher (Hrsg.), Geschichte Niedersachsens. Von der Weimarer Republik bis zur Wiedervereinigung, Band 5, Hannover 2010, S. 993-1009.
7 Mach's gut, Migge, in: Braunschweiger Presse, 28.05.1959.
8 Stadtarchiv Braunschweig, E 15 Akz. 2008/123: 267.
9 Frau Martha Fuchs wieder Oberbürgermeister, in: Braunschweiger Zeitung, 08.04.1961, S. 40.

Martha Fuchs, Fotografie 1962 (Stadtarchiv Braunschweig, H XVI, G II 2)

der ersten und einzigen Oberbürgermeisterin Braunschweigs standen. Doch die Kräfte von Martha Fuchs ließen allmählich nach, am 14. September 1964 trat sie aus gesundheitlichen Gründen von ihrem Amt zurück und in den Ruhestand.

Martha Fuchs, die sich seit ihrer Jugend politisch engagierte, hat sich dank ihrer Zielstrebigkeit, ihrem Durchsetzungsvermögen und ihrer starken inneren Motivation – auch gegen Widerstände – in den Nachkriegsjahren in der von Männern dominierten Politik als feste Größe etabliert: Die frühere Han-

Einweihung des Sportplatzes durch Martha Fuchs in Querum, um 1960 (Stadtarchiv Braunschweig, H XVI: G II 2)

delsschülerin aus Grubschütz war nicht nur die erste und bis heute einzige Oberbürgermeisterin der Stadt Braunschweig, sondern auch die erste Frau im westlichen Nachkriegsdeutschland in einem Ministeramt. Martha Fuchs zählt damit zu den wenigen Frauen, die auf politischer Ebene am Wiederaufbau des Landes mitwirkten.

Auch nach Beendigung ihrer politischen Karriere behielt Martha Fuchs, die am 4. November 1964 zur Ehrenbürgerin von Braunschweig ernannt wurde, ein offenes Ohr für die Bürgerinnen und Bürger Braunschweigs und beantwortete nahezu täglich Briefe, die sie weiterhin in großer Zahl erreichten. Es blieb ihr, deren Gesundheit durch die Folgen des Lageraufenthalts angegriffen war, allerdings nicht vergönnt, ihren Lebensabend noch lange zu genießen. Gut ein Jahr nach ihrem Rücktritt erlag Martha Fuchs am 8. Januar 1966 in Braunschweig einem Herzleiden. Nach einer bewegenden Trauerfeier, bei der über 500 Menschen Abschied von Martha Fuchs nahmen,[10] wurde diese auf dem Braunschweiger Hauptfriedhof beigesetzt.

Claudia Böhler, Braunschweig

---

10 Verdient um Staat und Stadt, in: Braunschweiger Zeitung, 15.01.1966, S. 13.

„Er hatte prägenden Einfluss auf die Entwicklung Braunschweigs und erwarb sich viele Verdienste. Er hat sein Amt mit großem Engagement ausgefüllt und persönliche Belange zurückgestellt."[1]

Hans-Günther Weber (1960 – 1980), Oberstadtdirektor

Der am 27. Juni 1916 in Merseburg als Sohn eines promovierten Chemikers geborene Hans-Günther Weber verbrachte in Hamburg und Dresden seine Kindheit. Nach Beendigung der Schule und der Ableistung des Wehrdienstes begann Weber ein Jurastudium in Leipzig, an dessen Abschluss ihn jedoch der Krieg hinderte. Schon in der Jugend in sozialdemokratischen Kreisen aktiv, prägten zunächst der Nationalsozialismus und der Zweite Weltkrieg wichtige Lebensjahre des späteren Braunschweiger Oberstadtdirektors, zeitweise war er im Konzentrationslager interniert. Obwohl Weber den Repressalien der Nationalsozialisten ausgesetzt war, konnte er sich dem Wehrdienst nicht entziehen und wurde schließlich als Offizier der Wehrmacht an der Ost- und Westfront eingesetzt. Nach dem Krieg kehrte er in das zerstörte Leipzig zurück und war dort für kurze Zeit als Abteilungsleiter im Polizeiverwaltungsdienst tätig.[2]

Bereits Anfang 1947 verließ Weber aus politischen Gründen die damalige sowjetische Besatzungszone und damit auch Leipzig. Zunächst nahm er für kurze Zeit eine Beschäftigung beim Parteivorstand der SPD in Hannover auf, um dann ab 1948 in den Öffentlichen Dienst zu wechseln. In dieser Zeit arbeitete er unter anderem mit Kurt Schumacher und Annemarie Renger zusammen.

Kurze Zeit später, von 1950 an war er persönlicher Referent des damaligen hessischen SPD-Landtagsabgeordneten und Staatsministers des Inneren Heinrich Zinnkann. Neben seiner beruflichen Tätigkeit nahm er von 1948 bis 1953 ein Studium der Philosophie und Kunstwissenschaften an den Universitäten Mainz und Wiesbaden auf. Während dieser Zeit war er in Studentenverbindungen, wie dem Corps Saxonia in Frankfurt/Main, aktiv.[3]

---

1 Früherer Oberstadtdirektor Weber ist tot, in: Braunschweiger Zeitung, 02.09.2003, S. 17.
2 Stadtarchiv Braunschweig, E 15 Akz. 2003/030: 4. Hans-Günther Weber, in: Wikipedia, die freie Enzyklopädie (http://de.wikipedia.org/wiki/Hans-Günther_Weber.html eingesehen am 20.10.2010).
3 Ebd.

Porträt Hans-Günther Weber, um 1965 (Stadtarchiv Braunschweig, H XVI, G II 2)

Weber war mit der Tochter eines Fabrikanten aus Ehringhausen verheiratet und hatte zwei Kinder. In seiner Freizeit war er nicht nur sportlich aktiv, sondern auch kulturell interessiert. Zudem zählten Fotografieren und Filmen zu seinen privaten Interessen.[4] Hans-Günther Weber starb am 1. September 2003 in Braunschweig.

Um sich neuen Aufgaben zu widmen, schied Weber 1954 als Oberregierungsrat aus dem Landesdienst aus und wurde Landrat des Kreises Wetzlar. Er war damals der jüngste Landrat in Hessen. Sechs Jahre später, zum 1. März 1960, kam er nach Braunschweig, um hier den Dienst als Oberstadtdirektor anzutreten.[5] Bis zu seinem Ausscheiden aus diesem Amt am 1. Februar 1980 sollte er in seiner folgenden, knapp 20-jährigen Dienstzeit mit insgesamt fünf Oberbürgermeistern zusammenarbeiten.

Der erst 43 Jahre junge Hans-Günther Weber wurde am 30. September 1959 mit den Stimmen der Fraktionen der SPD und der Deutschen Partei gewählt. Von ursprünglich 27 Bewerbern hatten die Sozialdemokraten ihren Parteigenossen und – damals noch – Wetzlarer Landrat als einzigen Bewerber zur Wahl vorgeschlagen. Die anderen im Rat vertretenen Fraktionen enthielten sich der Stimme, was die CDU-Fraktion damit begründete, man habe gehofft, „... dass die Wahl auf einen Mann mit entsprechender Vorbildung und Erfahrung in der Leitung größerer Kommunalwesen fallen würde."[6] Die damalige Mehrheit im Rat hat sich jedoch behauptet. Große Erwartungen wurden in den Nachfolger des scheidenden Oberstadtdirektors Lotz gesetzt. Diesen sah man in dem redegewandten, sympathischen, bescheidenen aber ehrgeizigen jungen Mann mit Erfahrung in der Kreisverwaltung in Hessen erfüllt. Bei seiner Antrittsrede in Braunschweig im März 1960 sah er die drei Pfeiler seiner zukünftigen Arbeit denn auch in der „mitverantwortlichen" Arbeit eines jeden Verwaltungsmitarbeiters, einer loyalen Zusammenarbeit mit dem Rat („Hohes Haus") und dessen Präsidium sowie der „uneingeschränkten Informationsbereitschaft gegenüber der Presse". Schon damals betonte er: „Der öffentliche Dienst für die Bürger dieser Stadt verlangt von uns eine gläserne Verwaltung".[7] Zudem überreichte er bei seinem Amtsantritt der damaligen Oberbürgermeisterin Martha Fuchs eine silberne Glocke mit der Inschrift „Der Braunschweiger Bürgerschaft gewidmet. 1.3.1960", was das Miteinander von Rat und Verwaltung stärken und die

---

4 Prominente nach Feierabend, in: Braunschweiger Zeitung, 09.07.1963, S. 17. Stadtarchiv Braunschweig, H XV A, M I / W.
5 Stadtarchiv Braunschweig, E 15:71 und E 15 Akz. 2003 / 030: 4.
6 Mit 32 Stimmen gewählt: Oberstadtdirektor Weber, in: Braunschweiger Zeitung, 01.10.1959, S. 20.
7 Antrittsrede vor dem Stadtparlament, in: Braunschweiger Zeitung, 05. / 06.03.1960, S. 48.

Hans-Günther Weber und Erich Lotz bei der Amtsübernahme im Rathaus (Stadtarchiv Braunschweig, H XVI, G II 2)

unter seinem Vorgänger etablierte Verbundenheit Braunschweigs mit Berlin symbolisieren sollte.[8] Es folgten denn auch knapp zwei Jahrzehnte, in denen er mit diplomatischem Geschick, Charme und dem Vertrauen in ein kooperatives Miteinander sein Amt wahrnahm: „Er leitete die Verwaltung am langen Zügel, der Dezernenten und Amtsleitern viel Spielraum ließ, und sah seine Funktion mehr in der Integration als in der Anweisung, handelte sich mit diesem Amtsverständnis auch gelegentlich den Vorwurf der Vertrauensseligkeit und Führungsschwäche ein."[9]

In Braunschweig hat Weber in seiner Funktion als Hauptbeamter und damit als Spitze der Verwaltung insbesondere wichtige und nach den Zerstörungen während des Zweiten Weltkriegs notwendige Aufbauleistungen begleitet. Die Form der zweigleisigen Stadtspitze in der kommunalen Selbstverwaltung – bestehend aus Oberbürgermeister und Oberstadtdirektor – war nach englischem Vorbild nach Kriegsende in der britischen Be-

---
8 Hans-Günther Weber im Amt, in: Braunschweiger Presse, 02.03.1960, S. 7.
9 Hans Tigges, Das Stadtoberhaupt, Baden-Baden 1988, S. 314.

Postkarte Stadthalle (Stadtarchiv Braunschweig, H XVI, A II 17b)

satzungszone eingeführt und in der Niedersächsischen Gemeindeordnung vom 4. März 1955 bestätigt worden.[10]

Geprägt war das Wirken Webers als Oberstadtdirektor vor allem durch seine Impulse im Wohnungsbau, wobei vor allem die großen Neubauprogramme Heidberg/Melverode, Schwarzer Berg und Weststadt in seine Amtszeit fallen. Sein Engagement in diesem Bereich ist durch zahlreiche Funktionen zu belegen, wie beispielsweise als Mitglied der Gesellschafterversammlung der Nibelungen-Wohnbau-GmbH Braunschweig von 1960 bis 1974 oder im Aufsichtsrat der Gemeinnützigen Wohnungsbau- und Kleinsiedlungsgesellschaft mbH von 1974 bis 1980. Aber auch die Einrichtung von Schulen und der Sportstättenbau – hier vor allem der Bäderbau – wurden von ihm vorangetrieben. Das Raffteichbad oder die Tunicahalle am Hasenwinkel sollen hier stellvertretend für eine Vielzahl von Projekten in seiner Zeit als Verwaltungsspitze genannt werden. Diese Leistungen wurden durch die aktive Mitwirkungen in verschiedenen Gremien ge-

---

10 Georg Schnath, Hermann Lübbing, Günther Möhlmann u.a., Geschichte des Landes Niedersachsen, Freiburg/Würzburg 1994, S. 117, 122.

stärkt, wozu seine Tätigkeit als stellvertretender Vorsitzender des Sportausschusses des Deutschen Städtetages von 1960 bis 1977, seine Mitgliedschaft im Kuratorium der Deutschen Olympischen Gesellschaft zwischen 1964 und 1978 und seine Betätigung bei der Deutschen Sporthilfe zählen. Im kulturellen Bereich ist der noch von seinen Vorgängern initiierte Bau der Braunschweiger Stadthalle zu nennen. Nach der Fertigstellung dieses Veranstaltungs- und Tagungsgebäudes 1965 war er bis 1980 als Aufsichtsrat der Stadthalle Braunschweig GmbH tätig. Als Vertreter der Stadt war Weber unter anderem Aufsichtsrat der Stadtwerke Braunschweig GmbH (1970-1980), im Vorstand des Vereins Volkshochschule Braunschweig e.V. (1960-1980), Mitglied der Gesellschafterversammlung der Überlandwerke Braunschweig GmbH (1974-1980), im Kuratorium der Stiftung Deutsche Drogisten-Akademie (1960-1980), Mitglied der Gesellschafterversammlung der Stadtbad Braunschweig GmbH (1960-1976) sowie Aufsichtsrat bei der Flughafengesellschaft Braunschweig GmbH (1960-1972) und Hafenbetriebs-GmbH (1964-1972).[11].

In der Zeit erster wirtschaftlicher Schwierigkeiten nach den Wirtschaftswunderjahren und dem Rückgang der Arbeitsplätze Ende der 1960er/Anfang der 1970er Jahre engagierte sich Weber durch das ihm direkt unterstellte Wirtschaftsreferat für die Förderung der Wirtschaft in der Stadt. Die durch ihn initiierte Erschließung weiterer Industriegrundstücke sowie deren finanzielle Förderung trugen zu Erhalt und Sicherung von Arbeitsplätzen bei.

In seiner Amtszeit konnte durch eine gelungene Stadtentwicklungsplanung und gezielte Wirtschaftsförderungsmaßnahmen der Weg Braunschweigs zu einem regionalen Zentrum begonnen werden. Beispielsweise stellte die Verwaltungs- und Gebietsreform von 1974 die Stadt, deren Einwohnerzahl sich durch die Eingemeindungen gut verfünffacht hatte, vor eine große Herausforderung. Dennoch gelang es der Verwaltung, diese Aufgabe ohne größere Probleme zu lösen.[12]

Ein besonderes Anliegen war Hans-Günther Weber die Völkerverständigung, weshalb er denn auch in besonderem Maße die Städtepartnerschaften Braunschweigs förderte. Die partnerschaftlichen Verbindungen zu Bath/England, die schon vor seinem Amtsantritt bestanden hatten, wurden durch ihn intensiviert, weitere zu den Städten Bandung/Indonesien, Nîmes/Frankreich, Sousse/Tunesien und Kiryat Tivon/Israel wurden begründet. Braunschweig war die erste deutsche Stadt, die eine Partnerschaft mit einer indonesischen Stadt einging; seit 1963 wurde regel-

---

11 Stadtarchiv Braunschweig, E 15:71, E 110: 4 und H XV A, M I / W.
12 Vgl. Stadtarchiv Braunschweig, E 15 Akz. 2003/030: 4.

mäßig eine „Indonesische Kulturwoche" in Braunschweig veranstaltet und Praktikanten aus verschiedenen Partnerstädten arbeiteten in der Braunschweiger Stadtverwaltung. In Indonesien hatte Weber zudem neben seinem Amt in Braunschweig Vorlesungen an der Fakultät für politische Wissenschaften gehalten, wofür er von der Universität Bandung mit der Ehrendoktorwürde ausgezeichnet wurde.[13]

Dass die Völkerverständigung und Integration ihm ein besonderes Anliegen war, kommt schon vor seiner Braunschweiger Zeit zum Ausdruck. Bereits 1957 gehörte er zu den Gründungsmitgliedern des Rates der Gemeinden Europas, dessen Hauptausschuss er von 1960 bis 1970 angehörte und daraufhin bis 1976 das Vizepräsidentenamt innehatte. Zudem war er von 1960 bis 1972 Mitglied des Verwaltungsrats der Internationalen Bürgermeistervereinigung, im Hauptausschuss des Deutschen Städtetages (später auch in der Europäischen Kommunalkonferenz des Gremiums in Straßburg) und im Auslandsausschuss der Kommunalen Spitzenverbände aktiv sowie von 1979 bis 1980 Vorsitzender des kommunalpolitischen Bundesausschusses der Paneuropäischen Union.

Von 1966 bis 1980 stand er dem Landesverband Niedersachsen der Deutsch-Indonesischen Gesellschaft als Vizepräsident vor[14]. Für seine Verdienste in der deutsch-indonesischen Verständigung wurde Weber in Indonesien mit verschiedenen Auszeichnungen geehrt, u.a. wurde ihm 1980 der Djasa-Stern verliehen.[15]

Nach seiner Wiederwahl für eine zweite, zwölf Jahre dauernde Amtszeit ab 1972 schied Oberstadtdirektor Weber zum 1. Februar 1980 auf eigenen Wunsch vorzeitig aus seiner hauptberuflichen Tätigkeit aus. Zum damaligen Zeitpunkt war er der am längsten amtierende Oberstadtdirektor in einer deutschen Großstadt sowie der Dienstälteste Niedersachsens.[16]

Bei seiner Verabschiedung wurde er mit der „Goldenen Plakette für besondere Verdienste um die Stadt Braunschweig" ausgezeichnet. Im gleichen Jahr wurde ihm auch das Große Verdienstkreuz des Verdienstordens der Bundesrepublik Deutschland verliehen.[17]

---

13 Oberstadtdirektor promovierte in Bandung, in: Braunschweiger Presse, 04.02.1966, S. 7.
14 Vgl. Stadtarchiv Braunschweig, E 110: 4 und E 15 Akz. 2003/030: 4.
15 Weber in Bandung mit Djasa-Stern geehrt, in: Braunschweiger Zeitung, 17.05.1980, S. 11.
16 Verwaltungschef geht vorzeitig in Ruhe, in: Neue Braunschweiger, 21.09.1978, S. 9.
17 Goldene Plakette für Weber, in: Braunschweiger Zeitung, 31.01.1980, S. 1 und S. 9. Weber erhielt das Große Bundesverdienstkreuz, in: Braunschweiger Zeitung, 29.05.1980, S. 11.

Parteipolitisch blieb Weber vor allem seiner eigenen Überzeugung treu. Zum Konflikt mit den Sozialdemokraten kam es aufgrund seines Engagements in der im Frühjahr 1976 gegründeten und dem rechten Flügel der SPD angehörenden Erler-Gesellschaft.[18] Gemeinsam mit anderen SPD-Mitgliedern trat er 1976 aus der Partei aus, da diese sich ihrer Ansicht nach zu radikal-sozialistisch ausrichtete.[19] In der Folge gehörte er zu den Gründungsmitgliedern der Sozialdemokratischen Union und der Bürgerpartei Niedersachsens, die allerdings scheiterten. Von 1977 bis 1980 war er Vorsitzender der mit von ihm ins Leben gerufenen „Ludwig-Frank-Stiftung für ein freiheitliches Europa", die für konservative Grundwerte stand.[20]

Trotz seines Austritts aus der SPD schaffte es Weber die innerparteiliche Auseinandersetzung von seiner Tätigkeit als Oberstadtdirektor zu lösen, was die Fraktion bei seiner Verabschiedung zu würdigen wusste. Treffende Worte fand der damalige Oberbürgermeister Gerhard Glogowski, indem er sagte: „Für Sie war ihr Amt nicht nur Beruf, sondern Berufung und Verpflichtung gegenüber den Bürgern unserer Stadt."[21] Auch in seinem Ruhestand blieb Weber noch lange aktiv und engagierte sich. 1996 erschien sein Buch zu Geschichte und politischer Ausrichtung der SPD, in dem er einen durchaus kritischen Blick auf Entwicklung und Zukunft der Partei warf.[22]

Romy Meyer, Oldenburg

---

18 Hand davor, in: Der Spiegel, Nr. 39, 20.09.2976 (http://www.spiegel.de/spiegel/print/d-41157481.html eingesehen am 30.04.2011).
19 Stadtarchiv Braunschweig, H XV A M I / W.
20 Braunschweiger Zeitung (wie Anmerkung 1).
21 Ihr Beruf war Ihnen Berufung, in: Braunschweiger Zeitung, 23.01.1980, S. 9.
22 Hans-Günther Weber, Abschied von Deutschland: die Wandlung der SPD von Schumacher bis Lafontaine, München 1996.

Die Braunschweiger Oberbürgermeister und Oberstadtdirektoren von den 1960er Jahren bis zur Gegenwart

Dem Beispiel des Braunschweigischen Biographischen Lexikons folgend haben nur diejenigen Oberbürgermeister und Oberstadtdirektoren mit einer Kurzbiographie Aufnahme in den vorliegenden Band gefunden, die zum Zeitpunkt des Projektbeginns 2009 bereits verstorben waren. Der biographische Teil endet daher mit den Beiträgen zur Oberbürgermeisterin Martha Fuchs (1959-1964) und zum Oberstadtdirektor Hans-Günther Weber (1960-1980). Die Oberbürgermeister Walter Klöditz († 1994) und Hartmut Scupin († 1996) konnten nicht berücksichtigt werden, da ansonsten durch das Überspringen von mehreren Amtsinhabern Lücken in der Chronologie unvermeidlich gewesen wären. Um dennoch den Anschluss zur Gegenwart herzustellen, werden im Folgenden die Oberbürgermeister und Oberstadtdirektoren seit den 1960er Jahren in einem kurzen Überblick über ihre wesentlichen Lebens- und Amtsdaten vorgestellt. Die ausführliche Würdigung ihrer Persönlichkeiten und ihrer Leistungen muss einer späteren Publikation vorbehalten bleiben.

Gemäß der auf britischem Vorbild fußenden niedersächsischen Gemeindeverfassung hatte seit der Nachkriegszeit der vom Rat gewählte ehrenamtliche Oberbürgermeister in erster Linie repräsentative Funktionen wahrzunehmen. An der Spitze der Stadtverwaltung stand ein hauptamtlicher Oberstadtdirektor, der zwar ebenfalls vom Rat gewählt wurde, diesem aber nicht angehörte.[1] Erst mit der Reform des niedersächsischen Kommunalverfassungsgesetzes von 1996 wurde dieses System der so genannten „Zweigleisigkeit" zu Gunsten eines direkt gewählten hauptamtlichen Oberbürgermeisters aufgegeben, der zugleich Mitglied des Rates ist. In Braunschweig wurde das neue System 2001 eingeführt, als parallel zur Kommunalwahl im Herbst erstmals auch eine Oberbürgermeisterwahl stattfand. Bereits zu Beginn des Jahres war der letzte Oberstadtdirektor, Dr. Jürgen Bräcklein, nach dem Ablauf seiner zwölfjährigen Amtszeit in den Ruhestand getreten. Die Amtszeit des letzten ehrenamtlichen Oberbürgermeisters, Werner Steffens, war mit dem Ablauf der Wahlperiode des Rates ebenfalls zu Ende gegangen.

---

[1] Zum System der „Zweigleisigkeit" vgl. den Beitrag von Angela Klein und Gerd Biegel in diesem Band.

Die Oberbürgermeister bis zum Ende der „Zweigleisigkeit"

Die Nachfolge von Martha Fuchs trat 1964 der gebürtige Braunschweiger **Bernhard Ließ** an. Das Amt des Oberbürgermeisters versah der SPD-Politiker von 1964 bis 1972. Bereits 1959 war er in den Rat der Stadt gewählt worden, von 1970 bis 1974 gehörte er außerdem dem Niedersächsischen Landtag an. Darüber hinaus war Bernhard Ließ Gründer und Vorsitzender der Arbeitsgemeinschaft Niedersächsischer Oberbürgermeister sowie Vizepräsident des Niedersächsischen Städtetages. Am 5. November 2011 ist Bernhard Ließ in Braunschweig verstorben.

Auf Bernhard Ließ folgte in der Funktion des Oberbürgermeisters für anderthalb Jahre **Walter Klöditz**. Klöditz stammte gebürtig aus Großenhain (Sachsen) und war bereits 1926 in die SPD eingetreten. 1947 verließ er die sowjetische Besatzungszone und siedelte nach Braunschweig über. Hier wurde er 1956 erstmals in den Rat gewählt. Von 1964 bis 1972 bekleidete er zunächst die Funktion des Zweiten Bürgermeisters bevor ihn der Rat zum Oberbürgermeister wählte. Dieses Amt hatte Walter Klöditz vom 21. November 1972 bis zum 2. Juli 1974 inne. Am 25. Dezember 1994 ist er in Braunschweig verstorben.

Ebenfalls nur kurze Zeit im Amt des Braunschweiger Oberbürgermeisters wirkte **Günter Jaenicke**. Der in 1937 in Tilsit in Ostpreußen geborene Günter Jaenicke kam 1958 nach Braunschweig und arbeitete hier zunächst als Finanzbeamter. Von 1968 bis 1987 gehörte er für die CDU dem Rat der Stadt Braunschweig an. Von 1974 bis 1976 stand er als Oberbürgermeister an der Spitze der Stadt, bevor er zwischen 1976 und 1981 die Position eines Ersten Bürgermeisters und zwischen 1987 und 2002 die Funktion eines Dezernenten (für Krankenhaus, Feuerwehr, Katastrophen- und Zivilschutz sowie Bau- und Umweltschutz) bei der Stadt Braunschweig bekleidete. Zwischen 1978 und 1980 war Günter Jaenicke Präsident des Fußballvereins Eintracht Braunschweig.

Zweimal als Oberbürgermeister amtierte von 1976 bis 1981 und von 1986 bis 1990 **Gerhard Glogowski**. 1943 in Hannover geboren, kam der SPD-Politiker nach dem Studium an der Hochschule für Wirtschaft und Politik in Hamburg Anfang der 1960er Jahre nach Braunschweig. In den Rat wurde er erstmals 1974 gewählt, zwischen 1981 und 1986 fungierte er als Vorsitzender der SPD-Fraktion im Rat. Seit 1978 gehörte Gerhard Glogowski dem Niedersächsischen Landtag und seit 1990 auch der Niedersächsischen Landesregierung an, zunächst als Innenminister und vom 28. Oktober 1998 bis zum 26. November 1999 als Ministerpräsident. Von 2000 bis

2007 war Gerhard Glogowski Präsident des Fußballvereins Eintracht Braunschweig. Im Jahr 2008 wurde er zum Ehrenbürger der Stadt Braunschweig ernannt.

Zwischen den beiden Amtszeiten von Gerhard Glogowski wirkte **Hartmut Scupin** von 1981 bis 1986 als Braunschweiger Oberbürgermeister. Scupin stammte aus Niederschlesien und kam unmittelbar nach dem Ende des Zweiten Weltkrieges in die Region Braunschweig. Beruflich war Hartmut Scupin zunächst zwischen 1963 und 1987 als Geschäftsführer und später als Direktor des Caritasverbandes Braunschweig tätig. Seine politische Karriere begann 1967 mit der Wahl zum Ratsherrn für die CDU. Am 3. November 1981 übernahm Hartmut Scupin das Amt des Oberbürgermeisters, das er bis zum 5. November 1986 inne hatte. Anschließend versah er noch ein Jahr die Funktion des Ersten Bürgermeisters, bevor er zu Beginn des Jahres 1988 als Sozialdezernent und Bürgermeister nach Sindelfingen wechselte. Am 11. Juni 1996 ist Hartmut Scupin in Braunschweig verstorben.

Der letzte Braunschweiger Oberbürgermeister unter den Bedingungen der „Zweigleisigkeit" war **Werner Steffens**. Der 1937 in Magdeburg geborene Sozialdemokrat war 1955 in die Bundesrepublik nach Wolfenbüttel übergesiedelt. Nach Lehramtsstudium in Braunschweig trat er 1963 in den Schuldienst ein. Im Jahr 1970 wurde Werner Steffens erstmals in den Rat der Stadt gewählt, von 1976 bis 1981 und von 1986 bis 1990 hatte er den Vorsitzend der SPD-Ratsfraktion inne, dazwischen bekleidete er die Funktion eine Ersten Bürgermeisters. Im September 1990 wurde er zum Oberbürgermeister gewählt. Dieses Amt übte er bis Ende Oktober 2001 aus.

Die Oberstadtdirektoren bis zum Ende der „Zweigleisigkeit"

Als Nachfolger von Hans-Günter Weber wurde 1980 der promovierte Jurist, Dr. **Joachim Körner**, vom Rat zum Oberstadtdirektor gewählt. Körner war 1925 in Cranzahl im Erzgebirge geboren worden. Nach dem Zweiten Weltkrieg hatte er in Erlangen Rechtswissenschaften und Volkswirtschaft studiert und 1955 die juristische Staatsprüfung abgelegt. Im Anschluss wechselte der Sozialdemokrat Körner nach Braunschweig, wo er zunächst als Finanzbeamter und zwischen 1968 und 1980 als Stadtkämmerer tätig war. Neben dem Amt des Braunschweiger Oberstadtdirektors hatte er gleichzeitig die Funktion des Wirtschaftsdezernenten inne. Ende des Jahres 1989 bat er den Rat um die vorzeitige Versetzung in den Ruhestand und wirkte danach noch eine Reihe von Jahren als Geschäftsführer des Technologieparks Braunschweig. Am 15. Juni 2012 ist Joachim Körner in Braunschweig verstorben.

Der Nachfolger von Joachim Körner, Dr. **Jürgen Bräcklein**, wurde 1938 in Eisleben geboren, zog aber schon bald nach seiner Geburt nach Helmstedt um. Nach dem Jurastudium trat er zunächst in die Dienste des Landes Niedersachsen in der Bezirksregierung Braunschweig, wechselte dann zum Landkreis Braunschweig sowie später zum Großraumverband Braunschweig. Zwischen 1980 und 1989 hatte der Sozialdemokrat das Amt des Braunschweiger Stadtkämmerers inne, bevor er wie sein Vorgänger im Februar 1989 die Aufgaben des Oberstadtdirektors übernahm. Dieses Amt bekleidete er über die gesamte zwölfjährige Wahlperiode bis zu seinem Eintritt in den Ruhestand zum 31. Januar 2001.

Mit dem Ausscheiden des letzten Braunschweiger Oberstadtdirektors war zugleich der Weg frei für die Wahl eines neuen hauptamtlichen Oberbürgermeisters. Im Zuge der Reform der Niedersächsischen Kommunalverfassung von 1996 war festgelegt worden, dass diese Wahl gemeinsam mit der Kommunalwahl durchzuführen sei, sofern das Ausscheiden des vormaligen Oberstadtdirektors innerhalb einer Frist von einem Jahr vor oder nach dem Ende der Wahlperiode des Rates fällt. Diese Situation war in Braunschweig 2001 eingetreten, da die niedersächsische Kommunalwahl im September des Jahres anstand. Der von der SPD unterbreitete Vorschlag, die Amtszeit von Dr. Jürgen Bräcklein um einige Monate zu verlängern, wurde von der Ratsmehrheit abgelehnt und stattdessen der Jurist und Erste Stadtrat Dr. Udo Kuhlmann mit der kommissarischen Führung der Geschäfte des Oberstadtdirektors bis zum Amtsantritt eines neuen Oberbürgermeisters betraut.

Rückkehr zur „Eingleisigkeit"

Bei der Oberbürgermeisterwahl im September 2001 setzte sich in zwei Wahlgängen Dr. **Gert Hoffmann** durch, der seit dem 01. November 2001 als erster hauptamtlicher Oberbürgermeister seit Ernst Böhme an der Spitze der Stadt steht. Der Christdemokrat und promovierte Jurist wurde 1946 in Berlin geboren und wirkte nach dem Abschluss seines Jurastudiums in verschiedenen öffentlichen Funktionen, zwischen 1981 und 1991 als Stadtdirektor in Gifhorn und zwischen 1991 und 1994 als Regierungspräsident in Dessau. Im Jahr 2006 wurde Dr. Gert Hoffmann in seinem Amt bis 2014 bestätigt. Der derzeitige Braunschweiger Oberbürgermeister ist u.a. Präsident der Stiftung Braunschweigischer Kulturbesitz und Vorsitzender des Verwaltungsrates der Braunschweigischen Landessparkasse.

Henning Steinführer, Braunschweig

Autorenverzeichnis

Dr. Peter Albrecht, Akad. Direktor a. D., Braunschweig
Johannes Angel, Stadtamtsrat a. D., Weddel
Dr. Brage Bei der Wieden, Ltd. Archivdirektor, Wolfenbüttel
Dr. Roxane Berwinkel, Archivrätin, Wolfenbüttel
Prof. Dr. h. c. Gerd Biegel M. A., Historiker, Direktor Institut für Braunschweigische Regionalgeschichte an der TU Braunschweig
Robert Bock, Historiker, Wolfsburg
Dr. Claudia Böhler, Archivarin/Historikerin, Stadtarchiv Salzgitter
Frank Ehrhardt, Leiter Gedenkstätte Schillstraße, Braunschweig
Dr. Erika Eschebach, Direktorin Stadtmuseum Dresden
Dr. Martin Fimpel, wiss. Archivar, Wolfenbüttel
Dr. Manfred R. W. Garzmann, Stadtarchivdirektor a. D., Braunschweig
Dr. Horst-Rüdiger Jarck, Ltd. Archivdirektor a. D., Wolfenbüttel
Dr. Angela Klein, Historikerin, Braunschweigisches Landesmuseum Braunschweig
Dr. Christian Lippelt, Historiker, Wolfenbüttel
Dr. Hans-Ulrich Ludewig, Akad. Direktor a.D., Schöppenstedt
Katja Matussek, Archivarin, Braunschweig
Dr. Heidi Mehrkens, Historikerin, St. Andrews, Schottland
Romy Meyer, M. A., Archivarin, Oldenburg
Hartmut Nickel, Archivar, Braunschweig
Mark Opalka, Archivar, Braunschweig
Anne Kathrin Pfeuffer, Archivarin, Braunschweig
Prof. Dr. Thomas Scharff, Historisches Seminar der TU Braunschweig
Dr. Henning Steinführer, Stadtarchivdirektor, Braunschweig
Roland Wolff, Historiker, Hannover
Dr. Rainer Zirbeck, Stadtkämmerer a. D., Braunschweig

Bildnachweis

Das Copyright der Abbildungen liegt bei den in den jeweiligen Bildunterschriften genannten Institutionen und Personen.

Sollten trotz intensiver Recherche bei den Bildrechten etwaige Ansprüche Dritter übersehen worden sein, so werden die Rechteinhaber gebeten, sich mit den Herausgebern in Verbindung zu setzen.

Register der Personen- und Ortsnamen

A

Achterberg, Anna 131
Achtermann, Anna 239
Achtermann, Margarete 191
Achtermann, Tilemann 276
Adelebsen, Gertrude Melusine von 329
Adenstede, Heinrich von 193, 195-198, 203
Adenstedt, Anna Dorothea von 275
Adickes, Franz 376
Ahlers, Anna Sidonie 232
Ahlers, Ludwig 232
Albrecht II., Deutscher König 26, 60
Albrecht II., Herzog zu Braunschweig-Lüneburg 26
Alexej, Zarewitsch 253
Alfeld, Hans 215
Alfeld, Maria 215
Altdorf 181, 231
Altenburg 329
Amelungsborn 274
Amsterdam 235
Anton Ulrich, Herzog zu Braunschweig-Lüneburg 30, 225f., 243, 253, 256, 269
Arnstadt 235
Aschersleben 447
Atzum 54
Auerstedt 321
Augsburg 108, 123
August der Jüngere, Herzog zu Braunschweig-Lüneburg 202, 224
August Wilhelm, Herzog zu Braunschweig-Lüneburg 253, 256, 259, 283
Australien 457

B

Bad Grund 287
Bad Harzburg 415
Badersleben 214
Bahn, Lili 393
Bahrdorf 355
Bandung 480f.
Bartolfelde 287
Bath 480
Baumgarten, Johann Burchart 196
Baumgarten, Marie 409
Bautzen 469
Beck, Johann Georg 225
Bennemann, Edmund 453
Bennemann, Ernestine 453
Bennemann, Franziska 457, 460f.
Bennemann, Otto 12, 395, 399, 427-429, 452-461, 465, 472
Benzin, Just Dietrich 281
Berckelmann, Werner 274
Berens, Hans 255
Bergmann, Elisabeth 133
Bergmann, Heinrich 229f.
Bergmann, Johann 229
Berlin 383, 391, 394, 409, 418, 457, 463, 471, 478, 486
Bernhard (I.), Herzog zu Braunschweig-Lüneburg 52
Berthold, Bischof zu Hildesheim 83
Bertrams, Hans 237
Bertrams, Regina 237
Beuren 413
Bielefeld 404
Blankenburg 363f.
Blawe, Konrad 108
Bleckenstedt 81, 84f.
Blumen, Pastor 268
Böcher, Otto 100
Bockler, Erich 413-418, 427
Bockler, Hermann 413
Bockler, Wilhelmine 418
Bode, Georg Heinrich 355
Bode, Johanna Dorothea 355
Bode, Luise 355
Bode, Sophia 355
Bode, Wilhelm 355
Bode, Wilhelm Julius Ludwig 323, 337f., 342, 355-361, 365, 367
Boeli, Johann Friedrich 284f.
Böhme, Ernst 12, 353, 391-400, 417, 423, 427, 431, 435, 452, 458, 486
Böhme, Gustav 391
Böhme, Marie 391
Bologna 99
Bomhauwer, Lambert (Lambrecht) 80, 87f.
Bonaparte, Jérôme, König von Westphalen 326, 331f.
Borcholt, Elisabeth 133
Borcholt, Statius 133
Bornum 54
Borowski, Richard 434f.
Bote, Hermann 93f., 184, 226, 323
Bothmer, Louise Friederike von 325, 328
Botsack, Bartold 235
Boyling, Hans 242
Boyling, Margarete Ilse 242, 275
Brabandt, Henning 29, 143, 146, 153, 155-157, 165, 226
Bräcklein, Jürgen 427, 485f.
Brakel, Anna 120
Brandes, Anna Elisabeth Sophia 272
Brandes, Gertrud Maria 272
Brandes, Heinrich 263, 269-273
Brandes, Johanna Elisabetha 272
Brandes, Maria Catharina 272

Brandis, Gese 125
Braunlage 447
Breida 135
Breier, Ludolf siehe Breyer, Ludelef
Breier, Sophie Lucie Elisabeth 291
Breitsprach, Conrad 37, 161-164, 171
Breitsprach, Ludolph 161, 164
Bremen 64, 72, 224, 269, 387
Breslau 251
Breyer, Anna 113
Breyer, Dietrich 83
Breyer, Johanna 54
Breyer, Ludeke 54, 80, 83f., 87, 103
Breyer, Ludelef 54, 84, 103f.
Breyer, Ludolf 103, 113
Breymann, Wilhelmine Henriette 282
Brincken, Margaretha von 265
Brinckmeier, Eduard 242
Broistede, Cort von 73-75, 80, 83, 85
Broistede, Hanneke von 75
Broitzem 389
Broitzem, Bertram von 70, 155-158
Broitzem, Cort von 70
Broitzem, Hans von 70
Broitzem, Jakob von 69f., 81
Broitzem, Joachim von 143, 155
Broitzem, Mette von 81
Broitzem, Tile von 69
Bruchmachtersen 229
Brügge 101
Bückeburg 363
Buering, Tile 137, 139
Bugenhagen, Johannes 98
Bungenstet, Henning 130
Büttner, Johanna Maria 469
Büttner, Karl 469
Büttner, Martha 469
Buxtehude 406

C

Calbe 243
Calixt, Friedrich 259
Calve, Arnoldus de 67
Calve, Cort von 67f.
Calve, Ilse von 68
Calve, Tile von 67f.
Calw, Alheid von 50
Camman Margaretha 265
Camman, Autor 37, 187, 188, 189, 265, 268
Camman, Autor Julius 265-268, 279
Camman, Conrad 187, 265, 268
Camman, Johann 187f., 265
Campe, Johann Heinrich 397
Carl, Herzog siehe Karl
Caspari, Auguste Franziska Felicitas Adelheid 364
Caspari, Carl Wilhelm Heinrich 339, 363-369, 373
Caspari, Heinrich Wilhelm Louis Robert 364
Caspari, Johann Carl Philipp 363

Celle 30, 74f., 89, 201, 409
Charlotte Christine Sophie, Frau des Zarewitsch Alexej 252f.
Chemnitz 387
Chemnitz, Martin 123, 134
Christian III., König von Dänemark 105f.
Clahes, Willi 411
Courant, Richard 401
Cranzahl 485
Cuno, Sophie Maria Elisabeth 313
Cuppener, Christoph 84

D

Daetrius, Brandanus 182
Dageroth, Johann Friedrich 274
Damm, Anna von 113, 120, 129
Damm, Barbara von 139
Damm, Bernd von 53
Damm, Bertram von 53, 113
Damm, Cort von 107, 113f., 119f., 133
Damm, Elisabeth von 133
Damm, Fricke von 53f., 101
Damm, Georg von 191, 193
Damm, Hanneke von 105
Damm, Hedwig von 219
Damm, Henning der Ältere von 101f., 117, 119
Damm, Henning der Jüngere von 102, 119f.
Damm, Ilse von 117
Damm, T(h)ile von 33, 53, 101
Damm, Tilemann von 37, 191, 192
Damman, Autor 165-167, 171f.
Damman, Hans 165
Damme, von (dem) siehe von Damm
Dänemark 89
Danzig 137, 447
Daubert, Philipp Wilhelm 349
DDR siehe Deutsche Demokratische Republik
Dehn, Graf Konrad Detlev von 253
Delmenhorst 442
Dencker, Anna Elisabeth 287
Dessau 486
Destedt 255
Dettum 54, 287, 295
Deutsche Demokratische Republik 421
Dewar, Caroline Lydia 329
Dohausen, Claus 29, 162, 166, 174, 177, 202
Döring siehe Doring
Doring 37, 51, 126
Doring, Cort 51, 125, 143, 145-149, 156f.
Doring, Gese 115
Doring, Hans 125, 127, 129f., 145
Doring, Tile 125
Dortmund 181, 215
Dreissigmark, Elisabeth Henriette Christiane 309
Dreschoen, Katharina Elisabeth 242
Dresden 475
Dukenrodt, Regina 235
Dunckern, Andreas 182

E

Ehringhausen 477
Eimcke, Autor 159
Eisenbüttel 109, 382
Eisleben 485
Eitzum 309
Elers, Cort 49f.
Elers, Elisabeth 169
Elers, Emerentia 125
Elers, Ethelerus miles 49
Elers, Hinrik 97
Elers, Olrik 110
Elisabeth Christine, Frau des Kaisers Karl VI. 252
Ellern 283
Elsholtz, Lucia Elisabeth 244
Emden 215
England siehe Großbritannien
Erfurt 18, 63f., 79, 89, 119, 125, 224, 235, 409
Erich I., Herzog zu Braunschweig-Lüneburg 81, 84f.
Erlangen 485
Ermisch, August Adolph 259-262
Ermisch, Christian Ludwig 226, 244, 259
Ernst August, Herzog Herzog zu Braunschweig-Lüneburg 201
Ernst I. (der Bekenner), Herzog zu Braunschweig-Lüneburg 105-107
Esich, Johann 173
Esich, Lucke 173
Eutin 449

F

Faddrian, Brauerfamilie 218
Ferber, Johann Carl Christoph 313
Ferdinand, König 105
Fischer, Christine 413
Flach, Friedrich Melchior 287
Flach, Georg Ludwig 285, 287-290
Flach, Zacharie Georg 287
Fleischer, Carl Christoph 129
Flesche, Herman 352
Franck, James 401
Frankfurt am Main 340, 376, 399, 475, 477
Frankfurt an der Oder 133, 243, 251, 387
Frankreich 235, 243, 251, 332, 350, 457, 480
Freiberg 283
Freiburg 463
Fricke, Johann Heinrich Gottlieb 304
Friedrich IV. Karl, Landgraf zu Hessen-Homburg 281
Friedrich Ulrich, Herzog zu Braunschweig-Lüneburg 163, 166, 170, 173, 175, 177, 184, 213, 226
Friedrich Wilhelm, Herzog zu Braunschweig-Lüneburg 166, 210, 317, 321, 331f., 337
Friedrich Wilhelm, Kurfürst von Brandenburg 252
Friedrich, Fürstbischof von Halberstadt 99
Friedrich, Herzog zu Braunschweig-Lüneburg 48, 77

Froböse, Meno 269
Fromholtz, Dorothea Sophie 229
Fromholtz, Johann 229
Fuchs, Georg 469
Fuchs, Gretl 471
Fuchs, Martha 399f., 427, 452, 469-474, 477

G

Gallen, Dorothee 72
Gebensleben, Karl 348
Gebhardi, Juliane Catharine Friederike von 297
Gebhardi, Wilhelm Freiherr von 297
Gehrke(n), Christoph siehe Gerke, Christoph
Geitel, Jurist 235
Genf 181
Georg Ludwig, Kurfürst 287
Georg Wilhelm, Herzog zu Braunschweig-Lüneburg 201
Gercke siehe Gerke
Gerike siehe Gerke
Gerke, Christoph 197, 205, 214-217, 221-227, 253
Gerke, Henning 221
Getelde, Dorothea 165
Gevekot, Adelheit 187
Geyso, August 367
Giebichenstein 243
Gießen 263
Gifhorn 325, 486
Glentorf 255
Glogowski, Gerhard 427, 439f., 482, 484
Glümer, Anna 131
Glümer, Bodo 89f., 131f.
Glümer, Dorothea 131
Glümer, Ilse 90
Glümer, Margarete 78
Göring, Hermann 402
Goslar 57, 61, 105, 287, 297
Göttingen 32, 207, 303, 313, 319, 355, 360, 363, 367, 371, 376, 379, 387, 391, 401, 409, 413, 455
Grahe, Gustav 350
Grahe, Karl 350
Gravenhorst, Friederike Georgine Eleonore 363
Gronhagen, Henning 97
Groß Schwülper 325, 328
Groß Vahlberg 329, 332
Großbritannien 243, 251, 348, 457, 480
Großenhain 484
Grubschütz 469, 474
Günther, Erzbischof zu Magdeburg 57

H

Hagemann, Anna Maria 291
Hagemann, Ilse Dorothea 293
Hagemann, Magdalene Elisabeth 291
Hahn, Euphrosyna 182
Hahn, Philipp 182
Halberstadt 32, 66, 71, 161, 229, 325
Halle, Saale 55, 243f., 273, 387, 391, 394, 409

Hamburg 181, 269, 283f., 413, 475, 484
Hanau 277f.
Hannover 30, 94, 135, 201, 287, 291, 354, 406, 413, 439-442, 457f., 475, 484
Hantelmann, Johanne Catharine Friederike 284
Hardenberg, Gräfin Georgina von 325
Harling, Mette 99f.
Hartmann, Anna Veronica 274
Häseler, Dorothea Sophie Johanne 317
Häseler, Johann Georg Christoph 317
Hauswaldt, Hermann 381
Haverlant, Conrad 171
Haverlant, Hans 117
Haverlant, Henning 165, 167, 169-172, 175
Hedeper 54
Heide, Eilhard von der 33
Heidelberg 111, 119, 251, 398, 463
Heimbs, Carl 452
Heinrich (I.) (Mirabilis), Herzog zu Braunschweig-Lüneburg 26
Heinrich der Jüngere, Herzog zu Braunschweig Lüneburg 99, 105, 108-110, 114-116, 121, 130, 226
Heinrich der Löwe, Herzog von Sachsen und Bayern 18f.
Heinrich der Milde, Herzog zu Braunschweig-Lüneburg 52
Heinrich I., d. Ä., Herzog zu Braunschweig-Lüneburg 81, 84f.
Heinrich II., d. J., Herzog zu Braunschweig und Lüneburg 114f.
Heinrich Julius, Herzog zu Braunschweig-Lüneburg 142, 146, 148, 153, 155f., 159, 216, 226
Heinrich, Bischof zu Merseburg 32
Helmstedt 71, 161, 173, 181, 187, 195, 218, 229, 231, 248, 255, 259f., 263, 266, 287, 293, 309, 313, 355, 363, 485
Henke, Caroline Franziska 355
Henke, Heinrich Philipp Conrad 355
Henneberg, Friedrich Ludwig Christian 326f.
Herrmann, Landgraf 71f.
Hesse, Karl 401
Hesse, Wilhelm Karl Ferdinand 353, 401-407, 411
Hessen, Dorothea Christine 296
Hettling, Johann Heinrich August 361
Heyde, Christina Louise Wilhelmine von der 319
Heyne supra Cimiterium senior, Bürgermeister (proconsul) 32
Hildebrant, Conrat 173-176
Hildebrant, Rudolph 173
Hildesheim 54, 61, 67, 69, 72f., 80, 83f., 97, 102f., 125, 143
Hilpert, Achatz Philip Justus 263f.
Hirschberg 251
Hitler, Adolf 393, 402
Hoffmann, Gert 434, 486
Hofstetter, Johann 235
Hogreve, Eva Maria 295
Hogreve, Johann Philipp 295

Hogreven, Johann Heinrich 296
Holland siehe Niederlande
Holland, Friedrich-Wilhelm 399
Hollant, Ludeke 29, 74, 80, 83, 85, 87, 88, 89, 91
Holzminden 371
Horn, Julius von 203, 205
Hornburg, Ludeke 135
Hornburg, Magdalena 135
Hörsing, Otto 393
Hoya, Albrecht von der 135
Huddessem, Gese von 83
Huddessem, Hanneke 90
Huddessem, Ilse von 66
Huddessem, Margarete 113
Hurlebusch, August Ferdinand 303
Hurlebusch, Gebhardina Louisa Henriette 304
Hurlebusch, Samuel Gebhard 289, 303-308
Hurlebusch, Sophia Dorothea Henriette 303
Hus, van dem 49

I

Idstein 282
Imbshausen 287
Indonesien 480f.
Israel 480

J

Jaenicke, Günther 427, 484
Jena 173, 221, 235, 252, 255, 283, 293, 303, 321, 409
Jérôme, König von Westphalen 327, 331, 332
Joachim, Kurfürst von Brandenburg 99
Johann Friedrich, Herzog zu Braunschweig-Calenberg 201
Johann Friedrich, Kurfürst von Sachsen 105-107
Johann, Bischof zu Hildesheim 51
Julius, Herzog zu Braunschweig-Lüneburg 110, 123, 130f., 155
Juten, Lucia 182
Juten, Ludolph 182

K

Kahrstedt, Clara von 229
Kale, Anna 111, 133
Kale, Cecilie 94, 110
Kale, Christoff 111
Kale, Dietrich 111
Kale, Franz 94, 105-112, 115-117, 123
Kale, Gerloff 133f.
Kale, Hans 63-65, 111, 121
Kale, Herman(n) 64, 105, 111, 133
Kale, Jobst 108, 110, 121, 123f., 129, 137
Kale, Jost 134
Kale, Margaret(h)e 111
Kalm, Anna von 239
Kalm, Emerentia 195
Kalm, Hans (Johann) 219
Kalm, Henning 84
Kalm, Ilse 101

Kalm, Johann Conrad (Curd) von 239-242, 249, 275
Kalm, Johann Georg von 275-279
Kalm, Johann Heinrich von 277f., 279-282
Kalm, Johann von 195
Kalm, Jürgen von 239
Kalm, Katharina von 242
Kalm, Katharine Margarete von 255
Kalm, Werner von 239, 275
Kampferbach, Katharina Elisabeth 242
Karl I., Herzog zu Braunschweig-Lüneburg 277, 279, 284, 309
Karl II., Herzog zu Braunschweig-Lüneburg 358
Karl V., Kaiser 101, 103, 108, 116, 121, 287
Karl VI., Kaiser 252
Karl VII., Kaiser 241, 275
Karl Wilhelm Ferdinand, Herzog zu Braunschweig-Lüneburg 307, 310, 315, 325
Kassel 327, 330
Katharina, Königin von Westphalen 327
Kätzler, Barbara 251
Kätzler, Friedrich 243, 251
Kätzler, Johann Friedrich 251-254
Kellner, Karl 402
Kerkhoff, Alheyd von dem 68
Kerkhove, Aleke van dem 48
Kerkhove, Heinrich (Heine) van dem 33
Kerkhove, Ilse van dem 39
Kiel 387
Kiryat Tivon 480
Klagges, Dietrich 393, 402, 404, 415, 418
Klein Stöckheim 50
Klein Winnigstedt 50
Klöditz, Walter 12, 427, 483f.
Klügel, Georg Simon 313
Knesebeke, Anno von der 46
Knesebeke, Margerete von der 46
Knost, Friedrich August 399
Koch, Carl Heinrich Anton 318
Koch, Georg Christian August 299, 313-318
Koch, Georg Heinrich 299-301, 305, 313
Koch, Georg Heinrich August 299, 301, 314
Koch, Sophia Dorothea Christina 299
Koch, Sophia Maria Elisabeth 299
Koch. Johann Georg Christian 317f.
Kogelen, Margarete 90
Köllsch, Johann Karl Ludwig 342
Köln 18, 31
Königsberg 222
Königslutter 355
Kopenhagen 269
Kopf, Hinrich Wilhelm 434f., 471
Körner, Joachim 12, 427, 483, 485
Krahe, Peter Joseph 315
Kropff, Wilhelmine Friederike von 325
Krüger, Lizentiat 110
Krüger, Melchior 110f.
Kruse, Christina 175
Kuhlmann, Udo 427, 486

L
Lachmann, Heinrich Wilhelm Ludolph 358
Lafferde, Anna 135
Lafferde, Barthold 135
Lafferde, Hinrik (Henrik) von 80f., 85f.
Lafferde, Werneke von 85
Lammann, Johann 218
Lamme 401
Lampen, Christina Magdalena 267
Lampen, Johann Christoph 267
Langerfeldt, Konrad 381
Lauterbacher, Hartmann 403
Lehmann-Grube, Hinrich 440f.
Lehndorf 393
Lehre 221
Leine, Beate von der 64
Leine, Dietrich von der 129f.
Leine, Margarethe von der 135
Leine, Tile von der 130, 135
Leipzig 99, 119, 133, 173, 251f., 263, 319, 331, 340, 379, 475
Leisewitz, Johann Anton 296
Lemmer, Maria Catharina 243
Lemmermann, Marc 442
Leopold I., Kaiser 202
Lesse, Katharina 137
Lettland 404
Leutken, Barbara 219
Leutken, Rudolf 219
Leyden 235, 251
Liegnitz 251
Ließ, Bernhard 12, 400, 427, 452, 483f.
Lord, Ottomar 382
Lothar von Süpplingenburg, Kaiser 18f.
Lotz, Bernhard 447
Lotz, Berta 447
Lotz, Erich Walter 395, 427, 429-431, 447-452, 477
Lübeck 18, 48, 61, 66f., 72, 224, 231, 269f.
Luddecken, Ilse 102
Lüddeke, Ilse 117
Lüddeke, Simon 151-154
Lüdecke, Gebhard Levin 243f., 253
Lüdecke, Johann Gebhard 244
Lüdecke, Urban Dietrich 243, 253, 283
Ludeken, Simon 156
Ludwig Rudolph, Herzog zu Braunschweig-Lüneburg 284
Ludwig VIII., Landgraf zu Hessen-Darmstadt 281
Lüneburg 41, 84, 133, 149, 187, 207, 218, 406
Lyon 181

M
Magdeburg 55, 57, 73, 224, 354, 387, 391, 393, 471, 485
Mahner, Anna 137
Mahner, Autor 247
Mahner, Hermann 205, 214, 217-220
Mahner, Lüdeke 217

Mahrenhol(t)z, Adolph Carl Ludwig von 328
Mahrenhol(t)z, August Ernst Christian von 325
Mahrenhol(t)z, Carl Ludewig von 328
Mahrenhol(t)z, Joachim Ludwig von 325
Mahrenhol(t)z, Wilhelm Albrecht Christian Freiherr von 316, 325-328, 330
Mainz 475
Mannheim 438
Marburg 145, 161
Marenholz siehe Mahrenhol(t)z
Martini, Lucas 133f.
Mascherode 379
Matfeld, Agnes Eleonore von 284
Maximilian I, König 275
Meerdorf 401
Melanchthon, Philipp 133
Melverode 107
Mente, Maria Elisabeth 259
Mente, Rosina Elisabeth 259
Merseburg 475
Mertens, Albert 409
Mertens, Hans-Joachim 353, 409-412, 415
Mewes, Bernhard 415
Meyer, Eduard 373
Meyer, Gese 104
Mitgau, Louis 344
Moderhack, Richard 337
Möller, Johann 235
Möller, Margarethe 165
Mönchemeyer, Daniel 182
Möring, J.G. von 267
Mörke, Olaf 207
Mühlberg 108, 116
Müller, Andreas 247
Müller, Christoph 247-250, 260
Müller, Dorothea 247
Müller, Katharine 247
München 391, 409, 413, 463
Münchhausen, Albrecht Emond Georg von 329
Münchhausen, Friedrich Ludwig von 328
Münchhausen, Hieronymus von 271
Münchhausen, Hilmar von 131
Münchhausen, Karl von 329
Münchhausen, Ludwig Friedrich von 316, 322, 328-332
Münchhausen, Ludwig Karl Heino 329
Mund von Dettum, Johann Heinrich 298
Mund, Anna Margaretha 293
Mund, Christian Heinrich 293
Mund, Christian Philipp 295
Mund, Heinrich Anastasius Otto 285, 293-298, 314
Mund, Johann Heinrich 295, 297
Mund, Johann Philipp Carl 295
Mund, Julius Anthon Heinrich 295
Münster 224

N

Napoleon, Kaiser 210
Naumburg/Saale 393f., 409
Nelson, Leonard 455f.
Neuhof 107
Neustrelitz 392f.
Niederlande 235, 243, 251
Niederlande, spanische 235
Nieding, Fricke 135
Nîmes 480
Nordhausen 409, 447
Nürnberg 109, 376
Nürnberger, Christoph 221
Nürnberger, Elisabeth 221
Nürnberger, Ernst Gottfried 235
Nürnberger, Johann Günther 235-238, 243

O

Oeding, Georg 182
Ohman, Katharina 191
Oldendorf 329
Olf(f)en, Balthasar 205, 214-217
Olf(f)en, Dorothea 182
Olf(f)en, Tobias 38, 159, 181-185, 189, 215
Olf(f)en, Wilhelm 181, 215
Olfe siehe Olf(f)en
Olfermann, Johann 331
Opitz, Friedrich 409
Orest, Bernhard 173
Osnabrück 30
Osten, Alheid von 48
Osterode, Metteke von 39
Otto das Kind, Herzog zu Braunschweig-Lüneburg 22
Otto IV., Kaiser 18-20

P

Papen, Balthasar Johann 309
Papen, Levin Heinrich Ludwig 309-312, 314
Paris 181
Pawel, (von) 21, 37, 65f., 95
Pawel, Andreas 99f., 177-180, 182, 189
Pawel, Conrad 99f., 131, 180
Pawel, Gerke 65
Pawel, Gerke I. 65f., 71
Pawel, Gerke II. 66, 95, 97-100
Pawel, Gerke III. 94, 100
Pawel, Hans 177
Pawel, Julius 180
Pawel, Margarete 141
Peine 135
Peine, August von 130
Peine, Hanneke von 56
Peine, Hans von 135
Pfeiffer, Christina Maria 274
Pfeiffer, Georg Heinrich 250
Philipp, Landgraf von Hessen 105-107
Piper, Christina 175

Piper, Elisabeth 175
Plato, Dorothea Elisabeth von 325
Plato, Otto Eberhard von 325
Pockels, Wilhelm Johann Baptist 348, 371-377, 381
Pommer, Christian 353
Poppermüller, Johanna Dorothea 355
Prag 143, 148, 153, 156
Pralle, Anna 135
Pralle, Autor 135, 136, 139, 141
Pralle, Catharina 135
Pralle, Dorothea 135
Pralle, Franz 135f.
Pralle, Henni 135
Pralle, Henning 136
Pralle, Ilse 135
Pralle, Jobst 135
Pralle, Leonhard 135f.
Pralle, Lucia 135
Pralle, Margarete 135
Pralle, Mette 135
Praun, Georg Septimus Andreas von 274
Praun, Sophie Marie Charlotte von 329
Preen, Caroline Auguste von 329
Prutze, Anna 111
Prutze, Dietrich 108, 111

Q
Quedlinburg 111, 221
Querum 405

R
Raabe, Wilhelm 393, 397f.
Rädecker, Fanny 373
Ravensbrück 471
Remer, Julius August 355
Remmerdes, Ludeke 114
Remmers, Hermann 173f., 177
Renger, Annemarie 475
Retemeyer, Hugo 352, 379-385, 387
Rethemeyer, Dorothea Elisabetha 266f.
Rethemeyer, Rudolph Heinrich 267
Rethen, Margarete von 242
Ribbentrop, Marie 364
Richter, Marie Elisabeth 244
Riddagshausen 107, 114, 120, 355, 363
Riga 269
Riken, Barbara 195
Ring, Ludger tom der Jüngere 132
Rinteln 229, 263
Ritter, Sophia Dorothea 269
Rittersh(a)usen, Balthasar 181, 215
Rittersh(a)usen, Conrad 181
Rittersh(a)usen, Ester 181, 215
Rittmeyer, Ferdinand 364, 373
Roerhant, Johan(n) 148, 156f., 161
Roleffs, Elisabeth 215
Roleffs, Lorenz 215
Roloff, Ernst-August 439

Rörhand, Henning 247
Rostock 145, 218, 229, 235
Röttger, Georg 134
Rouen 181
Rudolf August, Herzog zu Braunschweig-Lüneburg 30, 196, 201f., 213, 215, 217, 224f., 227, 229-231, 237, 243, 252f., 259, 265f.
Rudolf II., Kaiser 156
Rudzio, Wolfgang 444f.
Runckel, Christiane Louise 303
Rüningen 48, 50, 344, 382
Rydemann, Jacob Martin 266

S
Sachsen-Wittenberg, Herzöge von 41
Salzdahlum 54, 226, 331
Salzgitter 471
Salzwedel 123
Sanders, Anna 231
Schacht, Cäcilie 94, 110
Schacht, Dietrich 93f., 110
Schacht, Margareta 133
Schaper, Anna 255
Scheffer, Andreas 133
Scheppenstede, Bodo von 78
Scheppenstede, Cort von 71, 77f., 80, 141, 143
Scheppenstede, Gese von 86
Scheppenstede, Hans von 191
Scheppenstede, Margarete von 92
Scheppenstede, Rickele von 70
Schirach, Gottlob Benedikt von 313
Schliestedt, Heinrich Bernhard Schrader von 256
Schmale, Henricus 291
Schmalstieg, Herbert 440
Schmalz, Kurt 402
Schmidt, Anna Christina 274
Schmiedeberg 251
Schöppenstedt 54, 309, 329
Schöppenstedt, Cord von 61
Schöppenstedt, Margarete von 61
Schoppius, Andreas 184, 226
Schortinghausen 135
Schöttler, Wilhelm 353
Schrader von Schliestedt, Heinrich Bernhard 256
Schrader, Andreas 111
Schrader, Anna 111
Schrader, Berendt 255
Schrader, Conrad 161
Schrader, Cort 205, 213f., 217
Schrader, Hans 114, 255
Schrader, Heinrich 107f., 110, 214
Schrader, Helene 161
Schrader, Hermann 153
Schrader, Hermen 213
Schrader, Lucia Sabina 244
Schrader, Paul 255-258, 267
Schrader, Paul August von 256
Schröder, Gerhard 439f.

Schuh, Georg Ritter von 376
Schultze, Johann Nikolaus 250
Schulz, Hildegard 409
Schulze, Käthe 463
Schumacher, Kurt 457, 475
Schurfius, D. Hieronymus 133
Schwalenberg, Hans 130
Schwan, Wilhelm 176
Schwartze, Johann Zacharias 272-274, 285
Schwartzkopff, Anna 231
Schwartzkopff, Hans 231
Schwartzkopff, Ilse Dorothea 252
Schwartzkopff, Ulrich 231-234, 252f.
Schwarzburg, Johann Günther von 235
Schweden 217, 237
Schweiz 457
Schwülper 325
Scupin, Hartmut 12, 427, 483-485
Seebohm, Hans-Christoph 452
Seele, Friedrich 353
Seesen 371, 376
Seinstedt 54
Semler, Kurd 427-429, 463-467
Semler, Wilhelm 377, 463
Siegen 405f.
Sievershausen 109
Sigismund, Kaiser 59f.
Simon, Hans 114
Sindelfingen 485
Sophie Amalie, Herzogin zu Braunschweig-Lüneburg 259
Sousse 480
Speyer 107
Spiegelberg, Johann 135
Spieß, Werner 42, 79, 107, 112, 114, 202, 206
St. Gotthard 276
Stade 187
Stadtoldendorf 401f.
Stahl, Carl 415f.
Stapel, Cord 48
Stapel, Jordan(us) 33f.
Staßfurt 387
Stauff, Johann Georg von 225, 227
Steffens, Werner 427, 485
Stein, Heinrich Friedrich Karl Freiherr vom 424
Stellmacher, Franziska 456
Steterburg 163, 213
Stettin 409
Strasberg, Carl Michael 283-286
Strasberg, Gottfried 283
Strasberg, Johanne Friederike Catharina 286
Straßburg 481
Strasser, Gregor 402
Strauch, Johannes 231, 265
Striepen, Balthasar 229
Strobek, siehe Strombeck
Strobeke, von siehe Strombeck
Strobke, siehe Strombeck

Strombeck, Anna von 155
Strombeck, Christiane Louise von 303
Strombeck, Christoph von 319
Strombeck, Dorothea Catharine von 291, 319
Strombeck, E(g)geling von 45f., 49, 55
Strombeck, Friedrich Carl von 323
Strombeck, Heinrich von 275
Strombeck, Henriette Melusina von 303
Strombeck, Sophie Elisabeth von 275, 279
Strombeck, Tile von 46, 55f.
Strombeck, von 21, 37, 55
Strube siehe Struven
Strümpell, Theodor Julius Heinrich 369
Struven, Jordan 156f., 159

T
Tammann, Gustav 401
Tappe, Carl 346-348, 366
Tegetmeier, Hans 151
Telge, Willi 428
Thuringi siehe Doring
Tile, Anna 249
Tilsit 484
Timmo, Henricus (Heinrich) 32f.
Tisch, Werner 231
Trautmann, Paul 352, 387-390
Trautmann, Wilhelm 387
Tübingen 263
Tunesien 480
Twedorp, Ilse 78

U
Uhden, Anni 402
Ulrike Louise, Fürstin zu Solms-Braunfels 281
Unruh, Fritz von 398
Ursleve, Adelheid von 72
Ursleve, Cort von 47f., 56, 61, 84
Ursleve, Hanneke von 84
Ursleve, Heiso von 47
Ursleve, Hermann von 47f.
Ursleve, Mette von 56

V
Vahlberg 329
Varrentrapp, Franz 349
Vechelde 39, 99, 283
Vechelde, Albert I. von 59-61, 79, 81
Vechelde, Albert II. von 62, 79, 80f.
Vechelde, Albert III. von 61
Vechelde, Albert von 39
Vechelde, Albrecht I. von 79
Vechelde, Albrecht II. von 83
Vechelde, Bernd von 39
Vechelde, Cyriacus von 141
Vechelde, Friedrich Carl von 184
Vechelde, Hanneke von 45
Vechelde, Hans von 81
Vechelde, Heinrich von 39, 169

Vechelde, Helene von 177
Vechelde, Herman von 39-42, 59, 115, 116, 117
Vechelde, Hermann von 39, 45, 47, 60-62, 64, 79, 81
Vechelde, Hermen von 107, 115-117, 337, 360
Vechelde, Ilsebe von 75
Vechelde, Lucke von 39
Vechelde, Margaret(h)e von 39, 46, 95
Vechelde, Maria von 141
Veilhover, siehe Velhauwer
Velhauer, Mette 117
Velhauwer, Statius 57f.
Velstede siehe Veltstede
Velstidde, siehe Veltstede
Veltenhof 285
Veltheim, Herren von 84
Veltstede, Margarete von 92
Veltstede, Weddege von 91f.
Verden 303
Visselhövede 303
Völger, Georg 135
Völkenrode 54
Volkenrodt, Hans 131
Vorsfelde 355

W

Wackerhagen, Marie 391
Wagner, Friedrich 382
Wagner, Louise 381
Walbeck, Georg (Jürgen) von 72
Walbeck, Hanneke von 86
Walbeck, Hans von 72
Walbeck, Hinrik von 71
Walbeck, Margarete (von) 102, 119
Wallichius, Johannes 235
Warberg, Hermann von 33
Warendorp, Lucke 66
Warmbüttel 325
Warxbüttel 325
Weber, Hans Günther 427, 475-482, 485
Weichmann, Christian Friedrich 274
Weimar 409
Weinkauff, Susanne 373
Weller, Jacob 175
Wendeburg 54
Wenden 287
Wesemeier, August 384
Westphalen, Königreich 308, 316f., 322, 326, 328, 330f., 360
Wetzlar 477
Wien 297
Wiesbaden 418, 475
Wilhelm der Ältere, Herzog zu Braunschweig-Lüneburg 275, 318, 358, 365
Wilhelm II., Herzog zu Braunschweig-Lüneburg 81, 84f.
Wilhelm, Herzog zu Braunschweig-Lüneburg 318, 358, 365
Wilmerding, Anna Henrietta Amalia 291
Wilmerding, Henriette Ilse Catharina 291
Wilmerding, Johann Christoph 291
Wilmerding, Johann Heinrich (der Ältere) 210f., 285, 291f., 303, 315-317, 319
Wilmerding, Johann Heinrich (der Jüngere) 319-324 , 326, 337, 357, 359
Wilmerding, Johannes 291
Wilmerding, Wilhelm 291
Windheim, Anna von 99
Winnigstedt 54
Winsen an der Aller 41
Winter, Ludwig 347f., 375
Wismar 229
Wittekop, Gerwin 86
Wittenberg 99, 111, 133, 173, 187, 263
Wolemann, Anna 123
Wolfenbüttel 25, 51, 55, 107, 109, 115, 117, 123, 135, 212, 230, 264, 268, 274, 285, 295, 297, 299, 305, 309, 313, 340, 360f., 363, 371, 373, 379, 389, 404, 485
Wolff, Eleonore Marie 250
Woltmann, Ilse Dorothea 293
Wouchmann, Heinrich 135
Wulff, Christian 438, 442

Z

Zenck, Adam Friedrich 293
Ziegenmeyer, Dorothea 180
Zinnkann, Heinrich 475